Ingerid Dal
Kurze deutsche Syntax auf historischer Grundlage
4. Auflage. Neu bearbeitet von Hans-Werner Eroms

Sammlung kurzer Grammatiken germanischer Dialekte

Begründet von
Wilhelm Braune

Herausgegeben von
Thomas Klein und Ingo Reiffenstein

B. Ergänzungsreihe. Band 7

Ingerid Dal

Kurze deutsche Syntax auf historischer Grundlage

—

4. Auflage. Neu bearbeitet von Hans-Werner Eroms

DE GRUYTER

ISBN 978-3-11-048504-2
e-ISBN 978-3-11-033516-3
ISSN 0344-6654

Library of Congress Cataloging-in-Publication Data
A CIP catalog record for this book has been applied for at the Library of Congress.

Bibliografische Information der Deutschen Nationalbibliothek
Die Deutsche Nationalbibliothek verzeichnet diese Publikation in der Deutschen
Nationalbibliografie; detaillierte bibliografische Daten sind im Internet
über http://dnb.dnb.de abrufbar.

© 2014 Walter de Gruyter GmbH, Berlin/Boston
Druck: Hubert & Co. GmbH & Co. KG, Göttingen
♾ Gedruckt auf säurefreiem Papier
Printed in Germany

www.degruyter.com

Aus den Vorworten zur ersten deutschen Ausgabe und zu den früheren Auflagen von Ingerid Dal

Nachdem das Buch ‚Tysk syntaks i historisk fremstilling', das ursprünglich von Jakob Sverdrup erarbeitet worden war, beinahe ein Jahrzehnt als Lehrbuch beim Deutschunterricht an der Osloer Universität gedient hat, sind allerlei praktische Erfahrungen gewonnen, die eine ziemlich eingehende Umarbeitung der Darstellung des Stoffes als ratsam erscheinen lassen. Als deshalb von deutscher Seite die Aufforderung an mich erging, das Buch in deutscher Sprache herauszubringen, habe ich gern die Gelegenheit benutzt, eine durchgreifende Umdisponierung des Stoffes vorzunehmen. Nach den weitgehenden Änderungen, die die Darstellung erfahren hat, hielt ich mich nicht mehr für berechtigt, Sverdrups Namen auf dem Titelblatt beizubehalten.

Plan und Umfang des Buches sind in gegenwärtiger Ausgabe die gleichen wie früher geblieben. Wie sofort einleuchten wird, will das Buch ein für Studenten berechnetes, einführendes Lehrbuch sein. Übereinstimmend mit diesem Zweck sind als Quellenangabe für die Beispiele nur die Verfassernamen angeführt. Dabei wurden folgende Abkürzungen benutzt: L. = Luther, G. = Goethe, Sch. = Schiller. Was sonst an Abkürzungen vorkommt, wird ohne weiteres verständlich sein. Ich kann nur die Hoffnung aussprechen, dass das Buch sich auch für den deutschen Universitätsunterricht als ein nützliches Hilfsmittel erweisen möchte.

Oslo, im Juli 1951.   Ingerid Dal

Vorwort zur zweiten und deutschen Ausgabe

Die vorliegende Ausgabe stellt sich im wesentlichen als ein unveränderter Neu-druck der Ausgabe von 1952 dar. Die Forschung des verflossenen Jahrzehnts auf dem Gebiete der deutschen Syntax konnte allerdings nicht unberücksichtigt bleiben. Die Darstellung von Einzelerscheinungen hat an mehreren Stellen eine neue Formulierung erhalten, wo diese durch Forschungsergebnisse als gesichert erschien. Welchen Arbeiten ich dabei zu Dank verpflichtet bin, wird der Fachmann sofort erkennen.

Wesentlicher als die Detailforschung war aber in der jüngsten Zeit die Ver-lagerung des Schwerpunkts des wissenschaftlichen Interesses überhaupt, das sich in erster Linie auf die Gesamtstruktur des Sprachsystems und auf die Aufdeckung der spezifischen Abhängigkeiten und Relationen innerhalb desselben gerichtet hat. Diese neue wissenschaftliche Zielsetzung hat zweifellos zu einer vertieften Erfassung der sprachlichen Tatsachen geführt, und auch eine im wesentlichen didaktisch orientierte Darstellung konnte davon nicht ganz unbeeinflusst bleiben. Die Mehrzahl der neuen Formulierungen, die die vorliegende Ausgabe bringt, dient dem Zweck, die Hauptlinien des Systems und die Art der syntaktischen Beziehungen deutlich hervortreten zu lassen. Man wird vielleicht einwenden, dass derartige Bestrebungen eine weitergehende Umgestaltung der Disposition des Stoffes hätten herbeiführen müssen. Dem ist entgegenzuhalten, dass das Buch nach wie vor nicht eine rein sprachtheoretisch orientierte Darstellung bringen kann, sondern vor allem den praktischen Zweck hat, bei dem Studium des älteren und neueren deutschen Schrifttums als Hilfsmittel zu dienen. Soweit die Ver-hältnisse es zuließen, habe ich versucht, den theoretischen und praktischen Forderungen gleichzeitig gerecht zu werden. So hoffe ich, dass auch die Neu-auflage eine gute Aufnahme finden und sich als nützlich erweisen möchte.

Oslo, im Juli 1961. Ingerid Dal

Die dritte Ausgabe ist im wesentlichen unverändert 1966 erschienen, berück-sichtigt aber die bis dahin erschienenen Ergebnisse der neueren Syntaxforschung.

Zur Einführung

Die ‚Kurze deutsche Syntax auf historischer Grundlage' von Ingerid Dal hat sich seit ihrem Erscheinen in einer deutschen Version als eine kompakte Einführung in die Geschichte der deutschen Syntax bewährt. Sie ruht auf den großen Darstellungen von Otto Behaghel und Hermann Paul, hat aber die wichtigsten Ergebnisse der Forschung bis in die Mitte des vergangenen Jahrhunderts aufgenommen und repräsentiert damit den damaligen Stand der Linguistik. Sie zeichnet sich dadurch aus, dass alle Aussagen mit treffenden Beispielen reich belegt werden, die dahinter stehenden theoretischen Annahmen werden in denkbar knapper Form angegeben, aber dennoch ist die Darstellung der Entwicklung der deutschen Syntax alles andere als eine bloße Anhäufung von reinen Fakten. Ziel des Buches war es, das Werden des Satzbaus im Deutschen aus seinen sprachhistorischen Wurzeln heraus zu erklären, den Wandel darzustellen und das gegenwärtige System verständlich zu machen.

Was die grammatik- und sprachwandeltheoretische Verortung der ‚Kurzen deutschen Syntax auf historischer Grundlage' betrifft, so ist seit dem Erscheinen der letzten Auflage, 1966, ein verändertes Verständnis der sprachhistorischen Zusammenhänge eingetreten. Dies gilt für die Allgemeine Linguistik insgesamt und für die Historische Sprachwissenschaft des Deutschen ganz besonders. Vom Nachholbedarf der Germanistik ist des Öfteren die Rede gewesen, obwohl in der Historischen Sprachwissenschaft die manifesten und die vermuteten Defizite nicht so vehement waren, wie auf dem Gebiet der synchronen Linguistik. Vielleicht waren auch die letzteren nicht so gravierend, wie vielfach unterstellt wird, denn in den deutschsprachigen Ländern hatten sich gerade die auf historischer Grundlage betriebenen Forschungszweige, nicht zuletzt durch die Junggrammatische Schule, zu einem Sonderweg entwickelt, der sich vielfach zwar abgekoppelt hatte, in der Methodenvielfalt, die sich derzeit wieder bemerkbar macht, aber seinen Platz behaupten konnte. Darauf genauer einzugehen ist hier nicht der Ort. Neuere grammatische Modelle wie die generative Grammatik und die Dependenzgrammatik, auch die Valenzlehre, sind erst nach dem Erscheinen der vorletzten Auflage der ‚Kurzen deutsche Syntax' in der Forschung etabliert worden. Doch hat Ingerid Dal in ihren Vorlesungen über Syntax in Oslo den Ansatz Lucien Tesnières durchaus aufgenommen (pers. Mitteilung von John Ole Askedal). In der Neubearbeitung findet er seinen ihm zukommenden Platz.

Die ‚Kurze deutsche Syntax' von Ingerid Dal ist durchaus ein Kind ihrer Zeit. Sie gibt sich auf den ersten Blick primär an den Fakten orientiert, unterstellt dabei, dass die Auswahl und Bewertung der Fakten durch die historische Sichtweise in der Tradition von Jakob Grimm, Otto Behaghel und Hermann Paul in den erfolgversprechenden Bahnen für die Deutung der Entwicklung der deutschen Syntax verläuft. Zwar werden diese – und andere – Namen in der ‚Kurzen deutschen Syntax' nie genannt, aber wer sich in deren Arbeiten etwas auskennt, bemerkt die Übernahmen sogleich, nicht zuletzt durch die Belegzitate, die zum großen Teil den einschlägigen Werken entnommen sind. Aus heutiger Sicht mag eine solche Bescheidung und Verknappung defizitär erscheinen, sie lässt sich aber im Nachhinein auch dadurch rechtfertigen, dass mit diesem Werk sozusagen der Forschungsstand der historischen Syntax des Deutschen, wie er um die Mitte des zwanzigsten Jahrhunderts bestand, repräsentiert wird. Diesen Stand setzt die Neubearbeitung voraus, sie baut darauf auf, nimmt die Ergebnisse inzwischen erschienener Arbeiten auf und markiert die Fragestellungen, die sich als relevante ergeben haben, ohne den Gesamtzusammenhang explizit in eine bestimmte Fragerichtung zu stellen. Dazu sind die syntaktischen Bereiche, die es historisch zu betrachten gilt, zu vielfältig. Aber das soll nicht heißen, dass nicht mehrere sprachwandeltheoretische Gesichtspunkte nicht zu bedenken wären.

Der erste ist, dass sich seit dem Erscheinen der letzten Auflage in der Tat eine Fülle von Einsichten in die Zugangsweise zur Sprachgeschichte des Deutschen ergeben hat, denen wenigstens im Ansatz nachgegangen werden muss, und zwar zumindest so, dass die Stellen zu bezeichnen sind, an denen weitere Forschungen nötig sind. Insbesondere betrifft dies die für die ältere sprachhistorische Schule kennzeichnende Sichtweise, dass die Sprachentwicklung gleichsam zwangsläufig auf den in der Gegenwartssprache erreichten Stand hinausläuft. Damit soll nicht gesagt sein, dass auf dem Gebiet der Syntax eine rein teleologische Sichtweise vorgeherrscht hätte, dagegen sprechen schon die in älteren Grammatiken, Stilistiken und Sprachgeschichten zu findenden Klagen über den „Sprachverfall". In der ‚Kurzen deutschen Syntax' ist von solchen Lamentos allerdings nie die Rede. Hier, wie auch sonst in der Sprachgeschichtsschreibung, erfolgt dagegen die Bezugnahme für alle Wandelerscheinungen so gut wie ausschließlich auf den Zeugnissen der verschrifteten Sprache. Das ist der ‚Kurzen deutschen Syntax' nicht vorzuwerfen, die Einbeziehungen anderer sprachlicher Register ist eine junge Einsicht, der bei der Neubearbeitung jedoch wenigstens mit dem Verweis auf inzwischen erfolgte Erkenntnisse und dialektale und regionalsprachliche Entwicklungen Rechnung getragen wird. Die Einbeziehung mündlicher Sprachregister kann bei Arbeiten zur Sprachgeschichte nur durch Beachtung der Entstehungsbedingungen schriftlicher Texte, die mündlich konzipiert sind, erfolgen, wie es etwa im Forschungsprojekt von Vilmos Ágel und Mathilde Hennig (vgl. Ágel/Hennig (Hrsg.) 2006) mit der Dichotomisierung von Nähe- und Distanzsprache unternommen wird. Die Untersuchung von Elspaß (2005) etwa zeigt zudem, dass das geschriebene Alltagsdeutsch des 19. Jahrhunderts solche Verwendungsmuster in viel größerem Maße dokumentiert, als bislang angenommen worden ist. Dadurch bekommt die Beurteilung der Entwicklung der deutschen Syntax eine neue

Dimension: Es ist immer zu beachten, dass neben und unter der normativ gefestigten Ausprägung andere Strömungen fortleben und sich auch fortentwickeln. Diese brechen sich immer wieder Bahn, beeinflussen die dominanten Entwicklungslinien und setzen sich auch vielfach durch, wie es historisch etwa mit der Festlegung des Gebrauchsunterschieds von *vor* und *für* und in der Gegenwartssprache mit dem Vordringen von *weil* mit Hauptsatzwortstellung zu beobachten ist.

Ein Schritt in Richtung „realistischerer" Belegauswahl ist für die ‚Kurze deutsche Syntax' daher die Einbeziehung anderer schriftsprachlicher Register. Denn wenn man die Fülle der Zitate aus den deutschen Klassikern, die sich hier finden, anschaut, drängt sich der Eindruck auf, dass die Entwicklung der deutschen Syntax im Gebrauch durch die anerkannten Schriftsteller kulminiere. Dass spätestens seit dem 19. Jahrhundert, bei genauerem Zusehen aber schon erheblich früher von einer ausgedehnten Stilvielfalt auszugehen ist, ist mittlerweile Konsens in der Forschung (vgl. von Polenz 1999, S. 473 – 484). Aber auch hier findet sich in der ‚Kurzen deutschen Syntax' nirgends eine Bewertung des „literarischen Sprachgebrauchs" als anderen Registern überlegen. So sind mit der Neubearbeitung die zahlreichen Belege aus der deutschen Literatur auch nicht zurückgenommen worden, sondern nur um andere Bereiche ergänzt, soweit es sich als nötig erweist. Denn auch dies sollte nicht vergessen werden: Mit dem Sprachgebrauch „der Dichter" liegt ja nicht einfach ein bestimmter Funktionalstil vor, sondern in diesem Sprachgebrauch findet sich die Fülle der Möglichkeiten, die eine Sprache bereitstellt. Dies ist qualitativ nicht zu bestreiten, nur sollte man keine quantitativen Aussagen davon ableiten, obwohl auch die Gebrauchsfrequenz von syntaktischen Mustern in der Sprache der Schriftsteller durchaus mit den allgemeinen Entwicklungen korreliert. Jeweils für ihre Zeit sind dann stilistische Besonderheiten, insbesondere Archaismen und seltene Konstruktionen, markiert und damit auffällig und erklärungsbedürftig. Dies lässt sich bei älteren Texten bereits sehr überzeugend etwa am Nibelungenlied beobachten, bei dem sich archaisierende Formen nicht nur im Bereich der Lexik, sondern auch im Satzbau finden. Das heißt für die Entwicklung der Syntax des Deutschen: in der Verfolgung bestimmter syntaktischer Muster durch die Zeiten hindurch zeigen sich Entwicklungslinien durch die schrittweise Beachtung von Änderungen – wenn die Zusammenhänge, in die sie eingebettet sind, d. h. entweder bei den Konstanten oder aber bei den Wandelbereichen, beachtet werden.

Hier ist zunächst zu sagen, das „jeder Wechsel und Wandel nur auf der Basis des Konstanten und Unveränderlichen denkbar" ist Kotin (2005, S. 58). Im Vergleich mit den Änderungen im Wortschatz, bei dem sich Veränderungen durch Festwerden bestimmter Bedeutungen und Ausgreifen in andere Bedeutungszusammenhänge rascher vollziehen, geht der syntaktische Wandel langsamer vor sich. Michael Kotin drückt dies so aus: „Bei den grammatischen Kategorien verändert sich [...] nur die Substanz (Formenbestand), während die Kategorien in ihrem ontologischen Wesen (als Interpretationsdominanten) erhalten bleiben" (Kotin 2005, S. 73).

Welches solche Konstanten, und welches miteinander interagierende Wandelbereiche sind, ist wiederum nicht einfach durch die „Fakten" vorgegeben. So sind die von Stefan Sonderegger angenommenen „Inneren Konstanten" des Deutschen auf dem Gebiet der Syntax (Sonderegger 1979, S. 237) – die Entwicklungen weg vom synthetischen und hin zu einem analytischen Sprachbau, die Verbklammer, die Herausbildung eines Systems der Subjunktionen und damit im Zusammenhang die schärfere Trennung von Haupt- und Nebensatz – zweifellos Bezugsbereiche, von denen aus sich die Entwicklung anderer, variablerer Bereiche erfassen lässt. Ein anderes angenommenes konstantes Moment in der deutschen Sprachgeschichte, der Verlust der aspektuellen Orientierung des Verbalsystems und das Reagieren anderer grammatischer Kategorien darauf, wie es von Elisabeth Leiss und anderen Forschern angesetzt wird, ist schon erheblich eingreifender. In der Neubearbeitung werden zumindest Hinweise darauf gegeben, dass solche Sichtweisen schlaglichtartig Entwicklungen zu begreifen erlauben. Dies vor allem deswegen, damit der Eindruck, dass Veränderungen nur punktuell zu beschreiben wären, nicht aber eine Vernetzung mit anderen Eigenschaften, ja Kettenreaktionen auslösen können, vermieden wird. Wegen des begrenzten Platzes werden solche Hinweise ebenfalls eher als Einstiegspunkte in die entsprechenden Forschungsbereiche gegeben.

Die Entwicklungen und Veränderungen in der Syntax des Deutschen sind, wie nicht anders zu erwarten, intern und extern betrachtet, sehr unterschiedlich und sie sind demzufolge auch unterschiedlich gewertet und vor allem erforscht worden. So haben die Änderungen des Kasussystems schon immer das Interesse der Forschung auf sich gezogen und auch von sprachpflegerischer Seite wurden sie stark beachtet, wenn auch fast immer unter dem Aspekt des Verlustes der Kasuskennzeichnung. Synkretismus, Abbautendenzen, allenfalls Umschichtungen waren die Gesichtspunkte, unter dem sich der seit dem Althochdeutschen so offensichtliche Abbauprozess betrachten ließ. Dass Reduktionsprozesse durch Aufbau von funktionsanalogen Systemen an anderer Stelle nicht nur kompensiert werden, sondern dass damit immer Systemumschichtungen einhergehen, ist erst in den letzten Jahrzehnten deutlicher in den Blick genommen worden. Die in den älteren Gesamtdarstellungen, insbesondere bei Otto Behaghel und Hermann Paul belegten Entwicklungen brauchen allerdings nur in größerem Zusammenhang betrachtet zu werden. Dann sind ihre Zusammenstellungen und auch das in der ‚Kurzen deutschen Syntax' vorliegende Konzentrat hilfreich für die Beurteilung diesbezüglicher Wandelprozesse. Der Aufbau des Artikelsystems im Deutschen, der Ausbau der Nominalphrase und die Adjektivflexion stehen mit der Änderung des kasuellen Systems der Substantive, aber auch mit der Umgliederung im Satzgefüge im Zusammenhang. Es wäre verfehlt, der älteren Forschung vorzuwerfen, diese Interdependenzen überhaupt nicht gesehen zu haben, aber erst mit einer wirklichen Gesamtschau bekommen die Änderungen ihren Sinn. Doch muss man sich auch hier immer vor einer zu einsträngigen Betrachtungsweise hüten. Es wirken nicht nur typologisch-universale Kräfte bei den Veränderungen von grammatischen Systemen, auch einzelsprachlich-idiosynkratische sind einzubeziehen. So müssen im Deutschen die regionalen zentrifugalen Kräfte beachtet werden. Sie dürfen nicht gänzlich hinter der Fokussierung auf die zentripetalen zurücktreten, wie es in der Tradition der Sprachgeschichtsschreibung lange Zeit den Anschein hatte. Wie bereits gesagt, muss eine Balance zwischen den Kräften, die auf Ausbildung einer einheitlichen Schriftsprache gewirkt haben und den darunter und daneben wirkenden Kräften, die Altes fortführen und Neues auf- und ausbauen, gesucht werden.

Solche Tendenzen machen sich im verbalen Bereich noch stärker bemerkbar als im nominalen. Auch im Verbsystem des Deutschen sind Gesamt- und Einzeldarstellungen vielfach von der Idee getragen gewesen, den Verlust von grammatischen Kategorien und ihre Kompensation im Laufe der Sprachgeschichte darzustellen. Musterfall ist im Deutschen das Tempussystem. Die älteren historischen Grammatiken charakterisierten die Lage für das Althochdeutsche so, dass diese Sprachepoche sich mit zwei Tempora begnügen musste, während etwa das Latein über ein reiches, voll ausgebautes Tempussystem verfügte. Konsequenterweise steht die Beschreibung des Tempussystems im Deutschen dann unter der Perspektive, wie dieser Mangel im Lauf der Zeit allmählich kompensiert wird. Zwar sind die minutiösen Untersuchungen der Entwicklung des Perfekts, dessen erste Ansätze sich im Althochdeutschen bekanntlich so greifbar zeigen, nach wie vor unverzichtbar. Aber es wird allzu leicht vergessen, dass das Althochdeutsche, wenn man die Vogelperspektive einschlägt, keineswegs defizitär war, sondern mit einem hier noch in Resten vorfindlichen aspektuell motivierten System die Ausdrucksbedürfnisse genauso gut wie das Latein befriedigen konnte, nur eben mit anderen Mitteln. Die Reste dieses Systems leben unter der Oberfläche des manifesten Sogs zur Vereinheitlichung und der Dominanz temporaler Ausrichtung des Verbalsystems weiter. Sie führen in den Regionalsprachen zu Nutzungen in anderen Bereichen, etwa in der Futurkennzeichnung und im Modalsystem (z. B. im Bairischen für die Bezeichnung einer vermuteten nahen Zukunft: *es wird regnat*), bewahren die latente Ausrichtung auch des Deutschen für aktionale und aspektuelle Differenzierung (z. B. mit dem Aufbau der Kursivstrukturen vom Typ *er ist am arbeiten*). Hier erkennt man bereits, dass es verschiedene Regionen des Deutschen sind, die solche Strukturen bewahren oder ausbauen. Ich möchte hier darauf hinweisen, dass die ‚Kurze deutsche Syntax' eine der wenigen Darstellungen ist, die durchgängig das Niederdeutsche, vor allem in seinen frühen Stufen, in die Darstellung einbezieht. Bei einer Gesamtsicht auf das gegenwärtige Deutsch in seiner geschichtlichen Entwicklung darf diese Region keineswegs außer Betracht bleiben. Es hat zu allen Zeiten intensive Berührungen und Beeinflussungen des hoch- und niederdeutschen Bereichs gegeben, auch wenn seit dem 17. Jahrhundert der Einfluss des Niederdeutschen marginal zu werden beginnt.

Ein knappes Kompendium wie die ‚Kurze deutsche Syntax' kann eine Sprachgeschichte unter der angedeuteten Perspektive nicht ersetzen, sie kann nur im mikrostrukturellen Bereich Ansatzstellen aufzeigen, die die Entwicklungen in einzelnen Bereichen in größere Zusammenhänge ordnen. Solche übergreifenden Gesichtspunkte haben sich in der Forschung der letzten Jahrzehnte unter sprachwandeltheoretischer und typologischer Perspektive vielfach herausgebildet. Sie sind auch in zusammenfassenden Arbeiten bereits geordnet und werden realistischerweise meist als Anweisungen für künftige Forschungen formuliert, wie es etwa von Ágel (2000) unternommen wird.

Ágel geht zu Recht davon aus, dass die Forschungen zu den einzelnen Sprachepochen des Deutschen sehr unterschiedlich intensiv betrieben worden sind. Während das Alt-, Mittel- und Frühneuhochdeutsche in den letzten Jahren immer stärkere Beachtung gefunden hat, sei die Behandlung der Syntax des Deutschen von etwa 1700 bis heute auf sich beruhen gelassen. Dies habe letztlich seine Ursache darin, dass man die Entwicklung des Deutschen im Satzbau mit dem Ende der frühneuhochdeutschen Epoche als so gut wie abgeschlossen betrachtet habe. In der Tat ist dies in qualitativer Hinsicht, d. h. bezogen auf die Typenbildung, im Großen und Ganzen der Fall. Es gilt aber nicht in quantitativer Hinsicht und vor allem auch nicht für die einzelnen Funktionalstile, von den regionalen Varianten ganz zu schweigen. So nennt Ágel als Aufgaben künftiger Forschung insbesondere zur jüngsten Zeit, die adäquate Berücksichtigung der Variätenlinguistik. Dies soll für die ‚Kurze deutsche Syntax' zumindest durch Einbeziehung von Belegen auch anderer als schriftsprachlicher Quellen (mit den oben angegebenen Vorbehalten) beachtet werden.

Die Erforschung der historischen Syntax des Deutschen hat in der Tat in den letzten Jahrzehnten einen großen Aufschwung genommen. Dies gilt zunächst für die Beschäftigung und genauere Klärung von „klassischen" Bereichen wie den Änderungen beim verbalen Genitiv oder das Aufkommen und die Etablierung des Artikelsystems. Auf diese Entwicklungslinien wird an den entsprechenden Stellen der ‚Kurzen deutschen Syntax' eingegangen. Zunehmend werden aber auch die Sprachgeschichte des Deutschen und die der Syntax in besonderem Maße unter allgemeinlinguistischer Perspektive gesehen. Sprachwandeltheorien und universale Entwicklungslinien werden auf das Deutsche bezogen. Hier findet sich eine

Fülle von Arbeiten, die solche Fragestellungen als Leitlinien von Untersuchungen nehmen. Auch auf diese wird an den entsprechenden Stellen hingewiesen. Die ganze ‚Kurze deutsche Syntax' selber unter eine Leitlinie zu stellen, wäre aber aus zwei Gründen nicht ratsam gewesen: Einmal hätten sich viele der behandelten Einzelphänomene doch nicht unter einer zentralen Sichtweise subsumieren lassen, zum andern sollte überhaupt die offene Anlage der ‚Kurzen deutschen Syntax' für sprachwandeltheoretische Fragen nicht tangiert werden. Aber auch hier werden die Schnittstellen für relevante Fragen markiert.

Auf die sprachwandeltheoretischen Ansätze und die Ausweitung sprachhistorischer Untersuchungen, die seit dem Erscheinen der letzten Auflage in den Vordergrund getreten sind, kann hier deswegen vorweg nicht ausführlich eingegangen werden. Einige Bemerkungen seien aber angeführt.

Eine Leitlinie für die Beurteilung des im Deutschen manifesten Sprachwandelprinzips war, wie gesagt, in älteren Arbeiten die Änderung vom synthetischen zum analytischen Sprachbau. Die Verteilung grammatischer Informationen auf unabhängige Wörter im Zuge des Flexionsabbaus war dabei ein Kerngesichtspunkt. Härd (2003) macht in seiner Musterung dieser Ansicht deutlich, dass hier eine viel zu einsträngige Sichtweise gewaltet hat. Vor allem im Vergleich mit dem Englischen zeigen sich große Unterschiede. Zwar sind auch im Deutschen Festwerdungen der Wortstellung als Kompensation eindeutiger Markierungen der grammatischen Funktionen zu verzeichnen, aber in viel geringerem Ausmaß als im Englischen. Vor allem aber ist die Flexionskennzeichnung hier vollständig erhalten geblieben, sie hat sich nur auf Begleitwörter des Substantivs verlagert. Während sie zunächst redundant erscheint, verlagert sie sich allmählich zu einer einfachen Kennzeichnung an einem der Begleitwörter, insbesondere auf den Artikel. Admoni (1990) spricht hier von einer Tendenz zur Monoflexion (vgl. von Polenz 1994, S. 240). Die Gesamtcharakterisierung des Deutschen als einer Sprache, bei der die „Entwicklung in analytischer Richtung trotzdem eine generelle, grundlegende Disposition für den synthetischen Sprachbau bewahrt hat" (Härd 2003, S. 2569), erscheint daher realistisch.

Für die Ratio der Wandelerscheinungen in einer Sprache sind in der Forschung ganz unterschiedliche Triebkräfte angenommen worden. Auf einige ist oben schon eingegangen worden. Andere sind die sprachliche Reanalyse, das Analogieprinzip, die Entlehnung, der Einfluss der Grammatiker und Sprachpfleger (vgl. Lightfoot 1979, Bergmann 1982, Hundsnurscher 1998, S. 767). Diese Kategorien haben ganz unterschiedlichen theoretischen Status. Die sprachliche Reanalyse zeigt sich in der Geschichte der deutschen Syntax gut verfolgbar im Aufkommen des *haben*-Perfekts und seiner Integration ins Tempussystem. Hier wird aus einer subjektzentrierten Possessivkonstruktion im Laufe der Zeit eine unmarkierte verbale Kategorie im Tempussystem (s.u. § 95).

Analogie als „Ausdruck ständig präsenter Ordnungsmuster" (Leiss 1998, S. 854) kann als sprachliches Prinzip in Anspruch genommen werden, mit dem einerseits erfolgreiche Subsysteme sich ausweiten, andererseits diese sich aber im Rahmen der typologisch verfestigten Muster bewegen. Analogische Prozesse können angenommen werden für die Ausweitung des Kasusabbaus in der Nominalphrase, bzw. zur Verlagerung der Kasuskennzeichnung auf andere Kasusträger als die Substantive (vgl. § 74).

Sprachwandelerscheinungen sind in der Forschung zunehmend in den letzten Jahrzehnten als Manifestationen von Grammatikalisierungsprozessen beschrieben worden (vgl. z. B. Lehmann 1987, Diewald 1997, Leiss 1998, Keller 2003). Die dabei angesetzten Beurteilungsstrategien sind in dreierlei Hinsicht einschneidend: Sie verlangen erstens eine gemeinsame Betrachtung von phonologischen, morphologischen und syntaktischen Prozessen. Sie setzen zweitens eine Sichtweise in Kraft, die den Zusammenhang von Lexik und Grammatik unverzichtbar macht und sie führen drittens zu gesamthaften Deutungen des Sprachwandels auf exakten Grundlagen. Betrachtungsweisen dieser Art sind durchaus auch in der älteren historischen Grammatik angesetzt worden. So lässt sich der Kasusabbau als die Verlagerung von syntaktischen Ordnungsmustern von einem jeweils einzigen morphologisch aufwendigen indogermanischen Vollwort auf Funktions- und Vollwörter ansehen. Dabei wird deutlich, dass die deutsche „Sonderentwicklung", verglichen etwa mit dem Englischen, in einem Gleichgewicht zwischen radikalem Abbau und Bewahrung von flexivischen Elementen verharrt. Erst dieser typologische Vergleich – der auf das Gesamt der germanischen und anderer Sprachen auszudehnen ist – macht verlässliche Aussagen über die hier waltenden Gesetzmäßigkeiten möglich. Deutlich wird aber unmittelbar, dass die oben angesprochene Bewertung einer Sprache nach (vorherrschend) synthetischer versus analytischer Flexion nicht pauschal, sondern für einzelne Zyklen vorgenommen werden muss. Ein solcher Zyklus ist z. B. für die Entwicklung der Negation beschrieben worden (Jespersen 1917, vgl. § 122, vgl. Szczepaniak 2009, S. 43–45). – Was die „gesamthaften Deutungen" betrifft, so haben Theorien wie die von der „unsichtbaren Hand" (Keller 2003) ihre Erklärungskraft, weil sie den Sprach*gebrauch* als Änderungen erzwingend in Ansatz bringen. Sie werden aber auch kritisch gesehen (Leiss 1998, S. 858).

Dieses alles sind systematische Prozesse, die universalen Gesetzmäßigkeiten gehorchen. Ob sich das von Entlehnungen auch sagen lässt, ist dagegen zweifelhaft, obwohl Übernahmen und Anpassungen an Konstruktionsmuster aus fremden Sprachen überall gängig sind. Im Deutschen wird ihr Beitrag für die Ausgestaltung des syntaktischen Systems intensiv für das Althochdeutsche (vgl. § 78 ff.) aber auch für spätere Epochen diskutiert. Schließlich ist zur Frage des Einflusses der Grammatiker und Sprachbeobachter zu bemerken, dass er im

Deutschen zweifellos gewirkt hat. Dies ist ein wichtiges retardierendes Moment in der Sprachentwicklung, denn Sprachpfleger tendieren grundsätzlich zur Höherbewertung etablierter Konstruktionen. Im Deutschen ist ein solcher Einfluss etwa für die Abblockung der *tun*-Periphrase als generelle grammatische Formmöglichkeit angenommen worden (vgl. § 84). Aber der Einfluss der normativen Grammatiker sollte doch nicht überbewertet werden. Die sprachlichen „Triebkräfte" – ein Ausdruck für den „drift" in der Sprachentwicklung, wie er sich besonders in der älteren deutschen historischen Grammatik niedergeschlagen hat –, sind durch Einzelmaßnahmen, durch bewusste Eingriffe oder durch die Schultradition allenfalls zu beeinflussen, nicht aber grundsätzlich zu ändern.

Was die Etablierung und Stabilisierung der „Norm" betrifft, so ist, wie oben gesagt, die ‚Kurze deutsche Syntax' in der Konsequenz der Forschungstradition des 19. und 20. Jahrhunderts so angelegt, dass sie die Herausbildung der gegenwärtigen Norm in der deutschen Sprache, vornehmlich der Schriftsprache, fokussiert. Die Wandelerscheinungen lassen verfolgen, wie sich die „systeminhärenten Möglichkeiten" zur „geltenden Norm" verdichten (Hundsnurscher 1998, S. 765 f.). Wo dies im Lichte neuerer Ansätze zu einseitig erfolgt, wird in dieser Neubearbeitung auf mögliche Korrekturen, auf Alternativen und auch auf andere Deutungsmöglichkeiten hingewiesen.

Auf die Ausdehnung des überhaupt für die Befassung mit sprachhistorischen Fakten generell notwendigen Materials ist ebenfalls schon hingewiesen worden. Unverzichtbar ist die Einbeziehung anderer Sprachregister als des der „Literatursprache". Deren Bevorzugung hat vielfach zu einer Beurteilung syntaktischer Phänomene geführt, die nicht in jeder Hinsicht gerechtfertigt ist. Dies gilt, um zwei Beispiele zu nennen, für den Ausbau der Nominalphrase und auch für den Gesamtsatz. Zwar lässt sich die Auffüllung der prä- und postnuklearen Attribute im Deutschen mit dem Ausbau der Nominalklammer und der Ausklammerung erklären, wobei wiederum ein generelles – theoretisch sehr unterschiedlich bewertetes Konzept – bemüht wird, aber damit ist immer noch erst das Phänomen überhaupt erklärt, nicht aber sein Vorkommen in den unterschiedlichen Sprachregistern. Denn Ausbau und Entwicklung der nominalen Attribute vollzieht sich zu einem beträchtlichen Teil in der Verwaltungs- und Behördensprache. Diese ruht auf den im Urkundenwesen und in der Rechtssprache ausgebildeten Sprachformen, die nach und nach, und vor allem nie vollständig in die Gemeinsprache eingegangen sind. Daher müssen Aussagen über die Nominalphrase immer unter unterschiedlichen Perspektiven formuliert werden, sie dürfen nicht generell für die Entwicklung des Deutschen schlechthin angesehen werden. Vergleichbares gilt für die Satzkomplexität.

Nicht zu bestreiten ist allerdings, dass im Deutschen die sich seit dem späten Mittelalter herausbildende Leitvarietät durch bestimmte Züge gekennzeichnet ist, die einerseits generell retardierend-konservativ sind, andererseits die Bevorzugung der genannten schriftsprachlichen Sprachregister zeigen. Für den ersteren Aspekt wird zu Recht die seit dem 16. Jahrhundert manifeste Spracharbeit der Grammatiker und der Schule verantwortlich gemacht (vgl. etwa Sonderegger 1979, S. 176 f. und Ágel 2000, S. 1857). Dies greift auch in die Bevorzugung der dominant schriftsprachlichen Register aus. Ágel weist für das erstere etwa auf die Bewahrung der Kasusmorphologie im Deutschen hin, die eben nicht die Abbautendenzen wie im Englischen und den anderen germanischen Sprachen aufweist. Für den zweiten Bereich lässt sich wiederum auf die seit ihrem Aufkommen bekämpfte *tun*-Periphrase verweisen, die sich im Englischen in der Frühphase in vergleichbarem Maße wie im Deutschen zeigt. Sie ist auch dort nicht als generelle Periphrastisierung durchgedrungen, sondern auf zwei grammatische Bereiche beschränkt worden, die Negation und die Frage. Darin ist sie aber obligatorisch. Die anderen Formen, z. B. in Aussagesätzen, besonders bei Vergangenheitstempora, leben dort substandardsprachlich fort. Ganz anders im Deutschen: Hier ist die *tun*-Periphrase, die den generellen Trend zur Periphrastisierung des Deutschen so konsequent zeigt, bis auf wenige grammatikalisierte Gebrauchsweisen, vor allem der emphatischen Wiederaufnahmen (*Schreiben? Ja das tut er.*) aus der schriftsprachlich dominierten Standardsprache verbannt worden. Dagegen lebt sie in den Mundarten im Deutschen fort und zeigt Ansätze zur Grammatikalisierung.

Diese Beispiele ließen sich vermehren, die Forschungen zur „Nähesprache" listen eine Reihe von Phänomen auf, die ähnlich zu beurteilen sind. Auf solche Ansatzpunkte wird in der Neubearbeitung der ‚Kurzen deutschen Syntax' hingewiesen.

Bei aller Kritik an der herkömmlichen Art der Erforschung der deutschen Sprachgeschichte und insbesondere des Satzbaus darf aber nicht vergessen werden, dass die standardsprachliche Leitvarietät eine Realität ist. Sie wird in den Schulen gelehrt, sie ist die Grundlage für die lexikologische und jegliche sonstige thesaurierende Arbeit und sie ist die unverzichtbare Grundlage für die Vergleichbarkeit und die Lehr- und Lernbarkeit des Deutschen in der Außensicht. Diese Grundlage war in der früheren sprachhistorischen Befassung mit dem Deutschen das Leitbild, sicher unausgesprochen und wenig reflektiert. Wenn es heute auch ungleich variabler gesehen wird, so ist es doch immer noch der Bezugspunkt, der allerdings in seiner historischen Gewordenheit und Bedingtheit zu sehen ist. Doch ist seine allmähliche Verfestigung auch historisch gut zu erkennen. Kettmann/Schildt (1976) weisen überzeugend den Vorrang des Ostmittel- und Ostoberdeutschen bei den Entwicklungskonvergenzen nach. So ist hier bereits früh die Einfachnegation der Normalfall (Pensel 1976, S. 321), die anderen Sprachregionen folgen nach. Was die Textsorten betrifft, so ist es die Fachprosa, die spätestens seit dem Frühneuhochdeutschen die progressivsten Stränge zeigt (Kettmann/Schildt 1976, S. 518 und Erben 2000, S. 1590).

So ist an dieser Stelle kurz auf die Textgrundlagen für eine historische Syntax des Deutschen einzugehen. Es liegt auf der Hand, dass die hier vorliegende Kurzfassung keine neu aus den Quellen erhobene Darstellung liefern kann. Dies kann nur geschehen, wenn die einzelnen Epochen auf diese Weise gründlich erarbeitet sind (vgl. Wegera 2003). Sie sind für das Mittelhochdeutsche (Klein/Solms/Wegera 2009 ff.), das Frühneuhochdeutsche (Reichmann/Wegera 1993) und das frühe Neuhochdeutsche (vgl. Ágel/Hennig (Hrsg.) (2006)) in Arbeit und werden hier insoweit berücksichtigt, als die Neubewertung und die Schärfung älterer Auffassungen über den Entwicklungsgang herangezogen werden, besonders, soweit sich Korrekturen der in den älteren Auflagen dieser Arbeit findenden Auffassungen ergeben. Exemplarisch lässt sich am Althochdeutschen erkennen, worin die generellen Schwierigkeiten bestehen. Sie sind von Schrodt bei seiner Althochdeutschen Syntax thematisiert und von Fleischer (2006) eingehend charakterisiert worden. Wenn diese Schwierigkeiten sich auch beim Althochdeutschen besonders prägnant zeigen, so gelten sie doch mutatis mutandis auch für die späteren Sprachepochen des Deutschen. Sie liegen darin begründet, dass es zunächst einmal „das Deutsche" so einfach nicht gibt, wie zwar in der Forschung von jeher in Rechnung gestellt wird, bei der Betrachtung der Gesamtentwicklung des Deutschen aber gerne so verstanden wird, dass damit die gegenwärtige deutsche Standard- und Schriftsprache und die Hinführung darauf gemeint ist. Diese teleologische Sichtweise, so vereinseitigend sie auch ist, hat immerhin ein Leitbild, das die Gestalt des Gegenwartsdeutschen aus seinen Vorstufen erklärt oder besser erklären will. Es ändert aber nichts an der Tatsache, dass die textuellen Grundlagen für alle Epochen abzuwägen sind danach, welcher Region sie zuzuweisen sind, ob es sich um Prosa oder versgebundene Sprache handelt, ob es sich um Übersetzungsliteratur oder eigenständige Texte handelt, ob es sich um schriftlich konzipierte oder der Mündlichkeit näher stehende Spracherzeugnisse handelt. Diese genannten Kategorien erscheinen jeweils dichotomisch, sind aber eher graduell zu bewerten. Denn ein Übersetzungswerk etwa kann sich strikt an seine Vorlagen halten, wenn es, wie z. B. die Murbacher Hymnen, noch dazu Versdichtung darstellt. Aber selbst ein solches Denkmal kann durchaus bestimmte syntaktische Eigenheiten des Deutschen, auch wenn sie dazu noch regional unterschiedlich sind, im Vergleich mit anderen Texten aufweisen (vgl. Eroms 2010). Selbst in den Glossen können syntaktische Eigenheiten der Zielsprache, etwa bei der Artikelsetzung oder beim Aufbau der Substantivgruppe durchschlagen, wie Meineke (1997) zeigt. Dass ein „Übersetzungswerk" wie der Tatian in vielem sehr eigenständig ist, hat die neuere Forschung überzeugend herausgearbeitet, auch wenn es sich dabei vor allem um Abweichungen von der lateinischen Vorlage handelt (vgl. Fleischer 2006, S. 32, und speziell zur Serialisierung Simmler 2007, S. 83). So können Vergleiche mit dem viel freieren Otfridtext, wenn sie nicht pauschal, sondern für bestimmte Phänomene vorgenommen werden, zu tragfähigen Ergebnissen führen. Andererseits ist der Tatian dadurch, dass er sich bei der Übersetzung an die Zeilenbindung der Vorlage hält (vgl. Masser 1997 und Fleischer 2006, S. 40 f.), in Bezug auf die Wortstellung nicht in jeder Hinsicht eigenständig. Die Frage ist bei Übersetzungstexten auch immer, ob der mit dem deutschen Denkmal zusammen überlieferte lateinische Text die genaue Vorlage abgegeben hat, von unterschiedlichem Umgang damit abgesehen. Das lässt sich am Vergleich des Tatiantextes und denen der Isidorgruppe leicht erkennen (vgl. Matzel 1970). Schließlich ist generell zu bedenken, dass ein Großteil der historischen Textsorten für die Schriftlichkeit konzipiert ist und dass „heute etwa über weite Strecken die gesprochene Standardsprache als Sekundärprodukt auf der Grundlage einer vorher ausgebildeten einheitlichen schriftlichen Standardsprache" (Mattheier 1995, S. 7) angesehen werden kann.

Ágel umreißt in seinem Überblicksartikel über die ‚Syntax des Neuhochdeutschen' bis zur Mitte des 20. Jahrhunderts die Aufgaben künftiger Forschung (Ágel 2000, S. 1896 – 1898). Er nennt dabei neun Bereiche, die eigentlich alles umfassen, was in der Syntax in den letzten Jahrzehnten relevant geworden ist. Jede Bestandsaufnahme der Forschung ist ein Zwischenergebnis, Forschung kann nie zum Stillstand kommen. Neue Fragestellungen machen es nötig, das bis dahin Erarbeitete stets wieder unter anderen Gesichtspunkten zu bewerten. Die sogenannten „Fakten" sind immer schon auf dem Hintergrund von expliziten und impliziten Theorien bewertete Phänomenbereiche. Sie stehen auch zumeist unter einer Leitlinie. Die für die ‚Kurze deutschen Syntax' maßgebliche sei hier noch einmal angegeben: Die Darstellung, wie sich die standardsprachliche Leitvarietät des Deutschen im Satzbau herausgebildet hat, war in den früheren Auflagen des Buches das vorherrschende Ziel. Diese bis zur Mitte des zwanzigsten Jahrhunderts unhinterfragt angesetzte Absicht, die historisch gewachsene Syntax einer Sprache zu behandeln, muss heute insofern modifiziert werden, als neben und unter den Hauptsträngen das Fortwirken divergierender, aber auch konvergierender Kräfte in Rechnung zu stellen ist. Zumindest sind die Aussagen für die Stadien und den derzeitigen Stand der Syntax des Deutschen durch den generellen Verweis auf den Geltungsbereich der Standardsprache zu kompensieren, andere Register sind da, wo die Überlieferungslage es ermöglicht, einzubeziehen. Es sollte aber nicht außer Acht gelassen werden, dass die schriftliche Überlieferung, auf die sich bei einer historischen Betrachtung zu stützen ist, so gut wie alle Phänomene der Sprache insgesamt aufweist, jedenfalls in qualitativer, wenn auch nicht in quantitativer, statistisch relevanter Hinsicht. –

Für die historische deutsche Syntax ist die Erarbeitung einer Darstellung, die sich auf ein umfangreiches, statistisch aussagekräftiges und textsortengerechtes Korpus stützt, unabdingbar. Ein solches Unternehmen, das an die Seite der vierbändigen ‚Deutschen Syntax' von Otto Behaghel treten kann, hat mit den Vorarbeiten begonnen (Schmid 2007). Es wird sich auf ein annotiertes Korpus stützen. Die Annotationen sollen auf der Grundlage des Valenzansatzes erfolgen. Die Darstellung soll „deskriptiv-philologisch ausgerichtet sein und ist keiner bestimmten momentan aktuellen theoretischen Richtung verpflichtet" (Schmid 2007, S. 52). Bei der kaum zu überblickenden Vielfalt der Entwicklungsstränge, die sich nur schwer auf eine Hauptlinie einer angenommenen Sprachentwicklung konzentrieren ließen, ist dies geplante Verfahren realistisch. Bis eine solche Syntax zugänglich sein wird, muss man sich mit Einzeldarstellungen begnügen. Eine gewissen Zwischenbilanz mag auch diese Neubearbeitung der ‚Kurzen deutsche Syntax auf historischer Grundlage' von Ingerid Dal abgeben.

Für die Neubearbeitung sind sämtliche Zitate des Werkes überprüft worden. Bis auf wenige Ausnahmen waren die Belege bisher nur mit einer Verfassersigle angegeben worden. Ich habe bei der Überprüfung alle Zitate mit den Belegstellen versehen. Dabei habe ich im Allgemeinen die offensichtlich von Ingerid Dal eingesehenen Werke herangezogen. Bei Belegen aus älteren deutschen Texten sind dies zumeist die „klassischen" Ausgaben gewesen, also für die kleineren althochdeutschen Texte das Althochdeutsche Lesebuch, für Wolfram von Eschenbach die Ausgabe von Karl Lachmann, für das Nibelungenlied die Ausgabe von Bartsch/de Boor, für den Tristan die Ausgabe von Ranke. Referenzen auf solche Ausgaben habe ich belassen, aber die Stellenangabe hinzugefügt. Das ist auch aus dem Grunde geschehen, dass die ‚Kurze deutsche Syntax' ein Werk für Studierende war und bleiben soll, bei dem ein exaktes Zitieren nach den Handschriften nicht generell gegeben ist, zumal in den meisten Fällen, vor allem bei neueren Texten, keine Unterschiede zu den gedruckten Versionen zu vermerken sind. Wo es aber auf syntaktisch relevante Verhältnisse ankam, ist selbstverständlich die handschriftliche Grundlage herangezogen worden. Insbesondere gilt dies für den Tatian und den Otfrid-Text. Hier haben die neueren Ausgaben von Masser (1994) und Kleiber (2004) eine Umstellung der älteren Beleganführungen nötig gemacht. – In den früheren Auflagen hatten die Herausgeber, aus den genannten Gründen der Hinführung der Studierenden auch an die Lautgestalt der Texte, Längenbezeichnungen angegeben. Dies habe ich beibehalten, allerdings für das Althochdeutsche Längenstriche und für das Mittelhochdeutsche den Zirkumflex gesetzt, im Einklang mit der philologischen Praxis.

Was die neueren Texte betrifft, so sind auch bei diesen bis auf wenige Ausnahmen die Zitatstellen ermittelt worden (, wobei einige Fehler zu korrigieren waren). Bei den insgesamt über fünfhundert Goethezitaten ist für die poetischen

Texte meist die Hamburger Ausgabe herangezogen worden, die vielen Zitate aus den Briefen sind überwiegend mit dem Briefdatum und der Nennung des Empfängers versehen worden, was mir in diesem Fall für die Bewertung eines solchen Zitates wichtig erscheint. Einige der Goethezitate, wie auch Zitate anderer Schriftsteller, sind nach unterschiedlichen Ausgaben geprüft worden, syntaktisch relevante Unterschiede ließen sich dabei kaum bemerken, für die ‚Kurze deutsche Syntax' ist eine etwaige unterschiedliche Laut- und Graphieversion zudem weniger wichtig.

Inhalt

I. Das Substantiv

1. Genus

§ 1. Die Nomina (Substantive und Adjektive) und die Pronomina haben die Deklinationskategorien Genus, Numerus und Kasus. Numerus- und Kasusflexion sind allen diesen Wortklassen gemeinsam. Genusbiegung („Motionsfähigkeit") zeigen dagegen nur die Adjektive und die Pronomina. Das Genussystem des Substantivs wird dadurch konstituiert, dass jedes Substantiv eine bestimmte Genusform von den Adjektiven und Pronomina verlangt, die auf dasselbe attributiv oder anaphorisch bezogen sind.

Das Deutsche hat die drei Geschlechter der indogerm. Ursprache, Maskulinum, Femininum und Neutrum, bewahrt. Das formale Kennzeichen des grammatischen Geschlechts wurde im Indogerm. nicht am Substantiv selbst ausgedrückt, sondern nur an den darauf bezogenen Adjektiven und Pronomina. Allmählich machte sich aber eine Tendenz geltend, auch bei den Substantiven das Genus mit einer bestimmten Form zu verbinden. Im Altgerm. ist diese Tendenz besonders stark. Hier sind sämtliche idg. $\bar{a}$-Stämme (= germ. $\bar{o}$-Stämme) Feminina, während andererseits kein Femininum als o-Stamm (germ. a-Stamm) erscheint. Innerhalb der n-Deklination sind die drei Geschlechter im Germanischen geschieden, was eine Neuerung ist. Auch in der späteren deutschen Sprachentwicklung wirkt die Tendenz fort, das Genus am Substantiv selbst zum Ausdruck zu bringen, indem die Kasus- und Pluralmorpheme sich weitgehend nach dem grammatischen Geschlecht verteilen. Trotzdem sind auch im modernen Deutsch die attributiven und hinweisenden Adjektive und Pronomina, vor allem der Artikel, die wichtigsten Träger der Genusbezeichnung des Substantivs.

Das grammatische Geschlecht beruht im Indogerm. bis zu einem gewissen Grade (s.u.) auf dem biologischen. Nachdem aber die Form des Substantivs für das Genus entscheidend wurde, entstanden zuweilen Diskrepanzen zwischen natürlichem und grammatischem Geschlecht, wie im Deutschen *das Weib* und die Substantive mit den Diminutivsuffixen *-chen* und *-lein,* die weibliche und männliche Personen bezeichnen. Eine andere Diskrepanz ist dadurch entstanden, dass z. B. Maskulina wie *Hund* und *Wolf* auch in der Bedeutung von *Hündin* und *Wölfin* gebraucht werden können. Im Mhd. konnte man auch sagen *sie was sîn friunt,* wo man jetzt *Freundin* sagen würde. Dieser sogenannte generelle Gebrauch des Maskulinums ist besonders häufig in prädikativer Stellung; man sagt auch von Frauen *Du bist ein Narr, mein Bote, mein Richter,* obwohl es die Feminina *Närrin, Botin, Richterin* gibt. In festen Verbindungen, wie *einer Sache Herr* oder *Meister werden,* kann das Femininum überhaupt nicht verwendet werden.

– Andererseits kann aber auch das natürliche Geschlecht über das grammatische siegen, so z. B. got. *guþ meins* (Matth. 27, 46), obwohl *guþ* neutrum ist; mhd. *ich armer Dietmâres kint;* nhd. *der Fräulein Name* (Lessing); *eine Fräulein B.* (Goethe); *die schöne Annerle* (sog. Synesis, vgl. unten § 118).

Solche Diskrepanzen, aber auch generelle Überlegungen über die Sichtbarmachung von Geschlechtern in sprachlichen Formulierungen haben in den letzten Jahrzehnten des zwanzigsten Jahrhunderts zu einer kontroversen Debatte geführt. – Eine Funktion des grammatischen Geschlechts scheint im frühen Deutsch in Fortsetzung indogermanischer Verhältnisse darin bestanden zu haben, lexikalische Differenzierungen zum Ausdruck zu bringen. Darauf deuten Formen mit Genusunterscheidung hin. Leiss (1997) führt dafür u. a. das Beispiel ahd. *witu,* ,Holz' an. Dieses Wort ist zwar im Althochdeutschen nur als Neutrum belegt, im Mittelhochdeutschen aber in allen drei Genera. „Die Bedeutung des Maskulinums ist ,Holz, Brennholz', die des Femininums ,Flechtreis; Strang aus gedrehten Reisern; Band als Schmuck'; das Femininum weist ganz offensichtlich kollektive Bedeutung auf. [...] Das maskuline *witu* sollte sich [...] auf ein Etymon mit singulativer Bedeutung zurückführen lassen." Dafür führt sie altnord. *viðr* an, ,Baum' (Leiss 1997, S. 42f.) Froschauer (2003) untersucht die Substantive mit Mehrfachgenus im Althochdeutschen und kommt zu dem Schluss: „Das Althochdeutsche trägt insgesamt dazu bei, im Rückschlußverfahren gemeinsam mit dem Genussystem anderer altgermanischer Sprachen die Annahme eines ehemaligen indogermanischen hochmotivierten Genussystems zu stärken." (Froschauer 2003, S. 487).

2. Numerus

§ 2. Der Singular kann im sog. generellen Gebrauch auch für eine Mehrheit stehen, wo man von dem Numerusverhältnis absieht. Der Gebrauch war früher ausgedehnter als jetzt: ahd. *sô muater kindeline duat* (Otfrid III, 1, 32) „wie eine Mutter dem Kinde tut". Seit mhd. Zeit muss in diesem Gebrauch das Substantiv den (bestimmten oder unbestimmten) Artikel haben: mhd. *ein man sol haben êre;* nhd. *es irrt der Mensch, so lang er strebt* (G., Faust I, Prolog im Himmel); *ihn interessierte nur der Mensch, die Menschen ließ er gewähren* (G. 22, 322); *teuer ist mir der Freund, doch auch den Feind kann ich nutzen* (G., Sch., Xenien). In festen zweigliedrigen Verbindungen hat sich jedoch dieser Singular ohne Artikel erhalten: *Mann und Weib; Berg und Tal; über Stock und Stein.*

Dieser generelle Singular bekommt leicht kollektive Bedeutung. Wenn es im Parzival heißt *hie der riter, dort der koufman* sind damit Gawan und die Stadtbürger gemeint. Ebenso heißt es später *der Feind steht vor dem Tore.* In dieser Weise entstehen feste Kollektivbedeutungen wie *das Haar, das Korn*. Diese Worte bezeichnen sowohl eine Masse oder Menge wie das einzelne Glied der Menge. Bei den echten Kollektiva bezeichnet der Singular immer eine Mehrheit, z. B. *Menge, Volk, Heer*.

Bei Substantiven mit der Bedeutung von Maß- und Mengeneinheiten steht in Verbindung mit Zahlwörtern jetzt vielfach die Singularform mit der Bedeutung eines Plurals: *sechs Paar Schuhe; drei Fass Bier; drei Grad Kälte; vier Dutzend; tausend Mann*. Dieser Gebrauch fing im Mhd. an, ist aber erst nhd. üblich geworden. Früher stand in derartigen Fügungen meistens der Gen. Plur., der teils von dem Zahlwort abhängig ist: ahd. *fiorzug manno*, teils von einem Quantitätsadjektiv: mhd. *zweier hande breit; siben füeȝe lanc*, vgl. § 25 und § 28.

Eine Pluralform wird natürlich nur zu den Substantiven gebildet, deren Bedeutung den Begriff einer Mehrheit zulässt. Einige Gruppen von Substantiven besitzen deshalb keine Pluralform, so die Stoffbezeichnungen, wie *Gold, Silber, Milch, Butter* usw., *Staub, Sand, Schmutz* usw., *Eis, Schnee, Regen* usw., Kollektiva wie *Getreide, Roggen, Obst* usw. Zu einigen Stoffbezeichnungen kann man jedoch einen Plural bilden, um eine Mehrheit von Arten zu bezeichnen, die unter den Begriff gehören: *Weine, Biere, Salze, Säuren*.

Auch viele Abstraktbezeichnungen sind aus demselben Grunde in der neueren Sprache ohne Pluralform: *Kälte, Hitze, Mut, Treue, Hass, Zorn, Neid, Ruhm, Glanz* (selten Plur.: *Glanze, Glänze*), *Furcht, Glück, Güte, Milde* usw. In der alten Sprache werden dagegen Abstraktbezeichnungen vielfach im Plural verwendet in Verbindungen, in denen man jetzt nur den Singular gebrauchen könnte. Zum Teil liegt eine Art Pluralbedeutung vor, wie z. B. bei Otfrid V, 17, 9 *thio mahti* „Großtaten"; *thīno mahti iȝ woltun* (V, 24, 9); *ruartun ina forahtun* (III, 8, 38) „Furchtanwandlungen"; zum Teil aber scheint kein Unterschied zum Singular vorzuliegen; vgl. bei Otfrid III, 1, 19: *fon thēn stankon* „von dem Leichengeruch"; *habēta si minna mihilo sīn* „sie hatte große Liebe zu ihm" (V, 7, 3); *ginādā sīno wārun* „es war seine Gnade" (I, 10, 23); *thio druhtines kunfti* „die Ankunft des Herrn" (I, 23, 6); *milti sīno* „seine Freundlichkeit"; *mihilo ōtmuatī* „große Demut" (I, 3, 34). Am häufigsten kommt der sog. Dativ Plural vor, der möglicherweise ursprünglich ein Kasus ohne Numerusunterschied gewesen ist: *at sulicun tharbun* „in solcher Not" (Heliand 2156); im Ahd. noch bei Notker häufig: *mit minnon; fore nahtforhton; fore durften*. In Präpositionsverbindungen ist diese Form noch im Mhd. üblich, z. B. bei Walther v. d. Vogelweide *bî minen triuwen; von schulden; von ir genâden; mit hulden, mit schanden, mit vorhten* usw. Erstarrte Reste sind im Nhd. erhalten: *mit Freuden zuhören; zu Schanden werden; zu Gnaden nehmen; in hohen Ehren halten; mit Gunsten; zu seinen Gunsten*.

Ein rein dichterischer Gebrauch des Plurals bei Abstrakta war eine Zeitlang bei Klopstock und den Romantikern beliebt; man findet z.B: *die Schauer; die Kummer;*

die Jubel; die Ruhen usw. Jedoch verschwand dieser Gebrauch, der nicht der lebendigen Sprache angehörte, bald wieder.

3. Kasus, Kasusfunktionen und Valenz

§ 3. Durch die Kasusform wird die Relation des Substantivs zu einem anderen Satzglied, vor allem zum Verb ausgedrückt. Vom Verb aus gesehen sind die nominalen Formen durch seine Valenz gebunden. Die valenzgebundenen Glieder, die Aktanten, in der deutschen grammatischen Tradition meist als Ergänzungen oder Komplemente bezeichnet, sind von der Komplementärmenge, den Circonstanten oder Angaben bzw. Supplementen, durch Testverfahren abgrenzbar, die allerdings nicht immer zu eindeutigen Ergebnissen führen. Die Testbatterie, die sich in der ‚Grammatik der deutschen Sprache' (Zifonun/Hoffmann/Strecker 1997, S. 1043–1064) findet, lässt sich für die historischen Sprachstufen des Deutschen nur bedingt anwenden. Die allgemeinen Gesichtspunkte für die kasuelle Bindung, vor allem das der semantischen Kompatibilität, lassen sich auf historische Sprachformen bis zu einem gewissen Grad übertragen, nicht aber die empirisch zu begründenden Abgrenzungen, die auf Sprachkompetenz beruhen. Für eine Valenzanalyse älterer Sprachformen kann nur auf eine hermeneutisch-interpretative „Prokompetenz", wie sie Greule (1982, S. 131) für die Valenzbestimmung bei Otfrid ansetzt, rekurriert werden. Dies ist ein allgemeines Problem für Aussagen über historische Texte, sollte aber nicht überbewertet werden. Denn die materiellen Ergebnisse, die sich etwa für Otfrid ergeben, decken sich im großen und ganzen mit den Ansätzen der älteren Forschung und den für die deutsche Gegenwartssprache analog erzielbaren Erkenntnissen – mit allen deren Einsichten, aber auch Unsicherheiten. Zum ersteren gehört der geschärfte Blick auf die Ergänzungsklassen, d. h. vor allem auf die Bindung des Subjekts und der Objekte, deren Weglassbarkeit und die Kriterien für solche Reduktionen und die klarere Bestimmung von Verbvarianten, bei der man sich auf exakte syntaktische Kriterien stützen kann. (Vgl. dazu insbesondere die Valenzbestimmung ausgewählter Verben aus Otfrids Evangelienbuch bei Greule 1982, S. 222–283, und Eichinger 1993a, für Isidor, sowie für das Altsächsische Lühr 2006.)

Für das Mittelhochdeutsche ist das Nibelungenlied von Maxwell (1982) einer eingehenden Valenzanalyse unterzogen worden, der Prosa-Lancelot von Keinästö (1986). Untersuchungen zur mittelhochdeutschen Verbsyntax finden sich auch bei Greule (Hrsg.) (1982), weitere werden bei Pfefferkorn/Solms (2006) gemustert. Diese Autoren diskutieren u. a. die Schwierigkeiten der Abgrenzung von Vokativ und Subjekt für die Valenzbestimmung im Mittelhochdeutschen, den Status des Passivs und die Verba impersonalia. Dem *eʒ* in *ſo eʒ morginet* (Gebete aus Muri, 12.

Jh.) weisen sie den Status als rein syntaktisches Subjekt zu, weil es in solchen Gebrauchsweisen immer auftritt und nicht weglassbar ist (Pfefferkorn/Solms 2006, S. 1490). In Bezug auf das Mittelhochdeutsche weist Habermann (2007) auf allgemeine, übergeordnete Gesetzmäßigkeiten hin. So ist der Wechsel von Akkusativ versus Genitiv vielfach durch Vorerwähnung versus Neueinführung oder durch die Negation bedingt (vgl. § 7). Ein Mittelhochdeutsches Valenzwörterbuch wird geplant von Albrecht Greule und Tibor Lénárd (Greule/Lénárd 2004).

Untersuchungen der Valenzverhältnisse im Frühneuhochdeutschen beginnen mit Korhonen (1978). Korhonen (2006) fasst die wichtigsten Veränderungen, die sich im Frühneuhochdeutschen zeigen, zusammen. Das sind vor allem Änderungen, die das Genitivobjekt betreffen, vgl. § 7, aber auch Verschiebungen bei anderen Kasus, etwa vom Akkusativ auf den Dativ. Die wichtigsten Erscheinungen werden weiter unten angeführt.

Auch die Entwicklungen und Umstrukturierungen valenzieller Bindungen in einer Einzelsprache gehorchen allgemeinen Bedingungen (Heringer 2006). Für das Deutsche führt Korhonen als wichtige Entwicklungsfaktoren „das Streben nach Zweigliedrigkeit im Satzbau" an, dadurch mehren sich die Valenzmuster, in denen Subjekt- versus Prädikatsteil klarer geschieden sind und formale Subjekte (e3) konsequenterweise zunehmen (Korhonen 2006, S. 1471). Als generelle Tendenz ist auch die Entwicklung vom synthetischen zum analytischen Sprachbau zu benennen. Dazu gehört auch die Verdrängung des Genitivs durch präpositionale Objekte (Korhonen 2006, S. 1471 f.).

Aus valenzieller Sicht sind alle Kasusformen zunächst gleichartig. In der grammatischen Tradition wurde der Nominativ dagegen als Casus rectus den anderen Kasus gegenübergestellt. Der Nominativ unterscheidet sich von den übrigen Kasus unter anderem dadurch, dass er nicht von einer Präposition regiert werden kann. Akkusativ und Genitiv treten auch in der Funktion als Adverbia auf, und der Akkusativ kann als absoluter Kasus verwendet werden. Kasus und Kasusfunktionen haben durch die Entwicklung neuerer grammatischer Theorien eine weitgehende Neuinterpretation im Rahmen der jeweiligen theoretischen Zugriffe erfahren (vgl. etwa Dürscheid 1999). Theorieübergreifend sind die Unterscheidungen von „Oberflächenkasus" versus „Tiefenkasus" (Kasusrollen, Thetarollen; zum Althochdeutschen vgl. kritisch Greule 1997). Die Kasusrollen stellen ein universales Inventar von Möglichkeiten der Bindung nominaler Glieder an das Verb dar. Unter diachroner Perspektive ist daran besonders aufschlussreich, welche Veränderungen sich im Laufe der Geschichte einer Sprache ergeben. So ist für das Deutsche besonders die Zunahme präpositionaler Kasusbindungen zu konstatieren. Diese gehen auf Kosten des Genitivs. Damit werden, in der (synchron angelegten) Theorie von Fillmore (1968) Kasusverhältnisse deutlicher signalisiert als in den „reinen" Kasus, die generell im Laufe der Geschichte einer

Sprache zu konventionellen Abbildungsmustern versteinern. Diese weisen aber wiederum universale Züge auf. So signalisiert der Nominativ als Subjektskasus bevorzugt die Kasusrolle Agens, der Akkusativ die affizierten und effizierten Objekte, der Dativ (zusätzliche) Handlungsbeteiligte. Die Zuordnungsrelationen zwischen Kasusrollen und Oberflächenkasus lassen sich in Kasushierarchien zusammenfassen. Die historische Entwicklung der Verhältnisse im Deutschen geht in der hier vorliegenden Darstellung von den Oberflächenkasus aus, konzentriert sich auf die einzelnen Epochen und verfolgt Änderungen in der Gesamtanlage.

Das Deutsche ist die einzige der neueren germanischen Sprachen, die die vier im Altgermanischen lebendigen Kasus erhalten hat. Im Ahd. wie im Westgerm. überhaupt finden sich auch noch Reste eines alten Instrumentals, die aber bald im Dativ aufgehen.

Von den vier Kasus haben drei, Nominativ, Akkusativ und Dativ, im Laufe der deutschen Sprachentwicklung ihre alten Gebiete im wesentlichen bewahrt, der Genitiv dagegen ist im Nhd. stark zurückgegangen.

Die Kennzeichnung der Kasus dagegen hat sich seit dem Althochdeutschen erheblich gewandelt. Während die Substantive in den früheren Sprachstufen ihre Kasusmarkierung prototypisch am Wortkörper selber trugen, ist seit dem Althochdeutschen ein Abbauprozess zu beobachten, der in Wellen voranschreitet. Dazu tragen ganz unterschiedliche lautliche Entwicklungen bei. Eine erste Stufe ist der Verlust der „vollen" Vokale in den Flexionsmorphemen und deren Abschwächung zu -e. Ahd. *tago* Gen.Pl. z. B. wird zu mhd. *tage*, ahd. *tagum* Dativ Pl. wird zu mhd. *tagen*. Allerdings sind die Flexionsklassen z.T. sehr unterschiedlich, und die Flexionsvereinfachung darf nicht ausschließlich unter dem Gesichtspunkt des Verlustes der Kasuskennzeichnung gesehen werden. Es finden sich Klassenverschiebungen, die z. B. die Neutra im Plural deutlicher kennzeichnen (mhd. *diu kint*, nhd. *die Kinder*) usw. Der gleichzeitige Aufbau des Artikelsystems und der Ausbau der Adjektivflexionstypen lassen sich unter dem Gesichtspunkt der Kasusmarkierung als Kompensationsprozess verstehen. Während der Ausbildung dieser Verhältnisse kommt es vielfach zu Doppelungen der Kasusmarkierungen. Diese wiederum werden als redundante Kennzeichnungsfaktoren wieder abgebaut, so dass die Nominalphrase tendenziell ihren Kasus nur einmal signalisiert. Admoni (1990, S. 187) spricht von „Monoflexion" (s. o.). Da diese Entwicklung bis in die Gegenwartssprache reicht, werden die jüngsten Auswirkungen von der Sprechergemeinschaft bemerkt. Insbesondere wird die Nichtmarkierung des Genitivs kritisch registriert (vgl. § 119). Sein gegenwärtiges hauptsächliches Kennzeichnungsflexiv, das -s, ist dagegen besonders fest. Beim Dativ lässt sich etwas anderes beobachten. Die Tilgung des Dativ-*e* ist ein Vorgang der sich über eine lange Zeit erstreckt.

A. Nominativ

§ 4. Der Nominativ ist der Kasus des Subjekts. In dieser Funktion bestimmt er die Form des Satzverbs (Kongruenz, vgl. § 116).

Schon im Ahd. ist der Vokativ, der sich im Gotischen vom Nom. z.T. formal unterscheidet, mit diesem Kasus zusammengefallen. Weiter steht im Nom. das auf das Subjekt bezogene Prädikatsnomen. Der Gebrauch des substantivischen Prädikatsnomens ist allerdings im Laufe der Entwicklung stark zurückgegangen; es wird jetzt nur verwendet bei den Verben *sein, werden, bleiben, scheinen, dünken, heißen.* In der älteren Sprache dagegen hatte dieser prädikative Nominativ weit größere Verbreitung und kam bei einer Reihe anderer Verba vor (vgl. über dasselbe Verhältnis beim prädikativen Akk. unten § 11): ahd. *uuort uuard fleisc gitān* (Tatian 45, 5 = Sievers 13, 7, „uerbum caro factum est"); mhd. *dâ wart ich enpfangen hêre frouwe* „da wurde ich wie eine vornehme Dame empfangen"; *mensche wil ich sterben; diu gêt noch megetîn* (Minnes. Frühl. 10, 9); *Erec der êrste an sie kam* (Hartmann, Erec 2566); nhd. *der ist geborn ein kunig der iuden* (frühnhd. Bibel); *wir würden auch erfunden falsche Zeugen Gottes* (L., 1. Kor. 15, 15); *ich hoffe keines Menschen Schuldnerin aus dieser Welt zu scheiden* (Sch., Maria Stuart 5, 7); *Mensch gegen Mensch rede ich zu dir* (Sch., Fiesco V, 16); *ein Rebell kämpft mein Fiesko* (Sch., Fiesco V, 5); *Asche lag der edelste Troer am Boden* (G., Achilleis 1); *Knabe saß ich, Fischerknabe, auf dem schwarzen Fels im Meer* (G., Gedichte, Lust und Qual); *ein verliebter Frühlingsträumer wirst du durch die Wälder irren* (Heine, Gedichte, Wenn du gute Augen hast); *warum bin ich nicht der erste aus Mutterleib gekrochen* (Sch., Die Räuber I, 1); *ich stand der nächste seinem Herzen* (Sch., Wallensteins Tod I, 7). – Bei diesen Verben kommen in der heutigen Sprache nicht mehr Substantive als Prädikatsnominative vor, sondern nur Adjektive und Partizipien, die in dieser Funktion unflektiert sind, vgl. § 53; z.B. *er saß heiter am Ufer; ich werde unbesiegt sterben; du wirst friedlos herumirren* usw. Bei Substantiven konkurrieren früh andere Ausdrucksweisen. Teils findet man Anknüpfung durch Präposition; bei *werden* schon im Hildebrandslied 54: *eddo ih imo ti banin* („zum Mörder") *werdan;* mhd. *die sint erkant für guotiu wîp;* nhd. *ich stand seinem Herzen am nächsten.* Vor allen Dingen aber hat die Anknüpfung mit *als* und *wie* den prädikativen Nom. ersetzt; jetzt kann es nur heißen: *als Mensch will ich sterben; wie Asche lag er am Boden* usw. Nur in festen Verbindungen hat sich der alte Prädikatsnominativ erhalten, z.B. *Wache gehen; Gevatter stehen.*

B. Akkusativ

a) Akkusativ als Objekt

§ 5. Die drei obliquen Kasus: Akk., Gen. und Dat. können alle als Objektergänzung zu einem Verb fungieren. Das Akkusativobjekt nimmt aber eine Sonderstellung ein, da es bei der Umsetzung ins Passiv zu einem Subjektsnominativ wird (vgl. § 98). Diese Umsetzungsmöglichkeit betrifft in der Gegenwartssprache allerdings zunehmend auch den Dativ durch das sogen. *bekommen*-Passiv (vgl. § 113a). Verba, die mit einem Akkusativobjekt verbunden werden, nennt man transitiv; intransitiv sind Verba, die ihre Objektergänzung im Dativ oder im Genitiv haben oder überhaupt keine Objektergänzung zu sich nehmen. Diese letzteren nennt man absolute Verba, im Gegensatz zu den relativen, die eine Objektergänzung verlangen.

Unter Gesichtspunkten der verbalen Valenz betrachtet haben sich im Lauf der Sprachgeschichte Verschiebungen vor allem beim Genitiv ergeben, vgl. § 17, ferner nimmt u. a. der Nominativ als Subjektskasus zu, vgl. § 124.

Im Laufe der Entwicklung der Sprache hat vor allem eine ständige Verschiebung stattgefunden zwischen transitivem und absolutem Gebrauch von Verben. Besonders hervorzuheben ist eine Gruppe von Verben, die jetzt absolute Bedeutung haben, in der älteren Sprache aber transitiv gebraucht werden konnten. Es sind Verba wie *weinen, klagen, zürnen, dienen* („verdienen"), *beten, seufzen, singen* („besingen") usw.: ahd. *weinōta then bruader* (Otfrid III, 24, 8) „weinte über den Bruder"; *thie inan betōn wollent* (Otfrid II, 4, 86) „die ihn anbeten wollen"; mhd. *ich mac wol klagen mîn schœne wîp* (Hartmann v. Aue, Iwein 3993) „über mein schönes Weib"; *der diene guotes wîbes gruoʒ* (Walther, L. 96, 16) „der verdiene den Gruß eines guten Weibes"; nhd. *sing, unsterbliche Seele, der sündigen Menschen Erlösung* (Klopstock, Messias, 1, 1); *traure mein verlornes Glück* (G., die ungleichen Hausgenossen III); *kamen sie ihn zu klagen* (= „beklagen") *und zu trösten* (L., Hiob 2, 11); *ich will dich weinen* (Kleist, Käthchen von Heilbronn II, 1); *daß ich die tiefe Kenntnis der Natur mit Müh geforscht* (G., Satyros). – Die transitive Funktion ist jetzt von Präfixverben, wie *beklagen, verdienen* usw. übernommen; daneben verwendet man Präpositionsverbindungen. Der Übergang von transitivem zu intransitivem (absolutem) Gebrauch ist dadurch bedingt, dass man bei den meisten transitiven Verben das Objekt unterdrücken kann, wenn das Interesse sich ausschließlich um die im Verb ausgedrückte Tätigkeit konzentriert. Dies ist der hauptsächlichste Fall der Valenzreduktion neben einer Weglassung von Objekten, weil sie durch Verweis auf die Situation erspart werden können. So kann man mit abgeschlossenem Sinn sagen *ich lese, schreibe, nähe, stricke, male, spreche* usw.; *wer nicht hören will, muss fühlen*. Im älteren Nhd. findet sich dieser absolute Gebrauch von transitiven Verben in weiterem Umfange als jetzt. Im modernen Sprachgebrauch würde man in den folgenden Sätzen ein *etwas* oder ähnliches als

Objekt erwarten: *es kostet ihr, den Wunsch sich zu gestehen* (Wieland, Das Urteil des Paris, Endymion); *weil sie allen harten Steinen damit abgewinnen könnten* (Lessing 10, 319, 35, Briefe antiquarischen Inhalts, 28. Brief); *was ihm weder gibt noch nimmt* (Sch., Über die ästhetische Erziehung des Menschen, 24); *dein Herr hält auf dich* (Iffland, Der Mann von Wort, 9). Wo ein bestimmtes Objekt gewohnheitsmäßig mit einem Verb verbunden wird, kann es unausgedrückt bleiben ohne Missverständnisse zu erregen. Dies ist etwa der Fall mit „Pferd" als Objekt zu Verben wie *sprengen* („springen lassen"), *rennen* (urspr. Kausativ zu *rinnen* „laufen"), *halten*: *der Reiter hält*. Die Verba werden dann schließlich als Intransitiva empfunden; vgl. weiter Fälle wie *wir müssen umkehren* (eigentlich „die Schritte umkehren"), *einlenken* (eigentlich „eine Sache einbiegen").

§ 6. In einigen Fällen hat im Laufe der Entwicklung der Akkusativ als Objektskasus mit dem Dativ konkurriert. Bei einigen Verben hat der Akkusativ gesiegt, so bei *rufen, betten, schirmen* und der Reflexivakk. bei *sich fürchten*. Bei diesen Verben braucht man jetzt nur den Akkusativ, während die ältere Sprache den Dativ hatte: *rief allen seinen Knechten* (L., 1. Mos. 20, 8); *wer ruft mir* (G., Faust I, Nacht); mhd. *man bette dem helde sân* (Wolfram, Parzival 35, 7); nhd. *bettet ich mir in die Helle* („Hölle", L., Ps. 139, 8); *auf ihrem Sarge mir zu betten* (Sch., Maria Stuart III, 8); mhd. *dô begond im schermen der hêrlîche gast* (Nib. 490, 3); *niene fürhte dir* (Hartmann, Iwein 516). Ebenso stand bei *liebkosen, befremden* und *aufbieten* früher gewöhnlich der Dat., z. B. *wenn dem Lamm der Löwe liebekost* (A.W. Schlegel: Shakespeare, Heinrich VI, IV, 8); jetzt Akk.: *das Glück liebkost ihn; wird es Ihnen nicht befremden* (Lessing, Briefe, an Mme König, 3.12.1772); jetzt nur Akk.; auch bei *aufbieten* hat jetzt die Akkusativrektion gesiegt, während früher Dat. allgemein gebräuchlich war: *ich habe allen meinen Kräften aufgeboten* (Johann Friedrich Stapfer, Grundlegung zur wahren Religion, 1757, 723); *boten wir allen unseren Verführungskünsten auf* (Wieland, Dschinnistan); *wie wir all unserem Witz aufbieten* (Sch., Selbstbesprechung „Die Räuber").

§ 7. Bei Impersonalia mit der Bedeutung von Sinnesempfindungen, Gefühlen und Ansichten steht die Person teils im Akk., teils im Dat. (vgl. § 123). Auf diesem Gebiet hat besonders viel Schwanken geherrscht, weil das Handlungsverhältnis dunkel ist. Im Ahd. steht Akk. bei Verben, die Hunger und Durst, Lust und Unlust bezeichnen: *mih hungirit, durstit, lustit, langēt*; im älteren Nhd. dringt bei diesen Verben auch Dat. ein: *mir hungert, dürstet, jammert, (ge)lüstet, kümmert*, z. B. *irrenden Rittern kümmert es nie* (Tieck, Don Quichote 2, 53); jetzt steht bei diesen Verben nur Akk.; bei *schaudern* herrscht noch immer Schwanken: *mich* und *mir schaudert*. Wo früher unpersönliche Konstruktionen durch persönliche verdrängt sind (vgl. § 123), herrscht vielfach dasselbe Schwanken; es heißt jetzt *er dauert mich*; früher konnte auch Dat. stehen: *er hat mir recht gedauert* (Leisewitz, Jnl. V, 1); urspr. *es dauert mich seiner*; dasselbe Schwanken bei *erbarmen*; jetzt Akk.: *sein*

Unglück erbarmt mich, aber man findet noch Ausdrücke wie *dass es den Göttern erbarmen möchte;* ebenso bei *gereuen* früher z.T. Dat.: *wenn Ihnen das einst gereut* (Iffland, Die Reise nach der Stadt 12); bei *verdrießen* steht im 18. Jh. oft Dat. (mhd. *mich verdriuzet eines dinges*); jetzt Akk.: *etwas verdrießt mich.*

Über weitere Fälle, wo der Akk. zeitweilig auf das Gebiet des Dativs übergegriffen hat, vgl. § 31.

Auf dem ursprünglichen Gebiet des adverbalen Genitivs hat der Akk. eine große Expansion gehabt, vgl. § 17. Die Gründe dafür liegen aber nicht in einer einfachen Verdrängung des Genitivs durch den Akkusativ, sondern darin, dass die beiden Kasus in älterer Zeit in einer Funktionsverteilung gestanden haben, bei der der Akkusativ definite, konkrete oder sonstwie textuell etablierte Gegenstände und Sachverhalte bezeichnete, der Genitiv unbestimmte, neueingeführte oder partitive Verhältnisse, dem ursprünglichsten Funktionsbereich des Genitivs, wie er sich im Indogermanischen darstellt (Fritz 2010, S. 407). Die partitive Funktion des Genitivs wird von Nishiwaki (2010) auf die ablativische zurückgeführt, aus der sich die partitive ergeben habe, und aus der sich wiederum die Funktion zur Bezeichnung indefiniter Verhältnisse ableite. Donhauser (1990, S. 101), die das Verhältnis von adverbalem Genitiv und Akkusativ systematisch untersucht hat, führt etwa folgende Beispiele an, die den Unterschied erkennen lassen: Akkusativ: *So thaz heri tho gisaz, thaz brot gisegonotaz az* (Otfrid III, 6, 35), Genitiv: *gab in thaz zi suazi, thaz iagelih thes azi* (Otfrid V, 11, 4). Dieser systematische Unterschied hängt mit dem aspektuell ausgerichteten verbalen System des frühen Deutsch zusammen (Abraham 1997, Donhauser 1998a, Leiss 2000, S. 202–207) und wird mit dem allmählichen Schwächerwerden dieser Orientierung aufgegeben, zumindest bei zweiwertigen Verben (Fleischer 2012, S. 94). Der Objektsgenitiv geht in einem langen Änderungsprozess zurück. Neben dem Ersatz durch Akkusativobjekte sind es vor allem präpositionale Fügungen, die an seine Stelle treten (s.u.). Die Textsorten, in denen der Genitiv zunehmend seltener wird, sind vor allem solche, die weniger formal sind (Fischer 1992).

§ 8. Viele zusammengesetzte Verben werden mit einem Akkusativobjekt verbunden, auch wenn das einfache Verb intransitiv ist. Der Akkusativ hängt da entweder von der als Präfix dienenden Präposition oder von der ganzen Zusammensetzung ab. Es sind drei Haupttypen zu unterscheiden:

1. Die unbetonten Präfixe *be-* und *er-* (seltener *ver-)* dienen in der heutigen Sprache vielfach direkt als Transitivierungsmittel: *bedienen, beklagen, beweinen, belächeln, bestreiten, bewohnen, besteigen* usw.; *erwarten, ersehnen, ersteigen, erblicken, erdenken, ergrübeln* usw.; *verdienen, verfolgen, verklagen* usw.

be- geht zurück auf eine alte Präposition, got. ahd. *bi* „um – herum" (unbetonte Nebenform zu *bei* < *bi*). Der Akkusativ des zusammengesetzten Verbs ist ursprünglich abhängig von der Präposition, vgl. got. *bistandand þuk* „sie werden dich umringen"; ähnl. nhd. *befallen* usw.

Die ursprünglichen Verben und ihre mit *be-* präfigierten Varianten stehen teilweise in einem Konversenverhältnis zueinander, das sich im Laufe der Geschichte der deutschen Sprache sehr ausgeweitet hat, so dass präpositionale Bindungen von Simplexverben teilweise in geregeltem Wechsel mit *be-*Verben stehen, die den Akkusativ erfordern. Diese Verhältnisse untersucht für das Althochdeutsche, wo sich allerdings auch andere Korrespondenzen finden, systematisch Kuroda (2012), mit Beispielen wie dem folgenden (Kuroda 2012, S. 118): *uuahhet giuvesso In ziti giuuelihha betonti thazir sit uuirdige gihabate zifliohanne thisiu alliu thiudar zuouuertiu sint Inti stantan fora themo mannes sune* (Tatian 256, 18 = Sievers 146, 5), ‚Wacht gewiss und betet zu jeder Zeit, damit ihr für würdig gehalten seid, alles, was bevorsteht, zu fliehen und vor dem Menschensohn zu stehen.' versus *Thie iudeon nan bistuantun . ni uuestun uuas sie fuartun / sprachun zi imo in farun . so sie giuuon uuarun* (Otfrid III, 22, 9), ‚Die Juden standen um ihn, wussten nicht, was sie taten, sprachen zu ihm in der Hinterlist, wie sie gewohnt waren.' Im Mittelhochdeutschen etwa bei dem Verbpaar *grîfen – begrîfen*: *gebristit îme, so sol er* (der Kläger) *grifin an ander sîn guot swa das ist* (WMU 248B, 32, S. 760) versus *daz wir dîe gasse ... gegeben hant ... den vorgenanten minre brûdern, alse daz sú nú begrîfent* (in Besitz nehmen) *so vil der gassen, alze wir in gezeîchent hant* (WMU 2323, 32, S. 157). Weitere Verben aus dem Corpus der altdeutschen Originalurkunden, die sich ähnlich verhalten, werden von Habermann (2006) untersucht. Sie weist auf einen dabei zu erkennenden „Aktionsartenunterschied", bei sonst gleicher Bedeutung, hin (Habermann 2006, S. 98; zu weiteren Funktionen der *be-*Verben im Mittelhochdeutschen vgl. Klein/Solms/Wegera 2009, S. 395– 401). Zu den Verhältnissen bei den *ge-*Verben vgl. § 95.

er- geht zurück auf die Präposition got. *us*, ahd. *ur* (vgl. § 44), die nur mit Dativ verbunden wurde. Als Verbalpräfix bewirkte die Partikel Perfektivierung und im Zusammenhang damit häufig Transitivierung, vgl. got. *beidan* mit Gen. „auf etwas warten", *usbeidan* „erwarten": *beidands laþonais* „auf die Erlösung wartend" (Lukas 2, 25); *usbeidandam laþon* „die Erlösung erwartend" (Lukas 2, 38). Ähnl. nhd. *erklimmen, erringen, ersinnen* usw.

2. Ist das Präfix eine noch lebendige Präposition, so kann die Zusammensetzung ein Objekt haben, das vom Präfix abhängig ist. Intransitive Grundverba werden dann in Verbindung mit Akkusativpräpositionen transitiv: *er überschritt die Brücke, durchwanderte die Stadt, umsegelte die Insel* usw., vgl. § 34. Bei transitivem Grundverb kann das zusammengesetzte Verb ein neues, vom Präfix abhängiges Objekt haben: *er durchbohrte die Wand: bohrte ein Loch in die Wand.* Diese Erscheinungen lassen sich auch so verstehen, dass im Präfix oder in der Partikel Lokalbezüge verdichtet werden: *den Deckel (vom Topf) abheben, den*

Zettel (an die Wand) anheften, auch bei übertragenen Verhältnissen: *eine Strafe (im Gefängnis) absitzen*. (Zu den Korrespondenzen von präfigierten und unpräfigierten Varianten vgl. u. a. Mungan (1986), Eichinger (1989), Eichinger (2000, S. 216–242), Stiebels (1996), Olsen (1997), Rich (2003), Eroms (2007)).

3. Auch wenn das Präfix mit der Geltung eines Adverbiums steht, kann bei intransitivem Grundverb die Zusammensetzung transitiv werden: *sie hat ihre Schuhe durchgetanzt; der Sturm hat den Baum umgeweht*. In diesem Falle spielt die Rektion der Präfixpräposition natürlich keine Rolle, vgl. *jemanden abberufen; einen auslachen; eine Stadt aushungern; eine Flamme ausblasen* usw., vgl. auch § 34.

b) Akkusativ des Inhalts. „Inneres Objekt"

§ 9. In einem gewissen Umfang können auch intransitive Verba ein Akkusativobjekt zu sich nehmen. Es ist der sog. Akk. des Inhalts oder das „innere Objekt", bei dem der Begriffsinhalt des Objekts schon in der Verbalhandlung enthalten ist. Man kann hier mehrere Typen unterscheiden, nach dem mehr oder weniger vollständigen inhaltlichen Zusammenfall von Verbum und Objektsnomen. Der begriffliche Inhalt des Akkusativs kann sich völlig mit dem des Verbs decken, und die Wörter können zugleich stammverwandt sein, z. B. *die Sache geht ihren Gang; einen scharfen Ritt reiten; gemessene Schritte schreiten; gar schöne Spiele spiel ich mit dir* (G., Erlkönig) usw. Jedoch sind derartige Ausdrücke („figura etymologica") in der Alltagssprache stilistisch markiert.

In dem zweiten Typus decken die Begriffe von Verbum und Objekt sich nicht völlig, da das Verbum einen weiteren, generelleren Begriff enthält und das Objekt eine Spezifikation: *Schritt, Trab, Galopp reiten; einen Walzer tanzen; bittere Tränen weinen; den ewigen Tod sterben* usw. Dies führt dann schließlich hinüber zu bildlichen Ausdrücken, wo der Zusammenhang der Begriffe etwas loser ist, wie z. B. *Wut schnauben, Blut weinen* usw. In der Dichtung des 18. Jhs. hatten diese Ausdrücke eine Blütezeit. Besonders Klopstock und die von ihm beeinflussten Dichter verwenden sie ausgiebig: *zwar blutete er, aber er blutete Gnade* (Klopstock, Messias, 18, 248); *Ruhe sprach sein ganzes Gesicht* (Klopstock, Messias, 1, 4); *sein treffendes Auge ... funkelte Rache* (Klopstock, Messias, 7, 38); *sein Auge funkelt Wut* (Wieland, nach H. Paul 3, 230); *sein Donner brüllte Höll' und Tod* (Hölty 98, 11); *ihr Auge blickte nicht Liebe* (G., Hermann und Dorothea, Erato, Dorothea); *die duften Jugend* (G., Faust II, III, 9046); *Ruhm hast du gedürstet* (Sch., Der Eroberer); auch in der neueren Literatur: *die Lichter schimmerten Frieden* (St. Zweig); *der Mund zuckte Verachtung* (H. Hesse). Übliche Ausdrücke sind jetzt *Gesundheit trinken; Bruderschaft trinken; Sturm laufen; Gefahr laufen; Rache schnauben; Rede stehen; es regnet Blut, Feuer, Verwünschungen* usw.

Der grundsätzliche Unterschied zwischen dem Akkusativ des Inhalts und dem gewöhnlichen Objekt bei transitiven Verben zeigt sich darin, dass intransitive Verba in Verbindung mit „innerem Objekt" ihre mit *sein* gebildeten Vergangenheitsformen beibehalten (vgl. § 96): *ich bin einen schweren Gang gegangen; wir sind Sturm (Gefahr) gelaufen.* Der Akk. des Inhalts zeigt eher eine gewisse Verwandtschaft mit dem adverbialen Akkusativ, vgl. *einen schweren Gang gehen; eine weite Strecke gehen; ich bin einen schweren Gang, eine weite Strecke gegangen.*

c) Doppelter Akkusativ

§ 10. Viele Verba lassen mehrere Typen von Akkusativobjekten zu, die verschiedene Relation zur Verbalhandlung haben, vgl. *ein Wort sprechen: einen Mann sprechen; er verband mich: verband die Wunde; man jätet Unkraut* und *jätet den Garten.* Aber das Sprachgefühl wehrt sich gegen gleichzeitige Hinzufügung zweier Akkusativobjekte zu einem Verbum. Der normale Typus bei zwei Objekten ist jetzt Dat. der Person und Akk. der Sache: *er verband mir die Wunde.* Nur in wenigen Fällen hat man zwei Akkusativobjekte. Bei *lehren* ist diese Konstruktion schon Urgerm.: got. *laisida ins manag*; ahd. *er lērta sie ōtmuatī* (Otfrid IV, 11, 18); mhd. *nu lere mich die rede* (Hartmann, Iwein 5988 f.). Bei Umsetzung ins Passiv wird mhd. entweder die Sache oder die Person zum Subjekt des Satzes: *er was diu buoch geleret; sage uns, wie der name dich gelêret sî* (Konrad v. Würzburg, Silvester 4709). Nhd. wird die Passivkonstruktion besser vermieden; eine Nachwirkung der Konstruktion mit der Person im Nominativ liegt vor in dem partizipialen Adjektiv *gelehrt.* – *bitten* hatte ursprünglich das Personobjekt im Akk. und das Sachobjekt im Gen., wenn dies ein Substantiv war; wenn es ein neutrales Pronomen war, stand es aber im Akk.: got. *þatei þuk bidjos* „was wir beide dich bitten"; ahd. *ob ir uuaʒ bittet then fater* (Tatian 289, 2 = Sievers 175, 1). Noch nhd. kann ein pronominales Sachobjekt im Akk. stehen: *das (eins) bitte ich dich; so ihr den Vater etwas bitten werdet* (L., Joh. 16, 23). Dieselbe Konstruktion hat man nhd. bei *fragen.* Ins persönliche Passiv gesetzt werden kann bei *fragen* und *bitten* nur das menschliche Akkusativobjekt: *Das bin ich schon früher gefragt/gebeten worden.* (Vgl. Askedal 1980, S. 11). Ahd. und mhd. findet man zwei Akk. auch bei mhd. *heln* (vgl. lat. *celare aliquem aliquid*), *verheln, verswîgen* und *verdagen*: mhd. *die wârheit ich dich niht enhil; die sache verswige er mich.* Im älteren Nhd. wurde die Konstruktion weitergeführt zu anderen Verben wie *unterrichten, unterweisen, bereden, hören: unterweise mich den Weg deiner Befehle* (L., Ps. 119, 27); *sie beredete ihn wunderliche Händel* (Weise, Erznarren); *hören Sie mich nur ein Wort* (Wieland, Shakespeare: König Lear, V, 2), *kosten* kann noch in der modernen Sprache mit zwei Akkusativen konstruiert werden: *es kostet mich (mir) viel Geld.* Zwei Akkusativobjekte traten in den älteren Sprachperioden auch bei einigen mit Präpositionaladverbia zusammengesetzten Verben auf, vgl. hierüber § 35.

§ 11. Ein anderer syntaktischer Typus liegt vor, wo der zweite Akkusativ als Prädikat zum ersten fungiert, also adnominal verwendet wird. In der modernen Sprache finden wir diese Konstruktion bei Verben mit der Bedeutung „als etwas benennen", wie *nennen, heißen, (rühmen), schelten, schimpfen, taufen: man hieß ihn einen Narren*. In diesem Falle werden bei Umsetzung ins Passiv beide Akkusative zu Nominativen (Subjekts- bzw. Prädikatsnominativ): *er wurde ein Narr geheißen*. In der älteren Sprache war diese Konstruktion weiter verbreitet. Sie trat auch auf bei Verben mit der Bedeutung „zu etwas machen" und „als etwas betrachten": got. *izei þiudan sik selban taujiþ* „der sich selbst zum König macht"; mhd. *wer sol mich ritter machen* (Wolfram, Parzival 147, 23 „zum Ritter schlagen"); nhd. *du machst dich selbst einen Gott* (L., Joh. 10, 33); *ich habe dich einen Gott gesetzt über Pharao* (L., 2. Mose 7, 1); *wo ich mich einen Gott fühlte* (Sch., Kabale und Liebe IV, 3); *ich acht' ihn heilig und das höchste Gut* (G., Torquato Tasso II, 3); *als ich mich einen Fremdling sah* (Sch., Die Piccolomini III, 4); *jeden glaubte ich meinen Richter* (Sch., Brief an Körner 10.9.1787); *nun fand er sich den ersten Wachenden in seinen Besitzungen* (G., Die Wahlverwandtschaften I, 13); *der sich nicht den besten hielte* (G., West-östlicher Divan, Buch des Unmuts); *mein Vater grüßte sie Brüder und Kinder* (Sch., Die Räuber II, 2); *des edlen Ibergs Tochter rühm ich mich* (Sch., Wilhelm Tell I, 2). In solchen Ausdrücken verwendet man jetzt teils eine Anknüpfung mit den Präpositionen *zu* (*machen zu*) oder *für* (*halten für*), teils mit *als*, teils verwendet man eine Konstruktion mit *sein* und Prädikatsnominativ. Die Anknüpfung durch Präposition tritt schon got. auf: *ei tawidedeina ina du þiudana*, ἵνα ποιήσωσιν αὐτὸν βασιλέα („dass sie ihn zum König machten", Joh. 6, 15); ahd. *hér t&a thaȝ waȝȝar zi uuīne* (Tatian 90, 9 = Sievers 55, 1); mhd. *einen ze ritter machen*; nhd. *er achtet mich für seinen Feind* (L., Hiob 33, 10). Im Nhd. gewinnt die Anknüpfung durch *als* die Oberhand. Bei reflexivem Objekt hat sich jedoch die alte Konstruktion besser gehalten, besonders in der Poesie und in gehobenen Stilregistern. Es heißt noch immer *ich fühle, glaube mich Herr, Knecht, Mutter, Mensch* u. Ähnl. In diesen Ausdrücken sind allerdings Subjekt und Objekt identisch, und das Prädikat kann deshalb auf beide bezogen werden, wenn Akk. und Nom. sich formal nicht unterscheiden wie in dem letzten Beispiel oben von Schiller. Dies hat zum Eindringen des Nominativs geführt, wozu wohl auch die danebenstehenden Ausdrücke mit *sein* + Prädikatsnominativ beigetragen haben: *und fühlt sich bald ein Mann* (G., Torquato Tasso I, 2 = „fühlt sich ein Mann zu sein"); *ich wünschte mich ein Held* (Tieck, Der unglückliche Ritter, d.h. „ein Held zu sein"); *bist du der Mann, der du dich rühmst* (G., Torquato Tasso II, 3); *so glaubst du dich schon Übermensch genug* (G., Gedichte, Zueignung).

Das Adjektiv als Objektsprädikat hat sich viel besser erhalten, ja es hat sein Gebiet im Nhd. sogar stark erweitert. Ursprünglich wurde das Adjektiv in dieser Stellung flektiert in Kongruenz mit dem Objekt: ahd. *deta er in dag leidan* (Otfrid III, 20, 168, „verleidete ihnen den Tag"); mhd. *daʒ er den lewen wunden sach* (Hartmann, Iwein 5415). Im Nhd. ist die Flexion aufgegeben, vgl. § 53; die Fügungen mit adjektivischem Objektsprädikat sind jetzt sehr zahlreich, vgl. *einen frei, los, gesund, satt machen; einen tot schlagen; einen gesund, munter sehen; wenn ich dich glücklich weiß; ich fand sie krank, schön, das Stück gut; einen hoch, niedrig, glücklich usw. schätzen, lieb halten* usw.; *er glaubt sich verraten, stellt sich taub* usw. – Aus der prädikativen Verbindung des Partizipiums Präteriti mit einem Objekt zu *haben* hat sich die Perfekt- und Plusquamperfektkonstruktion mit *haben* entwickelt, vgl. § 95.

d) Akkusativ bei Adjektiven

§ 12. Akkusativ als Ergänzung von Adjektiven stammt erst aus nhd. Zeit. Der Akk. hat in dieser Stellung einen früheren Genitiv ersetzt. Es sind zwei Verbindungstypen zu unterscheiden:

1. Adjektive, die eine Ausdehnung im Raume und in der Zeit bezeichnen, wie *hoch, tief, breit, weit, groß, dick, lang, alt* u. a. Der Akk. bezeichnet hier das Maß und ist syntaktisch gleichwertig mit einem untergeordneten Adverbium: *eine Elle lang* (vgl. *sehr lang*); *einen Fuß breit; einen Finger dick; drei Tage lang; acht Jahre alt*; ähnlicher Art ist der Akkusativ bei *wert* und *schuldig*: *keinen Pfennig wert; großen Dank schuldig sein* (vgl. § 32). Im Mhd. werden diese Adjektive mit dem Genitiv verbunden, der sich auch im Nhd. lange hält: mhd. *drîer jâre alt*; nhd. *kurzer Zeit lang* (L.); *nicht eines Fußes breit* (L.); *nichts mehr als einer Elle lang* (Hebel); *eines Daumens breit* (Wieland); *einer starken Nuß groß* (G. 43, 75, 5, Benvenuto Cellini 1, 5). Reste der Genitivkonstruktion sind erhalten in Komposita wie *fingersdick; armsdick*. Mit demselben syntaktischen Wert steht der Akkusativ bei Komparativen zur Angabe der Differenz: *einen Kopf höher*. Im Mhd. steht auch in dieser Stellung Genitiv: *maneges beʒʒer, michels mêre; dicker eines dûmen*. In späterer Zeit ist dieser Genitiv selten: *eines Hauptes höher* (Bürger, Vorgefühl der Gesundheit). In der neueren Sprache konkurriert der reine Akkusativ mit Anknüpfung durch *um*: *(um) einen Kopf größer*.

Der Akkusativ ist in allen diesen Verbindungen eingedrungen durch Einfluss des adverbialen Akkusativs der Raum- und Zeiterstreckung und der Quantität, vgl. unten.

2. Eine Gruppe von Adjektiven wie *los, quitt, gewahr, gewohnt, satt* kann in der heutigen Sprache mit einem Akkusativ verbunden werden: *jetzt sind wir ihn los. Müde* und *gewiss* werden mit dem Akk. von neutralen Pronomina verbunden: *ich*

bin es müde, gewiss. Auch dieser Akk. vertritt einen früheren Genitiv, der noch in literarischer Sprache gebräuchlich ist, vgl. hierüber § 25.

e) Adverbialer Akkusativ

§ 13. Der Akkusativ kann in der syntaktischen Funktion einer auf die Verbalhandlung bezüglichen Angabe auftreten. Dieser Gebrauch unterscheidet sich wesentlich von der Verwendung als Objekt. Der adverbiale Akkusativ wird nicht Nominativ bei Umsetzung ins Passiv, sondern bleibt als Akkusativ erhalten: *sie führte ihn einen weiten Weg, – er wurde einen weiten Weg geführt.* Ein adverbialer Akk. kann, wie das Beispiel zeigt, neben einem Akkusativobjekt stehen, während zwei Akkusativobjekte zum selben Verb nur ganz ausnahmsweise auftreten. Der adverbiale Akkusativ kann nicht wie der Objektsakkusativ durch ein Pronomen, sondern nur durch ein Adverb oder eine Präpositionsverbindung vertreten werden, vgl. *diesen Abend vergaß sie nie: diesen Abend weinte sie lange. – der Abend, den sie nie vergaß: der Abend, an dem (da) sie lange weinte.*

Man kann vier Haupttypen des adverbialen Akkusativs unterscheiden: den lokalen, den temporalen, den quantitativen und den modalen Akkusativ.

Der lokale Akk. tritt meistens bei Bewegungsverben auf und bezeichnet die Strecke im Raum oder das Gebiet, worüber die Bewegung stattfindet. Dieser Akk. hatte in der älteren Sprache eine größere Verbreitung als jetzt: ahd. *fuar er hōhe berga* (Otfrid II, 4, 81); mhd. *streich er waʒʒer und land* (Wolfram, Parzival 479, 23); *nu riten sie beide nu holz nu heide* (Hartmann, Erec 3106 f.); *mit baren füeʒʒen streich er walt und bruoch* (Hartmann, Gregorius 2767 f.). In Fällen, wo es sich um das Gebiet handelt, über dem die Bewegung stattfindet, hat die moderne Sprache Präpositionverbindungen mit *über* oder *durch*. Dagegen ist, wo an die zurückgelegte Strecke gedacht wird, der lokale Akk. fortwährend voll lebendig: ahd. *floug er sunnūn pad, sterrōno strāʒa, wega wolkōno* (Otfrid II, 5, 5); ähnlich jetzt: *seinen Weg gehen; einen Pfad wandern; seine Straße ziehen* usw. Besonders häufig ist jetzt dieser Akk. in Verbindung mit einem Richtungsadverb: *er ging die Treppe hinauf, hinab; eine Straße auf und ab gehen; den Fluss entlang fahren* usw. Veraltet ist dagegen der eine Zeitlang beliebte lokale Akk. bei Bewegungsverben in Verbindung mit *vorbei* und *vorüber: diese Gegend vorbei zu reisen* (Lessing); *indem man Länder und Weltteile vorbeifliegt* (Herder, Journal meiner Reise 1767); *als ich das Thomastor vorbeiging* (Sch., Fiesco III, 11); *daß er den Feenpalast der Gräfin vorüberfährt* (Iffland, Figaro I, 9). Statt des Akk. steht jetzt *an* mit dem Dat.: *an einer Gegend vorbeireisen; ich ging am Tor vorüber* usw.

Der temporale Akk. bezeichnet erstens den Zeitraum der Dauer einer Handlung oder eines Zustandes: got. *naht jah dag in diupiþai was mareins* (2. Korinth. 11, 25) „Tag und Nacht war ich in der Tiefe des Meeres". Dieser Gebrauch des temporalen Akkusativs hat sich in seinem alten Umfange erhalten. Die Zeitdauer wird jetzt oft durch Hinzufügung von Adverbia betont: *den ganzen Tag über; das ganze Jahr hindurch* usw.

Weiter kann der temporale Akk. eine bestimmte Zeit bezeichnen: *er starb den sechsten Mai, vorigen Winter war es sehr kalt.* Damit konkurrieren aber stark Präpositionsverbindungen mit *an* und *in: am sechsten Mai, im vorigen Winter.*

Der quantitative Akk. gibt den Umfang der Handlung an. Von frühester Zeit an verwendet man den substantivierten Akk. Sg. Neutr. von Mengenadjektiven und Pronomina in dieser Weise: ahd. *was filu fastēnti* (Otfrid I, 4, 34); nhd. *es hilft, nützt, schadet viel, mehr, wenig, nichts.* Bei Verben wie *wiegen, messen* u. a. kommen Substantive in dieser Funktion vor: *das Fass wiegt einen Zentner; der Stock misst einen Meter; das Thermometer ist einen Grad gestiegen.*

Der modale Akk. gibt die Art und Weise der Handlung an, z. B. *fehl greifen, gehen.* Er wurde in der älteren Sprache nicht viel verwendet: mhd. *so manegen wîs; alle wîs diu beste* (Hartmann, Iwein 4362); *die mâʒe* „dermaßen". Manche Grammatiker rechnen hierhin auch die zahlreichen nhd. Ausdrücke wie *Schach spielen; Geige spielen; Schlittschuh laufen; Walzer tanzen; Rad fahren; Pfeife rauchen* usw. Die hier auftretenden Akkusative sind aber eher als Akk. des Inhalts zu betrachten.

f) Absoluter Akkusativ

§ 14. Der absolute Gebrauch eines Kasus scheint dem Germanischen ursprünglich fremd zu sein. Im modernen Deutsch wird der Akk. absolut verwendet. Dieser Gebrauch stammt im Wesentlichen aus dem 18. Jh. und geht möglicherweise auf französische Konstruktionen zurück (Admoni 1990, S. 182). Sie lassen sich als „verblose prädikative Konstruktionen" auffassen, bei denen der Akk. in gewisser Hinsicht einem Subjekt entspricht. (Vuillaume 1995, S. 400). Der Akk. tritt teils in Verbindung mit einem Präpositionsausdruck, teils mit einem Partizip des Präteritums auf. In Verbindung mit Präpositionsausdrücken bezeichnet der absolute Akk. einen begleitenden Umstand: *eine Gruppe der schönsten Gestalten, den Pokal in der Hand* (Lessing, Laokoon); *einen kritischen Freund an der Seite, kommt man schneller vom Fleck* (G., Briefe 13, 365, 8); *zu Dionys, dem Tyrannen, schlich Möros, den Dolch im Gewande* (Sch., Bürgschaft); *den Kopf gesenkt, die Hände auf dem Rücken, ging er daher* (Wieland, Musarion I) (vgl. französ. *elle le regarda les larmes aux yeux*). – In Verbindung mit einem präteritalen Partizip bezeichnet der Akk. teils einen äußeren Zustand beim Subjekt: *er fleht, die Hände zu Zeus erhoben; er saß dort, den Ellenbogen aufgestemmt,* oder die Verbindung hat konditionale Bedeutung: *alles wohl überlegt, wird er recht haben* (franz. *tout considéré*); *dies vorausgesetzt; gesetzt den Fall* usw. – Da der Akkusativ in den meisten Fällen sich nicht vom Nominativ formal unterscheidet, hat man ihn in absolutem Gebrauch

auch als Nominativ aufgefasst, und Stellen mit eindeutigem Nominativ kommen vor: *an jeder Seite ein Gendarm, erreichtest endlich du die Grenze* (Heine, Georg Herwegh). Vereinzelt findet sich die Konstruktion mit Akk. schon im Mhd.: *daʒ sie in dem mere viel ze tal. umb ir kel ein swœren stein* (Wolfram, Willehalm 109, 24 f.). In der modernen Sprache ist der absolute Akk. häufig in festen Verbindungen, wie *Hand in Hand, Kopf an Kopf, Schritt für Schritt, Hals über Kopf* usw., wo der Kasus allerdings nicht formal bezeichnet ist.

g) Elliptischer Akkusativ

§ 15. Die moderne Sprache verwendet vielfach einen Akk., der scheinbar ohne Beziehung zu anderen Satzgliedern auftritt. Dabei handelt es sich meistens um Objektsakk. zu Verben, die nicht ausgesprochen werden, weil sie sich aus der Situation ergeben. Solche elliptische Ausdrücke sind z. B.: *guten Abend; vielen Dank; Verzeihung; keinen Schritt weiter! Fährmann, euren Kahn* (Sch.).

h) Akkusativ oder Präpositionsverbindung

§ 16. Während der ganzen deutschen Sprachgeschichte besteht eine Tendenz, die reinen Kasus durch Präpositionsverbindungen zu ersetzen.

Oben wurden mehrere Fälle angeführt, wo die reine Akkusativkonstruktion durch eine Präpositionsverbindung ersetzt worden ist (als Objektsprädikat und in einigen adverbialen Verwendungen). In anderen Fällen finden wir Akk. und Präpositionsverbindung nebeneinander, ohne dass von einem Wettbewerb der beiden Konstruktionen die Rede sein kann, da ein Bedeutungsunterschied besteht. Oft hat der Präpositionsausdruck eine mehr instrumentale Bedeutung: *Steine werfen – mit Steinen werfen; Blumen streuen – mit Blumen streuen; die Rede anfangen – mit einer Rede anfangen; einige Worte erwidern – mit einigen Worten erwidern* usw. In anderen Fällen bezeichnet der reine Akk. eine engere Anknüpfung an die Verbalhandlung, ein stärkeres Betroffensein von derselben: *etwas rühren – an etwas rühren; einen suchen, jagen – nach einem suchen, jagen; einen schelten – auf einen schelten.* Wenn es heißt *an etwas nagen, schneiden, rücken, zerren* usw., so wird damit ausgedrückt, dass der Gegenstand nicht in seiner Ganzheit von der Verbalhandlung betroffen wird.

C. Genitiv

a) Genitiv als Objekt

§ 17. Der Genitiv als Objektskasus war im Altgermanischen ziemlich häufig, und in der deutschen Sprachentwicklung ist der Gebrauch bis in die mhd. Zeit im Zunehmen. In der modernen Sprache dagegen ist der Genitiv als lebendiger Objektskasus stark zurückgegangen; von der früheren Gebrauchsweise sind nur Reste vorhanden.

Es ist nicht möglich, pauschal erschöpfende Regeln für die frühere Verwendung des Genitivs als Objektskasus und sein Verhältnis zum Akkusativobjekt aufzustellen. In vielen Fällen kann man sagen, dass der Gen. gebraucht wird, wo das Objekt in einem loseren Verhältnis zur Verbalhandlung steht, und nicht so vollständig von ihr betroffen wird wie das Akk.-objekt. Ganz deutlich ist dies bei dem partitiven Gen., wo nur ein Teil des Objekts von der Verbalhandlung betroffen wird. Dieser Genitiv findet sich auch in adnominalem Gebrauch (vgl. unten § 22), und einige Forscher betrachten ihn deshalb bei Verben als auf einer Ellipse beruhend: *er aß (ein Stück) des Brotes.* Ogawa (1998) zeigt, dass dies eine zu direkte Annahme wäre: Die thematische Selektion geht zwar vom Verb aus, der Genitiv tritt aber als eine Ausweichmöglichkeit für die Kasuszuweisung ein, weil der Akkusativ eine zu starke Affizierung signalisieren würde. Der Weg könnte über ein *pro*-Element im generativen Sinne angenommen werden. Bei einer Reihe von Verben finden wir dann je nach der Bedeutung bald ein Akkusativobjekt, bald ein Genitivobjekt. So heißt es im Got.: *namuh þan þans hlaibans* (τοὺς ἄρτους) *Iesus* ... *samaleiko jah þize fiske* (ἐκ τῶν ὀψαρίων) (Joh. 6, 11); und im Hel. 4765 *ik nimu thene kelik ... drinku ina,* gegenüber 3914 *ganga imu drincan ... suôties brunnan.* Diese doppelte Rektion finden wir bei Verben wie *essen, trinken, geben, nehmen, schöpfen, schenken, gießen, kaufen, haben, finden, tragen, greifen, senden, bringen* u. a.; z. B. ahd. *thaȝ thesses brunnen drinkit* (Otfrid II, 14, 37); *getrunchin sô suoȝes waȝȝeres* (Notker); mhd. *aȝ daȝ brôt und tranc dâ zuo eins waȝȝers daȝ er vant* (Hartmann, Iwein 3310); *ich wil im mînes brôtes geben* (Hartmann, Iwein 3301); *brach der liehten bluomen* (Wolfram, Parzival 159, 14); *sie hete noch des goldes* (Nib. 1271, 1); nhd. *so müßt ihr meiner Wurscht auch essen* (H. Sachs, Fastn. 16, 297); *trank des Wassers* (G., Reineke Fuchs 2); *er gibt seines Brots den Armen* (L., Sprüche 9); *der sonstigen treuen Mitarbeiter gab es auch wohl noch* (G., Briefe 29, 12, 16); *er nahm des Blutes in die Hand* (Hölty, Klage eines Mädchens); *gießt Neoptolem des Weins* (Sch., Das Siegesfest); *sorgsam brachte die Mutter des klaren, herrlichen Weines* (G., Hermann und Dorothea, Kalliope); *wir haben der Exempel schon gehabt* (Iffland, Mündel 148); *du sandtest deiner Krieger hin* (Klopstock, Mein Vaterland); *weil ich deines Weins verschmähte* (Kleist, Käthchen von Heilbronn I, 2).

Als partitiv ist wohl auch der Gen. bei Verben wie *genießen, kosten* (= „schmecken") und *brauchen* zu betrachten: ahd. *nuʒʒi thera guatī* (Otfrid II, 6, 12, „er sollte jene Güter genießen"); im Mhd. steht diese Bedeutungsgruppe meistens mit Genitiv, der sich auch nhd. in der literarischen Sprache z.T. bis heute erhalten hat: *ich genieße meines Reichtums* (Wieland); *sie kosteten des Glücks* (Hölty, Die Liebe); noch heute ist üblich *es braucht, bedarf deines Beistandes nicht*.

Der partitive Gen. kann auch als Subjekt fungieren: mhd. *dar zuo ist êren mir geschehen* (Bit. 7377), *an disen aht frouwen was röcke grüener denn ein gras* (Wolfram Parzival 234, 4; Belege nach Prell 2007, S. 341); nhd. *seines Gesanges erschallet noch* (Klopstock, Sintenburg 9, 1); *es sind deren unter ihnen gewesen* (Claudius 3, 58); *Erinnerungen, deren uns ja aus jedem Alter bleiben* (Jean Paul, Quintus Fixlein, Magie der Einbildungskraft).

Besonders zu merken ist der Gebrauch des partitiven Gen. in negativen Sätzen. Im Got. steht in vielen Fällen das Objekt im Gen. in einem durch die einfache Negationspartikel *ni* negierten Satz: *swe lamba ni habandona hairdeis* (Matth. 9, 36). Dieser Gen. im negativen Satz steht auch bei Verben, die in positiven Aussagen nicht mit Gen. verbunden werden können: *bileiþai qenai jah barne ni bileiþai* (Markus 12, 19) „er mag eine Frau hinterlassen, aber nicht Kinder hinterlassen". Auch in der Funktion als Subjekt tritt dieser Gen. auf: *ni was in rūmis* (Lukas 2, 7) „es war ihnen nicht des Raums". Dieser Gebrauch muss eine Altertümlichkeit sein, denn auch in den slawischen Sprachen steht bei Negation der Gen., und man muss hier einen alten Zusammenhang annehmen. Im Deutschen ist der Gen. bei der einfachen Negationspartikel selten: ahd. *tu ne habis kiscirres* (Christ und die Sam.). Später dagegen, als die Negationspartikel in der erweiterten Form ahd. *niowiht*, mhd. *nieht* aufgeht, steht wieder regelmäßig im negierten Satz das Objekt im Gen., der da eigentlich ein adnominaler Gen. ist, abhängig von dem Substantiv *wiht* (vgl. § 25). Beispiele: ahd. *nieht nīdes habentiu* „nichts von Neid" (Notker); mhd. *uns hat der herre Sîfrît solhes niht getân* (Nib. 120, 2); *sô brich ich mîner triuwe niht* (Wolfram, Parzival 535, 14); nhd. *ich kenne des Menschen nicht* (L., Matth. 26, 72); *allein sie wollten nicht kommen, wollten des Liebenden nicht* (Klopstock, Messias, 19, 427); *ich kenne deiner nicht* (Uhland, Die Bildsäule des Bachus). Dieser Gebrauch stirbt jedoch im Nhd. bald aus; in der modernen Sprache sind nur einige erstarrte Reste vom Gen. bei *nicht* erhalten, wie *hier war unseres Bleibens nicht*, vgl. § 25.

Der partitive Gen. bei Verben steht der französischen Konstruktion mit dem partitiven Artikel nahe. Unter dem französischen Einfluss im 18. Jh. ist deshalb die Genitivkonstruktion z.T. durch Präpositionsverbindung mit *von* ersetzt. Bei Stoffbezeichnungen geht allerdings die Fügung mit *von* in die ahd. Zeit zurück, es heißt bei Tatian (123, 28 = Sievers 82, 10) *iʒʒit fon thesemo brôte* (unter Einfluss des lat. „ex hoc pane"). Nhd. Fügungen wie *von einer Speise essen, nehmen, geben* brauchen deshalb nicht aus französischem Einfluss erklärt zu werden. Aber bei Pluralen geht die Konstruktion mit *von* möglicherweise auf französische Vorbilder zurück, vgl. *wo ihr von unsern zerstreuten Knechten findt* (G., Götz von Berlichingen III, Lager); *wo ich von deinen Briefen zu finden hoffe* (G., Brief an Christiane, 4.9. 1797); *ich wünsche du könntest auch von seinen Zeichnungen sehen* (Sch., Brief an Körner 26.3.1790). Wie der partitive Gen. kann auch diese *von*-Fügung als Subjekt auftreten: *gestern gingen von seinen Leuten vorbei* (G., Egmont I, 3).

Von dem partitiven Gen. als Objektskasus sind heute nur einige Ausdrücke mit Pronominalformen übrig, wie *ich habe* oder es *gibt dessen, deren, ihrer.* Sonst ist dieser Gen. durch den Akk. ersetzt worden, doch manchmal mit Hinzufügung eines unbestimmten Pronomens: *er nahm des Blutes > er nahm etwas Blut; er sandte seiner Krieger > sandte einige seiner Krieger.* In anderen Fällen wird die partitive Bedeutung durch Weglassung des Artikels ausgedrückt: *er hat Brot gegessen* gegenüber *er hat das Brot (ein Brot) gegessen.*

§ 18. Bei den übrigen Verben mit Genitivrektion sind die Bedeutungsverhältnisse nicht immer leicht zu ermitteln. In vielen Fällen gilt die Regel, dass das Genitivobjekt ein loseres Abhängigkeitsverhältnis zur Verbalhandlung bezeichnet. Besonders deutlich ist dies bei einigen Verben im Got., die sowohl mit dem Akk. wie mit dem Gen. verbunden werden, wie *greipan* mit Akk. „einen oder etwas ergreifen": *ni gripuþ mik* (Markus „ihr ergriffet mich nicht"; mit Gen. „nach einem greifen, einen zu ergreifen suchen": *gripun is ... iþ is gaþlauh* „sie suchten ihn zu ergreifen, aber er entfloh" (Mk. 14, 49 ff.). Ein ähnlicher Gebrauch des Genitivs zur Bezeichnung des nicht voll bewältigten Objekts liegt wohl zugrunde bei einer Reihe von Verben, die in der älteren Sprache mit dem sogenannten Gen. des Zieles verbunden werden. Es sind Verba von der Bedeutungsgruppe *wünschen, fragen, bitten, warten*: ahd. *sie eiscōtun thes kindes* (Otfrid I, 17, 11, „fragten nach"); *sie bātun fleiskes* (Notker); mhd. *Urlaubes bitten* (Hartmann); *der bischof wartete der drier kunige* (Mystiker 1, 116, 17, Hermann von Fritzlar); nhd. *du begehrtest mein* (Bürger, Elise an Bürger); *ich verlange der Gottheit nicht* (Fr. Müller, DWb.); *hier habe ich deiner unter den Palmen gewartet* (Lessing 3, 405, 21); *in Padua erwartete Fernando des frohen Augenblicks* (Sch., Don Carlos I, 4); *und harren der Schläg und der Schelten* (G., Der getreue Eckhart). Bei Verben wie *verlangen, begehren, warten, harren* und bei dem unpersönlichen *mich gelüstet* wird der Gen. noch heute in gehobenem Stil gebraucht. – Die Bedeutung eines loseren Abhängigkeitsverhältnisses zur Verbalhandlung drückt der Gen. wohl auch aus bei den Verben der geistigen Teilnahme wie *gedenken, wahrnehmen, erwähnen, achten*: *achteten sie deiner* (G.); *des nahen Hafens nicht gewahrend* (G., Nachträgliches zu Philostrats Gemälden, Orpheus); *der eignen Rettung denkt jetzt keiner mehr* (Sch., Wallensteins Tod IV, 10); *seiner Wort glaubet niemand* (H. Sachs); *wie ward der Königin erwähnt?* (Sch., Don Carlos IV, 4). In der modernen Sprache ist der Gen. fest bei *gedenken*

„erinnern, erwähnen", auch bei *denken* in der Bedeutung „sich erinnern": *er dachte vergangener Tage.* Gelegentlich kommt er in der Schriftsprache noch vor bei *erwähnen, wahrnehmen* (= „benutzen": *der Gelegenheit wahrnehmen*), *gewahren* und bei negiertem *achten: niemand achtet sein* (Th. Mann, Das Eisenbahnunglück), ist aber stilistisch als gehoben markiert oder hat, wie bei Thomas Mann, ironische Konnotationen. Bedeutungsverwandt mit dieser Gruppe ist die, welche verschiedene Arten von Bewachung und Sorgfalt ausdrückt, Verba wie ahd. *waltan, pflegan, huoten*; nhd. *walten, hüten, schonen, pflegen, warten* (= „pflegen"), *wahren.* Z.B. *des größern Schatzes waltet sein Vater* (Lessing, Nathan der Weise I, 3); *er pflegt seiner morschen Glieder* (Sch., Die Räuber I, 3); *die hüteten ihrer Herde* (L., Lukas 2, 8); *du wahrst des Eingangs* (Sch., Braut von Messina III, 1); *kann der Gärtner der Rose warten* (Iffland, Der Vormund II, 4); *keiner schonet des andern* (L., Jesaja 9, 19); *man schonte der obersten Leitung nicht* (G., Kampagne in Frankreich); *spare der Worte* (Lessing, Die Geschichte des alten Wolfs, 20). Der Gen. ist noch erhalten in festen Verbindungen wie *seines Amtes walten; der Ruhe pflegen; Rats pflegen.*

§ 19. Der Gen. steht weiter bei Verben, die einen Mangel oder ein Verfehlen bezeichnen. Man hat vermutet, dass der Gen. hier auf einen alten Ablativ zurückgeht. Von einem immanent systematischen Standpunkt aus ist er aber im Deutschen auch hier als der dem Akkusativ gegenüberstehende Kasus des nicht erreichten Objekts aufzufassen. – Beispiele: ahd. *mistun siu thes kindes* (Otfrid I, 22, 20); *brast in thār thes wīnes* (Otfrid II, 8, 11); *tharbēti thār swertes* (Otfrid IV, 14, 8); mhd. *dîn strâle* („Pfeil") *mîn misset* (Wolfram, Parzival 532, 11 f.); *möht ich es im geweigert haben* (Nib. 422, 4); *nu swîgen wir der degene* (Kudrun 1165, 1); nhd. *eh' ich ihrer mißte* (Bürger, Das hohe Lied von der Einzigen); *sie möchten des fetten Futters vermissen* (Stolberg 11, 154, DWb); *sie fehlen ihres Weges selten* (Gellert 1, 259); *eine Tragödie, die ihres Zweckes verfehlt* (Lessing, Hamburgische Dramaturgie II, 74); *daß sie nicht ihres Futters hier darbten* (Bürger, Ilias 203); *da ich der Dichtung nicht gern entbehren mag* (G., 24, 297, 4, Wilhelm Meisters Wanderjahre 2, 4); *meine Lampe mangelt Öls* (G., 39, 182, 11, Götz von Berlichingen, V, Adelheidens Schlafzimmer); *ermangelten wir sogar des Wassers* (G., Kampagne in Frankreich, 21. 9. 1792); *noch einer Darstellung können wir nicht geschweigen* (G., Myrons Kuh); *weil sie der Sachen nicht abstehen* (L., Briefe, an den Kurfürsten Johannes, 26. 8. 1530); *wir vergessen aller Beleidigungen* (Wieland, Aristips Briefe 1); vgl. den Pflanzennamen „Vergissmeinnicht". Bei *entraten* ist der Gen. noch der einzig mögliche Kasus, und er ist in höherem Stil noch häufig bei *bedürfen, entbehren* und *ermangeln.*

Der „ablativische" Gen. steht auch bei transitiven Verben mit privativer Bedeutung neben einem Personenobjekt im Akk.: *um diese Dame hier des Zaubers zu befreien* (Wieland, Idris und Zenide 95); *er löste die Generalstaaten ihres Eides*

(Sch., Abfall der Niederlande I). Dieser Gen. ist noch fest bei *berauben* und *überheben: dies überhebt mich der Mühe*; weiter: *einen des Landes (aus dem Lande) verweisen*. Er ist auch noch üblich bei einer Reihe von Verben mit privativem *ent-*, besonders bei *entheben, entsetzen (einen seines Amtes entsetzen), entkleiden*; in Konkurrenz mit *von* bei *entbinden, entlassen, entledigen, entlasten, entblößen, entwöhnen*.

§ 20. Die Konstruktion mit dem Personenobjekt im Akk. und einem loser angeknüpften Sachobjekt im Gen. war mhd. sehr verbreitet; sie hält sich gut im älteren Nhd. und ist noch heute in einem gewissen Umfang bewahrt: *dich eines bessern Wegs belehren* (G., Torquato Tasso II, 2); noch: *einen eines Besseren belehren; auch der Spiegel versicherte mich dessen* (Th. Mann, Felix Krull); jetzt: *er versicherte mich des Gegenteils* oder *mir das Gegenteil*; die alte Konstruktion ist noch fest bei *würdigen: er würdigte mich keiner Antwort*, und bei der Gruppe *anklagen, verklagen, beschuldigen, zeihen, bezichtigen, überführen*; bei *überzeugen* steht jetzt meistens *von*. Bei der letzten Gruppe geht die Konstruktion ins Ahd. zurück: *thes zīhu ih inan* „dessen zeihe ich ihn" (Otfrid); mhd. *du beredest* („reinigst") *mich der grôȝen schande* (Nib. 854, 3 f.).

Der Gen. konnte früher auch neben einem akkusativischen Sachobjekt stehen, so mit instrumentaler Bedeutung bei *füllen, sättigen* und ähnl.: mhd. *dem fult ich rôtes goldes den Etzelen rant* (Nib. 2025, 3); nhd. *wessen das Gefäß ist gefüllt* (Sch., Wallensteins Lager I, 8); jetzt nur Anknüpfung durch *mit*.

Neben einem reflexiven Akk. hat sich ein Genitivobjekt besonders gut erhalten. Diese Konstruktion hat sich in nhd. Zeit sogar z. T. ausgedehnt; z. B. stand mhd. bei *sich annehmen* das zweite Objekt im Akk. Bei anderen Verben dagegen ist die Konstruktion jetzt aufgegeben, vgl. aus älterem Nhd.: *deines Schwertes wirst du dich nähren* (L., 1. Mose 27, 39); *er gebrauchte sich seiner Hände sparsamer* (Lessing, Hamburgische Dramaturgie I, 4); *gebrauchen laß uns unsres Geistes* (Herder 27, 42); *hat sich der Landmann solcher Tat verwogen* (Sch., Wilhelm Tell IV, 2); *wes soll ich mich trösten* (L., Ps. 39, 8); *sich keiner Antwort entschließen können* (L.); *alle wunderten sich der Rede* (L., Lukas 2, 18); *fast scheu ich mich des Sonderlings* (Lessing, Nathan der Weise II, 5). Der Gen. steht noch bei Verben wie *sich annehmen, begeben, bemächtigen, bedienen, befleißigen, besinnen (sich eines anderen, eines Besseren b.), erinnern, entsinnen, entledigen, entäußern, enthalten, rühmen, schämen, erkühnen, erdreisten, erfrechen, erfreuen, erbarmen, weigern, vermessen, versichern* u. a. Jedoch in der Alltagsrede nimmt die Anknüpfung durch Präposition immer mehr zu. Man sagt jetzt auch: *sich zu etw. erdreisten, erkühnen; sich auf etw. besinnen; sich an etw. erinnern; sich an etw. erfreuen; sich über, wegen etw. schämen; sich mit etw. rühmen; sich gegen etw. weigern; sich über etw. erbarmen*, usw.

§ 21. Auch neben einem Dativ stand mhd. bei Verben wie *danken, lohnen, schmeicheln, folgen, helfen, gönnen, glauben* häufig ein Sachobjekt im Gen.: *einem eines râtes volgen; der mære mir geloube* (Kudrun); *deheinem mînem vriunde ich des tôdes niht engan* (Kudrun 213 ,4); *wan ich dir alles guotes wol getrûwe* (Kudrun 215, 3). – Diese Konstruktion erhielt sich im älteren Nhd., z.T. bis ins 18. Jh. hinein: *darumb solt ihm der Kaiser solch Lehens nit gestatten* („gewähren", L., An den christlichen Adel deutscher Nation); *ich gestehe* („gestehe zu") *ihr ihres Willens nicht* (L., Predigt zu Lukas 2, 21); *die ihm des Segens danken* (Klopstock 9, 165); *wie danke ich Euch der Gabe* (Tieck, Fortunat I, II, 11); *sie lohnten des der Lieb' und mir* (Wieland, Der Vogelsang); *es bürgt mir deiner Neigung* (G., Natürliche Tochter V, 9); *des helfe ihm und allen Christus unser Herr* (L., Bericht... von beider Gestalt des Sacraments, 246); wenn es bei Goethe (Die Vögel, I, Epilog) heißt: *daß er sich eures Beifalls schmeicheln darf,* ist *sich* wohl als Dat. zu fassen (allerdings bei Lessing (4, 302): *ich glaube mich dessen schmeicheln zu dürfen); wer des Versuchs sich nicht getraut* (Voss, Horaz-Übersetzung, Epistel XVII). – Der Gen. in diesen Ausdrücken ist in der modernen Sprache teils durch den Akk., teils durch Präpositionsverbindung ersetzt. Es heißt jetzt *einem etw. gestatten; einem etw. zugestehen;* bei *danken* braucht man jetzt *für* (*einem für etw. danken*); in der älteren Sprache finden wir auch hier den Gen. durch den Akk. ersetzt: *du wirst die Gabe mit Entzücken mir danken* (Wieland, Alceste V, 1); so noch bei einem neutralen Pron.: *ich glaube, daß du mir das danken wirst* (Th. Mann, Buddenbrooks IV, 7). Ebenso heißt es jetzt *einem für etw. lohnen,* in der älteren Sprache aber bisweilen Akk. für früheren Gen.: *das, mein Fräulein, muß er mir mit seiner Zufriedenheit lohnen* (Sch., Der versöhnte Menschenfeind 1). Der Gen. hat sich hier erhalten in der Verbindung *das lohnt der Mühe,* aber dieser Ausdruck ist jetzt vermengt worden mit *das lohnt sich,* und das Ergebnis ist: *das lohnt sich der Mühe.* Bei *schmeicheln* braucht man jetzt meistens *mit,* aber auch hier hat man in der älteren Sprache Akk. statt früherem Gen.: *wenn ich einige Erleichterung mir schmeicheln darf* (G., Brief an Voigt 15.12.1815). Auch bei *getrauen* findet man den Akk. als Ersatz des Gen.: *ich getraue mir das erste nicht* (Lessing, Ästhetische Schriften, 10. Brief). Jetzt ist bei *getrauen* der reflexive Dat. meistens durch den Akk. ersetzt, und als Sachobjekt kann nur ein Infinitiv gebraucht werden: *ich getraue mich (mir) nicht, es zu versuchen.*

§ 22. Der Gen. steht schließlich bei Verben, die meistens absolut gebraucht werden, deren Bedeutung also keine Objektergänzung verlangt. Die Abhängigkeit ist hier sehr lose, der Gen. bezeichnet meistens den Grund oder die Veranlassung der Handlung, z.T. ist er beinahe als eine Art Prädikat zu betrachten, z.B. *ich lebe der Hoffnung* ungefähr = *ich bin der Hoffnung* = *ich hoffe.* Dieser Gebrauch scheint eine Neuentwicklung innerhalb des Deutschen darzustellen und war im Mhd. sehr verbreitet. Beispiele aus dem Mittelhochdeutschen und älterem Nhd.: *des zurnde die gotinne* (Albr. 33, 61, nach Mhd.Wb.), *wir wollen nicht frohlocken seines Falls*

(Sch., Wilhelm Tell V, 1); *wie ich des Schauspiels staune* (Kleist, Penthesilea 5); *zürne des Jünglings nicht* (Hölty, An Gott); *der eines Kranken spottet* (G., Werther 2, 30.11.1772); *er höhnt der Stromgötter* (Voss II, 21); *du lachst des trotzigen Entschlusses* (G., 1, 459, nach Dwb.); *daß ihr meiner Einfalt lächelt* (Lessing, Nathan der Weise III, 2); *wollen wir denn ihrer Gnade leben* (Iffland, Alte und neue Zeit I, 8); *der sterbe des Schwerts* (L., 2. Könige 11); *wir müssen ihrer Missetat entgelten* (L., Klagelieder Jeremias 5, 7); *wenn der Mächtige des Streits ermüdet* (Sch., Die Braut von Messina III, 2). – In der modernen Sprache ist dieser Gen. weitgehend durch Präpositionsausdrücke verdrängt worden. Es heißt jetzt *frohlocken, staunen, erstaunen über; zürnen auf, über; leben von; sterben an, durch; ermüden von, durch.* Der Gen. steht nur noch in festen Verbindungen wie *Hungers, eines gewaltsamen Todes sterben; der (in der) Hoffnung leben; des Glaubens sterb ich.* In unpersönlichen Konstruktionen hat sich dieser Gen. neben einem persönlichen Akk. als stilistisch markierte Form in gehobenem Stil erhalten: *es dauert mich deiner; es jammert mich seiner; wie ihn des Anblicks jammerte; mich erbarmt seiner;* in älterer Sprache stand er auch neben einem Dat.: *wenn ihm beinahe des ganzen Lebens ekelt* (Lessing, Briefe, 28.10.1772).

Für die Erhaltung des Gen. bei Verben sind im Wesentlichen wohl syntaktische Verhältnisse maßgebend gewesen. Als die Sonderbedeutung des Genitivobjekts dem Akk. gegenüber nicht mehr vom Sprachbewusstsein empfunden wurde, drang in der Regel der Akk. ein, wo der Gen. als einziges Objekt stand. Wo ein Akkusativobjekt neben dem Gen. stand, konnte dieser nicht ohne weiteres von einem Akk. ersetzt werden, weil zwei Akkusative beim selben Verb kein gebräuchlicher Typus ist. Vielfach jedoch ist die Konstruktion mit persönl. Akk. + sächl. Gen. zu dem jetzt allein normalen Typus: persönl. Dat. + sächl. Akk. umgebildet worden, vgl. oben § 17 und weitere Fälle wie mhd. *einen eines dinges erlâzen* > nhd. *einem etw. erlassen;* mhd. *einen eines dinges gewern* > nhd. *einem etw. gewähren* u. a. – Ein reflexiver Akk. ist mit dem Verb sehr fest verbunden und widerstrebt der Umbildung zu einem Dat. Deswegen hat sich bei reflexiven Verben das Genitivobjekt noch gut erhalten. – Wo das Abhängigkeitsverhältnis als ein loseres empfunden wurde, ist jedoch in allen erwähnten Typen der Gen. nicht durch den Akk., sondern durch Präpositionsverbindungen ersetzt worden.

b) Genitiv bei Substantiven und substantivischen Wörtern

§ 23. Neben seiner Funktion als Objektskasus ist der Genitiv von Anfang an im Germanischen sehr weitgehend als adnominaler Kasus verwendet worden, d. h. als untergeordnete Bestimmung zu einem anderen substantivischen Wort. In dieser Funktion hat sich der Genitiv im Neuhochd. viel besser erhalten als in der Stellung als selbständiges Objekt zum Satzverb. Allerdings nur in der auf der

Schriftsprache fußenden Umgangssprache hat sich dieser Gen. erhalten. Die eigentliche Volkssprache hat den Gen. überhaupt aufgegeben.

Auch der adnominale Gen. ist in nhd. Zeit stark zurückgegangen und durch andere Konstruktionen ersetzt worden, wie das Folgende zeigt. Aber er ist noch immer in vielfacher Verwendung lebendig.

Man kann in der Verwendung des adnominalen Gen. zwei Hauptkategorien unterscheiden. Im ersten Falle bezeichnen Gen. und regierendes Nomen zwei unabhängige Größen, die in irgendeine Beziehung zueinander gesetzt werden; das regierende Wort ist hier immer ein Substantiv; an Stelle des Genitivs kann z.T. ein Possessivpronomen eintreten (vgl. § 63). Im zweiten Falle bezeichnet der Gen. die umfassendere Größe, von der das regierende Wort, das in diesem Falle auch ein Pronomen, ein substantiviertes Adjektiv oder ein Zahlwort sein kann, als abgegrenzter Teil erscheint. Die erste Kategorie hat sich in der modernen Sprache besser erhalten als die zweite.

§ 24. I. Man kann hier mehrere Abwandlungen unterscheiden.

Der possessive Gen. bezeichnet zunächst den Besitzer im eigentlichen Sinne: *das Haus meines Vaters; die Hunde des Jägers.* Er hat aber auch eine weitere Verwendung, und bezeichnet Zubehör oder Zugehörigkeit überhaupt: *die Engel des Himmels; die Fenster des Hauses; das Tuch des Rockes; die Strahlen der Sonne; die Arbeit des Tages; die Zeit der Ernte; die Wolga Russlands.* Die Volkssprache und die alltägliche Umgangssprache hat diesen Gen. durch einen Dativ in Verbindung mit einem Possessivpronomen ersetzt, das zu dem regierenden Wort attributiv gestellt wird: *dem Vater sein Haus* statt *das Haus des Vaters.* In der Literatur finden sich derartige Fügungen zur Wiedergabe volkstümlicher Ausdrucksweise: *in dem Wolf seinem Leib* (Grimm, Rotkäppchen); *meinem Feldwebel seine Frau* (Auerbach, Der Tolpatsch). Der Typus geht zurück auf eine Konstruktion mit dem Dat. commodi, vgl. ahd. *thaʒ ih druhtīne sinan sun souge* (Otfrid I, 5, 36). Manchmal ist das Besitzverhältnis doppelt ausgedrückt, indem der Dat. durch Gen. ersetzt wird wie in *des Teufels sein Gepäck* (G., Götz von Berlichingen V, Nacht, Im wilden Wald). In älterer Literatur ist diese Fügung häufiger: *nimm meinen Ring ... und gib mir des Majors seinen dafür* (Lessing, Minna von Barnhelm IV, 5); *der Alten ihre Denkungsart* (Lessing, Von dem Gebrauche der Tiere in der Fabel).

Eine Weiterentwicklung des possessiven Genitivs haben wir im Genitivus definitivus und im Genitivus explicativus (vgl. Engelen 1990). Hier liegt eine Identität zwischen Gen. und regierendem Wort vor, man spricht deshalb auch vom Gen. der Identität. Beim Gen. definitivus ist das Verhältnis zwischen Gen. und regierendem Substantiv das zwischen Art und Gattung: *die Pflicht der Dankbarkeit* (= „die Dankbarkeit ist eine Pflicht" = „es ist eine Pflicht, dankbar zu sein"); *die Tugend der Maßhaltung; die Gabe des Gesanges; der Titel eines Geheimrats.*

Beim Gen. explicativus ist das regierende Wort eine Metapher für den im Gen. ausgedrückten Begriff: *die Milch der frommen Denkungsart* (= „die fromme Denkungsart ist/erscheint wie Milch"), *die Nacht des Wahnsinns; die Schule des Leidens; ein Strahl der Hoffnung; die Flamme des Krieges.* Als stilistisches Mittel waren solche genitivische Fügungen eine Zeitlang beliebt, besonders häufig sind sie bei Schiller; jetzt werden sie weniger gebraucht.

Als einen dritten Typus des Gen. der Identität kann man den sog. verstärkenden Gen. betrachten in Ausdrücken wie *der König der Könige; der Knecht der Knechte; das Buch der Bücher; das Lied der Lieder.* Er steht dem partitiven Gen. nahe, ist aber wohl anderen Ursprungs. Bei seiner Verwendung im Deutschen haben lat. Vorbilder eingewirkt, vgl. *rex regum, servus servorum, canticum canticorum* usw., aber dieser Gen. findet sich auch im Altnord., z. B. *karl karla.*

Der Genitivus qualitatis bezeichnet eine Eigenschaft oder eine Beschaffenheit des regierenden Substantivs. In den ältesten Beispielen bezeichnet er die Abstammung: as. *gōdes kunnies man* (Hel. 254); ahd. *ein ediles man* (Otfrid IV, 35, 1); mhd. *vil knaben edler slahte;* hier sieht man noch den Ausgang vom possessiven Gen.: „ein Mann des Adels". Später wird der Gebrauch verallgemeinert: mhd. *boten guotes willen; eine brünne rôtes goldes* (Nib. 428, 4); häufig in festen Ausdrücken wie mhd. *aller hande; aller leie; aller slahte schande* (Lucidarius 129, 14); nhd. *eine stattliche Frau stolzen Betragens* (G., Kampagne in Frankreich, 23. 8. 1792); *der Jüngling edlen Gefühles* (G., Hermann und Dorothea 4, Euterpe); *der Schlafrock echt ostindischen Stoffs* (G., Hermann und Dorothea, Kalliope); *ich bin der Mann der bleichen Furcht nicht* (Sch., Die Räuber IV, 5). In der heutigen Sprache wird dieser Gen. hauptsächlich in festen Verbindungen verwendet wie *ein Mann des Friedens; ein Feldherr ersten Ranges; ein Brief folgenden Inhalts; Kunstschätze aller Art* usw., auch vielfach in prädikativen Verbindungen, vgl. § 25. Sonst ist der qualitative Gen. jetzt auf die Dichtung und andere gehobene Stilregister begrenzt, während die Alltagsrede Präpositionsverbindungen verwendet, besonders mit *von.*

Ist das regierende Wort ein Verbalnomen, so kann der Gen. als logisches Subjekt oder Objekt für die Verbalhandlung fungieren. Es liegt dann der Genitivus subjectivus und objectivus vor. Bei vielen Nomina actionis zu transitiven Verben können sowohl ein subjektiver wie ein objektiver Gen. stehen: *die Regierung des Königs – des Landes; die Führung des Feldherrn – des Heeres; die Erwartung der Freunde wurde getäuscht – wir standen in Erwartung der Freunde.* Der Grund für die zweifache Funktion des Gen. in solchen Fällen liegt darin, dass diese Nomina actionis sowohl aktive wie passive Bedeutung haben können. Die Doppelsinnigkeit der Ausdrücke hat jedoch dazu geführt, dass in den meisten Fällen nur der objektive Gen. gebraucht werden kann: *die Befreiung des Landes; die Belagerung der Stadt; die Ausbeutung der Arbeiter; der Raub der Helena.* In anderen Fällen dagegen ist der früher gebräuchliche objektive Gen. zurückgedrängt und jetzt nur ein subjektiver Gen. möglich. Dies ist besonders der Fall bei *Furcht, Liebe* und *Hass*, z. B. mhd. *durch forhte des man* (Hartmann); nhd. *die Furcht Gottes (L.); aus Furcht einer unangenehmen Berührung* (G., Briefe, an Herzog Carl August, 15.1. 1807); mhd. *durch die liebe mîn* („zu mir", Hartmann, Erec 4876); *durch ir sunes liebe* (Nib. 40, 3); nhd. *ihr habt nicht Gottes Liebe in euch* (L., Joh. 5, 42); *Liebe des Vaterlandes* (Lessing, Hamburgische Dramaturgie I, 1); *aus des Guten Liebe* (G., West-östlicher Divan, Buch der Sprüche); *Haß der Tyrannei* (Sch., Wilhelm Tell II, 2); *Haß des Lasters* (Sch., Theoretische Schriften, Schaubühne). In der älteren Sprache konnte bei diesen Substantiven ein Possessivpronomen mit dem Wert eines Objektsgenitivs stehen: ahd. *thuruh sînan haz* „aus Haß gegen ihn" (Otfrid IV, 7, 20); *In mîneru minnu* „in der Liebe zu mir" (Tatian 283, 30 = Sievers 167, 8); mhd. *durch mîne vorhte* „aus Furcht vor mir" (Gottfried, Tristan 16598); nhd. *in seiner Liebe* „in der Liebe zu ihm" (L.). – Auch bei anderen Substantiven war der objektive Gen. früher mehr verbreitet als jetzt: mhd. *nu gebt mir strîtes urloup* „Erlaubnis zum Kampf" (Wolfram, Parzival, 290, 19); nhd. *in der Hoffnung eines baldigen Wiedersehens* (G., Italienische Reise 7. 9. 1786); *eines Vaters blut'gen Mord* (Sch., Die Jungfrau von Orleans II, 2); *die Erinnerung schöner Zeit* (G., Iphigenie II, 1). Jetzt heißt es *Furcht vor; Erlaubnis zu; Liebe zu; Hass gegen; Hoffnung auf; Erinnerung an* usw. Die alte Konstruktion lebt fort in Zusammensetzungen wie *Menschenliebe; Gottesfurcht* und ähnl.

Auch Nomina actionis zu Verben, die nur mit einem Dativ verbunden werden, können einen objektiven Gen. neben sich haben: *zur Beiwohnung des Zweikampfs* (Kleist, Der Zweikampf); *die Nachforschung der Wahrheit* (Herder, Briefe zur Beförderung der Humanität 9, 62); *zur Abhilfe der Not.* Bei Verbalabstrakta zu absoluten Verben dagegen kann man natürlich nur einen subjektiven Gen. haben: *die Fahrt des Schiffes; Abfahrt, Ankunft des Zuges; das Leben des Dichters; das Auftreten des Schauspielers.* Nomina agentis können nur einen objektiven Genitiv neben sich haben, weil das Nomen selbst das Subjekt der Verbalhandlung ausdrückt: *der Gründer der Stadt; der Störer meiner Ruhe;* auch hier war der Gen. früher mehr verbreitet als jetzt: *ein Dieb fremder Gärten* (Herder 27, 218, Anm.). Der objektive Gen. bei Nom. agentis kann sich dem possessiven Gen. nähern in Verbindungen wie *der Wärter des Kranken.*

Im Althochdeutschen finden sich „auch temporale, lokale, modale, kausale, finale Angaben zum Inhalt des Basissubstantivs" (Oubouzar 1997, S. 229), z. B. *thes dages druhtin* (Otfrid III, 5, 10) „der Herr an diesem Tage".

§ 25. II. Beim zweiten Haupttyp, dem sog. Genitivus partitivus im weitesten Sinne, ist das regierende Wort eine Bezeichnung für Maß oder Menge, und der Gen. bezeichnet ein umfassenderes Ganzes. Das regierende Wort kann hier entweder ein Substantiv sein, oder ein substantiviertes Mengenadjektiv, ein substantivisches Pronomen, ein Zahlwort oder ein substantivierter Komparativ oder Superlativ. Für den Gen. kann hier nie ein Possessivpronomen eintreten.

Wir haben zwei wesentlich verschiedene Typen, je nachdem der Gen. ein bestimmt umgrenztes Ganzes oder einfach den Stoff oder die Art angibt. In beiden Fällen ist die Genitivkonstruktion in der modernen Sprache im Rückgang. Die Ersatzkonstruktion ist für den Gen. des geteilten Ganzen Präpositionsverbindung mit *von* oder *unter*, für den Gen. der Art in der Regel die sogenannte Nebenstellung. Der Gen. des geteilten Ganzen hat immer ein pronominales Bestimmungswort: *die Hälfte meines Vermögens; eine Anzahl dieser Leute; keiner meiner Freunde; der älteste meiner Brüder.* Beim Gen. der Art steht kein Bestimmungswort; er findet sich in Verbindungen wie: *ein Dutzend leinener Tücher; ein Glas roten Weins; eine Stunde Wegs; eine Schar fröhlicher Kinder; ein Rudel Wölfe.*

Neben Substantiven, die Maß und Menge bezeichnen, war in der älteren Sprache der Gen. der Art sehr verbreitet: mhd. *wînes ein becher; siben vuoʒ landes; ein fuoder guotes wînes* (Walther, L. 20, 14); *ein phunt vleisches; ein trunc waʒʒeres;* nhd. *ein Stück Ackers* (L.); *zehen Pfund Silbers* (H. Sachs); *ein Bissen Brots* (L.); *den besten Becher Weins* (G.); *Tonnen Goldes* (Sch., Die Piccolomini IV, 4); auch noch in der neuesten Literatur: *als er den Becher Weins geleert hatte* (Kasack, 1948). Jedoch vom 16. Jh. an wird dieser Gen. immer mehr von einer neuen Konstruktion, der sog. Nebenstellung verdrängt. Die Artangabe steht hier in Kasuskongruenz mit dem regierenden Wort: *ein Bissen Brot; ein Stück Fleisch; ein Becher Wein; eine Menge Getreide; fünf Minuten Aufenthalt.* Diese neue Fügung hat ihren Ausgangspunkt in den Fällen, wo der Gen. kein formales Kennzeichen hatte, also bei Femininen und Pluralen ohne attributive Bestimmung: *ein Löffel Suppe; ein Pfund Gerste; ein Pfund Äpfel; ein Paar Schuhe; ein Haufen Menschen.* Von diesem Ausgangspunkt hat sich die Konstruktion auf Mask. und Neutr. Sing. verbreitet: *ein Stück Brot* usw. – In Verbindung mit einem attributiven Adjektiv hat sich der Gen. besser erhalten; es heißt noch *ein Glas süßer Milch; eine Flasche guten Rheinweins; eine Kiste leichter Zigarren* usw. Aber auch hier ist Nebenstellung das übliche: *bringen Sie mir eine Tasse schwarzen Kaffee; er erquickte sich mit einem Trunk gutem Weine.*

Mit dem Gen. der Art verband man früher die substantivierten Quantitätsadjektive mhd. *vil, wênec, lützel, genuoc, mê, mêre, minner.* Es hieß also: *vil geldes; wênec brôtes; minner vröuden* usw. Die Konstruktion hielt sich bis ins 18. Jh. hinein, z. B. *viel Volks* (L.); *viel Glücks* (Lessing); *mehr solcher Fürsten* (G.); *viel Redens* (Lessing); *wenig Nachdenkens* (Sch.). Im Allgemeinen sind diese Ausdrücke jedoch zu Attributivfügungen umgebildet worden. Ansatzpunkte hierzu finden sich schon im Mhd., vgl. *swâ ein edeliu schœne frouwe reine ... zuo vil liuten gât* (Walther, L. 46, 10 ff.). In solchen Verbindungen hat man den Drang gehabt, die Präpositionsrektion formal kenntlich zu machen; dabei musste das Adjektiv die

Geltung eines flexionslosen Attributs annehmen. Ausdrücke von diesem Typ finden wir noch im Nhd.: *auf viel Seiten* (Lessing, Der junge Gelehre I, 6); *mit so wenig Hindernissen* (Herder); *an so viel blühenden Stellen* (Herder 1, 513). Der nächste Schritt ist dann, dass das Akjektiv Flexionsendungen in Kongruenz mit dem Substantiv annimmt. Heute steht *viel* auf dem Übergang zu einem normalen attributiven Adjektiv. Es ist meistens im Sg. unflektiert, aber im Plur. flektiert: *er trinkt viel Milch; mit viel Geld; wir haben viel Schnee;* aber auch flektiert: *vielen Dank; vieles Lesen;* – Plur.: *viele Menschen, vielen Gefahren ausgesetzt; zum Besten vieler Menschen.* Nach Bestimmungswörtern steht immer die flektierte Form: *das viele Geld.* In einzelnen festen Verbindungen ist die alte Konstruktion bewahrt: *viel Redens von sich machen; viel Wesens, Aufhebens von etwas machen.*

Bei *wenig* ist die Entwicklung die gleiche gewesen, es heißt noch *mit wenig Geld* (auch *mit wenigem Geld*); im Plur. braucht man jetzt nur die flektierte Form: *wenige Leute;* aber bis ins 19. Jh. hinein wurde die unflektierte Form gebraucht: *wenig Versuche* (G., Briefe, an Schiller, 20.1.1798); *vor wenig Stunden* (Wieland, Lady Johanna Gray III, 2); *in wenig Fällen* (Sch.). Bei *ein wenig* ist die Entwicklung nur bis zum unflektierten Attribut gegangen: *ein wenig Geld; mit ein wenig Geduld.* – *mehr* ist eigentlich der adverbiale Komparativ (mhd. *mê* mit sekundär hinzu- gefügtem *-r*); es ist deshalb unflektiert geblieben: *mehr Brot; mit mehr Leuten.* Als Komparativ zu *wenig* (das mhd. *lützel* verdrängt hat) fungierte in der älteren Sprache *minder* (< *minner): mit minder Geduld* (Wieland); jetzt *weniger,* gleichfalls unflektiert: *mit weniger Geld, genug* war ursprünglich ein normal flektierendes Adjektiv, im Mhd. aber wird es meistens als substantiviertes Neutrum mit dem Gen. der Art verwendet. Diese Konstruktion war noch im 18. Jh. die allein herrschende: *Glücks genug* (Lessing); *Stoffs genug* (G.); in der heutigen Sprache ist die Geni- tivkonstruktion noch gebräuchlich, aber stilistisch markiert: *des Ruhmes genug; genug der Tränen; ich bin Manns genug.* Daneben steht jetzt *genug* als unflektiertes Attribut: *genug Wein; genug Beispiele; Geld genug.*

Substantivische Pronomina wurden in den älteren Sprachperioden mit einem Gen. der Art oder des geteilten Ganzen in viel weiterem Umfang verbunden als jetzt. – *wer, was:* ahd. *waʒ thionōstes* (Otfrid); mhd. *waʒ grôʒer leide* (Nib. 900, 4); *waʒ wunders; swer geste* (Wolfram); nhd. *was Danks* (L.); *was Leides* (Wieland). Später wurde diese Konstruktion durch attributive Fügung ersetzt, was von den Fällen ausging, wo der Gen. unbezeichnet war, wie: *was davon Rede wird* (Sch., Fiesco II, 15); *was er Süßestes ersonnen* (Uhland, Balladen, Durand); danach zu anderen Fällen überführt: *was Übel uns wird angetan* (Opitz, In Widerwärtigkeit des Kriegs, 3). *was* wird dann auch bisweilen in Kongruenz mit dem Substantiv flektiert: *wes Landes bist du* (Kleist, Ghonorez 1593). Die alte Konstruktion ist bewahrt in *was Wunders;* in *was Neues* usw. wird die Adjektivform jetzt sub- stantivisch als Nom. bzw. Akk. aufgefasst. Heute steht *was für ein* attributiv; dies ist ausgegangen von Verbindungen wie *was hast du für ein Haus* (= *als ein Haus*), wo *ein Haus* Akk. ist, abhängig von *für* (vgl. § 86). – *etwas, nicht(s):* mhd. *niht wildes mîde sînen schuʒ* (Walther, L. 18, 26); nhd. *nichts Glücks* (L.). In der modernen Sprache finden sich Reste dieser Konstruktion, wie *hier ist meines Bleibens nicht.* In *nichts (etwas) Gutes, Neues* usw. werden die Adjektive nicht mehr als Genitive aufgefasst, deshalb *mit nichts (etwas) Neuem; von nichts anderem* usw. – *jemand, niemand* wurden früher sowohl mit einem Gen. der Art wie mit dem Gen. des geteilten Ganzen verbunden: mhd. *(n)ieman guoter, vremder;* – ahd. *nioman thero friunto* (Otfrid III, 4, 23); mhd. *ieman sîner man* (Kudrun). Eine Reihe adjektivischer Pronomina werden in substantivischem Gebrauch noch immer mit dem partitiven Gen. verbunden: *einer, keiner, einige, etliche, jeder, jeglicher, derjenige, welcher meiner Freunde* oder *von meinen Freunden.* Der Gen. bezeichnet hier immer ein bestimmt umgrenztes Ganzes. Diese Pronomina können mit dem Gen. eines Demonstrativpronomens verbunden werden: *einige derselben,* aber nicht mehr mit persönlichen Pronomina; es heißt nur: *derjenige von uns; welcher von euch; jeder von ihnen.* Früher galt diese Beschränkung nicht, noch Luther schreibt *ihr keiner.* Wir haben einen Rest des alten Gebrauchs in *unsereiner, unsereins,* jetzt mit der speziellen Bedeutung „einer von unserer Art".

Die Zahlwörter stehen heute im attributiven Verhältnis zum Substantiv, können aber auch substantiviert und mit einem Gen. des geteilten Ganzen verbunden werden: *drei der Männer; drei meiner Freunde.* In der älteren Sprache wurden sie auch mit einem Gen. der Art verbunden. Diese Konstruktion ist ausgegangen von den Fällen, wo das Zahlwort ein Substantiv enthielt: *feorzuc wehhōno* (Isidor 27, 1); *zuuhunt phendingo* (Tatian 118, 1 = Sievers 80, 3); *dreißigtausend ehrlicher Soldaten* (Sch., Piccolomini V, 1). Von hier aus wurde sie verallgemeinert: *thrī mānōdo* (Otfrid I, 7, 23); *zwelf küener man* (Nib. 2133, 1); *langer Jahre zehn* (G., Faust II, 3, Vor dem Palast des Menelaos).

c) Prädikativer Genitiv
§ 26. Da der Gen. in so großem Ausmaß als adnominaler Kasus, also mit dem syntaktischen Wert eines Adjektivs, auftritt, musste es naheliegend sein, ihn auch prädikativ zu verwenden. Diese Konstruktion finden wir denn auch nicht nur im Germanischen, sondern auch in anderen indogerm. Sprachen; sie scheint also sehr alt zu sein. Der Bedeutung nach ist dieser Gen. teils ein possessiver: got. *fraujins ist auk airþa* („des Herrn ist die Erde", 1. Kor. 10, 26); ahd. *alles sînes fater was* (Otfrid II, 3, 32); nhd. *gebet dem Kaiser was des Kaisers ist* (L., Lukas 20, 25); *dies Haus ist meines Herrn, des Kaisers* (Sch., Wilhelm Tell I, 2); *die Rache ist nicht des irdischen Richters* (G., Wilhelm Meisters Lehrjahre 4, 1). Teils haben wir einen qualitativen Gen.: ahd. *huelīhhes cnuosles du sīs* (Hildebrandslied 11); *cleinero*

githanko so ist ther selbo franko (Otfrid, Ludw., 17); mhd. *ir sît hôher mære* „von hohem Ruf" (Walther, L. 85, 6); nhd. *selig sind, die reines Herzens sind* (L., Matth. 5, 8); *Elisabeth ist meines Stammes* (Sch., Maria Stuart I, 2); *welches Blutes rühmt sie sich zu sein* (Sch., Die Braut von Messina, Stücktext); *der Mann ist nicht freien Standes* (Sch., Wilhelm Tell II, 2). Auch ein partitiver Gen. konnte früher in prädikativer Stellung stehen: got. *ni sijuþ lambe meinaize* (Joh. 10, 26, „ihr seid meiner Schafe nicht"); mhd. *er wânde, er wære der vînde* (Kudrun 886, 3). – Der prädikative Gen. ist jetzt im Allgemeinen verschwunden und von anderen Konstruktionsweisen ersetzt. Präpositionsverbindungen treten schon früh auf: mhd. *er ist von edelem künne* (Nib. 103, 2). Jetzt heißt es nur: *er ist von Adel, von hohem Stande, von edler Geburt, aus guter Familie* usw. Der prädikative Gen. hat sich jedoch erhalten in einer großen Reihe fester Verbindungen wie *guten Mutes, guter Laune sein, er war guter Dinge; der Ansicht, der Meinung, des Glaubens, der Überzeugung sein; Willens* (jetzt *willens*) *sein; guter Hoffnung sein; gleichen Standes, ähnlicher Art sein* u. a.; weiter sagt man noch *des Todes, des Teufels sein; das ist nicht meines Amtes* u. ähnl.

Der prädikative Gen. steht auch bei *werden, bleiben* und *scheinen:* mhd. *übeles muotes werden* (Rolandslied 3785); *wîȝ und swarzer varwe er schein* (Wolfram, Parzival 57, 18). Noch heute haben wir feste Verbindungen wie *anderen Sinnes, anderer Meinung werden: schlechter Laune werden, bleiben, scheinen* u. ähnl. Weiter tritt der Gen. als Objektsprädikat auf nach Verben wie *machen, tun, wissen, sehen, finden, erkennen:* mhd. *den edelen marcgrâven unmuotes* („in übler Stimmung") *man do sach* (Nib. 2152, 2); *diu mære tuot mich hohes muotes* (Mai u. Beaflor); nhd. *macht das Sie nicht besseren Mutes* (Iffland, Frauenstand 163); *weil ich es meines Amtes hielt* (E.T. A. Hoffmann 10, 127). Heute in festen Verbindungen wie *einen guter Dinge finden; einen guter Laune machen.* – Auch bei Verben der Bewegung und Ruhe können Genitive mit dem syntaktischen Wert eines prädikativen Adjektivs stehen (vgl. *krank liegen, gesund herumgehen*): *leichten Herzens davongehen; guter Laune herumgehen; leisen Trittes vorübergehen.* Auch bei anderen Verben: *stehenden Fußes antworten.* Hier nähert sich der Gen. der syntaktischen Geltung eines Adverbs (vgl. § 28).

d) Genitiv bei Adjektiven

§ 27. Der Gen. steht neben vielen Adjektiven, deren Bedeutung eine Ergänzung verlangt. Am häufigsten steht ein solcher Gen. beim prädikativen Adjektiv. Dieser Gebrauch des Genitivs findet sich schon in den ältesten indogerm. Sprachen, vgl. ai. *lōhitasya pūrndh* „voll von roter Flüssigkeit"; lat. *plenus vini*; got. *banjo fulls* „voll von Wunden". Im ältesten German. ist die Verwendung dieses Genitivs auf eine verhältnismäßig kleine Anzahl von Adjektiven beschränkt. Aber der Gebrauch nimmt in den Einzelsprachen schnell zu, und in den älteren deutschen Sprachperioden hat dieser Gen. eine reiche Entwicklung gehabt. In neuhochdeutscher Zeit ist er dagegen zurückgegangen und teils durch den Akk., teils durch Präpositionsverbindungen ersetzt worden. Beispiele aus der älteren Sprache: ahd. *uuanta ih gommannes uuīs nibin* (Tatian 28, 25 f. = Sievers 3, 6, „quoniam virum non cognosco"); *was thes gisiunes filu frō* (Otfrid III, 20, 174); *sie sint gotes worto flīʒig filu harto* („eifrig bemüht um ..." Otfrid I, 1, 107); *werden rīcha des unwehsallīchen kuotes* (Notker, Ps. 23, 4); mhd. *alles arges fri* (Kudrun 982, 1); *loubes alsô lære* (Hartmann, Iwein 661); *der schilte bar* (Hartmann, Iwein 7142); *lasters arm* (Wolfram, Parzival 581, 1); *daʒ ich iwers namen unwîse bin* (Hartmann, Erec 4827); nhd. *sie sind voll süßes Weines* (L., Apostelgesch. 2, 13); *des schönsten Anblicks wird mein Auge froh* (Sch., Die Braut von Messina I, 6); *empfänglich jedes Eindrucks* (Herder 23, 372); *des schönen Gefildes achtsam* (Voss, Luise 33); *gierig der Arbeit* (G., Achilleis 1); *des Lichts begierig* (G., Selige Sehnsucht); *ich habe deiner Hülfe nicht mehr nötig* (G., Annette, Kunst, die Spröden zu fangen); *der List gewohnt* (G., Iphigenie III, 1); *auch bin des Dienstes ich wohl zufrieden* (G., Faust II, III, 1); *sie wurden beide des Schlusses einig* (Wieland 8, 449); *leer des allmächtigen Götterblicks* (Klopstock, Oden, Petrarcha und Laura); *durch ihn bin ich der Sorgen los* (G., Egmont V, Klärchens Haus); *aller Pflichten bist du ledig* (Sch., Die Jungfrau von Orleans V, 9); *dann bist du deines Dienstes frei* (G., Faust I, Studierzimmer); *ich aber, der dieser Dinge ganz arm bin* (L., Gründliche und erbauliche Auslegung des Psalters 1, 43b).

In der heutigen Sprache sind in den meisten Fällen Präpositionsverbindungen eingetreten. Es heißt jetzt *reich an; voll von; froh über* (jedoch *des Lebens froh werden); frei von; empfänglich für; leer an, von; achtsam auf; gierig, begierig nach; einig über* (aber noch *handelseinig), zufrieden mit; ledig von.* Akkusativ ist jetzt üblich bei *ansichtig, gewahr, nötig, los* (auch *los von), quitt, gewohnt* (bisweilen *gewohnt an* nach *gewöhnt an),* obwohl man in höherem Stil auch den Gen. verwendet. – Spuren des früheren weiteren Gebrauchs des Genitivs liegen vor in Komposita wie *segensreich, unglücksschwanger, siegestrunken, anspruchslos, schuldenfrei.*

In der modernen Sprache steht der Gen. noch regelmäßig bei *mächtig, eingedenk, bewusst, kundig, gewärtig, gewiss, habhaft, sicher, verdächtig, würdig, teilhaftig, geständig, bedürftig, verlustig, bar,* in gehobenem Stil auch bei *überdrüssig, satt, müde.* Die drei letzten werden in der Alltagssprache mit dem Akk. verbunden, bei *müde* steht jedoch meistens *von. fähig* wird noch mit dem Gen. verbunden in Ausdrücken wie *neuer Eindrücke fähig sein,* sonst hat man jetzt meistens Anknüpfung durch *zu.* Bei *schuldig* steht das Verbrechen im Gen.: *des Diebstahls, des Mordes schuldig sein,* auch die Strafe: *des Todes schuldig sein;* sonst steht das, was man schuldet, im Akk.: *keinen Pfennig, großen Dank, einem das*

Leben schuldig sein. Bei *wert* stand früher immer der Gen., jetzt nur bei der Bedeutung *würdig*: *der Beachtung wert*; *des Vertrauens wert*; sonst steht der Akk.: *keinen Pfennig wert.* Bei *voll* steht noch in gehobenem Stil Gen.: *ein Korb voll schöner Äpfel*; in der Alltagsrede meistens *von*: *ein Korb voll von Äpfeln*; auch Nebenstellung mit Kasuskongruenz: *ein Beutel voll Geld; er kaufte ein Fass voll roten Wein*; daneben hat man die erstarrte Kasusform *voller*: *voller Freude.*

Die Akkusativrektion, die bei einigen dieser Adjektive eingetreten ist, hat ihren Ausgangspunkt beim Neutrum des anaphorischen Pronomens genommen, indem der Nom. Akk. mhd. *eȝ* in spätmhd. Zeit mit der Genitivform *es* zusammenfiel. Der Gen. *es* wurde dann als Akk. gedeutet und dieser Akk. weitergeführt, zuerst zu anderen Pronomina: *ich bin es gewiss; ich bin es zufrieden* führt zu *das bin ich gewiss; das bin ich zufrieden.* Hier ist die Akkusativrektion auf die Pronominalformen beschränkt geblieben, in anderen Fällen ist sie zu den Substantiven weitergeführt: *ich bin die Kleinstadt satt.*

Ein wesentlich anderer Gebrauch des Gen. bei Adjektiven ist der im Mhd. übliche Gen. einer Maßbestimmung bei Adjektiven wie *lang, hoch, breit, alt* usw., der jetzt vom Akk. verdrängt ist, vgl. oben § 12.

Nahe verwandt mit diesem Gebrauch ist der Genitiv beim Komparativ, der den Unterschied der verglichenen Glieder bezeichnet: mhd. *maneges beȝȝer; dicker eines dûmen; eines loches nâher*, vgl. § 12. Jetzt steht Akk. oder Anknüpfung durch *um.*

Über kausalen Gen. und Gen. der Beziehung bei Adjektiven siehe § 28.

e) Adverbialer Genitiv

§ 28. Zur Bezeichnung adverbialer Bestimmungen allerlei Art ist der Gen. in den germanischen Sprachen immer viel benutzt worden. Der ausgedehnte Gebrauch hat dazu geführt, dass die Genitivendung für Mask. und Neutr. *-s* geradezu ein Formans zur Bildung von Adverbia geworden ist.

Der syntaktische Unterschied zwischen Objektsgenitiv und adverbialem Genitiv ist ein ähnlicher wie der beim Akkusativ (vgl. § 13). Während zwei Objektsgenitive nie zum selben Verb treten, kann ein adverbialer Gen. unbehindert neben einem Objektsgenitiv stehen: *eines Tages erinnerte er sich seines Versprechens.* Der adverbiale Gen. kann nicht wie der Objektsgenitiv durch ein Pronomen, sondern nur durch Adverbia und Präpositionsverbindungen ersetzt werden, vgl. *er erinnerte sich dessen*; aber *eines Tages besuchte er uns: dann besuchte er uns.*

Der lokale Gen. scheint von je nur in beschränktem Umfang gebraucht worden zu sein. Er bezeichnete teils das Ziel der Bewegung, teils das Gebiet oder die Strecke, über der die Bewegung stattfindet. In der letzten Verwendungsweise konkurrieren in der alten Sprache der Akk. und in der neueren Ausdrücke mit

Präposition, vgl. § 13. Beispiele des Genitivs: got. *usleiþam jainis stadis* „fahren wir nach jenem Ort" (Markus 4, 35); ahd. *thes wāges er sie wīsta* „er leitete sie über die Flut" (Otfrid I, 3, 12); *thes ganges sie īltun* (Otfrid V, 4, 19). Reste dieses Genitivs sind in der modernen Sprache erhalten in Ausdrücken wie: *er ging seines Weges; geraden Weges; geh deiner Wege; woher, wohin des Weges*. Daneben finden sich Genitivformen, die schon als wirkliche Adverbialia zu betrachten sind: mhd. *des endes* „in der Richtung"; *beider wege* „auf beiden Seiten"; *maneger wege*, usw.; nhd. *keineswegs, halbwegs, allerorten, rechter Hand, rechts, links* u. a. Als reines Adverbialsuffix fungiert -*s* in Bildungen wie *diesseits, jenseits, unterwegs* usw.; die beiden ersten beruhen auf mhd. *dissît, jensît*.

Der temporale Gen. war in der alten Sprache viel verwendet worden. Er bezeichnet den Zeitpunkt oder den Zeitabschnitt, in den ein Vorgang, oft ein sich wiederholender Vorgang, fällt: ahd. *(des) tages, mittes tages, tages enti nahtes, des ābandes, sumares* usw.; mhd. *eines tages, maneges tages, der nehte, der naht* und *nahtes, morgens, jâres, der stund, der wîle*. Dieser Gen. ist noch immer sehr gebräuchlich: *eines Tages; dieser Tage; des Sommers; des Winters; mittlerweile; dreimal des Tages, Jahres* usw. Auch hier wird schon früh die nominale Bedeutung abgeschwächt, und die Formen nähern sich reinen Adverbia. Die Endung -*es* wird schon ahd. über ihr legitimes Gebiet hinausgeführt: ahd. *des nahtes; after untornes* „nach Frühstück"; mhd. *vor tages; von morgens*; nhd. *des Nachts, nachts, mittwochs, vormals*; reine Adverbia sind *nochmals, oftmals, jemals, damals, öfters*.

Sehr verbreitet ist der modale Gen., der die Art und Weise der Handlung ausdrückt. Dieser Gen. steht teils ohne Bestimmungswort, dies gilt hauptsächlich bei Gen. auf -*es*: ahd. *dankes* „als Dank"; mhd. *fluges* „fliegend, flugs"; *stapfes* „schrittweise"; *drabes* „im Trab"; *sturmes* „im Sturm"; *roubes* „mit Raub"; *gewaltes* „mit Gewalt". Nhd. lebt dieser Gen. fort in Wörtern wie *spornstreichs, augenblicks, flugs, spottkaufs* u. a. Einige Formen sind in andere Wortklassen hinübergegangen, wie *teils, anfangs, falls, eingangs, angesichts, zwecks, behufs*. Teils hat der modale Gen. ein adjektivisches oder pronominales Attribut: ahd. *mīnes dankes* „freiwillig"; *sulīhhero dāto* „auf solche Weise" (Otfrid II, 18, 12); *managero dingo* „in mannigfacher Weise"; mhd. *aller dinge* „durchaus"; *eines mundes; eines blickes* usw. Das Nhd. besitzt eine Menge derartiger Ausdrücke, z. B. *solhergestalt; gewissermaßen; unbekannterweise; keinesfalls; meines Wissens, Ermessens, Dafürhaltens; kurzer Hand; allen Ernstes; schnellen Schrittes; eilenden Laufs; unverrichteter Dinge; auffallender Weise* usw. Diese Gruppe berührt sich nahe mit der oben § 25 behandelten prädikativen Verwendung des Gen. bei Verben der Bewegung und Ruhe u. a.; einige der angeführten Ausdrücke sind eher dorthin zu rechnen.

Die Genitive von alleinstehenden Adjektiven sind als reine Adverbia zu betrachten: mhd. *hôhes* „stolz"; *slehtes* „geradezu"; *strackes* „direkt"; *langes; ver-*

gebenes usw.; nhd. *stets, besonders, stracks, vergebens, unversehens, eilends; des langen und breiten erzählen* u. a.

In der älteren Sprache wird der Gen. auch mit instrumentaler Bedeutung verwendet, zur Bezeichnung des Mittels, der Ursache, des Stoffes u. Ähnl.: *sīnero worto sie rafsta* „er tadelte sie mit seinen Worten" (Otfrid II, 2, 4); *chūmīg bin ih jāro ju filu manegero* „schwach bin ich infolge meiner vielen Jahre" (Otfrid I, 4, 49); mhd. *des einen slages daʒ ors lac tôt* (Wolfram, Willehalm 430, 6). Dieser Gen. kann auch bei Adjektiven stehen, die normalerweise keine Kasusergänzung haben: *bluotes rôt, naʒ* (Nib.); *haʒʒes blint* (Nib.); *lasters siech.* Der instrumentale Genitiv hat sich nicht bis in die nhd. Periode hinein erhalten, er wurde durch Präpositionsverbindungen ersetzt. Der Gen. bei den oben § 19 genannten Verben ist jedoch von verwandtem Typ. Auch der Gen. bei gewissen Interjektionen ist wohl ursprünglich ein kausaler: mhd. *ouwê des scheidens*; frühnhd. *O deiner elenden bulerei* (Hans Sachs, nach Dwb.); nhd. *Ach weh meiner weiblichen ehrn!* (H. Sachs, Lukretia, Stücktext); *o des höllischen Gaukelspiels* (Lessing, Emilia Galotti V, 7); *ha des liebevollen, barmherzigen Vaters* (Sch., Die Räuber I, 3).

Weiter kennt die ältere Sprache einen Gen. der Beziehung, der den Gegenstand angibt, in Hinsicht worauf die Aussage gilt: ahd. *ferahes frōtōro* (Hildebrandslied 8); *er herzen sih giharta* „er verhärtete sich in seinem Herzen" (Otfrid IV, 17, 2); mhd. *des muotes ein man* (Lohengrin 836), *der jâre ein kint, der witze ein man* (Hartmann, Gregorius 1180); *strîtes die besten;* mhd. ist dieser Gen. häufig bei Adjektiven: *starc des lîbes; des lîbes schœne; gemuotes frî; grâ des hâres; zwene frische man beide des willen unde der kraft* (Hartmann, Iwein 7245 f.); frühnhd. *züchtig der wort* (Ackermann aus B., 17, 5, 15). Im späteren Nhd. ist der Gebrauch nicht mehr lebendig, Spuren sind aber noch vorhanden in Zusammensetzungen wie *geisteskrank, glaubensstark, willensfrei, gemütsruhig.*

D. Dativ

§ 29. Im Indogerm. war der Dat. ein einheitlicher Kasus, wie er u. a. im Lateinischen erhalten ist. Er bezeichnete überwiegend den Begriff einer Person und wurde nicht mit Präpositionen verbunden. Im German., wie in vielen anderen indogerm. Sprachen, tritt der Dat. von Anfang an als ein Mischkasus auf, in dem vier Kasus zusammengefallen sind, nämlich außer dem ursprünglichen Dat. der Instrumental, der Lokativ und der Ablativ. Die Entwicklung innerhalb der deutschen Sprache hat jedoch dahin geführt, dass der reine Kasus im Wesentlichen auf die Funktionen des ursprünglichen Dativs wieder beschränkt worden ist, während die übrigen Funktionen von Präpositionsverbindungen übernommen sind. In der älteren Sprache dagegen finden wir auch den reinen Dat. in Gebrauchsweisen, die auf andere Kasus zurückgehen.

a) Dativ als Vertreter verlorener Kasus

§ 30. Dativ für Instrumental. Das älteste Deutsch besitzt noch einen formal bezeichneten Instrumentalkasus im Sing. der substantivischen *a-, ia-* und *i*-Stämme und des starken Adjektivs im Mask. und Neutr., sowie die Pronominalformen *diu, disiu, hwiu* für Mask. Neutr. Sing. Dieser Instrumental bezeichnete das Mittel, wodurch die Verbalhandlung vollzogen wird. Als selbständiger Kasus ist der Instrumental schon im Ahd. nur noch in vereinzelten Verbindungen bewahrt: *speru werpan* (Hildebrandslied 40); *suertu hauwan* (Hildebrandslied 53); *cheisuringu gitān* (Hildebrandslied 34); *hungiru irsterban* (Otfrid II, 22, 22); *ingiang er thō skioro goldo garo ziero* „zierlich mit Gold geschmückt" (Otfrid I, 4, 19). – Sehr früh stirbt diese Verwendung des bloßen Kasus aus, und die Form erscheint nur in Verbindung mit *mit*. So schon im Hildebrandslied 37: *mit gērū scal man geba infāhan*; häufig bei Otfrid: *mit suertu; mit koufu; mit gotes scirmu; mit gamanu; mit nīdu; mit sīnes selbes tōdu; ih mit stabu giang; far mit fridu* usw. Nur ausnahmsweise steht bei einem Substantiv im Instrumental der bestimmte Artikel: *mit thiu bettu* (Tatian 89, 11 = Sievers 54, 3); *mit diu vuiru* (Muspilli 56); sonst tritt beim bestimmten Substantiv der Dat. ein; bei Otfrid heißt es *mit drōstu*, aber *mit themo drōste* (I, 2, 55). Dagegen werden bis in die mhd. Zeit hinein die neutralen Pronominalformen *diu, disiu, (h)wiu*, wo sie substantivisch stehen und auf einen abstrakten Sachverhalt hinweisen, mit sämtlichen Dativpräpositionen verbunden, da in diesem Falle *demu (desemu, (h)wemu)* nie gebraucht wird; also z. B. *in diu, za wiu, vona diu* usw. *diu* steht weiter in Verbindung mit adverbialen Komparativen, wie *halt* „lieber", *baʒ* „besser", *mêr, min* „weniger", *wirs* „schlimmer" zur Bezeichnung des Unterschiedes: *diu halt* „um so eher"; *diu baʒ* „um so besser" usw. Seit Notker steht hierfür *des diu* > mhd. *deste*, nhd. *desto*. Weiter steht *diu* bei mhd. *gelîch* „gleich": *diu gelîch*. – Der Instrumental wurde auch temporal gebraucht; ein Rest hiervon liegt vor in ahd. *hiutu <* hiu tagu > heute* und *hiuru <* hiu jāru > heuer*.

Sonst hat im Altgermanischen der Dativ in großem Umfang die Funktionen des alten Instrumentals übernommen, sowohl wo die Bedeutung soziativ (den Begleitumstand bezeichnend), wie eigentlich rein instrumental war. Vgl. got. *gasalboda (fotuns) þamma balsana* „mit dem Balsam" (Lukas 7, 46); ahd. *her frāgēn gistuont fōhēm uuortum* „mit wenigen Worten" (Hildebrandslied 9); *hanton joh ouh ougōn biginnent sie nan scouwōn* (Otfrid V, 20, 63). Auch wo der Dat. den Unterschied beim Komparativ bezeichnet, vertritt er einen alten Instrumental: *finf dagon ēr* (Otfrid IV, 4, 3); hier steht jedoch im Allgemeinen der Gen. (vgl. § 28). Auf die soziative Bedeutung des Instrumentals geht der Dat. zurück in Ausdrücken wie *inan scowōn ginādlīchēn ougōn* (Otfrid IV, 18, 42); *fuarun sēragemo muate* „traurigen Mutes" (Otfrid III, 24, 10); hieraus entwickeln sich Ausdrücke, die als reine Adverbia zu betrachten sind: *allen kreften mīnēn; wehsalōn* „wechselweise"; auch Plurale von alleinstehenden Adjektiven kommen in dieser Weise vor: *luzigēm* „allmählich"; *emmiʒigēn* „unaufhörlich".

Dativ für Lokativ. Einen Dat. für früheren Lokativ finden wir in der älteren Sprache teils in Ortsbestimmungen wie ahd. und mhd. *heime* „daheim"; ahd. *bēdēm halbōn* „auf beiden Seiten"; *allen halbōn;* mhd. *beidenthalben, manegen enden;* nhd. *allenthalben;* teils in Zeitbestimmungen wie got. *þamma daga* „an dem Tage"; *dagam joh nahtam* usw.; ahd. *manageru zīti* „zu mancher Zeit" (Otfrid I, 5, 60); *unserēn zītim; dritten tage* usw.; nhd. *gestern* (ahd. *gesterēn); einstweilen.*

Dativ für Ablativ. Als Vertreter des Ablativs steht der Dat. in der alten Sprache als zweites Vergleichsglied bei Komparativen, wo er also den Ausgangspunkt des Vergleichs bezeichnet: got. *frodozans sunum liuhadis* „klüger als die Söhne des Lichts" (Lukas 16, 8); altnord. *hverjum manni betri* „besser als jeder Mensch"; ahd. *wīʒero snēwe* „weißer als Schnee"; *bistu mēra unsaremo fater iacobe* (Tatian 131, 18 f. = Sievers 87, 3); *bistu furira Abrahāme* „mehr als A." (Otfrid III, 18, 33); *hlūttrōr leohte* „klarer als das Licht". Aber schon im ältesten Deutsch finden wir *danne* zur Anknüpfung des zweiten Gliedes verwendet, z. B. *furira thū ni bist, thanne unser fater Jacob ist* (Otfrid II, 14, 31), und im Mhd. ist dies die einzige Konstruktion: *wîʒer danne snê.* Wir finden heute eine ablativische Verwendung des Dativs in den Adverbia *ehedem* und *seitdem.*

Im Althochdeutschen kommt im Tatian, wie auch im Isidor und bei Notker, an einigen Stellen ein Dativus absolutus vor (Belege bei Schrodt 2004, S. 88 f.), z. B. *thó ziganganemo themo uúine quad thes heilantes muoter zi imo. sie nihabent uúin* (Tatian 81, 18 – 20 = Sievers 45, 2) „als bei zu Ende gegangenem Wein", „als der Wein ausgegangen war..." . In den ahd. Übersetzungswerken entspricht dem ein lateinischer Ablativus absolutus. Aus diesem Grunde wurde angenommen, dass diese Strukturen als Lehnsyntax zu bezeichnen seien (vgl. z. B. Lippert 1994, S. 179 – 181). Aber da sie auch zweimal bei Otfrid vorkommen (z. B. *bin gote helphante thero arabeito zi ente,* Otfrid V, 25, 7) darf man mit Kotin (2012, S. 325 f.) davon ausgegangen, dass hier Reste einer seit dem Indogermanischen verbreiteten Ausdrucksmöglichkeit vorliegen, die sich u. a. auch im Gotischen finden.

b) Dativ als Objekt

§ 31. Der von Verben abhängige, valenzgebundene Dat. setzt den indogerm. Dat. fort. In den meisten Fällen steht dieser Dat. neben einem Akkusativobjekt und bezeichnet einen Personenbegriff. Der Typus Dat. der Person + Akk. der Sache wird im Neuhochdeutschen als der einzige normale empfunden, wo das Verb zwei

Objektergänzungen verlangt. Die übrigen Typen werden allmählich von diesem verdrängt. Oben § 20 wurde gezeigt, wie die Verbindung Akk. der Person + Gen. der Sache zurückgedrängt worden ist. Auch bei Verben, die mit zwei Akkusativen verbunden werden, zeigen sich vielfach Ansätze dazu, die Personenbezeichnung in den Dat. zu setzen. Bei *lehren* finden wir im 17. und im 18. Jh. oft das Personenobjekt im Dat.: *das ihm beides die Vernunft nicht lehren kann* (Lessing, Hieronymus Cardanus 155); *sie lehrte ihm kleine Lieder* (G., Wilhelm Meisters Lehrjahre 5, 1); *ich will ihm Gehorsam lehren* (Iffland, Allzu scharf macht schartig, 12); *lehre mir mich selbst vergessen* (A.W. Schlegel, Shakespeare: König Heinrich VI: II, II, 3); *ich hätt ihr nie das böse Lied gelehrt* (Heine, William Ratcliff, Wilde Gegend); und noch in neuester Zeit: *indem er die Griffe übte, die man ihm lehrte* (Th. Mann, Der Zauberberg, Exkurs über den Zeitsinn). So auch bei Verben, die mit Akk. und Infinitiv verbunden werden, vgl. § 83b. Bei *heißen* steht im älteren Neuhochdeutsch z.T. ein Dat. der Person neben dem einfachen Infinitiv: *der Herr hieß ihm verkaufen sein Weib* (L., Matth. 18, 25); *er hieß dem Bedienten sich niederlegen* (Tieck, Liebeszauber). Bei *lassen* mit Akk. und Infinitiv finden wir ebenfalls bisweilen den Akk. von einem Dat. ersetzt: *er läßt mir aber nichts merken* (G., Briefe, an Betty Jacoby, Anfang Februar 1774); *Lassen Sie mir bald, wenigstens ein vorläufiges Wort von sich hören* (G., Briefe, an Friedrich August Wolf, 25.2.1805); *ich ließ dir spätere Zeiten sehn* (Heine, Deutschland. Ein Wintermärchen, 25); *Gegner haben mir wissen lassen, daß ...* (Heine, Über den Denunzianten). Auch wo *machen* mit einem Personenobjekt und Infinitiv steht, kann ein Dat. für den üblichen Akk. eintreten: *daß ich es den Leuten werde glauben machen können.* (Sch., Briefe, an Körner, 7.1.1788); *ihnen glauben zu machen, ich sei das Haupt einer Schule* (Heine, Über den Denunzianten). Wo *bedeuten* im Sinne von „zurechtweisen, anweisen" mit einem Personenobjekt verbunden wird, kann dies im Akk. oder im Dat. stehen: *lass dich (dir) bedeuten.* Wenn ein *dass*-Satz als Sachobjekt hinzutritt, muss das Personenobjekt jetzt im Dat. stehen: *er bedeutete mir, dass ich gehen müsse;* früher konnte auch in diesem Falle der Akk. stehen: *sie bedeutete mich,* fortzufahren (Grillparzer, Der arme Spielmann).

§ **32.** Bekanntlich werden im Deutschen eine Reihe Verba mit dem Dat. als einzigem Objekt verbunden. In der heutigen Sprache sind folgende Verba (abgesehen von den mit Präpositionaladverbia zusammengesetzten) in einwertigem Gebrauch möglich: *bekommen, nützen, frommen, behagen, gefallen, belieben, schaden, (ge)ziemen, gebühren, passen, glücken, gelingen, geraten, geschehen, danken, dienen, drohen, schmeicheln, fluchen, trotzen, wehren, zürnen, grollen, folgen, gehorchen, helfen, huldigen, weichen, begegnen, nahen, (er)scheinen, bleiben, genügen, glauben, (ver)trauen, antworten, mangeln, gebrechen, fehlen, träumen, bangen, gehören, gleichen, ähneln;* außerdem die unpersönlichen *es graut, ekelt, schwindelt, ahnt.*

Im Gegensatz zum Genitivobjekt hat das Dativobjekt sein ursprüngliches Gebiet ziemlich intakt erhalten. Allerdings ist er als einziger obliquer Kasus zurückgegangen. Van Pottelberge listet für die Gegenwartssprache nur noch 37 Verben auf, die den Dativ als alleinigen Objektskasus erfordern (Van Pottelberge 1998, S. 440). „Die Aufgabe des Dativs besteht vor allem darin, das zweite Objekt bei einem Verb vom ersten Objekt im Akkusativ zu unterscheiden." (Van Pottelberge 1998, S. 457). Nur vereinzelt hat bei ursprünglichen Dativverben Übergang zur Akkusativrektion stattgefunden, vgl. oben § 3. Außer den dort angeführten Verben, bei denen der Akk. endgültig den Sieg davongetragen hat, gibt es andere Fälle, wo der Akk. eine Zeitlang mit dem Dat. konkurriert hat, dann aber wieder verdrängt worden ist. *helfen* hat ahd. regelmäßig Dat., nur vereinzelt Akk. durch Einfluss des lat. *adjuvare*. Mhd. ist der Akk. häufiger: *got helfe mich* neben *so helfe mir got*. Nhd. war bei nicht-persönlichem Subjekt bis ins 18. Jh. hinein der Akk. mit dem Dat. gleichberechtigt: *dich hilft dein Fliehen nicht* (H. Sachs, Das Hofgericht Veneris); *was hülfs den Menschen, so er die ganze Welt gewünne* (L., Matth. 16, 26); *was helfen mich tausend bessere Empfindungen* (Sch., Kabale und Liebe II, 1), *folgen* kommt auch vereinzelt mit dem Akk. vor: *daß wir alle Werk und Wort Christi folgen möchten* (L., Widerruf der Lehre vom Fegefeuer, 3); noch heute wird das Part. Prät. vereinzelt transitiv gebraucht in der Verbindung *gefolgt von*: *dicht von der Polizei gefolgt* (www.content.grin.com, 3.3.2003). Auch bei *gehorchen* ist der Akk. in der älteren Sprache nicht selten; bei Goethe heißt es im Passiv: *ein großer Herr will gehorcht sein* (Briefe, an Lavater, 4.10.1782). Bei *schmeicheln* findet man vereinzelt Akk.: *es hat mich übrigens sehr geschmeichelt* (Lessing 17, 361, 11); *schmeichle mein Leid* (A.W. Schlegel: Shakespeare, Richard III, IV, 4); *sie wollen alle geschmeichelt werden* (Heine, Himmelfahrt); das Partizip wird noch immer transitiv gebraucht: *er fühlte sich geschmeichelt; der Geschmeichelte*. Bei *begegnen* steht im 17. und 18. Jh. oft Akk.: *wo bist du das Gewissen so geschwind begegnet* (G. 39, 154, 27, Götz von Berlichingen III, 3); *wie wir selber sie oft im Leben begegnet haben* (Heine, Einleitung zum Don Quichote). Neben dem ursprünglichen *mir ekelt* steht im 18. Jh. vielfach *mich ekelt*, so oft bei Klopstock. – Der Dat. hat über einen ursprünglichen Akk. gesiegt bei *trotzen*, wo Dativrektion erst im 18. Jh. auftritt: *mich zu trotzen* (Lessing); *trutzt sogar des Schicksals ewige Mächte* (G. 13, 102, 176, nach Dwb.). Ebenso bei *es genügt*, wo das Mhd. nur Akk. hat: *mich genüeget*. – Bei *gelten* hat bei verschiedener Objektsrelation vielfach Unsicherheit geherrscht; es heißt bekanntlich jetzt: *es gilt dir*, d.h. „es geht dich an, bezieht sich auf dich", aber: *es gilt dein Leben*, d.h. „dein Leben steht auf dem Spiele". In älterem Nhd. dagegen findet man einerseits Ausdrücke wie *es gilt seiner Rettung* (für *seine*, Iffland) und auf der anderen Seite *das gilt mich* (für *mir*) *mehr als Euch* (G., Briefe, an Herder, Mitte Juli 1772).

Neben Verbindungen wie *mir ekelt, mir schwindelt* u. a. stehen Bezeichnungen für Empfindungen auch als prädikative Fügungen mit *sein* und *werden: mir ist, wird schlecht, übel, schwindelig; mir ist warm; es wurde ihm ganz heiß.* Hierhin gehört auch *was ist dir* = „was hast du", *sein* und *werden* können auch in selbständiger Funktion mit Dat. verbunden werden in Ausdrücken wie: *ihm sei Lob und Preis; Gott sei Dank.*

c) Die Rektion der zusammengesetzten Verba

§ 33. Schon im ältesten Germanisch (wie auch im Indogerm.) können Präpositionaladverbia mit dem Verbum verbunden werden, um den Handlungsbegriff näher zu bestimmen. Ein Nomen, das zu einem in dieser Weise zusammengesetzten Verb als Objektsergänzung hinzutritt, ist entweder vom Grundverb oder vom Präpositionaladverb abhängig; z. B. ist in der Fügung *er wich mir aus* (d. h. *aus dem Wege*) der Dat. vom Grundverb abhängig, dagegen vom Präpositionaladverb in einer Verbindung wie *ich riss mir die Haare aus.* Wo das Nomen vom Präpositionaladverb abhängig ist, sollte eigentlich der Kasus stehen, den die Präposition verlangt. Jedoch ist schon in der ältesten Überlieferung z. T. Verschiebung, meistens zugunsten des Dativs, eingetreten; es heißt z. B. im Got. *þamma unseljin andstandan* „dem Bösen widerstehen", obwohl *and* als Präposition nur mit Akk. verbunden wird.

§ 34. Die mit Dativpräpositionen zusammengesetzten Verba regieren alle den Dat., sofern der Kasus von dem Präpositionaladverb abhängig ist. Es ist zu merken, dass dieser Dat. nie den echten idg. Dat. fortsetzt, denn dieser Kasus wurde nicht mit Präpositionen verbunden. Der Dat. vertritt hier einen von den drei in den Dat. aufgegangenen Kasus, Instrumental, Lokativ oder Ablativ; Instrumental z. B. in *einem übel mitspielen;* Lokativ in *einem anliegen; einem zustehen; der Übermacht unterliegen;* Ablativ etwa in *einer Sache vorgreifen.* Damit hängt es zusammen, dass der Dat. bei diesen Verben nicht im selben Grade wie sonst auf Personenbezeichnungen beschränkt ist. Die Verba werden jedoch in steigendem Maße bildlich gebraucht, wobei die konkrete Ausgangsbedeutung der Präpositionaladverbia verschwindet; es stellt sich dann eine Assoziation mit dem echt adverbialen Dativ ein, so dass die beiden Typen verschmelzen.

Folgende Dativpräpositionen erscheinen in der modernen Sprache in Verbalkomposition:

ab war mhd. eine Präposition mit Dativrektion. Jetzt ist es als Präposition durch *von* verdrängt, aber als Verbalpräfix beibehalten. Dat. steht als einzige Objektsergänzung bei *abgehen, absagen, abschwören: der Ernst des Lebens geht ihm ab; er hat mir abgesagt.* Bei vielen Verben steht ein Dat. neben einem Akkusativobjekt; das letztere kann dann vom Grundverb abhängig sein: *einem die*

Kleider abreißen; meistens ist aber der Akk. erst innerhalb der Fügung mit zusammengesetztem Verb und Dat. möglich: *einem etwas abstreiten, abnötigen, abtrotzen, abhorchen, ablauschen* usw. – Mit einem Akk. als einzigem Objekt stehen *ablohnen, etwas abwehren*.

Ein von *aus* abhängiger Dat. findet sich neben einem Akkusativobjekt in Verbindungen wie *einem einen Zahn ausziehen; einem ein Auge ausdrücken; dem Fass den Boden ausschlagen; sich das Haar ausraufen; das will ich ihm austreiben*; als einziger Objektkasus bei *ausbrechen* und *ausfallen*: *der Schweiß bricht ihm aus; die Haare fallen ihm aus*; sonst ist bei intransitiven Verben der Dat. vom Grundverb oder von der ganzen Zusammensetzung abhängig: *ich bog ihm aus; er ist der Polizei ausgerissen; der Gefahr ausweichen*. Die meisten Zusammensetzungen mit *aus* haben aber Akkusativobjekt, nicht nur die mit transitivem Grundverb, wie *etwas ausreißen*, sondern auch die mit intransitivem Grundverb: *einen auslachen, ausschimpfen; etwas aussinnen, ausgrübeln*, vgl. § 8.

Die Zusammensetzungen mit *bei* werden in großem Umfang mit Dat. verbunden, teilweise ist hier der Dativ einziger Objektskasus: *einer Vorstellung beiwohnen; einem mit Rat und Tat beistehen; er trat dem Vorschlag bei; ich stimme seiner Meinung bei; ich kann seiner Ansicht nicht beipflichten*, – teils steht neben dem Dat. ein vom Grundverb abhängiger Akk.: *einer Sache Wert beilegen; einem die Schuld beimessen*.

mit war mhd. häufig in Verbalzusammensetzungen, die mit einem vom Präfix abhängigen Dativobjekt verbunden wurden: *eineme mitegân, laufen, folgen, spiln* usw., *eineme miterûnen* „vertrauliche Zwiesprache mit jemandem halten": *swer ir vîent ist, dem wil si miterûnen* (Walther, L. 53, 11 f.). Heute sind nur noch wenige Verba von diesem Typ erhalten: mit intransitivem Grundverb *mitspielen, einem übel mitspielen*; mit transitivem: *einem etwas mitteilen*.

Bei Zusammensetzungen mit *nach* ist Dativobjekt häufig, sowohl als einziges Objekt bei intransitivem Grundverb wie neben einem vom Grundverb abhängigen Akk.: *nachgehen, nachlaufen, nachfahren, nachblicken, nachstreben, nachfolgen* usw.: *er jagt dem Ruhme nach; er stürzte dem Briefträger nach; er geht der Sache nach; er folgt der Spur nach*; – *einem etwas nachtragen; einem einen Gruß nachrufen; einem etwas nachschicken; einem etwas nachmachen, nachfühlen, nachempfinden* usw. Im älteren Nhd. findet man auch *nachsinnen* und *nachdenken* mit Dativobjekt, z. B. bei Goethe: *ich habe der Seele nachgedacht; als wenn sie einem großen Streich nachsänne* (G., Götz von Berlichingen I, Im Bischöflichen Palaste zu Bamberg); jetzt *über etwas nachdenken, nachsinnen*. Früher gab es auch die Verbindungen *nachfragen, nachtragen* u. a. mit Dativobjekt, die jetzt durch einfaches Verb mit Präposition ersetzt sind: *etwas, dem er nachtrachtet* (Wieland, Geschichte des weisen Danischmed 24); *diesem habe ich nie nachgefragt* (Sch., Kabale und Liebe II, 1); *meine Verwandten fragen mir nicht mehr nach* (Paul Heyse 7, 97).

ob war früher Präposition mit Dat., vgl. § 44 und 46. – Mhd. finden sich mehrere Zusammensetzungen mit Dativrektion, wie *obe wesen* „überragen"; *obe sitzen* „übertreffen". Heute kommt nur noch ein Verb mit Objektsergänzung vor, das den Dat. regiert: *obliegen: einem Studium obliegen; ihm oblag die Pflicht, ihm lag die Pflicht ob.*

Sehr viele mit *zu* zusammengesetzte Verba werden mit Dativobjekt konstruiert; bei intransitivem Grundverb: *zufallen, zufließen, zugehen, zulächeln, zuneigen* usw.: *der Ertrag fällt dem Verein zu; alle Ströme fließen dem Meere zu; das Buch ist mir noch nicht zugegangen*; der Typ mit rein lokaler Bedeutung von *zu* und einem Sachobjekt im Dativ war früher weiter verbreitet als jetzt, vgl. *vier Reuter kommen dem Hause zu* (Hensler, um 1790), *einem zukommen* jetzt nur in übertragener Bedeutung. Bei transitivem Grundverb neben einem Akk.: *man erkannte ihm das Recht zu; er rief mir einen Gruß zu* usw.

§ 35. Bei Zusammensetzungen mit Präfixen, die als Präpositionen sowohl den Akk. wie den Dat. regieren, stand das Objekt ursprünglich in dem Kasus, den die Präposition in jedem Falle verlangte, also wo ein Ruheverhältnis vorlag, stand Dat., bei einem Bewegungsvorgang Akk. – Im Laufe der Zeit ist dies Verhältnis vielfach gestört worden, indem der Dat. sich über sein ursprüngliches Gebiet hinaus verbreitet hat. Besonders ist zu merken, dass neben einem vom Grundverb abhängigen Akkusativobjekt das von der Partikel abhängige Nomen immer im Dat. steht, auch wenn die Präposition im vorliegenden Falle den Akk. verlangt. Noch im Mhd. erscheinen in solchen Fällen zwei Akkusative, aber diese Konstruktion ist aufgegeben (s.u.). Auch sonst steht vielfach Dat., wo man Akk. erwartet, besonders wenn die Verbalzusammensetzung bildliche Bedeutung hat.

Bei Zusammensetzungen mit *an* hat sich das ursprüngliche Verhältnis ziemlich gut erhalten. Dat. steht bei Ruheverben wie *anhaften, ankleben, anhangen, anstehen, anliegen, anmerken, anspüren* usw.: *es steht dir nicht an; kein Makel haftet ihm an; einer Partei anhangen; er lag mir sehr an, dass ich es tun sollte.* – Akk. steht dagegen, wo das Verb eine Richtung auf etwas hin bezeichnet: *einen Hafen anlaufen; einen anfallen, angehen, anrühren, anlächeln, anreden, anflehen, anstarren.* In einigen Fällen hat sich der Dat. eingestellt; so bei *ankommen*, das bei Luther mit Akk. steht: *da kam mich Furcht und Zittern an* (Hiob 4, 14); in der späteren Sprache Dat.: *wenn Ihnen die Lust ankäme* (Morgenblatt für gebildete Stände, 26.12.1836); *mir kommt ein Grauen an* (Grillparzer, Ein Bruderzwist in Habsburg, 1); *auch mir kam die Lust wieder an* (G.). Bei *anwandeln* können jetzt beide Kasus verwendet werden. Bei *angehen* steht jetzt immer Akk.: *einen um etwas angehen; die Sache geht mich an*; aber im älteren Nhd. findet man auch Dat.: *eine Erfindung, die der Freundschaft angeht* (Klopstock, Briefe, an „Freundinnen und Freunde", 12.7.1750); *was geht es diesem an* (Lessing, Briefe, die neueste Literatur betreffend 1); *Menschen, die ihr nichts angingen* (Sch., Briefe, an Charlotte

von Lengefeld, 3.1.1790). – Bei Zusammensetzungen mit transitiven Richtungsverben neben einem vom Grundverb abhängigen Akk. steht das von der Partikel
abhängige Nomen immer im Dat.: *einem etwas anziehen, anlegen, anschnallen,
anbinden, anfügen, anreihen, andichten, antragen; einem Gewalt antun; man hat
mir Reden angedichtet; ich ziehe mir Kleider an* gegenüber *ich ziehe mich an; er trägt
mir seine Dienste an.* Der Personenkasus ist hier mit dem echten adverbalen Dat.
assoziiert worden. Eine Sachbezeichnung wird durch Präposition angeknüpft: *den
Weinstock an den Pfahl anbinden.* Mhd. hat bei Richtungsverben noch zwei Akkusative: *ir muoter bôt ir dienest in an* (Nib. 559, 1); *er nam ze kinde sich den weisen
an* (Gottfried, Tristan 2037 f.); *trôst truoc in an* („brachte ihm") *ir minne* (Gottfried,
Tristan 898 f.); vgl. ahd. *gurtun sih iro suert ana* (Hildebrandslied 5).

Zusammensetzungen mit *auf* haben einen vom Präfix abhängigen Dat., auch
wenn das Grundverb ein Richtungsverb ist: *sein Betragen fiel mir auf; ein Fuchs
stieß mir auf; womit kann ich Ihnen aufwarten?* Natürlich auch neben einem Akkusativ: *man hat ihm die Schuld aufgebürdet; er will immer anderen seine Meinung
aufdrängen; sie nötigte ihm den Kuchen auf.* Der Dat. wird hier wieder als adver-
baler Kasus aufgefasst. Bei einigen Verben ist der Dat. jetzt durch Präpositionsverbindungen ersetzt, die teils an das einfache, teils an das zusammengesetzte
Verb geknüpft werden. Bei Goethe finden sich Verbindungen wie: *Balsam gießt
dem Toten auf; indem ich der Wirkung jener beiden Stücke genau aufgepaßt habe*
(Briefe, an Zelter, 19.5.1812). Jetzt: *auf den Toten gießen; auf die Wirkung aufpassen.*
Im Mhd. standen bei einigen wenigen Verben zwei Akkusative.

Die Zusammensetzungen mit *hinter* sind im Allgemeinen transitiv. Ein von
hinter abhängiger Dat. steht bei *hinterziehen* neben einem von *ziehen* abhängigen
Akk.: *dem Staate die Steuer hinterziehen.*

ein geht auf ahd. *īn* zurück, eine gedehnte Nebenform zu *in*, und entspricht
immer *in* mit Akk. – Deshalb steht bei den Verbalzusammensetzungen ursprünglich das Objekt im Akk. Ahd. *ír íngang& tház hūs* (Tatian 77, 1 = Sievers 44,
8); *sō er thia archa in gigiang* (Otfrid IV, 7, 51). Die Konstruktion ist im älteren Nhd.
noch gut erhalten: *die solchen Bund eingegangen waren* (L., Jeremia 34, 10); *jede
Torheit, die sie noch eingingen* (Jacobi, Woldemar 1, 128); *den Zwiekampf eingehen*
(G.); *er wollte das* (= „darauf") *nicht eingehen* (G., Die Wahlverwandtschaften I, 17).
Jetzt nur: *eine Wette, eine Ehe, einen Vertrag, Verpflichtungen eingehen;* auch: *ein
Kind einschüchtern.* Sonst steht der Dat.: *das fällt, leuchtet mir nicht ein;* natürlich
immer bei transitivem Grundverb: *einem Furcht einjagen; einem die Wahrheit
einprägen; man hat ihm eingeworfen, dass.*

Die mit *über* zusammengesetzten Verba haben im Allgemeinen den Akk. – Bei
einigen unfesten Zusammensetzungen mit transitivem Grundverb steht jedoch ein
von *über* abhängiger Dat., obwohl die Verba immer eine Richtung bezeichnen:
einem eine Decke überbreiten; er hing ihr einen Mantel über; einem etwas über-

werfen, überziehen. Auch bei fester Zusammensetzung steht in älterer Sprache zuweilen Dat.: *könnte ich mir nur überreden, daß du es wärst* (Sch., Briefe, an Caroline von Beulwitz, 24.3.1790); auch bei intransitivem Grundverb: *mir überläuft es heiß* (Tieck, Leben und Tod der heiligen Genoveva).

Die festen und unfesten Zusammensetzungen mit *unter* werden vielfach mit einem von *unter* abhängigen Dat. verbunden. Bei intransitivem Grundverb steht Dat. neben *unterstehen* und *unterliegen*: *der Übermacht, einer Krankheit unterliegen; die Theaterdirektion untersteht dem Ministerium.* – Bei transitivem Grundverb steht der Dat. neben einem Akk. auch wo eine Richtung ausgedrückt wird, z. B. bei *unterlegen, unterschieben, untersetzen, unterstellen, unterziehen, unterbreiten, unterordnen: einem eine Frage zur Beantwortung unterbreiten; einem eine falsche Meinung unterschieben; Sie legen meinen Worten einen ganz anderen Sinn unter; sich einer Vorschrift unterwerfen; sich einer Strafe unterziehen; sie legte dem Kranken ein Kissen unter; man legte der Stelle einen falschen Sinn unter.*

vor bezeichnete mhd. nur das Ruheverhältnis, umfasst jetzt aber auch die lokale Bedeutung von mhd. *für*, das die Richtungspräposition war, vgl. § 46. – Die mit *vor* zusammengesetzten Verben nehmen in beiden Fällen einen Dat. zu sich, teils als einziges Objekt, teils neben einem Akk. – Dat. als einziges Objekt steht bei Verben wie *vorliegen, vorsitzen, vorstehen, vorschweben, vorgehen, vorlaufen* u. a. – Beispiele: *einer Versammlung vorsitzen; einer Regierung vorstehen; der Bericht liegt der Versammlung vor; Arbeit geht dem Vergnügen vor.* Bei transitivem Grundverb steht der Dat. neben einem Akkusativobjekt, so bei *vorlegen, vorsetzen, vorstellen, vortragen, vorwerfen, vorziehen, vorhalten, vorspiegeln* u. a.; z. B.: *einem eine Sache vorlegen; er hat mir mein Unrecht vorgehalten; der Detektiv hielt ihm einen Revolver vor; ich ziehe das Blaue dem Grünen vor.*

wider wird als Präposition jetzt nur mit dem Akk. verbunden, früher aber auch mit dem Dat., deswegen haben einige Verbalzusammensetzungen Dativobjekt, nämlich die Intransitiva *widerfahren, widerstehen, widersprechen, widerstreben, widerstreiten* und das Reflexivum *sich widersetzen: das widerstreitet der Vernunft; er konnte der Versuchung nicht widerstehen; sich den Neuerungen widersetzen; das widerspricht der Wahrheit.* Bei *widersprechen* stand ein Sachobjekt früher im Akk.: *ich höre dich erweisen, was du widersprechen willst* (Lessing, Nathan der Weise I, 1); *wiewohl es von den Päpsten widersprochen ward* (Sch., Geschichte des dreißigjährigen Krieges I, 1); daneben konnte ein Dat. der Person stehen: *ich kann dir das nicht widersprechen* (Lessing, Ernst und Falk 1); jetzt: *einem in etwas widersprechen.* Ein von *wider* abhängiger Akk. steht bei *widerlegen* und *widerraten.*

Mit *gegen* werden keine verbalen Zusammensetzungen gebildet, statt dessen eine große Menge mit *entgegen*; diese werden alle mit dem Dat. verbunden, mit Ausnahme von *entgegennehmen*, das einen vom Grundverb abhängigen Akk. hat: *ich nehme gern Ihre Aufträge entgegen.*

Obwohl *um* als Präposition nur den Akk. regiert, nehmen einige damit zusammengesetzte transitive Verba einen von *um* abhängigen Dat. neben dem vom Grundverb abhängigen Akk.: *gürte mir das Schwert um; dem Pferde den Sattel umgürten; er hing ihm seinen Mantel um; er schnallte sich* (Dat.) *den Säbel um* (aber bei fester Zusammensetzung Akk.: *ich umgürtete mich mit dem Säbel*).

Wie oben (§ 13) ausgeführt, stand in der älteren Sprache ein adverbialer Akk. bei Bewegungsverben in Verbindung mit den Ortsadverbia *vorbei* und *vorüber*. Dieser Akk. wurde eine Zeitlang durch den Dat. ersetzt, der als Rektion der zusammengesetzten Verba zu deuten ist: *nach ein paar Stunden fuhren wir einem dänischen Schiffe vorbei* (Klopstock, Briefe, an seine Eltern, 4.9.1756); *eben ging er der Wache vorbei* (Herder 23, 113); *als ich diesem Hause vorbeiging* (Tieck 25, 230); *als ich erwacht', fuhr ich einem Wald vorbei* (Heine, Deutschland. Ein Wintermärchen, 17); *ich kam eben der Sorbonne vorbei* (Heine, Florentinische Nächte, Zweite Nacht); *er huschte mir rasch vorüber* (Heine, Deutschland. Ein Wintermärchen, 22); *daß ich dem jungen Manne achtlos vorüberging* (P. Heyse, Maria Francisca). Jetzt steht Anknüpfung durch *an* mit Dat.

Einige andere mit Ortsadverbia zusammengesetzte Verba werden noch mit dem Dat. verbunden: *einem zuvorkommen; dem Gesetze zuwiderhandeln; einem vorangehen; einem vorauseilen; ein Unglück steht mir bevor* u. a.

§ 36. Die mit den unbetonten Präfixen *be-, er-, ver-* zusammengesetzten Verba sind meistens transitiv, vgl. § 8. Die Zusammensetzungen mit *ent-* (urspr. Präposition, got. *and*) haben ein Dativobjekt, wenn das Grundverb intransitiv ist, also Verba wie *entgehen, entkommen, entlaufen, entschlüpfen, entfliehen, entrinnen, entweichen, entfallen, entgleiten, entfließen, entwachsen: sein Name ist meinem Gedächtnis entfallen; es gelang ihm, der Gefahr zu entfliehen, entgehen; das Glas entglitt meiner Hand; er ist seinem Wächter entlaufen; er ist den Kinderschuhen entwachsen.* Früher war diese Konstruktion noch verbreiteter als jetzt, vgl. z.B. bei Wieland (4, 222): *wie einem Traum entwachend.* – Bei transitivem Grundverb steht neben dem Akk. teils ein Dat. teils ein Gen.; Dat. steht bei *entführen, entreißen, entziehen, entlehnen, entnehmen: eine Stelle einem Buche entnehmen; ein Gleichnis dem Homer entlehnen; man entzog ihm sein Vermögen.* Gen. steht neben einem Akk. der Person bei *entbinden, entlassen, entheben, entsetzen,* und neben einem reflexiven Akk. bei *entäußern, enthalten, entsinnen: ein Lärm enthob ihn der Antwort; einen des Dienstes entlassen, des Amtes entsetzen; eines Kindes entbunden werden; ich enthalte mich jeden Urteils* usw., vgl. oben § 17.

d) Freier Dativ

§ 37. Der freiere Dat. oder der Dat. commodi, auch als Dat. des Interesses bezeichnet, steht in Sätzen, wo die Verbalbedeutung an sich ihn nicht als notwendige Ergänzung verlangt. Dieser Dativ bezeichnet im Allgemeinen eine Person, die an dem ausgesagten Geschehen irgendwie Anteil hat, und in deren Interesse es stattfindet. Das Verbum kann transitiv sein, z.B. *einem etwas besorgen; einem etwas kaufen; einem etwas nähen, stopfen, schneidern; einem ein Bad bereiten; einem ein Lied singen; er öffnete mir die Tür;* – oder es kann absolute Bedeutung haben: *es grünt uns kein Halm, es wächst keine Saat; die Zeit vergeht mir schnell; dem Glücklichen schlägt keine Stunde; dem Verbrecher glänzen wie dem Besten der Mond und die Sterne* (G., Das Göttliche); – oder es kann unselbständiges Verbum mit Prädikatsnomen vorliegen: *es ist mir eine Freude, ein Trost, ein Vergnügen* usw.; *er war mir ein treuer Freund;* – oder endlich Verbum mit ergänzender Präpositionalverbindung: *das gereicht ihm zum Verderben, zum Segen; einem zum Nachteil ausschlagen* usw. Viele Verba, bei denen ursprünglich ein freierer Dat. auftreten konnte, haben im Laufe der Zeit eine solche Bedeutungsänderung erfahren, dass sie jetzt den Dat. als notwendige Objektsergänzung verlangen; vgl. z.B. ahd. *skenken* „einschenken"; so noch „(einem) Bier einschenken"; aber mit neuer Bedeutung: *er schenkte ihr Blumen* mit notwendigem Dativobjekt. Auch in der älteren Literatur finden sich zahlreiche Belege. Dativus commodi: *im was sîn edel kocher vil guoter strâle vol* (Nib. 956, 3). *Sant Florentius von adelichem geschlecht uss Schottenlandt ein bilger und einsiedel, buwete im erstlih ein betthuss inn der wildnuss* (Von den bischoffen zu Strassburg und irem leben, 17. Jh., Bulletin de la Société pour la Conservation Monuments historiques d'Alsace, Strasbourg 1871, S. 172). Dativus incommodi: *Wan dîn zît gêt dir niht alleine unnützelîchen hin, sie gêt dir halt unnützelîchen unde schentlîchen unde süntlîchen hin* (Berthold 20). Dass bisweilen Dativus commodi und incommodi nur schwer zu trennen sind, weil eine negative Interpretation nicht aus dem lexikalischen Material der Sätze resultiert, sondern nur als Implikation eintreten kann, zeigen Belege wie *jâ gie in diu stunde mit grôzer kurzwîle hin* (Nib. 797, 4, Beispiele nach Schmid 1988, S. 257–276). – Die in solchen Fällen eintretende Valenzänderung wird unterschiedlich gedeutet. Entweder wird eine generelle Möglichkeit der Valenzerhöhung angenommen, diese kann beim Verb selber angesetzt werden. Zifonun/Hoffmann/Strecker (1997, S. 1340) sprechen von „dativischen Komplementen im Randbereich", die „typischerweise nicht Ereignisbeteiligte im engeren Sinne [bezeichnen], sondern Personen, für die das Ereignis eine im positiven oder im negativen Sinne relevante Auswirkung hat". Die Erhöhung kann auf die Phrase, in die das Verb eintritt, bezogen werden (Wegener 1985, S. 140 f.). Oder aber es wird eine Übertragung in ein von echten höherwertigen Verben etabliertes Konstruktionsmuster angesetzt (Welke 2011, S. 207).

Noch loser ist das Verhältnis des Dativs zur Aussage, wo er eine Person bezeichnet, nach deren Ansicht der Inhalt der Aussage gilt: *du heißest ihnen nur eine Räuberin des Throns* (Sch., Maria Stuart II, 3); *wenn ich ihm nur schön bin* (Lessing,

Minna von Barnhelm II, 7). In der mündlichen Sprache braucht man in diesem Falle *für.*

Die größte Verwendung hat der freiere Dat. immer in der Dichtersprache gehabt; hier findet er sich in vielen Verbindungen, wo die Normalprosa präpositionale Fügungen hat: *daß er jetzt einem leeren Schattenbild erbebt* (statt *vor einem,* Sch., Demetrius I); *wer ist's, dem du an seinem Altar betest* (statt *zu dem,* Kleist, Amphytrion II, 5); *und horcht betört der lächelnden Sirene* (statt *auf die,* Wieland, Oberon 6); *laß mich nicht vergebens dir knien* (statt *vor dir,* Wieland, Oberon 12, 2); *vergebens riefen sie der Entscheidung* (statt *nach der,* A.W. Schlegel, Prometheus); *ich schaudere dem Wurm zurück* (statt *vor dem,* Kleist, Prinz Friedrich von Homburg IV, 1); *sie verstummten dem Zeugnis alle* (Tieck, Kaiser Octavianus I, Der Wald, statt *vor dem*); *dem Neuen, der hereintrat, standen sie auf* (G., Die Wahlverwandtschaften II, 3, statt *vor dem*); *der Verstand, dem du schon Verzicht getan* (statt *auf den,* G., Die Wahlverwandtschaften II, 3); *was mir die Göttliche begehrt* (statt *von mir,* Kleist, Penthesilea 4); *was ich dir fühle* (statt *für dich,* Kleist, Amphytrion I, 4); *dem Augenblick sollte er sich richten* (statt *nach dem,* G., Zahme Xenien I); *Diana ist dir zufrieden* (statt *mit dir,* Kleist, Penthesilea 24).

Eine Sonderart des freieren Dativs ist der „possessive" Dativ, der meistens als Bezeichnung einer Person neben einem Substantiv steht, das einen Körperteil oder ein Zubehör der im Dativ stehenden Personenbezeichnung ausdrückt. Das Substantiv kann Satzsubjekt sein: *der Kopf brennt mir; die Augen gingen ihm über; die Hände zitterten ihm;* – oder es kann als Objekt stehen: *einem den Kopf warm machen; einem die Hände binden; man hat ihm das Haus angezündet; ich habe mir die Augen ausgeweint.* – Es kann auch durch Präposition angeknüpft sein: *einem ins Gesicht, in die Augen sehen; sie warf ihm den Ring vor die Füße; er setzte ihm das Messer an die Kehle; einem ins Gewissen reden; ich habe es mir aus dem Sinn geschlagen; das geht mir im Kopf herum.* Neben diesen letzteren Verbindungen stehen Ausdrücke mit transitivem Verb und die Personenbezeichnung als Akkusativobjekt, zu dem die Präpositionsverbindung hinzugefügt ist: *der Hund biss mich ins Bein.* – Die beiden Konstruktionen stehen einander nahe und werden leicht vermengt, es hat deshalb viel Schwanken im Sprachgebrauch geherrscht. Vgl.: *wenn sie ihn auf den Zahn fühlen wollten* (Lessing, Berengarius Turonensis), jetzt: *einem auf den Zahn fühlen; indem er ihn auf die Achsel klopft* (Sch., Kabale und Liebe I, 7); *Schweizer klopft ihm auf die Achsel* (Sch., Die Räuber I, 2); *wir könnten die vier Evangelisten aufs Maul schlagen* (Sch., Die Räuber I, 2); *er hat mich auf die Nase geschlagen* (Iffland, Die Jäger III, 3); *ich schlage ihnen ins Gesicht* (Iffland, Die Jäger I, 2); *wenn ich mich in die Finger schneide* (A.W. Schlegel, Shakespeare: Ein Sommernachtstraum III, 1); aber bei übertragener Verbalbedeutung: *das schneidet mir ins Herz.*

§ 38. Ein noch loseres Verhältnis zur Satzaussage liegt vor bei dem sog. Dativus ethicus. Er bezeichnet eine Person, die nicht selbst in den Handlungszusammenhang einbezogen ist, sondern ihm mit einer gewissen gefühlsmäßigen Beteiligung folgt. Dieser Dat. ist nicht erststellenfähig und ist immer ein Pronomen der 1. oder 2. Person, und die Ausdrücke gehören der alltäglichen Sprache an: *du bist mir der Rechte; falle mir nur nicht; nur trinkt mir alle Neigen aus* (G., Vanitas! Vanitatum Vanitas!); *nur greift mir zu und seid nicht blöde* (G., Faust I, Studierzimmer); *verliebt ja, wie ein Käfer, bist du mir* (Kleist, Käthchen von Heilbronn IV, 2); *das war dir ein Kerl; es sind Euch gar trotzige Gesellen* (Sch., Wallensteins Lager 1).

e) Reflexiver Dativ

§ 39. Der reflexive Dat. wird teils wie der gewöhnliche Dat. gebraucht, also z. B. *ich suche, nehme, erwähle mir etwas; ich baue mir ein Haus; kaufe mir ein Kleid* usw. – Daneben aber steht er in Verbindungen, wo der Dat. sonst nicht vorkommt: *denke dir; ich betrachte, beschaue mir etwas; nichts Besseres weiß ich mir* (G., Faust I, Vor dem Tor) usw. Diese Sonderverwendung des reflexiven Dativs finden wir in allen germanischen Sprachen von der ältesten Zeit an, aber ihr Gebiet variiert stark zu den verschiedenen Zeiten und in den verschiedenen Literaturgattungen. Im Got. finden wir viele Fälle, wo das Griechische aktive Verbalform und keinen Pronominalkasus hat: *mundoþ izwis þans swa gaggandans* „sehet auf die, die also wandeln" (Phil. 3, 17); *þo sido þus* „übe dies" (Timotheus I, 4, 15); *frawaurhta mis* „ich habe übel getan"; ahd. *ik mi de ōdre wēt* (Hildebrandslied 12); *biscouo thir ellu thisu worolt thing* (Otfrid, Hartm., 120); *sih tir* „ecce" (Notker); mhd. *gesâhen in nimmer mêr daz lant ze Hegelingen* (Kudrun 559, 2f.). Auch bei Verben der Bewegung und Ruhe und bei unselbständigen Verben mit Prädikatsnomen ist dieser Dat. in gewissen Literaturgattungen üblich; im as. Heliand ist dieser Gebrauch sehr häufig: *hē im bēd thrītig gēro* (843); *fōrun im ōðran weg* (718); *quâmun im te Cafarnaum* (3184); *was iru gialdrod idis* (79); ahd. *du bist dir, altēr Hun, ummet spāhēr* (Hildebrandslied 39); mhd. *ich stuont mir nehtint spâte* (Kürenberger 8, 1). – Bei den nhd. Klassikern hat der reflexive Dat. noch eine weitere Verwendung als in der heutigen Sprache: *ich fühle mir Hoffnung, Mut und Kraft* (G., Egmont II); *du fühltest dir noch Kräfte, dich hervor zu wagen* (Sch., Phädra I, 3). Über Vermengung mit dem reflexiven Akk. vgl. § 114.

f) Dativ bei Adjektiven und Substantiven

§ 40. Auch für den Dativ gilt, obwohl in geringerem Umfang als für den Gen., dass er neben seiner Verwendung als eigenes Satzglied auch als abhängiges Unterglied zu einem anderen Nomen, meistens einem Adjektiv, stehen kann. Am häufigsten steht dann das regierende Nomen in prädikativer Funktion, und der Dat. kann auch als ein auf die ganze prädikative Verbindung bezogener Dat. des Interesses betrachtet werden: *die Sache ist mir unangenehm.* Aber auch in attributiver Stellung kann ein Adjektiv mit einem Dat. verbunden werden, der dann eindeutig auf dasselbe zu beziehen ist: *eine mir unangenehme Angelegenheit.*

Mehrere Gruppen von Adjektiven werden sowohl in attributiver wie in prädikativer Stellung mit einem Dat. verbunden.

a) Adjektive mit der Bedeutung von Übereinstimmung oder dem Gegenteil, von Nähe und Ferne u. Ähnl.: *angenehm, zugehörig, gehorsam, bequem, gemäß, gemeinsam, genehm, ähnlich, eigen, verwandt, gleich, gleichgültig, nahe, fern, feindlich, fremd, nachteilig.*

b) Viele Adjektive mit den Suffixen *-ig, -lich* und *-bar.* Diese Adjektive sind Ableitungen von Verben und haben teils aktivische, teils passivische Bedeutung. Wo aktivische Bedeutung vorliegt, entspricht der abhängige Dat. einem Objektskasus (Dat. oder Akk.) bei dem dazugehörigen Verbum: *das ist mir ärgerlich: das ärgert mich; das ist mir dienlich: das dient mir.* Es sind Adjektive wie *ärgerlich, behaglich, behilflich, dienlich, erfreulich, erkenntlich, förderlich, hinderlich, hinlänglich, nützlich, schädlich, schmerzlich, schrecklich, tröstlich, verbindlich, verderblich, verdrießlich, zuträglich, dankbar, dienstbar. Z.B. das ist der Gesundheit förderlich: das fördert die Gesundheit; das war seinen Plänen hinderlich: das hindert seine Pläne.*

Bei den Adjektiven mit passivischer Bedeutung vertritt der Dat. die Stelle des Agens und entspricht dem Subjekt bei dem dazugehörigen Verbum, z. B. *sein Betragen ist mir unbegreiflich: ich begreife sein Betragen nicht.* Hierhin gehören Adjektive wie: *bedenklich, begreiflich, deutlich, empfindlich, entbehrlich, erinnerlich, erklärlich, erträglich, fürchterlich, glaublich, möglich, unausstehlich, unwiderstehlich, verächtlich, verdaulich, verständlich, erreichbar, brauchbar.* Viele dieser Adjektive werden meistens in Verbindung mit dem Privativpräfix *un-* gebraucht: *dies Glück ist mir unerreichbar; das ist mir unerklärlich: ich kann es nicht erklären; ein mir unerklärliches Missverständnis.*

c) Eine Reihe von Partizipien präteriti adjektivischer Natur wird ebenfalls mit dem Dat. verbunden: *geneigt, gewachsen, gewogen, beschieden, ergeben, verbunden, verhasst, angeboren, angeerbt, angelegen, angestammt, überlegen, untertan, zugetan, bewusst.*

Andere Adjektive können nur in prädikativer Stellung mit einem Dat. verbunden werden. Das sind Adjektive wie *gut, böse, gram, hold, abhold, lieb, leid, recht, wert, teuer, neu, kund, klar, sicher, gewiss, schwer, leicht, sauer.* Wie gesagt berührt sich der Dat. in diesen prädikativen Fügungen mit dem Dat. des Interesses, z.T. sogar mit dem eigentlichen adverbalen Dat., vgl. *bist du mir böse: grollst du mir; er ist mir wert: er gefällt mir.* Noch mehr ist dies der Fall bei einigen festen Verbindungen mit Vollverb und Adjektiv oder Adverb, wie *es steht ihm frei, gut, schlecht; es geht ihm gut, schlecht, leidlich; es fällt ihm leicht, schwer; einem wohl, weh tun; einem etwas kund tun.*

§ 41. In Verbindung mit *zu* (*allzu*) können alle Adjektive einen abhängigen Dat. zu sich nehmen: *das Licht ist mir zu scharf; die Reise war ihr zu angreifend; das Kleid ist ihr zu kurz.* Der Dat. in diesen Fügungen ist immer ein persönlicher, man kann kaum sagen *die Decke ist dem Tische zu kurz.* Der Grund ist wohl, dass dem Träger der Dativbezeichnung ein Moment von bewusster Teilnahme beigelegt wird: *das Kleid ist zu kurz für sie* ist eine rein objektive Feststellung; *ist ihr zu kurz* schließt eine Beteiligung der im Dat. stehenden Person ein; es liegt also ein Dat. des Interesses vor. Auch *genug* und bisweilen *etwas* und *ein bisschen* neben einem Adjektiv hat dieselbe Wirkung wie *zu: das Haus ist mir groß genug, etwas groß, ein bisschen groß.*

§ 42. Auch prädikativ verwendete Substantive können mit einem abhängigen Dat. verbunden werden. Wie bei den Adjektiven gilt es auch hier, dass der Dat. sich eigentlich auf die ganze prädikative Fügung bezieht. Am ehesten ist der Dat. speziell auf das Substantiv zu beziehen, wo dies seiner Bedeutung nach auf eine Ergänzung hinweist, z. B.: *er ist mir ein lieber Freund, ein guter Nachbar, ein treuer Verwandter, ein strenger Herr, ein guter Vater* usw. – Mehr auf die ganze Fügung bezogen ist der Dat. bei abstrakten Substantiven in unpersönlichen Ausdrücken wie *es ist mir ein Bedürfnis, ein Ärgernis, ein großer Trost, eine rechte Freude, die Hauptsache* usw., vgl. § 37.

Der Dat. kann auch von einem Objektsakk. in fester Verbindung mit einem Verb abhängen: *einem Schaden tun; einem Freude machen; einem Dank wissen; einem den Weg ebnen* u. Ähnl.; hier ist die Grenze gegen den gewöhnlichen Dat. des Interesses bzw. den adverbalen Dat. sehr fließend. – Dasselbe ist der Fall, wo das regierende Substantiv als Präpositionsrektion in fester Verbindung mit einem Verb auftritt: *einem zu Teil werden; einem zum Vorteil, zum Nachteil gereichen; einem zu Hilfe kommen; einem zu Diensten, zu Gebote, zur Verfügung stehen; einem etwas zu Danke machen; einem aus dem Wege gehen* u. Ähnl.

II. Kasusrektion der Präpositionen

§ 43. Im Vorhergehenden wurde dargestellt, wie das Verhältnis zwischen einem Substantiv und dem regierenden Wort durch die obliquen Kasus zum Ausdruck kommt. Aber dies Verhältnis kann auch durch Präpositionsverbindung ausgedrückt werden, indem das Substantiv durch eine Präposition an das regierende Wort angeknüpft wird. Auch in diesem Falle kann das regierende Wort ein Verbum oder ein Nomen (ein Substantiv oder ein Adjektiv) sein: *ich bitte um Verzeihung; reich an Erfahrung; Liebe zu Gott.*

Die Verbindung mit Verben ist das Ursprüngliche. Die Verhältnisse im Althochdeutschen werden bei Graff (1824) dargestellt, eine neuere Monographie ist immer noch ein Desiderat. Das Mittelhochdeutsche wird bei Waldenberger (2009) aufgearbeitet. Hier wird zu Recht betont, dass in sogenannten fixierten Fügungen die freien Gebrauchsweisen der Präpositionen durchaus noch zu fassen sind (Waldenberger 2009, S. 196), vgl. etwa: *Der milte got erbarmt sich vber alle die erbarmich sint* (Winsbeke 62ra, 27 f; a 10,5 f; Waldenberger 2009, S. 160) oder *er twanc vnder sich krichen vnd land vil* (Buch der Könige 10ra, 12 f), wo der „Aspekt der hierarchischen Unterordnung zum Tragen kommt" (Waldenberger 2009, S. 179). Auch ist es eine Verengung, stets von einer lokalen Grundbedeutung auszugehen (S. 132). Die Untersuchung von Wich-Reif (2008) zeigt, dass trotz zahlreicher aufkommender und wieder verschwindender Präpositionen der Kernbestand der „primären Präpositionen [...] vom Althochdeutschen bis in die Gegenwart eine zentrale Rolle" spielt (Wich-Reif 2008, S. 521).

Die Anknüpfung an Substantive und Adjektive ist am Anfang der Überlieferung selten, hat aber im Laufe der Entwicklung stark zugenommen vor allem dadurch, dass der adnominale Gebrauch der reinen Kasus durch Präpositionsverbindung ersetzt wird, vgl. oben, besonders unter Genitiv.

Die Präpositionen sind als Wortklasse dadurch abgegrenzt, dass sie immer mit einem substantivischen Kasus als Rektion verbunden sind. Viele der Wörter, die meistens als Präposition fungieren, können allerdings auch ohne Rektion (absolut) auftreten, aber sie sind dann als Adverbia aufzufassen, z.B. *von Jugend auf; die Kinder sind noch auf; das Licht ist aus; die Zeit ist um, die Tür ist zu.* Das zwiefache Funktionieren dieser Wörter hängt damit zusammen, dass die Präpositionen ursprünglich aus Ortsadverbia entstanden sind, die dem vom Verbum regierten Kasus beigefügt wurden, um die Funktion dieses Kasus zu verdeutlichen. – Es heißt im Lat. *Romam venit*, und in derselben Weise im Germanischen: ags. *stīgan hēahlond* „auf das Hochland steigen"; altnord. *hēr stē hon land* „hier stieg sie ans Land". Später wurde zur Verdeutlichung ein Lokaladverb hinzugefügt, etwa so wie es zum zweiten Male geschehen ist in nhd. Fügungen wie *mitten durch das Herz; unten im Tal* usw. Nachher wurde dies Adverb, das ursprünglich den vom

Verbum abhängigen Kasus nur begleitete und den Richtungssinn verdeutlichte, entweder näher auf das Nomen bezogen oder enger an das Verb angeschlossen. Im ersten Falle wurde das Adverb zur Präposition, im zweiten zur Verbalpartikel, die mit dem Verbum feste oder unfeste Zusammensetzung einging. In dieser Weise entstand eine Reihe Doppelkonstruktionen, wie z. B. *einem eine Decke überwerfen: eine Decke über einen werfen.* In den meisten Fällen ist ein Bedeutungsunterschied entstanden zwischen der präpositionalen und der präverbalen Fügung, die erstere hat im Allgemeinen eine mehr konkrete und sinnliche, die letztere eine mehr abstrakte und übertragene Bedeutung. Vgl. z. B. *bei einem stehen: einem beistehen; zu einem reden: einem zureden; er schritt über die Straße: ein Gebot überschreiten.* Zu solchen „doppelförmigen Verben" vgl. Šimečková (1984) und Fleischer/Barz (1992, S. 342–346).

§ 44. Die ältesten Präpositionen sind also aus Lokaladverbia entstanden. Dies gilt für *an, auf, bei, vor, zu, von, durch, über, unter, hinter, um, aus, wider, mit, nach* u. a. und für einige, die jetzt aus der Sprache ausgeschieden sind, bzw. nur als Nominal- und Verbalpräfixe weiterleben. Die wichtigsten von diesen sind: ahd. *ur* (*ar, ir, er*) „aus" (= got. *us*), jetzt nur als Präfix bewahrt; ahd. *aȝ* = got. *at* ist ganz ausgestorben. Got. kennt noch *and* als selbständige Präposition „gegen, entgegen, vor"; deutsch *ant-, ent-* findet sich nur als Präfix. Die ahd. mhd. Präposition *after* „hinter" erhält sich in das Nhd. hinein und ist noch bewahrt im Bair. (*after Ostern,* Schmeller (1872, S. 46) und im Nd. als *achter*; sonst nur in Zusammensetzungen wie *Afterwelt* „Nachwelt", *Afterrede, Aftermieter* usw. *ab* fungierte noch mhd. als Präposition, ist aber jetzt durch *von* verdrängt und nur in Südwestdeutschland und besonders in der Schweiz erhalten, z. B. bei Pestalozzi: *das Vieh ab der Weide zu holen* (Lienhard und Gertrud 40); sonst nur in festen Verbindungen wie *ab Hamburg, ab Fabrik* und in *abhanden.* Auch *ob* ist jetzt als Präposition veraltet, war aber noch im älteren Nhd. häufig, teils in lokaler Bedeutung: „über, oberhalb": *meine Hand soll ob dir halten* (L., 2. Mose 33, 22); *ob dem Altar hing eine Mutter Gottes* (Sch., Die Piccolomini III, 3), teils und besonders zur Bezeichnung von Ursache oder Veranlassung: *sei stolz ob meiner Heraufkunft* (Klopstock, Messias, 2, 178); in dieser Funktion wird es jetzt meistens mit Gen. verbunden: *in wütender Laune ob seines Mißgeschicks* (Th. Mann, Felix Krull VII, 338); *er schalt sie ob ihrer Langsamkeit* (Auerbach, Erdmuthe, Der Heimgang der Verhüllten); mit lokaler Bedeutung ist *ob* nur erhalten in geographischen Namen wie *Rothenburg ob der Tauber.*

Neuere Präpositionen sind aus Wörtern anderer Wortklassen entstanden, die z. T. aus eigener Kraft einen Kasus regierten. Dies ist der Fall bei dem ursprünglichen adverbialen Komparativ *seit* – ahd. *sīd,* got. *seiþs,* und bei Adjektiven und adjektivischen Wörtern wie *gemäß, nächst, unfern, bezüglich* usw. – Partizipialen Ursprungs sind *während, betreffend, ungeachtet*; substantivische Ausdrücke liegen zugrunde bei *anstatt, entlang, anfangs, betreffs, mittels, seitens* usw.; auf verkürzten Sätzen beruhen *dank* („Dank sei") und *trotz* („ich biete Trotz"). In dieser Weise entstehen eine Menge neuer Präpositionen, und die Entwicklung setzt sich noch heute fort. Neue Präpositionen, insbesondere wenn es sich dabei um „präpositionswertige Präpositionalwendungen" handelt, weisen durchweg die Genitivrektion auf (vgl. Schäublin (1972), Beneš (1974), Wellmann (1985), Di Meola (2000), Szczepaniak 2009, S. 92–103)).

Wenn man von den Präpositionen absieht, die sowohl mit dem Dat. wie mit dem Akk. verbunden werden, kann man nicht mehr sagen, dass der Kasus als Präpositionsrektion noch eine Bedeutungsfunktion hat; er ist nur ein erstarrter Ausdruck für ein Abhängigkeitsverhältnis. – Es ist aber bemerkenswert, dass die Zahl der sowohl den Dat. wie den Akk. regierenden Präpositionen seit der mhd. Zeit im Wachsen ist. Das heutige *über* umfasst das Gebiet von mhd. *ob* mit Dat. und *über* mit Akk. – Die lokale Bedeutung von nhd. *vor* verteilt sich im Mhd. auf *vor* mit Dat. und *für* mit Akk. – Man kann deshalb nicht sagen, dass die Bedeutungsfunktion der Kasus innerhalb der Präpositionsverbindung eindeutig im Rückgang ist.

1. Dativ und Akkusativ

§ 45. Bekanntlich regieren in der modernen Sprache die Präpositionen *an, auf, hinter, in, neben, über, unter, vor* und *zwischen* sowohl den Dat. wie den Akk. – Sie regieren den Akk., wenn es sich um die Richtung einer Bewegung oder einer Tätigkeit auf ein Ziel hin handelt, der Dat. dagegen drückt das Verbleiben (auch bei Bewegung und Tätigkeit) innerhalb eines Gebietes aus. Der Bedeutungsinhalt dieser Präpositionen zeigt also zwei Varianten, in Verbindung mit einem Akkusativ bezeichnen sie ein translokales Verhältnis: *er ging in den Wald*; in Verbindung mit einem Dativ ein intralokales: *er ging im Walde*. Für die temporale Verwendung der Präpositionen gilt die gleiche Regel: *das Fest dauerte bis in die Nacht; der Überfall geschah in der Nacht.* Ebenso bei übertragener Bedeutung, insofern eine räumliche Anschauung angelegt werden kann, also: *sie befand sich in großer Angst; sie geriet in große Angst.* In den Fällen, wo eine räumliche Anschauung nicht mehr möglich ist, ist die Doppelheit der Rektion aufgehoben. Es kann z. B. nur heißen *auf diese Weise* und *in dieser Weise.* In solchen Fällen teilen sich diese Präpositionen in Bezug auf Rektion in zwei Gruppen, *auf* und *über* werden mit dem Akkusativ verbunden, die übrigen in der Regel mit dem Dativ. Es ist die Auffassung der Verbalbedeutung selbst, die über die Wahl der Kasus entscheidet, während die Zeitform keine Rolle spielt; wie es heißt *er setzt sich auf eine Bank,* so auch *er hatte sich auf eine Bank gesetzt.* Die Auffassung der Verbalbedeutung gewährt allerdings in vielen Fällen einen gewissen subjektiven Spielraum, und die Wahl des Kasus ist deshalb besonders in der älteren Sprache vielfach individuell bedingt; in der heutigen Sprache herrschen im Allgemeinen feste, teilweise von den Grammatikern festgelegte Regeln. Bei Verfassern aus dem 18. und 19. Jh. finden wir häufig Dat., wo man jetzt Akk. verwendet, z. B. *ich wollte ihn in meinem Hause aufnehmen* (G., Briefe 5, 314, 21); *die Haifische bissen sich vor Wonne in den Schwänzen* (Heine, Aus den Memoiren des Herren von Schnabelewopski, 1); *er hatte sich in einigen Häusern eingeschlichen* (G., Rameaus Neffe); *er ward früh eingeweiht in allen Wissenschaften* (Heine, Über die französische Bühne, 9); *als hätte ich mein Studieren am Nagel gehangen* (Lessing, 17, 203, 9); *so gelangen wir in einem Vorhof* (Herder, nach Dwb.); *auf dieser Bank von Stein will ich mich setzen* (Sch., Wilhelm Tell IV, 3); *setzt Euch dort im Sessel* (Immermann, 16, 423); *er vertiefte sich in jenen Schriften* (Tieck, 23, 200); *der in solchen Lügen sich verstrickt* (Sch., Don Carlos II, 8). – Besonders häufig steht bei den Schriftstellern dieser Zeit Dat. für heutigen Akk. bei Part. Prät. von mehr oder weniger adjektivischer Natur, was bei der Bedeutung dieser Form naheliegend ist; das Part. Prät. bezeichnet ja einen Zustand als Folge einer voraufgehenden Handlung. Beispiele: *schon sah der protestantische Pöbel den Erzherzog in einem Mönchskloster eingesperrt* (Sch., Geschichte des dreißigjährigen Krieges, 1); – *ich bin in der Poesie noch nicht so eingeweiht* (Tieck, Accoiombona 2, 45); *die man in Mänteln gehüllt erblickte* (Kleist, Die heilige Cäcilie); *des Mörders Todesurteil war genagelt am Weidenstamme* (Heine, Deutschland. Ein Wintermärchen, 14); *an einem kleinen Feuer sind Töpfe gesetzt* (G., Die Fischerin, Einleitung); *auf seinem Schwerte gestützt* (Heine, Aus den französischen Zuständen, Lafayette und Napoleon); *versenkt in der Lektüre dieses Buches* (Heine, Ludwig Börne. Eine Denkschrift, 2); *in seinem Traum vertieft* (Wieland, Idris und Zenide 2, 90). Besonders bei Verben mit dem Präfix *ver-* ist dieser Dat. häufig, was in der perfektiven Bedeutung dieser Bildungen begründet ist. Auch bei Verbindungen wie *sich halten an, halten auf, bestehen auf* findet man in der älteren Sprache vielfach Dat. gegenüber dem jetzigen Akk.: *halten Sie sich an ihrem Troste* (Lessing 17, 409, 19); *er hielt sich an einem historischen Gange* (G., Tag- und Jahreshefte, 1820); *er hielt auf diesem Gesetze* (Haller, Usong, 2); *auf einem Bekenntnisse halten* (G., Einleitung in die Propyläen). Jetzt nur in konkreter Bedeutung: *er hielt sich noch an der Mähne.*

Andererseits finden wir in der älteren Sprache in gewissen Fällen Akk., wo jetzt nur Dat. gebräuchlich ist. Dies gilt besonders bei den Verben *ankommen, anlangen, einkehren, eintreffen*; hier ist eine doppelte Auffassung des Raumverhältnisses möglich, die Verbalhandlung kann als auf der Stelle sich abspielend begriffen werden oder als eine Bewegung auf eine Stelle zu. Vgl.: *worauf sie in das Dorf ankamen* (Tieck, Don Quichote 247); *daß ich auf die Wartburg ankam* (Heine, Ludwig Börne. Eine Denkschrift, 2); *bis wir in unser Dorf anlangen* (Tieck, Quix 4,

514); *einsmals kehrten sie in ein Wirtshaus ein* (Chr. Weise, Erzn. 217); *in unser Lager eingetroffen* (Kleist, Prinz Friedrich von Homburg I, 4). Auch in anderen Fällen: *nach seiner Ankunft in die Stadt* (Lessing, Leben des Herrn Jacob Thomson); *den Diamanten hatte ich eben in die Mitte des Werks angebracht* (G., Benvenuto Cellini, Vorerinnerung); *daß ich auf dein Rufen an das Fenster nicht erschienen* (Kleist, Die Familie Schroffenstein IV, 1); *das Schöne in der Kunst beruht auf feine Sinne und auf einen geläuterten Geschmack* (Winkelmann, ed. Alexander von Gleichen Rußwurm, 47); *meine Hoffnung beruht auf dich* (Kleist, 5, 340, 23); *da Kohlhaas auf seine Bitte beharrte* (Kleist, Michael Kohlhaas).

§ 46. Die Präpositionen *für* und *vor* sind zwei Bildungen zur selben Wurzel: ahd. *furi, fora.* Ursprünglich hatten beide lokale Bedeutung, aber verteilten sich als Richtungs- bzw. Ruhelagepräpositionen; *furi* bezeichnete die Richtung und regierte nur den Akk., *fora* bezeichnete die Ruhelage und wurde mit dem Dat. verbunden. Für das Althochdeutsche lassen sich Tendenzen aufzeigen, dass die beiden Wörter in ein gemeinsames Wortparadigma zusammenzutreten begannen, vgl. Eroms (1987). Im Laufe der Entwicklung hat sich dieses Verhältnis stark verschoben, *vor* hat sich auf dem ursprünglichen Gebiet von *für* ausgebreitet und wurde deshalb auch mit dem Akk. verbunden; im Niederdeutschen und auf großen Teilen des mitteldeutschen Gebiets wurde sogar *für* durch *vor* ganz verdrängt. In der Gemeinsprache kam es allmählich zu einer Regelung, woran besonders Adelung beteiligt war: *vor* übernahm die ganze lokale Bedeutung konkret und bildlich und wurde deshalb sowohl mit dem Akk. wie mit dem Dat. verbunden; *für* dagegen wurde auf die Sonderbedeutungen „an Stelle, zum Ersatz für, zu Gunsten" beschränkt und wurde fortan nur mit dem Akk. verbunden. Jedoch herrschte lange Zeit Unsicherheit und Schwanken, bzw. ist ein Nebeneinander der beiden Präpositionen zu beobachten (Elspaß 2005, S. 292–296). Es ist bezeichnend, dass Gottsched die erste Ausgabe seiner Grammatik „vor die Deutschen" schrieb, später aber es änderte in „für die Deutschen". Im älteren Nhd. bis weit ins 18. Jh. hinein finden wir häufig *für* an Stelle von jetzigem *vor*, in nicht-lokaler Bedeutung auch mit Dat. verbunden: *ich wünschte ihn für auswärtige Versuchungen zu wahren* (G., Briefe, an Christian Gottlob Voigt, 18.7.1814); *da er sich für ein allgemeines Concilium fürchtete* (Lessing, 5, 360, 19); *eine Ehrfurcht für einen Mann* (Lessing, 4, 394, 11); *dann werde ich für stolzer Freude auffahren* (Lessing, Ein Vade mecum für den Hrn. Sam Gotthl. Lange. Pastor in Laublingen); *die Steuerleute wissen sich für großer Furcht nicht Rat* (Sch., Wilhelm Tell IV, 1); *Bäume, die sich für der Last der Früchte zur Erde biegen* (G., Briefe, an Charlotte von Stein, 5.9. 1785); *und weinen für Schmerzen und Freude* (Sch., Die Bürgschaft); *ich sterbe für Wuth* (G., Järy und Bätely, 145). – In einzelnen erstarrten Verbindungen hat sich *für* noch in der alten, lokalen Bedeutung erhalten: *Schritt für Schritt; Mann für Mann; Wort für Wort.*

Auch *über* hat in bezug auf Rektion eine besondere Entwicklungsgeschichte gehabt. Im Ahd. und Mhd. wurde *über* nur mit Akk. verbunden. Vereinzelt finden sich Verbindungen mit dem Dativ dann im Mittelhochdeutschen (Waldenberger 2009, S. 27). Zur Bezeichnung der Ruhelage hatte man nämlich zwei andere Präpositionen, *ob* und *ober,* die erst allmählich von *über* verdrängt wurden, wodurch *über* die Dativrektion der alten Präpositionen übernahm, z. B. *von dem ackir ubir dem dorff gelegin* (WMU 222B, 4, S. 1797); *ober* war im 18. Jh. gebräuchlich in Verbindungen wie *ober dem Kopfe; ober der Tür* usw. – Viel häufiger war jedoch *ob,* das in lokaler und kausaler Bedeutung verwendet wurde, vgl. oben § 44. Nach dem Untergang dieser beiden Präpositionen bekam also *über* doppelte Rektion, jedoch ist die Akkusativrektion bei dieser Präposition haften geblieben in Verwendungen, wo man nach sonstigem Gebrauch Dat. erwartet. Akkusativ steht bei der Bedeutung „über etwas hin": *er ging über die Brücke* (vgl. *er ging auf der Brücke*); *er setzte über den Fluss*; ebenso *er ist über die Grenze, über alle Berge.* Bei übertragener Bedeutung steht bei *über* Akk. in größerem Ausmaß als bei anderen Präpositionen: *das ist über meine Kraft* (vgl. *das ist unter meiner Würde*); *über die Maßen.* Bei Verben wie *siegen, herrschen, walten, nachsinnen, denken, reden, schreiben* verwendet man jetzt nach *über* den Akk., aber in der älteren Sprache findet man vielfach Dat.: *ich sann über einer passenden Rede nach* (Steffens, N 2, 124); *Gedanken über der Gefahr* (Rückert I, 220); *durch weiteres Nachdenken und Sinnen über diesem Gegenstand* (G., Briefe 6, 154, 17). Noch immer kommen Ausdrücke wie *er herrscht, waltet über einem weiten Gebiet* vor, aber die lebendige Rede zieht den Akk. vor. In kausaler Bedeutung zur Bezeichnung der Veranlassung der Handlung (als Ersatz für *ob*) nach Verben wie *klagen, lachen, weinen, trauern, staunen, sich freuen, ärgern* usw. steht jetzt Akk., aber in der älteren Sprache häufig Dat.: *ich errötete über der Bosheit* (Sch., Die Räuber III, 2); *so wird sich dein Gott über dir freuen* (L., Jesaja 62, 5); *wie muß ich staunen über dem, was du gesagt* (Fr. Schlegel, Alarkos I, 2); *da sie aber ihn sahe, erschrak sie über seiner Rede* (L., Lukas 1, 29).

Wie bei *über* steht auch bei *auf* meistens Akk. in übertragener Bedeutung. Es heißt jetzt nicht nur *horchen, lauschen, achten, warten, vertrauen auf* mit Akk., und ebenso *einen auf einen Abend erwarten; ein Haus auf ein Jahr mieten,* sondern auch mit Akk. *verzichten auf; sich verstehen auf; sich etwas einbilden auf; stolz, eitel sein auf* usw. In lokaler Bedeutung heißt es mit dem Dat.: *er hat ein Haus auf dem Berge gebaut,* dagegen in übertragener Bedeutung mit dem Akk.: *ich baue auf seine Untersuchungen.*

Die Präposition *neben* ist entstanden aus ahd. *in eban,* mhd. *eneben* (ahd. *eban* = „gleich"), und bedeutete ursprünglich „auf gleicher Linie mit". Es wurde deshalb wie das Adjektiv *eben* anfänglich nur mit Dat. verbunden. Später trat nach Analogie der übrigen Präpositionen Akk. ein zur Angabe einer Richtung. Jedoch findet man noch bis weit ins Nhd. hinein bei dieser Präposition Dat. auch nach typischen Richtungsverben, z.B. *legt meine Beine neben seinen Beinen* (L., 1. Kön. 13); *sich neben ihr zu stellen* (Lessing, Hamburgische Dramaturgie II, 73); *er setzte sich wieder neben mir auf die Hinterpfoten* (E.T.A. Hoffmann, Don Juan, Berganza).

Ähnlich wie bei *neben* war das Verhältnis bei *zwischen*, das auf die Verbindungen mhd. *in zwischen, under zwischen* zurückgeht, wo *zwischen* Dat. Plur. des ahd. Adjektivs *zwisci* „zwiefach, zweifach, je zwei" ist, also „in (der Mitte von) je zweien". Ursprünglich steht deshalb nur Dat., der von *in* und *unter* regiert ist. Später entstand wie bei *neben* Akkusativrektion, aber der Dat. blieb lange im Gebrauch auch nach Richtungsverben, z.B. *diese Gestalt, die sich zwischen den Völkern und der Sonne gestellt hat* (Heine, Französische Zustände 4).

2. Akkusativ

§ 47. In der modernen Sprache werden die Präpositionen *durch, für, gegen, ohne, um, wider* nur mit dem Akk. verbunden. Über *für* wurde oben gehandelt, *gegen* hat ursprünglich nur Dativrektion (*daz ir gegen im rîtet für Wormez ûf den sant,* Nib. 560, 3), daneben tritt im Mhd. Akkusativrektion auf. Luther schwankt zwischen Dat. und Akk.; Dat. ist bis ins 18. Jh. hinein häufig, z.B. *ich will gegen ihnen halten* (G., Götz von Berlichingen, Gebirg und Wald); *daß kein Mann mehr gegen ihm im Felde stand* (Kleist, 3, 173, 20), *wider* stand im Ahd. und Mhd. mit Dat. und Akk., obwohl es nur Richtungsbedeutung hatte. Dat. erhält sich auch hier ins 18. Jh. hinein: *Gewand, das wider dem Leibe ruht* (G., Italienische Reise II, Dezember 1787).

ohne < mhd. *âne* konnte mhd. prädikativ mit vorausgehendem Gen. verbunden werden: *ir fürsten, die des küneges gerne wæren âne* (Walther, L. 29, 15); einen Rest von diesem Gebrauch hat man noch in *zweifelsohne*. Als Präposition im eigentlichen Sinne ist jedoch *ohne* von Anfang an mit dem Akk. verbunden worden. Später, in der älteren nhd. Zeit, findet man nicht selten auch den Dat., vielleicht unter Einfluss von *mit*: *ohne seinem Schaden* (Lessing); *ohne ihm* (Lessing); einen Rest dieses Gebrauchs hat man in *ohnedem, ohne* hat schon im frühesten Germanisch seine lokale Grundbedeutung verloren und findet sich deshalb weder als Verbalpräfix noch in Verbindung mit dem kasusvertretenden *da-* (§ 73).

3. Dativ

§ 48. Wie oben ausgeführt, wurde der Dat. ursprünglich nicht mit Präpositionen verbunden. Infolge des Aufgehens früherer Lokalkasus in den germanischen Dat.

übernahm dieser Kasus die Stelle als regiertes Nomen nach einer Reihe Präpositionen. Auf den alten Ablativ geht der Dat. zurück bei *ab, von, aus (außer)*, auf den Instrumental bei *mit*, auf den Lokativ bei den Präpositionen mit doppelter Rektion (Dat. und Akk.) und bei *zu*, wo er sich auf eine Ruhelage bezieht (*zu Hause, zur See, zu Wasser und zu Lande, zu Berlin* usw.). Später sind Präpositionen mit Dativrektion aus Adjektiven entstanden, die mit dem Dat. verbunden wurden, wie *nach, gemäß, nebst* u. a., und aus Komparativen (*seit, ehe*), wo der Dat. einen früheren Ablativ vertritt.

Als Präposition ist *außer* (mhd. *ûʒer*, ahd. *ûʒar* „aus, aus ... heraus") älter als *aus* (mhd. ahd. *ûʒ*, got. *ût*, Adv.). Erst im Mhd. wird *aus* üblich, und im Nhd. verdrängt es immer mehr *außer*, das jetzt auf die Bedeutung „extra, praeter" beschränkt worden ist. In der älteren Sprache steht bisweilen Gen. bei *außer*: *den wahren Mörder außer alles entfernten Verdachts zu setzen* (Sch., Die Kinder des Hauses 202); der Gen. ist noch bewahrt in *außer Landes*. Auch mit Akk. kommt *außer* vor in der älteren Sprache: *ich kam außer mich* (G., Werther 1, 16, 6. 1771); und noch heute kann der Akk. verwendet werden in dem Ausdruck *außer allen Zweifel setzen*.

bei wurde im Mhd. und im Frühneuhochd. sowohl mit dem Akk. wie mit dem Dat. verbunden. Der Akk. hielt sich bis ins 18. Jh. hinein: *da kam er bei die Stätte* (L., Lukas 10, 32); *sie kommen diese Tage bei mich zu Tische* (G., Italienische Reise II, Neapel); *ich bitte mich bei Sie zu Gast* (G., Briefe 4, 199, 16); *die Katze legte sich auf den Herd bei die warme Asche* (Grimm, Die Bremer Stadtmusikanten). Dieser Gebrauch von Akk. neben *bei* wurde von den Grammatikern verpönt und ist jetzt aus der Hochsprache verschwunden, jedoch liegt er wohl zugrunde in Fügungen mit Richtungsverb wie *bei Seite gehen; einen bei Seite nehmen; etwas bei Seite bringen, legen*. In den Dialekten und Regionalsprachen ist der Akk. teilweise noch vorhanden: *komm bei mich, Baby* (www.hoehner.com).

Mhd. und frühnhd. erscheint *inner* in lokaler und temporaler Verwendung: *inner den Städten; inner drei Tagen*. Schriftsprachlich ist es jetzt verdrängt in lokaler Bedeutung durch *innerhalb*, in temporaler bisweilen durch *binnen*. Das letztere ist entstanden aus *be-* + mhd. *innen*, ahd. *innän*, und wurde eine Zeitlang auch lokal gebraucht.

gegenüber beruht auf einer Verschmelzung der Präposition *gegen* mit dem Adverb *über*. Der Rektion von *gegen* gemäß stand je nach der Bedeutung Dat. oder Akk.: *gegen dem hohen Golgatha über* (Klopstock, Messias, 3, 12); *gegen ihm über* (Wieland); *bald saßen wir im Wagen, das Kästchen gegen uns über* (G., Wilhelm Meisters Wanderjahre, 4); *sie setzten sich neben einander, gegen sie über der göttliche Fremdling* (Klopstock, Messias, 14, 673); *der Umriß wird gegen das Titelblatt über geheftet* (G., Briefe, an Carl Friedrich Ernst Frommann, 24. 3. 1817). – Daneben steht schon bei Luther *gegenüber* als Adverbium, seit dem 18. Jh. mit vorangestelltem Dat.: *der schönen Nymfe gegenüber* (Wieland, Musarion II); später wird auch nachgestellter Dat. gebräuchlich.

gemäß wird als Adjektiv mit einem Dat. verbunden, vgl. § 40. Wo das Adjektiv als Adverbium verwendet wird, wird es als Präposition aufgefasst und kann dem Nomen vorangehen oder folgen, vgl. *ihr Betragen ist nicht ihrer Stellung gemäß > sie beträgt sich nicht ihrer Stellung gemäß, sie beträgt sich nicht gemäß ihrer Stellung; gemäß der Anordnung.*

Die Präposition *mit* wurde im Ahd. auch mit Instr. verbunden, vgl. § 30. Belege finden sich noch in den mhd. Urkunden: *daz ich mine herren von Sante Gallin dis stæte habe vn niemer mit nivtiv gebreche* (WMU 1956, 30, S. 1243); später regelmäßig mit Dat., obwohl auch Akk. vorkommt in der älteren Sprache und dialektal.

nach hat im Nhd. das ältere *after* (vgl. § 44) verdrängt. Es ist ursprünglich ein Adjektiv: „nahe" (ahd. *nāh*), und wird von Anfang an mit Dat. verbunden: *vnd nahe mine tode so ist der selbe tail lidig* (WMU 2151, 30, S. 1285). Ähnlich verhält es sich mit *nächst* und *zunächst.*

Aus *neben* haben sich die Formen *nebens, nebenst, nebest, nebst* entwickelt, *nebst* tritt vereinzelt schon im 17. Jh. auf, im 18. wird es üblich. Früher wurde es wie *neben* auch in lokaler Bedeutung verwendet und dann auch mit Akk. verbunden, jetzt nur in übertragener Bedeutung und nur mit Dat.

Neben *mit* stand in der alten Sprache mit assoziativer Bedeutung ahd. *samant*, mhd. *sament, samet*, nhd. *samt*, das jetzt eine sehr eingeschränkte Verwendung hat. Vom 13. Jh. ab erscheint der pleonastische Ausdruck *mit sammet*, der in der Form *mitsamt* weiterlebt.

Die Präposition *seit* (< ahd. *sīd*, got *seiþs*) ist ursprünglich ein adverbialer Komparativ „später"; der Dat. geht also hier auf den Ablativ im zweiten Komparationsglied zurück. Das Gegenstück hierzu, ahd. *ēr* (got. *airis*), ist ebenfalls ein adverbialer Komparativ „früher, vorher, eher", der ahd. auch als Konjunktion fungieren konnte mit der Bedeutung „bevor, ehe, bis", und als Präposition mit Dat.: „vor". Mhd. wird *ēr >ê*, das mit Akzentverdoppelung nhd. *ehe* ergab; daneben, mit analogischem *-r, eher*. Als Präposition ist *ehe* verloren gegangen, abgesehen von dem erstarrten *ehedem*. Sonst fungiert jetzt *ehe* als Konjunktion und *eher* als Adverb, vgl. § 152.

Im Ahd. hat man eine Präposition mit den Formen *za, zi, ze*, as. *ti*, und noch im Mhd. wurde *ze* als Präposition verwendet. Daneben stand die vollere Form ahd. *zuo*, as. *to*, die im Ahd. fast nur als Adverb verwendet wurde; erst im späteren Mhd. wird *ze* durch *zu* verdrängt, das jetzt in der Hochsprache alleinherrschend ist. Das WMU fasst *ze* und *zuo* zusammen, *ze* ist „weit überw[iegend]" (WMU, S. 2473). Wie das gleichbedeutende got. *du* ist westgerm. *tō* und *ti* immer mit dem Dat. ver-

bunden worden, was bei der Richtungsbedeutung dieser Präpositionen auffällt
und noch nicht befriedigend erklärt ist.

von, mhd. *von(e)*, ahd. *fona* gehört nur dem kontinentalgerm. Sprachgebiet
an, und sein Ursprung ist unsicher. Früher stand daneben das bedeutungsgleiche
ab, das jetzt als Präposition verdrängt ist. Als Verbalpräfix ist dagegen *ab* alleinherrschend geblieben; in diese Stellung ist *von* nicht eingedrungen. Der Dat.
bei *von* ist wie der bei *ab* Vertreter des früheren Ablativs.

4. Dativ und Genitiv

§ 49. Bei einigen Präpositionen tritt sowohl Dativ- wie Genitivrektion ohne Bedeutungsunterschied auf. Dies war in der älteren Sprache der Fall bei *während*. Wie
die Form zeigt, ist *während* Part. Präs. zu dem Verb *währen* „dauern". Die Entwicklung zur Präposition ist ausgegangen von der Verwendung in attributiver
Stellung; *während* stand häufig nach Präposition in Zeitbestimmungen: *in wäh-
rendem Lauf* (Wieland); *unter während er Zeit* (Bode); *unter währenden Reden*
(Felsenburg); daneben stand es attributiv zu Genitiven abhängig von Wörtern wie
Zeit: *in der Zeit währender Vormundschaft*. Später finden sich auch absolute Ge-
nitivkonstruktionen: *währendes Krieges* (Lessing); *währender Unterhaltung* (G.).
Aus solchen Fügungen ist *während* zur Präposition geworden durch eine falsche
Auflösung: *währendes Krieges* > *während des Krieges*. Ursprünglich regiert die
Präposition vorwiegend den Dat., später hat im Einklang mit der Gesamtent-
wicklung bei den Präpositionen der Gen. den Sieg davongetragen und ist jetzt
alleinherrschend, abgesehen von der Verbindung *währenddem*.

Es heißt *fern von* und *weit von*, aber die entsprechenden negativen Adjektive
konnten schon früh neben Anknüpfung durch *von* direkt mit einem Gen. oder Dat.
verbunden werden: *unfern, unweit (von) dem Dorfe, des Dorfes: unfern des Feuers*
(G., Kampagne in Frankreich, 1.10.1792); *unfern des Wasserfalls* (Heine, Reisebil-
der IV, Die Stadt Lucca, 16), *rechts* und *links* konnten früher als Präpositionen mit
Gen. verwendet werden: *rechts und links der kühlen Grüfte* (G., Faust II, III, Innerer
Burghof). Jetzt muss es heißen *rechts, links von*. Aber die alte Verwendungsweise
findet sich auch noch: *links des Rheins, rechts der Isar*.

Im 16. Jh. ist das Substantiv *Trotz* zur Präposition geworden. Ursprünglich
regiert es den Dat., weil es aus *Trotz sei* verkürzt ist: *Trotz sei ihm geboten* > *trotz
ihm*, und der Dat. ist erhalten in *trotzdem*. Aber früh findet sich auch Gen.; beide
Kasus nebeneinander bei G.: *trutz euch und des Teufels* (Briefe, an Johann
Christian Kestner, März 1773).

Später als *Trotz* ist das Substantiv *Dank* zur Präposition geworden (18. Jh.).
Auch hier liegt eine Ellipse zugrunde: *Dank dem Könige* aus *Dank sei dem Könige*.

Als Präposition erhält *dank* auch rein kausale Bedeutung: *dank seinen Bemühungen*. Auch der Gen. tritt gelegentlich auf: *dank seines ehrlichen Willens*. Bei Adelung und Campe gilt die Verwendung mit Genitiv noch als unrichtig (vgl. Dwb. s.v. *trotz*).

Auch bei *zufolge*, das nur auf dem Übergang zur Präposition steht, findet sich bisweilen Gen., das Übliche ist aber Dat.

Das Adverb *längs* tritt vom 18. Jh. ab als Präposition auf, meistens mit Dat., aber auch mit Gen.: *längs seines Kornfeldes* (Wieland, Geschichte des Weisen Danischmed); *längs seines Zuges durch Deutschland* (Sch., Geschichte des dreißigjährigen Krieges, II, 3).

entlang wird vom 18. Jh. ab als Präposition gebraucht. Es ist noch Adverb in Ausdrücken wie *am Bache entlang*. Als vorangestellte Präposition wird es in der älteren Sprache sowohl mit Akk. wie mit Dat. und Gen. verbunden: *entlang die lange Straße* (Rückert); *entlang dem Ackerfeld* (Mörike); *entlang des Waldgebirges* (Sch.). In der modernen Sprache verwendet man *entlang* meistens adverbial mit dem Akk. der Erstreckung: *die Straße, den Fluss entlang*.

5. Genitiv

§ 50. Präpositionen mit Genitivrektion waren in der alten Sprache selten. Im Ahd. werden im Allgemeinen nur *innan(a)* und *ūʒan(a)* mit Gen. verbunden: *innan lantes, hūses; ūʒan(a) thes grabes* (Otfrid V, 7, 1). Im Laufe der Entwicklung ist aber die Zahl der Genitivpräpositionen stark gestiegen, hauptsächlich dadurch, dass Substantive zu Präpositionen geworden sind. Der Gen. ist hier also ursprünglich adnominal.

Seit dem Ahd. findet sich *halb*, der ursprüngliche Nom. zu *halba* „Seite" mit vorangestelltem Gen. verbunden, wobei schon die übertragene Bedeutung „von Seiten, mit Rücksicht auf, wegen" gilt. Diese Konstruktion hält sich bis ins Nhd. hinein: *den Herrn erfragend fürstlicher Hochbegrüßung halb* (G., Faust II, III, Innerer Burghof); bewahrt sind noch *deshalb, weshalb*. – Seit mhd. Zeit wird in dieser Weise auch der Dat. Plur. *halben* gebraucht: *nicht sage ich das des Mangels halben* (L., Phil. 4, 11); *was hier des Vortrags halben wie im Zusammenhange geschildert wird* (G., Dichtung und Wahrheit IV, 17), *halben* ist jetzt nur bewahrt in Verbindung mit Possessivpronomina: mhd. *mînen(t)halben* usw. hat nhd. *meinethalben, deinethalben* usw. ergeben. Daneben erscheint vom 15. Jh. ab die noch nicht erklärte Form *halber*, die jetzt mit vorangestelltem Gen. (und seltener Dat.) gebräuchlich ist. Die Genitivfügung ist z.T. als Zusammensetzung aufgefasst worden und das -s deshalb auch auf Feminina übertragen: *schönheitshalber, freundschaftshalber* usw. – Als Präposition wird *halb* von mhd. Zeit ab in gewissen Zusammensetzungen verwendet, von denen jetzt *innerhalb, außerhalb, oberhalb* und *unterhalb* die gebräuchlichsten sind. Von Anfang an werden sie infolge ihres substantivischen Ursprungs mit Gen. verbunden. Trotzdem findet sich sowohl im Mhd. wie im älteren Nhd. auch der Dat.: *daz dc widertan wurde innerhalb viercehen nehten* (WMU 26AB, 36, 38, S. 935), *innerhalb den Pfählen* (Wieland, Merk. 78, IV, 197); *innerhalb dem Kreise* (Wieland, Erdenglück, An Chloe); *innerhalb den Grenzen* (Kant, Metaphysik der Sitten II, 2); *außerhalb den Mauren* (Sch., Abfall der Niederlande 3, Die Geusen); *außerhalb dem Theater* (Heine, Florentinische Nächte, 1); *unterhalb mehreren kleinen Besitzungen* (G., Italienische Reise, Brief vom 25.4.1787). Dafür finden sich noch in der Gegenwartssprache Belege: *unterhalb mehreren zehn Nanometern* (www.patent-de.com, 12.3.2011). Bei Richtungsbedeutung steht sogar vereinzelt Akk.: *komm nicht innerhalb den Kreis* (Wieland, Shakespeare: Die zween edle Veroneser V, 5). Solche Verwendungen entsprechen den allgemeinen Verhältnissen bei Ruhe- und Richtungspräpositionen.

Auch das Substantiv ahd. *sīta* hat eine Entwicklung zur Präposition durchgemacht. Mit der ursprünglichen Nominativform ahd. *sīt* bildete man mhd. die Präpositionen *dissît* und *jensît* gleichbedeutend mit *dishalp* und *jenhalp*. Nhd. werden die älteren Formen *diesseit* und *jenseit* mit dem Adverbialformans -s erweitert. Auch hier ist natürlich Genitivrektion das Ursprüngliche und immer am meisten Gebrauchte, aber auch der Dat. hat sich eingedrängt: *diesseit dem Jordan* (L., Josua 22, 7); *diesseits den Alpen* (Winkelmann 9, 426); *jenseit dem Grabe* (Lessing, Hamburgische Dramaturgie I, 1); *jenseit dem Berge* (Lessing). – Erst in neuerer Zeit treten die Präpositionen *seitens* und *abseits* (meistens Adverb) auf, die auf den Präpositionsverbindungen *von Seiten* bzw. *ab Seiten* beruhen.

Seit dem 13. Jh. findet sich *von – wegen* mit dazwischengestelltem Gen., wo *wegen* Dat. Plur. des Substantivs *Weg* ist. Die Bedeutung ist „von Seiten, mit Rücksicht auf", dann kausal wie jetziges *wegen*. Die ursprüngliche präpositionale Verbindung hat sich erhalten in festen Ausdrücken wie *von Amtswegen, von Rechts wegen* usw.; sonst ist sie unüblich geworden, findet sich aber in älterer und neuerer Literatur: *der Diener Gottes dankte von seines Herrn wegen* „im Namen seines Herrn" (Wieland); *gibt Rechenschaft von wegen des vergossenen Bluts* (Sch., Die Jungfrau von Orleans, I, 11); *von wegen der Leidenschaft* (Th. Mann). – Seit dem 17. Jh. tritt alleinstehendes *wegen* auf, gleichfalls mit dem Gen. verbunden. Mit den Genitiven der demonstrativen, interrogativen und der relativen Pronomina bildete *wegen* Zusammensetzungen: *deswegen, weswegen*. Für den Gen. der Personalpronomina treten die Possessiva ein: *meinetwegen, deinetwegen, ihretwegen* usw. aus mhd. *mînen(t) wegen* usw. Im Oberdeutschen dagegen steht *wegen* als vorangestellte Präposition mit Gen. des Personalpronomens: *wegen meiner, wegen deiner*, z.B. bei Schiller. Auch bei *wegen* hat der Dat. sich eingedrängt, besonders im Süddeutschen, und ist in der Volkssprache ziemlich häufig. Beispiele aus der

Literatur: *wegen diesen Äußerungen* (G., Briefe, an Franz Kirms, 31. 3. 1815); *wegen dem Garten* (G.); *wegen den Anwesenden* (Sch.); *wegen dem Wallenstein* (Sch.). Wechsel von Gen. und Dat. bei G.: *sowohl wegen des Stoffs als wegen den Umständen* (Briefe, an Carl Wigand Maximilian Jacobi, 16. 8. 1799).

Im Mhd. hat die Verbindung *durch – willen* beinahe präpositionale Geltung angenommen (*durch willen mîner sêle*, Orendel 8886); nhd. steht dafür *um – willen*.

an stat mit Gen. vor oder nach *stat* ist häufig im Mhd. Dabei kann *stat* Dat. oder Akk. sein; jetzt meistens Dat.: *an meiner Statt*. In der mhd. Urkundensprache nur in der Bedeutung „an Stelle von, in Vertretung von, als Ersatz für": *swer rovb oder divf wizzenlichen chovffet, den sol man an des divbes stat vnd an des rovbærs stat haben* (WMU 475AB(4), 28, 31, 32, S. 1644). Dazwischengestellter Gen. hat sich jetzt nur erhalten in festen Zusammensetzungen wie *an Kindesstatt, an Eidesstatt* u. Ähnl. Aber bei Goethe finden wir noch z. B. *an der Tochter Statt* (Hermann und Dorothea, Erato, Dorothea). Wenn der Gen. nachfolgt, entsteht die Zusammensetzung *anstatt*, die vollständig als eine einfache Präposition behandelt wird. Deshalb steht auch jetzt meistens der Gen. des persönlichen Pronomens: *anstatt meiner*, für das frühere *an meiner Statt* mit Possessivum. Schließlich kann *an* fehlen; *statt* als Präposition wird im 18. Jh. üblich. Auch bei *anstatt* und *statt* kommt nicht so selten Dat. vor: *statt der Liebe süßem Wahn* (G., Deutscher Parnaß); *statt dem Purpurkleid* (Sch., Die Priesterinnen der Sonne); *statt meinem stillen Gebete* (Tieck, William Lovell, 5, 10).

Die Verbindung *in Folge* nähert sich der Geltung einer Präposition, wird dann *infolge* geschrieben und mit Gen. verbunden: *infolge Ihres Anerbietens*.

Einige Substantive sind zu Präpositionen mit Genitivrektion geworden, nachdem eine vorangehende Präposition unterdrückt worden ist, vgl. *statt*.

Zu Anfang des 16. Jhs. findet sich das Subst. *Vermöge* (mhd. *vermüge* „Kraft, Fähigkeit") in Verbindung mit *nach* in Verwendungen, die sich den präpositionalen nähern. In der zweiten Hälfte des Jahrhunderts konnte *nach* fehlen, und da das Substantiv sonst aus der Sprache ausschied, nahm *vermöge* ganz die Geltung einer Präposition an, die natürlich mit Gen. verbunden wurde.

In derselben Weise ist die Präposition *kraft* aus der Verbindung *in* oder *aus Kraft* entstanden. Die Entwicklung beginnt früh: *vnd geben jm in craft ditzs briefs, daz er vnd sein menlich nachkomen vnd erbn̄ soln vnd mogen jagen jn vnsern̄ forsten* (WMU 2299, 14, S. 1038). Noch im 18. Jh. ist *in Kraft* nicht selten: *in Kraft allein des Rings* (Lessing, Nathan der Weise III, 7); *in Kraft ihrer Sendung und Salbung* (G., Briefe, an Zelter, 21. 12. 1809); *in Kraft dieses angemaßten Rechts* (Sch., Geschichte des dreißigjährigen Krieges, 2).

Ähnlich verhält es sich mit *laut*, das auf mhd. *nâch lût* zurückgeht. Einfaches *laut* als Präposition tritt schon zu Ende des Mittelalters auf. Ursprünglich ist hier

Genitivrektion, aber auch Dat. kommt vor: *laut dem Vorbericht* (G., Rezension zu „Cymbeline"); *laut beiliegendem Brief* (Sch.); *laut dem Verhaftbefehl* (Heine).

Die Präposition *inmitten* geht zurück auf das mhd. adverbiale *enmitten*, ahd. *in mittēn*, wo *mittēn* Dat. Plur. des Adjektivs *mitti* ist. Der Dativ ist ursprünglich von „in" abhängig. Die Präposition regierte zuerst Dat., jetzt Gen.

Eine Reihe substantivischer Genitive hat die Funktion von Präpositionen angenommen: *angesichts, betreffs, mangels, namens, zwecks, mittelst* (aus *mittels* mit epenthetischem -*t*) und andere. Sie werden alle mit Gen. verbunden, der ursprünglich adnominal ist. In der älteren Sprache steht in diesen Fällen Präposition vor dem Substantiv, das teils mit, teils ohne Genitiv -*s* erscheint: *in angesicht* und *in angesichts, in betreff, durch mittel,* usw. Die Formen mit -*s* sind wohl durch Einfluss der zahlreichen adverbialen Genitive zu erklären.

Auch einige Adjektive haben sich zu Präpositionen mit Genitivrektion entwickelt: *bezüglich, rücksichtlich, hinsichtlich, anlässlich* und andere. Früher folgte hier eine Präposition, meistens *auf*: *rücksichtlich auf das deutsche Theater* (G., 35, 63, 8, Tag- und Jahreshefte, 1796). Genitivrektion ist wohl deshalb eingetreten, weil Substantive zugrundeliegen (*Anlass* usw.). – Auch Partizipia Präteriti sind zu Präpositionen mit Gen. geworden, z. B. *ungeachtet, unerachtet, unbeschadet, unangesehen*. Hier ist die Entwicklung wahrscheinlich von *ungeachtet* ausgegangen, wo der Gen. eigentlich der von *achten* geforderte Objektsgen. ist. Nach diesem Muster wird die Genitivrektion auf andere Partizipia übertragen: *angesehen seiner Treue* (16. Jh.); *unangesehen ihres Inhalts* (Kant, Kritik der reinen Vernunft I, 2; 1.2.2.1); *unbesehen des Werks* (Sch., Brief an Goethe, 8.2.1804). – Weitere „sekundäre Präpositionen" im Mittelhochdeutschen bei Waldenberger (2009, S. 44 – 56).

III. Das Adjektiv

§ 51. Das deutsche Adjektiv weist bekanntlich in Bezug auf Flexion drei Typen auf: „starke" oder pronominale Flexion, „schwache" oder *n*-Stamm-Flexion und einen flexionslosen Typus, der auf die alte nominale Flexion zurückgeht – Im Folgenden wird die syntaktische Verteilung der Typen behandelt.

Das attributive Adjektiv drückt in seinen Flexionsmorphemen Genus, Numerus und Kasus des Substantivs aus. Auch die attributiven Wörter aus anderen Wortklassen haben diese Funktion; neben ihrem spezifischen Bedeutungsgehalt drücken sie in ihren Endungsmorphemen die grammatischen Kategorien des Substantivs aus.

Stehen bei einem Substantiv mehrere attributive Wörter, wird die genannte Funktion im Allgemeinen nur von dem ersten Wort ausgeübt, das meistens ein Artikel oder ein Pronomen (ein sog. „Bestimmungswort" oder Determinativ) ist: *dem guten Manne; meinem guten Freunde.* Die darauf folgenden Wörter treten dann in der sogenannten „schwachen" Flexion auf, die ein weniger differenziertes System von Endungen besitzt.

Das prädikative Adjektiv hat von Anfang an nur in geringerem Maße die obengenannte Funktion gehabt und hat sie im Laufe der Entwicklung immer mehr eingebüßt, bis es im Neuhochdeutschen im Allgemeinen flexionslos geworden ist.

1. Das Verhältnis zwischen flexionsloser und starker Form

§ 52. Die „flektierten" (pronominalen) Nominativformen des Sing. auf ahd. *-ēr, iu-*, *-aʒ* stellen eine verhältnismäßig späte Neuschöpfung dar, und sie werden ursprünglich syntaktisch unterschiedslos neben den alten endungslosen (nominalen) Nominativformen gebraucht.

Das attributive Adjektiv konnte im Ahd. sowohl vor wie nach dem Substantiv stehen. In beiden Fällen werden die flektierten und die unflektierten Nominativformen ohne erkennbaren Unterschied verwendet, also: *(ein) guot man, (ein) guot frouwa, (ein) liob kind* und *(ein) guoter man, (ein) guotiu frouwa, (ein) liobaʒ kind; –* ebenso: *(ein) man guot* und *(ein) man guoter* usw. – Die Nachstellung des Adjektivs ist allerdings schon ahd. im Rückgang begriffen und wird allmählich auf die dichterische Sprache beschränkt. In dieser Stellung gewinnt bald die endungslose Form die Oberhand und greift dabei über ihr ursprüngliches Gebiet hinaus; sie kann in allen Kasus im Sing. und Plur. stehen, es handelt sich hier also wirklich um eine flexionslose Form: *durch dîne triuwe grôʒ* (Kudrun 555, 2); *an manegen vreuden guot* (Kudrun 314, 3); *mit den recken mîn* (Kudrun 739, 2); *von einem adamante hart* (Alex. 6389); seltener ist hier flektierte Form: *an einen anger langen* (Walther, L. 94, 16). In der späteren Sprache haben sich nur Reste dieses Wortstellungstypus erhalten, vgl. § 215.

Bei der Voranstellung des attributiven Adjektivs stehen flektierte und unflektierte Nominativformen (und Akk. Neutr.) gleichwertig nebeneinander noch die ganze mhd. Zeit hindurch. Allerdings gibt es dialektale Unterschiede, indem von ältester Zeit an die flektierten Formen für das südliche Gebiet charakteristisch sind und gegen Norden abnehmen, ein Verhältnis, das sich in der Umgangssprache bis heute erhalten hat. In der nhd. Schriftsprache verschwinden aber bald die flexionslosen Formen im Mask. und Fem.; im Neutr. dagegen hält sich diese Form lange; noch im 18. und sogar im 19. Jh. finden sich in der Literatur zahlreiche endungslose Formen, z.B.: *ein jung und artig Weib* (Lessing, Die Schöne von hinten); *sein erstaunt Gefolge* (Lessing, Ästhetische Schriften, 19. Brief); *ein fühlbar Herz* (Lessing, Ästhetische Schriften, 13. Brief); *sein fliegend Haar* (Wieland, Musarion, Kreissteuereinnehmer Weise, 1); *ein unnütz Leben* (G., Iphigenie I, 2); *ein ungünstig Urteil* (G., Briefe 2, 111, 14); *so ein verworren Leben* (G., Briefe, an Gottlob Friedrich Ernst Schönborn Juni 1774); *kein eigentlich Geschäft* (G., Briefe, an Schiller, 28.6.1802); *ein fürchterlich Aufsehen* (Sch., Fiesco III, 9); *ein fest gegründet Werk* (Sch., Don Carlos V, 10). Vereinzelt findet man im 18. Jh. auch im Mask. unflektierte Form, z.B. *ein tätig, höflich Mann* (G.). – Die unflektierte Form des Neutr. ist heute in einer Reihe fester Fügungen bewahrt: *ein gut Teil; ein gut Stück; auf gut Glück; trocken Brot essen; es ist schön Wetter heute; ein gut Gewissen ist ein sanftes Ruhekissen; gut Ding will Weile haben.* In der volkstümlichen Rede ist die Form weiter verbreitet. Neuer und anders zu beurteilen sind die Fügungen vom Typ *Erholung pur*, vgl. § 131.

Bei einigen pronominalen Adjektiven findet sich die unflektierte Form in weiterem Umfange verbreitet. *Solch* und *welch* stehen meistens unflektiert vor *ein*, mit dem sie gewissermaßen zu einem einzigen Pronomen verschmelzen: *mit solch einem Freunde* (G.); *welch einen Himmel* (G.); *solch eines Werkes* (Wieland). Auch vor Adjektiven findet man unflektiertes *solch* und *welch: solch herrliches Wetter* (A. W. Schlegel); *welch seltne Stimmen* (G., Gedichte, Ilmenau); *mit welch herrlichen Empfindungen* (Sch., Die Schaubühne als moralische Anstalt betrachtet). Auch *manch* kann unflektiert vor einem Adjektiv stehen, sogar im Plur.: *manch bunte Blumen* (G., Gedichte, Erlkönig). *All* steht oft unflektiert vor einem anderen Pronomen, wo es als rein verstärkendes Wort fungiert: *all die langen Jahre; all der Wein. Ganz* und *halb* stehen unflektiert bei Ortsnamen ohne Artikel: *ganz Berlin; halb Deutschland.* Die unflektierten Formen der Mengenadjektive *viel* und *wenig* haben besondere historische Voraussetzungen, vgl. § 25.

§ 53. In prädikativer Funktion scheint die nominale Form immer eine bevorzugte Stelle gehabt zu haben. Im Gotischen, das nur im Neutr. doppelten Formenbestand hat, wird die pronominale Form auf *-ata* nie prädikativ verwendet.

– Im Ahd. dagegen stehen die flektierten Nominativformen auch in prädikativer Stellung: *du bist dir, altēr Hūn, ummet spāhēr* (Hildebrandslied 39) neben *chūd ist mir al irmindeot* (Hildebrandslied 13); *ther līchamo ist ju fūlēr* (Otfrid III, 24, 83). – Aber schon bei Otfrid ist die endungslose Form in prädikativer Stellung über ihr ursprüngliches Gebiet hinausgeführt, indem sie auch im Plur. verwendet wird: *thie zīti sint so heilag* (I, 22, 3). – Im Mhd. ist die endungslose Form die Regel in prädikativer Stellung nach *sein* und *werden,* aber daneben finden sich nicht selten flektierte Formen: *iuwer jâmer ist alze fester* (Hartmann, Erec 6468). „Selten ist schwache Flexion: *ich was sô volle scheltens,* Walther, L. 29, 2" (Prell 2007, S. 358). Als Prädikat bei anderen Verben haben die flektierten Formen eine stärkere Stellung: ahd. *ther blintēr ward giboranēr* (Otfrid III, 20, 82); mhd. ist flektierte Form in solcher Stellung ziemlich häufig: *die dâ wunde lâgen* (Nib. 308, 1); *also naʒʒer muoste ich von des müneches tische scheiden* (Walther, L. 104, 31 f.). Im Nhd. wird die unflektierte Form auch hier alleinherrschend; während die Bibelübersetzung von 1470 noch hat: *der stirbet starker und gesunder,* schreibt Luther: *frisch und gesund.* – Als Prädikat zum Objekt soll das Adjektiv im Akk. stehen. Hier erwartet man deshalb außerhalb des Neutrums keine endungslose Form. Ein solches Verhältnis zeigt auch durchgängig das Ahd., obwohl einzelne Fälle von unflektierten Formen sich schon finden. Im Mhd. sind unflektierte Formen ebenso häufig wie die flektierten: *ja frumte er manegen held tôt* (Nib. 1969, 2); aber auch: *si gewan ir Hartmuoten holden* (Kudrun); *daʒ ir in gesunden vindet* (Hartmann, Iwein 5915). – Im Nhd. wird dann die endungslose Form alleinherrschend in allen Stellungen als Prädikat und prädikatives Attribut. Diese Form ersetzt auch das alte Adjektivadverb, vgl. ahd. *scōno, snello;* mhd. *schône, snelle;* nhd. *schön, schnell.*

2. Das Verhältnis zwischen schwacher und starker Form

§ 54. Das oben erwähnte Prinzip für die Verteilung der starken und schwachen Flexionsformen ist nicht von Anfang an voll durchgeführt. Im ags. Gedicht Beowulf (um 700) steht häufig schwache Form ohne vorangehendes Bestimmungswort zur Bezeichnung von allgemein bekannten oder vorher genannten Begriffen. Im As. und Ahd. ist dieser Gebrauch stark zurückgegangen und hauptsächlich auf Bezeichnungen Gottes beschränkt: *māreo drohtin* (Hel. 2330); *bi himilischin gote* (Isid. 33, 7). – Andererseits ist die Differenzierung zwischen „Bestimmungswort" und adjektivischem Attribut nicht immer durchgeführt, man findet im älteren Deutsch nicht selten starke Adjektivform nach dem bestimmten Artikel: ahd. *themo unsūbremo geiste* (Tatian 149, 5 = Sievers 92, 6); *thaʒ scōnaʒ annuʒʒi* (Otfrid IV, 33, 5); mhd. *die zwene küene man* (Nib. 1786, 1); *sus sprach er zuo der guoter* (Hartmann, Der arme Heinrich 971); nhd. *in dem allerernstlichstem Ernste* (Lessing,

2. Das Verhältnis zwischen schwacher und starker Form § 54 —— **69**

Der junge Gelehrte III, 5). Im älteren Nhd. ist besonders die starke Form auf -*e* im Nom. Akk. Plur. auffallend häufig: *die vergangne Zeiten* (G., Briefe, an Cornelia Goethe, 7.12.1765); *durch die tausendfache Stufen* (Sch., Die Freundschaft). Die Flexionsformen stehen im Dienst vor allem der Kasusbestimmung der Nominalphrase, so wird im 18. Jahrhundert die Trennung Nominativ/Akkusativ gegen Genitiv/Dativ zunehmend systematischer (Voeste 1999, S. 180; vgl. Simmler 2000). – Auch nach *dieser* und *jener* stand in der älteren Sprache oft starke Form, dieser Gebrauch reicht in das Nhd. hinein: *dieser toter Hund* (L.); *diese Gelehrte* (Lessing); *diese schwarze Tücher* (Wieland); *über diese heitere Darstellungen* (G., Briefe, an Schiller, 12.12.1798); *jene große und gute Menschen* (Herder, Ideen zur Philosophie der Geschichte der Menschheit, V, 5); *jene überspannte Tätigkeiten* (Herder, I, 175, 33).

All wurde mhd. nicht rein attributiv, sondern als sog. prädikatives Attribut verwendet: *daʒ er fore minnen aller begunde brinnen* (Genesis 1599), vgl. heute: *die Gäste sind alle gekommen.* Deshalb bewirkte es ursprünglich nicht schwache Form des folgenden Adjektivs, und die starke Form nach *all* hielt sich lange: *alle methodische Bücher* (Lessing, 5, 342, 1); *alle gute Dienste* (Wieland 27, 27); *alle himmlische Sterne* (Herder, 13, 200); *die dramatische Arbeiten* (G., Briefe, 12, 361, 6).

Neben den flexionslosen Formen *manch, solch, welch* wird jetzt starke Adjektivform gebraucht, aber nach dem flektierten *mancher* usw. steht meistens schwache Form. Im älteren Nhd. findet sich hier auch starke Form: *solche kluge und vernünftige Gründe* (Lessing, Virginia 135); *welche geringfügige Ursachen* (Lessing, Hamburgische Dramaturgie I, 19); *solcher guter Geister* (G., Briefe, 21, 19, 16.).

Die Possessivpronomina wurden ursprünglich nicht als Determinative behandelt; im Got. steht nach ihnen die starke Adjektivform. Im Ahd. findet man auch schwache Formen, besonders bei Notker. Im Mhd. herrscht Schwanken zwischen starker und schwacher Form. Nhd. ist das Verhältnis dahin reguliert, dass nach den endungslosen Formen des Nom. Sg. Mask., Nom. Akk. Sg. Neutr. *mein, dein, sein, unser* usw. die starke Adjektivform steht, sonst die schwache. Aber auch hier hielt die starke Form sich lange im Nom. Akk. Plur., z. B. *meine rechte Jünger* (L., Johannes 8, 31); *seine alte Rechte* (Lessing, Friedrich von Logaus Sinngedichte); *in ihre letzte Schlupfwinkel* (Lessing, Philosoph. Aufsätze von K.W. Jerusalem, Vorrede); *für meine noch zu schwache Schultern* (G., Briefe, an Cornelia Goethe, 15.5.1767); *auf deine verschiedne lieben* (!) *Briefe* (G., Briefe, an Knebel, 15.3.1799). Umgekehrt findet sich vereinzelt die schwache Form im Nom. Sing., z. B. *unser künstliche Stand* (Herder, Ideen zur Philosophie der Geschichte der Menschheit, I, 3, 6).

Auch der unbestimmte Artikel war ursprünglich ohne Einfluss auf die Biegung des Adjektivs. Im Ahd. konnte nämlich das Substantiv mit dem starken Adjektiv allein einen unbestimmten Gegenstand bezeichnen; die artikellose Fügung ist im

Ahd. das häufigste; später trat dann *ein* hinzu. Schon während der mhd. Zeit trat dieselbe Regelung wie bei dem possessiven Pronomen ein. – In derselben Weise verhält es sich bei *kein,* aber auch hier findet man im 18. Jh. oft starke Formen im Nom. Akk. Plur.: *keine höhere Schönheiten* (Lessing, Hamburgische Dramaturgie, I, 17; 26.6.1767); *hier gab es keine Faule* (G., Zahme Xenien, 9); *an keine andere Schranken* (Sch., Über die ästhetische Erziehung des Menschen, 16).

Die Mengenadjektive *einige, etliche, gewisse, viele, mehrere, verschiedene, wenige, andere, einzelne* stehen auf der Grenze von Adjektiv und Pronomen. Jetzt steht starke Form des nachfolgenden Adjektivs im Nom. Akk., während Schwanken herrscht im Gen. – In der älteren Sprache findet man vielfach schwache Formen: *so vieler neueren Dichter* (Lessing, Laokoon 17); *andere verwandten Empfindungen* (Lessing, Laokoon, ib.); *mehrerer entgegengesetzten Eigenschaften* (G., Diderot, Rameaus Neffe); *viele verdeckten Tränen* (Jean Paul, Blumen-, Frucht- und Dornenstücke 4, Intelligenzblatt der Blumenstücke, 15).

Ein persönliches Pronomen steht nicht in attributivem, sondern eher in appositivem Verhältnis zu einem nachfolgenden Substantiv. Wenn ein attributives Adjektiv bei dem Substantiv steht, kann deshalb das Pronomen nicht als Bestimmungswort gelten und sollte eigentlich nicht das Adjektiv flexivisch beeinflussen. Trotzdem tritt in solchen Verbindungen schon im Mhd. sowohl schwache wie starke Adjektivflexion auf. In der modernen Sprache gilt für diese Fügungen im Allgemeinen folgende Regel: die schwache Form des Adjektivs steht im Dat. Sg. Fem. und im Nom. Plur., sonst steht die starke, also: *ich, du armer Mann; ich, du armes Weib; mir armem Manne; mir alten Frau; wir deutschen Menschen; uns dumme Jungen; uns Heutige; wir Heutigen.*

Stehen vor einem Substantiv mehrere koordinierte attributive Adjektive, kann im Allgemeinen kein flexivischer Einfluss des ersten auf die folgenden eintreten; es heißt also *lieber, alter Freund; aus schönem, hartem Holz* usw. Es kommt jedoch vor, dass nach einem stark flektierten Adjektiv ein folgendes in schwacher Form auftritt im Dat. Mask./Neutr. und im Gen. Plur.: *mit langem offenen Haar; aus dickem, blauen Glas; die Folgen großer körperlichen Anstrengungen.*

Da die schwache Adjektivform ursprünglich einen bekannten Gegenstand bezeichnete, war sie von Anfang an herrschend im Vokativ: as. *leoƀo drohtin* (Hel. 3244); ahd. *liobo man* (Otfrid II, 7, 27). Im Mhd. dringt die starke Form vor, besonders im Sing.: *lieb(er) sun; guot wîp*; im Plur. erhält sich die schwache Form besser und dauert bis in die nhd. Zeit hinein: *lieben Freunde* (Frau Gottsched); *lieben Kinder* (Iffland); *guten Leute* (Sch.); *lieben Freunde* (Heine).

3. Defektive Adjektive

§ 55. Nicht alle Adjektive besitzen das volle Formensystem. Einige werden nur prädikativ (und appositiv) verwendet und kommen deshalb nur in flexionsloser Form vor; es sind Adjektive wie: *teilhaftig, verlustig, eingedenk, abhold, gewärtig, leid, kund, quitt* u. a. – Auf der anderen Seite gibt es Adjektive, die nur attributiv verwendet werden, und deshalb nur flektierte Formen (starke und schwache) besitzen. Es sind erstens eine Reihe Adjektive, die Raumverhältnisse bezeichnen und meistens mit dem bestimmten Artikel stehen: *der obere, untere, vordere, hintere, innere, äußere, mittlere, linke, rechte* (in der Bed. *dexter*). Weiter Adjektive, die mit dem Suffix *-ig* aus Lokal- und Temporaladverbia abgeleitet sind, wie z. B. *der dortige, vorige, obige, hiesige, diesseitige, jenseitige, heutige, sofortige* u. a.

4. Die Substantivierung des Adjektivs

§ 56. Jedes Adjektiv kann substantiviert werden, indem im Mask. und Fem. eine Person, im Neutr. eine Sache oder ein Verhältnis hinzugedacht werden. Das substantivierte Adjektiv wird in der modernen Sprache stark und schwach flektiert nach denselben Regeln, die für attributive Adjektive gelten. Ursprünglich aber geschah die Substantivierung bei Personenbezeichnungen durch Hinzufügung eines *-n*-Suffixes, und die Adjektive wurden also nur schwach flektiert. Dieser Gebrauch hielt sich lange; noch im 18. Jh. finden sich zahlreiche Beispiele: *erwachende Toten* (Klopstock, Messias 3, 532); *ein junger Anverwandte* (Lessing 3, 336, 15); *ein ehrwürdiger Alte* (Lessing, Laokoon); *für Geistlichen* (Nicolai); *daß sie Gelehrten sind* (Nicolai, Notha. 1, 194); *neue, ungeschickte Bedienten* (G., Die Wahlverwandtschaften I, 10); *fremde Gesandten* (Schiller); *mein Bekannte* (Jean Paul); *Bedienten leuchteten uns* (Heine, Florentinische Nächte, 2). Jetzt ist dieser Gebrauch aufgegeben; nur ausnahmsweise findet man noch schwache Form nach stark flektiertem Adjektiv: *ein guter Bekannte*. Ein Rest ist *ein Junge*, das nicht mehr als Adjektiv empfunden wird.

Durch häufigen Gebrauch von gelegentlichen Substantivierungen entstehen die festen Substantivierungen, wie *der Bekannte, Verwandte, Gesandte, Vertraute, Geliebte, Verlobte, Beamte, Abgeordnete, Vorsitzende, Nächste, Fremde, Geistliche, Gelehrte, Deutsche*. Diese Substantivierungen stehen auf der Grenze zu wirklichen Substantiven, was sich unter anderem darin zeigt, dass man zu einigen davon Feminina auf *-in* bilden kann: *Gesandtin, Verwandtin, Beamtin*. Formal sind sie aber reine Adjektive, da sie stark und schwach flektiert werden. Voller Übergang zu den Substantiven findet statt, wenn die adjektivische Flexion aufgegeben wird. Dies ist der Fall bei Worten wie *Junge, Untertan, Greis, Oberst* (im 18. Jh. ein

Oberster, der Oberste). Noch älter sind Substantivierungen wie *Fürst* (ahd. *furisto*); *Herr* (ahd. *hērro,* Komp. zu *hēr*); *Jünger* (ahd. *jungiro*); *Mensch* (ahd. *mennisco,* Adjektivbildung zu *man*), *Eltern* (ahd. *eltiron*). Einige Part. Präs. sind mit ihrer ursprünglichen konsonantischen Flexion substantiviert worden; erhalten sind *Freund* (ahd. *friunt*), *Feind* (ahd. *fiant*), *Heiland.*

Das substantivierte Neutr. bezeichnet einen abstrakten Begriff und wurde ursprünglich stark flektiert; deshalb werden alte Substantivierungen, die jetzt echte Substantive geworden sind, stark flektiert: *das Gut, das Recht, das Übel, das Leid, das Licht* usw. Die späteren Substantivierungen wurden stark und schwach wie das attributive Adjektiv flektiert. Nach einem stark flektierten Adjektiv stand jedoch früher oft schwache Form, wo man jetzt die starke vorzieht: *mehr wahres Erhabene* (Lessing 11, 165, 23); *ein unvorbereitetes Gute* (G., Briefe 13, 149, 19); *ein mäßiges Gute* (G., Die Wahlverwandtschaften II, 15); *ein großes Ganze* (Kant, Träume eines Geistersehers I, 2); *ein ideales Ganze* (G., Briefe, an Schiller, 13.12. 1797). Noch findet man Ausdrücke wie *ein angenehmes Äußere; sein ganzes Innere.* – Nach dem Muster der alten festen Substantivierungen wie *das Gut* bildete man später neue Substantive wie *das All, das Grün, das Nass* usw.; *das Blau des Himmels; das Dunkel der Nacht* im Gegensatz zu *das Blaue vom Himmel; im Dunkeln sitzen.*

Bisweilen hat man bei der Substantivierung des Adjektivs von Anfang an ein bestimmtes Substantiv hinzugedacht, z.B. *die Rechte* und *die Linke,* hinzuzudenken ist *Hand.* Im älteren Nhd. findet man *Rechte* häufig wie ein wirkliches Substantiv flektiert: *an ihrer stolzen Rechte* (Lessing, „Lied", 1748); *von der Rechte des Zeus* (Lessing, Der Rabe und der Fuchs); *bei dieser männlichen Rechte* (Sch., Die Räuber I, 2). – Ebenso sagt man in einer bestimmten Situation *Weißer, Roter* mit *Wein* als hinzugedachter Ergänzung, oder *Helles, Dunkles* mit *Bier* als Ergänzung.

Während die Substantivierung von Adjektiven ein normaler Vorgang ist, kommt der umgekehrte Übergang, also Adjektivierung von Substantiven, viel seltener vor. Er kann stattfinden, wenn ein Substantiv ohne Artikel und Bestimmungswort als Prädikat in einer Verbindung steht, wo es hauptsächlich auf die typischen Eigenschaften des Substantivs ankommt. Es können dann adverbiale Gradbestimmungen bei dem Substantiv stehen: *so ist er Fuchs genug* (Lessing, Laokoon); *Felix war Kind genug, sich unter sie zu mischen* (G., Wilhelm Meisters Wanderjahre, II, 1); *doch war ich Alltagsmensch genug* (Sch., Briefe, an Körner, 11.7. 1785); *er ist zu sehr Geschäftsmann.* In der Poesie geht dieser Gebrauch weiter: *weg du Traum, so Gold du bist* (G., Auf dem See). In einigen Fällen ist in dieser Weise ein Substantiv zu einem wirklichen Adjektiv geworden. *Ernst* ist zum Adjektiv geworden in Verbindungen wie mhd. *mir ist ernest; fromm* geht zurück auf das Substantiv ahd. *fruma* „Nutzen"; in prädikativer Stellung entwickelt sich daraus das Adjektiv mhd. *frum* „förderlich", auf Personen bezogen zunächst „tüchtig". In ähnlicher Weise wird jetzt *Schade* in der Verbindung *es ist schade* als Adjektiv empfunden, „bedauerlich", das jedoch auf die prädikative Verwendung beschränkt ist.

5. Komparation

§ 57. Neben den Flexionskategorien Genus, Numerus und Kasus, die das Adjektiv mit dem Substantiv und dem Pronomen gemeinsam hat, besitzt das Adjektiv auch noch Komparationsbiegung als Ausdruck der Steigerungsfähigkeit. Diese Biegung kommt außer bei den Adjektiven nur bei einigen Adverbia vor und hängt mit dem Bedeutungsgehalt dieser Wörter zusammen. Die Morpheme für Genus, Kasus und Numerus drücken keine inhaltlichen Merkmale des Adjektivs selbst aus, sondern beziehen sich ausschließlich auf das Substantiv, dem es beigefügt ist, haben also lediglich syntaktische Bedeutung. Die Komparationssuffixe dagegen beziehen sich auf den Bedeutungsgehalt des Adjektivs selbst.

Der Komparativ und der Superlativ dienen der Vergleichung. Der Komparativ vergleicht eine Eigenschaft mit einer anderen, der Superlativ mit mehreren anderen: *sie ist hübscher als ihre Schwester; sie ist die hübschere der beiden Schwestern; – sie ist das hübscheste Mädchen des Dorfes.*

Eine unflektierte Form des Superlativs kommt nicht mehr vor (dagegen Hel. 973 *thu bist allaro cuningo craftigost*). In prädikativer Stellung, wo man diese Form erwartet, werden jetzt zwei verschiedene Formtypen verwendet:

1. Eine substantivierte Form mit Artikel wird gebraucht, wenn ein bestimmtes Substantiv hinzuzudenken ist, d. h. wenn mehrere Gegenstände von derselben Art verglichen werden: *er ist der tüchtigste von den Schülern; sein Garten ist der schönste im Dorf.* Außerdem in negativen Sätzen: *seine Gesundheit ist nicht mehr die beste.*

2. Eine Verbindung von *am* mit substantiviertem Neutrum wird verwendet, wenn ein Gegenstand mit sich selbst unter verschiedenen Umständen verglichen wird: *mein Garten ist im Frühling am schönsten; der Starke ist am mächtigsten allein* (Sch., Wilhelm Tell I, 3). Weiter wenn Gegenstände von verschiedener Art verglichen werden: *das Haus ist hoch, das Schloss ist höher, der Kirchturm ist am höchsten.*

IV. Pronomina und pronominale Wörter

1. Die persönlichen Pronomina

§ 58. Man spricht oft von persönlichen Pronomina der 1., 2. und 3. Person, jedoch stehen die beiden ersten Personen in einer Sonderstellung sowohl morphologisch wie syntaktisch und bedeutungsmäßig. Im Gegensatz zum Pronomen der 3. Person besitzen sie keine Geschlechtsbiegung. Weiter haben sie ihre Bedeutung in sich selbst und drücken immer eine Person aus, während die Pronomina der 3. Person *er/sie/es* ihre Bedeutungen nur durch die Beziehung auf ein schon erwähntes Nomen erhalten und auch auf Sachen bezogen werden können. Es ist deswegen kein Personalpronomen im strengen Sinne, sondern nähert sich den Demonstrativpronomina. Das Reflexivum dagegen gehört mit den Personalpronomina für die 1. und 2. Person näher zusammen, sowohl in dem Mangel an Geschlechtsbiegung wie darin, dass es ursprünglich nur von Personen gebraucht wurde.

a) Die Pronomina der 1. und 2. Person

§ 59. Im Ahd. fehlte das Pronomen oft als Subjekt, weil Person und Zahl in der Verbalendung zum Ausdruck kam. Hier machen sich, wie auch in anderen altgermanischen Dialekten, die indogermanischen Verhältnisse noch bemerkbar (Admoni 1990, S. 24). Jedoch lässt sich auch für das Althochdeutsche sagen, dass das Subjektspronomen im Allgemeinen gesetzt wird (Eggenberger 1961, S. 167). Lediglich bei Sätzen, die die 1. Person Pl. enthalten, fehlt vermehrt das Subjektspronomen, wenn die Endung *-mes* erscheint. (Meineke 2001, S. 312f.): *In dhemu druhtīnes nemin archennemēs chiuisso fater* (Isidor IV, 3). (Meineke 1992, S. 341). Im Pariser Gesprächsbüchlein, dem einzigen etwas umfangreicheren Werk gesprochener Sprache im Althochdeutschen, fehlt es in einer Reihe von Sätzen, z. B. *Habes corne min rossa id est habes annonam ad equos* (62) oder *Herro, guillis trenchen guali got guin id est si uis bibere bonum uinum* (65). Es steht aber andererseits auch in *Eh cum mino dodon hus H id est de domo domni mei* (19). Wichtig ist das Ergebnis der Untersuchung von Eggenberger (1961, S. 168), dass der Nebensatz das Subjektspronomen „in viel grösserem Masse" verwende als der Hauptsatz. „Das SP [= Subjektspronomen] steht mit eindrücklicher Konsequenz immer direkt hinter der Nebensatzeinleitung (dhaz er...) und charakterisiert zusammen mit der Schlusstellung des Verbes den NS formal sehr deutlich." Nach Eggenberger hat die Setzung oder Nichtsetzung des Subjektspronomens vor allem die Funktion, Haupt- und Nebensatz in ihrer Unterschiedlichkeit zu kennzeichnen (Eggenberger 1961, S. 96f.). Schlachter (2012) kann für den Isidor zeigen, „dass die Subjektpronomen vorrangig dann ausgelassen werden, wenn sie ein schon etabliertes Topik des

Vordersatzes weiterführen." (Schlachter 2012, S. 210). – Im Mhd. steht das Subjektspronomen regelhaft. Die modernen Dialekte im Deutschen weisen dagegen auch im Nebensatz vielfach Auslassung des Pronomens auf. Im Zusammenhang mit den sogenannten flektierten Konjunktionen kann diese Erscheinung (*wennsd mogst*, Bair.) mit den ältesten Verhältnissen als im Zusammenhang stehend begriffen werden, wenn man die Auslassung des Pronomens (Pro Drop) als lizenziert durch c-Commando bei verbaler Kongruenz annimmt (Axel/Weiß 2011). In der modernen Standardprache fehlt das Subjektspronomen regelmäßig nur beim Imperativ: *komm;* aber: *gehen wir; seien Sie so gut.* Weiter kann *ich* fehlen in gewissen festen Ausdrücken wie *bitte; danke; bedaure sehr; habe die Ehre. – küss die Hand* kommt besonders in Österreich vor. Auch bei *sage* bei Wiederholung einer Behauptung, die hervorgehoben werden soll: *das Buch fünfzig Mark, sage fünfzig Mark.* In ähnlicher Weise auch bei *schreibe: 100 (schreibe hundert) Mark.* Im Mhd. heißt *es wæn* für *wæne ich* „glaube ich": *si wæn des lîhte enbæren* „sie würden, glaube ich, den leicht entbehren" (Nib. 1959, 3). Bei *geschweige* hat man wohl kein Gefühl mehr für den Ursprung des Wortes (mhd. *ich geswîge* „ich verschweige"); in der älteren Sprache konnte man *geschweige* auch in positiven Sätzen verwenden: *seitdem in älteren Zeiten die Wölfe, geschweige die wilden Säue, ausgerottet waren* (Herder 23, 156). Auch sonst wird in der Umgangssprache und der Volkssprache ein *ich* oft weggelassen, ebenso im Brief- und Kanzleistil des 18. Jahrhunderts, wogegen aber z. B. Gottsched polemisiert (vgl. Reiffenstein 1992, S. 486). Beispiele aus der Literatur: *Habe nun, ach! Philosophie, Juristerei und Medizin, Und leider auch Theologie Durchaus studiert, mit heißem Bemühn.* (G., Faust, Nacht); *möchte wohl hören, was der ... von uns sagt* (Wieland, nach DWb.); *wollte, Gott hätte mich zum Gärtner gemacht* (G., Götz von Berlichingen I, Herberge im Wald); *war unersättlich nach viel tausend Küssen* (G., Abschied); *weiß wohl, du hast mich nie geliebt* (Sch., Die Piccolomini IV, 7). Auch *wir* kann ausgelassen werden: *wußten wohl, du würdest Entschuldigung finden* (G., Götz von Berlichingen, V, Feld).

Das Pronomen *du* ist in enklitischer Stellung eine enge Verbindung mit der Verbalform eingegangen. Noch im Mhd. und Frühnhd. ist Zusammenschreibung wie *nimestu* üblich, und das -*t* der Verbalendung ist gerade durch Enklise des Pronomens entstanden. Dies erklärt, dass Fehlen des Pronomens besonders häufig ist in der Stellung nach dem Verb.: *hast in der bösen Stund geruht, ist dir die gute doppelt gut* (G., Guter Rat); *willst dich, Hektor, ewig mir entreißen* (Sch., Die Räuber IV, 4); *da bist ja wieder* (Sch., An den Frühling); *denkst auch noch an mein Mädchen* (Sch., An den Frühling). Aber auch das vorangestellte *du* kann fehlen: *bist ja groß worden* (Sch., Die Räuber II, 3); *wirst mich stets geduldig finden* (Heine, Das Hohelied). Noch heute sind in der Umgangssprache Fügungen wie *hast recht* und *kannst es glauben* ganz geläufig, und in der eigentlichen Volkssprache ist das Fehlen von *du* wohl noch häufiger.

Anders ist das Fehlen des Subjektspronomens zu beurteilen, wo es aus einem vorhergehenden Satze zu entnehmen ist. In diesem Falle steht die 3. Person auf gleicher Linie mit der 1. und 2. Hier geht gerade die Dichtersprache weiter als die gewöhnliche Alltagsrede. Das fehlende Subjekt ist entweder aus dem Subjekt des vorhergehenden Satzes oder aus einem obliquen Kasus desselben zu entnehmen: *ihr Augen, wenn ich euch so freundlich sehe schweben, so bin ich als entzückt, so kenne ganz kein Leid* (Opitz, Sonett 8: An die Augen seiner Jungfrauen); *ich will mich unter Hirten mischen, an Oasen mich erfrischen, wenn mit Karawanen wandle* (G., West-östlicher Divan, Buch des Sängers, Hegire); *bringst du Waren aus der Stadt im Land herum? Lächelst, Fremdling, über meine Frage* (G., Der Wanderer). – *Mir geht in allem alles erwünscht, und leide allein um andere* (G., Briefe, an Auguste Gräfin zu Stolberg, 17.7.1777); *die Augen täten ihm sinken, trank nie einen Tropfen mehr* (G., Es war ein König in Thule); *mich verlangt zu sehen, wie weit Sie gekommen sind, und fühle ein wahres Bedürfnis* (G., Briefe, an Schiller, 13.10.1798); der Gebrauch ist sehr häufig in Luthers Bibel: *es ist ihm eine Torheit, und kann es nicht erkennen* (1. Kor. 2, 14); – *und sie brachten ihn auf Rossen, und ward begraben* (2. Kön. 14, 20). – Eine Konstruktion wie die folgende: *der Änderungen sind wenige, und betreffen meistens nur den Ausdruck* (Sch., Briefe, an Göschen, 15.1.1792) enthält deshalb nichts Sprachwidriges.

Der Gebrauch der Personalpronomina in der Anrede hat sich im Laufe der Zeit vielfach verschoben. Der Ausgangspunkt der höflichen Mehrzahlform bei der Anrede an eine Einzelperson ist der Gebrauch der römischen Kaiser, sich selbst mit *nos* zu bezeichnen; daraufhin wurden sie mit *vos* angeredet. Diesen Gebrauch übernahmen die fränkischen und deutschen Könige, zunächst in lateinischen Aktenstücken. Allmählich wurde das lat. *vos* und dann auch das deutsche *ir* allgemein in der Anrede an Höhergestellte, in den höheren Schichten der mittelalterlichen Gesellschaft auch zwischen Gleichgestellten verwendet. Dieser Gebrauch verbreitete sich im späteren Mittelalter immer weiter. Allerdings sind die Faktoren, die für die Wahl des angemessenen Anredepronomens eine Rolle spielen, insgesamt etwas komplexer. So spielt neben dem sozialen Rang auch das Alter eine Rolle, vgl. die Stelle aus Parzival (749, 24–30), wo Feirefiz zu Parzival sagt: *„bruoder, iur rîcheit glîchet wol dem bâruc sich: sô sît ir elter ouh dan ich. mîn jugent unt mîn armuot sol sölcher lôsheit sîn behuot, daz ich iu dûzen biete, wenn ich mich zühte niete"*. (vgl. Simon 2003, S. 97). Im 17. Jh. kam eine neue Anredeform auf, die ursprünglich respektvoller sein sollte, weil so die direkte Anrede vermieden wird (Besch 1998, S. 94), nämlich die dritte Person Sg., also *Er* und *Sie*, zunächst zurückweisend auf ein *Herr* und *Frau: Herr Wachtmeister, braucht Er keine Wachtmeisterin* (Lessing, Minna von Barnhelm V, 15). Zu Ende des 17. Jhs. kam dann als neue Steigerung die dritte Person Plur. *Sie*, anfänglich auf Pluralformen wie *Ihro Gnaden* bezogen. Simon (2003, S. 110), der für die Kategorie „Respekt" auch im Deutschen grammatischen Status nachweist, zeigt den Weg dazu auf. Er geht über die „massenhafte Verwendung von nominalen Abstrakta" wie *Euer Majestät, Euer Ehren, Euer Gnaden* usw. *Sie* und *Ihr* sind allmählich die gebräuchlichen Anredepronomina geworden zwischen Personen, die nicht in vertraulichem Verhältnis zueinander stehen. Allerdings sind die Verhältnisse im Deutsch der Gegenwart außerordentlich komplex, vor allem, wenn man außer der Standardsprache die Dialekte einbezieht. (vgl. Simon 2003, S. 124–187).

b) Das persönliche Pronomen der 3. Person

§ 60. Die Formen für Mask. und Fem. *er, sie* beziehen sich, wie erwähnt, sowohl auf Personen wie auf Sachen. Das Neutrum *es* bezieht sich im Allgemeinen auf Sachen und abstrakte Verhältnisse. Die Bezeichnung persönliches Pronomen rechtfertigt sich aber insofern, als besonders der Gen. und Dat. dieses Pronomens vorzugsweise auf Personen bezogen werden. Die Genitive *seiner* und *ihrer* werden selten von Sachen gebraucht, stattdessen tritt der Gen. von *der* oder *derselbe* ein: *behalte dein Geld, ich bedarf dessen nicht; nimm die Trauben, ich habe deren genug; spare deine Worte, es ist deren genug gewechselt.* Dieser Gebauch ist in der Gegenwartssprache jedoch stilistisch markiert. Als objektiven Gen. kann man nur *derselbe* gebrauchen: *die Zeit zwischen meiner Heimkehr ins Vaterhaus und meinem Verlassen desselben.* – Der Dat. ist von Haus aus überwiegend ein Personenkasus (vgl. § 29). Wo eine Sachbezeichnung im Dat. steht, handelt es sich normalerweise nicht um den echten Dat., sondern um den Dat. als Vertreter eines anderen Kasus. Dieser Gebrauch des Dat. kommt vor nach Präpositionen (§ 48) und als Objekt bei zusammengesetzten Verben (§ 34). Im letzteren Falle kann in gewissen Verbindungen der Dat. von *er* auf eine Sache bezogen stehen: *der Vorschlag wurde stark bekämpft, nur wenige traten ihm bei.* Häufig tritt aber *derselbe* ein: *durch Höhe der Gebäude suchte man zu ersetzen, was denselben* (oder *ihnen*) *an Breite und Tiefe abging.* Übrigens verwendet man nicht gern die Konstruktion zusammengesetztes Verb mit sächlichem Dativobjekt, sondern benutzt stattdessen einfaches Verb und Präpositionsverbindung. Es heißt *er legte ihr den Mantel um* aber *er legte ein Tuch um die Lampe.* – Als Präpositionsrektion werden Dat. und Akk. des Pronomens *er* im Allgemeinen nur dann gebraucht, wenn sich das Pronomen auf eine Person bezieht, bei Sachen tritt Zusammensetzung von *da-* mit der Präposition ein: *nimm den Brief, und geh damit zur Post* (vgl. § 73). Bei Präpositionen, die keine solche Verbindung eingehen können, steht schriftsprachlich häufig *derselbe: sie wollte sich durch Verbindungen Vorteile verschaffen, die sie ohne dieselben nicht haben konnte.* – Als neutraler Dat. wird *ihm* selten gebraucht, und nie, wo es auf einen abstrakten Sachverhalt zurückweist; in diesem Falle steht *dem: es donnerte und blitzte; der Wanderer schenkte dem keine Beachtung.*

Dagegen hat der Nom. und Akk. Neutr. dieses Pronomens gerade durch seine Fähigkeit, auf nicht-persönliche Begriffe und auf abstrakte Sachverhältnisse zu verweisen, eine reiche Sonderentwicklung gehabt, vgl. § 64.

c) Das Reflexivpronomen

§ 61. Das Reflexivpronomen bezieht sich immer auf das Subjekt des Satzes. Nur die dritte Person hat eine spezielle Form für diese syntaktische Funktion: *er lobt ihn: er lobt sich; er hilft ihm: er hilft sich.* Als echtes Reflexivpronomen besitzt das Deutsche von Anfang an nur die Form *sich,* die in der heutigen Sprache als Akk. und Dat. aller Geschlechter im Sing. und Plur. verwendet wird, *sich* ist der Form nach Akk. und wurde früher nur in dieser Funktion gebraucht. Den fehlenden Dat. ersetzte man durch die Formen des persönlichen Pronomens: ahd. *imu, im, in;* nhd. *ihm, ihr, ihnen.* Dieser Gebrauch war allgemein herrschend bis in die Mitte des 16. Jhs. Erst von da ab fing man an, die Akkusativform *sich* auch als Dat. zu verwenden. Daneben erhielt sich die Verwendung von *ihm, ihr, ihnen* in reflexiver Funktion ziemlich lange. Einige Beispiele: *Gott schuf den Menschen ihm zum Bilde* (L., Gen. 1, 27); *wer hätte gedacht, daß der alte Mann so viel Blut in ihm hätte* (Wieland, Shakespeare: Macbeth V, 1); *er hat nicht mehr Mitleiden in ihm als ein Hund* (Wieland, Shakespeare: Die zween edle Veroneser III, 3). Dieser Gebrauch ist noch lebendig in der süddeutschen Alltagssprache; hier heißt es noch: *er hat ihm alle Mühe gegeben; er hatte kein Geld bei ihm.*

Der Form nach gehören auch der Gen. *seiner* (ahd. mhd. *sīn*) und das entsprechende Possessivum *sein* dem Stamm des Reflexivpronomens an. Im Got. sind die entsprechenden Formen auch in syntaktischer Hinsicht Reflexiva (wie noch in den skandinavischen Sprachen) und beziehen sich nur auf das Subjekt. Im Deutschen werden sie aber von der ältesten Zeit ab mit dem persönlichen Pronomen der 3. Person funktionell vermengt. *seiner* fungiert als Gen. nicht nur des Reflexivums, sondern auch des persönlichen Pronomens für Mask. und Neutr. Deshalb ist ein Ausdruck wie *er schämt sich seiner* zweideutig; meistens wird dann *selbst* hinzugefügt, um die reflexive Bedeutung kenntlich zu machen. – Andererseits kann das reflexive *seiner* (wie das Possessivum *sein*) nicht im Fem. und Plur. gebraucht werden. Hier muss das persönliche Pronomen eintreten: *sie schämt (schämen) sich ihrer (selbst).* Ebenso steht das nhd. Possessivum *ihr* (ursprünglich der Gen. des persönlichen Pronomens) auch in reflexiver Funktion: *sie haben ihren Lohn* (got.: *haband mizdon seina*, Matth. 6, 5).

In einigen Fällen bezieht sich das Reflexivum nicht auf das Subjekt des Satzes. Wo ein Akk. oder Dat. als logisches Subjekt eines Infinitivs steht, bezieht sich ein reflexives Objekt des Infinitivs auf diesen obliquen Kasus: *er befahl ihm, sich fertig zu machen* (= dass er sich fertig machen sollte); *sie baten ihn, sich zu entfernen* (=

dass er sich entfernen möchte); auch bei Infinitiv ohne *zu: er sah den Mann sich entfernen.* Wo das Reflexiv durch eine Präposition an den Infinitiv geknüpft ist, kann es auch in einer Fügung mit Akk. und Infinitiv auf das Satzsubjekt bezogen werden: *er sah einen Fremden neben sich stehen;* hieraus können Doppelsinnigkeiten entstehen, wie z. B. *er ließ den Mann zu sich kommen.* Früher konnte ein Reflexivum neben einem Infinitiv sich auch in anderen Fällen auf das Satzsubjekt beziehen: mhd. *ir gast si sich küssen bat* (Wolfram, Parzival 23, 30). Jetzt ist dies nur möglich, wo das Subjekt des Infinitivs fehlt: *sie ließ sich aus dem Wagen heben.* – Bei Partizipialkonstruktionen, die einem Nebensatz gleichwertig sind, bezieht sich das Reflexivpronomen auf das logische Subjekt des Partizips: *sie sahen eine sich schnell entfernende Gestalt.*

Einige Verba haben immer ein Reflexivobjekt bei sich („echte Reflexiva"), andere bekommen in Verbindung mit einem Reflexivobjekt eine besondere Bedeutung, vgl. hierüber § 113.

§ 62. Bei einem Subjekt im Plural kann das reflexive Objekt reziproke Bedeutung annehmen.

Einen Übergang hierzu bilden die Fälle, in denen das Verb die Vereinigung einer Mehrheit von Individuen bezeichnet, wie *sich sammeln, sich treffen, sich begegnen, sich einigen, sich gesellen* usw. Bei diesem Typ steht schon got. einfaches Reflexivpronomen als Objekt: *galisand sik arans* (Lukas 17, 37) „die Adler versammeln sich". Näher an echter Reziprozität sind die Ausdrücke, in denen das Verb ein wechselseitiges Einwirken mehrerer Subjektspersonen aufeinander bezeichnet, wie *sich streiten, sich balgen, sich zanken, sich unterreden, sich verabreden, sich beratschlagen.* Auch dieser Typ liegt schon got. vor: *gaqeþun sik Judaieis* (Joh. 9, 22) „verabredeten sich".

Echt reziproke Bedeutung liegt schon im ältesten Deutsch vor: *minniod iu an iuwomu mōde* (Hel. 4654 „liebt euch gegenseitig in eurem Gemüt"); *wir unsih io firdragēn joh … io minnōn* (Otfrid III, 5, 21); das Got. fügt in diesem Falle *misso* („gegenseitig") an das Pronomen: *frijoþ izwis misso* (Joh. 13, 34). Im Nhd. sind diese Ausdrücke häufig: *sich etwas erzählen; sie haben sich viel zu erzählen; die Herren kennen sich; sie schreiben sich oft; wir sprechen uns noch; sie sind sich treu und lieben sich.*

Reziproke Ausdrücke können zu reflexiven umgebildet werden, indem die eine der handelnden Personen als Subjekt behalten und die andere durch *mit* angeknüpft wird, vgl. *er schlägt, streitet sich mit ihm; ich verstehe mich gut mit ihm,* usw. Die neuen Ausdrücke sind wahrscheinlich gebildet nach dem Muster von ursprünglich reflexiven Ausdrücken wie *sich mit jemand versöhnen, verloben* u. Ähnl. neben *sie versöhnen sich* usw. (Zur Reziprozität vgl. König/Gast 2008).

d) Das Verhältnis von Possessivum und Genitiv des persönlichen Pronomens
§ 63. Der Gen. des Personalpronomens und das Possessivum stehen einander nach Bildung und Funktion nahe. Ursprünglich gab es ein Possessivpronomen nur für die 1. und 2. Person und für das Reflexivum. In der 3. Person musste der Gen. des persönlichen Pronomens (got. *is, izos,* Pl. *ize, izo*) eintreten. Dies Verhältnis ist noch bewahrt in den meisten germ. Sprachen (vgl. englisch *his, her, their*). Im Hochdeutschen aber wird schon in ahd. Zeit das reflexive Possessivum *sīn* allgemein für die 3. Person Mask. und Neutr. verwendet. Im Fem. und Plur. dagegen vertritt der Gen. des Personalpronomens (ahd. *im,* bzw. *iro;* mhd. *ir*) die Stelle des Possessivpronomens die ganze ahd. und mhd. Zeit hindurch. Die Umbildung zu einem adjektivischen Pronomen fängt in der mhd. Zeit an: *sî phlac irs mans* (Hartmann, Erec); *ir heilic verch und iriu bein* (Wolfram, Willehalm 259, 9) und ist im Nhd. durchgeführt.

Der Gen. des Personalpronomens und das Possessivum ergänzen sich auf dem syntaktischen Gebiet des Genitivs. Die erstere Form ist substantivischer Natur, deshalb wird sie verwendet als Ergänzung bei Verben, bei Präpositionen und auch bei Adjektiven: *gedenke meiner; anstatt deiner; wir sind seiner müde.* Für den Gen. bei Substantiven kann jetzt der Gen. des Personalpronomens nur in seltenen Fällen eintreten. Das Possessivum dagegen ist bei mehreren Kategorien des adnominalen Genitivs in uneingeschränktem Gebrauch. Vor allem für einen possessiven Gen.: *mein Haus.* Bei Verbalnomina kann das Possessivum immer an der Stelle des subjektiven Genitivs stehen: *seine Eroberung der Stadt; meine Bekanntschaft mit ihm; dein Sieg im Wettlauf; seine Wahl fiel auf dich.* Für den objektiven Gen. dagegen kann das Possessivum nur in beschränktem Maße verwendet werden, weil es leicht als subjektiver Gen. gedeutet wird. Es heißt wohl: *seine Ernennung zum Minister; seine Befreiung aus der Gefangenschaft,* usw.; aber *seine Vorstellung* wird immer als subjektiver Gen. gedeutet werden (dagegen beim Substantiv: *mir kommt die Vorstellung eines armen Bettlers*); ebenso *in seiner Bewunderung* usw. – Bei Goethe und Schiller findet man noch den Ausdruck *dein Verlust* = „der Verlust von dir"; dies ist aber jetzt nicht mehr möglich. Im älteren Nhd. findet man vielfach den Gen. des Personalpronomens als objektiven Gen. verwendet: *in Bewunderung meiner* (Lessing); *in Vergleichung ihrer* (Lessing, Hamburgische Dramaturgie I, 8); *höhere Achtung seiner* (Herder 23, 191); ferner *in Ansehung* und *in Anbetracht seiner,* sonst verwendet man jetzt Anknüpfung durch Präposition. Bei einem Nomen agentis kann immer das Possessiv als Objektsgenitiv fungieren: *mein Besieger; dein Verfolger*; in der älteren Sprache kann man auch hier das Personalpronomen finden, z. B. bei Kleist: *Besieger dein* (1, 223, 476) und *Verfolger meiner* (2, 294, 32). Auch bei anderen Substantiven konnte früher der Gen. des Personalpronomens stehen: *Sie werden an ihm und seiner Frau warme Freunde meiner finden* (G., Briefe, an Ernst Theodor Langer, 27.10.1773).

Für den Gen. partit. und den Gen. der Art kann nie ein Possessiv eintreten (vgl. § 25). Früher stand in solchen Konstruktionen regelmäßig der Gen. des Personalpronomens: got. *izwara ains diabaulus ist* („euer einer ist ein Teufel", Joh. 6, 70); ahd. *ein hwelīh unsēr; welīh iuuar*; mhd. *ir dehein*. Nhd. ist hier im Allgemeinen Anknüpfung durch *von* oder *unter* eingetreten. Bei Luther heißt es noch: *unser keiner lebt ihm selber, unser keiner stirbt ihm selber* (Röm. 14, 7); vgl. weiter: *unser sind viele* (C. F. Meyer, Chor der Toten); *es waren ihrer sechs* (Alfred Neumann, Romantitel); *wir sind unser drei*; über *unsereiner* vgl. oben § 25.

Neben einem appositiven *selb* und *ein* steht in den älteren Sprachperioden der Gen. des Personalpronomens in allen Funktionen, auch als possessiver Gen.: as. *thū habas ubilo gimarakot unkaro selbaro sīð* (Genesis, vgl. ags. Gen. *þū hæfst yfele gemearcod uncer sylfra sīð*); ahd. *klagōta bi nōti mīn selbes armuati* (Otfrid III, 20, 40); mhd. *sīn selbes burgære der wilde Hagene bat* (Kudrun 319, 2); *von unser selber lande* (Kudrun); *daʒ tæte ich durch sīn eines haʒ* „aus Haß gegen ihn allein" (Hartmann, Minnes. Frühl. 213, 20); *durch sīn eines frouwen* (Wolfram, Parzival 115, 7); *die sneit er mit sīn selbes hant* (Wolfram, Parzival 118, 5). Diese Konstruktion ist noch bei Luther häufig: *zu sein selbs Besserung* (Ephes. 4, 16); *ich sage aber vom Gewissen, nicht dein selbs, sondern des andern* (1. Korinth. 10, 29). Als objektiver Gen. hält sich die Konstruktion in der Literatursprache bis in die moderne Zeit hinein (dabei tritt für *selbes* das mit einem epenthetischen *-t* gebildete *selbst* ein): *in dieser Unwissenheit meiner selbst* (Wieland 24, 38); *der Kenntnis seiner selbst* (Forster, Briefe, an Therese Forster, 1. 8. 1793); *Anklage seiner selbst* (Tieck, Der Hexen-Sabbath); *die Verachtung seiner selbst*.

e) Sonderverwendungen des Neutrums

§ 64. Das Neutrum *es* hat von ältester Zeit an ein weites Hinweisungsgebiet; als Subjekt einer Fügung mit *sein* und Prädikatsnomen kann es sich auf Wörter aller drei Geschlechter im Sg. und Plur. beziehen, vgl. ahd. *hwer ist dhese man dher dhar scoldii chiboran werdan? chiwisso ist iʒs dher hōhisto* (Isidor 24, 13); nhd. *da kommen zwei Männer, es sind Kaufleute*. Weiter kann *es* sich auf einen Infinitiv und auf einen Satzinhalt beziehen: *es ist nicht leicht, ihn zu erkennen; es ist nicht lange her, dass wir uns sahen; er wird kommen, ich weiß es bestimmt*. Dies Verhältnis ist die Grundlage für eine reiche Entfaltung des Gebrauchs von *es*, die schließlich dazu führt, dass *es* ganz ohne Hinweisungscharakter stehen kann, und somit seine eigentlich pronominale Funktion aufgibt.

§ 65. In dieser nicht-anaphorischen Verwendung von *es* sind zwei Typen zu unterscheiden:

1. Die unpersönlichen Konstruktionen (vgl. § 123 f.), dies sind ursprünglich subjektlose Sätze, in denen der ganze Vorstellungsinhalt in dem finiten Verbum

ausgedrückt ist. *es* ist hier erst sekundär hinzugetreten als ein rein formales Subjekt, es kann deshalb in gewissen Fällen fehlen: *mich friert* und *es friert mich*.

Ein solches *es* ohne bestimmtes Beziehungswort kann auch als Objekt auftreten; auch hier liegt die weite Hinweisungsmöglichkeit des Neutrums zugrunde (vgl. *er wird kommen – ich weiß es*). Schon ahd. kann *es* ohne Beziehungswort stehen: *zi thisu er iʒ ni brāhti* (Otfrid IV, 20, 12). Mhd. sind solche Ausdrücke häufig: *eʒ scheiden* „die Entscheidung herbeiführen"; *eʒ heben* „den Anfang machen"; *eʒ versuochen an einen; der eʒ wol mit der schœnen vrouwen kann* usw. Nhd. in vielen festen Ausdrücken, wie *es gut, schlecht, leicht, schwer, eilig, nötig haben; es sich leicht, bequem machen; es sich sauer werden lassen; ich halte es mit ihm* („stehe auf seiner Seite"); *halten Sie es damit, wie Sie wollen; es worauf anlegen; der Einbrecher hatte es auf die Papiere abgesehen; es mit einem aufnehmen; er hat es weit, dahin gebracht; er meint es gut, böse mit dir; es genau nehmen; er treibt es gar zu arg; sie hat es ihm angetan; es einem gehörig geben; ich werde es ihm schon eintränken; es auf einen münzen; es über sich gewinnen* usw.

§ 66. 2. Syntaktisch verschieden von dem „unpersönlichen" *es* ist das sog. „satzeröffnende" *es*, das nur die Funktion hat, auf das folgende, wirkliche Subjekt vorgreifend hinzuweisen. Auch dieser Gebrauch von *es* geht auf die weite Beziehungsfähigkeit des Neutrums zurück, indem der Ursprung des Gebrauchs wohl in Verbindungen liegt, in denen sich das Pronomen auf das folgende Subjektsnomen anaphorisch bezieht. Später wird *es* in diesem Gebrauch ein reines Formwort, das die Funktion hat, die Anfangsstellung des Verbs zu decken, vgl. § 123. Diese Konstruktion tritt im Mhd. auf: *eʒ wuohs in Burgonden ein vil edel magedîn* (Nib. 2, 1) und ist im Nhd. außerordentlich verbreitet. Es sind zwei Typen zu unterscheiden. Bei unbestimmtem Subjekt und intransitivem Verb ist die Konstruktion allgemein üblich: *es steht ein Baum am Wege*; dieser Typ steht den unpersönlichen Konstruktionen nahe. Bei bestimmtem Subjekt und bei transitivem Verb gehört das satzeröffnende *es* nur dem gewählten, literarischen Stil an: *es irrt der Mensch so lang er strebt; es hatte der König eine Tochter*; ebenso bei pronominalem Subjekt: *es ist dies nicht die einzige Ursache*. Auch dieser Typ tritt hin und wieder im Mhd. auf: *eʒ wurden vil unmüeʒic die zimberliute sîn* (Kudrun 264, 2); *eʒ hât der morgensterne gemachet hinne lieht* (Walther, L. 88, 25 f.). Im Deutsch der frühen Neuzeit findet sich *es* als Korrelat häufig. Czicza fasst es als Fall von „Valenzsimulation" auf, mit Beispielen wie: *es trug sich aber einmal zu, das ich beÿ meiner tochter, welche noch durch Gottes gnade lebet, des Abends gantz alleine war* (Briefliteratur, 1814, nach Szicza 2010, S. 1054).

2. Demonstrative Pronomina

§ 67. Die Demonstrativpronomina haben einerseits die Funktion, auf etwas innerhalb des Gesichtskreises des Sprechenden hinzuweisen, und andererseits beziehen sie sich auf etwas Vorausgehendes oder auf etwas Nachfolgendes im Text, werden also anaphorisch verwendet. In der letzteren Verwendungsweise berühren sie sich nahe mit dem Personalpronomen der 3. Person, vgl. S. 77 f. Über das Eintreten des Demonstrativs für das Personalpronomen in gewissen Kasus siehe § 63.

Das häufigste Demonstrativum ist *der*. Es wird substantivisch und adjektivisch verwendet. In substantivischem Gebrauch hat es im Nhd. besondere verstärkte Formen im Gen. aller Geschlechter Sg. und Pl. und im Dat. Pl. entwickelt: *dessen, deren; denen*. Der Gen. Plur. hat auch eine Form *derer*, die vor einem Relativsatz gebraucht wird: *das Schicksal derer, die zurückkehrten; reißt alle Blumen ab, sogar die Knospen derer, die erst kommen* (Hebbel, Die Nibelungen, Siegfrieds Tod, V, 7); *das Stück – es war eines derer* (jetzt: *derjenigen), die damals Beifall fanden* (G., Wilhelm Meisters Lehrjahre IV, 2). Wenn der Gen. vor einem Substantiv steht, braucht man *deren: trockne die Tränen von deren Gesicht, die um mich weinen* (Klopstock, Messias, 10, 40). Im früheren Nhd. ist der Gebrauch der Formen nicht reguliert, wir finden die verstärkten Formen auch attributiv: *auf denen Papieren, die Sie haben* (G., Briefe, an Cotta, 31.8.1798). – Aus dem adjektivischen Gebrauch von *der* hat sich bekanntlich der bestimmte Artikel entwickelt. Jetzt wird dies Pronomen als Demonstrativ meist substantivisch gebraucht, in adjektivischer Funktion verwendet man *dieser*.

Wenn ein adnominaler Gen. von einem voraufgegangenen Substantiv abhängig ist, muss letzteres in der modernen Sprache durch *der* (*derjenige*) vertreten sein: *deine Zeichnungen sind mehr die eines Bildhauers als die eines Goldschmieds*. In der älteren Sprache kann das Demonstrativ fehlen: *unter dem Vorderfuße des einen Kentauer liegt ein Krug, und unter des andern ein Horn* (Lessing 10, 7, 29); *muß dein Blick sich über dich erheben, wie des Betenden voll Gottvertrauen* (Bürger, Der versetzte Himmel); *und welch ein Band ist sicherer als der Guten* (G., Torquato Tasso III, 2); *deine Zeichnungen sind mehr eines Bildhauers als eines Goldschmieds* (G., Benvenuto Cellini (1513)); *meine Wollust war wie der Unsterblichen* (Sch., 2, 298, 7, Die Räuber IV, 12); *sein Rücken ist schwarz gestreift wie eines Zebras* (Heine, Ludwig Börne. Eine Denkschrift, 4).

Das Neutrum *das* hat dasselbe weite Hinweisungsgebiet wie *es*; es kann sich als Subjekt für *sein* mit Prädikatsnomen auf Substantive aller Geschlechter im Sg. und Plur. beziehen und auf einen Satzinhalt und weitere Sinnzusammenhänge hinweisen; vgl. schon ahd. Hildebrandslied 23: *Dētrīhhe darbā gistuontun fateres mīnes; dat was sō friuntlaos man;* nhd. *das ist meine Freundin; das sind schöne*

Blumen; das können wir nicht mehr mit ansehen; er arbeitet unermüdlich – das ist seine Freude. – Dies Verhältnis hat zu Sonderverwendungen von *das* geführt. Aus Verbindungen, in denen *das* auf einen Satzinhalt hinweist, hat sich die Konjunktion *dass* entwickelt, vgl. § 138. Weiter entwickelt sich bei *das*, genau wie bei *es*, eine Verwendung, die nicht mehr als anaphorisch betrachtet werden kann. Besonders in der volkstümlichen Sprache besteht eine Tendenz, *das* gleichwertig mit dem *es* der unpersönlichen Konstruktionen zu verwenden: *das sieht nach Regen aus; das schneit hier durchs Dach; das riecht hier nach Äpfeln* usw.; *das geht ja hoch her* (Sch., Wallensteins Lager 8).

derselbe ist ursprünglich nur Identitätspronomen; in dieser Funktion wird es jetzt aber ausschließlich adjektivisch gebraucht: *derselbe Tag; dasselbe Wort.* Schon früh entwickelt sich der anaphorische und demonstrative Gebrauch. Jetzt wird es in dieser Funktion nur substantivisch gebraucht, früher aber auch adjektivisch, was bis in die frühnhd. Zeit hinein bewahrt bleibt: *also wohnte Isaak zu Gerar. Und wenn die Leute an demselben Ort fragten* (L., Gen. 26, 6 f.). – Über das Eintreten von *derselbe* für das persönliche Pronomen vgl. § 63. Außer in den dort erwähnten Fällen steht *derselbe* auch in Verbindungen, bei denen es zweifelhaft wäre, auf welches vorangehende Nomen sich ein Pronomen bezieht. In solchem Falle wird auf das nächststehende Nomen durch *derselbe* hingewiesen: *täglich ritt er aus auf seinem Schimmel, bis derselbe starb; der Knabe wollte nicht sagen, dass ihn der Hund gebissen hatte, damit man denselben nicht strafen sollte.*

derjenige tritt seit dem 15. Jh. auf als eine Erweiterung von früherem *der jene.* Es wird immer in Verbindung mit einer näheren Bestimmung gebraucht, ursprünglich mit einem Relativsatz, jetzt auch mit Präpositionsverbindungen und Genitiven; in diesen Fällen vertritt es ein voraufgehendes Nomen: *derjenige, der es gesehen hat; nicht dies Haus, sondern das(jenige) mit den großen Fenstern; nicht mein Haus, sondern das(jenige) meines Bruders ist zu verkaufen.*

Das Pronomen *dieser* beruht auf einer westgerm. Neubildung. Sie hat den alten Pronominalstamm germ. **hi-* ersetzt, der auf das Nächstliegende hinwies und in Adverbia wie *hier* und *hin* erhalten ist (vgl. auch *heute* < ahd. *hiutu* < **hiu tagu; heuer* < ahd. *hiuru* < **hiu jāru*). Das Mask. und Fem. von *dieser* wird meistens nur attributiv verwendet, das Neutrum zeigt aber eine ähnliche weite Verwendung wie *das*: *dies ist eine schwierige Sache.* Das attributive *dieser* hat die alte demonstrative Funktion von *der* übernommen, vgl. oben.

jener zeigt auf das Fernerliegende hin. Es wird substantivisch und adjektivisch gebraucht, aber der Gen. ist in substantivischer Verwendung nicht üblich.

solch (< ahd. *sōlīh*) ist zu dem Adverbium *so* gebildet. Es fungiert als pronominales Adjektiv und ist zugleich anaphorisch und vergleichend: *solche Menschen wie die Deutschen.* In einigen Fällen steht *solch* substantivisch. Es wird wie *derjenige* in Verbindung mit näheren Bestimmungen gebraucht, bezieht sich dann aber nicht auf individuelle Gegenstände, sondern auf Arten: *eine Stimme sang ein leidenschaftliches Lied, ein solches, das die heftigsten Gefühle darstellte; die Krankheit war überwiegend eine solche des Willens; mein Vater trug sich nie mit anderen Gedanken als mit solchen der Sorge.* – Es kann auch ohne nähere Bestimmung anaphorisch gebraucht werden: *dabei verbrauchte er viel Geld, ohne zunächst solches einzunehmen; er erwartete von ihr den ersten Brief, und dieser Brief kam nicht, denn sie erwartete einen solchen von ihm.* Im älteren Nhd. konnte es auch auf eine Individualbezeichnung bezogen werden und also ein Personalpronomen ersetzen: *als sie die Mooshütte erreichten, fanden sie solche auf das lustigste ausgeschmückt* (G., Die Wahlverwandtschaften I, 3). (Vgl. FrnhdGr. M 45 und M 75).

In attributiver Stellung wird *solch* im Sing. mit *ein* verbunden, das entweder vorangeht oder folgt; im letzteren Falle ist *solch* flexionslos: *mit einem solchen Manne; mit solch einem Manne.* In prädikativer Stellung ist *solch* jetzt ganz durch das Adv. *so* (oder *derartig*) verdrängt worden; vgl. ahd. *er sulīh wurti* (Otfrid I, 3, 19); *die sōlih sīn, daʒ* (Williram). Von der prädikativen Stellung dringt *so* statt *solch* auch in attributive Funktion ein, neben *solch eine Frau* heißt es umgangssprachlich *so eine Frau.* Auf der anderen Seite findet man neben einem Adjektiv *solche gute Frau* statt *eine so gute Frau.* Diese Vermengung hat dazu geführt, dass *solch* in der alltäglichen Umgangssprache meistens durch *so ein* verdrängt ist. Man findet auch *so* für *solch* direkt vor Substantiven im Plur.: *es gibt so Sachen; es gibt manchmal so Augenblicke* (Sch., Merkwürdiges Beispiel einer weiblichen Rache). Allgemein ist *so (et)was* = etwas solches. Mit diesen Gebrauchsweisen hat sich eine neue Form des unbestimmten Artikels im Deutschen herausgebildet: *so ein* oder *so'n,* bzw. *son.* Diese Formen werden verwendet, um ein unbestimmtes, aber prototypisches Exemplar oder Exemplare aus einer bestimmten Menge zu bezeichnen, auf die aktuell referiert wird: *ich hätte gern so'n grünen Pullover.* – *Weil in so einer Kirchenbank kniest du ja drinnen wie in einem Schraubstock.* (Wolf Haas, Auferstehung der Toten, [2001], S. 75). Die Formen begegnen im Singular und im Plural und lassen sich schon länger, auch in der Literatur, belegen: *mit so einem beine blieb ich wohl unten im thale.* (Gessner bei Adelung, nach Dwb.). *Es scheint, daß in London die Trauungen schneller gemacht werden, auch so moderne Fabrikware.* (Eduard von Keyserling, Wellen. Roman [1911]. (vgl. Hole/Klumpp (2000), Canisius (2004), Eroms (2008)).

3. Interrogative Pronomina

§ 68. Das substantivische Interrogativ *wer, was* hat im Deutschen von Anfang an ein defektes Formensystem, Fem. und Plur. fehlen, *wer* bezieht sich auf Personen, ohne Unterscheidung von Geschlecht und Zahl: *wer unter den Schülerinnen, unter den Kindern; wer kommt denn alles?* – *was* bezieht sich auf Sachen und abstrakte Inhalte: *was soll dies bedeuten?; was ist er?* – *Schuster.* Der Dat. *wem* bezieht sich nur auf Personen. Bei nicht-persönlichen Begriffen kann *was* nach Dativpräpositionen stehen: *zu was die Posse* (G., Wilhelm Meisters Lehrjahre IV, 16); *zu was soll der eine was voraus haben?* (Halbe); *von was; wegen was* (gewöhnlich *wovon,* usw.). – Der Gen. *wes* kann vereinzelt attributiv verwendet werden: *wes Geistes Kind; wes Namens und Standes seid Ihr?* – Über *was für ein* als attributives Pronomen vgl. unten.

Das alte Dualpronomen ahd. *(h)wedar* (got. *hvaþar*) „welcher von beiden" ist in pronominalem Gebrauch verschwunden. Aus dem indefiniten Gebrauch dieses Pronomens stammen die Konjunktionen *entweder* – *oder* und *weder* – *noch,* vgl. § 134 und die pronominalen Zusammensetzungen *jedweder* <mhd. *iedeweder* und *jeder,* (vgl. § 71), wo jedoch der duale Sinn verloren gegangen ist.

welch ist das adjektivische Fragepronomen. Ursprünglich hatte es (wie got. *hwileiks*) die Bedeutung *qualis,* „wie beschaffen", und diese Bedeutung hat sich in gewissen Gebrauchsweisen erhalten, wie mhd. *welch was froun Ginovêren klage* (Wolfram, Parzival, 337, 13 „wie beschaffen war die Klage"), und nhd. in Ausrufen, wie *welche Freude!, welch ein Mensch!* Im Allgemeinen aber fungiert schon ahd. *(h)welīh* als reines adjektivisches Fragepronomen, entsprechend dem substantivischen *(h)wer. welch* wird auch substantivisch gebraucht mit Beziehung auf eine begrenzte Anzahl: *welcher unter meinen Freunden; welcher von beiden*; das Neutrum *welches* noch weitergehend: *welches ist deine Lieblingsfarbe?* – Für die Bedeutung *qualis* gebraucht man jetzt in prädikativer Stellung *wie,* in attributiver *was für (ein): was für ein Mann ist das; was für Sachen sind das.* Ursprünglich sind *was* und *für* selbständige Glieder und das Substantiv von *für* abhängig, vgl. *schau was Cornelie mir vor* (d.h. *für* „als") *Geschencke schickt* (Gryphius, Verliebtes Gespenste); *es sei für Krankheit, was es wöll* (H. Sachs, Der schwangere Bauer); aus *was ist das für (eine) Krankheit* wird *was für eine Krankheit ist das* und durch Missdeutung der ursprünglichen Verbindung wird *Krankheit* als Nominativ aufgefasst; dann wird die Verbindung auch auf Maskulina übertragen: *was für ein Mann ist das,* wo also *für* seine Rektionsfähigkeit verloren hat; schließlich bekommt man sogar Fügungen wie *mit was für Leuten; mit was für einem Mann.*

4. Indefinite Pronomina und Adverbia

§ 69. Schon im Indogermanischen wurden dieselben Pronomina interrogativ und indefinit verwendet; dies Verhältnis hat sich im German. erhalten und dauert z.T. noch im heutigen Deutsch, besonders in der Umgangssprache, fort: *ist wer da?;*

suchst du wen?; wenn mein Bruder stirbt oder vielleicht auch wer, der dir noch näher steht (Fontane, Unwiederbringlich, 6); *hast du was für mich mitgebracht?; hast du Bücher? – ich habe welche.* Dieses partitive Verhältnis lässt sich für *welch* als Konstruktionsweise erklären, die an die Stelle des partitiven Genitivs getreten ist, ohne ihn direkt zu ersetzen. Sie tritt seit dem Frühneuhochdeutschen auf, z. B. *Wer hat Würffel vnter vns? Ich habe heute welche gehabt.* (Die Schauspiele des Herzogs Heinrich Julius von Braunschweig, nach Glaser 1992, S. 116). Anfang des 19. Jhs. empfiehlt J. C. A. Heyse, „auf die Frage *Hast Du noch Stroh?* statt *Ja ich habe noch welches* besser *ich habe dessen noch* [zu] antworten" (Glaser 1992, S. 125). – Schon im Ahd. werden jedoch im indefiniten Gebrauch meistens gewisse Elemente zum Pronomen hinzugefügt. Das Indef. *was,* heute ganz gebräuchlich, ist mhd. selten.

Bei den Indefiniten unterscheidet man ursprünglich im German. zwei Bedeutungstypen, entsprechend lat. *aliquis: quisquam, ullus* (vgl. noch englisch *some: any*). Der erste drückt etwas Bestimmtes, wirklich Existierendes aus, das man nur nicht näher bezeichnen kann oder will, der zweite Typ bezeichnet etwas Unbestimmtes, dessen Existenz entweder negiert oder in Frage gestellt wird. Diese Pronomina stehen in negierten Sätzen und in Frage- und Bedingungssätzen. – Dazu kommt eine dritte Gruppe, die die Allheit bezeichnet (positiv oder negativ).

Die Bedeutung *some: any* verteilt sich got. auf *sums: hvas.* Dies Verhältnis ist noch ahd. bei den entsprechenden Pronomina bewahrt; vgl. bei Tatian (239, 24 = Sievers 139, 1): *quad imo sum; uuārun heidane sume; – oba uuer mir ambahte, mir folge* (240, 18 f. = Sievers 139, 4); *eno nibrāhta imo uuer zi eʒʒanna?* (133, 19 f. = Sievers 87, 8) – Diese Pronomina kommen jedoch bald außer Gebrauch, und neue Bildungen entstehen. Mit der Bedeutung *some* bekommt man ahd. mhd. Bildungen mit dem Präfix *ete(s): ete(s)wer, ete(s)waʒ; ete(s)līh* (< *eteswelīh*), und die Adverbia mhd. *ete(s)wâ, ete(s)war, ete(s)wanne*; z. B. ahd. *thaʒ etheswer mih ruarta* (Otfrid III, 14, 35); mhd. *sô müeʒt ir etswen kiesen* (Hartmann, Iwein 1826); *ich wære tôt mit etelichen êren* (Nib. 2180, 2 f.). Die Bedeutung *any* hatten die Bildungen mit dem Präfix ahd. *io-,* mhd. *ie-: ieman, iewiht (iht)* und die zugehörigen Adverbia *iender* „irgendwo", *iergen, ie, iemêr*; weiter die mit dem Präfix ahd. *deh-: dechein (kein), deweder* „ein beliebiger von zweien"; auch ahd. *einig,* mhd. *einec* gehört dieser Gruppe an. Beispiele: mhd. *daʒ geloubt mir lützel ieman* (Hartmann, Iwein 2826); *sage mir, tuont si dir iht?* (Hartmann, Iwein 491); ahd. *uuvo mag einig ingangan in hūs* (Tatian 98, 15 f. = Sievers 62, 6); mhd. *kumet er iemêr in decheine nôt* (Rother 175).

Nhd. sind viele Verschiebungen eingetreten. Die Unterscheidung zwischen den beiden Gruppen ging verloren; man fing deshalb an, *etewer* und *ieman, etewaʒ* und *ieht* unterschiedslos in beiden Bedeutungen zu verwenden, und die Folge war, dass einerseits *etewer* und andererseits *iht* aus der Sprache verschwanden; jedoch hat im Oberdeutschen *etwer* sich als *öpper* in der Volkssprache erhalten. Schon bei

Luther ist *etewer* verschwunden und *jemand* hat die positive Bedeutung übernommen: *es hat mich jemand angerühret*; dagegen hält sich *iht* noch einige Zeit im Frühnhd.

Die Vermengung von *etlich* und *einig* trat erst später ein. *etlich* war in der älteren nhd. Periode das übliche Pronomen zur Bezeichnung einer positiv existierenden Menge: *etliche unter den Schriftgelehrten* (L., Matth. 12, 38); *indem er säet, fiel etliches an den Weg* (L., Lukas 8, 5); *ich bin etliche Jahre älter* (Gellert, Die zärtlichen Schwestern I, 1). *einig* wurde zu dieser Zeit regelmäßig nur in seiner ursprünglichen Bedeutung verwendet: *kein Handwerksmann einiges Handwerks* (L., Offenbarung 18, 22); *und wundere ich mich offt höchlich, daß in andern Sachen kaum einiger Mensch gefunden wird* (Johann Reich, Unfug des Hexenproceßes 1703); *wofern einige Ausnahme zu machen wäre* (Wieland, Agathon 8, 3); *man sieht nicht den geringsten Versuch einiger Gewaltsamkeit* (Lessing, Hamburgische Dramaturgie 33). Allmählich dringt die positive Bedeutung ein, so schon bei Adelung: *einige sagen dies, andere jenes*. Seitdem verbreitet sich das Wort auf Kosten von *etlich*, das jetzt aus der lebendigen Sprache verdrängt ist. Andererseits hat die Verwendung von *einig* einen Rückgang erfahren, indem es jetzt nur auf Mengenbegriffe bezogen werden kann, d. h. auf beliebige Plurale, in der Einzahl aber nur auf Kollektiva und Abstrakta; also: *einiges Geld; einige Geduld*; aber nicht mehr *einiger Mensch*; dafür jetzt *irgend ein*. Der alte Gebrauch reicht bis ins 18. Jh.

dechein wurde durch lautliche Entwicklung zu *kein*, das mit der ursprünglichen Bedeutung *ullus* noch bis in frühnhd. Zeit erscheint: *lug, ob er kein wiltpret find* (Brant, Narrensch., 127 f.); nach Komparativen dauert der Gebrauch noch länger: *besser denn kein Gold* (L., Sir. 30, 15); *mehr als kein anderer* (G., Winckelmann 2); in dieser Stellung wurde es später als *nullus* gedeutet, vgl. § 121. Da es regelmäßig in negativen Sätzen stand, wo die Negation *ne* auch fehlen konnte, nahm es z.T. schon mhd. negative Bedeutung an: *man sol deheiniu wâfen tragen* (Nib. 1745, 2). Das nhd. *kein* stammt davon, und nicht von *nihhein*, das schon um 1200 verschwindet (zu *kein* vgl. § 121).

§ 70. Bei den indefiniten Adverbia sind ebenfalls Bedeutungsverschiebungen eingetreten, *etwa* (mit der Nebenform *etwo*) bedeutet noch bei Luther „irgendwo": *daß ich flöge und etwa bliebe* (Ps. 55, 7); *daß ich etwo stat fünde*. Daneben wird es auch temporal verwendet als Ersatz des früheren *etwann* „zuweilen, einst, vormals": *ein Heubtmann, der etwa des Alexandri Freund gewesen war* (L., 1. Macc. 11, 39); *ich aber lebte etwa ohne Gesetze* (L., Römer 7, 9). Allmählich verblich sowohl der räumliche wie der zeitliche Inhalt, und nur die Vorstellung von etwas Unbestimmtem blieb. Mit dieser abgeblaßten Bedeutung wird *etwa* jetzt in Fragesätzen, in Bedingungssätzen und in negativen Sätzen verwendet; auch in positiven Sätzen zur Bezeichnung einer Möglichkeit: *denke dir, du verreist etwa*; oder mit der Bedeutung „ungefähr": *es sind etwa acht Tage*. – Die entsprechenden Ortsadverbia mit any-Bedeutung waren mhd. *iender* und *iergen*. Davon erhielt sich *iender* obd. bis ins 16. Jh. – *iergen* erhielt seine Fortsetzung in der epenthetisch erweiterten Form *irgend*. Die lokale Bedeutung hat sich bei diesem Wort bis ins 16. Jh. erhalten, und in der erweiterten Form *irgends* noch länger: *die Tugend wird doch irgends gelten* (Lessing, Oden: An den Herrn N**). Diese Form ist jetzt verschwunden, aber die negative Form *nirgends* ist bewahrt. Nachdem *irgend* seine lokale Bedeutung verloren hatte, erhielt es eine ähnliche Bedeutung von Unbestimmtheit wie *etwa*. Wir finden deshalb im älteren Nhd. oft *irgend*, wo wir jetzt *etwa* verwenden würden: *nach dem Register könnten es wohl irgend zwanzig gewesen sein* (Gottsched, D. Schaub 2, 138), *irgend* wird jetzt in Verbindung mit indefiniten Pronomina und Adverbia gebraucht, wie *wer, was, welcher, wo, wann, wie, ein, jemand*; die Bedeutung der Verbindung ist meistens die der Reihe „quisquam, any"; doch hat z.T. Übergang in die Bedeutungsreihe „aliquis, some" stattgefunden, besonders bei *irgendwo, irgendwie, irgendwann*.

Von den mhd. Temporaladverbia erhielt sich *etwan* bis ins 18. Jh., teils mit der Bedeutung „irgend einmal", teils mit der reduzierten Bedeutung von Unbestimmtheit, wie das heutige *etwa*: *denken Sie etwan, daß ich so wenig Einsicht habe?* (Gellert, Die kranke Frau 2); *auch sind unsere Zöglinge hier nicht etwan eingesperrt* (G., Wilhelm Meisters Wanderjahre 1, 10). – Die Adverbia *je* < mhd. *ie* < ahd. *io* und *immer* < mhd. *iemer* < ahd. *io mēr* hatten in der alten Sprache die gemeinsame Bedeutung „zu aller Zeit, jederzeit". Sie unterschieden sich aber dadurch, dass *je* von der Vergangenheit, *immer* von (der Gegenwart oder) der Zukunft gebraucht wurde, da ja *mēr* die Bedeutung „ferner, künftig" hatte. In dieser Weise wurde *je* noch im älteren Nhd. gebraucht, besonders in der Verbindung *je und je*: *der mich je und je geliebet* (Paul Gerhardt 16, 1); noch Wieland gebraucht die Fügung *je und allezeit*. Die alte Bedeutung ist noch heute bewahrt in der Verbindung *von je(her)*: *er ist von jeher mein Freund*. – Auch die distributive Bedeutung von *je* stammt aus dem Mhd.: *er kaufte seinen Kindern je ein Buch; je nachdem; je nach den Umständen*. Dasselbe ist der Fall mit der korrelativen Verwendung von *je – je*: *je länger, je lieber* usw. Doch zieht man jetzt bei korrelativen Sätzen im zweiten Satz *desto* oder *um so* vor, vgl. bei Lessing: *je mehr ihr lernt, je mehr vergesst ihr* (Der junge Gelehrte II, 15); jetzt: *desto, um so*. Im älteren Nhd. finden wir *je* mit Verlust des temporalen Inhalts in der Bedeutung „unter allen Umständen, sicherlich": *es wäre uns je besser den Egyptern dienen, denn in der Wüsten sterben* (L., 2. Mose 14, 12); hierauf beruhen die heutigen Verbindungen *jedoch* und *je nun*. – Der alte temporale Unterschied zwischen *je* und *immer* ist jetzt verschwunden; statt dessen hat sich ein neuer Bedeutungsunterschied entwickelt: *immer* bezeichnet das Wirkliche, *je* etwas Gedachtes oder Angenommenes; *immer* bedeutet also „zu jeder wirklichen Zeit", *je* dagegen „zu jeder beliebigen angenommenen Zeit": *haben Sie je so etwas gehört; wer hätte sich das je gedacht*, usw.

Jedoch wurde auch *immer* lange zur Bezeichnung von etwas nur Gedachtem verwendet, und dann ohne temporale Bedeutung. Ein solches *immer* oder verstärktes *immermehr* finden wir häufig in direkten und indirekten Fragen bis ins 18. Jh. hinein: *wie ist er doch immermehr in meine Stube gekommen* (Gottsched 2, 236); *wie haben Sie immer und ewig die Zeilen übersetzen können* (Lessing 8, 213, 12). Dialektal begegnet *immer* noch heute bei Fragen in dieser Funktion: *wie geht es immer?* Weiter gebraucht man *immer* neben den verallgemeinernden Relativa, meistens mit *auch* verbunden: *wer, was, wie auch immer; wer auch immer es sein mag; was er auch immer sagen wird* usw.; diese Verbindungen haben die mhd. Pronominalreihe *swer, swaʒ* usw. ersetzt, vgl. § 143 – *immer* steht auch nach der Verbindung von *so* mit einem Adjektiv: *ich arbeite so viel ich immer vermag.* In der älteren Sprache verwendet man es auch in Verbindung mit dem älteren *als*, das jetzigem *wie* entspricht (vgl. § 150): *ich habe seinen Tod empfunden, als man nur immer einen solchen Zufall empfinden kann* (Lessing, Briefe, an den Vater, 9.2. 1764). Auch in Sätzen mit *als* nach Komparativ: *einem Leben, das gewiß trauriger und elender gewesen, als Sie es immer können erfahren haben* (Lessing, Briefe, an Mme König, 27.6.1773). Weiter nach dem relativen *der* und nach *wenn* als Bedingungskonjunktion: *da suchte ich die allerzartesten Worte herfür, die mir meine bäurische Grobheit immermehr eingeben konnte* (Grimmelshausen, Simplicissimus 25); *wenn ich die Ehre Ihrer Bekanntschaft gehabt, oder der Inhalt es immer gelitten hätte* (Herder 19, 291, 20).

§ 71. Mit dem Präfix mhd. *ie-* (ahd. *io-*) werden auch die Indefinitpronomina einer dritten Bedeutungsgruppe gebildet, die das alles Umfassende bezeichnet: *jeder, jedweder, jeglich.* – *jeder* geht auf das mhd. Dualpronomen *ie(t)weder* zurück und kann schon spätmhd. auch auf eine beliebige Anzahl verweisen: *daʒ ieder man daʒ beste tue* (Suchenwirt). Später wurde das Suffix -*er* als Flexionsendung für Mask. Sg. umgedeutet. Noch Frühnhd. finden sich Formen wie *jedem, jederm, jeder* hebt die einzelnen Glieder einer Gesamtheit hervor und wird sowohl attributiv wie auch mit hinzugefügtem Genitiv oder Präpositionsverbindung gebraucht: *jeder Mensch; jeder meiner Freunde* oder *von meinen Freunden.* Es wird jetzt nur im Sg. verwendet. Im älteren Nhd. findet man auch Pluralformen von *jeder*, z.B. bei Goethe *jede Gründe; jede Sorgen* usw.; besonders häufig steht das plurale *jede* mit *alle* verbunden: *Außer dieser Betrachtung, die beynahe alle und jede Dichter reitzen könnte* (Johann David Michaelis, Poetischer Entwurf der Gedanken des Prediger-Buchs Salomons, 1751, 4); *allen und jeden Freunden* (G., Briefe 20, 183, 2). – In der modernen Sprache ergänzen sich in der attributiven Verwendung *all* und *jeder,* indem *all* bei Pluralen steht, im Sing. dagegen nur bei Mengenbezeichnungen, also bei Stoffnamen und Abstrakta: *alle Menschen; alle Freude; aller Schmerz; alles Gold; aller Wein; alles Essen;* bei individuellen Gegenständen steht *jeder,* so auch bei Abstrakta, wenn sie individuell betrachtet werden: *jede neue Freude.* In der älteren Sprache kann *all* z.T. auch bei individuellen Gegenständen im Sg. stehen: mhd. *zaller stunt; aller slahte* (vgl. nhd. *aller Art*); nhd. *alle lebendige Seele starb in dem Meer* (L., Offenb. 13, 3); *aller Zustand ist gut, der natürlich ist und vernünftig* (G., 40, 277, Hermann und Dorothea, Polyhymnia); *so schläft nun aller Vogel* (G., 5, 223, West-östlicher Divan, Sommernacht); noch bewahrt ist *aller Anfang ist schwer.*

In seiner ursprünglichen Dualbedeutung berührte sich *jeder* mit *beide,* und die Folge hiervon war, dass schon mhd. Singularformen von *beide* entstanden; *beides* ist noch gebräuchlich: *was jeder von ihnen behauptet, ist beides falsch.* Dies *beides* wurde (statt des früheren *beide)* in Verbindung mit *und* bis ins 18. Jh. hinein gebraucht in der Bedeutung des heutigen *sowohl – als (auch): beides schriftlich und auch mündlich* (Fischart, Bienenkorb, 10b); *beides des Schlafes und des Todes* (Lessing, Wie die Alten den Tod gebildet); vgl. § 134. Im 16. und 17. Jh. konnte man wie schon im Mhd. den Sing. von *beide* auch attributiv verwenden: *beides Ufer* (Fleming 632, nach Dwb.); *beide Hand* u. Ähnl.; noch Lessing schreibt *auf beide Weise,* und ein Rest dieses Gebrauchs ist bewahrt in *beiderseits* (mit sekundärem *s,* früher *beiderseit,* mhd. *ze beider sît).* „In *beide*-Sätzen wird die Zweizahl der Bezugsmenge als bekannt vorausgesetzt", darin unterscheidet sich das Wort vom Zahlwort *zwei,* bei dem das nicht der Fall ist. (Reis/Vater 1980, S. 378).

§ 72. Das Pronomen *man,* das aus dem Substantiv *Mann* entstanden ist, erscheint schon im ältesten Deutsch in pronominaler Verwendung, vgl. aus dem Hildebrandslied 37: *mit gēru scal man geba infāhan; dār man mih eo scerita in folc sceotantero* (51). Die Assoziation mit dem Substantiv blieb aber lange lebendig, deswegen wurde *man* im benachbarten Satze durch das Pronomen *er* wiederaufgenommen: mhd. *des obeȝes mohte man eȝȝen, wie vil und waȝ er wolde;* nhd. *wann man ein Ding recht lernt und kann, so mag er sich wohl rühmen deß* (Fischart, Beleg nach Lockwood 1968, S. 85). Jetzt braucht man bei der Wiederaufnahme im Nom. *man* (*man konnte essen, was man wollte*); im Dat. und Akk. in einem benachbarten Satze treten dagegen Formen von *einer* ein (innerhalb desselben Satzes steht natürlich reflexives *sich*): *macht man das, was einem so einfällt?* (Lessing, Minna von Barnhelm II, 1); *so was erinnert einen manchmal woran man nicht gern erinnert sein will* (Lessing, Minna von Barnhelm III, 5); *was einem angehört, wird man nicht los, und wenn man es wegwürfe* (G., Maximen und Reflexionen). Die Folge ist, dass *einer* auch im Nom. gleichbedeutend mit *man* eintreten kann: *darnach sich einer aufführt, darnach wird einem* (G., Jery und Bätely); *wenn einer eine Reise tut, so kann er was erzählen.* – Für den Gen. brauchte man lange *sein: man muß eine Sprache annehmen, die seinen Glücksumständen gemäß ist* (Frau Gottsched, Deutsche Schaubühne 3, 182); jetzt ist ein auf *man* bezogener pronominaler Gen., der nicht im selben Satze steht, nicht ausdrückbar. Bei den Klassikern findet man zuweilen oblique Kasus von *wir* auf *man* bezogen: *man spricht selten von der Tugend, die man hat, aber desto öfter von der, die uns fehlt*

(Lessing, Minna von Barnhelm II, 1); *man erkennt niemand an, als den, der uns nutzt* (G., Maximen und Reflexionen); sogar im selben Satze: *wenn man unvermutet einen Gespielen unserer* (normal: *seiner*) *Jugend in einem fremden Lande erblickt* (Herder, Über die Eigenheit unserer Sprache).

Anhang zu Kap. IV Adverb als Vertreter von Präposition und Pronomen

§ 73. Es ist eine Eigentümlichkeit des Deutschen, dass in der Stellung nach den meisten Präpositionen ein persönliches, demonstratives und interrogatives Pronomen in der Regel nur gebraucht wird, wo es sich auf eine Person bezieht. Auf Sachen wird mit einem Ortsadverb hingewiesen, das jetzt in der Schriftsprache immer mit der Präposition zu einem Wort verschmolzen ist: *hier ist ein Stuhl, setze dich darauf; er kam vor eine Tür und stieß dagegen; er nahm die Briefe und ging damit zur Post.* Für das Fragepronomen tritt in derselben Weise *wo* ein: *womit schneidest du?* Dieser Gebrauch reicht bis in die älteste Zeit zurück, vgl. ahd. *thaʒ fulin brāhtun; nāmun sie thō iro wāt, legitun tharūf ... thaʒ er thāroba sāʒi,* (Otfrid IV, 4, 10); *sīd er thārinne badōta, then brunnen reinōta* (Otfrid I, 26, 3). Im Ahd. machte sich noch eine Kasusunterscheidung geltend, indem für den Dat. das Adverb *dar* („dort") gebraucht wurde, und für den Akk. das Richtungsadverb *dara* („dorthin"). Mhd. bestand dieser Unterschied noch als ein Wechsel zwischen langem Vokal für den Dat. und kurzem Vokal für den Akk. Nach der nhd. Vokaldehnung in offener Silbe fiel dieser Unterschied weg; jetzt wird *da-* gebraucht vor Konsonanten und *dar-* vor Vokal; Ausnahme ist nur *darnach* neben *danach*.

Ursprünglich galt die Regel in gleicher Weise auch bei relativer Funktion der Pronomina. Einige Beispiele für die Verwendungstypen im Mhd.: *ir munt was heiʒ, dick unde rôt, daran Gawân den sînen bôt* (Wolfram, Parzival 405, 19 f.); *diu sahs wol hende breit, eʒ muose balde ersterben, swaʒ er dâ mit versneit* (Nib. 956, 3 f.); *da er sîne tarnkappen verborgen ligen fand, dar in slouf er vil schiere* (Nib. 431, 3 f.); *einen tiuren stein, dâ tages de sunne lieht durch schein* (Wolfram, Parzival 233, 16 f.); *er gie zeinem berge, dar ûf ein burc stuont* (Nib. 485, 3 f.); *si spranc von einem bette, dâr an sie ruowende lac* (Nib. 740, 4). In der modernen Sprache braucht man in relativer Funktion meistens das Pronomen: *der Stuhl, auf dem* oder *auf welchem ich sitze.* Diese Neuerung hängt wohl mit dem Ersatz des relativen Adverbiums *da(r)* durch *wo(r)* zusammen, vgl. § 146. Der alte Gebrauch dauert aber lange fort: *alles Fleisch, darin ein lebendiger Odem ist* (L., Gen. 6, 17); *den Schleier ..., damit sie verhüllt war* (L., Daniel, Zusatz, 1, 32); *ein Tisch ..., daneben zwei Sessel stehen* (G., 12, 64, 4, Lila II). Auch nachdem *wo* eingetreten ist: *mit demselben Rechte, womit er*

Mensch ist (Sch., Über die ästhetische Erziehung des Menschen, 3). So noch heute, zumal in lokaler Bedeutung.

Wo das Neutrum sich nicht auf ein Nomen, sondern auf einen Satzinhalt oder auf einen Vorstellungskomplex bezieht, verwendet man in der alten Sprache Pronomen, und zwar im Akk. *daȝ*, im Dat. den sog. Instrumental *diu*, der in der Wirklichkeit als substantivisches Neutrum der attributiven Form *demu* entspricht. Beispiele: *sō quement Rōmani ouh ubar thaȝ* „außerdem" (Otfrid III, 25, 15); *then wān zell ih bi thaȝ* „ich spreche meine Meinung darüber aus" (Otfrid I, 2, 23); *Inthiu ist uuvntar thaȝ ir niuuiȝȝit uuanan her sī* (Tatian 223, 12 f. = Sievers 132, 18, in hoc mirabile est); *was siu after thiu mit iru thār thrī mānōdo sār* (Otfrid I, 27, 23); *er detaȝ thuruh thaȝ, bi thiu sīn zīt noh thō ni was* (Otfrid III, 8, 4). Die Präpositionsverbindungen *bi diu, mit diu, untar diu, von diu, za diu, after diu* u. a. halten sich bis in das Mhd. hinein, und da die Kasusbedeutung von *diu* nicht mehr empfunden wird, tritt die Form auch zu Präpositionen mit Akkusativrektion: mhd. *umbe diu* neben *umbe daȝ*. Im Laufe der mhd. Zeit verschwindet die Form *diu*, und an Stelle der alten Präpositionsverbindungen treten die mit *da(r)-* gebildeten Adverbia auch an dieser Stelle ein. Schon im Ahd. hatten diese Adverbia z.T. neben den Verbindungen mit *diu* mit ungefähr gleicher Bedeutung gestanden, z. B. *dārzuo huggen* „darauf bedacht sein" neben *huggen za diu: thaȝ wir thārzua huggen, in herzen uns iȝ leggen* (Otfrid II, 24, 31): *sō mac huckan za diu, sorgēn drāto, der sih suntigen weiȝ* (Muspilli 24). In der heutigen Sprache wird in diesem Falle immer Adverb gebraucht; nur in gewissen erstarrten Verbindungen ist *diu* durch eine andere Kasusform ersetzt, durch den Dat. in *indem, nachdem, zudem, vordem, seitdem; es ist an dem, dass*; durch den Gen. in *indessen, unterdessen* u. a.

In dem Falle, wo auf ein nicht-persönliches Nomen hingewiesen wird, kann man heute auch Pronomen gebrauchen, entweder Personalpronomen oder *derselbe: neben dem Zaun aber, in gleicher Linie mit ihm, stand eine grüngestrichene Bank* (Fontane, Der Stechlin, Kloster Wutz, 7); *An der Seite des Zimmers stand ein Tisch und auf ihm ein verglaster Topf.* (Gustav Schwab, Doktor Faustus); *ihre blauen Augen waren vielleicht zu hell, aber es lag Seele in ihnen* (Ompteda, Cäcilie von Sarryn). *Derselbe* findet sich in dieser Stellung schon bei Luther: *segnete den siebenten Tag und heiligte ihn, darum daß er an demselben geruhet hatte von allen seinen Werken* (Gen. 2, 3).

Wo ein Relativsatz an das Demonstrativpronomen geknüpft ist, kann nicht Adverb stehen: *er sprach nicht viel davon*, aber *er sprach nicht von dem, was geschehen war.* Dagegen vor einem *dass*-Satz: *er sprach davon, dass er abreisen wollte.*

Ursprünglich war die Verbindung zwischen den beiden Gliedern des Präpositionaladverbs loser als jetzt, und *da(r)* wurde oft von der Präposition getrennt: mhd. *waȝ ist dâ sô wünneclîches under?* (Walther, L. 46, 17 f.); *die porte, dâ sî durch was gegangen* (Hartmann, Iwein 1704 f.); bei Luther ist dies noch sehr häufig: *der Ort, da du auf stehest, ist ein heilig Land; ein Volk, da kein Rat in ist; ich habe eine Speise, da wisset ihr nicht von* (Joh. 4, 32); auch auf Personenbezeichnung bezogen: *ein Weib, da der Mann keine Freude an hat* (Jesus Sirach, 25, 31). Später wird diese Trennung als unkorrekt betrachtet, kommt aber noch lange auch in literarischer Sprache vor: *da habt ihr kein Recht zu* (Wieland, Pandora II, 8); *da behüte mich Gott vor* (G., Was wir bringen. Vorspiel Lauchstädt, 10); *verlorne Liebe, wo ist da Ersatz für?* (G., Stella II). In der Alltagssprache hat sich dieser Gebrauch bis heute erhalten: *da habe ich nichts von gehört.* Er lässt sich mit einem gewissen Recht als „preposition stranding" bezeichnen (vgl. Fleischer 2002). Er begegnet auch schon im Mhd. (Bergmann/Moulin/Ruge 2011, S. 163). Es hat sich auch eine Erweiterung der Konstruktion ergeben, indem *da* (bzw. *wo*) vorangestellt und später in Verbindung mit der Präposition wiederholt wird: *da kann ich nichts dafür; da ist schon dafür gesorgt.* Auch dieser Gebrauch findet sich in der Literatur: *da gehört Kopf und Arm dazu* (G., 39, 20, 5, Götz von Berlichingen I, Eine Herberge); *da tut ihr recht und klug daran* (Sch., Die Räuber I, 1); *aus dem Hause, wo ich bisher alle Tage drinne war* (G., Briefe, an Christian Gottlob Schönkopf, 1.10.1768); *der größte Ehrentitel, wo Jung und Alt den Hut dafür abziehen sollen* (Iffland, Die Aussteuer 31). Andererseits kann die Präposition *mit* allein in adverbialer Funktion stehen: mhd. *schrê wider dem site, und wânde den tôt gedienen mite* (Hartmann, Erec 6568 f.); nhd. *stiehlt ihm Harlequin sein Schnupftuch und macht sich mit davon* (Lessing 6, 368, 28); *machen Sie mit, was Sie wollen* (G., Briefe, an Käthchen Schönkopf, 1.6.1769); *und bin zufrieden mit* (G.).

V. Der Artikel

§ 74. Die indogermanische Grundsprache besaß keinen Artikel, und dieser Zustand ist u. a. im Lateinischen bewahrt. Im Deutschen entstand aus dem Demonstrativ *der* ein bestimmter Artikel und aus dem Zahlwort *ein* ein unbestimmter Artikel. Die Anfänge dieser Entwicklung liegen vor dem Einsetzen der schriftlichen Überlieferung. Im Got. scheint der Artikelgebrauch noch wenig entwickelt zu sein, er steht bei Wulfila offenbar unter Beeinflussung des Griechischen. Im Ahd. ist der Gebrauch weiter durchgedrungen, ist aber noch nicht fest geworden, man findet noch artikelloses Substantiv, wie z. B. im Ludwigslied: *kuning uuas eruirrit* (19); *sang uuas gisungan* (48). Erst allmählich hat die Entwicklung den Stand erreicht, dass zwischen bestimmtem Artikel, unbestimmtem Artikel und Artikellosigkeit eine konstante Bedeutungsrelation besteht. Im Deutschen hat außerdem der bestimmte Artikel die Funktion erhalten, als Kasusmerkmal zu dienen. Oubouzar (1992) arbeitet die folgenden Entwicklungslinien heraus: Danach ist der Ansatzpunkt für die Ausbildung des Determinativs *ther* zum bestimmten Artikel seine sich in bestimmten Kontexten zeigende „schwach deiktische Bedeutung" (Oubouzar 1992, S. 75). Es sind „vor allem die textsyntaktischen Funktionen [...], die aus dem Demonstrativum den Artikel haben entstehen lassen." (Besch/Wolf 2009, S. 156). Bereits im Isidor werden z. B. Nominalgruppen, die kommunikativ besonders wichtig sind, mit *ther* verbunden, so erfolgt die Referenz auf einen Propheten immer mit *dher forsago*. Von einer Grammatikalisierung von *ther* als bestimmtem Artikel lässt sich im Isidor jedoch noch nicht sprechen, auch nicht im Tatian, obwohl hier zum erstenmal generelle Verwendungen von Gattungsbezeichnungen nachzuweisen sind: *nio mag ther man iouuiht intphahen, noba immo iz gigeban uuerde fon himile* („Der Mensch kann nichts empfangen, wenn es ihm nicht vom Himmel geschenkt werde", Oubouzar 1992, S. 80). Dieser Weg wird bei Otfrid weiter beschritten, wo auch Unika wie *sunna, mano, himil, worolt* mit *ther* vorkommen, aber nicht ausnahmslos, vgl. *ēr mano rihti thia naht joh wurti ouh sunna so glat* (II, 1, 13; S. 81). Doch wird die Deixisfunktion weiter geschwächt, wenn etwa persönlicher Bezug aus dem Kontext ersichtlich ist: *so ist thir allan then dag thaz herza filu riuag* (II, 8, 20; S. 81). Die Ausdehnung des Gebrauchs auf erweiterte Nominalgruppen lässt sich ebenfalls bei Otfrid belegen. Sie findet ihren Abschluss bei Notker, bei dem das gegenwärtige Verwendungssystem im Großen und Ganzen schon erreicht ist. (Vgl. Desportes 2000).

Hier ist noch ein bemerkenswerter Umstand zu verbuchen. Im Zuge des Ausbaus dieses Bezeichnungssystems setzt sich die Änderung der Nominativform des maskulinen Demonstrativs *the* zu *ther* durch. Damit gewinnt die wichtige Nominativform der Nomina der maskulinen Substantive eine Form, die die Identifikation der Nominalphrase als Subjekt eindeutig ermöglicht, und zwar über den Artikel (vgl. Härd 2003, S. 2572). Wichtigste Funktion des bestimmten Artikels ist in den frühen Belegen die (ana)phorische Verwendung. Leiss (2000, S. 161) zeigt dies am Beginn des Johannesevangeliums im Tatian: *In anaginne uuas uuort Inti thaz uuort uuas mit gote. Inti got selbo uuaz thaz uuort.* (65, 16 – 18 = Sievers 1,1; In principio erat uerbum & uerbum erat apud deum & deus erat uerbum). Der unbestimmte Artikel bildet sich erst später aus (Wolf 1981, S. 86 – 92). Das Aufkommen des bestimmten Artikels steht nach Leiss im Zusammenhang mit dem aspektuellen Charakter des Verbalsystems. Es lässt sich als Kompensation des parallel einhergehenden Abbaus aspektueller Kennzeichnung verstehen, was sich an der Musterung von Verbpaaren mit und ohne Präfix erkennen lässt. Bei Verbpaaren wie *stīgan/gistīgan* zeigt sich, dass bei Ersterwähnungen ein Substantiv ohne Artikel steht (*Inti sar gibot her thie iungiron stigan in skef*). Bei nachfolgender Erwähnung steht entweder das Substantiv mit Artikel (*Inti nidarstiganter p&rus fon themo skefe gieng oba themo uuazare*) oder aber ein *gi*-präfigiertes, d. h. perfektives Verb (*Inti sar gibot her thie iungiron stigan in skef* (Tatian 251, 31– 32 = Sievers 80,7). (Zu den *gi*-Präfigierungen vgl. § 95).

Der bestimmte Artikel bezeichnet entweder als „individualisierender" Artikel einen bestimmten, als bekannt vorausgesetzten Gegenstand: *der König ist gestorben,* oder als „generalisierender" Artikel eine Gattung: *der Mensch ist sterblich.* Der unbestimmte Artikel hebt einen Einzelgegenstand aus mehreren derselben Gattung heraus: *ein Mann hatte drei Söhne.* Außerdem kann auch der unbestimmte Artikel generalisierend gebraucht werden: *ein Kind kann das begreifen.* Dieser Gebrauch ist verhältnismäßig jung; im Ahd. und noch vielfach im Mhd. stand hier artikelloses Substantiv: ahd. *so muater kindilīne duat* (Otfrid III, 1, 32) „wie eine Mutter ihrem Kindlein tut"; mhd. *nie keiser wart sô rîche* „nie ward ein Kaiser so mächtig". In generalisierender Bedeutung stehen sich jetzt der bestimmte und der unbestimmte Artikel oft nahe: *ein Mensch* (oder *der Mensch*) *ist ein vielfach bedrohtes Wesen.*

Infolge seines Ursprunges aus dem Zahlwort *ein* kann der unbestimmte Artikel nur im Sing. gebraucht werden. In der alten Sprache findet man jedoch zuweilen Pluralformen von *ein* bei Pluralen, die singularische Bedeutung haben: mhd. *zeinen pfingesten; ze einen êren; was in einen zîten* (Nib. 1140, 1). Später findet man *ein* vor Zahlwörtern bei einem als Einheit gefassten Plural: *ein 14 Tage* (G., Briefe, an Christiane, 28.7.1806); *wir lebten ein acht Tage zusammen* (Sch., Briefe, an Körner, 12.5.1803); *ein vier oder sechs Wochen* (Sch., Briefe, an Iffland, 9.11.1803); so noch jetzt zur Bezeichnung einer ungefähren Zeitangabe: *ich will noch ein(e) acht Tage warten.* Sonst entspricht dem unbestimmten Artikel im Plur. Artikellosigkeit. Jedoch gibt es im Deutschen einen Ansatz zu einer „markierten Pluralbildung" in althochdeutscher Zeit. Bei Otfrid (I, 1, 87) findet sich die Form *in einen buchon* (Härd 2003, S. 2570), und in den Dialekten lässt sich sporadisch ein unbestimmter Pluralartikel nachweisen, z. B. im Bairischen *da Hund hod oi Fleh* („Der Hund hat Flöhe", Eroms/Röder/Spannbauer-Pollmann 2006, S. 140 f.). Glaser (1993, S. 112) weist darauf hin, dass die konsequente Setzung von *ein* im Dialekt auch im Plural weitgehend dem standardsprachlichen *welch-* entspricht. *Welch* kann auch sonst den Plural markieren, Harnisch (2006) führt das folgende Beispiel an: *Streit mit [...]andern welchen Leuten.*

§ 75. Im heutigen Deutsch steht, soweit kein determinatives Pronomen vorhanden ist, bestimmter oder unbestimmter Artikel regelmäßig bei Bezeichnungen für konkrete Einzelgegenstände. Die ursprüngliche Artikellosigkeit ist jedoch in folgenden Fällen bewahrt:

In Sprichwörtern und formelhaften Verbindungen: *Morgenstunde hat Gold im Munde; eigner Herd ist Goldes wert; – Mann und Frau; Kind und Kegel; Mann und Maus; Berg und Tal; Ross und Reiter; Haus und Hof; Mann für Mann; Wort für Wort* usw.

Wo die Bedeutung des Substantivs sich einem Eigennamen nähert. So in der Rechtssprache: *Kläger, Verklagter, Verteidiger, Vorsitzender*; in Geschäftsbriefen: *Schreiber, Unterzeichneter*; in Buchanmeldungen: *Verfasser* u. Ähnl.

In der Dichtung findet sich Artikellosigkeit als stilistische Nachahmung des Volksliedes: *Knabe sprach – Röslein wehrte sich* (G., Heidenröslein); *Angel schwebte lockend nieder* (G., Lust und Qual); *graut Liebchen auch vor Toten?* (Bürger, Lenore); *Meister muß sich immer plagen* (Sch., Das Lied von der Glocke). Ähnlicher Art ist die Nichtsetzung des Artikels in Überschriften, wie *Wanderers Nachtlied; Schäfers Klagesang; Sängers Abschied* usw.

Der Artikel fehlt weiter bei Standesbezeichnungen u. Ähnl. in prädikativer Stellung: *er ist Schneider, Soldat, Student, Junggeselle, Witwer* usw.; auch wo eine nähere Bestimmung folgt: *er ist Bürgermeister von Hamburg; er ist Professor an der Universität Halle; er ist Verfasser vieler Romane; er ist Mitglied der deutschen Akademie; er ist Vater vieler Kinder* usw.; auch wenn das Prädikat durch *als* angeknüpft ist: *ich komme als Freund; er betrachtete ihn als Kollegen*. In diesen Fällen hat das Prädikat charakterisierende Funktion und nähert sich adjektivischer Bedeutung (vgl. § 56). Von einer anderen Art sind Fügungen wie: *er ist der Verfasser des berühmten Romans; er ist der Vater Karls;* hier hat das Prädikat identifizierende Funktion und vollen substantivischen Gehalt; ebenso, wo *es* Subjekt ist: *es ist der Briefträger*. In anderen Fällen muss bei charakterisierendem Prädikat der unbestimmte Artikel stehen: *er ist ein Verräter* (aber *er ist Verräter von Natur*), *ein Dieb, ein Esel, ein Schafskopf* usw., *er ist ein Liebhaber des Weins.*

Über Fehlen des Artikels nach Präposition siehe unten.

Infolge seines Ursprungs kann der unbestimmte Artikel nur bei zählbaren Gegenständen stehen, also nicht bei Stoffbezeichnungen und Abstrakta. Hier steht deshalb wie im Plur. Artikellosigkeit als Alternative zum bestimmten Artikel. Steht eine Stoffbezeichnung als Subjekt, so kann der generalisierende bestimmte Artikel stehen oder fehlen ohne Bedeutungsunterschied: *(das) Geld regiert die Welt; (das) Gold ist schwerer als (das) Silber.* Ist die Stoffbezeichnung Objekt, dann ist Stehen oder Fehlen des Artikels mit Bedeutungswechsel verbunden, indem das artikellose Substantiv eine unbestimmte Menge bezeichnet, von der nur ein Teil durch die Verbalhandlung betroffen wird: *er isst Fleisch, braucht Geld.* Durch den Artikel wird dagegen eine bestimmte, schon bekannte Menge bezeichnet, die in ihrer Ganzheit Objekt der Verbalhandlung ist: *sein Vater hat ihm Geld gegeben, aber er hat das Geld schon verbraucht.* Im Dat. steht meist immer Artikel, da er hier als Kasusmerkmal fungiert: *Zinn ist dem Zink ähnlich; ich ziehe Wein dem Bier vor;* doch kann nach Präposition der Artikel fehlen und der Kasus unbezeichnet bleiben: *der Ring ist von Gold.* Im Gen. steht immer Artikel: *die Bewohner brauchten Tang statt des Brotes.* Wenn von verschiedenen Sorten und bestimmten Qualitäten die Rede ist, kann auch bei Stoffbezeichnungen sowohl Plural wie individualisierender unbestimmter Artikel auftreten: *die Weine der Pfalz; die verschiedenen Tuche* usw.; *heute kriegen wir eine feine Fleischbrühe; heuer gibt es einen guten Wein; das ist eine feine Seide; hier brauen sie ein schlechtes Bier.* Im Mhd. geht dieser Gebrauch weiter; hier steht der unbestimmte Artikel, wenn ein gewisses Quantum des Stoffes gemeint ist: *mit einem brunnen* „mit etwas frischem Wasser"; *er tranc eines waʒʒers* (Hartmann, Iwein 127); bei Vergleichungen liegt diese Vorstellung zugrunde: *wîʒ als ein snê* (Wolfram, Parzival 233, 29); *grüene alsam ein gras* (Nib. 404, 3); *swære als ein blî* (Walther, L. 76, 3).

Von den Abstrakta können diejenigen, die Eigenschaften und Zustände bezeichnen, als Subjekt und Akkusativobjekt artikellos oder mit generalisierendem bestimmten Artikel stehen ohne Bedeutungsunterschied: *Schönheit vergeht, Tugend besteht; (die) Not kennt kein Gebot; er liebt (die) Ruhe; er hasst das Laster.* Im Dat. und im Gen. muss der Artikel stehen, da er hier als Kasusmerkmal fungiert: *ich bedarf der Ruhe; er läuft der Ehre nach.* Eigenschafts- und Zustandsbezeichnungen können individualisiert werden; in diesem Falle können sie einen Plural bilden und im Sing. den unbestimmten Artikel haben: *er hat viele Freuden; einem eine Freude machen* ist etwas anderes als *einem Freude machen.*

Bei Verbalabstrakta, die eine Einzelhandlung bezeichnen, macht der Zahlbegriff sich geltend, deshalb ist hier der individualisierende bestimmte und unbestimmte Artikel sowie Pluralbildung gebräuchlich: *die Belagerung von Radstadt; ein letzter Angriff; die Versuche waren alle vergebens.* Dagegen wenn ein Dauerzustand oder ein Allgemeinbegriff bezeichnet wird, ist das Verhältnis wie bei anderen Abstrakta, also: *Bewegung ist dem Menschen zuträglich; (der) Durchgang ist hier nicht gestattet; (das) Rauchen ist verboten.* Bei fester, formelhafter Verbindung von Verb und Objekt fehlt der Artikel: *Widerstand leisten; Besserung versprechen; Beschäftigung finden; Anstalt machen; Hilfe leisten* usw. Im

Gen. und Dat. muss der Artikel als Kasusmerkmal stehen: *er bedarf der Unterstützung; die Stadt ist dem Untergang geweiht.*

Eigennamen sind an sich schon individualisierend, man erwartet deswegen hier keinen Artikel. In gewissen Fällen ist jedoch Artikelgebrauch eingedrungen.

Die Personennamen hatten ursprünglich keinen Artikel, und dies ist noch die Regel. Artikel drang ein bei Familiennamen, die eigentlich Appellativa waren, wie mhd. *der Strickære* („Seiler"); *der Bernære.* Dies ist möglicherweise die Grundlage des heutigen Gebrauchs in Süddeutschland, wo die volkstümliche Sprache fast immer Artikel bei Personennamen hat (abgesehen von der Anrede): *der Karl ist heute nicht zu sprechen; die Else hat soeben angerufen; der Caruso singt heute Abend.* Sonst steht der Artikel, wenn ein Adjektiv vor dem Namen steht: *die kleine Grete.* In älterer Literatur wurde der Artikel vielfach als Kasusmerkmal verwendet; *mit der Diana* (Gessner); *vom Rousseau* (Wieland); besonders bei Namen aus dem Altertum: *der Ruhm des Miltiades ließ den Themistokles nicht schlafen.* Im 18. Jh. erhielten diese Namen oft die Endung *-s* im Gen.: *des Vergils, des Pindars, des Achills* usw. Jetzt stehen fremde Namen unflektiert nach Artikel im Gen. Bei deutschen Namen braucht man Flexionsendung, aber keinen Artikel: *Goethes Werke.* Bei Namen von bekannten Frauen braucht man in manchen Stilregistern Artikel, besonders, wenn der Vorname fehlt: *haben Sie die Ebner-Eschenbach gelesen?*

Im Dialekt, etwa im Bairischen, ist die Setzung des bestimmten Artikels besonders konsequent, auch in Fällen, wo die Standardsprache keinen Artikel setzt. Der Artikel ist dabei häufig reduziert und kann mit dem Substantiv verschmelzen; steht ein Adjektiv zwischen Artikel und Substantiv, wird in der Regel die volle Form verwendet *P'Frau* (= die Frau) *Maier hod sogt...*" „Frau Maier hat gesagt..."; *de oide Frau Maier* ... (Vgl. Eroms/Röder/Spannbauer-Pollmann 2006, S. 107–130).

Wenn ein Personenname als Appellativ gebraucht wird, bekommt er den Artikel nach den üblichen Regeln: *der Demosthenes unserer Zeit; ein Cicero.* Ebenso, wenn er ein Kunstwerk bezeichnet: *der Laokoon; die Venus von Tizian* usw.; oder ein Literaturwerk: *in der Maria Stuart; die erste Aufführung der Emilia Galotti; gestern habe ich den Faust gesehen.* Goethe und Schiller behandeln solche Titel bisweilen als wirkliche Personennamen: *neulich sah ich Tartüffen* (G., Briefe, an Cornelia Goethe, 6.12.1765); *Wallenstein schicke ich morgen wieder zurück* (G., Briefe, an Schiller, 9.3.1799); *das erste Buch Wilhelm Meisters* (Sch., Briefe, an Goethe, 9.12.1794).

Namen für Sterne, Schiffe, Tiere, Blumen u. Ähnl. haben Artikel: *der Orion, die Venus, die Victoria regia.* Schiffsnamen sind Feminina: *die Deutschland, die Bremen, die Tirpitz.*

Für geographische Namen gilt im Allgemeinen, dass sie Artikel haben, wenn sie nicht Neutra sind, also: *die Türkei; die Slowakei; die Schweiz; die Pfalz; der*

Sudan; der Haag; doch auch *das Elsass.* Ursprünglich stand Artikel bei denjenigen deutschen Ortsnamen, deren letztes Glied als Appellativ empfunden wurde. Dies ist jetzt meistens aufgegeben, bewahrt nur in einzelnen Fällen, wie *das Allgäu, das Breisgau, das Vogtland, die Altmark, der Schwarzwald, die Niederlande;* hierher gehört auch *die Pfalz, die Rheinpfalz, die Oberpfalz.* Aber Städtenamen wie *Heidelberg, Nürnberg, Hainburg, Naumburg, Rastatt* usw. sind jetzt Neutra und artikellos. Flussnamen sind nie Neutra, haben deshalb immer Artikel, und dies gilt sowohl für deutsche wie für fremdländische Flüsse: *die Donau, die Oder, der Rhein, der Ganges.* Ursprünglich konnten Flüsse ohne Artikel verwendet werden; im Nibelungenlied ist dieser, hier archaisierende Gebrauch, zu belegen: *Do erbiten sie der nahte und fuoren über Rîn* (Nib. 1002, 1; vgl. Lockwood 1968, S. 95). – Wie alle Eigennamen bekommen auch die geographischen Namen Artikel, wenn sie nähere Bestimmungen haben: *das einst so schöne Hamburg; das Berlin meiner Jugend; das Deutschland von heute.*

Bestimmter und unbestimmter Artikel können im Mittelhochdeutschen auch zusammen auftreten: *an ein daʒ schœnste gras daʒ sî in dem boumgarten vant, dar vuorte sî in bî der hant* (Hartmann, Iwein 6490 ff., vgl. Sonderegger 1979, S. 266).

§ 76. Wo das Substantiv als Präpositionsrektion steht, kann der Artikel in größerem Ausmaße als sonst fehlen. Präposition und Nomen bilden ja oft feste Verbindungen, worin ältere Sprachverhältnisse festgehalten werden. Eine andere Eigentümlichkeit, die in der Präpositionsverbindung auftritt, ist die Verschmelzung gewisser Präpositionen mit dem Artikel. Diese kontrahierten Formen stehen nur, wo der Artikel ganz unbetont ist: *am Tage seiner Hochzeit;* wo der Artikel etwas von seiner demonstrativen Kraft bewahrt hat, steht die volle Form: *an dem Tage, wo der Unfall geschah.*

Viele alte Verbindungen mit artikellosem Substantiv haben sich bei *zu* erhalten (mhd. *zuo* und *ze*). Früher konnte *zu* auch die Ruhelage ausdrücken. Im Nhd. sind, abgesehen von *zu* bei Ortsnamen, einige Reste dieser Verwendung erhalten, meistens ohne Artikel: *zu Lande, zu Wasser; zu Tisch(e) (sitzen); zu Bett (e) (liegen); zu Mittag, zu Abend essen; zu Füßen, zu Häupten; mir ist traurig zu Mute; zu Fuß(e), zu Pferd(e), zu Schiff(e).* Dagegen: *zur See, zur Seite;* ebenso: *zur Tür, zum Fenster hinaus.* Mhd. war die Verwendung von *ze* zur Bezeichnung der Ruhelage bedeutend mehr verbreitet: *ze himele, ze helle* usw. Auch in temporaler Bedeutung zur Angabe des Zeitpunktes steht noch in einigen Verbindungen *zu* ohne Artikel: *zu Anfang, zu Ende, heutzutage, zu Zeiten;* dagegen *zur Zeit* = „zur jetzigen Zeit".

Auch nach *ze* mit Richtungsbedeutung steht das Substantiv mhd. nicht selten artikellos, und einige Reste dieses Gebrauchs haben sich erhalten: *zu Bett(e), zu Markte gehen; einem zu Leibe gehen; zu Kopfe steigen; zu Kreuze kriechen; zu Grunde gehen; zu Boden fallen; zu Grabe tragen; mit etwas zu Rande kommen; sich (einem) etwas zu Gemüte führen; zu Gesichte, zu Ohren kommen; zu Wege bringen; zu Felde ziehen.* In Verbindungen, die das Erreichen eines Zweckes oder Ergebnisses bezeichnen, stand früher häufig *zu* mit artikellosem Substantiv, und dies ist in einer Reihe von formelhaften Ausdrücken bewahrt: *zu Stande (bringen, kommen); zu Schaden (kommen); zugrunde (gehen); sich etwas zunutze machen; zu Nutz und Frommen; zu Rate (ziehen, gehen); zu Tode quälen; zu Worte kommen; zu Willen sein; zu Tage kommen (bringen); zu Gute, zu Leide, zu Liebe, zu Ehren, zu Schanden.* Sonst braucht man jetzt die kontrahierten Formen *zum* und *zur: zur Warnung; zum Heil.* Es dauerte aber lange, bis diese Formen sich durchsetzten, und Fügungen ohne Artikel hielten sich bis weit ins 18. Jh. hinein: *zu Erfüllung meines Wunsches* (Johann von Müller, Briefe, von Dohm, 29.3.1807); *zu Untersuchung der Wahrheit* (Lessing, 13, 74, 30, Kleine Schriften 1791, 265); *zu Verlängerung seiner Tage* (Wieland, 25, 186, Aristipps Briefe 1, 40); *zu Linderung ihres Übels* (Wieland, 30, 55, Dschinnistan, 45); *zu Fortsetzung des Geschäfts* (G., 35, 164, 23, Tag- und Jahreshefte, 1803); *zu Verbesserung des Textes* (G., Briefe 16, 100, 9); *zu Erhaltung des Friedens* (Sch., 7, 249, 24, Die Geschichte der vereinigten Niederlande, 11). Noch heute kann das Substantiv artikellos sein, wenn ein Adjektiv vorangeht: *zu sorgfältiger Überlegung; zu nicht geringem Verdrusse.* Im Mhd. stand weiter *ze* ohne Artikel in Verbindung mit Verben wie *machen* und *werden* zur Bezeichnung des Ergebnisses einer Handlung oder Entwicklung: *ze manne werden; ze künege machen*; in diesen Ausdrücken wurde aber auch der unbestimmte Artikel gebräuchlich, der schon im Mhd. häufig ist: *daʒ si den jungen wolden ze eime hêrren hân* (Nib. 42, 3); *sint ir mich erkoren hât zu eime rihtere* (Herb.); nhd. *machet manchen Mann zu einem Dieb* (H. Sachs, Fassnachtspiel von Richter, Buhler, Spieler, Trinker, 133); *ich ward ihm zu einem Gehülfen vorgeschlagen* (Chamisso, Reise um die Welt 1, 1). In der heutigen Sprache steht in diesen Verbindungen *zum, zur*, was auf *zu* + unbestimmtem Artikel zurückgeht; deshalb steht bei Stoffbezeichnungen einfaches *zu: zu Wasser werden; Wasser zu Wein machen; zu Brei zerstampfen* usw.; ebenso bei Pluralen: *die Knaben sind zu Männern geworden*; dagegen *zum Manne werden; zum Könige machen; zur Gattin wählen*; dies *zum, zur* kann aber nicht mit *zu dem, zu der* ausgetauscht werden. – Unauflösbares *zum, zur* liegt auch vor in Wirtshausnamen, wie *zum Bären; zum roten Hahn; zur Sonne* usw., wo *zu* noch Ruhelage bezeichnet; weiter neben Superlativen, wie *zum besten, zum mindesten*, und in Verbindung mit substantiviertem Infinitiv: *das ist zum Lachen, zum rasend werden.* Nach *an* sind nur wenige Fälle von artikellosem Substantiv in der heutigen Sprache bewahrt: *an Bord, an Hand, an Stelle, anstatt.* Die Kontraktion *am* ist oft unauflösbar, so in *am Anfang, am Ende, am Tage* (als Gegensatz zu *in der Nacht*, aber: *an dem Tage, an welchem*), *am Morgen, am Abend, am Dienstag; es liegt mir am Herzen; am Boden, am Lande; am Leben sein, bleiben, erhalten; am Arm, am Kopf verwundet; am Rande, am Rhein, am Main* usw.; *am*

besten usw. – Auch die Kontraktion *ans* ist in einigen Fällen unauflösbar: *ans Herz legen; das greift mir ans Herz; ans Werk gehen; das geht ans Leben, ans Eingemachte. An den* wurde früher zu *ann, an* kontrahiert; diese Kontraktion kommt jetzt nicht mehr vor; sie findet sich in der Literatur, z. B. *und schlagen seinen Namen getrost an Galgen* (Lessing 13, 152, 30).

Nach *auf* ist Artikellosigkeit bei Individualbezeichnungen nur noch erhalten in *auf Erden.* Die Kontraktion *aufs* ist unauflösbar vor Superlativen: *aufs beste* usw.; ebenso in formelhaften Verbindungen wie *aufs neue; aufs Geratewohl; aufs Land (reisen); aufs Rad flechten; aufs Maul schlagen; Hand aufs Herz; das passt wie die Faust aufs Auge; aufs Haupt schlagen; aufs Wort glauben.*

Neben *bei* finden wir noch einige Fälle von artikellosem Substantiv mit Individualbedeutung: *bei Hofe, bei Tische; bei Leibe nicht; beiseite.* Unauflösbares *beim* steht noch in einigen Verbindungen: *beim Wort nehmen; beim Kragen fassen; beim Schopf packen* und in Schwüren wie *beim Himmel.*

Die Kontraktion *fürs* ist unauflösbar in Formeln wie *fürs erste, fürs Auge, fürs Herz, fürs Leben.*

Verbindungen von *in* mit artikellosem Substantiv waren mhd. nicht ganz selten; *in* erscheint da gewöhnlich in der reduzierten Lautform *en: enlant, enhende* („in der Hand", vgl. *behende*), *enlībe* „am Leben". Jetzt hat sich die Kontraktion *im* stark verbreitet und steht auch bei Zustandsbezeichnungen, wenn es sich um einen schon bestehenden Zustand handelt: *im Leben, im Tode, im Schlaf, im Traum, im Rausch, im Frieden, im Krieg, im Ernst, im Zweifel, im Vertrauen, im Bewusstsein, im Begriff, imstande* usw. Auch bei Feminina steht jetzt Artikel: *in der Not, in der Verzweiflung.* Dagegen, wenn der Zustand erst durch die Verbalhandlung hervorgebracht oder erreicht wird, wo das Nomen also im Akk. erscheint, fehlt der Artikel: *in Zorn, Wut, Not geraten.* Vor substantivierten Infinitiven steht jedoch *ins: ins Stocken geraten; ins Rollen, ins Wanken bringen.* Der Artikel fehlt, wenn ein attributives Adjektiv vor der Zustandsbezeichnung steht: *in großem Zorn, in tiefer Not sein.* Es heißt jetzt *in der Meinung, in der Hoffnung;* früher ohne Artikel *in Meinung, in Hoffnung.* Die Kontraktion *im* ist oft unauflösbar: *im Arme, im Auge, im Kopfe, im Wasser, im Feuer, im Felde, im Walde, im Sommer, im Herbst* usw.; *im Monat, im Jahr, im Voraus;* ebenso bei substantivierten Adjektiven: *im Freien, im Grünen, im Reinen, im Klaren, im Stillen, im Allgemeinen, im Besonderen, im großen und ganzen.* Auch die Kontraktion *ins* ist in einer Reihe formelhafter Verbindungen unauflösbar: *ins Herz greifen; ins Ohr flüstern; ins Gesicht schlagen; ins Auge fassen; ins Gras beißen; ins Gewissen reden; ins Wort fallen; ins Gebet nehmen; ins Gewicht fallen; sich ins Zeug legen;* ebenso vor substantivierten Adjektiven: *ins Reine kommen, bringen; ins Ungewisse hinausschieben; ins Blaue hinein; inskünftige, insgesamt, insbesondere* usw. – In älterem Nhd. finden wir eine Kontraktion *in den > in;* in dieser Weise erklären sich Stellen aus der Literatur, wie *wie, Schwester, kam dir das in Sinn?* (Lessing 1, 105, 32, Fabeln, Der Löwe und die Mücke); *in Keller* für *in den Keller; in Sack* für *in den Sack* u. Ähnl.

Ohne Artikel steht *nach Hause,* als Bezeichnung der Richtung an Stelle des älteren *ze hûse,* weil dieses doppelsinnig war, sowohl Richtung wie Ruhelage bezeichnete.

Artikellose Verbindungen mit *über* sind jetzt selten: *über Land, über Bord; sich über Wasser halten; überhaupt.* Kontraktion *übers* ist in einigen Ausdrücken unauflösbar: *übers Herz bringen; übers Knie brechen; einem übers Maul fahren; übers Jahr.*

Neben *von* steht artikelloses Substantiv mit Individualbedeutung in einigen festen Verbindungen: *von Haus aus; von Herzen; von Kind auf; von seiten; von Haus zu Haus; von Kopf bis Fuß; von Ort zu Ort; von Land zu Land; von Hand zu Hand; von Mund zu Mund; von Zeit zu Zeit; von Anfang an; von Anfang bis zu Ende,* u. Ähnl.; ebenso fehlt der Artikel bei substantivierten Adjektiven wie *von weitem, von neuem, von frischem.*

Auch mit *vor* finden sich artikellose Verbindungen: *vor Augen haben; vor Anker liegen; vor kurzem; vor allem.*

§ 77. Der Artikel steht nicht immer unmittelbar vor dem zugehörigen Substantiv. In der heutigen Sprache steht ein adjektivisches Attribut immer zwischen Artikel und Substantiv: *ein kleines Kind.* Früher konnte auch ein attributiver Genitiv in dieser Stellung stehen, besonders häufig ein Eigenname, z. B. mhd. *daȥ Etzelen wîp; die Hagenen vrâge; ein Hiunen recke;* aber auch andere Personenbezeichnungen: *ein mannes heil; ein schœnes wîbes heil.* Auch der Gen. *gotes* kam häufig in dieser Stellung vor: *der gotes segen; diu gotes hant; diu gotes burg.* Der Gen. konnte in dieser Fügung keinen Artikel haben. Im Nhd. haben sich aus diesen Verbindungen oft Zusammensetzungen ergeben: *ein Gotteswort; die Mannesehre; ein Frauenschicksal,* usw. Wo vorangestellter Gen. bewahrt ist, fehlt jetzt der Artikel beim regierenden Nomen: *nach armer Leute Art; in Teufels Namen; von Gottes Gnaden; Undank ist der Welt Lohn; des Menschen Wille ist sein Himmelreich.* Bei nachgestelltem Gen., was jetzt der normale Wortstellungstyp ist, haben sowohl der Gen. wie das regierende Nomen den Artikel: *das Haus des Nachbarn.* Früher konnte der Artikel des regierenden Wortes in gewissen Fällen fehlen: mhd. *diu herzogin las anevanc der mære* (Wolfram, Titurel 3, 180); *zuht des jungen heldes* (Nib. 497, 4). Auch ein adjektivisches Attribut konnte früher nachgestellt stehen, vgl. § 52. Der Artikel konnte dann zwischen Substantiv und Attribut stehen: as. *godspell that gôda* (Heliand 25); mhd. *swert diu scharpfen* (Nib. 2170, 2); *hort den aller meisten* (Nib. 722, 1). Einen Rest dieses Typus haben wir noch in Namen von Fürsten, wie *Karl der Kühne; Ludwig der Fromme; Friedrich der Zweite* usw. Auch beim nachgestellten Genitiv konnte diese Wortstellung auftreten: *hort der Nibelunges* (Nib. 89, 1).

Sind mehrere Substantive durch *und* verbunden, so steht der Artikel nur vor dem ersten, wenn sie nur verschiedene Seiten desselben Gegenstandes bezeichnen: *der Geheimerat und Professor N.* Dagegen, wenn von mehreren Sachen oder Personen die Rede ist, steht der Artikel vor jedem einzelnen Substantiv: *der starke Bär und der schlaue Fuchs.* Früher war dies nicht nötig; noch bei Lessing heißt es *der schwache Fuchs und starke Hirsch* (Der Hirsch und der Fuchs), und bei Goethe *an dem Becher und Becken* (47, 298, 6). Dieselbe Regel gilt, wenn mehrere attributive durch *und* verbundene Adjektive vor einem Substantiv stehen. Wenn sich die Attribute auf denselben Gegenstand beziehen, steht der Artikel nur einmal: *die junge und schöne Gräfin.* Dagegen eine Verbindung wie *auf dem alten und jungen Grafen* (Sch., Selbstrezension zu „Die Räuber") gilt jetzt als unkorrekt, weil sich die Attribute auf verschiedene Personen beziehen.

VI. Das Verbum

1. Aspekte und Aktionsarten

§ 78. Die Unterscheidung von perfektiver und imperfektiver Aktionsart ist besonders aus den slawischen Sprachen bekannt, wo sie eine grundlegende Rolle im Verbalsystem spielt. Aber auch im Altgermanischen war diese Unterscheidung lebendig, und sie wirkt sich noch in der Struktur des modernen Deutsch aus, vor allen Dingen in der Syntax des Part. Prät. und in der damit zusammenhängenden Verteilung der Hilfsverba *sein* und *haben*, vgl. § 96. Aktionsarten sind lexikalische Ausprägungen grundlegender aspektueller Verhältnisse (vgl. § 95). Sie sind für die Ausdifferenzierung des verbalen Wortschatzes und besonders für die damit verbundene Grundgliederung der Relationierung von Handlungen, Vorgängen und Zuständen verantwortlich. Sie prägen entscheidend das Verbalsystem des frühen Deutsch und gleichermaßen die Fortentwicklung zur Ausbildung des Deutschen ab dem Spätalthochdeutschen zu einer zunehmend temporal organisierten Sprache (vgl. genauer dazu § 95). Für die Präfixverben, insbesondere die mit *ga-/ge-* präfigierten Verben wird dies zunehmend angenommen (vgl. § 95). Aber auch in der Suffixbildung lassen sich aktionsartliche Verhältnisse aufdecken. So lassen sich die *jan*-Verben als nicht-durative Varianten ihrer unpräfigierten durativen Basen auffassen (Riecke 1997). Da wegen der Endsilbenabschwächung dieses Suffix in seiner Funktion nicht mehr erkennbar ist, ist die über das Suffix signalisierte Funktion verdeckt, damit aber auch die für Aktionsarten und vor allem Aspektverhältnisse grundsätzlich anzunehmende Paarigkeit (s.u.).

Die Aktionsartunterscheidung bezieht sich auf das Verhältnis der Verbalhandlung zum Zeitablauf. Bei der imperfektiven (oder durativen) Aktionsart erscheint die Verbalhandlung in ihrem kontinuierlichen zeitlichen Verlauf, ohne dass an irgendeine Abgrenzung gedacht wird, z.B. *schlafen, leben, sitzen*. Bei der perfektiven (oder punktuellen) Aktionsart dagegen wird gerade die momentane Abgrenzung der Handlung in der Zeit in den Blickpunkt gerückt. Zu perfektiven Verben kann man deshalb nicht Bestimmungen hinzufügen, die die Handlung über das Momentane hinausführen und ihr eine gewisse Dauer verleihen; man kann nicht sagen: *wir erstiegen den Berg vier Stunden lang;* dagegen: *wir stiegen stundenlang, ohne den Gipfel zu ersteigen.* Wo die momentane Abgrenzung den Anfang der Handlung trifft, spricht man von ingressiven Verben, wie z.B. *erblicken, erblühen, ertönen* usw.; trifft sie dagegen den Abschluss der Handlung, so spricht man von effektiven Verben, wie z.B. *verblühen, verdorren, verklingen* usw.

Im Germanischen konnten imperfektive Verben durch Präfixe perfektiv gemacht werden. Besonders die Partikel *ge-* (got. *ga-*, ahd. *ga-, gi-*) wurde als Perfektivierungsmittel verwendet. So hat z.B. das ahd. Verbum *winnan* die imperfektive Bedeutung „sich anstrengen, kämpfen", *giwinnan* aber die (resultativ-) perfektive „durch Anstrengung erreichen, erobern". Im Laufe der Entwicklung büßte *ge-* diese perfektivierende Kraft ein, besonders seitdem es ein festes Bildungselement des Partizip Präteriti geworden war. Die perfektivierende Funktion von *ge-* ist dann von anderen Präfixen übernommen worden, vgl. die obigen Beispiele. Die Simplizia waren im Germanischen meistens imperfektiv. Nur eine kleine Gruppe hatte perfektive Aktionsart, nämlich ahd. *bringan, treffan, findan, queman, werdan*. Diese Verba wurden deswegen nie, auch nicht im Part. Prät. mit dem Präfix *ga-* verbunden. Noch im Mhd. fehlt bei ihnen das *ge-* im Part. Prät., und dies dauert im Frühnhd. fort. Bei Luther sind die präfixlosen Partizipformen *bracht, funden, troffen, kommen, worden* das Gewöhnliche; das Partizip *kommen* hielt sich sogar bis zum Anfang des 18. Jh., und *worden* ist noch die feste Form in Verbindung mit einem anderen Partizip in der Passivumschreibung. Im Kirchen- und im Volkslied halten sich die alten Formen bis heute: *Es ist ein Ros entsprungen... und hat ein Blümlein bracht. – Wohlan die Zeit ist kommen.*

Die aktionsartlichen Verhältnisse werden in den Grammatiken des Deutschen seit jeher im Ansatz erfasst und in ihrer das Verbsystem des Deutschen kennzeichnenden Paarigkeit beschrieben. „Paarigkeit" aber ist in den Sprachen, in denen der Aspekt für die Ordnung der verbalen Formen bestimmend ist, der ausschlaggebende Faktor. So sind in den slawischen Sprachen tendenziell obligatorisch alle verbalen Formen dichotomisch nach kursivem und perfektivem Aspekt angelegt. Ansätze eines solchen Systems finden sich jedoch auch in den germanischen Sprachen. Im Deutschen jedenfalls lässt sich vor der Ausbildung des ausgefeilten temporalen Systems und z.T. auch neben ihm eine aspektuell-aktionsartlich organisierte Kennzeichnung nachweisen (vgl. z. B. Oubouzar 1974, Eroms 1997, Härd 2003, Schrodt 2004, S. 1–4). Diese ist allerdings im Gegensatz zu den slawischen Sprachen nie obligatorisch, sondern mit ihren Formenvarianten im Verhältnis von unmarkierten zu markierten Ausdrucksweisen variabler. Sie schlägt sich einerseits in den unpräfigierten gegen die präfigierten Verbformen nieder (*sagen, gisagen*; *sehen, gesehen*), die sich im späteren Verlauf der Sprachgeschichte zumeist in lexikalische Varianten verfestigen (vgl. § 95). Wichtiger sind die periphrastischen Verbformen, die eine doppelte Dichotomisierung aufweisen, weil sie mit dem Verbpaar *sein* und *werden* in Kreuzklassifikation mit den infiniten Verbformen stehen. Insbesondere sind dies die Präsens- und die Perfektpartizipien der Verben. Die Kombinationen der Verben *sein* und *werden* mit dem Präsenspartizip erlauben kursive gegen perfektive Ausdrucksweisen: Im Alt- und Mittelhochdeutschen lassen sich paarige Konstruktionen der folgenden Art bilden: *Tho was er bóuhnenti, nales spréchenti* (Otfrid I, 4, 77), ‚Da war er Zeichen gebend, aber nicht sprechend' versus *Tho ward múnd siner sar spréchanter* (Otfrid I, 9, 29), ‚Da wurde sein Mund sogleich sprechend'. Noch im Nibelungenlied finden sich diese Parallelbildungen: *daz wil ich immer diende umbe Kriemhilde sîn* (Nib. 540, 4); *jâ wirt ir dienende vil manic wætlîcher man* (Nib. 1210, 4). (Genaueres vgl. § 90).

Die Formen, die in der älteren Forschung z.T. auf Beeinflussung durch das Latein zurückgeführt wurden, sind im frühen Althochdeutschen, aber auch im späteren Althochdeutschen und im Mittelhochdeutschen noch so häufig, dass sie als autochthon anzusehen sind. Die *sein*-Formen sterben allmählich ab, die *werden*-Formen halten sich entweder dialektal umgeformt als Bezeichnungen einer als unmittelbar bevorstehenden, futurischen Vorgangsbezeichnung (*es wird regnat*, „es wird gleich anfangen zu regnen", Saltveit 1962, Koch 1997) oder verschwinden, ebenfalls umgeformt, hinter den Futurbezeichnungen mit *werden* + Infinitiv (vgl. § 99).

Vergleichbares gilt aber auch für die Kombinationen der Verben *sein* und *werden* mit dem Partizip des Präteritums. Hier führen die Kombinationen wieder zu einer doppelten Dichotomisierung. Die Kombination mit einwertigen Verben führt zu aktivischen Strukturen, die mit höherwertigen zu passivischen (vgl. § 97 f.): Für die aktivischen seien die Formen von *sein* und *werden* jeweils mit dem Partizip des Perfekts verglichen, denn letztere lassen sich durchaus im Althochdeutschen und Altsächsischen belegen (vgl. Dal 1959 und Eggers 1987): *dhazs christ iu ist langhe quhoman* (Isidor 26, 14), ‚daß Christus (für) euch schon lange gekommen ist'. *Nu íst er queman hérasun* (Otfrid II, 7, 45), ‚jetzt ist er hierher gekommen'. Diese Ausdrucksweisen sind nicht „perfektisch" in dem Sinne, dass sie vergangenheitsbezogen seien, sondern sie markieren einen präsentischen Zustand. Die in ihnen enthaltenen Temporaladverbialia beziehen sich darauf. Die parallelen – allerdings viel seltener begegnenden – *werden*-Formen markieren einen Zustandseintritt, einen Übergang von einem Zustand zu einem anderen, sie sind „mutativ", darin sind sie in ihrer Bildeweise den Passivformen mit *werden* im frühen Althochdeutschen analog: *huueo got uuard man chiuuordan christ gotes sunu, „quia christus filius dei deus homo factus est* (Isidor 21,15 f.), ‚wie Gott ward Mensch geworden'. *Thô uuarð morgan cuman* (Heliand 686), ‚Da ward der Morgen gekommen'.

Im Zuge des Ausbaus der temporalen Strukturen des Deutschen, vor allem nach dem Aufkommen des *haben*-Perfekts (vgl. § 95), werden die alten „perfektivischen" Ausdrucksweisen mit dem Auxiliar *sein* allmählich den neuen mit *haben* funktional gleichgestellt. Sie sind genetisch aber völlig anders zu beurteilen. Sie sind nicht nur bedeutend älter, sie sind vor allem keine eigentlichen Vergangenheitsbezeichnungen. Sie führen allerdings mit den neuen *haben*-Perfekta zu subjektzentrierten Aussageweisen.

Vergleichbares gilt für die beiden Formentypen des Passivs. Auch diese sind zunächst Aussageweisen, die auf das Subjekt zentriert sind und damit die agenszentrierte Strukturierung ändern. Bestimmend für das Deutsche ist hier von Anfang an, dass es mit den *sein-* und *werden*-Konstruktionen *zwei* Passivtypen gibt, die sich im Laufe der Zeit in ihrer Gebrauchsfrequenz und in ihrem Systemplatz und damit in ihrer inhaltlichen Funktion ändern (vgl. § 97). Doch bleiben die beiden Passivtypen im Deutschen, anders als im Englischen, wo es ursprünglich die gleichen Verhältnisse wie im Deutschen gegeben hat, bestehen. Die beiden Passivformen werden im Deutschen durch die Einbindung in das Tempussystem für die verschiedenen Zeitformen und im Zusammenhang mit den Formen des Aktivs den Anforderungen der Relationierung von verbalen Handlungen gerecht und machen zunehmend das aktional-aspektuelle System unnötig. Dieses lebt aber latent fort. Bei den periphrastischen Verbformen ist es als „semantische Substruktur" noch spürbar (Härd 2003, S. 2577), und macht sich z. B. durch neue Kursivbezeichnungen (*er ist am Arbeiten, sie ist beim Radfahren*) bemerkbar (vgl. Van Pottelberge 2004).

2. Die Nominalformen des Verbs

§ 79. Das germanische Verbum besitzt drei Nominalformen: einen Infinitiv mit substantivischer Funktion und zwei Partizipia mit adjektivischer Funktion. Diese Formen waren ursprünglich reine Nomina, sie traten aber früh in nahe Beziehung zum Verbalsystem, indem sie sich an ein bestimmtes Tempus anschlossen und z. T. die Fähigkeit verbaler Rektion erwarben. Sie haben aber ihren nominalen Charakter nicht ganz aufgegeben, so dass sie noch sowohl in nominaler wie in verbaler Funktion gebraucht werden können, vgl. nominal: *ein geliebtes Kind; mein Bitten war vergebens*; verbal: *er hat geliebt; du musst bitten.* – Die Nominalformen des Verbs nennt man infinite Verbalformen im Gegensatz zu den finiten Formen, die mit Personalendungen versehen sind.

A. Der Infinitiv

§ 80. Der germanische Infinitiv geht auf ein indogerm. Verbalnomen zurück, das sich erst im Germanischen an das Präsens angeschlossen hat. Dieser Infinitiv war ursprünglich wie andere Verbalnomina neutral in Bezug auf den Gegensatz Aktiv: Passiv. Ob im Germanischen passive Bedeutung des Infinitivs vorliegt, ist unsicher. Wulfila übersetzt im Allgemeinen den griech. Infinitiv Passiv mit dem aktiven Infinitiv, aber es ist unsicher, ob eine passive Bedeutung empfunden wird. In Fällen wie *anabaud izai giban mat* (διέταξεν δοθῆναι L. 8, 55, „er befahl, man sollte ihr zu essen geben") hat der germanische Infinitiv aktive Bedeutung. In anderen

Fällen muss passive Bedeutung vorliegen, aber es fragt sich, ob die Konstruktion echt gotisch ist. Sonst hat der germanische Infinitiv von Anfang an nur aktive Bedeutung und besitzt dieselbe Rektionsfähigkeit wie das finite Verb.

Das Westgerm. besitzt neben dem gemeingerm. Infinitiv eine mit einem j-Suffix erweiterte Form, die als Gen. und Dat. des einfachen Infinitivs fungiert (mhd. Dat. *-enne*, Gen. *-ennes*); sie wird deshalb oft als flektierter Infinitiv (oder Gerundium) bezeichnet. Sie erscheint meistens als Dat. in Verbindung mit der Präposition ahd. *za, zi*, mhd. *ze (zuo)*: mhd. *ze nemen(n)e*; seltener im Gen.: mhd. *nemen(n)es*. Im Laufe der mhd. Zeit fiel die Dativform des erweiterten Infinitivs mit dem einfachen lautlich zusammen. Sie lebt fort im nhd. Infinitiv mit *zu*, dem sogenannten „präpositionalen" Infinitiv, der sich auf Kosten des einfachen Infinitivs stark verbreitet hat.

a) Der einfache Infinitiv

§ 81. Der einfache Infinitiv hatte in der alten Sprache ein viel weiteres Gebiet als jetzt. Er ist im Laufe der Zeit durch andere Konstruktionen, besonders durch den präpositionalen Infinitiv stark zurückgedrängt worden. Andererseits hat er sein Gebiet erweitert auf Kosten des Partizipium Präsentis (vgl. § 82 und § 99).

Die ursprüngliche Funktion des Infinitivs ist, zu Substantiven, Adjektiven und Verben als Ergänzung hinzuzutreten. Der Infinitiv bezeichnet dann die Handlung als Zweck oder Folge des regierenden Wortes. Diese Grundbedeutung wurde durch die Präposition *zu* ausdrücklicher hervorgehoben, deswegen hat diese deutlichere Konstruktion sich fast auf dem ganzen Gebiet durchgesetzt: *er war bereit zu helfen; er hat die Macht zu helfen; er wünscht zu helfen.*

Der einfache Infinitiv hat sich in dieser Funktion nur als Ergänzung von Verben behaupten können, und auch hier nur in beschränktem Umfange. In der Stellung nach Substantiven und Adjektiven ist er schon im Mhd. von dem präpositionalen Infinitiv völlig verdrängt worden. Got. und ahd. kommt er noch in dieser Verbindung vor: got. *atgaf izwis waldufni trudan ufaro waurme* „ich gab euch die Macht, auf Schlangen zu treten" (Lukas 10, 19); *lustu habands andletnan* „Lust zu scheiden" (Phil. 1, 23); *mahteigs ist uns afskaidan* „ist mächtig uns zu scheiden" (Röm. 8, 39); as. *thār was hie giwuno gangan* „gewohnt zu gehen" (Hel. 4719); ahd. *chiwon wārun predigōn* (Isidor 42, 2); *mahtīg ist got fon thesēn steinon aruuekkan abrahames barn* (Tatian 46, 11–13 = Sievers 13, 14); *nibin iu uuirdig ginennit uuesan thīn sun* „nicht würdig, dein Sohn genannt zu werden" (Tatian 155, 19 f. = Sievers 97, 3).

§ 82. Als Ergänzung von Verben hat sich der reine Infinitiv in einem gewissen Umfang erhalten. Er hat sich umso besser behauptet, je enger die Verbindung mit dem finiten Verb ist, und die Verbindung ist eng, wo die Bedeutung des finiten Verbs ergänzungsbedürftig ist.

a) Das finite Verb wird nur durch den Infinitiv ergänzt (dieser kann dann noch eigene Ergänzungen haben); das Subjekt des finiten Verbs ist das logische Subjekt des Infinitivs.

Der reine Infinitiv steht noch als eine Art Objektsergänzung nach den sogenannten modalen Hilfsverben *dürfen, mögen, können, müssen, sollen, wollen* und nach *lernen*; nach *lernen* kann jedoch der Infinitiv auch durch *zu* angeknüpft werden, besonders wenn er eigene Ergänzungen hat: *er lernte, seine Hände richtig zu gebrauchen; ohne dich zu leben, habe ich noch nicht gelernt.*

Früher stand der einfache Infinitiv auch nach einer Reihe anderer Verba, wie *pflegen, beginnen, gedenken, wähnen, (ge)trauen, fürchten, schwören, begehren.* Beispiele aus dem Mhd.: *Sigelint .... pflac ... teilen rôtes golt* (Nib. 40, 2f.); *er begunde mit sinnen werben schœniu wîp* (Nib. 26, 3); *so trûwe ich harte wol genesen* (Gottfried, Tristan 7869); *des vorhten sie engelten* (Hartmann, Iwein 7154); *daჳ ir den boten ruochet sehen* (Nib. 1220, 4). Aber schon mhd. fängt hier der Infinitiv mit *zu* an, die Oberhand zu gewinnen, und im Nhd. wird er bald vollständig durchgeführt. Jetzt steht dieser Infinitiv nach einer langen Reihe von Verben wie *anfangen, hoffen, wünschen, verlangen, versprechen, suchen, beschließen, vergessen, meinen, glauben, erklären, beginnen, ertragen, vermeiden, ablehnen, verdienen, beklagen, streben, fürchten* und vielen anderen.

Von ältester Zeit ab steht der reine Infinitiv nach Bewegungsverben zur Angabe des Zieles oder Zweckes der Bewegung. In der heutigen Sprache sind nur einige Verbindungen mit *gehen* bewahrt: *spazieren, betteln, schlafen, baden, essen, einkaufen gehen*; bei *spazieren, betteln gehen* wird nicht das Ziel der Handlung, sondern eher ein begleitender Umstand bezeichnet. In der älteren Sprache hatte diese Konstruktion größeren Umfang; es kommen auch andere Bewegungsverba als *gehen* vor: mhd. *dise vuoren sehen vrouwen* (Gottfried, Tristan 619); *ouch îlten in dô dienen die Guntheres man* (Nib. 786, 1); *man solt kummen ein kind tauffen* (Geiler, Die Emeis 9b, nach Frnhd.Gr., S. 403); nhd. *zu Bett ich mich gehn legen will* (Sachs, Fastn. 31, 322); *ich muß ihn gleich umarmen gehen* (Frau Gottsched, Deutsche Schaubühne 3, 125); *ich will ihnen gleich einige bestellen gehen* (Lessing, Hamburgische Dramaturgie 2, 85); *den ihr nicht besuchen geht* (G., Tagebücher 3195); *die Kraft seiner Lenden ist versiegen gegangen* (Sch., Die Räuber I, 2); *die in jedem Hause schmarotzen geht* (Sch., Der Spaziergang unter den Linden); *eh sie von den andern scheiden ging* (Rückert 3, 115); *ich gehe, das Gesindel zur Ruhe bringen* (G. Freytag 2,6). Nach *kommen* hat sich die Konstruktion lange gehalten: *er wird mich wohl suchen kommen* (Frau Gottsched, Deutsche Schaubühne 3, 96); *ich komme dich bitten, dies nicht zu tun* (Freytag, Soll und Haben 6, 1) und auch in der neuesten Zeit: *dann komme ich morgen früh revidieren* (Kafka, Das Schloss 7). Nach *spazieren gehen* sagt man auch *spazieren reiten, fahren, führen*; nach dem Muster von *betteln gehen* kommt *betteln laufen* vor (Lessing). Nach dem Muster von *schlafen gehen* heißt es dann auch *sich schlafen legen,* so schon mhd.: *si heten sich slâfen geleit* (Hartmann, Iwein 82). Auch nach *sein* kann dieser Infinitiv stehen, indem das Part. Prät. eines Bewegungsverbs unterdrückt wird: *er ist baden (gegangen)*; schon mhd.: *er was schouwen die ritterschaft.* – Schon in der frühesten Zeit findet sich aber nach Bewegungsverben auch der präpositionale Infinitiv: as. *nu is the hēlago Krist cuman te ālōsienne thea liudi* (Hel. 523); ahd. *giengut ir mit suerton Inti mit stangon mih zifāhanne* (Tatian 298, 19 f. = Sievers 185, 7). Nhd. steht zur Bezeichnung des Zweckes nach Bewegungsverben im Allgemeinen *um zu +* Infinitiv; über diese Verbindung vgl. unten § 87. In einigen Fällen ist der Infinitiv als Verbalergänzung aus einem ursprünglichen Partizip des Präsens entstanden. So bei *bleiben,* das in der modernen Sprache mit den Infinitiven *stehen, liegen, sitzen, hängen, stecken, kleben, haften, wohnen, leben, bestehen* verbunden wird. In älterem Nhd. finden wir auch andere Infinitive in Verbindung mit *bleiben: sie sah mich an und blieb verweilend schweben* (G., Zueignung); *o, daß sie ewig grünen bliebe, die schöne Zeit der jungen Liebe* (Sch., Das Lied von der Glocke); *ich aber blieb noch lange lauschen* (Mörike, Hochzeitslied). Das ursprüngliche Part. Präs. ist mhd. z.T. noch erhalten: *iʒ muoʒ da ligende blīben* (Lamprecht, Alex.); *bin bliben wonende in dem erbe mîns herren* (Tauler O I, 21); aber infinitivische Formen tauchen schon im Ausgang der ahd. Zeit auf. Die Umwandlung vom Part. Präs. zum Infinitiv ist z.T. rein lautlich bedingt. Im Mhd. wurde *-nd-* in druckschwacher Silbe z.T. zu *-nn-,* was nach der Apokope von *-e* zu *-n* vereinfacht wurde, also mhd. *bindende > bindenne > binden.* Dies führte zu Unsicherheit in der syntaktischen Deutung der Form, und schon früh wurde sie als Infinitiv empfunden. Dieselbe Umwandlung vom Part. Präs. zum Infinitiv ist nach *werden* anzunehmen, und die Entwicklung hat hier zur Entstehung des nhd. Futurums geführt, vgl. unten § 99. – Auch bei einigen anderen Verben, die einen Ruhezustand bezeichnen, kommt der Infinitiv zuweilen vor an Stelle des üblichen Part. Präs.: *der Herzog Milon schlafen lag in einer Eiche Schatten* (Uhland, Roland Schildträger); *was steht ihr horchen* (Sch., Die Piccolomini IV, 5); vgl. aus der älteren Sprache: mhd. *do sâʒen aber ruowen die von Burgondenlant* (Nib. 2079, 1); *do lieʒ sie ligen slâfen des alten küneges lîp* (Kudrun 1361, 2); nhd. *daß du mit deinen Vätern schlafen liegst* (L., 2. Sam. 7, 12). Dieser Infinitiv braucht aber nicht notwendig aus einem Part. Präs. abgeleitet zu werden, da schon im ältesten Germanisch Ruheverba mit dem reinen Infinitiv verbunden wurden.

§ 83. b) Das finite Verb hat neben dem Infinitiv auch ein nominales Objekt als Ergänzung; der oblique Kasus ist das logische Subjekt des Infinitivs.

Der einfache Infinitiv neben einem Dativ war in der alten Sprache ein häufiger Typ: got. *gebun imma drigkan wein* (Markus 15, 23); *goþ ist unsis her wisan* (Markus

9, 5); mhd. *diu mir gebot vil langen kumber tragen; ja rieten si ir minnen den künec ûz Hiunen lant* (Nib. 1250, 3); *ir wart erloubet küssen den wætlichen* („stattlichen") *man* (Nib. 297, 3); nhd. *gib mir trinken* (L., Joh. 4, 7). Jedoch schon mhd. hat der präpositionale Infinitiv die Oberhand gewonnen und ist jetzt durchgeführt bei Verben wie *gebieten, gestatten, erlauben, befehlen, aufgeben, raten, vorschlagen, zumuten, vorschreiben, sich vornehmen, sich einbilden* u. a. Nur bei *helfen* hat sich der einfache Infinitiv erhalten: *er half ihm tragen.* Aber wenn das Subjekt nicht selbst an der Tätigkeit teilnimmt, muss jetzt der präpositionale Infinitiv stehen: *ich half ihm, sich aus der Schlinge zu ziehen; er half ihm, sich wieder zurecht zu finden.* Bei Schiller heißt es noch: *helfen Sie ihr, auf dieses Tabouret sich niedersetzen* (Don Carlos IV, 1).

Der einfache Infinitiv neben einem Akkusativ war in der alten Sprache ebenfalls sehr häufig, z. B. ahd. *ih santa iuih arnōn* („Ich habe euch gesandt zu ernten", Otfrid II, 14, 109); mhd. *diu küniginne bat den riter mit ir varn* (Wigalois 3154); *mich mant* („ermahnt") *singen ir vil werder gruoȝ* (Walther, L. 109, 3); nhd. *ich schau' in diesen reinen Zügen die wirkende Natur vor meiner Seele liegen* (G., Faust I, Nacht); *ich erblickte Cäcilien in der Thür stehen* (Veit Weber, Sagen der Vorzeit, Berlin, 1787, S. 151); *ihr ist, sie spüret Segen niedertauen* (Tieck, Kaiser Octavianus I); *so fühlte man schon den früheren Geist der Versöhnung wieder walten* (G., Tag- und Jahreshefte 1821); *als ich zum erstenmal bemerkte die Füße stehn* (G., Prometheus); *ich gewahrte dort die Dohle auf dem Holunderbusche hocken* (Storm 8, 162); *endlich entdeckte Siegbert einen Reiter von der Stadt her traben* (Gutzkow, Die Ritter vom Geiste 1, 2). In der modernen Sprache ist diese Konstruktion auf eine kleine Gruppe von Verben beschränkt. Sie findet sich bei *sehen, hören, fühlen, finden, haben; lassen, heißen* („befehlen"), *machen, lehren,* jedoch z. T. nur in beschränktem Umfang. Bei *sehen, hören* und *lassen* ist der Gebrauch allgemein, ebenso bei *heißen,* das aber in der Bedeutung „befehlen" nicht mehr der lebendigen Rede angehört; man findet bei diesem Verb auch Infinitiv mit *zu* und dann steht meistens das Personenobjekt im Dat.: *zugleich heißt er ihm alles zurecht zu machen* (Lessing 6, 389, 14). Nach *lehren* steht der Infinitiv mit *zu,* wenn er Ergänzungen hat: *er lehrte ihn bescheiden aufzutreten.* Nach *fühlen* ist die Konstruktion noch üblich, besonders in kurzen Fügungen: *sie fühlte ihr Herz klopfen;* aber meistens zieht man bei diesem Verb einen abhängigen Satz vor; wenn es z. B. bei Otto Ludwig heißt *sie fühlte sich über und über erröten* (Die Heiterei und ihr Widerspiel), so würde man jetzt vorziehen: *sie fühlte, wie (dass) sie über und über errötete.* Ältere Verfasser haben bisweilen eine Konstruktion mit präpositionalem Infinitiv versucht: *ich fühlte mich wohl etwas Besseres leisten zu können* (Bürger, Briefe, an Heyne, April 1784). Nach *finden* steht seit ältester Zeit der Infinitiv im Wechsel mit Part. Präs.: *sie fanden Schneewittchen im Walde liegen(d)*; den Infinitiv braucht man jetzt nur von *stehen, sitzen, liegen*; früher auch von anderen Verben: *her-*

austretend fand ich den aufgehellten Himmel von Sternen blinken (G., Campagne in Frankreich, Duisburg), *machen* mit Akk. und Infinitiv ist jetzt nicht mehr häufig: *du machst mich lachen; was macht dich zittern;* früher stand in dieser Funktion *tun:* mhd. *daʒ er die vînde tet entwîchen* (Hartmann, Erec 2718). Nach *haben* tritt der Infinitiv erst im Nhd. auf, und der Gebrauch beschränkt sich auf wenige Verba, wie *stehen, liegen, stecken: er hat zwei Pferde im Stalle stehen; er hat Geld im Kasten liegen; sie hat gute Kleider im Schranke hängen.* – Auch sonst findet man vereinzelte Fügungen von diesem Typus, wie: *die Kinder schlafen legen, schicken,* aber sie sind selten. – Nach *lehren, heißen* und *lassen* findet man im älteren Nhd. nicht selten Dat. mit Infinitiv, es ist das Schema Dat. der Person und Akk. der Sache, das sich geltend macht, indem der Infinitiv als Akkusativobjekt empfunden wird: *wenn sie dem kleinen Kinde lesen lehrte* (Tieck, Die Märchen aus dem Phantasus, Liebeszauber) vgl. § 31. – Früher konnte nach *hören* und *sehen* auch der Infinitiv des Perfekts und der Infinitiv von *sein* mit Prädikatsnomen stehen, was jetzt nicht mehr möglich ist, vgl. mhd.: *den man sihet gewunnen hân* (Nib. 973, 4); *man sach mich hohes muotes sîn;* nhd. *so mußte ich andre sehn glückseliger sein* (Paul Fleming, An Herrn Hartman Grahman). Die Fügungen mit Akk. und reinem Infinitiv können im Allgemeinen nicht ins Passiv umgesetzt werden, also nicht: *er wurde kommen gesehen;* eine Ausnahme ist *die Sache wurde fallen gelassen,* vgl. § 113. Der Infinitiv mit *zu* tritt früh in diesen Fügungen auf und verdrängt allmählich den einfachen Infinitiv bis auf die angeführten Reste. Vgl. schon ahd.: *sant er zuelif thegana ... zeichan ouh zi duanne* (Otfrid III, 14, 86); mhd. *nu bitet iu diu mære baʒ ze sagene den herren Dietrîchen* (Nib. 1728, 2 f.). In der heutigen Sprache wird eine lange Reihe von Verben mit Akk. und präpositionalem Infinitiv konstruiert: *bitten, auffordern, ersuchen, ermutigen, überreden, nötigen, verleiten, (an)treiben, ermuntern, anstiften, verhindern, bewegen, abhalten, veranlassen, anklagen, beschuldigen; es verlangt, es gelüstet* u. a. Die Fügung mit Akk. und präpositionalem Infinitiv kann ins Passiv umgesetzt werden: *er wurde genötigt, zurückzukehren; die Stadt wurde aufgefordert, sich zu übergeben.* In den oben angeführten Fügungen ist der Akk. für sich Objekt der Verbalhandlung. Anders ist das Verhältnis bei dem eigentlichen Akk. mit Infinitiv, der besonders aus der lat. Grammatik bekannt ist: *praeterea censeo Carthaginem esse delendam.* (Vgl. Frnhd.Gr., S. 406 f.). Hier hat eine Verschiebung stattgefunden: der Akk. mit Infinitiv ist eine feste syntaktische Einheit geworden, die als Gesamtheit vom Verb abhängig ist. Die Verbindung steht dann auch bei Verben, die im Allgemeinen kein Akkusativobjekt zu sich nehmen. Möglicherweise hat das älteste Germanisch eine solche Fügung gekannt, aber im Altdeutschen ist sie beinahe ganz verschwunden, soweit nicht lateinischer Einfluss vorliegt. Nach *wissen* scheint die Konstruktion von Anfang an volkstümlich gewesen zu sein, vgl. ahd. *ih uueiʒ megin fon mir úʒgangen* (Tatian 95, 23 = Sievers 60, 6, „novi virtutem exisse"); mhd. *dâ weste si einen juncbrunnen stân* (Wolfdietrich B 336, 2); nhd. *du weißt mich auch dir gutwillig sein* (H. Sachs); *sie weiß mich in Wüsten irren* (Sch., Die Räuber IV, 4); *wenn ich euch da sitzen und frieren weiß* (Paul Heyse, Am Tiberufer, 1). Heute ist die Konstruktion *einen, etwas irgendwo stehen, sitzen, liegen wissen* üblich. – Unter lateinischem Einfluss hat die Konstruktion von Anfang an in der literarischen Sprache einen weiteren Umfang gehabt; zur Zeit des Humanismus erfolgte dann eine starke Zunahme des Gebrauchs, und noch im 16. und 17. Jh. ist die Konstruktion einigermaßen verbreitet. Beispiele: mhd. *er dunket sich haben grôȝen sin* (Welscher Gast 7026); *er wânde den helt tôt sîn* (Krone 6636); *lobt ich verliesen iuch diu marc* („gelobte ich, dass ihr die Pferde verlieren sollt", Biterolf 50); nhd. *ich achte es billig sein* (L., 2. Petr. 1, 13); *ich schau in Engelland nur wilde Tiere wohnen* (Gryphius, Carolus Stuardus II). Auch der Infinitiv mit *zu* kann in dieser Konstruktion stehen: *eine Brück, die man vermeint gar fest zu stehen* (Rollenhagen, Froschmäuseler 1). Im 18. Jh. geht dieser Akk. mit Infinitiv stark zurück. Er findet sich noch vereinzelt bei den Klassikern, besonders bei Lessing, wo ein Akk. mit präpositionalem Infinitiv in Relativsätzen üblich ist: *seinen Angaben, die ich nach dem eignen Augenscheine erteilet zu sein glauben durfte* (Lessing, Briefe Antiquarischen Inhalts 304); *dieser Äschines, den er ein so elendes Leben zu führen glaubt.*

Der nominale Objektskasus, der als logisches Subjekt des Infinitivs fungiert, kann mitunter unausgedrückt bleiben: *er ließ anspannen; ich höre klopfen; Not lehrt beten.* Es sind Fälle von einwertigen Gebrauchsweisen höherwertiger Verben, bei denen situationelle Ellipsen konventionalisiert sind. Früher war dieser Gebrauch noch verbreiteter; man hatte Fügungen wie *er bat eintreten.* Mit präpositionalem Infinitiv ist der Gebrauch auch heute weiter verbreitet: *er bat einzutreten; ich rate zu warten.*

§ 84. Schon von der frühesten Zeit an kann der einfache Infinitiv als Subjekt fungieren, meistens in Fügungen mit *sein* und *werden* + Prädikativ: got. *ist mis wairþ galeiþan* („wert, hinzureisen", 1. Korinth. 16, 4); (auch in Fällen, wo das Griech. ein Substantiv hat: *warþ afslauþnan allans* („es kam eine Furcht über sie alle", Lukas 4, 36) ἐγένετο θάμβος ἐπὶ πάντας); ahd. *āne ende līb haben, daȝ ist ein* (Notker, Boethius); mhd. *vil grœȝlîche danken wart da niht verdeit* (Nib. 371, 1); nhd. *jeder Leidenschaft ohne allen Widerstand nachgeben ist niedrig* (Sch., Gedanken über den Gebrauch des Gemeinen und Niedrigen in der Kunst); heute meistens in sprichwörtlichen Ausdrücken: *Vergeben ist leichter als Vergessen; Irren ist menschlich; Unrecht leiden ist besser als Unrecht tun.*

Dass der Infinitiv an der syntaktischen Stelle eines Substantivs auftreten kann, besagt noch nicht, dass er ein wirkliches Substantiv ist. Der Infinitiv tritt im ältesten Germanisch durchaus als eine Verbalform auf, die syntaktisch als ein Substantiv fungieren kann. Die volle Substantivierung des Infinitivs, die heute so

geläufig ist, ist im frühesten Deutsch selten; im As. scheint sie noch nicht vorzukommen.

Auf dem Wege zur völligen Substantivierung macht sich in den älteren
Sprachperioden die syntaktische Zwitternatur der Form geltend, indem sie ihre
Bestimmungen sowohl nach Art des Verbums wie nach Art des Substantivs zu
sich nehmen kann. Als Verbalform regiert der Infinitiv denselben Kasus wie das
finite Verb und wird durch Adverbia bestimmt, als Substantiv dagegen wird er
mit dem subjektiven und objektiven Genitiv als Rektion verbunden und durch
Artikel und Adjektive bestimmt. Die erste Art von Bestimmungen tritt in den
älteren Sprachperioden häufig auf. Objektsakkusativ: ahd. *lāʒʒent iwer irren mih
sīn* (Notker, Psalmen 16, 6); mhd. *da wart vil michel grüeʒen die lieben geste getân*
(Nib. 786, 4); *da machet got ein scheiden die lieben von den leiden* (Warnung 3343);
nhd. nur in einigen festen Fügungen, wo das Objekt zwischen Artikel und Infinitiv steht: *das Gewalt anwenden; das Reden halten; das Türen zuwerfen;* bei
nachgestelltem Objekt dagegen Gen.: *das Zuwerfen der Türen.* – Adverbia: ahd.
foller ubelo sprechennis (Notker, 10 (a)); mhd. *mîn dort belîben* (Wartburgkrieg
112); *sîn dan scheiden* (Wolfram, Parzival 432, 18). – Auch die Ergänzungen nach
Art des Substantivs treten schon in frühester Zeit auf. Wie die obigen Beispiele
zeigen, können beide Arten von Bestimmungen gleichzeitig beim selben Infinitiv
auftreten. Der bestimmte Artikel ist schon im Got. häufig, ist hier aber wohl dem
griech. Einfluss zuzuschreiben. Ahd. findet er sich ebenfalls: *sō siu thaʒ salbōn
thō biwarb* (Otfrid IV, 2, 17); auch der unbestimmte Artikel und Possessivpronomina treten früh auf, wie die obigen Beispiele zeigen; attributives Adjektiv:
mhd. *ir starkeʒ arebeiten tet sît den hôhgemuoten wê* (Nib. 381, 4); objektiver Gen.:
mhd. *der schefte brechen gein den lüften dôʒ* (Nib. 35, 2); subjektiver Gen.: *ir
beider grüeʒen sô schône wart getan* (Nib. 793, 3); *reht als jenes vrâgen stê*
(Wolfram, Parzival 171, 20).

In der modernen Sprache kann jeder Infinitiv substantiviert werden, und die
Substantivierungen sind sehr verbreitet. Einige davon sind fest geworden; diese
sind als reine Substantive zu betrachten und haben z.T. jeden Charakter von
Handlung und Geschehen aufgegeben, wie z. B. *Leben, Essen (das Essen steht auf
dem Tisch), Einkommen* usw.

Der substantivierte Infinitiv liegt auch der Umschreibung des Verbum finitum
durch *tun* + Infinitiv zugrunde. Neben dem Infinitiv erscheinen ursprünglich auch
andere Verbalabstrakta in dieser Verbindung, vgl. mhd. *bete tuon; sanc tuon; ein
swîgen tuon; widerkêre tuon.* Die Konstruktion *tun* + Infinitiv erscheint seit Ende
des 11. Jhs.: *daʒ si uns tuon bewarn* (Walther, L. 6, 2); *klagen si dô beide tâten*
(Kudrun 1065, 4). Jedoch erst im späten Mhd. wird sie häufiger. Die Ausbildung
solcher Konstruktionen lässt sich allgemein mit der zunehmenden Periphrastisierung der verbalen Ausdrucksmöglichkeiten erklären, aber auch spezieller mit

einer Verteilung von grammatischer und lexikalischer Information auf unterschiedliche Wörter. Wie im Englischen sind auch im Deutschen periphrastische Formen mit *tun* zunächst in Aussagesätzen anzutreffen. Die Entwicklung beginnt viel früher, als gemeinhin angenommen. So finden sich in Kölner und Straßburger Urkunden aus dem 13. Jahrhundert Belege für den Konjunktiv (*dede dragen*, WMU 53, 30, Köln, S. 1786) und den Indikativ (*daz wir schaffen sulnt, daz ez (unser kint)...vf gebe dis gût...vn̄ sich sin ûzsen tû gentzliche* (WMU N100, 6, Straßburg, S. 1786). *So thun wir dir / diß vnser Werck [...] auffopffern vnd vbergeben* (Georg Bopp 1629, nach Brooks 2006, S. 199). Während im Englischen die *do*-Periphrase im Laufe der Zeit bei Fragen und Verneinungen fest und obligatorisch wird, hält sie sich im Deutschen nicht. Die *tun*-Periphrase hatte eine Blütezeit im 16. Jahrhundert. Poetische Formungen haben sich im Volkslied (*Herzlich thut mich erfreuen die fröhlich Sommerzeit*, Johann Walther 1496–1570) und im Kirchenlied (*Herzlich tut mich verlangen nach einem selgen End*, Christoph Knoll 1599) bis heute erhalten. Die *tun*-Periphrase wurde unter dem Einfluss normativer Grammatiker zurückgedrängt, wobei allerdings, wie Langer (2001) nachweist, eher auf die Sprache der Poesie abgehoben wird als auf die Volkssprache. Damit steht die Stigmatisierung der Konstruktion in gehobenen Textsorten vor allem im Zusammenhang mit allgemeineren Standardisierungsprozessen des Deutschen (Langer 2001, S. 220 f.). In der geschriebenen Alltagssprache des 19. Jahrhunderts ist sie dagegen „so gut belegt, dass sie dort als usuell gelten kann" (Elspaß 2005, S. 267). Im Ostmitteldeutschen geht die Verwendung im 17. Jahrhundert zurück, während sie im Oberdeutschen noch einmal zunimmt (Brooks 2006, S. 214), wird dann aber auch hier stigmatisiert und hält sich nur in ungezwungener Sprache oder wird spielerisch eingesetzt. *Ich thue mich halt bedancken, für deinen glückwunsch, engel. Und hier hast ein von Mozart, von den grobeinzign bengel* (Wolfgang Amadeus Mozart, Brief an die Schwester, 20.12. 1777, nach Reiffenstein 1993, S. 369). Im Dialekt ist die *tun*-Periphrase auch heute noch ganz geläufig. Im Bairischen steht die *tun*-Periphrase häufig in Aufforderungssätzen (*duads iatz schlafa!*), noch häufiger in Fragesätzen (*doama heit no Kartnspuin?*). Zur Bezeichnung des Konjunktivs (*I daad mi schama*) ist die Periphrase vielfach die Hauptvariante (Eroms/Röder/Spannbauer-Pollmann 2006, S. 261–279). Im Niederdeutschen ist die *tun*-Periphrase in Nebensätzen (*Tein Daler was woll't höchste, wat dä Bure vorr den Jungen van Ostern bett Micheelje utgeben dee*, Twischen Bronswiek un Hannower, Peine 1982, S. 221), gebräuchlich (vgl. Keseling 1968). Für aspektuell-aktionsartliche Gebrauchsweisen lassen sich vor allem für perfektive Bezeichnungsverhältnisse Belege erbringen, z. B. *so wünschen wir alle daß du dein Vermögen was du hast etwas ordentliches ankaufen thust* (Beleg von 1856, nach Elspaß 2005, S. 265), als auch für imperfektiv-habituelle (*sie thut bei fremden Leuten dienen* (1878, nach Elspaß 2005, S. 264). Gern wird in der Literatur die Umschreibung übernommen, teils um volkstümliche Ausdrucksweise wiederzugeben, teils in archaisierendem Stil: *der Geist, der im ganzen Chor tut leben* (Sch., Wallensteins Lager 6); *so lange der tut walten* (Sch., Wallensteins Lager 6); *und tu nicht mehr in Worten kramen* (G., Faust I, Nacht); *die Augen täten ihm sinken* (G., Faust I, Abend); *mich aber pflücken tu* (Heine, Die weiße Blume). Auch in der Schriftsprache und in der gewöhnlichen Umgangssprache ist diese Umschreibung üblich, wenn der Infinitiv durch Voranstellung emphatisch hervorgehoben wird: *klagen tut er nicht; weinen tat sie den ganzen Tag.*

Der einfache Infinitiv kann in elliptischen Ausdrücken stehen, wo ein finites Hilfsverb hinzuzudenken ist. Wir finden diesen Gebrauch des Infinitivs besonders in Ausdrücken für Befehl und Aufforderung: *Maul halten! nicht drängen!* usw. Weiter in Ausrufen und Fragen, besonders um eine verächtliche Abweisung zu bezeichnen: *ich klagen?* (Klopstock); *ich meines Bruders Kinder nicht erkennen?* (Lessing, Nathan der Weise V, 8); *ich dich ehren? Wofür?* (G., Prometheus); *warum nur mich verschonen?* (Sch., Die Jungfrau von Orleans III, 10); *wozu noch weiter sich bemühen?* (Sch., Was heißt und zu welchem Ende studiert man Universalgeschichte). Bisweilen dringt hier der Infinitiv mit *zu* ein: *dich zu verlassen, den ich so liebe!* (G., Werther 1, 4.5.1771); *was anzufangen?* (Sch., Kabale und Liebe I, 6); *ein Schwert in den Rat zu nehmen!* (Sch., Fiesco II, 8).

b) Der Infinitiv mit zu

§ 85. In allen altgermanischen Sprachen hat sich ein „präpositionaler Infinitiv", eine feste Verbindung einer Präposition mit dem Infinitiv, entwickelt; jedoch erscheint in jedem der drei altgerm. Hauptdialekte eine andere Präposition (got. *du*, altnord. *at*, wgerm. *tō, te* = ahd. *zuo, ze*). Im Westgerm. steht in dieser Verbindung das sog. Gerundium auf ahd. *-anne. -enne*, vgl. § 80.

Der präpositionale Infinitiv steht ursprünglich in derselben syntaktischen Funktion wie der einfache Infinitiv, nämlich als Ergänzung von Substantiven, Adjektiven und Verben zur Bezeichnung von Absicht oder Folge. Die Anknüpfung durch Präposition bringt das logische Verhältnis deutlicher zum Ausdruck, deshalb hat in diesen Verbindungen der präpositionale Infinitiv den einfachen allmählich ganz verdrängt, abgesehen von einzelnen Fällen als Verbalergänzung, vgl. oben § 82. Der präpositionale Infinitiv ist schon im Got. geläufig: *insandida mik du ganasjan þans gamalwidans hairtin* (Lukas 4, 18; L.: *er hat mich gesandt zu heilen die gestoßenen Herzen*); *jah haban waldufni du hailjan sauhtins* (Markus 3, 15; L.: *daß sie Macht hätten, die Seuchen zu heilen*), *anawairþai wesun du galaubjan imma* (1. Timoth. 1, 16); ahd. *sant er mih fon himile thiz selba thir zi saganne* (Otfrid I, 4, 63); *uuas giuuon ther grāuo zi-*

forlāʒʒānne einan (Tatian 310, 20 f. = Sievers 199, 1); *hab&t giuualt in erdu zifurlāʒenne suntā* (Tatian 89, 27 f. = Sievers 54, 7).

In allen diesen Stellungen hat der Gebrauch des Infinitivs mit *zu* im Laufe der Entwicklung stark zugenommen. Über den Infinitiv mit *zu* als Verbalergänzung, vgl. § 82, 83 und § 84. – Als Ergänzung zu Adjektiven hat der präpositionale Infinitiv ebenfalls reiche Entfaltung gehabt. Er steht im Nhd. bei Adjektiven wie *fähig, bereit, begierig, eifrig, zufrieden, froh, sicher, gewiss, traurig, wert, würdig, gewohnt* usw; weiter bei partizipialen Adjektiven wie *erfreut, vergnügt, entzückt, bekümmert, erstaunt, geeignet, geneigt, verpflichtet, versucht* usw. Das Subjekt des Infinitivs ist identisch mit dem Subjekt des Satzes: *ich bin bereit zu sterben.* Noch größere Verbreitung hat der Infinitiv als Ergänzung von Substantiven gehabt. Er steht bei den Verbalabstrakten zu den oben § 82 angeführten Verben mit Infinitiv, z. B. *der Wunsch zu sterben*; bei den Adjektivabstrakta zu den Adjektiven mit Infinitiv: *die Bereitschaft zu sterben.* Außerdem bei einer großen Reihe anderer Substantive, wo der Infinitiv teils Absicht oder Folge ausdrückt, teils den Inhalt des Substantivs erläutert, z. B. *ich fühle Mut, mich in die Welt zu wagen* (G., Faust 1, Studierstube); *der uns ein Recht gibt, auf eine rohe Denkart zu schließen* (Sch., Gedanken über den Gebrauch des Gemeinen und Niedrigen in der Kunst); *ein Mittel, der Gefahr zu entgehen; mich zu reinigen von dem Schimpf, ihn beherrscht zu haben* (Sch., Kabale und Liebe IV, 9).

Von den Verben, die einen Infinitiv mit *zu* als Ergänzung zu sich nehmen, sind einige gewöhnliche Transitiva, und der Infinitiv steht syntaktisch gleichwertig mit einem Akkusativobjekt, z. B. *ich vergaß zu kommen: ich vergaß die Zeit.* Andere sind intransitiv, und eine nominale Ergänzung muss durch Präposition angeknüpft werden, z. B. *er hoffte, ihn wiederzusehen: er hoffte auf ein Wiedersehen; er fing früh an, sein Brot zu verdienen: er fing früh mit der Arbeit an.* Eine Reihe anderer intransitiver und reflexiver Verba, an die eine nominale Ergänzung durch Präposition angeknüpft wird, verlangt dieselbe Präposition bei der Anknüpfung des Infinitivs. Der Infinitiv mit *zu* kann aber (abgesehen von einzelnen Ausnahmen, vgl. § 87) nicht mit noch einer Präposition verbunden werden. Die Präposition wird deshalb mit dem demonstrativen Adverb *da* verbunden, das als pronominaler Vertreter des Infinitivs fungiert (über Demonstrativadverbia mit pronominaler Funktion, vgl. § 73); vgl. z. B. *der Mensch strebt nach Glück: strebt danach, glücklich zu werden; es dient zur Förderung des Friedens: es dient dazu, den Frieden zu fördern.* Bei einigen von diesen Verben kann der Infinitiv sowohl mit wie ohne Präposition angeknüpft werden, z. B. *er hinderte ihn (daran) abzureisen; er musste sich (dazu) verpflichten wiederzukommen; er entschloss sich (dazu) zu reisen; ich verzichte (darauf) mitzukommen.* In der älteren Literatur fehlt die Präposition in vielen Fällen, wo sie jetzt notwendig ist: *ich verzweifle doch, es jemals so weit zu bringen* (Wieland, Aristip 2, 17;

jetzt *daran*); *Geschwätz, das nur abzielen kann, näheren Untersuchungen vorzu-bauen* (Lessing, Briefe Antiquarischen Inhalts, 28, jetzt *darauf*); *das schlechte Wetter hat nicht wenig beigetragen, mir jenen Ort zu verleiden* (G., Briefe, 21, 378, 1, jetzt *dazu*); *welche einmal dienen können, eine ausführliche Geschichte dieser Königin zu schreiben* (Lessing, 4, 237, 20 jetzt *dazu*).

Von besonderer Bedeutung für die Entwicklung der Ausdrucksmöglichkeiten im Deutschen sind die Konstruktionen *droht zu, scheint zu, verspricht zu*. Dabei handelt es sich um Kompaktheitsbildungen. Die Verben lassen sich als aktions-artähnliche Auxiliare auffassen, Alle drei Verben sind subjektbezogen, aber nicht subjektkontrolliert. Sie stehen in einem Verhältnis zueinander, das *scheinen* als neutrales, *drohen* als negatives und *versprechen* als positives Verb der Annahme, einen Sachverhalt zu äußern, fasst. Sie lassen sich mit dem *zu*-Infinitiv als Evi-dentialitätsmarkierungen auffassen (Diewald/Smirnowa 2010). *Scheinen* lässt in Belegen bis zum Frühneuhochdeutschen und darüber hinaus seine volle Be-deutung erkennen ('den Anblick geben, leuchten'), wird dann aber zunehmend auxiliarisiert: '*Was da scheinte mein unglück zu seyn* (Simpl. 3, 684). *Ich schien ihm zu gefallen* (Knigge) (Diewald/Smirnowa 2010, S. 252–268) mit der Bedeutung 'wie es sich dem Sprecher des Satzes als Annahme aufdrängt'. *Droht zu* gewinnt während des Frühneuhochdeutschen eine nicht-agentive Lesart, vorher schon gibt es eine Tendenz, nicht-belebte Subjekte mit dem Verb zu verbinden. Die Lesart 'etwas Unangenehmes ist im Begriff sich zu ereignen' führt zu einer evidentiellen Interpretation (Diewald/Smirnowa 2010, S. 268–283): *die brust droht zu zer-springen* (Gotter 2, 45, nach DWb.). *Verspricht zu* ist gewissermaßen das positive Gegenstück zu *droht zu: Das Wetter verspricht schön zu werden*, 'Ich verfüge über sichere Anzeichen für meine Äußerung, dass das Wetter schön wird'. Hier erfolgt die Herausbildung des evidentiellen Typs etwas später. *Gehen wir aber zur Ruh... um den morgenden Tag, der heiter zu werden verspricht, von früh auf zu nutzen* (Goethe, Beleg nach Diewald/Smirnowa 2010, S. 284–298).

§ 86. Eine spezielle Entwicklung liegt vor in der Verbindung von *sein* mit präpositionalem Infinitiv: *es ist zu vermuten, zu erwarten, nicht zu glauben; er ist zu beneiden; sein Übermut ist nicht zu ertragen* usw. Der Infinitiv hat hier die Be-deutung einer passiven Möglichkeit oder Notwendigkeit (*es ist zu vermuten = es muss vermutet werden; es ist nicht zu glauben = es kann nicht geglaubt werden* usw.). Die Konstruktion liegt schon ahd. vor: *nist zi chilaubanne, dhaӡ ...* (Isidor 38, 14); nhd. *darum ihr gar nicht zu folgen ist* (L.). Den Ausgangspunkt dieser Fügung bilden vielleicht Verbindungen, in denen der Infinitiv als Ergänzung eines Adjektivs in prädikativer Stellung fungiert, also etwa: *das ist zu machen* < *das ist leicht, schwer zu machen*. Solche Konstruktionen kommen von ältester Zeit an vor: got. *ƕaþar ist azetizo du qiþan* „welches ist leichter zu sagen" (Markus 2, 9). Die modale Interpretation, die sich dabei ergibt, scheint ursprünglich eine eher sekundäre gewesen zu sein, heute ist sie obligatorisch (vgl. Thim-Mabrey 1986, Demske-Neumann 1994, Eroms 2006, Trost 2012). Die genaue Spezifizierung der Modalität, vor allem die der Notwendigkeit (*die Aufgaben sind bis Montag abzugeben*) und der Möglichkeit (*die Aufgaben sind leicht zu lösen*) ergibt sich aus einem Bündel vor allem konventioneller Erwartbarkeit und kontextueller Vorgaben.

Dieselbe Infinitivkonstruktion wie bei *sein* findet sich auch bei anderen Verben, wie *stehen, bleiben, scheinen*: *es steht zu erwarten; es bleibt noch viel zu erledigen;* mhd. *daʒ er ze lobenne sol geschehen* (Hartmann, Erec 1292), „dass er gelobt wird".

Aus dieser Verbindung von *sein* mit Infinitiv hat sich eine neue Verbalform entwickelt, das sogenannte Partizipium futuri oder passivi („das deutsche Gerundiv"). In dem Typ: *er ist zu bedauern; ein Krieg ist zu befürchten* wird der Infinitiv als Prädikat auf gleicher Linie mit einem Adjektiv empfunden (vgl. Lessing, Hamburgische Dramaturgie 39: *der Rat ist nicht übel und zu befolgen*) und dann in die Stellung eines Attributs übergeführt, indem gleichzeitig das Suffix geändert wird: *ein zu befürchtender Krieg*. Die Form auf *-end* geht wahrscheinlich auf die Endung *-ende* des flektierten Infinitivs zurück, die mhd. neben *-enne* auftritt und sich noch im Frühnhd. findet. Aber sicher hat auch die Assoziation mit dem Part. Präs. mit eingewirkt, da die attributive Funktion mit adjektivischer Flexion eine partizipiale Bildung nahelegte. Das lateinische Gerundiv hat wohl ebenfalls eine Rolle gespielt – was aber auch bezweifelt wird (vgl. Eckert 1909, S. 28) –, denn die Konstruktion ist in der Kanzleisprache entstanden. Dort findet sie sich seit dem Anfang des 17. Jhs. (Erstbeleg: *die markgenossen, so der von Gott zu bescherenden Mast berechtigt sind*, DWb. 3, 140) und wird im Laufe des 18. Jhs. auch in die Literatursprache aufgenommen. Beispiele: *Die zu verrichtende Mühe* (Reichsabschied 1729, nach Eckert 1909, S. 31); *zwo wohl zu unterscheidende Personen* (Johann Jakob Bodmer, Kritische Betrachtungen über die poetischen Gemählde der Dichter, 1741, nach Eckert 1909, S. 45). Der zwanglosen Alltagsrede und der volkstümlichen Sprache ist die Form aber fremd geblieben. In formellen Sprachregistern begegnet sie dagegen häufig, weil sie die modale Deutung (muss-, soll- oder kann-Modalität) offenlassen und die Agensnennung vermeiden lassen kann (vgl. Trost 2012). Da die Bedeutung der Form passivisch ist, kann sie in attributiver Stellung nur von transitiven Verben gebildet werden. Als substantiviertes Adjektiv kommen auch Intransitiva vor: *ein noch zu Geschehendes* (G., Die Wahlverwandtschaften 2, 15).

§ 87. Der präpositionale Infinitiv sollte eigentlich nur in abhängiger Satzstellung auftreten können, da ja *zu* die Funktion hat, den Infinitiv an ein regierendes Wort zu knüpfen. Trotzdem kann er in Sätzen mit *sein* und Prädikativ auch als Satzsubjekt fungieren: *dem Armen zu helfen ist Pflicht; die Sache zu durch-*

schauen ist schwierig. Diese Konstruktionen sind wahrscheinlich entstanden durch Umdeutung von Fügungen, in denen der Infinitiv als Ergänzung eines prädikativen Adjektivs steht, wie etwa *die Sache ist schwierig zu durchschauen; dies ist leicht zu verstehen.* Das Subjekt wird zum Objekt für den Infinitiv umgedeutet, und der Infinitiv wird Subjekt für die prädikative Verbindung. Die Umdeutung ist vollzogen nach Muster der Sätze, in denen der reine Infinitiv als Subjekt steht, wie etwa *vergeben ist leicht; jeder Leidenschaft nachgeben ist niedrig* (Sch., Gedanken über den Gebrauch des Gemeinen und Niedrigen in der Kunst, jetzt *nachzugeben*). – Die Umdeutung ist schon im Ahd. geschehen: *ist kuot zesagenne dīna genāda* (Notker 91, 3, nach Dwb.).

Der Infinitiv mit *zu* konnte, wie oben erwähnt, ursprünglich nicht von noch einer Präposition regiert werden. Seit nhd. Zeit ist dies geändert, indem die drei Präpositionen *um, anstatt* und *ohne* mit dem präpositionalen Infinitiv verbunden werden können. Am häufigsten ist die Verbindung *um zu,* die sich stark auf dem Gebiet des einfachen *zu* verbreitet hat. Es scheint, dass diese Konstruktion auf einer Gliederungsverschiebung beruht. Die Grundlage sind Fügungen, in denen der Infinitiv mit *zu* als Ergänzung eines Substantivs steht, das von *um* mit finaler Bedeutung regiert wird. Wenn es im Frühnhd. heißt *bit got umb vernunft dir zu verleihen* (Ackermann aus B., 22, 10; ca. 1400) und *er bat in umb pfärd ze mieten* (Steinhöwel, Äsop 41, 15. Jh.), so ist das Substantiv (*vernunft, pfärd*) noch von *umb* abhängig, und der Infinitiv (*zu verleihen, ze mieten*) steht als Ergänzung zu dem Substantiv. Aber in einem Satz wie *er kam, um seine Pferde zu holen* hat die Gliederungsverschiebung stattgefunden: *seine Pferde* ist Objekt für den Infinitiv, und *um zu* hat die Stelle des früheren einfachen *zu* eingenommen. Nachdem die Gliederungsverschiebung vollzogen ist, steht *um zu* auch, wo kein Objekt für den Infinitiv vorhanden ist: *er erhob sich um fortzugehen; um zu* knüpft also an das finale *um* an und bezeichnet deshalb im allgemeinen Absicht.

Die Verbindung *um zu* findet sich noch nicht bei Luther, hat sich aber in der folgenden Zeit stark verbreitet und das einfache *zu* auf einigen Gebieten beinahe ganz verdrängt. (Vgl. Frnhd.Gr., S. 401f. und S. 410). Nach Verben steht jetzt in finaler Bedeutung in der Regel *um zu: er sandte mich, um dir dies zu sagen.* In der Schriftsprache kann man jedoch auch einfaches *zu* gebrauchen, besonders nach Bewegungsverben: *er ging, seinen Bruder zu holen.* Bei Adjektiven steht *um zu* nur, wenn *genug* oder *zu* beigefügt ist und ist dann häufiger als die Anknüpfung durch *zu* allein: *er ist vernünftig genug, (um) dies einzusehen; er ist zu schwach, um arbeiten zu können; um zu* kann in der neueren Sprache auch eine unbeabsichtigte Folge bezeichnen: *ich half ihm wieder, um nur noch einmal getäuscht zu werden.*

Die Verbindungen *ohne zu* und *anstatt zu* sind vielleicht nach dem Muster von *um zu* gebildet, aber auch die Verknüpfungen von Präposition mit substantivierten

Infinitiven wie *ohne Lächeln, mit Weinen* usw. haben wohl eingewirkt. *Ohne zu* erscheint vom Anfang des 18. Jhs., *anstatt zu* ist Mitte des 17. Jhs. belegt.

Das Subjekt für die Infinitive mit *um zu, ohne zu* und *anstatt zu* ist meistens das Satzsubjekt, *um zu* kann jedoch auf das Objekt bezogen werden in derselben Weise wie Infinitive mit *zu* und reine Infinitive (vgl. § 82 und § 83): *ich schickte ihn hinaus, um Wasser zu holen.* In der älteren Literatur findet man Fälle, in denen Infinitiv mit *um zu* und *ohne zu* in einer losen Weise angeknüpft ist, die jetzt nicht als korrekt gilt: *Schlegel hatte dies Stück für das ... Copenhagensche Theater geschrieben, um auf demselben ... aufgeführt zu werden* (Lessing 9, 236, 21); *ohne uns anzuhören wurden wir arretiert* (Kleist, Briefe, an Ulrike von Kleist, 17. 2. 1807); *es geht mir, wie es dem Ovid ging, ohne sonst mit ihm viel Ähnliches zu haben* (Lessing, Ästhetische Schriften, 23. Brief).

c) Infinitiv statt Partizipium Präteriti, „Ersatzinfinitiv"

§ 88. Wenn Verba, die mit dem einfachen Infinitiv verbunden werden, in einer zusammengesetzten Vergangenheitsform auftreten, steht in einem gewissen Umfang an Stelle des Partizipiums Präteriti der Infinitiv: *ich habe nicht arbeiten können; ich hätte weinen mögen; das hättest du früher sagen sollen; man hat ihn laufen lassen* usw. Diese Konstruktion ist fest bei den modalen Hilfsverben und *lassen* und allgemein üblich bei *sehen, hören* und *heißen*: *ich habe ihn kommen sehen; ich habe sie singen hören; er hat mich kommen heißen*; bei *lernen* nur in der Verbindung *kennen lernen*: *ich habe ihn kennen lernen* (oder *gelernt*); bei *helfen* ist der Infinitiv jetzt nicht üblich: *ich habe ihm den Aufsatz schreiben helfen*; häufiger: *ich habe ihm geholfen, den Aufsatz zu schreiben.* – Die Konstruktion ist seit dem 13. Jh. belegt: *durch welchen list [...] hâst du daʒ schif lâʒen gân* (Gottfried, Tristan 6796 f.); *und hæte im heiʒen machen ein wunneclicheʒ hûselîn* (Gottfried, Tristan 16338); *ich hân daʒ hœren jehen* (Kudrun 637, 3). Vor 1300 sind es die Verben *heißen, lassen, hören, müssen, tun, helfen*; vor 1400 weiter *bitten, türren*; vor 1500 weiter *sehen, wollen, lernen, können, dürfen, machen*; vor 1700 weiter *anfangen, pflegen* *(ver)suchen*, die sich mit dem „Ersatzinfinitiv" belegen lassen (Fleischer 2012, S. 181). Im früheren Nhd. findet man die Fügung auch bei anderen Verben, die damals mit dem einfachen Infinitiv verbunden wurden, wie *machen, tun, anfangen, brauchen, pflegen, wissen*: *wîle Cristus nit jemand hat leren betteln* (Niklas v. Wyle 189, 39); *wir haben nach dir schicken tun* (H. Sachs, Hiob IV); *ihr habt mich weidlich schwitzen machen* (G., Faust I, Studierzimmer); *hat man anfangen Salpeter sieden* (1613); *hast du redliche Leute nicht lernen grüßen?* (Gryphius, Horribilicribrifax III). Nachdem bei diesen Verben der Infinitiv mit *zu* eingedrungen war, wurde die alte Konstruktion z. T. beibehalten: *unbesunnen Urteil hab ich jederzeit zu verachten pflegen* (Opitz, Poemata 8); *als die fürsten vnser landen bisher pflegen* *haben ain andern zeschryben* (Niklas v. Wyle, Rhetorische Schriften, S. 192); *sie hätten nichts damit anzufangen wissen* (Hebel, Die Alemannen am Rheinstrom); *wir haben uns nicht zu schämen brauchen* (Th. Mann, Buddenbrooks 6, 1). Andererseits findet man in der älteren Literatur bisweilen Part. Prät. in Fällen, wo jetzt der Infinitiv üblich oder notwendig ist: *er hatte Menschen sterben gesehen* (Stifter, Abdias); *ich hatte dich kaum reden gehört* (G., Stella IV); *ich habe niemand besser spielen gehört* (Heine 6, 348); *man hatte das Köfferchen stehen gelassen* (G., Die Wahlverwandtschaften 2, 17); *ich habe mitteilen gemußt* (Arndt, Meine Wanderungen und Wandlungen 32); *hatte er die Reise nach Petersburg machen gewollt* (Arndt, Meine Wanderungen und Wandlungen 93); *länger hatte sie nicht warten gewollt* (Wassermann, Das Gänsemännchen 12).

Für die Erklärung dieser Fügung wird meistens angenommen, dass *lassen* den Ausgangspunkt gebildet hat, weil im Mhd. das präfixlose Part. Prät. *lâʒen, lân* auch außerhalb der Verbindung mit Infinitiv gewöhnlich ist (vgl. Takeichi 2009, S. 189). Wo diese Form unmittelbar neben einem Infinitiv stand, soll sie als Infinitiv aufgefasst worden sein. Danach wurde dann die Infinitivkonstruktion auf andere Verba übertragen, zuerst auf solche, deren Part. Prät. ebenfalls ohne *ge-* mit dem Infinitiv gleich lauteten, wie *heißen, sehen* und *pflegen* (mhd. Part. Prät. *gepflegen*). Auch zu den Präteritopräsentien und *wollen,* deren Part. Prät. erst aus mhd. Zeit stammen, bildete man früher neben den schwachen auch starke Partizipia wie *gemögen, gedürfen, gewollen* (im Frühnhd. alem. *gewellen,* vgl. Dwb 30, 1331). – Es ist aber auch ein anderer Sachverhalt in Betracht zu ziehen, nämlich dass die Infinitive im Mhd. in vielen Fällen das Präfix *ge-* erhielten, so vor allem nach den modalen Hilfsverben *mag* und *kann,* aber häufig auch nach anderen Verben. Dadurch fielen in einigen starken Verbalklassen Infinitiv und Part. Prät. lautlich zusammen und standen im Gegensatz zu präfixlosen finiten Verbalformen. Dies erklärt, dass eine Unsicherheit im Gebrauch der Formen z.T. eingetreten ist. Danach konnten Verbindungen von finitem Hilfsverb mit zwei echten Infinitiven auf Fügungen von Infinitiv + Part. Prät. bei *haben* einwirken; nach dem mhd. Typ *muget ir nu wunder hœren sagen* (Nib. 1, 4) entstanden Verbindungen wie *von einem hân ich hœren sagen* (Biterolf, dazu vgl. Bærentzen 2004). Vgl. auch das Schwanken zwischen Infinitiv und Part. Prät. als Prädikat bei *kommen* (§ 93). Bei der Frage, warum der Infinitiv und nicht das Partizip in solchen Konstruktionen auftritt, sind mehrere Faktoren zu berücksichtigen. Einmal sind es solche, die die mit den beiden infiniten Formen transportierten semantischen Faktoren betreffen. Das Partizip, zumal in verbalen Fügungen, die das Auxiliar *haben* enthalten, signalisiert einen Abschluss einer Handlung, der Infinitiv weist diese Funktion aber nicht auf, er ist somit neutraler. Weiter ist die vor allem von Härd (1981) herausgearbeitete generelle Tendenz des Deutschen einzubeziehen, in umfangreicheren verbalen Konstruktionen für das Finitum die Endposition anzustreben (vgl. § 128).

Diese Position wird aber durch die Bildung eines „Oberfeldes", d. h. einer Serialisierung der verbalen Formen auch im Nebensatz an der Zweitposition für das Finitum und dem Nachziehen anderer verbaler Formen, wie es in der Theorie von Bech (1955) beschrieben wird, verhindert. Auch kann eine allgemeine Unsicherheit bei komplexen Formen, wenn der Satz im Perfekt steht, gewirkt haben (Dal 1971). Weiter ist zu berücksichtigen, dass im Bereich der Modalverben in der fraglichen Zeit der Ausbildung des „Ersatzinfinitivs" sich auch die epistemische Verwendung entwickelt (vgl. Fleischer 2012, S. 183). Der Bildetyp *will getan haben*, der in älteren Texten deontisch zu verstehen war (Oubouzar 1974, S. 72), wird um 1700 „vorzugsweise schon epistemisch gebraucht" (Ágel 2000, S. 1865). An seine Stelle tritt *hat tun wollen* mit dem Ersatzinfinitiv für die deontische (nicht-epistemische) Bedeutung. Es liegt auf der Hand, dass dieses Faktorenbündel in seiner Komplexität zu unterschiedlichen Ausprägungen geführt hat und immer noch führt. Die Dialekte im Deutschen verhalten sich zum Teil anders als die Standardsprache, die spätestens seit dem 17. Jh. unter Normeinfluss eine Retardierung der weiteren Entwicklung, nämlich das Erreichen der absoluten Endposition des Finitums abblockt. Dies lässt sich sehr gut an einem Faktum beobachten, das von Takada (1998) beschrieben worden ist. Im 17. Jahrhundert schreiben die „progressiven" Schriftsteller, etwa Leibniz und Grimmelshausen, so, wie es der Entwicklungstrend voraussagt, d. h. das Finitum ist schon fast an der Endposition angelangt. Diese Formen finden sich heute etwa als gängigste in den Dialekten des Mittelbairischen (vgl. Eroms 2006). Bei Grimmelshausen hat nun aber ein eher konservativer Bearbeiter die „in der Entwicklung fortschrittliche" Schreibung wieder rückgängig gemacht (Takada 1998, S. 269). Das lässt sich gut an den folgenden Beispielen erkennen: Grimmelshausen 1668: *weil ich seine Aromatische Würste nicht mehr verdauen hätte können*. Der Bearbeiter von 1669 ändert in: *weil ich seine Aromatische Würste nicht mehr hätte verdauen können*. Das ist die Form, die sich bis in die Gegenwart unter Normeinfluss gehalten hat. Die Abfolge der rechten Klammerteile ist dabei nicht nur von einem unterschiedlichen historischen Stand der Festwerdung der Serialisierung abhängig, sondern auch von weiteren Faktoren, besonders von der Fokus-Struktur des Satzes (vgl. Sapp 2011 und Wegera/Waldenburger 2012, S. 205) und weiterer Bedingungen (Konopka 1996). (Zum Ersatzinfinitiv im Deutschen vgl. u. a. Askedal (1991), Schmid (2000), Eisenberg/Smith/Teuber (2001), Ágel (2001), Eroms (2006a), Fleischer (2012, S. 175–193)). In der Gegenwartssprache besteht insgesamt eine erhebliche Formfülle, so sind alle Varianten des Satzes *Sie wogten, wie sie keiner hat wogen sehen / wogen gesehen hat / wogen sehen hat* zu belegen (vgl. Zeman 2002, S. 98 f.).

B. Das Partizipium Präsentis

§ 89. Das Partizipium des Präsens wurde schon in idg. Zeit mit einem -*nt*-Suffix aus dem Präsensstamm des Verbs gebildet. Die Form hat sich in der deutschen Schriftsprache und in der auf ihr fußenden Umgangssprache erhalten. Dagegen ist sie in den meisten Mundarten verloren gegangen; am besten ist sie im Oberdeutschen erhalten.

Wie der Infinitiv vereinen die Partizipia verbale und nominale Natur. Als Verbalform hat das Part. Präs. aktive und durative Bedeutung und bezeichnet eine mit dem Verbum finitum gleichzeitige Handlung: *schweigend umarmt ihn der treue Freund; sie antwortete lachend; er fiel ächzend zu Boden.*

Die Fähigkeit zur verbalen Rektion, d. h. zur Verbindung mit einem Objekt im selben Kasus wie das finite Verb hat das idg. Partizip des Präsens ursprünglich nicht gehabt, und dies Verhältnis ist für das Part. Präs. im ältesten Germanischen noch bewahrt, soweit nicht Einfluss aus dem Griechischen oder Lateinischen vorliegt. Das Part. Präs. von transitiven Verben hat im frühesten Germ., wie das Altnord. und das Altengl. zeigen, sein Objekt nicht im Akk., sondern im Gen. wie die gewöhnlichen Nomina agentis: an. *meyar margs vītandi.* Im deutschen Schrifttum kommen von der ältesten Zeit an Partizipia Präs. mit verbaler Rektion vor, aber nur unter Einfluss von lateinischem, in der späteren Zeit auch französischem Muster: ahd. *her uuaჳ bouhnenti in thuruh uuon&a stum,* „er ihnen das bezeichnend verblieb stumm" (Tatian 27, 26 = Sievers 2, 10). In der nhd. Schriftsprache sind Part. Präs. mit verbaler Rektion ziemlich geläufig: *die Tür fest hinter sich schließend fing er an zu reden; der seinem Herrn folgende Hund knurrte laut; einer alten Stadtfamilie angehörend vereinigte er in seiner Person allen Stolz* (Gottfr. Keller, Der grüne Heinrich (2. Fassung), 1, 1). Diese Konstruktion ist aber der natürlichen Umgangssprache immer fremd geblieben.

§ 90. In syntaktischer Hinsicht fungieren die Partizipia als Adjektive. Das Part. Präs. steht deshalb in denselben Stellungen wie andere Adjektive, d. h. als Attribut, als Prädikat und als Apposition; jedoch gelten gewisse Einschränkungen, besonders für die Stellung als Prädikat.

In der attributiven Stellung ist die nominale Natur des Partizips stark hervortretend, deshalb sind hier verbale Bestimmungen, d. h. Ergänzungen durch Objekte, Adverbia oder Präpositionsverbindungen auch in der Schriftsprache selten und unbeliebt. Im Allgemeinen werden selbst notwendige Ergänzungen des Verbum finitum beim Part. Präs. weggelassen, und hierdurch bekommen die ensprechenden Formen mehr oder weniger den Charakter von wirklichen Adjektiven, z. B. *in geziemender Weise; eine passende, auffallende Erwiderung; eine einleuchtende Erklärung; ein kühlender, erfrischender, labender, stärkender Trank; eine drückende, quälende Hitze; eine reizende, entzückende, bezaubernde, blen-*

dende Schönheit; ein befriedigender, beruhigender, verlockender, aufregender, rührender Anblick; eine zwingende Annahme; ein vermögender Mann; beleidigende, verletzende, empörende Worte; eine anregende Darstellung; eine entscheidende Auskunft; ein strafender Blick; eine leitende Stellung usw. Bei reflexiven Verben fehlt das Reflexivobjekt: *ein anmaßender, aufopfernder, herablassender, hingebender, zurückhaltender Mensch.* In der älteren Sprache ging dieser Gebrauch von reflexiven Verben ohne Reflexivobjekt in attributiver Stellung weiter als jetzt: *der Kräuter ändernde Gestalten* (Haller, Die Alpen); *die türmende Stadt* (Sch., Der Spaziergang); *das wundernde Ohr* (Sch., Der Spaziergang); *dem wundernden Blick* (Sch., Der Spaziergang). Auch die Part. Präs. von einwertigen Verben können zu reinen Adjektiven werden: *eine glühende Hitze; eine strahlende Sonne; eine glänzende Begabung; ein wütender, rasender Hund* usw.

Die prädikative Verwendung des Part. Präs. ist im Nhd. so gut wie ganz aufgegeben. Als Prädikat zum Subjekt können nicht mehr lebendige Partizipia verwendet werden, sondern nur solche, die zu reinen Adjektiven geworden sind: *die Sonne ist strahlend; die Hitze wird drückend; das Kind ist reizend* usw. Als Prädikat zum Objekt können bei einigen Verben wirkliche Part. Präs. erscheinen, teilweise im Wechsel mit dem Infinitiv (vgl. § 111): *er fand sie im Stuhle sitzen(d); fand sie schlafend, weinend; ich glaubte, vermutete dich schlafend.* Früher bei mehr Verben: *sein Wort habt ihr nicht in euch wohnend* (L., Joh. 5, 38).

In den älteren Sprachperioden fungierten die Verbindungen von *sein* und *werden* mit Part. Präs. als feste Verbalformen, *sein* mit Part. Präs. drückte die durative Handlung aus (Admoni 1990, S. 33), *werden* mit Part. Präs. die ingressive. Ob diese Fügungen auch durch das Lateinische (bzw. im Got. durch das Griechische) beeinflusst sind, lässt sich nicht mit Sicherheit sagen, sie kommen jedenfalls überall in den germanischen Sprachen vor, was für selbständige germanische Entwicklung spricht.

Die Verbindung mit *sein* steht bei Otfrid bisweilen als Reimbehelf: *uuas thaʒ folc beitōnti* (erat plebs expectans, Tatian 27, 22 = Sievers 2, 10); *ist er ouh fon jugendi filu fastenti* (Otfrid I, 4, 34). Mhd. *mit klage ir helfende manic frouwe was* (Nib. 1076, 2); *daʒ wil ich iemer dienende umbe Kriemhilde sîn* (Nib. 540, 4). Im Nhd. ist der Gebrauch sehr beschränkt, doch kommen im 18. Jh. und später Partizipia wie *erwartend, verlangend, vermögend, vermutend* in dieser Stellung vor: *er wenigstens ist der Gräfin Orsina hier nicht vermutend* (Lessing, Emilia Galotti IV, 3); *am wenigsten aber sind sie vermögend, ihrem Originale nachzudenken* (Lessing, Briefe, die neueste Literatur betreffend, 4); *ich bin alle Tage seine Antwort erwartend* (Lessing, Briefe, an die Tochter, 17. 8. 1780); *ich bin auf die Folge sehr verlangend* (G., Briefe, an Carl August Böttiger, 19. 7. 1797). In anderen Fällen, wo in der älteren Literatur Partizipia Präs. als Prädikat bei *sein* erscheinen, sind sie als reine Adjektive aufzufassen, auch solche Partizipia, die jetzt nicht mehr diese Geltung haben: *welche so sehr schicklich und ausdrückend ist* („ausdrucksfähig", Brief J. A. Ebert an Lessing, 7.1.1770); *der gegen deine Fehler und Schwächen so duldend war* („geduldig", Sch., Briefe, an Körner, 11.7. 1785); *Schillers Wallenstein ist fürtrefflich und in einigen Stellen erstaunend* („erstaunlich", G., Briefe 13, 101, 25); *so mußte er wohl so nachgebend sein* („nachgiebig", Lessing, Hamburgische Dramaturgie 1, 44); *vorwerfend war mir ihres Mangels Anblick* („vorwurfsvoll", Sch., Maria Stuart II, 9); *du bist nachdenkend, Clavigo* („nachdenklich", G., Clavigo, Clavigos Wohnung).

Die Verbindung *werden* mit Part. Präs. findet sich vereinzelt im Got., As. und Ahd.: got. *saurgandans wairþiþ* „ihr werdet trauern" (Matth. 16, 20); as. *ward im thes mōd mornondi* (Hel. 721); ahd. *thō uuard mund siner sār sprechantēr* (Otfrid I, 9, 29). Mhd. *ja wirt ir dienende vil manic wætlîcher man* (Nib. 1210, 4); *als eʒ wart tagende* (Gottfried, Tristan 5507); frühnhd. *da ward das ganze Heer laufend* (L., Richter 7, 21); *wardt der Schaffkopff also polternt* (I Chr. 1, 7, nach Schieb 1976, S. 76).

Der Eindruck über den grammatischen Stellenwert der Fügungen ist aber unvollständig, wenn man die beiden Konstruktionen isoliert betrachtet. Sieht man sie im Zusammenhang, ergibt sich ein anders Bild. Sie erweisen sich dann als eine systematische Möglichkeit, durative und perfektive Handlungen auszudrücken.

In der folgenden Zeit verschwindet diese Konstruktion, indem das Part. Präs. zu einem Infinitiv umgedeutet ist und die Fügung in der neuen Futurumschreibung mit *werden* aufgeht (vgl. § 99). – Nach *bleiben* ist das Part. Präs. im Nhd. ebenfalls zu einem Infinitiv umgedeutet worden, vgl. § 92: *liegen, stehen bleiben*. Aber auch hier zeigen sich Reste der alten Ausdrucksmöglichkeit. Sie finden sich in den gegenwärtigen Dialekten als Partizipialbildung in einem breiten bairisch-fränkisch-thüringischen Streifen (*linnig, liget bleiben*) und im Pommerschen *liggant, stanant bliben* (Saltveit 1962, S. 43–45, Koch 1997, S. 76–78).

Als Apposition wurde das Part. Präs. im frühesten German. nur in beschränktem Umfange verwendet. Dieser Gebrauch hat aber unter lateinischem und später auch französischem Einfluss stark zugenommen. In dieser Stellung ist die verbale Natur des Partizips stark hervortretend, deshalb sind hier verbale Bestimmungen häufiger als in anderen Stellungen: *unverwandt nach ihr hinblickend sprach er; ich rieb mir die Augen, nicht wissend, was ich denken sollte.* Das Part. Präs. bezeichnet hier im Allgemeinen eine mit dem Verbum finitum gleichzeitige Handlung. Das Fehlen eines aktiven Part. Prät. bei den transitiven und vielen intransitiven Verben (vgl. § 92) hat jedoch dazu geführt, dass das Part. Präs. bisweilen zur Bezeichnung einer dem Verbum finitum vorausgehenden Handlung verwendet wird. So schon got.: *galūkands haurdai þeinai bidei du attin þeinamma* (Matth. 6, 20) „nachdem du deine Tür geschlossen hast, bete zu deinem Vater"; – nhd. *ans Land steigend kehrten wir im Ochsen ein* (G., Schweizerreise, 7.

10.1797); *dieses bemerkend, schwingt Mephistophela wieder ihren Stab* (Heine, Der Doktor Faust I).

§ 91. Da das Part. Präs. aktive Bedeutung hat, ist das Substantiv, worauf es sich bezieht, normalerweise Subjekt der Verbalhandlung. In attributiven Fügungen kann aber bisweilen eine logisch ungenaue Verknüpfung von Attribut und Substantiv vorliegen, wodurch das übliche Subjektsverhältnis geändert wird: *eine schwindelnde Höhe; eine sitzende Lebensweise; eine liegende Stellung; eine stillschweigende Übereinkunft; mit spielender Leichtigkeit* u. a. – In der Literatur des 18. Jhs. und später findet man mehrere derartige Verbindungen, die jetzt nicht mehr möglich sind, wie z. B. *in dem geltenden Augenblick* (Sch., Kabale und Liebe II, 5); *nach einer nachdenkenden Pause* (Sch., Fiesco II, 19); *eine reuende Träne* (Lessing 22, 184); *nach einer schlecht schlafenden Nacht* (Sch., Briefe, an Goethe, 10.1.1799). Bei transitiven Verben kann eine solche Verknüpfung dazu führen, dass das Substantiv logisches Objekt für die Verbalhandlung des Partizips wird, dass dies letztere also passive Bedeutung bekommt. Fügungen dieser Art waren in der älteren Sprache nicht selten: *diese Grundsätze anschauend* („anschaulich") *zu machen* (Nicolai, Notha 3, 21); *mit blasenden Instrumenten* (G., Briefe, an Schlegel, 6.10.1803); *von dieser vorhabenden Herbstreise* (G., Die Wahlverwandtschaften 1, 10); *unter anhoffender Genehmigung* (G., Briefe, an Herzog Carl August, 23.9.1788). In der heutigen Sprache scheint ein solcher Gebrauch vorzuliegen bei *betreffend*: *der betreffende Umstand; die betreffende Lage.*

Wie andere Nomina wurden die Partizipia ursprünglich durch *un-* negiert. Dieser Gebrauch ist bei den Part. Präs. im Mhd. noch vielfach erhalten, auch wo das Partizipium verbalen Charakter hat: *uneʒʒende, unsparnde; den stegreif ungetretende; unsprechende* u. a. Nhd. sind die Formen mit *un-* nur als reine Adjektive erhalten: *ungenügend, unvermögend, unbefriedigend, unzureichend, unziemend, unpassend, unbedeutend, unwissend* (in verbaler Funktion noch bei Kleist (Der Zweikampf): *unwissend, wohin sie sich wenden sollte* und einige andere; in der älteren Literatur sind noch mehrere im Gebrauch, wie z. B. *unerfreuend* (Herder); *so blieb das ganze Volk unabhangend* („unabhängig", Haller, Usong 2); *denn unfühlend ist die Natur* (G., Das Göttliche).

C. Das Partizipium Präteriti

§ 92. Das germanische Part. Prät. geht zurück auf idg. Verbaladjektive auf *-to* und *-no.* Diese Adjektive wurden nicht aus einem bestimmten Tempusstamm, sondern aus der Verbalwurzel gebildet, sie standen deshalb in loserem Verhältnis zum Verbalsystem und hatten einen mehr nominalen Charakter als die eigentlichen Partizipia. Dies Verhältnis ist noch im ältesten Germanisch spürbar, obwohl die

Bildungen sich hier an das Präteritum fest angeschlossen haben und echte Partizipia geworden sind.

In Bezug auf das Genus verbi (Aktiv: Passiv) besteht ein Unterschied zwischen den transitiven und den intransitiven Verben. Die Part. Prät. der transitiven Verba haben durchgängig passive Bedeutung: *der geschlagene Feind; der abgesandte Brief; die zerstörte Stadt.* Die Ausnahmen sind selten: *trunken* hat von ältester Zeit an aktive Bedeutung „der getrunken hat"; ahd. *bitrogan* kann aktiv verwendet werden, „einer der betrügt", ebenso *giwiȝȝān* „einer, der weiß"; auch im Nhd. finden sich ähnliche Fälle: *ein gelernter Schneider; ein studierter Mann; ein Geschworener.* Von den intransitiven Verben bildeten ursprünglich nur die mit perfektiver Aktionsart ein Part. Prät., und diese Form hat natürlich aktive Bedeutung: *ein entlaufener Soldat; eine verblühte Schönheit; der Verstorbene; der gerade angekommene Zug; ein umgefallener Baum; das eingetroffene Unglück.* Von den intransitiven Verben mit durativer Aktionsart wurde ursprünglich kein Part. Prät. gebildet, und in der ältesten Überlieferung sind Partizipia von diesen Verben noch sehr selten. Partizipformen wie *geschlafen, gestanden, gelaufen* usw. sind erst nach der Ausbildung der zusammengesetzten Verbalformen als Analogiebildungen entstanden, vgl. unten. Sie werden auch noch heute nur innerhalb dieser Fügungen (der Vergangenheitsformen und des Passivs) verwendet (*ich habe gelebt; hier wird lange geschlafen*) und können nicht wie die alten Partizipia als attributive Adjektive fungieren; man kann nicht sagen *ein gelaufener Soldat; ein geschlafenes Kind.*

Das Tempusverhältnis ist beim Part. Prät. nicht so klar wie beim Part. Präs., und dies hängt wieder mit dem stärker nominalen Charakter des präteritalen Partizips zusammen. Die aktiven und viele der passiven Partizipia bezeichnen einen Zustand als Ergebnis einer voraufgegangenen Handlung: *ein gefülltes Glas; eine geladene Flinte; zerrissene Blätter lagen auf dem Tisch.* Aber die Partizipia der meisten durativen transitiven Verben bezeichnen eine Handlung oder einen Zustand, der mit dem Satzverbum gleichzeitig ist, und diese Partizipia bilden somit geradezu ein passives Gegenstück des aktiven Part. Präs. – Vgl. *uns begegnete ein von vier Pferden gezogener Wagen; sein geliebtes Kind lag krank; ein von Säulen getragenes Dach: eine das Dach tragende Säule;* ebenso *ein gehetzter Fuchs; ein bewohntes Haus; eine umworbene Frau.*

§ 93. In syntaktischer Hinsicht wird das Part. Prät. wie andere Adjektive als Attribut, als Prädikat und als Apposition verwendet.

Von der attributiven Verwendung war schon die Rede. Eine eigentümliche attributive Verwendung mit verbaler Bedeutung des Part. Prät. findet sich vom 16. Jh. ab in Verbindung mit Präpositionen, besonders mit *nach: nach verlaufenen drei Jahren.* Hier liegt wahrscheinlich Einfluss sowohl vom Lateinischen wie vom Französischen vor, vgl. lat. *post Romam conditam;* frz. *après Rome vaincue.* Diese

Konstruktion ist jetzt beinahe zurückgedrängt, im 18. Jh. und später war sie aber sehr beliebt: *nach aufgeopferten Jugendkräften* (Lessing, Christlob Mylius, 1. Brief); *nach aufgehobener Tafel* (öfter): *nach eingenommener Stadt* (G., Campagne in Frankreich, 3.9.1792); *nach beendigtem Kriege* (Sch., Werke in einem Band 1836, Nachwort, 1290); *nach zugeriegelter Tür* (Storm, Ein Doppelgänger); *nach ausge- rauchter Zigarre* (Keller, Das Sinngedicht 8); *bei untergegangener Sonne* (Ernst Jünger, Abenteuerliches Herz, 207); *vor aufgelöster Verwirrung* (G., Wilhelm Meisters Wanderjahre 2, 10); *wegen gebrochenen Landfriedens* (Jahrbücher des Vereins für Mecklenburgische Geschichte und Altertumskunde, 1843, 100); *mit aufgehobener Gefahr* (Sch., Briefe über don Carlos, 2. Brief); *nach genossener Er- wärmung ließ man sich um das Tischchen nieder* (Th. Mann, Der Zauberberg, 698); *nach verzehrter Süßspeise* (Th. Mann, Dr. Faustus, 134).

Als adjektivisches Prädikat werden ebenfalls nur die ursprünglichen Parti- zipia, also die von den transitiven und von den perfektiven intransitiven Verben gebildeten verwendet: *der Feind ist geschlagen; das Unheil ist eingetroffen;* auch bei anderen Hilfsverben: *der Versuch scheint gelungen; das muss verschwiegen bleiben; mein Auge blieb auf die Stelle gerichtet.* Ebenso bei Verben der Bewegung und der Ruhe: *die Halle steht errichtet; hier liegt der Hund begraben; die Sache ging verloren.*

Eine Sonderstellung nimmt die Verbindung *kommen* mit Part. Prät. von Be- wegungsverben ein: *er kommt gelaufen; ein Vogel kommt geflogen; die Sonne kommt mit Prangen am Himmel aufgegangen* (Sch., Frühgesang) usw., denn hier treten Partizipia von durativen Intransitiva auf, die sonst nur in den zusammen- gesetzten Verbalformen vorkommen. Die Fügung tritt seit frühester Zeit auf, z. B. Heliand 3752 *gifaran quamun;* bei Hartmann, Wolfram u. a. sind Verbindungen wie *kam gegangen, gevarn, geriten* häufig. Die mögliche gegenseitige Beeinflussung des Mittelhochdeutschen und Mittelniederdeutschen ist umstritten (vgl. Hirao 1965). Seit dem Frühnhd. ist die Form ganz gängig im Deutschen. Wahrscheinlich ist das Part. Prät. in diesen Fügungen aus der Umdeutung von ursprünglichen Infinitiven mit *ge-* entstanden, vgl. § 88. Die Fügung lässt sich aber auch anders und unabhängig erklären. Denn es begegnen auch Verbindungen von *kommen* mit dem Part. Präsens und mit dem Infinitiv, etwa *da kam er hin wandern mit einem pfaffen* (Dyl Ulenspiegel 1515, 243, nach Schöndorf 1991, S. 14). Dies scheinen Reliktformen unter Einfluss des Mittelniederdeutschen zu sein (Schöndorf 1991, S. 24). Die Kombinationen mit dem Infinitiv stellen sich in einen größeren Zu- sammenhang, bei dem andere periphrastische Konstruktionen mit dem Infinitiv heranzuziehen sind. Im Altsächs. steht nach *kommen* der Infinitiv eines Bewe- gungsverbs, und diese Konstruktion ist auch im älteren Neuhochd. nicht unbe- kannt, vgl. z. B. aus Spee „Trutznachtigall": *da kam ein sanftes Windlein sausen; der Tod auf uns kommt eilen; lauter Freuden kommen laufen;* auch Infinitiv mit *ge-:*

Regen klar gar lieblich kommt gefließen. Infinitiv mit präfigiertem *ge-* findet sich nach *kommen* schon im Heliand: *gifaran quāmun* (s. o.). Die Umdeutung zu Part. Prät. fand vielleicht zuerst in der Verbindung *kam gegangen* statt, nachdem die Infinitivform ahd. *gangan* aus der Sprache verschwunden war. Danach wurden auch Formen wie mhd. *gevarn, gelaufen* als Part. Prät. gedeutet, und schließlich wurden eindeutige Part. Prät. wie *geriten, gerant* usw. in dieser Fügung verwendet. Während die frühen Belege nur kursive Verben enthalten, werden später auch terminative einbezogen: *Und das Gesindel husch, husch, husch! Kam hinten nachgeprasselt* (Bürger, nach Atanassowa 1972, S. 252). Dies ist gleichzeitig ein Fall, der sich konstruktionsgrammatisch, nämlich durch Verwendung eines Geräuschverbs als Bewegungsverb, deuten lässt (vgl. Welke 2009).

Das Part. Prät. kann weiter als Prädikat zum Objekt stehen: *sie hielten uns gefangen; wir glaubten uns verborgen; er hielt sie mit Hausarbeit beschäftigt; er bekommt die Augen zugebunden.* Aus Verbindungen, in denen das Part. Prät. als Prädikat zu einem Objekt von *haben* fungiert, haben sich die zusammengesetzten Vergangenheitsformen entwickelt, vgl. § 95.

Der Gebrauch des Part. Prät. als Apposition gehört hauptsächlich der Schriftsprache an. In dieser Stellung kann das Partizip Ergänzungen wie Adverbium und Präpositionsausdrücke zu sich nehmen, aber natürlich kein Akkusativobjekt, da ja die transitiven Partizipia passivische Bedeutung haben: *kaum von der langen Reise zurückgekehrt musste er uns wieder verlassen; tief von Sorgen niedergebeugt schleppte er sich durch die letzten Jahre.*

§ 94. Der Gebrauch des absoluten oder des isolierten Part. Prät. ist zum Teil unursprünglich im Deutschen, Beeinflussung durch lateinische und französischen Muster ist nicht auszuschließen.

Heimatlichen Ursprungs ist wohl das imperativische Partizip: *aufgepasst!, stillgestanden!, dageblieben!, zugefahren!* usw.; es ist schon mhd. belegt: *owê geschrîet über sie* (Marienlegende), und muss entstanden sein durch Auslassung von *sî*, vgl. *wâfen sî geschriet.* Dies imperativische Partizip war eine Zeitlang in der Literatur beliebt: *wohlauf, noch getrunken den funkelnden Wein* (Kerner); *itzt frisch mit den Türken aus Asien, weil's Eisen noch warm ist, und Zedern gehauen aus dem Libanon, und Schiffe gebaut, und geschachert mit alten Borden und Schnallen das ganze Volk* (Sch., Die Räuber I, 2). Von ähnlicher Art sind Ausdrücke wie *wohl gemerkt; offen gestanden; zugestanden* u. a. In Fällen, wo das Partizip eher eine Bedingung ausdrückt, scheinen französische Muster eingewirkt zu haben: *alles wohl überlegt* scheint dem französ. *tout considéré* nachgebildet zu sein; zum selben Typus gehören Ausdrücke mit absolutem Akkusativ wie *dies vorausgesetzt, angenommen, zugegeben; den Fall gesetzt.* Das Part. hat den syntaktischen Wert einer Konjunktion in Fällen wie *eingeschlossen, ausgenommen, einbegriffen, abgerechnet, eingerechnet, einbezogen, abgezogen: die Kosten einbegriffen, abgezogen* usw.;

die ganze Familie war anwesend, mein Bruder ausgenommen. In anderen Fällen kann das Partizip die Funktion einer Präposition bekommen (vgl. § 50): *ungeachtet dieser Arbeit*; der Gen. ist hier ursprünglich vom Verbum abhängig; auch Dat. und Akk. treten auf: *dem allem ungeachtet* (Wieland, Brief an A. Zimmermann, 5.1. 1762); *solche Hindernis ungeachtet* (L., nach Otto Jespersen, The philosophy of grammar, 127). Wenn an Stelle des Nomens ein Satz tritt, fungiert das Partizip als Satzkonjunktion: *ungeachtet es erst dämmerte* (Gutzkow, R. 3, 465); *angesehen heutigen Tages die beste Freiheit ist* (Chr. Weise, Erzn. 21, nach DWb.); *angesehen Ihr ein verständiger Ritter seid* (Tieck, Blaubart I, 1); *unangesehen, daß ich mich erbot zu antworten* (L., Appellation an den Papst Leo, 17.11.1520); *gesetzt dass; eingeräumt dass.*

Das Part. Prät. kann in einigen Fällen mit substantivischer Funktion auftreten, als Satzsubjekt und als substantivisches Prädikat: *aufgeschoben ist nicht aufgehoben; frisch gewagt ist halb gewonnen; Gut verloren etwas verloren, Ehre verloren viel verloren, Mut verloren alles verloren; das heißt, das nenne ich gearbeitet (arbeiten); das hieße den Bock zum Gärtner gemacht (machen).* Wie man sieht, steht das Partizip hier z.T. gleichbedeutend mit dem Infinitiv. Im Mhd. konnte es sogar in der Umschreibung mit *tun* für den Infinitiv eintreten: *ich tuon nâch iu gesant* (Gottfried, Tristan 10881). Auch als Subjekt wird es mhd. weitergehend gebraucht als jetzt: *waȥ sol lenger hie gelegen* (Herbort v. Fritzlar, 27e); *daȥ mir beȥȥer wære begraben* (Klage 989). Weiter steht es neben einem adjektivischen Prädikat, wo man es jetzt am ehesten mit einem Infinitiv wiedergeben muss: *daȥ ist also guot vermiten* (Hartmann, Iwein 4711, „es wäre ebenso gut, dies zu vermeiden"); *eȥ ist in sêre guot gelesen* (Gottfried, Tristan 173, „es ist ihnen sehr nützlich zu lesen").

D. Funktionsverbgefüge

§ 94a. Seit dem Althochdeutschen lässt sich bei einer Reihe von Verben, die sich mit Substantiven, vor allem Verbalsubstantiven, verbinden, eine semantische Entleerung beobachten, die für die ganzen Fügungen zu einer Gesamtbedeutung führt, die im System der Aktionsarten und der Konversen als Ausdrucksalternativen genutzt wird. Diese Fügungen werden seit von Polenz (1963) als Funktionsverbgefüge benannt.

Bereits im Althochdeutschen lassen sich Beispiele ermitteln, die sich nach Braun (2010, S. 402) im Ansatz als Funktionsverbgefüge auffassen lassen, z.B. in inchoativer Funktion: *ni mag ich thoh mit worte thes lobes queman zi ente* (Otfrid I, 18, 6), wenn auch die unabhängige Gebrauchsweise überwiegt. Relleke (1974, S. 17 f.) führt vier verschiedene Typen auf: 1. Substantiv + Verb: *angust giduan* (Otfrid IV, 6, 29); 2. Artikel + Substantiv + Verb: *ein girâti duan* (Otfrid III, 16, 73); 3.

Präposition + Substantiv + Verb: *in bāga gigangen* (Otfrid II, 6, 41); 4. Artikel + Präposition + Substantiv + Verb: *in thia ahta neman* („sich in einen Streit einlassen", Otfrid III, 3, 16). Im Mittelhochdeutschen sind nach Tao (1997) viele der nhd. Typen der Funktionsverbgefüge nachzuweisen, vor allem die auch in der Gegenwartssprache häufigsten mit *kommen* und *bringen: Nv svlt aver ir die kvrzen rede mit der krefte des heiligen geistes merken, daz si iv ze bezzervnge kome libes vnde sele* (Spec. 20, 11); *Ich bin durch sundige lûte her ze dirre erde chomen, daz ich die becherte unde ze rehter erchantnusse bræhte* (Spec. 107, 20) (Belege nach Tao 1997, S. 101, 112). Diese Belege und die Liste bei Tao (1997, S. 94–191) zeigen allerdings, dass im Mittelhochdeutschen die Zahl der Verbalabstrakta gegenüber konkreten Nomina noch sehr gering ist, Fügungen wie *ze ende bringen, in huote nehmen, in nôt komen* dominieren. Hier treten selbständige Substantive und ein sematisch allerdings reduziertes Verb zusammen.

Eine deutliche Zunahme solcher Fügungen ist seit dem frühen Neuhochdeutschen zu verzeichnen. Seifert (2004, S. 162–173) belegt mit präpositionalen Fügungen beispielsweise in „kausativ-transformativer" Funktion *zum Druck befördern* (1773), *zur Subhastation* [=Zwangsversteigerung] *bringen* (1776), *zur Untersuchung ziehen* (1794), *zum öffentlichen Verkauf stellen* (1776), *in Berathschlagung stellen* (1809), *zum Volksentscheid bringen* (1919), in aktionaler Funktion: *zu einigem Wachsthum gelangen* (1706), *zum Vorscheine kommen* (1780), *zum Ausbruch kommen* (1780), *in Besitz nehmen* (1863), als Passivalternative: *zur Subhastation kommen* (1776), *in Anrechnung kommen* (1794), *zur Anzeige kommen* (1832), *zur Berathung und Beschlußfassung kommen* (1852), *zum Abschlusse kommen* (1869), *zur Vollendung kommen* (1871).

3. Die zusammengesetzten Verbalformen

§ 95. Die Entwicklung der verbalen Periphrase setzt im Althochdeutschen ein und führt mit dem Ausbau des restrukturierten Aspekt- und Tempussystems des Deutschen zu einer stetigen Zunahme komplexer Formen. Während zwei- und dreigliedrige Formen sich schon im Althochdeutschen finden, sind umfangreichere Strukturen erst später belegt. Am Ende der frühneuhochdeutschen Epoche finden sich, wenn auch seltener (nach Schieb 1976, S. 189 und S. 207 in unter einem Prozent der vorkommenden verbalen Typen) Verbkomplexe aus vier verbalen Formen. Es ist sogar ein fünfgliedriger Typ belegt: *hette Es woll bleiben Können laßen so Einen dollen heurath Zu thun* (II Br. 2, 29, nach Schieb 1976, S. 195).

A. Die Entwicklung des Tempussystems im Deutschen

Wie im Kapitel über Aspekt und Aktionsarten schon angegeben wurde, lässt sich das deutsche Tempussystem in seiner geschichtlichen Herausbildung verstehen als eine Parallelentwicklung zum ersteren, das auf eine funktionelle Ebenbürtigkeit hinausläuft und damit große Teile des aspektuell bestimmten Verbsystems im Deutschen überflüssig macht. Gleichwohl bleiben aspektuelle Ansätze bis heute bestehen und machen sich u. a. bei der Relationierung von Handlungs- und Vorgangsbezeichnungen bemerkbar. Denn die Grundfunktion der Kategorie des Tempus ist es, dem Hörer eine Orientierung über die zeitliche Situierung eines Vorganges oder einer Handlung zu geben. Dies kann auf unterschiedliche Weise geschehen. Besonders bei Handlungsverschränkungen zeigt sich, dass mit der rein temporalen auch andere Informationen verbunden sein können und in den meisten Sprachen der Welt auch sind. Da das Verbsystem des frühen Deutsch auch die Handlungsausdehnung oder ihre Terminierung bezeichnen konnte, waren die temporalen Bedingungen sekundär daran geknüpft. Die Kennzeichnung eines Vorgangs oder einer Handlung als in seiner Dauer nicht begrenzt (kursiv) oder aber begrenzt (terminativ) stand im Vordergrund.

Wenn man sich nur auf die Tempusbezeichnungen konzentriert, macht das verbale Formensystem des Altgermanischen zu Beginn der Überlieferung den Eindruck eines im Vergleich mit dem reich entfalteten idg. radikal vereinfachten Systems. Das Verb besaß nur zwei Zeitformen, ein Präsens, das auch die Zukunft ausdrücken konnte, und ein Präteritum, das in Übersetzungen aus dem Lateinischen außer dem Imperfekt auch das Perfekt und das Plusquamperfekt wiedergeben musste. Es stand jedoch eine Reihe anderer Mittel zur Verfügung, die z.T. noch aus dem ursprünglichen aspektuell angelegten System stammen, z.T. Neuerungen darstellen. Ein wichtiges Mittel, um Differenzierung in den präteritalen Zeitverhältnissen auszudrücken, ist das „perfektivierende" Verbalpräfix *ga-/gi-/ge-*. (vgl. für das Gotische Marache 1960 und Kotin 2012 und für das Althochdeutsche Wunder 1963, S. 499). Auch andere untrennbare Präfixe, insbesondere *bi-/be-* verhalten sich im Ansatz so (vgl. § 8). Im Allgemeinen ist das unpräfigierte Verb kursiv, d. h. es bezeichnet eine nichtterminierte, allgemeine Aussage, während das *gi*-Präfix eine auf einen Abschluss ausgehende, perfektive Handlung bezeichnet. Dafür einige Beispiele aus dem Hildebrandslied: *Ik gihorta ðat seggen* ... (H 1); *ibu du mī ēnan sagēs, ik mī de ōdre uuēt* (H 12); *dat sagetun mi usere liuti ... dat Hiltibrant hætti min fater* (H 15 – 17). In (1) ist der Einzelfall gemeint, in (12) der allgemeine oder iterative Vorgang, in (15 – 17) liegt eine Bedingungsaussage vor.

Gut zu erkennen ist der Unterschied besonders dann, wenn sich eine lexikalische Spezifizierung anbahnt, so im Tatian mit *sizzen* ‚sitzen' und *gisizzen* ‚sich setzen': *Maria saz In huse* (Tatian 230, 29 = Sievers 135, 11); *mit thiu her gisah thie menigi, steig ufan berg. mit thiu her gisaz, giholota thie zi Imo thie her uuolta* (Tatian 59, 11–13. = Sievers 22, 5). Die hier vorkommenden weiteren *gi*-Präfixverben sind *sehan* und *holon*. *Sehen* wird im Tatian fast ausschließlich mit dem Präfix verwendet, wie hier. Die seltenen unpräfigierten Vorkommen bezeichnen die allgemeine oder konditionierte Handlung: *vvuo sihit her thanne nu?* (Tatian 222, 8 = Sievers 132, 11, ,Wie kommt es, dass er jetzt sehen kann?'); *ih uuas gast inti ir halotut mih* (Tatian 266, 29 = Sievers 152, 3, ,Ich bin ein Gast gewesen, und ihr habt mich beherbergt' im Sinne von: ,Wenn ich als Fremder zu euch kam, dann habt ihr mich beherbergt'). Die Ansätze zur Lexikalisierung und damit zum Wegfall der dichotomischen Bindung sind deutlich. Aber die prinzipiell mögliche Paarbildung bleibt in Resten bis über die mittelhochdeutsche Zeit hinaus bestehen. Oubouzar (1974) zeichnet die Systemzustände und ihre schrittweisen Veränderungen im Laufe des Mittelhochdeutschen nach. Dabei wird einerseits deutlich, dass die Zustands- und Zustandsübergangsbezeichnungen (statal versus mutativ) sich allmählich in Zustands- und Vorgangsbezeichnungen ändern, was sich u. a. an den in den Sätzen vorkommenden Temporaladverbialia zeigt, andererseits die Formentypen der Gegenwartssprache sich in der Weise vorbereiten, dass die Staffelung und Relationierung von Ereigniswiedergaben zunehmend auf die Zeitbezüge (vorher – gleichzeitig – noch ausstehend) bezogen werden. Die aktional-aspektuelle Markierung einer Handlung kann vielfach als die temporale Markierung einer Vorzeitigkeit aufgefasst werden, vor allem dann, wenn sie auf Erzählpassagen trifft, die Ereignisse als ,Ereigniszeit vor Sprechzeit' (E < S) wiedergeben. Dann kann in den präteritalen *gi*-Versionen die Wiedergabe von Ereignissen als ,vor E als Betrachtzeit' angesehen werden. Es fragt sich aber, ob mit dieser Aussageweise der Tempussemantik das Spezifische der Konstruktion getroffen wird. Denn solche Formen kommen auch zusammen mit „echten" Plusquamperfektformen vor: *dô wir mit vreuden gâzen und dâ nâch gesâzen, und ich im hâte geseit daz ich nâch âventiure reit, des wundert in* (Hartmann, Iwein 369).

Temporal gesehen scheinen die *gi*-Formen ,linear' aufgefasst zu werden. Sie markieren den jeweiligen Handlungsabschluss und lassen dann einen Schluss auf die vorausliegende Handlung selber zu. Die aspektuell-aktionsartliche Funktion der verbalen Präfigierung im Alt- und auch noch im Mittelhochdeutschen wird in der Forschung seit langem gesehen (vgl. Streitberg (1891), aber erst in jüngerer Zeit systematisch untersucht, s. o. § 78; zu den *ge*-Präfixen im Gotischen vgl. Krause (1987), zum Mittelhochdeutschen u. a. Solms (1991), Eroms (1993)). Herbers (2002) erfasst die aspektuell-aktionsartlichen Funktion von *ge*- im Rahmen vielfältiger anderer Gebrauchsweisen.

Die Verschränkungen aller dieser Bezeichnungsmöglichkeiten im frühen Deutsch sind zu beachten, damit nicht der Eindruck entsteht, das verbales System dieser Epoche habe nicht die gleichen Leistungen erbringen können wie das temporale System der deutschen Gegenwartssprache.

Zudem ist zu berücksichtigen, dass die beiden Tempusformen des Germanischen ihre Wurzeln in älteren Sprachepochen haben. Das Präteritum der starken Verben hatte ursprünglich perfektive Funktion, was sich nach Erdmann (1874, S. 11) bei den starken Verben bei Otfrid noch zeigt (vgl. Härd 2003, S. 2577).

Das deutsche Tempussystem, wie es sich seit dem Althochdeutschen herausgebildet hat, löst in einem Prozess, der sich über mehrere Jahrhunderte hinzieht, ein System der verbalen Relationierung ab, das aspektuell bestimmt ist (vgl. u. a. Oubouzar 1974, Abraham 1991, Abraham 1997, Leiss 1992, Eroms 1997). Kennzeichen aspektuell orientierter Systeme sind zunächst zwei ganz formale Gesichtspunkte: Solche Systeme sind paarig, dichotomisch angelegt. Dabei ist das eine Glied unmarkiert, das andere markiert. Dies ist z. B. in den slawischen Sprachen der Fall, in denen ein Verb obligatorisch entweder perfektiv oder aber imperfektiv ist. Letzteres ist der unmarkierte Fall. Im älteren Deutsch sind die aspektuellen Zuweisungen nicht im strikten Sinne obligatorisch. Aber die Markiertheitsrelation gilt auch hier. Verben treten in unpräfigierter Form auf – dieses ist die unmarkierte Form –, oder sie können präfigiert sein, dann sind sie markiert. Auf diese Dichotomie wird in § 78 eingegangen.

Kennzeichen des Verbsystems im frühen Deutsch ist, wie in den anderen germanischen Sprachen, weiter die Dichotomisierung einfacher gegen periphrastische Verbindungen, worauf oben (§ 78) schon hingewiesen worden ist. Diese treten wiederum in zweifachen Formenkombinationen auf: Die beiden Verben *sîn* und *werdan*, mhd. *sîn* und *werden*, verbinden sich mit den Präsens- und den Perfektpartizipien der Verben und ermöglichen so eine Kombinationsvielfalt zur Bezeichnung von durativ-statalen gegenüber transformativ-mutativen Verhältnissen. Mit diesen Formen werden gegenwarts- und vergangenheitsbezügliche sowie aktive und passive Verhältnisse in gleichgearteten verbalen Zugriffen möglich. Dabei sind die Ausdrucksweisen durativ, bzw. „Verlaufsformen", aber auch die Bezeichnungen „Aktiv" versus" Passiv" Übertragungen der Funktionen dieser Formen aus anderen Sprachen, vor allem aus dem Latein, bzw. Analogiesetzungen aus der deutschen Gegenwartssprache.

Die Durativbezeichnungen des Alt- und Mittelhochdeutschen stehen in Opposition zu den Transformativbezeichnungen, aus denen sich später die Futurbezeichnungen entwickeln: Z.B. *Spráchun tho thie líuti joh warun frágenti, waz zéichono er in óugti* (Otfrid II, 11, 31 f.), *Apollinis corona uuás keringtiu unde glîzendiu* (Notker I, 749,1), ‚Die Krone Apolls war einen Kreis bildend und strahlend‘ oder *Tho was er bóuhnenti, nales spréchenti* (Otfrid I, 4, 77), ‚Da war er Zeichen gebend, aber nicht sprechend‘ versus *Tho ward múnd siner sar spréchanter* (Otfrid I, 9, 29), ‚Da wurde sein Mund sogleich sprechend‘. Diese noch im Mittelhochdeutschen vorhandenen vergleichbaren Paarbildungen stehen wiederum in Opposition zu den entsprechenden periphrastischen Verbindungen mit dem Partizip des Perfekts im Aktiv (s.u.). Dabei sind die Fügung *sîn* + Part.II bei intransitiven Verben die Vorläufer des heutigen Perfekts. Sie sind in der Germania sehr alt, im Deutschen sind sie in den Denkmälern von Anfang an gut belegt. Genau wie bei den *sîn-* bzw. *werdan* + Part.I-Formen ist die Opposition statal-mutativ für das Finitum relevant. Die *sîn*-Formen betonen also den Zustand, in dem sich das Satzsubjekt befindet, in der Konsequenz des mit dem Perfektpartizip ausgedrückten Ereignisses. Dieses ist abgeschlossen. Es liegt somit eine Resultativkonstruktion vor. Dies gilt auch für die Formen mit *werdan*. Doch diese fokussieren den Zustandsumschlag. Die Fügung *werdan* + Part.II bei intransitiven Verben kommt im Althochdeutschen im Isidor elfmal, in den Monseer Fragmenten viermal, im Tatian dreimal, bei Otfrid zweimal und in einem Glossenbeleg vor, z. B. *Tho iz aband uuortan uúard, quam sum man otag (cum sero autem factum ess&, uenit quidam homo diues)* (Tatian 321, 1 f. = Sievers 212, 1). Diese Formtypen sind im Althochdeutschen nur resthaft belegt, sie sterben auch später ab. Ihr alter Systemplatz lässt sich aber nur beurteilen, wenn man die Komplementärmenge einbezieht, die Verbindung der beiden Auxiliare mit transitiven Verben. Diese sind „passivisch". Ihr Systemplatz und ihre Weiterentwicklung werden in § 97 behandelt. Aber festzuhalten ist noch einmal, dass alle hier in diesem Abschnitt angeführten Formen eine Gemeinsamkeit aufweisen: Sie sind „subjektzentrierte" Aussageweisen. Die mit dem Verbum *sîn* verbundenen sind statal und resultativ, die mit dem Verbum *werden* verbunden sind mutativ, transformativ. Sie betonen einen Handlungs- oder Vorgangsübergang. Mit dem Aufkommen vor allem des subjektzentrierten *haben*-Perfekts bekommt das Deutsche eine primär temporal interpretierbare Grundausrichtung des verbalen Systems, und die alten Formen sterben langsam ab (vgl. Eroms 2000a).

Dabei ist die Verfolgung des Weges zum Tempussystem der deutschen Gegenwartssprache nicht so zu sehen, dass am Anfang der Entwicklung ein vollständig erhaltenes Aspektsystem und am Ende ein aspektbereinigtes reines Tempussystem steht. Die historischen Zwischenstadien sind jedenfalls zu allen Zeitpunkten voll funktionsfähig. Denn der übergreifende Gesichtspunkt bei der Beurteilung von Systemen dieser Art ist die Bewertung der Orientierungsfunktion, die die Verbformen den Sprechern und Hörern geben. So werden die Tempora des Deutschen auch zu Recht in ihrer deiktischen Funktion beschrieben, und die Mittel, so unterschiedlich sie sind, dienen dem gleichen Zweck.

Dennoch ist die Generalperspektive der Verschiebung von einer aspektuellen zu einer primär temporalen Ausrichtung des deutschen Systems berechtigt. Der Dreh- und Angelpunkt ist das Aufkommen der *haben*-Perfekta (vgl. Zeman 2010, S. 67), deren Entwicklung weiter unten verfolgt wird. Die *sein*-Perfekta sind im

Althochdeutschen in ihrer Resultativbezeichnung überwiegend noch präsentisch zu verstehen. Ein Satz wie *christ iu ist langhe quhoman* (Isidor 26, 11) lässt sich übersetzen mit „Christus ist schon lange da" (Schröder 1955, S. 45). Kuroda zeigt, dass „in der sein-Perfektkonstruktion die Verben der mutativen Aktionsart verwendet werden, die die Zustandsveränderungen des Subjekts darstellen." (Kuroda 1999, S. 90). Die *sein-* und die *haben-*Perfekta konvergieren im Laufe der Sprachgeschichte des Deutschen in der Weise, dass sie zunehmend für die Bezeichnung von Vergangenheitsbezügen eingesetzt werden. Damit konkurrieren sie seit dem Spätmittelhochdeutschen mit dem Präteritum. Dies wiederum führt zu einer funktionalen und medialen Differenzierung dieser beiden Tempora, wie sie sich noch in der Gegenwartssprache zeigt: Erzähl(kon)texte, vor allem in schriftlichen Texten favorisieren oder fordern sogar obligatorisch das Präteritum, während das Defaulttempus zunehmend das Perfekt wird. Dies wiederum hat Auswirkungen für die gesamte Tempussystematik. Denn an das Perfekt ist das doppelte Perfekt geknüpft (vgl. § 101) und an das Präteritum das Plusquamperfekt, und daran das „doppelte Plusquamperfekt".

Im Mittelhochdeutschen sind die Übergänge zwischen den Ausgangssystemen insofern gut zu greifen, als die Perfektformen noch nicht durchgängig die Vergangenheitsbezeichnungen aufweisen, sich aber zunehmend so auffassen lassen (vgl. Zeman 2010, vor allem für den „Herzog Ernst"). Die vergangenheitsbezügliche Deutung wird aber auch schon für frühe Texte angenommen (Dentler 1997, S. 3 und Kuroda 1999, S. 67).

B. Die Vergangenheitsformen

Früh entstanden aber durch syntaktische Verbindungen neue zusammengesetzte Formen zur Bezeichnung der Tempusverhältnisse.

Die Grundlage der mit *haben* gebildeten Vergangenheitsformen sind Fügungen, in denen das Part. Prät. eines transitiven Verbs als Prädikat auf das Objekt von *haben* bezogen ist. Vgl. aus dem Got., das die neue Vergangenheitsform noch nicht besitzt: *sa skatts þeins, þanei habaida galagidana in fanin* (Lukas 19, 20) „dein Schatz, den ich hielt (bewahrte) bei Seite gelegt im Tuch", *haben* steht hier noch mit seiner ursprünglichen Bedeutung „halten, besitzen", und das Partizip ist als flektiertes Adjektiv mit passiver Bedeutung auf das Objekt bezogen. Auf diesem Stadium steht noch folgende Stelle aus dem ahd. Tatian (163, 10 f. = Sievers 102, 2): *phígboum habēta sum giflanzōtan* „arborem fici habebat quidam plantatam", bei Luther: ,,es hatte einer einen Feigenbaum, der war gepflanzt in seinem Weinberge" (Lukas 113, 6). Im Ahd. kann gleichbedeutend mit *habēn* auch *eigan* „besitzen" in dieser Konstruktion stehen, so in dem ältesten Beleg: *christāniun namun intfangan eigut* „christianum nomen accepistis" (Exhortatio, 4 f., Anfang 9. Jhs.). In Fügungen von dieser Struktur setzt eine Umdeutung ein. Temporal gesehen, sind diese Konstruktionen zunächst präsentisch. Das Partizip, das ursprünglich als reines Adjektiv einen Zustand als Ergebnis einer voraufgehenden Handlung ausdrückte, wird als Bezeichnung dieser Handlung selbst aufgefasst, und gleichzeitig wird die passivische Bedeutung, die das Partizip als Prädikat zum Objekt besaß, von einer aktivischen Auffassung verdrängt, indem das Partizip auf das Subjekt bezogen und als Ausdruck von dessen Tätigkeit aufgefasst wird. Vgl. in der modernen Sprache mit der ursprünglichen Bedeutung des Partizips: *ein geschriebener Brief* gegenüber der sekundären Bedeutung in der Fügung *ich habe den Brief geschrieben*. Nach der neuen Auffassung des Partizips ist das Objekt nicht mehr von *haben* abhängig, sondern von der neuentstandenen zusammengesetzten Verbalform *habe geschrieben*. Nachdem diese Umdeutung vollzogen ist, fällt allmählich die Flexionsendung des Partizips weg. In den romanischen Sprachen hat eine entsprechende Entwicklung stattgefunden, vgl. franz. *j'ai la lettre écrite > j'ai écrit la lettre*. Nachdem die neue Auffassung der Fügung sich durchgesetzt hatte, konnte die Konstruktion über ihr ursprüngliches Gebiet hinausgeführt werden. Der Ausgangspunkt sind Fügungen, in denen *haben* noch in der Bedeutung von „besitzen" steht, und das Partizip einen Zustand bezeichnet, in dem sich das Objekt befindet, z. B. *then tōd then habet funtan thiu hella* („den Tod, den hat die Hölle aufgespürt", Otfrid V, 23, 265); *sie eigun mir ginomanan lioban druhtīn mīnan* (Otfrid V, 7, 29). Nachdem die Umdeutung vollzogen ist, verbreitet sich die Konstruktion zuerst auf alle transitiven Verba. Dies Stadium ist im Ahd. erst bei Otfrid erreicht, z. B. *thaʒ eigut ir gihōrit*. Schließlich dehnt sich die Konstruktion auch auf intransitive Verba aus. Den Übergang bilden solche Fälle, in denen ein transitives Verb absolut gebraucht wird, oder wo als Objekt ein *dass*-Satz fungiert. Solche Fälle finden sich schon bei Otfrid: *haben ih gimeinit, thaʒ ih einluʒʒo mīna worolt nuʒʒo* (I, 5, 40); *sō wir eigun nū gisprochan* (I, 25, 11). Erst bei Notker finden wir die Konstruktion auf intransitive Verba ausgedehnt, sowohl auf Verba mit Dativ- und Genitivrektion, wie auf absolute (einwertige) Verba mit durativer Aktionsart: *er habēt sīn ein luʒʒel ergeʒʒen; nu habēnt sie dir ubelo gedanchōt; dīn zorn furhtendo, habo ih keuueīnōt sō filo* (II 15, 30, Beleg nach Grønvik 1986, S. 37); *wir eigen gesundōt*. Die Entwicklung wird im einzelnen dargestellt u. a. bei Grønvik (1986, S. 34 – 46) und Kuroda (1999). – Im Altsächs. jedoch liegt diese Entwicklung bedeutend früher, und schon im Heliand finden sich alle die erwähnten Typen: *siu habde ira drohtine wel githionod* (505); *habdi mordes gisculdit* (5181); *habda at thēm wīha . . . gilibd* (466). Durch diese Ausdehnung der Konstruktion auf durative intransitive Verba werden neue Part. Prät. gebildet, die nicht außerhalb der zusammengesetzten Verbalformen vorkommen.

Die Ausbreitung der mit *haben* gebildeten Vergangenheitsform stieß auf eine Grenze bei den intransitiven Verben mit perfektiver Aktionsart, weil diese schon Formen mit der gleichen Tempusbedeutung mit anderen Mitteln ausgebildet hatten. Für diese Verba gab es ja von Anfang an Part. Prät. mit aktiver Bedeutung. Aus Fügungen, in denen diese Formen prädikativ auf das Subjekt bezogen waren, entwickelten sich Vergangenheitsformen, die syntaktisch gleichwertig waren mit den durch *haben* gebildeten. Die prädikative Verbindung *er ist gefallen* hatte ursprünglich die Bedeutung „er ist ein Gefallener". Das Partizip wurde deshalb ursprünglich als Adjektiv flektiert: got. *þaiei wesun gaqumanai* (Lukas 5, 17); ahd. *argangana uuārun ahto taga* (Tatian 37, 6 f. = Sievers 7, 1). Auch hier ändert sich dann der Bedeutungsinhalt des Partizips, es drückt nicht mehr den Zustand, sondern die in der Vergangenheit liegende Handlung aus und verbindet sich mit dem Hilfsverb zu einer einheitlichen Verbalform; danach fällt die Flexionsendung weg: *druhtīn was irstantan* (Otfrid IV, 37, 28). Insgesamt ist die Ausbreitung der mit *haben* gebildeten Verbformen im Deutschen nicht so weit gegangen wie im Englischen, wo *have* vollständig vorherrscht. Immerhin finden sich auch dort in archaischen Gebrauchsweisen noch Formen mit *be*: *I am come to set a man at variance against his father* (Lockwood 1968, S. 121).

Damit werden diese und die anderen Formen, mit denen im frühen Deutsch Handlungsrelationierungen ausgedrückt werden konnten, reanalysiert. Das gesamte System verschiebt sich hin zu einer temporalen Grundausrichtung. Dieser Vorgang vollzieht sich über Jahrhunderte hinweg, die alten, aspektuell-aktional motivierten Typen bleiben teilweise in Geltung. Sie werden u. a. dann aktiviert, wenn, wie es im Nibelungenlied geschieht, archaischer Sprachgebrauch simuliert werden soll. Dann stehen die neuen Tempusformen und die alten, aktional geprägten, in einem Gesamtschema, das insgesamt eine außerordentlich große Vielfalt ermöglicht.

Die folgenden Beispiele aus dem Nibelungenlied geben einen Eindruck von den temporal-aspektuellen Ausdrucksmöglichkeiten des Mittelhochdeutschen: Einfaches unpräfigiertes Verb, Präsens: *Dô sprach der künec Gunther: daz dien ich immer umbe dich* (Nib. 160, 4). Präteritum: *Si dienten nâch der gâbe die man dâ rîche vant* (Nib. 38, 3). Modalisiert: *Ich will daz gerne dienen, daz si werde mîn wîp* (Nib. 388, 4). Modalisierte Verbindung des Präsenspartizips mit *sîn* zur Bezeichnung einer Dauer: *Daz welle ich unt mîn vrouwe immer dienende sîn* (Nib. 735, 2). Verbindung des Präsenspartizips mit *werden* zur Bezeichnung eines Zustandseintritts: *Ja wirt ir dienende vil manic wætlîcher man* (Nib. 1210, 4). Perfektivierungsbezeichnung durch *ge*-Präfigierung im Präteritum: *Jane gediente Sîfrît nie alsolhen haz daz er darumbe solde verliesen sînen lîp* (Nib. 866, 2f.). Modalisierte Bezeichnung eines solchen Verhältnisses: *Si kundez wol gedienen daz im die liute wâren holt.* (Nib. 40, 4).

Bei der Ausbildung des Tempussystems, wie es sodann für die deutsche Gegenwartssprache dominant wird, ist somit ein langer Übergangsprozess zu beobachten. Die Eigenheiten aspektuell-aktionsartlicher Anlage verlieren sich nicht vollständig. Den Stand am Ende des Frühneuhochdeutschen fasst Oubouzar (1994, S. 95) folgendermaßen zusammen: „So erscheinen in der Mitte des 17. Jh. also alle Formen des modernen deutschen Verbalsystems, das durch eine dreifache Opposition gekennzeichnet ist: eine Phasenopposition (unvollzogen/vollzogen), eine temporale Opposition (Futur/Präsens/Präteritum) und eine modale Opposition (Indikativ/Konjunktiv). Aktiv und Passiv weisen die gleichen Kennzeichen auf." (Vgl. dazu Betten 1987, S. 114 f.).

Zu den alten temporal-aspektuellen Formen hatte man seit dem Mittelhochdeutschen zwei neue Vergangenheitsformen, das Perfektum und das Plusquamperfektum, erhalten, indem das Hilfsverb (*haben* bzw. *sein*) sowohl im Präsens wie im Präteritum erscheinen konnte. Über die Bedeutungsabgrenzung dieser beiden Formen gegeneinander und gegen das einfache Präteritum vgl. unten § 96.

Weiter entwickelte sich auch ein Infinitiv perfekti. Dieser ist später belegt als die finiten Formen. Tatian (95, 23 = Sievers 60, 6) übersetzt noch den lat. Infinitiv des Perfekts mit dem einfachen Infinitiv: *ih uueiʒ megin fon mir úʒgangen* – „novi virtutem de me exisse". Erst bei Notker tritt der neugebildete Infinitiv des Perfekts auf: *zigen si mih pesmiʒʒen habēn* – „mentiti sunt polluisse me". Diese Form setzt sicherlich die volle Ausbildung und geläufige Verwendung der finiten Vergangenheitsformen voraus und ist als eine analogische Nachbildung zu diesen zu betrachten.

§ 96. Infolge der geschilderten Entwicklung wären zum Ausdruck der aktiven Vergangenheit zwei bedeutungsidentische aber äußerlich verschiedene Typen von zusammengesetzten Verbalformen entstanden. Die Verteilung dieser Typen, also der Hilfsverba *sein* und *haben* auf die verschiedenen Verba ist in der Hauptsache durch die Entstehung der Typen festgelegt: *haben* wird bei allen transitiven Verben und bei den intransitiven mit imperfektiver (durativer) Aktionsart verwendet, *sein* bei den intransitiven Verben mit perfektiver Aktionsart. Jedoch haben im Laufe der Zeit nicht wenige Verschiebungen stattgefunden, die hauptsächlich auf zwei Ursachen zurückzuführen sind: auf das allmählich geminderte Gefühl für Aktionsartunterschied und den Übergang von transitiven Verben zu intransitiven und umgekehrt. Bei Intransitiva ist der Wechsel nach der Aktionsart im Allgemeinen noch heute deutlich zu erkennen, vgl.: *er hat die ganze Nacht gewacht: er ist erwacht; er hat gut geschlafen: nun ist er eingeschlafen; die Blume hat geblüht: ist erblüht, verblüht; er hat gehungert: er ist verhungert; er hat gefroren: das Wasser ist gefroren; das Eisen hat geglüht; die Liebe ist erglüht, verglüht; die Sonne hat geschienen: ist erschienen; der Gesang hat getönt: ist ertönt* usw. Ebenso werden intransitive perfektive Simplizia wie *bersten, sterben, kom-*

men, schmelzen, werden usw. mit *sein* verbunden. – In anderen Fällen dagegen herrscht Schwanken. Bei Verben, die eine allmähliche Wandlung bezeichnen, sind z. T. beide Hilfsverba möglich: *er ist (hat) gealtert; sein Haar ist (hat) gebleicht; die Wäsche hat gut getrocknet: die Wege sind wieder getrocknet; die Wunde hat gut geheilt: ist geheilt; das Getreide hat gut gereift: er ist zum Manne gereift.* Bei einer Reihe von diesen Verben ist dagegen in der heutigen Sprache nur *sein* möglich; dies gilt für *wachsen, schwinden, schwelen, gedeihen, arten nach, geraten, missraten, glücken* und einige andere. Früher findet man bei diesen Verben auch *haben.* Noch immer findet man beide Hilfsverba bei *gären: der Wein ist zu Essig gegoren: der Wein hat gegoren* (vgl. *es hat im Volke gegärt*). Nur *haben* braucht man jetzt bei *dämmern* und *dunkeln*, die mhd. immer mit *sein* verbunden wurden, und bei *verzweifeln* und *verzagen*, die mhd. sowohl mit *haben* wie mit *sein* stehen konnten. Verba, die mit *aus-* in der Bedeutung „bis zu Ende" zusammengesetzt sind, werden ebenfalls mit *haben* verbunden: *die Blume hat ausgeblüht; das Feuer hat ausgebrannt; er hat ausgetobt* usw. Bei *träumen* war im Mhd. *sein* häufig, jetzt wird nur *haben* gebraucht.

Die Verba *liegen, sitzen* und *stehen* nehmen in Bezug auf den Gegensatz perfektiv: imperfektiv eine Sonderstellung ein. In der heutigen Sprache haben sie ausschließlich imperfektive Bedeutung und nehmen deshalb in der Gemeinsprache nur *haben* als Hilfsverb. In den früheren Sprachperioden konnten sie aber auch perfektive Aktionsart haben und bedeuteten dann „zum Liegen kommen, sich legen" (vgl. engl. *lie down*), „sich setzen" (vgl. engl. *sit down*) und „zum Stehen kommen, treten". Diese Bedeutung wurde meistens gekennzeichnet durch das Präfix *ge-*, z. B. mhd. *bî dem brunnen ich gesaʒ* („setzte mich", Walther, L. 94, 26). Im Mhd. wechselten deshalb bei diesen Verben *haben* und *sein* nach der allgemeinen Regel: *und dô er was geseʒʒen* (,,als er sich gesetzt hatte", Hartmann, Iwein 1217); aber: *ich hân für wâr hie geseʒʒen manec jâr* (Wolfram, Parzival 563, 19 f.). Nachdem die perfektive Bedeutung dieser Verba verloren gegangen war, setzte sich in der Gemeinsprache und in der norddeutschen Umgangssprache *haben* als einziges Hilfsverb durch. Im Süden dagegen, wo die perfektive Bedeutung sich etwas besser erhalten hat, ist bei diesen Verben *sein* das übliche Hilfsverb geworden, und dieser Gebrauch findet sich deshalb auch bei süddeutschen Schriftstellern, z. B. *bei Tisch waren die Eltern in eisigem Schweigen gesessen* (Jakob Wassermann, Der Fall Maurizius 3, 4). Aus der früheren perfektiven Aktionsart erklärt sich der adjektivische Gebrauch des Partizips *gelegen* (*das Dorf ist an einem Walde gelegen*) und der zusammengesetzten Formen *entlegen, abgelegen, angelegen, überlegen, ungelegen.* Die zusammengesetzten Verba *erliegen* und *unterliegen* haben noch heute perfektive Aktionsart und werden deshalb mit *sein* umschrieben: *er ist erlegen.* Bei *sitzen* hielt sich die doppelte Aktionsart und damit Umschreibung sowohl mit *haben* wie mit *sein* bis ins 16. Jh. hinein. Noch Luther und Opitz haben *sein* neben *haben*. Und an die perfektive Aktionsart erinnern noch die adjektivischen Partizipia *angesessen, eingesessen* und die Rechtstermini *erbgesessen, hofgesessen, hausgesessen, dorfgesessen*. Weiter haben die zusammengesetzten Verba *aufsitzen* (= „sich aufs Pferd setzen") und *absitzen* noch immer perfektive Aktionsart und Umschreibung mit *sein*: *die Reiter sind aufgesessen, abgesessen* (aber *er hat die ganze Nacht aufgesessen*). Auch bei *stehen* findet sich perfektive Aktionsart und Umschreibung mit *sein* noch bei Luther und Opitz. Im Süddeutschen wurde *sein* früh durchgeführt als einziges Hilfsverb. Das zusammengesetzte *stillstehen* kann auch in der Gemeinsprache perfektiv verwendet werden mit der Bedeutung „zum Stehen kommen": *hier ist er stillgestanden*; dagegen: *ihre Zunge hat keinen Augenblick stillgestanden*. Nur perfektive Aktionsart und also Umschreibung mit *sein* haben *aufstehen, erstehen, entstehen*. Das intransitive *bestehen* konnte in der älteren Sprache perfektive Aktionsart haben, und Umschreibung mit *sein* hält sich lange: *das Reich ist bestanden* (Heinrich Luden, Geschichte des teutschen Volkes, 3. Bd., Gotha 1827, 111); *du bist bestanden in der Prüfung* (Iffland, Vermächtnis 129).

Bei den Verben, die eine Bewegung bezeichnen, hat eine besondere Entwicklung stattgefunden. Hier findet sich von der ältesten Zeit an Umschreibung sowohl mit *haben* wie mit *sein*, weil diese Verba zwiefache Aktionsart haben können. Wenn das Verbum die Bewegung als reine Tätigkeit in ihrer Dauer bezeichnet, ist die Bedeutung imperfektiv und verlangt *haben* als Hilfsverb; wird dagegen der momentane Anfang oder Abschluss oder das räumliche Ziel der Bewegung ausgedrückt, so ist die Bedeutung perfektiv und fordert *sein*. Danach hat man: *er hat viel gewandert: er ist nach Prag gewandert; wir haben stundenlang getanzt: sie sind aus dem Hause getanzt; er hat gewankt, getaumelt: er ist aus der Tür getaumelt; die Bienen haben geschwärmt: sie sind ausgeschwärmt; er hat gesegelt: er ist über den See gesegelt* usw. Jedoch in der modernen Sprache kommt diese Unterscheidung nicht immer deutlich zum Ausdruck, die Wahl von *sein* und *haben* bei Bewegungsverben ist nicht mehr nur von der Aktionsart abhängig. Bei Hartmann heißt es z. B. der Grundregel zufolge: *und wære ich gewesen bî, ich hete geflohen* (Erec 6680 f.), jetzt dagegen bei intransitivem *fliehen* immer: *ich wäre geflohen*; vgl. weiter bei Luther: *haben wir nicht in einerlei Fußstapfen gegangen* (2. Korinth. 12, 18) gegenüber heutigem *sind wir nicht in einerlei Fußstapfen gegangen*. Wie man sieht, hat sich in der heutigen Sprache *sein* über sein ursprüngliches Gebiet ausgedehnt; es wird jetzt überall gebraucht, wo das Verb ausdrückt, dass das Subjekt infolge der Bewegung von einer Stelle zu einer anderen versetzt wird. Die Bewegungsverba enthalten ja, wenn sie perfektiv aufgefasst werden, immer ein derartiges Moment von Ortswechsel. Dies Moment ist dann das Wesentliche geworden für die Wahl von *sein* als Hilfsverb, und *sein* wird infolgedessen auch auf imperfektive Verba übertragen. Deshalb hat z. B. das imperfektive Verbum *folgen*, das in der älteren Sprache beinahe immer mit *haben* konstruiert wurde, jetzt regelmäßig das Hilfsverb *sein: der Hund ist seinem Herrn gefolgt; wenn ich meinem Vater gefolgt wäre* (auch *hätte*); nur wenn das Verb in übertragener Bedeutung und ohne ergänzenden Dativ verwendet wird, steht immer *haben: das Kind hat gefolgt* („gehorcht"). Nachdem *sein* in dieser Weise sein Gebiet erweitert hatte, entstand eine Tendenz, *sein* auf Kosten von *haben* vorzuziehen, auch über die neue Regel hinaus. Man sagt jetzt *wir sind nicht gegangen, wir sind gelaufen, gefahren, geritten, geflogen* usw., ohne dass eine Ortsänderung ausgedrückt werden soll. Diese Tendenz ist am stärksten im Süddeutschen. Sie hat aber auch in der Gemeinsprache zu einer großen Erweiterung des Gebietes von *sein* geführt, *sein* ist jetzt so gut wie alleinherrschend bei *gehen*; es heißt sogar *die Uhr ist gut gegangen; es ist ihm gut gegangen* (dialektal: *es hat gut gegangen*). Ebenso ist jetzt *haben* so gut wie ganz aufgegeben bei dem intransitiven *fahren,* während noch Lessing schreibt *der Kutscher hatte in Wien zehn Jahre gefahren* (Minna von Barnhelm III, 2). Auch bei *verfahren* steht jetzt *sein: man ist zu rasch verfahren,* früher *haben,* z. B. bei Schiller: *man hat zu rasch verfahren* (Don Carlos V, 4).

In Fällen wo ein Bewegungsvorgang mit Geräuschen verbunden ist, kann ein Verb, das das Geräusch bezeichnet, auch die Bewegung mit umfassen und deshalb wie ein Bewegungsverb konstruiert werden. Deshalb heißt es *der Zug ist davongebraust; er ist durch den Saal gerauscht; er ist die Treppe herunter gepoltert.* Solche Gebauchsweisen werden unter dem Gesichtspunkt der Übertragung von Konstruktionsmustern von der Konstruktionsgrammatik (Construction Grammar) (Goldberg 1995, Welke 2009) behandelt. Sie sind im Deutschen keine neuen Bildemuster, sondern begegnen schon seit längerem, vgl. *Er steht, von Anmut hingerissen, Derweil sie um die Ecke rauscht* (Mörike, Begegnung) und lassen sich als reguläre Valenzmuster auffassen. Auch in anderen Fällen kann ein Verbum, das ursprünglich keinen Bewegungsbegriff ausdrückt, durch spätere Assoziationen als Bewegungsverb aufgefasst und behandelt werden. So *irren* in der speziellen Bedeutung „in Bezug auf den Weg irren": *er ist durch die Wälder geirrt; er ist vom rechten Wege abgeirrt* (aber: *er hat geirrt*), *eilen* hatte mhd. auch die Bedeutung „sich beeifern, befleißigen", deshalb noch: *er hat damit geeilt*; aber *er ist davongeeilt*. Ebenso: *die Flotte ist abgedampft; er ist ausgekniffen* usw.

In einigen Fällen kann durch Subjektsvertauschung ein Bewegungsverb eine neue Bedeutung erhalten, z. B. *das Wasser läuft aus der Röhre: der Wasserhahn läuft.* In der neuen Bedeutung wird das Verb nicht als Bewegungsverb behandelt und nimmt *haben* als Hilfsverb: *der Wasserhahn hat den ganzen Vormittag gelaufen.* Über andere Fälle von Subjektsvertauschung, wobei transitive Verba intransitiv werden, vgl. unten.

Sehr auffallend ist es, dass ein so ausgeprägt imperfektives Verbum wie *sein* nur mit *sein* umschrieben wird. In den übrigen germanischen Sprachen wird bei diesem Verbum *haben* gebraucht, auch im Mittelniederländischen und Mittelniederdeutschen. Auch in einigen mitteldeutschen Dialekten war *haben* in der älteren Sprache nicht selten, und auch bei Luther finden sich Fügungen wie *er hat gewest*. Sonst ist aber *sein* im Hochd. alleinherrschend, was schwierig zu erklären ist. Es ist jedoch zu merken, dass das Partizip *gewesen (gewest)* verhältnismäßig spät erscheint, im Ahd. findet es sich noch nicht. Die Perfektumschreibung scheint bei diesem Verbum erst zu einer Zeit aufzutreten, da das Gefühl für Aktionsartunterscheidung schon verblasst war. Dann muss man auch die Verbreitungstendenz von *sein*, zumal im Obd. in Betracht ziehen, und das Perfektum *ich bin gewesen* ist zuerst obd. belegt.

Übergang von Transitivität zur Intransitivität und umgekehrt hat in vielen Fällen Änderung im Gebrauch des Hilfsverbs herbeigeführt.

Transitive Verba können intransitiv werden durch absolute Verwendung oder durch Unterdrückung eines selbstverständlichen Objekts.

Bei *rennen* und *sprengen* wurde ursprünglich „Pferd" als Objekt hinzugedacht. Später wurden die Verba als intransitiv empfunden und wie andere intransitive Bewegungsverba behandelt; Umschreibung mit *sein* tritt schon mhd. auf. Auch *setzen* kann intransitiv gebraucht werden in Ausdrücken wie *über einen Graben, einen Fluss setzen; er hat (ist) über den Fluss gesetzt*. Sowohl transitiv wie intransitiv werden Verba verwendet wie *kehren, lenken, streichen, streifen, landen, drängen, jagen, rücken, stoßen, ziehen, treiben, schlagen, treten, treffen* u. a. Diese Verba bildeten deshalb ursprünglich die Vergangenheitsformen mit *haben*, aber *sein* ist z. T. eingedrungen, besonders wo das Verb ein perfektivierendes Präfix hat. Früher hatte man auch in diesem Fall *haben*: *hat meine traurige Ahnung eingetroffen* (Moses Mendelssohn, Ästhetische Schriften, 2. Brief); *da habt ihr doch auf dem Schloss eingekehrt* (Mörike, Der Schatz). Bei den genannten Verben wechseln bei intransitivem Gebrauch heute *sein* und *haben*: *der Falke hat auf die Taube gestoßen; ich habe an den Tisch gestoßen: das Schiff ist auf eine Klippe gestoßen; er ist auf ein Hindernis gestoßen; der Schiffer hat (ist) abgestoßen; er hat gejagt, um rechtzeitig fertig zu werden: die Reiter sind aus der Stadt gejagt; ich habe auf einen Stein getreten: er ist ans Fenster getreten.*

In anderen Fällen findet Übergang von transitiven Verben zu intransitiven Bewegungsverben in Verbindung mit einer Subjektsvertauschung statt: *das Feuer hat Funken gesprüht: Funken sind aus dem Feuer gesprüht; er hat Wasser ins Feuer gespritzt: das Wasser ist mir ins Gesicht gespritzt; er hat Blut geschwitzt: Blut ist aus ihm geschwitzt.*

Andererseits können intransitive Verba, die die Vergangenheitsformen mit *sein* bilden, durch Präfixe transitiv werden. In diesem Falle ist jetzt bei den festen Zusammensetzungen *haben* als Hilfswort durchgeführt, aber *sein* hielt sich bis ins 18. Jh. hinein durch Einfluss des Simplex: *von dort aus bin ich Frankreich in zwei Richtungen durchreiset* (Kleist, Briefe, an Henriette von Schlieben, 29.7.1804); *bin die Stadt umfahren und umgangen* (G., Briefe, an den Herzog Carl August, 8.8. 1797); *dreimal bin ich zwar die große Troja umlaufen* (Bürger, nach H. Paul, Dt. Gr. Bd. 4, § 367); *er mag die übrigen um so viel eher übergangen sein* (Lessing, Pope ein Metaphysiker, Vorläufige Untersuchung). Bei den unfesten Zusammensetzungen war *sein* früher üblich, jetzt herrscht Schwanken zwischen *sein* und *haben*: *er hat* oder *ist mich um Geld angegangen; eine üble Laune hat (ist) ihn angewandelt.* – Goethe schreibt *sie haben einen Wettstreit eingegangen* (Briefe, an Cotta, 2.12. 1808), dagegen Luther: *die solchen Bund eingegangen waren* (Jeremia 34, 19); noch jetzt: *sie sind eine Wette eingegangen,* bei Lessing *ich bin bereits die ganze Stadt nach ihnen durchgerannt* (Der Freigeist III, 2).

Im Zuge des Vordringens des Perfekts ergibt sich eine Konkurrenz mit der alten Bezeichnungsmöglichkeit der Vergangenheit, dem Präteritum. Als „Präteritums-schwund" hat diese Erscheinung vielfältige Untersuchungen erfahren (insbesondere seit Lindgren 1957). Dabei ist nachgewiesen worden, dass vor allem im Oberdeutschen auch in Erzähltexten zunehmend das Perfekt verwendet wird (Dentler 1997, S. 63). Das Zurückgehen des Präteritums wurde vor allem auf Formüberschichtungen mit dem Präsens bei elidierten Flexionsendungen schwacher Verben zurückgeführt (*er hatte* → *er hat(te)*). Dies ist ein primäres Phänomen der Mündlichkeit. Gestützt wird die Ansicht durch die Tatsache, dass der Präteritumsschwund in neuerer Zeit nicht auf das oberdeutsche Gebiet beschränkt ist, obwohl sich das Präteritum in manchen Dialekten gut hält (vgl. Rowley 1989). Doch auch textgrammatische und stilistische Gründe überzeugen. Die Erzählfunktion als Domäne des Präteritums ist tendenziell auf das Perfekt übergegangen (vgl. Fleischer 2012, S. 133). Der Prozess vollzieht sich kontinuierlich und lässt sich an Texten, die der gesprochenen Sprache näher stehen, eher aufzeigen (Dentler 1997, S. 109). Zudem ist es eine allgemeine Erscheinung in Sprachen, die sowohl über ein Präteritum als auch ein Perfekt verfügen, dass das Präteritum abstirbt (Dentler 1997, S. 174, Härd 2003, S. 2579). Unter den syntaktischen Gründen für den Präteritumsschwund und die Ersetzung durch das Perfekt lassen sich vor allem die damit einhergehende Frühkennzeichnung der grammatischen Form der verbalen Struktur im Satz über das Hilfsverb an der Zweitstelle im Satz und der damit zusammenhängenden Markierung des Vollverbs im rhematischen Teils des Satzes anführen. Diese Entwicklung lässt sich wiederum als eine der Folgen der Ablösung des aspektuellen Systems des Deutschen durch ein volles temporal organisiertes erklären. (Abraham/Conradie 2001).

C. Das Passiv

§ 97. Das alte idg. Mediopassiv ist innerhalb des Germanischen nur im Got. bewahrt, das Formen für den Indikativ und den Konjunktiv des Präsens besitzt. Neue umschriebene Passivformen wurden in allen germanischen Sprachen gebildet durch die Verbindung *wesan und *werþan + Part. Prät. – Der Ausgangspunkt für diese Konstruktion ist die passive Bedeutung des Part. Prät. der transitiven Verba. Wo ein solches Partizip in prädikativer Fügung aufs Subjekt bezogen war, musste eine passive Verbalform entstehen, genau wie eine aktivische Verbalform entstand, wo das Partizip aktive Bedeutung hatte, vgl. oben § 95. Die Fügungen *der Baum ist gefallen* und *der Baum ist gefällt* sind syntaktisch vom selben Typ und nur durch den Bedeutungsinhalt der Partizipia unterschieden.

Im ältesten Germanisch, wo der Aktionsartgegensatz perfektiv: durativ noch eine dominierende systematische Bedeutung besaß, scheint die Verteilung der beiden Hilfsverba *sein* und *werden* von diesem Prinzip aus bestimmt zu sein: *sein* wird zur Bezeichnung eines passivischen Zustandes, *werden* für einen passivischen Vorgang verwendet. Dies Verhältnis scheint im Gotischen und auch noch im ältesten Deutsch bestanden zu haben. Für das Althochdeutsche sind wesentliche Einsichten in den Arbeiten von Schröder (1955) und Rupp (1956) formuliert worden, nämlich, dass die beiden Konstruktionsweisen des Passivs, die wir im Gegenwartsdeutschen noch finden, auf die alten Formen zurückgehen. Kotin (1998) hat die an die Auxiliarverben *sīn* und *werdan* gebundenen Formentypen genauer als „statale" versus „mutative" bestimmt. Es ist wichtig, die beiden Verben in allen ihren Gebrauchsweisen immer im Zusammenhang zu sehen. Insbesondere gilt dies für die Verbindung mit den beiden Partizipien. Zunächst ist *sīn* dabei der unmarkierte Fall. Für die Verbindung mit dem Partizip I gilt zweifellos, „dass die deutlich ausgedrückte und durch nichts restringierte aktuelle Durativität im Frühgermanischen nur den Konstruktionen mit „sein" eigen war" (Kotin 2003, S. 59). Die Belege für *werdan* im Althochdeutschen zeigen für die Kombinationen mit beiden Partizipien eine deutliche Kompositionalität, wenn auch die Grammatikalisierung beginnt (vgl. Jones 2009 S. 236), *werdan* ist jedenfalls noch nicht reines Auxiliar, und die Partizipien sind verbal, nicht adjektivisch zu verstehen. Dies gilt für das Partizip I mit Belegen wie Otfrid I, 9, 29 *tho ward múnd siner sar spréchanter* (Kotin 2003, S. 89), wie für das Partizip II, etwa Ludwigslied 13 *Sume sâr verlorane Uuurdun sum erkorane.* (S. 90). Wir haben hier im Grunde noch Prädikativkonstruktionen vor uns. Die weitere Entwicklung ist so zu sehen: *Werdan*+Partizip I lässt sich für das Althochdeutsche nach Kotin in der aktionalen Gesamtfunktion als „Eintritt in einen neuen Zustand, der andauert", begreifen (S. 102). Bei der Konstruktion *werdan*+Partizip II muss die Nichtaktualisierung der mutativen Semantik von *werdan* erklärt werden. Ein Beleg wie Tatian 62, 9 *fon themo uuahsmen thie boum uuirdit furstantan* mit der Übersetzung „denn der Baum wird an seiner Frucht erkannt" zeigt die Entwicklungsrichtung an: Die mögliche mutative Deutung wird bei einer habituellen in den Hintergrund gedrängt (S. 108). *Werdan* wurde, was die mutative Bedeutung betrifft, semantisch entleert und war damit frei für eine allgemeine Prospektivität.

Bereits in der ahd. Tatianübersetzung machen sich diese Neuerungen bemerkbar: *werden* + Part. Prät. wird für die Bezeichnung der Zukunft verwendet, und *sein* + Part. Prät. vertritt allgemein das Präsens: *mīn tohter ubilo fon themo tiuuale giuueigit ist* (vexatur, Tatian 129, 10 f. = Sievers 85, 2); *arslagan wirdit Christ* („wird erschlagen werden", Isidor 27, 13). Dagegen stehen im Präteritum beide Hilfsverba größtenteils gleichbedeutend nebeneinander: *ther heilant uuas gileitit In uuvostinna* (Tatian 49, 21 f. = Sievers 15, 1); *tho druhtin Krist giboran ward* (Otfrid I, 25, 13).

Diese Verhältnisse dauern im Wesentlichen fort bis gegen das Ende der ahd. Periode. Ein kontrastierender Beleg, den Fritz (1994, 180 f.) eingehender kommentiert, möge hier genügen: *Thaz sie giháltan wurtin jóh ouh ni firwúrtin* (Otfrid III, 6, 47, ‚Dass sie erhalten würden ...'); *Joh thuruh sínan einan dólk wari al giháltan ther fólk* (Otfrid III, 26, 29, ‚Und durch seinen eigenen Untergang wäre das ganze Volk erhalten').

Ein sehr wichtiges Kriterium für die andere Systemstruktur ist der quantitative Gesichtspunkt in der Verteilung der Formen. Geht man von der Gegenwartssprache aus, dann sind die *sein*-Formen, gedeutet als Resultativa, erheblich seltener als das „eigentliche" Passiv. Dagegen überwiegt im Althochdeutschen das *sīn*-Passiv bei weitem. Bei Otfrid stehen 203 *sīn*-Passiva 98 *werden*-Passiva gegenüber (Fritz 1994, S. 167); ein von Reko (2000) ausgewertetes Corpus spätmittelalterlicher Stadtchroniken zeigt ein Verhältnis von 18,1 % *sein*-Passiva gegen 81,9 % *werden*-Passiva. Die zunächst aktional als kursiv zu verstehenden *sīn*-Formen fokussieren auf einen Zustand, die *werden*-Passiva auf einen Zustandseintritt. Weiter ist zu bedenken, dass die Bezüglichkeit, die „temporale" Fixierung der Aussagen, die mit diesen Formen gegeben wird, auf den Sprechzeitpunkt bezogen sind, also als Aussagen, die in Bezug auf S ‚gegenwärtig' (‚-vergangen') oder, im Präteritum, ‚vergangen' sind. Die für das System relevante Differenzierung, nämlich [± mutativ] wird durch das aspektuelle Verbpaar *werdan/wesan* signalisiert. Belege wie die folgenden *ih uueiz thaz ir then heilant therdar arhangen ist suochet* (Tatian 324, 15 f. = Sievers 217,5); *Dhazs suohhant auur nu ithniuues, huueo dher selbo sii chiboran* (Isidor 1, 16 f.) (vgl. Vañó-Cerdá 1997, S. 237) stehen dem nicht entgegen. Es handelt sich hier um perfektive Verben, die im Partizip stehen. Sie sind zu verstehen als ‚Christus ist ein Gekreuzigter/ein Geborener'. Das heißt, wie bei den entsprechenden Intransitivkonstruktionen sind immer dann, wenn sich ereigniszeitbezügliche Adverbialia in solchen Konstruktionen finden, die sprechzeitbezüglichen Primärkonstruktionen als reanalysiert anzunehmen (Vañó-Cerdá (1997, S. 277 f.). Allerdings lässt sich im folgenden Beispiel *Bist thu éino ir élilente, ... Ouh wíht thu thes nirknáist thaz níuenes gidán ist in thesen ínheimon* (Otfrid V, 9, 17– 20, ‚Was neuerlich geschehen ist') das Zeitadverbial *niuenes* ‚neulich' durchaus noch sprechzeitbezüglich deuten.

Erst bei Notker bahnt sich allmählich die Regelung an, die sich durch die ganze mhd. Periode und z.T. auch im Nhd. weiter ausbaut: *werden* wird zunehmend Hilfsverb im Präsens und in dem einfachen Präteritum, *sein* im Perfektum und Plusquamperfektum. Schon bei Otfrid I, 4, 28 konnte die Fügung mit *sein* in dieser Weise verwendet werden: *ist gibet thīnaȝ fon druhtīne gihōrtaȝ* „ist erhört worden". Seit Notker ist diese Bedeutung der Fügung alleinherrschend, was offenbar im Zusammenhang steht mit der fertigen Ausbildung der neuen zusammengesetzten aktivischen Vergangenheitsformen; entsprechend dem aktiven Perfekt *er ist gekommen* erhielt die passive Fügung *er ist geschlagen* ebenfalls die Bedeutung des Perfekts. Vgl. aus dem Mhd.: *mir ist selten gescenket beȝȝer wîn* (Nib. 2116, 3); *da dem vergen was der lîp benommen* (Nib. 1591, 2); nhd. *nie keine Bulle so schmälich empfangen ist* (L., Grund und Ursach aller Artikel); *sie sind auch vor diesen Zeiten oft vertrieben und weggeführt in fremde Land* (L., Judith 5, 20); *geschlossen ist das Bündnis mit dem Feind vor wengen Stunden* (Sch., Wallensteins Tod II, 6).

Die Verschiebung in Richtung eines unmarkierten Passivs mit dem Auxiliar *werden* bei allmählich deutlicher werdenden Markiertheit der *sein*-Formen lässt sich in der Sprachgeschichte des Deutschen an verschiedenen Phänomenen beobachten. So lässt sich die Eingangsstrophe des Nibelungenliedes, *uns ist in alten mæren wunders vil geseit* (Nib. 1, 1) mit „ist berichtet" oder mit „wird berichtet" übersetzen (Dittmer 1992a, S. 232). Am nachdrücklichsten lässt sich die Verschiebung an der Änderung des Auxiliars in der Vaterunser-Bitte „geheiligt werde dein Name" ablesen. Während es im Tatian (68, 5 = Sievers 34, 6) heißt *si geheilagot thin namo*, haben die späteren Übersetzungen *werden*, z.B. Reinmar von Zweter (um 1230): *geheiliget sô werde dîn nam*.

Seit mhd. Zeit tritt für die zusammengesetzten Vergangenheitsformen eine neue Bildungsweise auf. Da *werden* sich im Präsens und Präteritum als Hilfsverb durchgesetzt hatte, bildete man dazu das Perfekt und Plusquamperfekt *ist, war worden*. Das älteste Beispiel dieser Formen findet sich bei Wolfram: *nu was eȝ ouch über des jâres zil, daȝ Gahmuret geprîset vil was worden* (Parz. 57, 29). Diese Formen dringen erst allmählich durch und sind noch in Luthers Bibel selten. Denn für die Bezeichnung vorangegangener Handlungen und Vorgänge stand für Vergangenheitskontexte noch lange die *ge*-Präfigierung der Verben zur Verfügung.

Die Verbindungen mit einfachem *ist, war* leben noch heute fort, bezeichnen aber nicht mehr eine Handlung der Vergangenheit, sondern einen gegenwärtigen

Zustand („Zustandspassiv"). Je nach der Aktionsart des Partizips (vgl. § 92) erscheint dieser Zustand als Folge einer voraufgegangenen Handlung: *der Tisch ist gedeckt; die Stadt ist zerstört* oder als durativ-präsentisch: *das Haus ist von einem alten Ehepaar bewohnt; der Tisch ist von einer Säule getragen.*

Das Futur des Passivs wurde zunächst nach dem Muster des aktiven Futurs durch ein modales Hilfsverb (meistens *scal*) + Infinitiv gebildet. Ein Infinitiv Passivi war schon früh geschaffen: as. *thār scolde is namo werðen gemārid* („da sollte sein Name berühmt werden", Hel. 2178); *nimag burg uuerdan giborgan* (Tatian 61, 24 = Sievers 25, 1). Die Futurumschreibung tritt schon bei Isidor auf: *in dhes dagum scal iuda uuerdhan chihaldan* (salvabitur, 39, 9). Zu Anfang der nhd. Zeit tritt wie im Aktiv *werden* als Hilfsverb ein (vgl. § 99): *er wird gerettet werden.*

§ 98. Die Passivumschreibung beruht, wie erwähnt, auf der passiven Bedeutung des Part. Prät. der transitiven Verba, indem dies Partizip als Prädikat auf das Subjekt bezogen wird. Dies Subjekt ist in der entsprechenden aktiven Aussage Akkusativobjekt. Das Passiv sollte danach nur bei transitiven Verben möglich sein. Trotzdem findet sich von der ältesten Überlieferung an die gleiche Passivbildung auch bei intransitiven Verben. Nur wird in diesem Falle das Part. Prät. nicht auf ein Subjekt bezogen, sondern die betreffenden Sätze sind subjektlos („unpersönliche Konstruktionen", vgl. § 123 f.). Wenn das Verb im Aktiv ein Nomen im Dat. oder Gen. als Ergänzung verlangt, bleibt dieser Kasus in der Passivkonstruktion unverändert. In der deutschen Überlieferung tritt das unpersönliche Passiv früher auf bei Verben mit kasueller Ergänzung als bei absoluten Verben; der erste Typ ist schon von Anfang an üblich, der zweite erst bei Notker belegt: as. *than is imu giholpen siður* (Hel. 3504); ahd. *thes ēr ju ward giwahinit* „das wurde schon früher erwähnt" (Otfrid I, 9, 1); mhd. *den herren und den vrouwen wart da wol gedienet beiden* (Wolfram, Willehalm 398, 19 ff.); nhd. *des wird verleugnet werden* (L., Lukas 12, 9); *dem Manne muß geholfen werden; seines Namens wird nicht mehr gedacht;* – mhd. *entslâfen und enbiȝȝen was* (Wolfram, Parzival 45, 21); *besunder wart gegangen* (Hartmann, Gregorius 516); nhd. *ist darnach freundlich mit ihnen gehandelt* (L., Warnunge an seine lieben Deutschen); *hier wurde zunächst gründlich ausgeschlafen; es wird jeden Abend getanzt.* Man kann nicht ohne weiteres die Konstruktion bei transitiven Verben als den Ausgangspunkt betrachten, von wo aus sich die Passivumschreibung auf die intransitiven Verba verbreitet haben sollte, in der gleichen Weise wie die umschriebenen aktiven Vergangenheitsformen mit *haben* sich von den transitiven Verben aus allmählich verbreiteten (vgl. oben). In diesem Falle müsste man erwarten, dass der Dat. und Gen. ebenso wie der Akk. im Passiv als Nom. erscheinen würde. Auch das frühe Auftreten des unpersönlichen Passivs scheint gegen eine solche Annahme zu sprechen. Man muss eher eine selbständige Entwicklung im Anschluss an andere unpersönliche Konstruktionen mit *sein* und *werden* annehmen (vgl. § 123 f.).

Für die Bestimmung des historischen Verhältnisses der unpersönlichen Passivkonstruktionen zu den persönlichen setzt Vogel (2006) zurückgehenden Subjektsbezug an. „Im Spätalthochdeutschen mit Notker tritt ein Verb mit generischem Patiens erstmals ohne jeglichen Partizipanten auf: *Nu uuirt aber uuîseliche gesungen* (Notker, Psalm 46, 8)." (Vogel 2006, S. 134). Im Mittelhochdeutschen setzt sich der Prozess der „Ausdünnung" fort (S. 164) und es bildet sich mit dem unpersönlichen Passiv eine Ausdrucksweise heraus, die ein Ereignis als Einheit fasst. „Es kommt zu sekundärer Thetizität, d. h. das kategorische Handlungsereignis wird als konzeptuelle ‚Ein-heit' umperspektiviert." (S. 242). Damit ist das unpersönliche Passiv ein weiteres Mittel, die dominante Agentivität der Aktivsätze zurückzunehmen, und es geht damit noch einen Schritt weiter als die persönlichen Passiva, die sich als ergativ-äquivalente auffassen lassen.

D. Das Futurum

§ 99. Das Germanische hatte ursprünglich keine eigene Verbalform, um das Zukünftige auszudrücken. In seiner got. Bibelübersetzung hatte deshalb Wulfila viele Schwierigkeiten, wenn er das griechische Futurum wiedergeben sollte. Meistens verwendete er got. Präsensformen: *in jainamma daga in namin meinamma bidjiþ*, (αἰτήσεσθε), *jah ni qiþa izwis þei ik bidjau* (ἐρωτήσω) *attan bi izwis* „an jenem Tage werdet ihr bitten in meinem Namen, und ich sage euch nicht, dass ich den Vater für euch bitten werde" (Joh. 16, 26). In anderen Fällen verwendet Wulfila verschiedene Umschreibungen, meistens *dugimnan* und *haban* mit Infinitiv: *þarei im ik, þaruh sa andbahts meins wisan habaiþ* (ἔσται) „dort wo ich bin, wird auch mein Diener sein" (Joh. 12, 26). *skal* mit Infinitiv ist im Got. noch selten: *qiþandans hva skuli þata barn wairþan* „sprechend, was wird das Kind werden" (Lukas 1, 66).

Auch im Ahd. wird das Futurum meistens durch die einfache Präsensform des Verbs ausgedrückt, z. B. *manage In sînero giburti mendent* (gaudebunt, Tatian 26, 29 = Sievers 2, 6). Aber auch die Umschreibung mit *scal* + Infinitiv ist ziemlich verbreitet: *miin gheist scal uuesan undar eu mittēm* (Isidor 17, 13); *sō thu hiar nu lesan scalt* (Otfrid II, 3, 68). Im Mhd. nimmt dieser Gebrauch zu: *ir sult ir willekomen sîn* (Nib. 1452, 4); *so wanne er kummet, er soll üch alle ding lêren* (Tauler 107, 1); nhd. *darumb ich hoffe, ir miteinander ein frölich Leben füren sült* (Steinhöwel). Im Mittelniederdeutschen dominiert *schöllen* + Infinitiv: *er erue sal wesen immer* (Härd 2000, S. 1458). Auch Umschreibung mit *wollen* kommt in rein futurischer Bedeutung vor: ahd. *then alten satanasan wilit er gifāhan* (Otfrid I, 5, 52); mhd. *der wil mir wider morgen beswæren mînen muot* (Walther, L. 90, 11 f.); nhd. *das Königreich will noch sein werden* (L., 1. Sam. 18, 8). In der modernen Sprache haben die Verba *sollen* und *wollen* in Verbindung mit Infinitiv eine bestimmte modale

Bedeutung, die aber zuweilen so schwach ist, dass die Ausdrücke beinahe als rein futurisch zu betrachten sind: *das Feuer will ausgehen; heute Nachmittag soll Konzert sein; was soll daraus werden.*

Sonst werden diese Mittel zur Futurbildung seit der spätmhd. Zeit immer mehr durch die Verbindungen mit *werden* verdrängt. Schon im Got. wird vereinzelt *wairþan* in Verbindung mit Part. Präs. zur Wiedergabe eines griech. Futurums verwendet: *saurgandans wairþiþ* (λυπηθήσεσθε, Joh. 16, 20); ähnl. *stairnons himinis wairþand driusandeins* (ἔσονται πίπτοντες) „die Sterne des Himmels werden herunterfallen" (Mk. 13, 25). Im Ahd. finden wir Verbindungen von *sein* und *werden* mit Part. Präs.; hierbei drückt *sein* die durative und *werden* die ingressive Handlung aus: *sō wārun se unzan elti thaʒ līb leitendi* (Otfrid I, 4, 10); *thō ward mund sīnēr sār sprechantēr* (Otfrid I, 9, 29); mhd. *als iʒ wart tagende* (Gottfried, Tristan 5507); *daʒ ich ir nâch jehende wart* (Hartmann, Iwein 2986); nhd. *da ward das ganze Heer laufend und schrieen und flohen* (L., Richter 7, 21). Die präsentischen Verbindungen mit *werden* nehmen früh futurische Bedeutung an, da *werden* überhaupt als Futurum zu *sein* fungiert (vgl. § 95): *thie mín[...] scamēnti uuirdit* (confusus me fuerit, Tatian 79, 23 = Sievers 44, 21); mhd. *er wirt mich gerne sehende* (Gottfried, Tristan 3987); *ja wirt ir dienende vil manic wætlicher man* (Nib. 1210, 4); *so wirt der almehtige got dem tiufel ûf hebende swaʒ er im getân hât* (Bertholt 151, 28). Schon seit Ende der ahd. Periode tritt in diesen Fügungen der Infinitiv neben dem Part. Präs. auf: *sō wir dih anahareen* („anrufen", Notker Ps. 11); mhd. *sus wart ein wahter singen* (Minnesinger, F. H. v. d. Hagen, 31, 1); *swaʒ wir zwei klagen solten, daʒ wirt er eine klagen* (Wolfdietrich A IX, 390); nhd. *do ward sich Albanus verwunderen* (Albr. von Eyb, Das Ehebüchlein 3, 3); *Moses aber ward zittern* (L., Apostelgesch. 7, 32); *wart es fast schneien,* „begann es stark zu schneien" (I Vb. 1, 23, nach Schieb 1976, S. 81). Auch in diesen Formen zeigt sich wieder die Ausrichtung des älteren deutschen Verbalsystems auf Paarigkeit. *Werden-* und *sein*-Formen stehen in paradigmatischer Verbindung und auch bei den *werden*-Formen sind präsentische und präteritale Vorkommen zu verzeichnen. *Der konig saß also und wart sere dencken und lang* (Prosa-Lancelot 170, 27, Beleg nach Keinästö 1990, S. 60). Die Bedeutung ist eine mutativ-ingressive, es wird ein Zustandsübergang signalisiert. Allerdings sterben die ingressiven Präteritalformen im 16. Jh. aus (Ebert 1981, S. 140). Die Grammatikalisierung der *werden*-Futurformen wird für das 16. Jh. angesetzt und verläuft von Osten nach Westen (Bogner 1989, S. 76 f.; S. 84). Vom Anfang der nhd. Zeit an wird die Fügung mit Partizip von der infinitivischen verdrängt. Hierbei haben teils rein lautliche Faktoren gewirkt (vgl. § 82), teils analogischer Einfluss der Verbindungen von *sollen* und *wollen* mit Infinitiv. Aber der Verdrängungsvorgang ist kein einsträngig-direkter. Denn die beiden Formentypen kommen auch noch in späteren Texten nebeneinander vor, etwa bei Wittenwîler, bei dem Präsens- und Präteritalformen von *werden* begegnen: *fluo-*

chend ward er und auch schelten (Wittenwîler 591). Die Entstehung des *werden*-Futurs und auch die Bedeutung der *werden* + Infinitiv-Formen in der deutschen Gegenwartssprache wird kontrovers beurteilt. Es sind verschiedene Thesen vorgetragen worden. Die wichtigsten sind von Westvik (2000) gemustert worden. Eine besondere Rolle haben vor allem die Vermischungstheorien gespielt (z. B. bei Kleiner 1925). Doch haben die Partizip- und Infinitivformen, wenn sie zusammen vorkommen, nicht die gleiche Bedeutung. Der Beleg *bi dem gebogen stabe merke ich, das sich die gewaltigsten künige vor mir biegende werdent; bi dem syneweln ballen, das ich wurde besitzende die synewelkeit dirre welte; bi der gülden kannen merke ich, das ich wurde gesigen und zinse enphohen von allen lüten* (Jacob Twinger von Königshoven, Chronik der Stadt Straßburg; 1382–1415), den Kleiner (1925, S. 86) anführt, zeigt eine gravierende Unterschiedlichkeit: Die Partizipialform markiert die Mutativität, d. h. die Bezeichnung eines neuen Zustandes, der nach dem Eintreten gilt. Die Infinitivformen dagegen geben eine Voraussage für die Zukunft.

Bei derartigen Voraussagen, gleich, ob sie aus der Vergangenheit oder aus der Gegenwart gegeben werden, liegen modale Verhältnisse auf der Hand. Umstritten ist, ob und gegebenenfalls wieweit bei den gegenwartssprachlichen *werden* + Infinitivkonstruktionen Modalisierungen zu verzeichnen sind. Pfefferkorn (2005) kann in frühen Texten den analogischen Einfluss von Modalverbperiphrasen auf die Entwicklung des neuhochdeutschen *werden*-Futurs wahrscheinlich machen. Zweifellos gibt es in der Gegenwartssprache „rein" temporale Vorkommen: *Er gewann früher, er gewinnt heute und er wird auch in Zukunft gewinnen.* (Kotin 2003, S. 217). Vater (1975) fasst *werden* generell als Modalverb auf. Die meisten der gegenwartssprachlichen *werden* + Infinitiv-Verwendungen lassen sich mit einer modalen (Neben)bedeutung auffassen. In der Literatur zu dieser Problematik wird zumeist versucht, alle Lesarten an einer Grundbedeutung festzumachen, sei es die temporale, sei es die modale. Fritz (1997 und 2000) zeigt, dass in der Konstruktion *Es wird so sein* über das finite Morphem der Sprecherbezug signalisiert wird, der vom Hörer als ‚Sicherheit' bzw. als ‚Unsicherheit' gedeutet wird. Die sprechersichere Form wird meist als zukunftsbezogen verstanden, die sprecherunsichere führt zum epistemischen *werden*. (Fritz 2000, S. 205). – Schmid (2000) sieht die Entstehung des *werden*-Futurs im oberdeutschen Sprachgebiet aus einer Vermischung von *x wird* und *x soll werden*.

Die Fügung mit präteritalem Hilfsverb, die nur ingressive Bedeutung hatte, ist seit frühnhd. Zeit verschwunden. Dagegen behauptete sich der Konj. Prät. *würde*; die Verbindung von *würde* mit Infinitiv dient jetzt zur Bezeichnung der Zukunft von einem Standpunkt der Vergangenheit aus: *hatten die Freunde ihm nicht schon geholfen? würden sie nicht auch ferner mit Rat und Tat an seiner Seite stehen?*

(Sudermann, Der Katzensteg 8). Am häufigsten wird jedoch *würde* mit Infinitiv zur Umschreibung des hypothetischen Konjunktivs präteriti verwendet, vgl. § 110.

Trotz ihrer großen Zweckmäßigkeit ist die Futurumschreibung mit *werden* nicht überall in den Mundarten durchgedrungen. Auf niederdeutschem Gebiet wird sie nur in beschränktem Maße gebraucht, weil hier die Konstruktion mit *sollen* und *wollen* in rein futurischem Sinne noch lebendig ist. Am besten behauptet sie sich im Bairisch-Österreichischen. Hier hat sie die Funktion, eine Aussage als modal zu kennzeichnen (Maiwald 2002, S. 71, mit Beispielen *wie Des wead scho so sei, wenn er's sogt* oder *Woat nua, do wead a schaun*). Sogar in der Schriftsprache hat *werden* nicht in allen Verbindungen *sollen* und *wollen* verdrängt, ein futurischer Infinitiv mit *werden* hat sich nicht durchsetzen können. Man kann also nicht sagen: *er scheint sein Haus verkaufen zu werden*, sondern es muss heißen: *verkaufen zu wollen*.

In Verbindung mit dem Infinitiv perfekti bildet *werden* im Nhd. ein Futurum exactum, das die in der Zukunft abgeschlossene Handlung bezeichnet: *morgen um diese Zeit werde ich es beendet haben*. Die Form wird aber meistens gebraucht, um eine Vermutung auszudrücken.

4. Der Gebrauch der finiten Verbalformen

A. Die Tempusformen

a) Das Präsens
§ 100. Das Präsens bezeichnet nicht nur, dass die Handlung in der Gegenwart stattfindet (*sie telefoniert gerade*), es kann auch angeben, dass sie stets oder gewohnheitsmäßig statt hat oder immer erwartet werden kann: *es irrt der Mensch, so lang' er strebt*; oder dass die Handlung sich wiederholt: mhd. *irn vastet niht* (Hartmann, Iwein 817, „Ihr pflegt nicht zu fasten"); nhd. *die braune Liesel kenne ich am Geläut, die geht am weitesten* (Sch., Wilhelm Tell I, 1).

Die Gegenwart ist nur ein Punkt im Zeitablauf. Bei den durativen Verben bezeichnet deshalb die Präsensform immer zugleich ein Stück der Vergangenheit, und dieser Zeitabschnitt kann ausdrücklich angegeben werden: *das weiß ich schon lange; er wohnt hier seit zwei Jahren; wir warten bereits seit einer Stunde*.

Das Präsens war im Altgerman. auch die übliche Form zur Bezeichnung des futurischen Geschehens (vgl. § 99), und diese Funktion hat die Präsensform durch alle deutschen Sprachperioden behalten. Der Gebrauch ist umso üblicher, je mehr man sich dem Stil der Alltagsrede nähert. In der modernen Sprache verwendet man regelmäßig Präsens zum Ausdruck für Futurum, wenn die Aussage eine Zeitangabe enthält, die die Verbalhandlung in die Zukunft versetzt: *ich reise morgen (nächstens) nach Hamburg.* Weiter ist zu merken, dass das Präsens von Verben mit perfektiver Aktionsart regelmäßig futurische Bedeutung hat: *ich komme bestimmt; ich treffe dich an der Kirche; du findest das Buch auf dem Schreibtisch.* Um auszudrücken, dass die Vollendung der Verbalhandlung in der Gegenwart liegt, verwendet man bei diesen Verben das Perfekt: *jetzt habe ich das Buch gefunden.* Diese Verwendung der perfektiven Verba geht weit zurück; man bildete früher geradezu eine Futurform des Verbums durch Perfektivierung, d. h. durch Verbindung des Präfixes *ge-* mit der Präsensform (vgl. § 95). Wulfila benutzt zur Wiedergabe des griech. Futurums häufig die mit *ga-* versehene Präsensform des Verbs, und noch im Mhd. kann man in dieser Weise Futurum ausdrücken: *unz ich getuon, des er mich bat* (Walther, L. 119, 33); *ich hân nicht rosses, daʒ ich dar gerîte* (Walther, L. 82, 13), *werden* ist die perfektive Entsprechung des durativen *sein,* und es fungiert regelmäßig als Futurum zu *sein* von der ältesten Zeit bis ins Nhd. hinein. Im Got. steht *wairþa* regelmäßig zur Wiedergabe des griech. Futurums ἔσομαι. – Ahd. *wirdit filu māri* „er wird sehr berühmt sein" (Otfrid I, 4, 31); mhd. *iwer leben wirt bî Etzelen so rehte lobelîch* „wird sein" (Nib. 1239, 2); *da wird sein Heulen und Zähneklappen* (L., Matth. 22, 13). – Die neue Futurumkonstruktion mit *werden* steht nicht in Sätzen, die ihrem Wesen nach auf die Zukunft bezogen sind wie die Bedingungssätze; zumal wo keine Konjunktion steht, verwendet man hier regelmäßig Präsens: *beeilst du dich, wirst du ihn einholen (auch wenn du dich beeilst); falls ich ihn sehe, werde ich es ihm sagen.* Ebenso steht die Präsensform in Absichtssätzen: *lass uns eilen, damit wir ihn noch erreichen* (in Folgesätzen steht dagegen *werden: es ist so trocken, dass bald Wassermangel eintreten wird*). Im früheren Nhd. stand in Bedingungssätzen öfter das *werden*-Futur: *werden sie bauen, so will ich abbrechen* (L., Maleachi 1, 4); *wenn er sie nehmen wird* (G.). – Praesens historicum. Begebenheiten in der Vergangenheit werden im Altgerman. im Allgemeinen durch das einfache Präteritum ausgedrückt. Die Verwendung des Präsens in Berichten über Begebenheiten in der Vergangenheit ist in der ältesten Zeit selten. Beowulf und die erzählenden Eddalieder kennen den Gebrauch nicht, ebensowenig der Heliand. In dem altnord. Sagastil ist dagegen das Praesens historicum auffallend stark verbreitet. Im Ahd. kennt man nur ein Beispiel für diesen Gebrauch, nämlich Ludwigslied 45: *gode lob sagēda, her sihit thes her gerēda* „er sagte Gott Lob, er sieht das, was er begehrte". Sonst erscheint das Praesens historicum erst vom 12. Jh. ab, und auch dann in der ersten Zeit nur selten: *hin rîtet Herzeloyde fruht* (Wolfram, Parzival 451, 3). Eine solche Präsensform steht hier noch isoliert, von Präteritalformen umgeben. In der neueren Sprache dagegen kann ein Bericht durch eine Reihe von Präsensformen vorwärts geführt werden. Dieser Sprachgebrauch nimmt einen großen Aufschwung im 16. und 17. Jh., was wahrscheinlich lateinischem Einfluss zuzuschreiben ist. Gegenwärtig wird das Praes. historicum außerordentlich viel verwendet, sowohl in der

mündlichen wie in der literarischen Sprache. In den Dialekten und Regionalsprachen ist es die bevorzugte Form, Erlebtes wiederzugeben, falls nicht das
Perfekt als Erzähltempus gewählt wird. Dabei haben die verschiedenen Tempusformen unterschiedliche Funktionen, was sich an folgendem Beispiel aus dem
in Böhmen gesprochenen Mittelbairischen ersehen lässt, das Eller (2006, S. 211)
anführt: *So, iazd keman na d'Kuln. A Audo voi Kuln, Jesus Maria. Iazd hama i und da
E. zöhld, gehd uns 100 Gronen o. Und dout obm hod a Esdaraicharen gwohnd. Und
wiare affekim za da Dia, hods zuagschbiade ghod.* Dazu schreibt Eller: „Die Einleitung der Erzählung steht im Präsens: *So, iazd keman na d'Kuln.* Erst als die
Nachbarin thematisiert wird, wechselt die Gewährsfrau ins Perfekt: *dout obn hod a
Esdaraicharen gwohnd.*" Der nächste Satz steht im Präsens und fokussiert dann
auf ein vorzeitiges Geschehen, das im Doppelten Perfekt wiedergegeben wird.

b) Die Vergangenheitsformen

§ 101. Oben (§ 95) wurde dargestellt, wie neue umschriebene Zeitformen für die
Vergangenheit sich entwickelt haben. Diese sind seit dem Ende des 16. Jhs. als
grammatikalisiert zu betrachten (Oubouzar 1974, S. 95). Das Ergebnis war, dass
man zur Bezeichnung einer Handlung in der Vergangenheit drei Formen erhielt:
band, habe gebunden, hatte gebunden, später auch *habe gebunden gehabt, hatte
gebunden gehabt.*

In der frühesten Zeit war das einfache Präteritum alleinherrschend und wurde
auch gebraucht, wenn die Vergangenheit in Relation zur Gegenwart gesetzt wird,
also wo man jetzt das zusammengesetzte Perfekt verwendet. Got. heißt es z. B.
fulan ana þammei nauh ainshun manne ni sat (Lukas 19, 30), wo Luther hat: *ein
Füllen, auf welchem nie kein Mensch gesessen ist*; und noch mhd.: *nu bit ich iuch, als
si mich bat* (Hartmann, Iwein 6048, „wie sie mich gebeten hat"). Dieser Gebrauch
ist noch bei den nhd. Klassikern üblich: *reizend malst du ein Glück, das du mir nie
gewährtest* (Sch., Don Carlos II, 2).

Das einfache Präteritum stand früher auch, wo wir jetzt Plusquamperfektum
verwenden: ahd. *wuntane bauga, so imo se der chuning gap* (Hildebrandslied 34,
„wie sie ihm der König gegeben hatte"); mhd. *aber seite er iegelichem dô, als er den
boten ê seite* (Gottfried, Tristan 7666, „wie er den Boten früher gesagt hatte"). Im
Mhd. bekommt das Verb in diesem Falle oft das Präfix *ge-*: *dô er für mich gestreit*
„als er für mich gestritten hatte".

Das zusammengesetzte Perfekt wurde ursprünglich verwendet, wo eine
Handlung der Vergangenheit in Verhältnis zur Gegenwart gesetzt wird. Jedoch gab
es keine scharfe Grenze zwischen der Verwendung des Perfekts und der des
einfachen Präteritums; in vielen Fällen konnte man die eine oder andere Tem-
pusform verwenden, ohne wesentlichen Bedeutungsunterschied. Die Folge war,

dass das zusammengesetzte Perfekt sich auf Kosten des einfachen Präteritums ausbreitete. Diesen Vorgang können wir vom 15. Jh. ab beobachten, und in neuerer Zeit hat sich das Perfekt in der Volkssprache so stark ausgebreitet, dass es auf dem süddeutschen Sprachgebiet das einfache Präteritum vollständig verdrängt hat. Auf diesem Gebiet ist das Perfekt (oder das Präsens) die einzige Form bei Bericht über Begebenheiten in der Vergangenheit.

Daneben steht eine doppelt umschriebene Form, da im Plusquamperfektum für die untergegangenen Präterita *hatte* und *war* die zusammengesetzten Formen *habe gehabt, bin gewesen* eintreten: *ich habe gelesen gehabt; ich bin eingeschlafen gewesen.* Diese Formen begegnen sowohl mit dem Auxiliar *haben* als auch mit *sein*, zwar zunächst selten, aber stetig zunehmend seit der frühen Neuzeit. Bei Goethe lassen sich charakteristische Belege finden: *In dem Augenblick fühlte er sich am linken Arm ergriffen und zugleich einen sehr heftigen Schmerz. Mignon hatte sich versteckt gehabt, hatte ihn angefaßt und ihn in den Arm gebissen.* (G., Wilhelm Meisters Lehrjahre, S. 186). *Der Major kam ziemlich müde auf sein Zimmer. Er war früh aufgestanden gewesen, hatte sich den Tag nicht geschont und glaubte nun das Bett bald zu erreichen.* (G., Ein Mann von fünfzig Jahren, S. 237). Der älteste bisher ermittelte Beleg stammt aus der zweiten Hälfte des 14. Jahrhunderts: [...], *darumb dat vplouffe ind mancherleye vngelucke bynnen der Stat van Coelne vntstanden geweyst synt.* (Dat nuwe Boych, S. 422, Mitt. Petra Vogel) ,[...], weshalb Aufruhr und manch Unheil in der Stadt Köln entstanden gewesen sind.' Aus dem 15. Jahrhundert ist ermittelt worden: *Er ging in den busch und hort der fogelin sußen singen die yne vor zyten dick erfrawet hätten gehabt.* (Pontus und Sidonia, S. 109; nach Litvinov/Radčenko 1998, S. 92), ,Er ging in den Wald und hörte die Vögelein singen, die ihn schon früher oft erfreut gehabt hatten.' Mit diesen Formen werden vor-vergangene erzählte Ereignisse mit morphematischen Mitteln staffelbar. Die Formen werden in den normativen Grammatiken bisweilen kritisiert, da sie aber nicht nur bei Goethe vorkommen, sondern in der Gegenwartssprache etwa auch bei Martin Walser (*Zum Glück war am Abend zuvor Frau Varnbühler-Bühlow-Wachtels Esel Bileam gestorben. Zum ersten Mal hatte Karl von Kahn kein Gesprächsprogramm vorbereitet gehabt. Während er Amadeus bei Gundi angeschaut hatte, war Bileam gestorben.* (M. Walser, Angstblüte, S. 434)), sind sie als regulär im temporalen System des Deutschen anzusehen. Sie lassen sich als konsequente Ausprägungen des Tempussystems verstehen, aber sie bewahren auch aspektuelle Möglichkeiten des Deutschen (Buchwald-Wargenau 2012). In der neueren Forschung werden sie zunehmend beachtet, vgl. u.a. Hauser-Suida/Hoppe-Beugel (1972), Eroms (1984), Thieroff (1992), Litvinov-Radčenko (1998), Hennig (2000), Rödel (2007).

Anders als die doppelten Plusquamperfektformen sind die doppelten Perfektformen in der mündlichen Sprache dominant. Daher sind sie für die älteren

Texte nicht gut nachzuweisen. Sie werden einerseits als Ersatzformen des Plusquamperfekts aufgefasst, das in den Regionen, in denen das Präteritum nicht mehr vorhanden ist, eine andere periphrastische Bildeweise benötigt. *Und da hat es gar nichts genützt, daß sie den Schmeller ein halbes Jahr später erschossen haben, weil die anderen Kollegen, die nicht dabei waren, haben es inzwischen längst aufgeschnappt gehabt und auch gesagt.* (W. Haas, Auferstehung der Toten, S. 17). Andererseits tendieren sie auch bisweilen zum absoluten Gebrauch, d.h. sie werden zu einem weiteren Erzähltempus. – Während die Doppelformen im Indikativ ihrerseits durch einfachere Verbformen mit entsprechenden Temporaladverbien umgangen werden können, sind sie im Konjunktiv in manchen Fällen obligatorisch: *Er habe einmal bei einem Begräbnis einen Mann gesehen, der mit einer roten Nelke im Knopfloch erschienen sei. Dieser Mann habe vergessen gehabt, daß es für den Tod weder schwarz noch rot, noch schwarz-weiß-rot gebe.* (Wiechert; nach Fourquet 1952, S. 199). Dieses Beispiel weist eine gestreckte Form mit *haben* auf und lässt kaum eine andere Möglichkeit zu.

Das Ausscheiden des einfachen Präteritums betrifft nur die Indikativformen. Der sogenannte Konjunktiv Präteriti, der keine Zeitbedeutung hat (vgl. § 109), bleibt erhalten. Im schwachen Verbalsystem besteht bekanntlich kein formaler Unterschied zwischen Konj. und Indik. Prät., und Formen wie *hörte, lobte, sagte* leben auf dem betroffenen Gebiet fort, werden aber nur mit Modusbedeutung, nicht mit Zeitbedeutung verwendet.

Das Plusquamperfektum bezeichnet seiner Bildungsweise nach ursprünglich einen Zustand in der Vergangenheit, der als Ergebnis einer voraufgegangenen Handlung betrachtet wird: *ich hatte den Brief geschrieben.* In dieser Weise wird das Plusquamperfektum schon im Ahd. und noch mehr im As. verwendet: *habdun fan Rūmuburg rīki giwunnan* (Heliand 57). In der modernen Sprache wird das Plusquamperfekt am häufigsten als relatives Tempus verwendet, nämlich zur Bezeichnung einer Handlung, die einer anderen Handlung der Vergangenheit zeitlich vorangeht: *als ich ihn gesehen hatte, erkannte ich ihn.* Doch kann hier noch nhd. auch das einfache Präteritum stehen: *als ich ihn sah, erkannte ich ihn.* Diese letztere Fügung war im Mhd. das Normale, und das Verb des Nebensatzes erhielt dann meistens das Präfix *ge-: dô man gaʒ* „als man gegessen hatte".

c) Die Formen für die Zukunft

§ 102. Es ist oben gezeigt worden, dass die Futurumschreibung mit *werden* erst in nhd. Zeit üblich geworden ist und dass die Präsensform noch heute in vielen Fällen futurische Bedeutung haben kann. In einigen Dialekten hat die mit *werden* gebildete Futurform sich noch nicht durchgesetzt.

Das Futurum exactum wird mit *werden* in Verbindung mit dem Infinitiv des Perfekts gebildet: *ich werde gebunden haben.* Dieser Bildungsweise gemäß verbindet es perfektische und futurische Bedeutung: es bezeichnet eine in der Zukunft vollendete Handlung. Wie das Plusquamperfekt wird auch das Futurum exactum teils als absolutes, teils als relatives Tempus verwendet. Im ersten Falle bezeichnet es eine in der Zukunft abgeschlossene Handlung: *er wird sein Geld bald durchgebracht haben.* Als relatives Tempus steht es neben Zeit- und Bedingungssätzen zur Bezeichnung einer zukünftigen Handlung, die einer anderen zukünftigen Handlung vorangegangen ist: *wenn ich wiederkomme, wird er abgereist sein.*

Die beiden Futurformen werden nicht nur von der Zukunft gebraucht, sondern auch mit modaler Bedeutung zur Bezeichnung einer Vermutung. Der temporale bzw. modale Bedeutungswert der Fügung hängt mit der Aktionsart des Hauptverbs zusammen. Bei durativen Verben haben die Ausdrücke meistens rein modale Bedeutung: *das wird (wohl) wahr sein*; bei perfektiven Verben dagegen überwiegt der Zukunftsbezug: *er wird (bald) kommen; du wirst ihn bei der Kirche treffen.* In den meisten Fällen sind beide Bedeutungsmomente vertreten, was damit zusammenhängt, dass Aussagen, die sich auf die Zukunft beziehen, im Allgemeinen ein Moment von Unsicherheit enthalten. Das Futurum exactum wird häufiger mit modaler als mit temporaler Bedeutung gebraucht: *er wird es nicht gefunden haben; so wird es gewesen sein.* Schon Luther verwendet die Form in dieser Weise: *die Könige haben sich mit dem Schwerte verderbt, und einer wird den andern geschlagen haben* (2. Kön. 3, 23). In vielen Mundarten, besonders in Süddeutschland, verwendet man die mit *werden* gebildeten Formen nur in modaler Bedeutung.

Über den Gebrauch der mit *würde* gebildeten Formen als Ersatz des hypothetischen Konjunktivs präteriti siehe § 110.

B. Die Modusformen

§ 103. Das germanische Verbum hat drei Modusformen: Indikativ, Konjunktiv und Imperativ. Der Imperativ hat nur Präsensformen, im modernen Deutsch nur für die 2. Sg. und Pl.; das Ahd. und Mhd. bewahrt noch eine Form für die 1. Pl., den sogenannten „Adhortativ". Das Got. besitzt Formen auch für die 3. Person Sg. und Pl.

a) Konjunktiv

§ 103a. Der germanische Konjunktiv bildet der Form nach eine Fortsetzung des indogerm. Optativs, der Funktion nach vereint er die Gebrauchsweisen des alten Konjunktivs und Optativs.

Die Deutung der Modusverhältnisse beim Konjunktiv ist nicht nur für die älteren Sprachepochen des Deutschen mit großen Schwierigkeiten verbunden. Auch bei der Beschreibung der Konjunktivregularitäten für die Gegenwartssprache herrscht in der Forschung wenig Einigkeit. Das liegt u. a. daran, dass sowohl die Ausgangslage als auch die Entwicklungstendenz beim Konjunktiv im Deutschen unterschiedlich beurteilt werden kann. Unbezweifelbar, weil morphologisch abgesichert, ist die Herangehensweise, die Leistung des Konjunktivs in der Opposition zum Indikativ zu erfassen. Da aber der Konjunktiv im Deutschen historisch mehrere Wurzeln hat und von Anfang an Berührung mit dem Tempussystem aufweist, werden die beiden Kategorien Modus und Tempus meist in die Grunddeutung mit einbezogen. Dies ist für die älteren Sprachstufen auch deswegen berechtigt, als die manifesten Tempora zunächst wiederum ein Oppositionspaar bilden, Präsens und Präteritum. Mit dem Aufkommen der periphrastischen Formen ändert sich das Tempussystem im Deutschen gravierend. Die Folgen für die Funktionen des Konjunktivs bleiben nicht aus. Es lassen sich mehrfach Verschiebungen bei der temporalen Abbindung feststellen, aber vor allem eine Differenzierung der temporalen Relationen bei komplexen Sätzen. Während bis ins Mittelhochdeutsche – dort allerdings nicht mehr obligatorisch – Vorzeitigkeitsbezüge nur implizit über das Präteritum zu erschließen waren, werden sie seit dem Aufkommen der periphrastischen Tempusformen explizit formatierbar. So lässt sich die folgende Stelle aus dem ‚Armen Heinrich' Hartmanns von Aue, bei der ein solcher Bezug mit dem Konj. Prät. signalisiert wird, im Neuhochdeutschen mit dem Konjunktiv des Perfekts oder des Plusquamperfekts wiedergeben: *die maget antwurte im alsô, daʒ sî der selben ræte von ir herʒen tæte* (Hartmann, Der arme Heinrich 1068 – 1070), „Die junge Frau antwortete ihm dann, dass sie diesen Beschluss aus freien Stücken gefasst habe/hätte." (Petrova 2008, S. 185). Hier zeigt die Übersetzung gleichzeitig die zunehmend freie Alternanz der beiden Konjunktivformen, dazu vgl. weiter unten.

Der in der älteren Forschung vorherrschende Ansatz kann vieles, aber nicht alles erklären. Es lässt sich sagen: In der Verwendung des germ. und deutschen Konjunktivs kann man zwei Haupttypen unterscheiden: den voluntativen und den potentialen Konjunktiv. Der voluntative Konjunktiv drückt einen Wunsch oder eine Aufforderung aus, der potentiale bezeichnet eine Möglichkeit oder ein nur Gedachtes. Diese beiden in der herkömmlichen Modusforschung verwendeten Begriffe entsprechen weitgehend den Begriffen der Zielgerichtetheit (mit Aufforderung, Befehl, Verbot und Wunsch) und Nicht-Zielgerichtetheit (mit Annahme, Eventualität und Irrealität), wie sie von Wunderli (1975) angesetzt werden (vgl. Schrodt 2004, S. 132), wenn sie auch anders zu begründen sind (vgl. Donhauser 1986). Sie liegt darin, dass die funktionale Belastung der Verbformen von den Minimalformen, der Wortwurzel und dem Infinitiv, bis zu den Indikativformen als voll aktualisierter Formen stetig jeweils um die Zunahme einer Dimension verläuft. Nur der Indikativ ist damit einschränkungslos wahrheitswertfunktional. Der Konjunktiv stellt dabei die vorletzte Stufe dar und ist nur „teilaktualisiert". Insbesondere fehlt ihm die mit dem Indikativmorphem ausgedrückte Gültigkeitsversicherung. Die Versicherung für den Wahrheitswert des Satzes wird verschoben, entweder auf eine andere als die Sprecherperson, wie beim Referatskonjunktiv oder, wie beim voluntativen Konjunktiv und beim Irrealis, in eine mögliche Welt. In jedem Fall steht der Konjunktiv im Gegensatz zum Indikativ, der in der Regel ein reales Geschehen ausdrückt, was der Sprecher des Satzes eben durch diese Modusform in seiner Wahrheit garantiert. Valentin (1997, S. 198) fasst die Opposition von Indikativ und Konjunktiv in „aktualisiertem und nicht-aktualisiertem Gehalt der Proposition" zusammen.

Die beiden einfachen Formen des Konjunktivs, die sich formal an das Präsens und an das Präteritum des Indik. anschließen (*er fliege: er flöge; er sage: er sagte*), unterscheiden sich nicht in Bezug auf Tempus, sondern in Bezug auf Modus. Der sog. Konjunktiv Präteriti bezeichnet in einem ersten Zugang eine größere Entfernung von der Wirklichkeit als die Präsensform. Dieser Modusunterschied ist jedoch aufgehoben in einer Gruppe von Nebensätzen, vor allen Dingen in solchen, die eine indirekte Aussage enthalten. In diesen Sätzen richtete sich das Tempus des Nebensatzverbs ursprünglich in den meisten Fällen, aber nicht ausschließlich, nach dem des Hauptsatzverbs, vgl. unten § 104. In der neueren Sprache ist diese Zeitfolgeregel aufgehoben, und damit ist jeder Bedeutungsunterschied der beiden Formen in diesen Verbindungen weggefallen. Die Formen sind jetzt in der Hoch- und Gemeinsprache als bedeutungsgleiche Varianten zu betrachten, die sich nach rein konventionellen Regeln verteilen, vgl. *er fragte, warum er laufe (liefe), warum sie liefen* (vgl. § 107).

Der Konjunktiv präteriti kann also nicht die Vergangenheit ausdrücken. Für diese Funktion muss man eine umschriebene Vergangenheitsform, Perfekt oder Plusquamperfekt verwenden.

In der modernen Sprache besteht ein beträchtlicher Unterschied zwischen dem Gebrauch des Konjunktivs in Hauptsätzen und in Nebensätzen. Dies rührt daher, dass der Konjunktiv eine neue Funktion erhalten hat: er dient jetzt in vielen Fällen als formales Kennzeichen für Unterordnung (§ 107). Dies Verhältnis macht sich aber erst in nhd. Zeit geltend, in den früheren Sprachperioden lassen sich alle Verwendungsweisen des Konjunktivs einem der beiden erwähnten Haupttypen zuordnen.

(α) Konjunktiv Präsentis

§ 104. Der voluntative Konjunktiv Präs. im Hauptsatz steht dem Imperativ be-deutungsmäßig nahe. Der Gebrauch der beiden Modi ist hauptsächlich von der Person bestimmt und hat im Laufe der Zeit z. T. gewechselt.

In der 1. Person des Sg. kann nicht die Aufforderungsform, sondern nur der Konjunktiv stehen, und diese Form ist von der ältesten Zeit bis ins Mhd. hinein gebräuchlich: got. *ik þeina niutau* (Phil. 1, 20) „möge ich mich an dir ergötzen"; ahd. *bimīde ih thaʒ wîʒi* (Otfrid, Hartm., 3, „möge ich der Strafe entgehen"). Der Gebrauch stirbt während der mhd. Periode aus, da sich bei der Mehrzahl der Verba die Form des Konjunktivs nicht mehr von der des Indikativs unterscheidet. Im Nhd. steht der Konjunktiv im Allgemeinen nur, wenn er sich von dem Indikativ lautlich unterscheidet, z. B. *ich sei, gewährt mir die Bitte, in eurem Bunde der dritte* (Sch., Die Bürgschaft). Doch findet man bei Goethe Ausdrücke wie: *gesteh ich es nur.*

Statt des einfachen Konjunktivs findet man von frühester Zeit an Umschrei-bung mit modalem Hilfsverb, und diese Umschreibung wird alleinherrschend, nachdem die Konjunktivform des einfachen Verbs nicht mehr gebraucht wird. Als Hilfsverb dient ursprünglich ahd. *muoʒi,* mhd. *müeʒe:* mhd. *mit sælden müeʒe ich hiute ûf stên* (Walther, L. 24, 18); noch bei Luther: *so müsse ich säen, und ein anderer esse es, und mein Geschlecht müsse ausgewurzelt werden.* (Hiob 31, 8). Nachdem *müssen* die Bedeutung von Verpflichtetsein angenommen hatte, trat *mögen* an seine Stelle als Hilfsverb: *möge ich ihn nie wiedersehen.*

In der 2. Person Sg. und Pl. ist in Aufforderungen von ältester Zeit an der Imperativ so gut wie alleinherschend. Im Got. findet sich auch der Konjunktiv, besonders in allgemeingültigen ethischen Geboten und fast durchweg in Verbo-ten: *þiuþ taujais* „tu das Gute"; *þamma bidjandin þuk gibais* „gib dem, der dich bittet" (Matth. 5, 42, jedoch auch Imperativ: *ƕammuh bidjandane þuk gif*); *ni maurþjais* „du sollst nicht töten". Weiter steht der Konjunktiv derjenigen Verba, die keine Imperativform besitzen, also der Präteritopräsentia und des Verbum sub-stantivums: *þu witeis* „du musst wissen, wisse"; *hulþs sijais mis* „sei mir gnädig". Im Ahd. ist der Konjunktiv in Verboten in ältester Zeit noch bewahrt. So bei Tatian (171, 3 f. = Sievers 106, 2): *nislahes, nihúorōs, nituēs thiuba* „du sollst nicht töten, du sollst nicht ehebrechen, du sollst keinen Diebstahl begehen". Jedoch ist im As. der Imperativ schon eingetreten: *thū man ni slah* (Heliand 3269). Der Imperativ wird bald alleinherrschend bei allen Verben, die diese Form besitzen (vgl. § 111). In den Fällen, wo sie fehlt, bleibt ahd. der Konjunktiv im Gebrauch: *zeichono eigīt ir giwalt zi wirkenne* (Otfrid V, 16, 35, „habt Gewalt, Zeichen zu tun"); *ni wollēs* hat sich lange erhalten. Viel gebraucht waren auch die Konjunktivformen *sīs(t), sīt* (neben den Imperativen *wis, weset*), und dies führte dazu, dass die Form *sît* im Mhd. als Imperativ aufgefasst wurde und die alte Imperativform *weset* ganz verdrängte;

darauf bildete man zu *sît* einen Sing. nhd. *sei* an Stelle von älterem *wis, bis*. (Vgl. Frnhd.Gr. M149).

Zur Bezeichnung eines Wunsches verwendet man von ältester Zeit an Umschreibung, früher mit *müssen*, jetzt mit *mögen:* mhd. *sô müeȝest du mîn niemer werden* (Walther, L. 50, 18, „so mögest du nie die Meine werden"); nhd. *du müssest weinen Tränen der Menschlichkeit* (Klopstock, Der Abschied); *du müssest hinfort des Schwertes nimmer bedürfen* (Voß, Homer: Odyssee 8); *mögest du gesund bleiben!*

In der 3. Person Sg. und Pl. steht schon got. beinahe ausschließlich der Konjunktiv. Das Got. besitzt allerdings Imperativformen für diese Personen, z. B. *atsteigadau* „er soll niedersteigen", aber sie kommen sehr selten vor. Im Deutschen ist der Konjunktiv alleinherrschend. In der modernen Sprache ist nur der Sg. gebräuchlich, weil im Plur. die Endungen für Indikativ und Konjunktiv gleich geworden sind. Die Mehrzahl wird heute nur mit der Bedeutung der 2. Person gebraucht in der Anrede an Personen, die man nicht duzt: *nehmen Sie Platz*. Im älteren Nhd. war die Form aber allgemein gebräuchlich, z. B. ist sie häufig bei Luther: es *werden Lichter an der Feste des Himmels und scheiden Tag und Nacht* (Gen. 1, 14). – Beispiele für Singular: *dir geschehe, wie du geglaubt hast* (L., Matth. 8, 13); *sehe jeder, wie er's treibe* (G., Beherzigung).

Auch hier treten von der frühesten Zeit an Umschreibungen mit modalem Hilfsverb auf, zuerst mit *müssen*, das später durch *mögen* ersetzt wird: ahd. *fon got er muaȝi habēn munt* (Otfrid, Ludw., 32); nhd. *so müsse die ganze Stadt von meiner Zagheit sagen* (Gryphius, Horribilicribrifax, 1, 790, nach Dwb.); *mögen sie gegen uns hetzen*. In einigen Fällen steht der Indikativ von *soll* als Hilfsverb: *Gott soll mich bewahren*.

Das Got. und das Ahd. besitzen eine Imperativform für die 1. Person Plur., den sogenannten Adhortativ, die äußerlich mit der Indikativform zusammenfällt. Diese Form steht im Got. in positiven Aufforderungen: *wisam waila* „lasst uns fröhlich sein"; *galeiþam* „lasst uns fahren". Bei negiertem Verb steht dagegen nur Konjunktiv: *ni slepaima*, „lasst uns nicht schlafen". – Ahd. stehen in den älteren Quellen Adhortativformen auf *-mēs*, z. B. bei Otfrid: *faramēs, bittemēs*; daneben finden sich schon im 9. Jh. Konjunktivformen, wie *singēm, petōēm* „oremus"; und schon im 10. und 11. Jh. sind die Formen auf *-mēs* ganz verschwunden. Die Konjunktivform lebt im Mhd. fort und ist hier viel verwendet: *nû binden ûf die helme* (Nib. 1601, 4); auch mit Subjektspronomen: *gên wir zuo des meien hôchgezîte* (Walther, L. 46, 22). In der frühnhd. Literatur findet sich diese Form nicht, aber sie wurde im 18. Jh. von den schweizerischen Dichtern neu eingeführt und ist seitdem in der Literatur und auch in der Redesprache gebräuchlich: *gehen wir; hoffen wir, dass ...; bleiben wir von dem Soldatenhaufen* (Sch., Wallensteins Lager 1).

Umschreibungen mit Hilfsverb treten früh auf. Mhd. ist *suln* + Infinitiv üblich: *ir edelen riter balt, da suln wir hine gân* (Nib. 969, 2). Vom 14. Jh. ab erscheint die Umschreibung mit *lasst uns*, zunächst auf nfr. und mfr. Gebiet, später im Mitteldeutschen. Bei Luther ist diese Umschreibung häufig und seit ihm in der Schriftsprache geläufig.

§ 105. In einer Reihe von abhängigen Sätzen steht ein Konjunktiv, der von dem voluntativen Konj. Präs. der Hauptsätze ausgegangen ist, später aber sich z. T. zu einem formalen Kennzeichen des betreffenden Nebensatztypus entwickelte. Früher stand Präsens oder Präteritum Konjunktiv je nach der Zeitform des Hauptsatzverbs, vgl. § 103a.

Die Absichtssätze hatten früher keine besondere Konjunktion, sie wurden mit *dass* eingeleitet, und die Bedeutung von Absicht wurde nur durch die Konjunktivform des Verbs ausgedrückt. Dieser Konjunktiv, der also ursprünglich als ein wünschender Konjunktiv zu fassen ist, steht allgemein in Absichtssätzen bis weit ins Nhd. hinein. Ursprünglich herrschte in diesen Sätzen die oben erwähnte Regel von der Zeitfolge: das Tempus des Nebensatzverbs richtete sich nach dem des Hauptsatzverbs: mhd. *dô gâhte er deste vaster, daʒ er diu mœre ervunde* (Kudrun 218, 3); nhd. *es sammle sich das Wasser unter dem Himmel an besondere Örter, daß man das Trockene sehe* (L., Gen. 1, 9); ebenso nachdem die neue Konjunktion *damit* eingedrungen ist (vgl. § 145): *laß uns den Freund gleich auf die Höhe führen, damit er nicht glaube* (G., Die Wahlverwandtschaften 1, 3). In der heutigen Sprache ist der Konjunktiv noch möglich, wenn das Hauptsatzverb im Präteritum steht: *er mußte mit Helenen ins klare kommen, damit er sich stark wüßte* (Sudermann, Der Katzensteg 12). Bei präsentischem Hauptsatzverb steht jetzt meistens Indikativ, der schon früh in der Literatur auftritt: *ich will dir aber auch ohnverhalten, wie er … damit du inskünftig auch andern Leuten etwas zu erzählen weißt* (Grimmelshausen, Simplicissimus 1, 22); oft steht modales Hilfsverb: *sprich deutlich, damit ich verstehen kann.*

Heischesätze, d. h. Sätze, die als Objekt eines Verbs mit der Bedeutung von Wunsch, Befehl, Bitte, Hoffnung usw. fungieren, haben von der ältesten Zeit bis ins Nhd. hinein regelmäßig konjunktivisches Verb mit der üblichen Zeitfolgeregel: mhd. *nu bite wir si beide, daʒ si ir leide geruoche vergeʒʒen* (Hartmann, Iwein 2280 f.); *ich wil daʒ er sich bekêre* (Spec. 43, 8). Nhd. ist die Entwicklung dieselbe wie bei den Absichtssätzen; bei präteritalem Hauptsatz ist der Konjunktiv beibehalten, bei präsentischem Hauptsatz hat die mündliche Sprache ausschließlich den Indikativ: *ich wünsche, dass er es tut; ich wünschte, dass er es täte.* In der Literatur hat sich bei präsentischem Hauptsatzverb der Konjunktiv erhalten und wechselt mit dem Indikativ: *da soll die weltliche Obrigkeit treiben, daß der bezahle* (L., Von Kaufshandlung und Wucher); *was wollen Sie denn, daß aus mir werde* (Lessing, Miss Sara Sampson II, 3); *gebe nur der Himmel, daß meine Geduld nicht reiße* (Sch., Briefe 3, 414); *gebe der Himmel, daß sich nichts dazwischenstelle* (G., Italienische Reise, 2, Zweiter römischer Aufenthalt, 2.10.1787); *Zwar ist es für ein elegantes Diner wünschenswert, daß es nicht lange daure* (Prinz Heinrich von Reuß, der korrekte Diener, Berlin 1900, S. 17); *das einzige, was sie können, ist ... zu sorgen, daß es ihnen so gut wie möglich gehe* (Sudermann, Frau Sorge 11). Der Indikativ tritt zuerst auf, wo der auffordernde Sinn durch ein modales Hilfsverb zum Ausdruck kommt; in solchen Fügungen findet er sich schon im späten Mhd. – Nhd.: *solches nach der Schrift beschlossen ist, daß niemand soll für andere Bürge werden* (L., Von Kaufhandlung und Wucher); *ich will nicht, daß man für meine Gemälde das wahre Licht erst lange suchen soll* (Lessing, Anti-Goeze 11). Danach steht der Indikativ auch beim einfachen Verb; auch hierfür finden sich schon im Spätmhd. Beispiele; nhd. *ich wünsche nur, daß sie beim Erwachen sich so befindet, daß ...* (E. C. König, Briefe an Lessing, 21.9.1770); *es verlangt ja niemand von dir, daß du einen Sarg trägst* (A. Schnitzler, Der grüne Kakadu).

Relativsätze können einen Wunsch oder eine Aufforderung ausdrücken und haben dann konjunktivisches Verb: *unser König, den Gott erhalte; eine Bedingung, die hier ausdrücklich hervorgehoben sei.* – Ein etwas andersartiger Gebrauch liegt vor in Relativsätzen, die an einen Hauptsatz mit imperativischem oder konjunktivischem Verb angeknüpft sind. Das Nomen, das diese Relativsätze bestimmen, bezeichnet einen bloß gedachten Gegenstand, und bedeutungsmäßig nähern sich diese Sätze den Absichtssätzen: mhd. *nu bringe balde her ein schif, daȝ uns alle trage* (Wigalois 5783 f.); nhd. *es lasse die Erde aufgehen Gras und Kraut, das sich besame* (L., Gen. 1, 11); *schickt einen sichern Boten ihm entgegen, der auf geheimem Weg ihn zu mir führe* (Sch., Wallensteins Tod III, 190). In diesem Typus verwendet man jetzt nicht mehr Konjunktiv, sondern Indikativ oder Umschreibung mit *können* oder *sollen.*

In Konzessivsätzen ohne Einleitungswort steht ein Konjunktiv, der ursprünglich auffordernde Bedeutung hat. Mhd. *si lâȝe in iemer ungewert, eȝ tiuret doch wol sînen lîp* (Walther, L. 93, 9, „sie mag ihn unbefriedigt lassen, trotzdem wird es ihm zur Ehre gereichen"); *ih pin gereht unde gar, iȝ wol oder ubel var* (Kaiserchronik 5149 f.); nhd. *wolgemut ist ein mann, der ein biderbes Weib hat, er gewinne es, wo er wolle* (Ackermann aus B., 27). In diesem Typ von Konzessivsätzen steht in der modernen Sprache meistens Umschreibung mit *mögen,* vgl. § 137. – Im Ahd. stand der Konjunktiv Präs. auch in Konzessivsätzen mit Einleitungskonjunktion: *nist man, thoh er wolle* (Otfrid I, 3, 21). Es ist nicht klar, ob dieser Konjunktiv als voluntativer oder als potentialer zu betrachten ist.

§ 106. Der potentiale Konjunktiv des Präsens bezeichnet die Verbalhandlung als eine nur mögliche oder gedachte. Dieser Konjunktiv ist im Deutschen früh aus dem Hauptsatz geschwunden, hat aber in den abhängigen Sätzen eine reiche Entfaltung gehabt.

Got. steht er noch in selbständigen Fragesätzen: *hve wasjaima?* „womit sollen wir uns kleiden?"; *hva sijai þata?* „was ist das?"; *hvas siukiþ jah ni siukau?* „wer ist krank, und ich werde nicht krank?". Schon ahd. ist dieser Gebrauch beinahe ganz verschwunden.

§ 107. Sonst ist in geschichtlicher Zeit der Gebrauch des potentialen Konjunktiv Präs. auf abhängige Sätze beschränkt. Er findet sich (im Wechsel mit Prät., vgl. unten) in den folgenden Nebensatztypen:

In *dass*-Sätzen, die als Objekt des Hauptsatzverbs fungieren und deren Inhalt eine Ansicht, eine Erfahrung oder eine Mitteilung darstellt. In diesen Sätzen hatte der Konjunktiv in den älteren Sprachperioden seine ursprüngliche potentiale Bedeutung, indem er den Satzinhalt als etwas nur Gedachtes oder Mögliches charakterisierte. Die Verteilung von Indikativ und Konjunktiv hing nämlich ursprünglich von der Bedeutung des Hauptsatzverbums ab. Nach Verben wie *erfahren, wissen, verstehen* und Äußerungsverben wie *beweisen, kundtun* usw. und nach Verba sentiendi wie *sehen, hören* hat der Inhalt des Nebensatzes die Bedeutung von etwas Tatsächlichem, deshalb stand hier Indikativ. Nach Verben, die eine subjektive Vermutung ausdrückten, wie *dünken, meinen, wähnen, sich einbilden* usw. stand Konjunktiv; ebenso nach Verba dicendi wie *sagen, antworten* usw.

Beispiele dieser ursprünglichen Verteilung: ahd. *forstuontun thaʒ her gisiht gisah In templo* (Tatian 27, 25 = Sievers 2, 10); mhd. *der schifman hôrte, daʒ er ranc mit sorge und daʒ in minne twanc* (Wolfram, Parzival 548, 1 f.); – ahd. *ih quido abo daʒ daʒ billih sī* (Williram 124, 5); mhd. *mich dunket, daʒ diu mære iu niht rehte sîn geseit* (Nib. 2333, 4); nhd. *ich hoffe, daß ich nicht verbunden sei, schwedische Dienste anzunehmen* (Grimmelshausen, Simplizissimus 3, 15).

In nhd. Zeit tritt in der Literatursprache eine Tendenz zutage, Konjunktiv als Kennzeichen indirekter Anführung überhaupt zu verwenden, er steht deshalb auch nach solchen Hauptsatzverben, die früher indikativischen Nebensatz verlangten. Beispiele: *weil sie Daniel überwiesen hatte, daß sie falsche Zeugen wären* (L., Daniel 61); *freilich weiß jedermann, daß Wärme die Fibern ausdehne oder erschlaffe* (Herder, Ideen zur Philosophie der Geschichte der Menschheit, VII, 3); *durch Schiller erfahre ich von Zeit zu Zeit, daß es Ihnen wohl gehe* (G., Briefe 16, 237, 17); *daß sie zweckmäßig sei, hat die Ausführung bewiesen* (G., Briefe, an Johann Friedrich Rochlitz, 1.2.1809). Dieser Gebrauch hat sich schriftsprachlich z.T. bis heute erhalten. Die Techniken der Redewiedergabe sind in frühneuhochdeutscher Zeit außerordentlich unterschiedlich (Voeste 2010, S. 971), wie sie auch heute noch große Variation zeigen. Die kontrovers beurteilten Formen im Althochdeutschen und z.T. auch im Mittelhochdeutschen lassen sich mit dem Ansatz von Schönherr (2012) so erklären, dass weder die in der Sprache übermittelten Sachverhalte, noch der Sprecher in seiner Einstellung, sondern der Bezug auf und die Rekonstruktion der Originalperspektive das Entscheidende ist. Diese „quotative" Funktion kann dem Konjunktiv zugewiesen werden: *Ther evangelio thar quit theiz wari in wintigara zīt* (Otfrid III, 22, 3, nach Schönherr 2012, S. 31). Mit der Festwerdung des Konjunktivs I als Normalmodus für die Wiedergabe der indirekten Rede verliert auch die Zeitenfolgeregel (Consecutio temporum) –, die auch in den frühen deutschen Texten nie ausnahmslos gegolten hat – ihre Funktion und geht am Ende des Frühnhd. zurück, bis sie gegen 1700 gänzlich verschwindet (Fernandez-Bravo 1980). – Bei der Analyse dieser Konjunktivfunktionen kann Jäckh (2011) für die historische Entwicklung aufzeigen, dass sich die Kategorie der „Zielgerichtetheit" besonders auszeichnet. Sie ist stabiler als die der Potenzialität. Dieses Merkmal werde zu einem Markierungszeichen des Referats im Gegenwartsdeutschen uminterpretiert (Jäckh 2011, S. 201). *Er wünscht, daß seine Tochter mir Gefallen möge* (Lessing 125; zielgerichtet und referierend); *Beichstu nit auff die fasten, wie der Bapst gepeut, ßo glewbstu, es sey sund, und ist doch nit alßo* (Luther 8, 172; potential, nicht zielgerichtet, referierend) und *Felix freute sich, daß jener die Namen von allen wisse* (G., Wilhelm Meister, 8, 35; faktisch, referierend) (Belege nach Jäckh 2011, S. 138, 147 und 169) sind Stufen auf dem Wege zum heutigen Gebrauch, bei dem das bloße Referieren, also das Absehen vom Anspruch auf Faktizität, dominiert.

In der mündlichen Sprache macht sich dagegen ein neues Prinzip für die Verteilung der Modi geltend, das allmählich auch in der Literatur herrschend wird. Die ursprüngliche Verteilung bleibt nach präterischem Hauptsatzverb aufrechterhalten, nach präsentischem Hauptsatzverb ist dagegen der Indikativ in weitem Ausmaß durchgedrungen, auch nach Verben, die Ungewissheit ausdrücken: *er glaubt (meint, fürchtet), daß sie verreist ist.* Dieser Gebrauch tritt schon im 18. Jh. auf: *ich stelle mir vor, daß eine Einwilligung des Himmels darin liegt* (Lessing, Miß Sara Sampson I, 7); *außerdem sagt alle Welt, daß es mir vollkommen ähnlich sieht* (Lessing, Briefe, Mme König an Lessing, August 1770). Beispiele aus neuerer Literatur: *nun behauptet einer von unseren Bekannten, daß er sie gesehen hat* (Frenssen); *übrigens vermute ich, daß die Geschichte ... eingefädelt worden ist* (Rosegger).

Das Eindringen des Indikativs nach Präsens erklärt sich hier wie in den übrigen Nebensatztypen wahrscheinlich daraus, dass der Indikativ des Präsens nicht notwendig die Verwirklichung der Verbalhandlung ausdrückt. Bei Verben mit perfektiver Aktionsart drückt die Präsensform normalerweise ein zukünftiges, also noch nicht verwirklichtes Geschehen aus, vgl. oben § 95. In dieser Weise erklären sich Fügungen wie *ich glaube (hoffe, fürchte), dass er kommt.* Von solchen Ausdrücken aus ist dann der Indikativ auf Verba mit durativer Bedeutung übertragen, also z. B. *ich glaube, dass sie schläft,* wo das Nebensatzverb präsentische Bedeutung hat. Das indikativische Präteritum drückt dagegen immer ein reales

Geschehen aus, konnte deswegen in keinem Fall gebraucht werden, wo eine bloße Vermutung ausgedrückt werden sollte.

In den abhängigen Fragesätzen ist die Entwicklung ganz analog gewesen. Wo der Satzinhalt als etwas Tatsächliches hingestellt wurde, stand ursprünglich Indikativ; wo die Bedeutung von Ungewissheit vorlag, stand Konjunktiv; der Konjunktiv stand deshalb immer in den mit *ob* eingeleiteten Fragesätzen. Beispiele für Indikativ: ahd. *gisāhun uuio gilegit uuas sīn līchamo* (Tatian 322, 14 f. = Sievers 214, 1); mhd. *hœret wunder, wie mir ist geschehen* (Walther, L. 72, 37); nhd. *die da erzählten, wie große Zeichen und Wunder Gott durch sie getan hatte* (L., Apostelgesch. 15, 12). – Konjunktiv: ahd. *frāg& thanne uúer In theru uuirdig sí* (Tatian 76, 27 f. = Sievers 44, 7); *niuueiȝ, mit uiu puaȝe* (Muspilli 62); mhd. *wil der mære vrâgen, waȝ si haben getân* (Nib. 2239, 2); nhd. *und prüfet, was da sei wohlgefällig dem Herrn* (L., Ephes. 5, 10); *Ihr Zweifel, ob ich derartige Fragmente wohl dürfe drucken lassen* (Lessing, Anti-Goeze 3). – Im Nhd. greift dann zuerst der Konjunktiv über sein ursprüngliches Gebiet hinaus und dient allgemein als Kennzeichen indirekter Anführung: *ich zeige also nur im Kurzen an, wie er im ersten Theil ausgeführt sei* (Herder, Vom Geist der Ebräischen Poesie, Vorrede); *du siehst, wie ungeschickt in diesem Augenblick ich sei* (G., Torquato Tasso IV, 4). Schließlich dringt auch hier nach präsentischem Verb der Indikativ durch, während sich bei präteritalem Hauptsatzverb die alte Verteilung erhalten hat: *da fragt niemand, was einer glaubt* (Sch., Wallensteins Lager 6); *ob sie richtig ist, das fragt kein Mensch* (Frenssen, Gesammelte Werke, S. 236); *er fragte, ob es richtig sei.* –

In Objektsätzen ohne Einleitungskonjunktion hat der Konjunktiv einen weiteren Umfang, weil er hier auch dazu dient, die Abhängigkeit des Satzes auszudrücken, die hier nicht durch Konjunktion und Wortstellung kenntlich gemacht ist. Der Konjunktiv steht noch in neuester Zeit häufig auch nach präsentischem Verb: *ich muß daher fast glauben, es gebe wirklich so etwas* (Heyse, Gesammelte Werke I, 2, S. 152), und nach präteritalem Verb auch in objektiven Feststellungen: *Doch er wusste, da müsse er durch* (Hubert Gössweiner, Die Ruhe des Siebenschläfers, 2011, S. 103).

In den konjunktivischen abhängigen Aussage- und Fragesätzen herrschte ursprünglich dieselbe Regel von der Zeitfolge wie in den oben § 104 behandelten Nebensätzen: Nach präsentischem Hauptsatz steht im Nebensatz der Konjunktiv Präs., nach präteritalem Hauptsatz hat der Nebensatz den Konjunktiv Prät. Beispiele: as. *quiðit, that he Crist sī* (Heliand 5191); mhd. *ich wil wiȝȝen, wer ditz sî* (Wolfram, Willehalm 86, 2); – ahd. *ni hōrta man thaȝ thaȝ io fon magadburti man giboran wurti* (Otfrid I, 17, 17); mhd. *vil dicke aldâ gevrâget wart, wer wære der ritter âne bart* (Wolfram, Parzival 63, 28). Allerdings finden sich bereits im Althochdeutschen Belege mit Konjunktiv Prät. im abhängigen Satz, während der Obersatz Präsens aufweist: *Thio buah duent unsih wisi, er Kristes altano si joh zellent uns ouh mari, sin sun sin fater wari* (Otfrid I, 3, 15 f.) „Diese Bücher berichten uns, dass er Christi Vorahn sei, und sie erzählen uns auch, dass sein Sohn dessen Vater wäre" (Petrova 2008, S. 183). Es wechseln also im gleichen Satz Konjunktiv Präs. und Konjunktiv Prät. Hier wird erkennbar, dass der Konjunktiv keine temporale Grundbindung hat, was nicht ausschließt, dass der Konjunktiv nicht auch temporale Orientierung gibt (vgl. den folgenden Abschnitt).

Seit dem Frühnhd. wird nach präsentischem Hauptsatzverb der Konjunktiv des Nebensatzes durch den Indikativ stark zurückgedrängt. Nach präteritalem Hauptsatzverb bleibt in den meisten Mundarten der Konjunktiv Präteriti bewahrt. Nur im Südwesten, hauptsächlich im Alemannischen, dringt das Präsens durch. In der Schriftsprache setzt sich vom Ende des 18. Jh. ab die Regelung durch, dass der Konjunktiv des Präsens steht, wo er sich der Form nach vom Indikativ unterscheidet, sonst steht der Konj. Präteriti. Danach steht im Allgemeinen in der 3. Sing. das Präsens, in der 1. Sing. und im ganzen Plural Präteritum, in der 2. Sing. ebenfalls meistens Präteritum. Vom Verbum *sein* wird jedoch in allen Personen des Sg. und Pl. der Konj. Präs. verwendet, und von den modalen Hilfsverben steht im Sing. das Präsens: *er meinte, ich könne, müsse* usw. Durch diese Regelung ist also sowohl Modus- wie Tempusgegensatz der beiden Konjunktivformen aufgehoben.

In *dass*-Sätzen, die als Subjekt des Hauptsatzverbs fungieren, steht potentialer Konjunktiv, wenn der Inhalt als nur gedacht oder möglich zu verstehen ist. Hierhin gehören vor allem die Sätze, die als Subjekt zu Ausdrücken wie *es ist notwendig, gewöhnlich, Recht, Sitte* u. Ähnl. fungieren. Hier steht im Mhd. beinahe immer Konjunktiv, der auch im Nhd., besonders in der literarischen Sprache, sich lange hält: mhd. *ez ist mîn site, daz man mich iemer bî den tiursten vinde* (Walther, L. 35, 8); *ouch ist daz gewonlîch, daz man dem sündigen man vergebe* (Hartmann, Iwein 8105 ff.); nhd. *es ist nicht gut, daß der Mensch allein sei* (L., Gen. 2, 18); *wie schwer ist es, daß der Mensch recht abwäge, was man aufopfern muß* (G., Die Wahlverwandtschaften 1, 6); *es ist gut, daß der Mensch ... viel von sich halte* (G., 23, 112, 24, Wilhelm Meisters Lehrjahre 7, 9); *am besten ist, daß man das Auge übe* (Herder, Vom Geist der Ebräischen Poesie); *Zeit ist es, daß die harte Prüfung ende* (Sch., Maria Stuart II, 4); *unter solchen Umständen war es ausgeschlossen, daß Friedrich den Dienst verlasse* (Suttner, Die Waffen nieder 263). Dieselbe Regel gilt natürlich für die konjunktionslosen Subjektsätze, vgl. § 137. In der modernen Umgangssprache verwendet man Indikativ: *Es ist gut, dass der Mensch nicht vor den Herausforderungen der Zukunft kapituliert.* (www.predigtpreis.de, 24.4.2011).

§ 108. Relativsätze haben von der ältesten Zeit an potentialen Konjunktiv, wenn das Nomen oder Pronomen, das sie bestimmen, nicht einen real existierenden Gegenstand bezeichnet. Dies ist immer der Fall in fragenden, auffordernden (vgl. § 106) und verneinenden Hauptsätzen, kann aber auch in positiven Behauptungssätzen vorkommen.

Ursprünglich herrschte auch in diesen Sätzen die übliche Regel von der Zeitfolge mit Aufhebung des Modusunterschieds zwischen Präsens und Präteritum. Im älteren Nhd. verbreitet das Präsens sich über sein ursprüngliches Gebiet hinaus, und Konj. Präsentis bei präteritalem Hauptsatzverb ist noch bei den Klassikern gebräuchlich. In der heutigen Sprache verwendet man nicht mehr Konjunktiv Präsentis in diesen Sätzen. Im Allgemeinen steht Indikativ, oft Umschreibung mit *können* oder *sollen.* In einigen Fällen, besonders nach negativem Hauptsatz, steht jetzt der Konj. Prät., der dann seine echte Bedeutung als Irrealis hat, indem die Nicht-Wirklichkeit des Nebensatzinhaltes hervorgehoben wird. Mhd. *doch ist ir deheine, … der versagen mir iemer wê getuo* (Walther, L. 53, 22 f.); *nu enist aber nieman, der si müge gewinnen* (Hartmann, Der arme Heinrich 202); *ichn sach vil lützel iemen, der im wære gehaʒ* (Nib. 129, 4); nhd. *soll nicht ein Werk sein, das frei in deiner Macht stehe* (L., Von Kaufshandlung und Wucher); *ist doch niemand in deiner Freundschaft, der so heiße* (L., Lukas 1, 61); *welcher Mensch ist, der nicht wisse* (L., Apostelgesch. 19, 35); *nichts ist, das ewig sei* (Gryphius, Es ist alles eitel); *daß sich niemand seinem Hause nähern darf, von dem er nicht glaube* (Lessing 6, 331, 14); *wo wilst du denn eine Höhle finden, welche dunkel genug sey* (Wieland: Shakespeare, Julius Cäsar, II, 1); *ein einfaches Gemüt bedarf's, das mutig blind in seine Sklaverei verliebt sei* (G., Mahomet II, 6); *sodann erschien er mir als einer, der … Heil und Beruhigung suche* (G., Tag- und Jahreshefte 1801); *nichts ist, das die Gewaltigen hemme* (Sch., Die Braut von Messina, Stücktext); *ich hoffe doch ein Lied noch zu ersinnen, das deiner Schönheit vollen Glanz umschreibe* (Rückert, Agnes' Totenfeier 35); *nimmer findet er den Heiligen, der an ihm das Wunder tu'* (Uhland, Der Waller).

Der moderne Gebrauch von Konjunktiv Prät. als Irrealis in diesen Sätzen tritt schon bei Luther auf: *keiner ist, dem seine Bosheit leid wäre* (Jeremia 8, 6); *es ist nichts außer dem Menschen, das ihn könnte gemein machen* (Markus 7, 15).

Der potentiale Konjunktiv Präsentis erscheint weiter in folgenden Nebensatztypen:

In Vergleichssätzen, die mit *als dass (denn dass)* eingeleitet werden und auf einen Komparativ, auf *anders, nichts,* oder auf ein mit *zu* versehenes Adjektiv bezogen sind: *es ist uns besser, ein Mensch sterbe für das Volk, denn daß das ganze Volk verderbe* (L., Joh. 11, 50); *die Erklärung ist viel zu weitläufig, als daß sie … zu brauchen sei* (Lessing, Briefe antiquarischen Inhalts 1, 9); *so bleibt wohl nichts übrig, als daß man seine Kräfte zusammennehme* (G., Briefe, an J. F. Rochlitz, 10.12. 1816); *dazu gehört nicht weniger, als daß man selbst ein guter Dichter sei* (E.T.A. Hoffmann, Nachrichten von den neuesten Schicksalen des Hundes Berganza). In der heutigen Sprache verwendet man Indikativ, in einigen Fällen Konjunktiv Prät. als Irrealis, um die Nicht-Wirklichkeit des Nebensatzinhaltes hervorzuheben: *der Anblick ist zu ergreifend, als dass ich ihn beschreiben könnte.*

In Vergleichssätzen, die etwas bloß Vorgestelltes ausdrücken, stand von der ältesten Zeit an bis zum Ausgang der mhd. Periode potentialer Konjunktiv mit der üblichen Zeitfolgeregel: mhd. *die bluomen ûz dem grase dringent, same sie lachen* (Walther, L. 45, 37 f.); *ir houbet ist sô wunnenrîch, als ez mîn himel welle sîn* (Walther, L. 54, 28); *mir was die wîle, als ich enmitten in dem meien wære* (Walther, L. 118, 35). Dieser Typus ist noch bei Luther erhalten: *stund ein Lamm, wie es erwürget wäre* (Offenb. 5, 6). – Nhd. werden diese Vergleichssätze mit *als ob*, *als wenn* eingeleitet und haben meistens den Konj. Prät., der sich aus dem hypothetischen Konj. ableitet.

In Sätzen mit *ohne dass*, das einem älteren *dass ... nicht* entspricht (vgl. § 139), steht im älteren Nhd. nach präsentischem Hauptsatz der Konj. Präs.: *er kehret nie von einer Reise wieder, daß ihm nicht ein Dritteil seiner Sachen fehle* (G., Torquato Tasso III, 4); *da er sich nicht von Jena entfernen kann, ohne daß ... ein großer Schade bevorstehe* (G., Briefe, an Christian Gottlob Voigt, 13. 3. 1796); *die Liebe, die wohl, ohne daß sie wanke, auch einen Stoß vertragen kann* (Rückert, Zugaben, 19). Nach präteritalem Hauptsatz steht Plusquamperfektum: *kaum verging ein Tag, daß nicht irgend etwas Neues und Unerwartetes angestellt worden wäre* (G., Die Wahlverwandtschaften 2, 10); *sie schien aufmerksam auf das Gespräch, ohne daß sie daran teilgenommen hätte* (G., Die Wahlverwandtschaften 1, 6). Die moderne Umgangssprache verwendet Indikativ, auch Konjunktiv Plusquamperfekti als Irrealis, der schon bei Goethe vorkommt: *Ihr Brief liegt schon wieder zu lange bei mir, ohne daß ich ihn beantwortet hätte* (G., Briefe, an Marie Anna Louise Nicolovius, 27. 1. 1809).

(ß) Konjunktiv Präteriti
§ 109. Im Voraufgehenden sind Verbindungen betrachtet, in denen Konjunktiv Präsens und Präteriti ohne Bedeutungsunterschied wechseln. Im Folgenden kommen die Verwendungsweisen zur Behandlung, wo der Konj. Prät. in modalen Gegensatz zum Konj. Präs. tritt, sowie die Typen, wo er als einzige Modusform erscheint.

Da spätestens seit dem Mittelhochdeutschen sich Tendenzen bemerkbar machen, die beiden Konjunktivformen funktional unterschiedlich zu belegen, ist es konsequent, wenn in der neueren Konjunktivforschung diese beiden Funktionsgruppen terminologisch als Konjunktiv I und Konjunktiv II geschieden werden (vor allem seit Flämig 1959). Da weiterhin in der jüngsten Zeit erstens der Konjunktiv in der referierenden Funktion, die an den Konjunktiv I geknüpft ist, zurückgeht (s. o.) und zweitens der Konjunktiv I in unabhängigen Sätzen versteinert nur noch in Schablonen erhalten ist (*Seien Sie vielmals gegrüßt!, Unser Jubilar, er lebe hoch*), und der Konjunktiv II vielfach als „Ersatzform" für den Konjunktiv I eintritt, besonders in Fällen, wo die Formenunterscheidung des Konjunktivs I und des Indikativs zu schwach ist, kann die Prognose gegeben werden, dass der Konjunktiv I sich längerfristig auf die ausgefeilten schriftsprachlichen Register beschränken wird. Der Konjunktiv II dominiert in der Gegenwartssprache zur Bezeichnung voluntativer und irrealer Verhältnisse und zeigt damit seine Funktion als Verweis auf nichtaktuale Redehintergründe (Modalitätskontexte und Indirektheitskontexte, vgl. Zifonun/Hoffmann/Strecker 1997, S. 1744 und S. 1753). Da der Konjunktiv II auf den Präteritalstamm bezogen ist, das indikativische Präteritum jedoch mehr und mehr auf schriftsprachliche Register in der Funktion der Vertextungsstrategie des Erzählens beschränkt ist, sind die beiden verbalen Stämme des Präsens und des Präteritums tendenziell funktional und nur sekundär temporal differenziert. Dabei zeigt sich der Präteritalstamm für den Konjunktiv als die unmarkierte, der Präsensstamm als die markierte Form.

Eine weitere Funktion, die der Konjunktiv II aufweist, ist die hypothetisch-prospektive Verwendung in Sätzen wie *morgen wäre sie gekommen*. Sie werden von Leirbukt (2008) in ihrer temporalen Umfunktionierung beschrieben. Die Formen lassen sich seit dem 16. Jh. belegen.

Wenn für den Konjunktiv I für einzelne Verben Gesamtparadigmen aufgestellt werden, zeigt sich, dass es nur das Verbum *sein* ist, das für alle Personen eindeutige Formen bereitstellt: *sei, seiest, sei, seien, seiet, seien*. In abnehmender Reihenfolge rangieren dahinter die Modalverben, dann folgen die starken Verben mit Vokalwechsel, schließlich die schwachen Verben, bei denen dann die meisten „Ersatzformen" aus dem Paradigma des Konjunktivs II eintreten müssen, um den Konjunktiv als solchen zu markieren. Nur noch die 3. Pers. Sg. weist eine Form auf, die vom Präsensstamm abgeleitet ist: *arbeitete, arbeitetest, arbeite, arbeiteten, arbeitetet, arbeiteten*. Diese Entwicklungstendenzen lassen ebenfalls den Schluss zu, dass die verschiedenen Konjunktivfunktionen auf dem Wege sind, morphologisch zu konvergieren.

Der voluntative Konj. Prät. kann nicht Aufforderung ausdrücken, sondern nur Wunsch, und zwar einen solchen, auf dessen Erfüllung der Redende keinen Einfluss hat. Er unterscheidet sich also der Modalität nach vom voluntativen Konj. Präsentis, der sich dem Imperativ nähern kann, vgl. *sehe jeder, wie er es treibe: sähe ich ihn nur lebendig wieder*.

Der wünschende Konjunktiv Präteriti ist im ältesten Germanischen selten. Got. hat nur zwei Fälle, Heliand, Tatian und Otfrid kennen den Typus überhaupt nicht. Notker hat ihn in der Formel *wolti got* mit nachfolgendem Konjunktiv: *wolti got habētīn wir deheina* (Boethius I, 31 (Piper I, 50, 14 f.)). Im Mhd. wird der Gebrauch häufiger: *het ich nû die sinne* (Wolfram, Willehalm 387, 6); *wesse ich, war sie wolten strîchen* (Walther, L. 70, 10). Im Allgemeinen wird die wünschende Bedeutung kenntlich gemacht durch eine einleitende Interjektion: *owê, gesæhe ich si under kranze* (Walther, L. 75, 8); *owê, gelebte ich noch den tac* (Wigalois 9685); besonders häufig ist *wan* (eig. „warum nicht", ahd. *wanta ni*): *wan kœme mir doch derselbe man* (Wolfram, Parzival 135, 19); *wan wære diu rede ê geschehen* (Wolfram, Parzival 689, 13); *wan woltens an die heidenschaft* (Walther, L. 12, 28). Auch nhd. steht meistens eine einleitende Interjektion: *frommer Stab, o, hätt' ich nimmer mit dem Schwerte dich vertauscht!* (Sch., Die Jungfrau von Orleans IV, 1); oder auch ein Adverb, wie *doch* oder *nur* im Satzinnern: *käme er doch; wüsste ich es nur.* Schon mhd. ist Umschreibung mit *möchte* gewöhnlich: *möhte ich verslâfen des winters gezît!* (Walther, L. 39, 6); nhd. *möchte er doch endlich zur Besinnung kommen.*

Trotz des spärlichen Vorkommens im Frühgermanischen muss der wünschende Konj. Prät. in vorgeschichtlicher Zeit vorhanden gewesen sein, denn der hypothetische Konjunktiv im konjunktionslosen Bedingungssatz (vgl. § 137) geht wahrscheinlich auf einen wünschenden Konjunktiv im selbständigen Satz zurück. Die Bedeutung der Form entspricht auch genau der des lateinischen wünschenden Konj. Imperfekti, und auch dies scheint auf hohes Alter des Gebrauchs zu deuten. Die spätere Neubelebung der Form im Deutschen erklärt sich vielleicht als Rückbildung aus der hypothetischen Periode.

§ 110. In potentialem Gebrauch bezeichnet der Konjunktiv Präteriti eine Handlung, die möglich, aber nicht wirklich ist, er setzt die Verbalhandlung also in Gegensatz zur Wirklichkeit, er ist ein modus irrealis.

Mit dieser Bedeutung steht der Konj. Prät. vor allem im Haupt- und Nebensatz derjenigen Bedingungsperioden, in denen die Bedingung als unerfüllbar gedacht wird: got. *jabai Mose galaubidedeiþ, ga-þau-laubidedeiþ mis* (Joh. 5, 46 „wenn ihr Moses glaubtet, so würdet ihr auch mir glauben"); ahd. *niuûâri dese fon gote ni mohti tuon thes Iouuiht* (Tatian 223, 20 f. = Sievers 132, 19 „wäre dieser nicht von Gott, könnte er es nicht tun"); nhd. *was hülfe es dem Menschen, so er die ganze Welt gewönne* (L., Matth. 16, 26). In vielen Fällen ist die Bedingung nicht ausdrücklich in einem Satz formuliert, sondern wird nur in einem einzelnen Wort angedeutet oder geht aus dem Zusammenhang hervor: mhd. *gerne sliefe ich iemer dâ* (Walther, L. 94, 38); nhd. *ohne deine Hilfe wäre ich ertrunken.* Bei Wörtern mit der Bedeutung „beinahe", „fast" u. Ähnl. steht jetzt Konjunktiv: *ich hätte dich beinahe nicht erkannt; ich wäre fast ertrunken.* Diese Ausdrücke sind entstanden aus einer Vermengung zweier Vorstellungen, etwa: *ich war nahe beim Ertrinken* und *ich wäre ertrunken, falls nicht etwas eingetreten wäre.* In der früheren Sprache stand hier Indikativ: ahd. *tō habēta mih tiu leida stunda nāh kenomen* (Notker I, 8, 16); mhd. *wie nâch ich ertrunken was* (Hartmann, Iwein 3663); *ich was vil nâch tôt* (Walther, L. 47, 2); *des was vil nâch erstorben des künec Guntheres man* (Nib. 1612, 4).

Die nhd. Vergleichssätze mit *als ob, als wenn* sind entstanden aus hypothetischen Sätzen (vgl. § 151) und haben deshalb meistens Konjunktiv Präteriti: *er tat, als ob er schliefe* bedeutet ursprünglich „er tat so wie (er tun würde), wenn er schliefe". Diese Konstruktion taucht vereinzelt schon im Mhd. auf als Ablösung des früheren Typus mit einfacher Vergleichskonjunktion und potentialem Konjunktiv (vgl. § 108).

Konjunktiv Präteriti als Irrealis steht weiter von ältester Zeit an in rhetorischen Fragen, die einer Verneinung logisch gleichwertig sind: got. *jau ainshun þize reike galaubidedi imma?* (Joh. 7, 48 „glaubt wohl irgend ein Oberster an ihn?"); ahd. *wer getorsti fone gote sô sprechen?* (Notker Ps., Piper II, 321, 15, „wer würde wagen ...");
mhd. *wie möhte ich den mit ougen iemer an gesehen, von dem mir armem wîbe so leide ist geschehen?* (Nib. 1078, 2). Im Nhd. steht die Form auch in erstaunten Fragen: *was? Räuber wären es gewesen, die uns anfielen?* (Lessing, Emilia Galotti III, 8); *du wärst so falsch gewesen?* (Sch., Die Piccolomini V, 1); *wäre diese Sprache keine Täuschung?* Im Allgemeinen steht in diesen Ausdrücken jetzt Umschreibung mit *sollen*.

Außer als Irrealis wird der Konjunktiv Präteriti nhd. in großem Umfang als bescheidene und vorsichtige Bezeichnung der Wirklichkeit verwendet. Dieser Gebrauch ist wahrscheinlich von dem hypothetischen abgeleitet, indem ursprünglich eine Bedingung von allgemeiner Art (wie „falls es möglich wäre" oder ähnl.) dem Gedanken vorschwebt.

Dieser Konjunktiv steht in Sätzen, die eine Vermutung, eine Frage oder eine Bitte ausdrücken. Der Typus ist schon im Mhd. nicht ganz selten: *mir wære herberge nôt* (Hartmann, Erec 302); *boten ich bedörfte in des wilden Hagenen lant* (Kudrun 239, 2); *diu mære wesse ich gerne* (Nib. 343, 1). Nhd. ist der Gebrauch sehr verbreitet: *Sie dürften sich geirrt haben; ich wüsste wohl, was zu tun wäre: hättest du Lust mitzukommen?* – Eine Abwandlung von diesem „vorsichtigen Konjunktiv" scheint vorzuliegen in Ausdrücken, die ein gerade erreichtes Ergebnis konstatieren: *so weit wären wir nun; das wäre nun erledigt.* Dieser Gebrauch ist auffallend, weil der Konjunktiv hier eine reale Tatsache bezeichnet. Die Ausdrücke gehören hauptsächlich der gesprochenen Sprache an und sind in den Mundarten weit verbreitet, besonders im Bairischen: *Mia waarn de Maurer. I kriagad a Hoiwe Bier.* Ein Beispiel des Typus findet sich schon bei Luther: *das wehren dye drey Capittel de Jacob* (= *hec sunt 3 capita de Jacob*; nach Wilmanns 1906, 234).

In abhängigen Sätzen hat der Konjunktiv Präteriti sich im Nhd. über sein ursprüngliches Gebiet hinaus verbreitet. In der Funktion als Irrealis steht er jetzt in mehreren Nebensatztypen, die früher potentialen Konjunktiv Präs. oder Prät. nach der Regel von der Zeitfolge hatten, vgl. oben § 108.

In der heutigen Sprache braucht man diesen Konjunktiv hauptsächlich in Nebensätzen, deren übergeordneter Satz eine Verneinung oder einen damit logisch gleichwertigen Ausdruck enthält. Beispiele: *er ist nicht so weise, daß er alles wüßte; daß kein Gedicht so elend ist, das nicht zu etwas nützlich wäre* (Gellert, Das Gespenst); *der Seltsamste kann so seltsam nicht sein, daß er nicht natürlich scheinen könnte* (Lessing, Hamburgische Dramaturgie 2, 77). – Ein ähnliches Bedeutungsverhältnis wie bei negiertem übergeordnetem Satz liegt vor, wenn ein mit *als dass* eingeleiteter Satz an ein Adjektiv mit *zu* angeknüpft ist: *die Erklärung ist viel zu weitläufig, als dass sie zu brauchen wäre* (vgl. § 108).

Der Gebrauch des Irrealis geht in diesen Fällen ins Mhd. zurück: *daʒ enwelle got, daʒ sich dir ergæben zwêne degene* (Nib. 2338, 2); *ich enger des niht, daʒ ich ein künec wære* (Berthold 234, 19); *mîn sin der krefte niht enhât, daʒ ich iu kunde wol gesagen* (Klage 1891 f.). Auf der anderen Seite hält sich der frühere Gebrauch mit Konj. Präs. nach präsentischem Hauptsatzverb weit ins Nhd. hinein: *von der Welt ist es nicht erhört, daß jemand einem gebornen Blinden die Augen auf getan habe* (L., Joh. 9, 32); *du findest keinen, der seines Nachbarn sich zu schämen brauche* (G., Torquato Tasso II, 1).

Es geht aus der obenstehenden Übersicht hervor, dass im Gegensatz zum Konjunktiv Präsentis, der in neuerer Zeit stark zurückgegangen ist, der Konjunktiv Präteriti sein Gebiet erweitert hat, sowohl im selbständigen Satz (hier besonders als „vorsichtiger Konjunktiv"), wie in abhängigen Sätzen. Nicht zuletzt diese Verschiebung ist, diachron gesehen, der Grund dafür, beim Konjunktiv zwei Gebrauchsklassen anzusetzen, Konjunktiv I und Konjunktiv II.

(γ) Die *würde* + Infinitiv-Periphrase im Deutschen

Nhd. steht im Hauptsatz der hypothetischen Periode im Allgemeinen nicht der einfache Konjunktiv Präteriti, sondern *würde* mit Infinitiv. Diese Verbindung stellt eigentlich den Konj. Prät. des mit *werden* umschriebenen Futurums dar (vgl. § 99). Im Mhd. finden sich Ansätze dazu, den Konj. Prät. des Hauptsatzes einer hypothetischen Periode durch den Konj. Prät. eines modalen Hilfsverbs mit Infinitiv zu umschreiben: *heten wir einen houbetman, wir solden vinde wênic sparn* (Wolfram, Parzival 24, 29); *hulfeʒ iht, ich woldeʒ klagen* (Hartmann, Iwein 49); *wære eʒ niht unhövescheit, sô wolte ich schrîen* (Walther, L. 90, 17 f.). Nach der Ausbildung des Futurums mit *werden* verdrängte die Verbindung *würde* + Infinitiv diese älteren Fügungen und wurde allmählich die normale Form im Hauptsatz der hypothetischen Periode. Im Bedingungssatz dagegen wird diese Umschreibung wenig gebraucht: *wenn ich es wüsste, würde ich es dir sagen.* Die neue Umschreibung findet sich im „Ackermann aus Böhmen" (ca. 1400): *torstet ir der warheit bekennen, ir würdet euch selber nennen* (17).

Die Umschreibungen mit *würde* sind ein kontroverses Thema der Grammatikschreibung und Stilistik. Die Fügungen werden dann besonders kritisiert, wenn sie als Ersatzformen für synthetische Konjunktivformen aufgefasst werden (*bitten würde* statt *bäte*, *schwimmen würde* statt *schwämme* oder *schwömme*). Doch gibt es auch frühe realistische Beurteilungen (Schröder 1959). Die Konstruktionen nehmen im Frühneuhochdeutschen sehr zu. Sie lassen die Markierung der Evidentialität erkennen (Smirnova 2006, vgl. Diewald 2004). Die Herkunft aus dem *werden*-Paradigma bleibt lange erkennbar. So ist die Bezeichnung der „Zukunft aus der Vergangenheit" mit dieser Form ins indikativische Verbalparadigma des Deutschen intergriert (Thieroff 1992, Wolf 1995, Fabricius-Hansen 2000). Vor allem in der erlebten Rede „kann die Konstruktion *würde* + Infinitiv als (modusneutrale) präteritale Entsprechung von *werden* + Infinitiv bestimmt werden (anstelle von der in der heutigen deutschen Sprache fehlenden Form **wurde* + Infinitiv." (Smirnova 2006, S. 332). Die konjunktivische Lesart der *würde*-Konstruktionen findet sich vor allem in der indirekten Rede, entspricht in Vergangenheitskontexten „der vorausweisenden Variante der *werden*-Fügungen in präsentischen Kontexten" (Smirnova 2006, S. 277 mit Beispielen wie *Denn die Propheten hetten es also geweissaget / Christus wuerde mit solchen wunderzeichen sich lassen sehen*, DS Blatt 20v). In gewisser Weise gilt Analoges auch für die Verwendung in Konditionalsätzen (*Jch glaube / daß unsere Nachkomene vns schelten wurden / wann sie auß den frembden Schriften erfahren mueßten / wie es allhier dieser Zeit hergegangen / vnd wir solches nicht verzeichnet hetten?* (SM, 5 Vorrede, nach Smirnova 2006, S. 295).

b) Imperativ

§ 111. Über den Formenbestand des Imperativs vgl. § 103. Imperativ stand wahrscheinlich ursprünglich im Germanischen so wie im Indogermanischen nur in positiven Aufforderungen; in Verboten stand Konjunktiv. Dies Verhältnis ist im Got. gut bewahrt (vgl. § 104), obwohl einzelne Fälle von Imperativ bei negiertem Verb vorkommen. Im Deutschen setzt sich bald der Imperativ ganz durch, sofern das Verb eine Imperativform besitzt. Bei einigen Verben fehlt nämlich diese Form. Dies ist der Fall bei *wollen* und bei den Präteritopräsentien, im Got. auch bei *wisan*. Zu *wesan* bildet man im Ahd. die Imperativformen *wis, weset*. Zu *wissen* erscheint ein Imperativ Plur. schon im 11. Jh.: *daȝ wiȝȝet* (Williram); nhd. *wisse, wisset*. Imperative von den übrigen Präteritopräsentien werden, wo sie vorkommen, als gewagte Neubildungen empfunden. Statt Imperativ musste bei diesen Verben der Konj. Präs. gebraucht werden, was auch besonders häufig beim Verbum substantivum geschah, vgl. oben § 104 und Donhauser (1986).

Die Passivform des Imperativs wird nicht viel gebraucht. Früher konnte man einen Imperativ der Passivumschreibung mit *werden* bilden: mhd. *wirt erslagen* (Wolfram); *nim daȝ kriuze und wird erslagen* (Berthold 210, 1 ff.). Nhd. kann man in diesem Falle nur *sein* als Hilfsverb verwenden: *seid umschlungen, Millionen; seid gesegnet*. Die Konstruktion mit *werden* kommt vor, wirkt aber auffallend: *werde gegrüßt, schöne Amalfi, dreimal werde gegrüßt* (Platen, Amalfi). Obwohl der Imperativ nur Präsensformen besitzt, hat man gelegentlich zu dem umschriebenen Perfekt eine Imperativform gebildet: *habt Euch vorher wohl präpariert, Paragraphos wohl einstudiert* (G., Faust I, Studierzimmer), und schon mhd.: *so habe doch gerungen* (Berthold, Predigt 70). Diese Form hat sich aber nicht eingebürgert.

Von der ältesten Zeit ab hat man eine Aufforderung auch mit anderen Mitteln ausdrücken können. So durch *soll* mit Infinitiv: mhd. *nu sult ir slâfen vaste und ruowet hînt* (Wolfram, Parzival 35, 10 f.); durch Infinitiv: *still halten!; langsam fahren!*; durch das Partizip des Präteritums: *wohl auf, noch getrunken den funkelnden Wein!; stillgestanden!* (s. § 94).

C. Die Genera des Verbs

§ 112. In den ältesten idg. Sprachen wie Altindisch und Griechisch besitzt das Verbum drei Genera: Aktiv, Medium (das die Verbalhandlung auf den Interessenkreis des Subjekts bezieht) und Passiv. Die Mediumformen hatten im Allgemeinen auch passive Bedeutung. Von den germanischen Sprachen hat nur das Got. etwas von diesem Formensystem bewahrt, indem hier die alten Mediumformen im Indikativ und Konjunktiv des Präsens noch vorhanden sind und als Passivformen fungieren. Die Funktion des alten Mediums haben im Germanischen Reflexivkonstruktionen übernommen. Die passivische Bedeutung hat man durch verschiedene Mittel auszudrücken versucht. Im Got. haben die intransitiven Inchoativa auf *-nan* z. T. eine reine Passivbedeutung: *fullnan* „gefüllt werden", neben *fulljan* „füllen"; *weihnai namo þein* „geheiliget werde dein Name". Im Nordischen entstehen Verbalformen mit suffigiertem persönlichem und reflexivem Pronomen, die mediale und passivische Bedeutung ausdrücken: an. *föþask* „geboren werden"; *lūkask* „sich schließen, geschlossen werden". Die oben § 97 behandelte Passivumschreibung mit *sein* und *werden* ist in allen german. Sprachen das wichtigste Mittel zum Ausdruck des Passivs geworden, und für das Deutsche ist sie von Anfang an so gut wie alleinherrschend gewesen.

a) Passiv

(α) Das Akkusativpassiv

§ 113. Oben § 97 wurde ausgeführt, dass ein Passiv mit *werden* grundsätzlich zu jedem transitiven Verb gebildet werden kann, wobei das Objekt des aktiven Ausdrucks als grammatisches Subjekt erscheint, und dass bei den intransitiven Verben nur unpersönliche Passivkonstruktionen möglich sind.

Im Sprachgebrauch machen sich aber in beiden Fällen gewisse Einschränkungen geltend.

Von intransitiven Verben treten zuweilen persönliche Passivkonstruktionen auf: *da sind wir auf viele Jahre geholfen* (Lenz, Der Hofmeister IV, 3); *ich spiele mit, vielmehr ich werde gespielt wie eine Marionette* (G., Werther, 1, 20.1.1772); *Sie werden auf den Zahn gefühlt werden* (Immermann, Die Epigonen 3, 1). Diese Ausdrücke werden aber nicht als korrekt betrachtet. Allerdings zeigt sich die latent vorhandene Bildemöglichkeit u. a. darin, dass der Ausspruch eines „Promi-Stars" *da werden Sie geholfen* unzählige Male wiederholt worden ist und um die Jahrtausendwende zeitweilig zu einem Werbeslogan der Deutschen Telekom werden konnte. (Vgl. § 113a).

Unpersönliche Passivkonstruktionen können nur gebildet werden, wenn persönliche bewusste Wesen als Träger der Verbalhandlung vorgestellt werden, also wo ein aktiver Ausdruck mit *man* als Subjekt mit derselben Bedeutung verwendet werden kann: *es wird versucht werden = man wird versuchen*. Deshalb: *die Jugend (man) tanzte = es wurde getanzt (von der Jugend)*. Aber zu Sätzen wie *die Wogen brüllten; die Mücken tanzten* kann man kein Passivkorrelat bilden.

Auch nicht alle transitiven Verba lassen Passivbildung zu, indem die Bedeutung des mit *werden* umschriebenen Passivs gewisse Gruppen ausschließt. Passiv kann nur verwendet werden, wenn von einer Aktivität die Rede ist, und wenn dabei das handelnde Subjekt von untergeordnetem Interesse ist. Deshalb kann bei Verben, die keine Handlung bezeichnen, eine Passivform mit *werden* nicht gebildet werden. Hierhin gehören die Verba, die einen Zustand bezeichnen, wie: *besitzen, enthalten* (Zustandspassiv mit *sein* kommt hier vor: *er ist von dieser Idee besessen; in diesem Gefäß ist Wasser enthalten*), *fassen* (in der Bedeutung „enthalten": *der Saal fasst tausend Personen*; dagegen: *der Entwichene wurde gefasst*); *kosten* nimmt im Aktiv zwei Akkusativobjekte: *der Spaß kostet mich viel Geld*, aber keins von den Akkusativobjekten kann Subjekt in einer Passivkonstruktion werden; *wissen, wollen* (gelegentlich im Passiv: *was wirklich gewollt wird*). Weiter Verba, deren Aktivform ein passives Verhalten bezeichnet, wie z. B. *erfahren, erblicken, gewahren* (doch: *diese Erscheinung, von versammelten Freunden gewahrt und bewundert*, G., Tag- und Jahreshefte 1804), *kriegen, bekommen, erhalten;* von *haben* kommt gelegentlich das Partizip Prät. in attributiver Stellung vor: *mein Graf erzählte mir sein gehabtes Schicksal* (Gellert, Das Leben der schwedischen Gräfin von G., 1, 6); *das mit Effi gehabte Gespräch* (Fontane, Effi Briest, 18); *nach gehabtem Anblick; die gehabten Eindrücke* (Akten zur Vorgeschichte der Bundesrepublik Deutschland, 8.1.1947), aber die Umschreibung mit *werden* ist unmöglich.

Eine Umsetzung ins Passiv ist ferner kaum möglich, wenn die Verbindung zwischen transitivem Verb und Objekt so eng ist, dass das Objekt nicht zum

Subjekt gemacht werden kann; z. B. *Atem schöpfen, Feuer fangen*. Nur in konkreter Bedeutung ist Passiv möglich: *Ein voller und bedeutungsvoller inhalierender Atem wird geschöpft, indem all diese heiligen Energien sich tief in die Erde verankern* (www.folum.cdgs-crew.com, 22. 2. 2012). In solchen Fällen wird die Verbindung von Verb und Objekt als eine so feste Einheit empfunden, dass die beiden Glieder zusammen wie ein absolutes Verb behandelt werden können; die Ausdrücke lassen dann unpersönliche Passivkonstruktionen zu, wie *es wurde Atem geschöpft*. Weitere Beispiele: *Blut verlieren; Reue empfinden; Mut fassen; Fuß fassen* (ganz vereinzelt: *nicht entfernt von unsern Dünen ward der erste Fuß gefasst*, G., Faust II, 11119 f.); *einen Gang machen; Urlaub nehmen; die Besinnung verlieren*. Aber auch hier lassen sich Belege erbringen: *Endet das Arbeitsverhältnis, ohne dass der Urlaub genommen wurde, sind somit auch die nach bisheriger Rechtsauffassung des Bundesarbeitsgerichts verfallenen Urlaubsansprüche abzugelten.* (www. Anwalt.de)

Ein ähnliches Verhältnis liegt vor, wenn das Objekt einen Körperteil des Subjekts bezeichnet: *die Hand aufheben; die Arme ausbreiten; die Knie beugen; die Ohren spitzen; die Augen niederschlagen* usw. Die Verbalhandlung reicht hier nicht über die Sphäre des Subjekts hinaus, das Objekt hat deshalb zu wenig Selbständigkeit, um zum Subjekt gemacht werden zu können. Doch selbst dafür finden sich Belege: *Die Knie werden gebeugt und die Beine sind angewinkelt* (www.ehrlich-trainieren.de, 22. 2. 2012); *Kaum öffne ich morgens die Terassentür, geht das kleine Köpfen hoch und die Ohren werden gespitzt* (forum.deine-tierwelt.de, 22. 2. 2012).

Der Akkusativ in der Verbindung Akkusativ mit Infinitiv kann nicht zum grammatischen Subjekt gemacht werden. Sätze, wie *ich ließ ihn eintreten, sah ihn kommen* u. ähnl. können also nicht ins Passiv umgesetzt werden. Hier gibt es eine Ausnahme: *die Sache wurde fallen gelassen* zu *man ließ die Sache fallen* (s. § 83).

Die echt reflexiven Verba (vgl. unten) *wie sich schämen, sich sehnen, sich weigern* lassen eine Passivbildung nicht zu. Aber auch die gelegentlichen Reflexiva wie *sich waschen, sich ankleiden, sich trösten* können nicht ins Passiv umgesetzt werden, ohne dass die reflexive Bedeutung aufgehoben wird; bei einem Ausdruck wie *er wurde angekleidet* wird eine vom Subjekt verschiedene Person als Träger der Handlung gedacht. In der alltäglichen Sprache kommen bisweilen unpersönliche Passivkonstruktionen von reflexiven Verben vor, wobei also die Verbindung Verb + Reflexivobjekt als ein absolutes Verbum behandelt wird: *jetzt wird sich gewaschen; es wurde sich nicht darum gekümmert*.

(ß) Das Dativpassiv

§ 113a. Seit dem 16. Jahrhundert bildet sich im Deutschen eine neue Konversenkonstruktion aus, die den Dativ in Aktivsätzen betrifft und dem Akkusativpassiv analog ist (vgl. Wellander 1964, Leirbukt 1977, Vuillaume 1977, Eroms 1978, Askedal 1984, Leirkbukt 1997). Der älteste bisher ermittelte Beleg stammt von 1590: *Bat mich, ich wollt die kunst nicht schweigen, ich soll't sie wol belohnet kreigen* (Rollenhagen Fr.). Hier wird der Drittaktant eines höherwertigen Verbs in die Subjektposition gebracht. Mehrfach gab es vorher schon den „Systemversuch", diesen Mitspieler in die Subjektstelle zu positionieren, und zwar mit Hilfe des *werden*-Passivs: *Ich wolt gerne yderman geholffen seyn* (Luther, An den Christlichen Adel, vgl. Eroms 1992, S. 241; *Da sind wir auf viele Jahre geholfen*, G., Weimarer Ausgabe XIX, vgl. Ágel 2000, S. 1863). Die *kriegen*-Konstruktion verwendet dafür jedoch ein eigenes Verb, die Konstruktion lässt sich zunächst auch als eine prädikative auffassen. Zudem konkurrieren verschiedene Verben miteinander, neben *kriegen* sind es *bekommen* und *erhalten*. Sind diese Verben, die erst im Laufe der Zeit auxiliarisiert werden (vgl. Askedal 1984) zu Beginn regionale oder auch freie Synonyme, kristallisieren sich im Laufe der Zeit funktionalstilistische Verteilungen heraus. *Kriegen* gehört eher der Umgangssprache an, *bekommen* ist der textsortenneutrale Normalfall, *erhalten* ist auf stilistisch gehobene Register beschränkt, aber auch grammatische Bedingungen spielen eine Rolle (Leirbukt 1997, S. 111 f.). Diese Konstruktionen sind dem Akkusativpassiv analog. Sie manifestieren die feste Stellung des Dativs im Kasussystem des Deutschen. Die Konstruktion betrifft sowohl die valenzgebundenen Dative wie die freien: *Einen Leutnant Schröder habe man zugewiesen bekommen, aus dem Mannschaftsstand hochgedient, das sehe man gleich.* (Walter Kempowski, Beleg nach Leirbukt 1997, S. 70). *Er bekam jeden Morgen frische Taschentücher herausgelegt.* (Heinrich Böll, Beleg nach Leirbukt 1997, S. 85). Neben der Auxiliarisierung der in diese Konstruktion eingebundenen Verben *kriegen/bekommen/erhalten* ist diachron auch der Prozess der Grammatikalisierung gut zu verfolgen. Sind es zunächst Gebrauchsweisen, die den prädikativen Charakter der Fügung noch gut erkennen lassen, indem sich das Partizip des angebundenen Verbs als Spezifizierung eines Bekommen-Vorganges auffassen lässt (*sie bekommt ein Buch geschenkt*), so sind „negative" Gebrauchsweisen wie *Es kommt auf dasselbe raus, ob man die Fahrerlaubnis oder den Führerschein entzogen bekommt* (www.mysnip.de, 24.6.2004) ein Zeichen dafür, dass das Verb *bekommen* seinen lexikalischen Inhalt eingebüßt hat. Der Prozess der Grammatikalisierung ist aber auch heute noch nicht ganz abgeschlossen, denn die Konkurrenz der drei Auxiliare bleibt bestehen und einige Restriktionen sind noch zu verzeichnen (vgl. Lenz 2008).

Das Dativpassiv, auch Rezipientenpassiv genannt, erfüllt die gleichen syntaktischen Aufgaben wie das akkusativische Vorgangspassiv. Ein Gesichtspunkt, der die Analogie zum Akkusativpassiv weiter unterstreicht, ist die Tatsache, dass es beim Dativpassiv auch eine Zustandsvariante gibt (vgl. u. a. Eroms 1978, Askedal 1980, S. 12 f.): *Das Pferd hat die Fesseln bandagiert.* Solche Sätze lassen sich auch als Einbindungen in andere Paradigmen auffassen (vgl. Leirbukt 1981, Businger 2011). Jedoch ist die Festmachung eines grammatikalischen Systemplatzes einer bestimmten Konstruktion in jedem Fall eine grammatiktheoretische Entscheidung. Die Fülle des Konversensystems im Deutschen jedenfalls ist ein Indikator, dass hier, wie in anderen Sprachen auch, vor allem den romanischen, das System der Genera verbi erheblich reicher ist als z. B. im Englischen.

So gibt es im Deutschen weiter ein *bleiben*-Passiv: *Das Geschäft bleibt bis auf weiteres geschlossen.* Auch diese Fügungen lassen sich in andere Paradigmen einbinden, doch spricht das Vorkommen von *bleiben* als Auxiliar des Akkusativpassivs in manchen deutschen Dialekten und in den nordischen Sprachen dafür, auch diese Konstruktionen als zum System der verbalen Genera des Deutschen gehörig zu betrachten.

Ähnliches gilt für das *gehören*-Passiv (vgl. Szatmári 2002): Dieser Typ stellt einen modalisierten Passivtyp dar und notiert vor allem negative Ausdrucksweisen wie *gehört geändert, gehört verprügelt* (*Der Typ der das gemacht hat gehört verprügelt,* www.golf3.de › Golf 3 Forum, 11. 7. 2012), *gehört bestraft, gehört verboten.* Die Beleglage für die Geschichte dieser Fügungen ist nicht erforscht.

b) Ausdrucksmittel für Medialbedeutung. Reflexive Verba

§ 114. In den ältesten indogerm. Sprachen hatte man, wie oben erwähnt, neben Aktiv und Passiv ein drittes Genus verbi, das Medium, durch welches angegeben wurde, dass die Verbalhandlung innerhalb der Sphäre des Subjekts verläuft und in ihren Wirkungen auf das Subjekt zurückbezogen wird. Um mediale Bedeutung auszudrücken, verwendet man im Germanischen im Allgemeinen Reflexivkonstruktionen; durch das Reflexivobjekt wird ja die Verbalhandlung auf das Subjekt zurückbezogen. Bei Wulfila werden die griechischen Medialformen meistens durch Reflexivkonstruktionen wiedergegeben: *skaman sik; ataugjan sik* „sich zeigen"; *draibjan sik* „sich plagen". In derselben Weise geben die ahd. Übersetzer das lat. Deponens wieder: *sih belgan, irasci* usw.

Das Reflexivobjekt kann sowohl ein Dativ wie ein Akkusativ sein. Die Verbindung von Verbum und Reflexivobjekt kann der normalen Verbindung von Verbum und Objekt vollkommen parallel sein: *er hindert sich und die anderen am Arbeiten; er hilft sich und anderen.* Aber in den meisten Fällen nimmt die Verbindung mit Reflexivobjekt eine Sonderstellung ein. Einige Verba, die sogenannten echten oder stehenden Reflexiva, kommen nur in Verbindung mit Reflexivobjekt vor. Solche Verba sind im modernen Deutsch: mit Akkusativobjekt

z. B. *sich grämen, schämen, sehnen, begnügen, behelfen, besinnen, bewerben, entrüsten, entsinnen, gedulden, erkühnen, ergießen* u. a.; mit Dativobjekt z. B. *sich etwas aneignen; sich etwas anmaßen* (früher mit reflexivem Akk. *ich maße mich eines Dinges an*); *sich etwas ausbitten.* Aber auch bei Verben, die außer mit Reflexivobjekt mit einem gewöhnlichen Dativ- oder Akkusativobjekt verbunden werden können, nimmt die Reflexivverbindung im Allgemeinen eine Bedeutung an, indem die Identität von Subjekt und Objekt der Verbalhandlung einen medialen Charakter verleiht. Von solchen Reflexivverbindungen sind zwei Gruppen besonders hervorzuheben:

1. Verba, die eine Tätigkeit im Raum ausdrücken: *sich setzen, legen, stellen* fungieren jetzt als perfektive Gegenstücke zu den durativen Intransitiva *sitzen, liegen, stehen*; weiter *sich erheben, kehren, entfernen, dehnen, strecken, drehen, neigen* usw.

2. Verba, die einen seelischen Zustand oder Vorgang bezeichnen: *sich trösten, freuen, fürchten* (früher mit reflexivem Dativ), *beunruhigen, entfärben, täuschen; entscheiden* usw.; mit reflexivem Dativ: *sich etwas vorstellen; sich einbilden; sich erlauben; sich gestatten; sich schmeicheln* usw.

Einige Verba haben in Verbindung mit einem reflexiven Akkusativ eine von der üblichen stark abweichende Bedeutung, z. B. *sich schicken; sich befinden; sich benehmen; sich betragen; sich verlassen.*

Es haben im Laufe der Zeit Übergänge zwischen den verschiedenen Typen stattgefunden. Einige der jetzigen echten Reflexiva waren mhd. und frühnhd. gewöhnliche Transitiva, z. B. *bücken, gedulden* (frühnhd. = „dulden"), *bewerben* (= „erwerben"), *erkühnen* (mhd. = „kühn machen"), *ergießen* u. a. Andere, wie *sich sehnen; sich weigern*, waren früher intransitiv.

Da das Reflexivobjekt also im Allgemeinen nicht auf gleicher Linie mit dem normalen Objekt steht, sondern nur die Rückbeziehung der Verbalhandlung auf das Subjekt angibt, musste die Kasusbedeutung verwischt und damit die Grenze zwischen Akk. und Dat. unklar werden. Schon im Got. steht reflexiver Akk. bei intransitiven Verben und kann beim selben Verb stehen oder fehlen ohne Bedeutungsunterschied; vgl. *ni idreigo mik, jah jabai idreigoda* (2. Korinth. 7, 8) = Luther: *.. reut mich nicht, und ob's mich reute*; weiter: *gahveilan* (sik) „verweilen"; *gaþarban* (sik) „sich enthalten"; ebenso im Ahd.: (sih) *belgan* „zürnen"; (sih) *nähen*; mhd. (sich) *sünden*; (sich) *sehnen*; nhd. (sich) *sorgen*; (sich) *eilen*; (sich) *ruhen*; (sich) *flüchten*; (sich) *baden*; (sich) *irren*. Vergleicht man hiermit die § 39 angeführten Konstruktionen mit reflexivem Dat., so sieht man, dass die beiden Fügungen sich sehr nahe berühren. Neben Bewegungsverben und *sein* und *werden* erscheint dann auch in volkstümlicher Dichtung des späten Mhd. statt des ursprünglichen reflexiven Dativs der Akkusativ: *gienc sich; reit sich; lief sich; ûf spranc sich*; auch *was sich; wart sich*; aber *ich stuont mir nehtint spâte* (Kürenberger, Minnes. Frühl. 8, 1); ebenso *sô sprach sich Swemmelîn* (Nib. D.)*; dô sprach sich Gêrnôt* (Nib. D.) neben as. *al sō hē im ēr selbo gisprak* (Hel. 4932).

Es scheint, dass die Reflexivkonstruktion ursprünglich nur verwendet worden ist, wo das Subjekt ein persönliches Wesen mit Bewusstsein ist. Im Got. kommen nur vereinzelte Ausnahmen hiervon vor. Im Ahd. dagegen sind die Fälle von nicht-persönlichem Subjekt viel zahlreicher geworden, z. B. bei Otfrid: *thio zīti sih irfultun* (I, 11, 29); *spialtun sih thie steina* (IV, 34, 2); *thiu grebir sih indātun* (IV, 34, 3); *sih scutita thiu erda* (V, 4, 23). Nhd. sind diese Verba sehr zahlreich, z. B. *sich spalten; sich erfüllen; sich öffnen; sich ergießen; es schickt sich, fügt sich, ziemt sich, gehört sich, gebührt sich, versteht sich, macht sich, findet sich* usw. Die Bedeutung dieser Ausdrücke nähert sich oft dem Passiv, bleibt aber von dem echten Passiv dadurch verschieden, dass sie nicht die Vorstellung eines logischen Subjekts der Verbalhandlung zulässt, das von dem grammatischen verschieden ist. Es besteht deshalb ein Bedeutungsunterschied zwischen den beiden Sätzen: *die Tür öffnete sich* und: *die Tür wurde geöffnet.* Sehr nahe an passivische Bedeutung heran kommen gewisse Reflexivfügungen wie: *das Buch hat sich gefunden; eine Lösung hat sich gefunden* (ungef. = *eine Lösung ist gefunden worden).* Wo kein eigentlich handelndes Subjekt denkbar ist, kann nur Reflexivkonstruktion verwendet werden: *der Himmel bezieht sich; die Wiese bekleidet sich mit Grün; der Saal füllt sich.*

Gelegentlich findet man Reflexivkonstruktionen mit rein passivischer Bedeutung; diese Fügungen scheinen aber von französischem Einfluss herzurühren. Die französischen Reflexivkonstruktionen mit passivischer Bedeutung sind seit der mhd. Zeit im Deutschen nachgebildet worden, besonders in der literarischen Sprache: mhd. *sich vergôz dâ selten mit dem mete diu kanne* (Wolfram, Parzival 184, 22 f.); *daz man nicht behalten sol, daz verliuset sich wol* (Hartmann, Iwein 3678); nhd. *Denn mit der Weise lernt sich die Geduld und Furcht Gottes* (L., Die sieben Bußpsalmen mit deutscher Auslegung); *diese Familie vergleicht sich jener sehr gut* (G., Dichtung und Wahrheit 2, 10). In der modernen Sprache leben solche Ausdrücke fort in Verbindung mit einem modalen Adverb: *das Pferd reitet sich gut; das Buch liest sich leicht; hier lebt es sich angenehm.* Hier handelt es sich um einen Typ von Dispositionsprädikaten, bei dem auf die Geeignetheit eines Objekts oder eines Sachverhalts bei einer Handlungsbezeichnung abgehoben wird. Diese selber wird indirekt ausgedrückt, insofern liegen hier Konversen im weiteren Sinne vor (vgl. Wagner 1977).

VII. Kongruenz und Synesis

§ 115. Das Kongruenzprinzip stammt aus der indogermanischen Grundsprache. Es besteht darin, dass Morpheme, die kategoriale Bedeutungsverhältnisse eines Substantivs ausdrücken, nicht nur an diesem selbst erscheinen, sondern auch an den Attributen, Prädikaten und anaphorischen Pronomina, die sich auf dasselbe beziehen, im Falle des Subjektsnomens (-pronomens) auch am finiten Verb. Von den modernen germanischen Sprachen ist die deutsche die einzige, die das alt-germanische Formensystem einigermaßen intakt erhalten hat, wo deshalb die Kongruenzregeln ihre alte Bedeutsamkeit bewahrt haben. Es zeigen sich aber auch Unterschiedlichkeiten (vgl. Fleischer 2012, S. 103–120). Die wichtigsten Kongruenzregeln sind:

Das finite Verbum kongruiert mit dem Subjekt in Person und Numerus.

Ein hinweisendes Pronomen kongruiert im Genus und Numerus mit dem Nomen oder Pronomen, auf das es sich bezieht.

Adjektivische und pronominale Attribute kongruieren im Genus, Numerus und Kasus mit ihrem Substantiv.

Die Kongruenz ist ein rein grammatisches Prinzip. In Fällen, wo grammatische Form und Bedeutungsinhalt sich widersprechen, kann bisweilen statt Kongruenz Synesis eintreten, d. h. eine Konstruktion, wo der Bedeutungsinhalt maßgeblich ist (constructio ad sensum; gr. σύνεσις = Verstand, Sinn). Derartige Konstruktionen waren in den älteren Sprachperioden häufiger als im Nhd., wo der Einfluss der lateinischen Grammatik dahin geführt hat, dass die strenge grammatische Kongruenz beinahe überall durchgeführt wird.

1. Kongruenz im Numerus

§ 116. Das finite Verb kongruiert im Numerus mit dem Subjekt. Hinweisende Pronomina kongruieren im Numerus mit dem Nomen, auf das sie sich beziehen.

Die Numeruskongruenz zwischen dem Subjekt und dem finiten Verb war früher nicht mit derselben Strenge durchgeführt wie jetzt.

Bei „Committee nouns", wo das Subjekt ein Kollektiv im Sing. war, stand das Verbum häufig im Plur. (vgl Fleischer 2012, S. 112–114; Askedal 1973; zu Wolfram von Eschenbach vgl. Gärtner 1970): got. *setun bi ina managei* (Markus 3, 32) „die Menge saß um ihn"; mhd. *gâhten zuo den kielen daz hungerc her* (Wolfram, Parzival 200, 18f., „das hungrige Heer eilte zu den Schiffen"); nhd. *es fielen zu ihm aus Israel die Menge* (L., 2. Chron. 15, 9). – Pluralisches Verb steht ebenfalls oft, wo ein singularisches Subjekt ein attributives *manch* bei sich hat: mhd. *da liefen unde giengen manc werder man* (Wolfram, Parzival 75, 4f.); *manec edel ritter wert empfiengen in* (Wolfram, Parzival 624, 14 f.); *vil manec degen guot schamten sich vil sêre* (Kudrun 953, 2 f.). Noch weiteres Ausmaß hat der Plural, wenn ein singularisches Subjekt durch einen Genitiv Plur. bestimmt wird. Diese Konstruktion war im Mhd. sehr verbreitet, besonders bei substantivierten Mengeadjektiven und substantivischen Pronomina (vgl. § 25); im Nhd. sind aber in den meisten Fällen attributive Fügungen dafür eingetreten. – Mhd. *eʒ lâgen undern benken vil guoter knehte* (Hartmann, Erec 6645); *sô gâhten derhalp knappen vil* (Wolfram, Willehalm 236, 4); *vil kleiner junchêrrelîn sprungen* (Wolfram, Parzival 227, 18); *ir gar lützel blîbent* (Berthold); nhd. *es leben selbst in unseren Landesmarken der Sassen viel* (Sch., Wilhelm Tell II, 2); *der Worte sind genug gewechselt* (G., Faust, Vorspiel auf dem Theater); – mhd. *swaʒ helede nu dâr under müesen ligen tôt* (Nib. 124, 2); *lât si rîten, swer da geste sîn* (Wolfram, Parzival 101, 6). Auch bei Substantiven, die nicht eigentlich Menge bezeichnen: *fliegen unde âmeiʒen ein wunder drinne sâʒen* (Konrad v. Würzburg, Der Welt Lohn). Eine solche Konstruktion ist noch in der heutigen Sprache möglich: *gewiss sind unter den Anwesenden eine Reihe höchst ehrenwerter Männer*; wo statt genitivischer Fügung Nebenstellung eingetreten ist (vgl. § 25), steht das Verb in der Regel im Plur.: *eine Menge Menschen waren da.* (vgl. Van de Velde 1988).

Wenn das Subjekt aus mehreren durch *und* verbundenen Gliedern besteht, herrscht in den älteren Sprachperioden viel Unregelmäßigkeit, und die Stellung des Verbs spielt dabei eine wichtige Rolle. Bei vorangestelltem Verb ist ursprünglich singularisches Verbum die Regel: as. *wann wind endi water* („es kämpften Wind und Wasser", Heliand 2244); ahd. *êr thanne zifare himil inti erda* (Tatian 62, 4 = Sievers 25, 5); *flôʒ thar ûʒ bluat inti waʒar* (Otfrid IV, 33, 31); mhd. *mit im kom dô Dancwart unt ouch Hagene* (Nib. 402, 1 Hs. A); *um si begunde sorgen wîp unde man* (Nib. 67, 2). Nhd. ist eine solche Konstruktion nur möglich, wenn die Glieder zusammen als eine Ganzheit aufgefasst werden: *es trägt Verstand und rechter Sinn mit wenig Kunst sich selber vor* (G., Faust I, Nacht). Wenn das Subjekt vor dem Verbum steht, ist von ältester Zeit ab singularisches Prädikatsverb nur dann gebräuchlich, wenn die Glieder für die Vorstellung eine Ganzheit ausmachen: mhd. *vride unde suone sî iu von uns bekant* (Nib. 1997, 2); *berc unde tal wart da von in bedecket* (Jüng. Tit. 859, 2 f.); nhd. *daʒ ihm Wind und Meer gehorsam ist* (L., Matth. 8, 27); *da in den Häusern der Bürger Mäßigkeit und Einfalt wohnte* (Winkelmann, Geschichte der Kunst des Alterthums 4, 1); aber auch: *Ruhe und Ordnung sind wohltätig* (Th. Mann). Wenn ein Substantiv durch Präpositionen wie *samt, mit* oder *nebst* an ein sigularisches Substantiv geknüpft ist, steht jetzt nach rein grammatischen Regeln das Verb im Sing.; früher findet man aber auch Plural: *Hilkia samt seinem Weibe lobten Gott* (L., Esther 1, 63).

Sind die Subjekte durch Konjunktionen mit disjunktiver oder negativ anreihender Bedeutung verbunden, wie *(entweder –) oder; (weder –) noch,* steht in älterer Zeit das Verb meistens im Sing., später in der Regel im Plur.: mhd. *in beschirmet der tiuvel noch got* (Hartmann, Iwein 4635); *daȝ in nicht enschadete die ünde noch diu fluot* (Nib., 1378, 2); *daȝ man noch wîp enweste wâ* (Hartmann, Iwein 3218); nhd. *ist der Rat oder das Werk aus den Menschen* (L., Apostelgesch. 5, 38); *so möge weder Engel noch Heiliger von mir wissen* (Lessing, Emilia Galotti I, 6). Doch findet man schon im Mhd. auch den Plur.: *alsô daȝ minne noch haȝ gerûmden daȝ vaȝ* (Hartmann, Iwein 7026).

Neben diesen Typen von Synesis kann in den älteren Sprachperioden nicht ganz selten auch reine Inkongruenz vorkommen, indem bei einem Subjekt im Plur. das Prädikatsverb im Sing. steht, zumal, wo dieses vorangeht: mhd. *dô stoup ûȝ dem helme die fiwerrôten vanken* (Nib. 186, 2 f.); *im kom von Gruonlanden helde zen handen* (Wolfram, Parzival 48, 29 f.); *an disen ahte frouwen was röcke grüener denne ein gras* (Wolfram, Parzival 234, 3); *swenne diu zît alsô gestât, daȝ uns komt bluomen unde gras* (Heinrich v. Veldeke 67, 10); *daȝ vremede liute komen wære* (Kudrun 290, 4); *ez was bî den vrouwen ze huote hundert ritter oder mêre* (Kudrun 494, 4); *dort kam geschûftet her drî ritter* (Wolfram, Parzival 120, 24 f.); nhd. *und fiel des Tages von Volk drei tausend Mann* (L., 2. Mose 32, 28). Die Konstruktion scheint bei intransitiven Verben vorzukommen und außerdem beim Passiv: *mit marmel was gemûret drî vierecke fiwerrame* (Wolfram, Parzival 230, 8 f.); *zwei ribbalîn nâch sînen beinen wart gesniten* (Wolfram, Parzival 127, 8 f.); *driu grôȝiu fiwer gemachet was* (Wolfram, Parzival 808, 12). Nachdem im Nhd. das Pronomen für die 3. Person Plur. *Sie* höfliche Anredeform geworden ist, brauchte man in stilisierter Sprache Pluralform des Verbs in solcher Anrede, auch wenn statt des Pronomens ein Substantiv im Sing. Subjekt ist: *der Herr wissen ja selbst* (Thomas Mann, Der Zauberberg, 202).

Ein Substantiv, das als Prädikatsnomen zum Subjekt fungiert, steht normalerweise im selben Numerus wie dieses. Deshalb entsteht für das Sprachbewusstsein das Gefühl, dass die Kopula im Numerus mit dem Prädikatsnomen kongruieren soll. In den Ausnahmefällen, in denen Subjekt und Prädikatsnomen im Numerus nicht übereinstimmen, entsteht dann eine Unsicherheit in Bezug darauf, ob sich das Verb nach dem Subjekt oder nach dem Prädikatsnomen richten soll. In solchen Fällen findet man nicht selten Pluralform der Kopula bei singularischem Subjekt: *der Termin, den man ihm setzt, sind acht Tage* (Lessing, Ästhetische Schriften, 5. Brief); *die Hälfte wenigstens waren mißlungene Nachahmungen* (Wieland 7, 124); *eine Magdeburgische Kaufmannsfamilie waren die Hauptpersonen* (Kleist, Briefe, an Wilhelmine von Zenge, 21.1.1801). – Ist das Subjekt ein Pronomen im Neutr. Sing. und das Prädikatsnomen ein Plural, richtet sich die Kopula in der Regel nach dem letzteren: *alles, was ich von ihm gelesen hatte, waren Versuche eines Schülers* (Lessing, Briefe an den Herrn Professor Zachariä 1); selten steht in diesem Falle die Kopula im Sing.: *alles ist nur Trümmer* (G.,

Briefe, an Carl Ludwig von Knebel, 17.11.1786). Dieselbe Regel gilt bei anderen Verben mit Prädikatsnominativ: *weil es immer Denksteine vergangener Zustände bleiben* (G., Briefe, an Sulpiz Boisserée, 24.6.1816); *es scheinen Äpfel* (Tieck, Fortunat II, III, 3); *warum heißen es denn paradoxe Gedanken* (Lessing, Briefwechsel über das Trauerspiel 19.3.1757). Steht umgekehrt das Subjekt im Plur. und das Prädikatsnomen im Sing., so richtet sich die Kopula nach dem Subjekt.

§ 117. Ein hinweisendes Pronomen, das sich auf ein Substantiv mit singularischer Form und pluralischer Bedeutung bezieht, stand in den früheren Sprachperioden oft im Plur., während jetzt im Allgemeinen grammatische Kongruenz eintritt. Das Substantiv ist entweder eine Mengenbezeichnung oder ein durch Attribute, wie *manch, kein* u. ähnl. bestimmter Singular: got. *so managei, þaiei ni kunnun witoþ, fraqiþanai sind* („das Volk, das nichts vom Gesetz weiß, ist verflucht", Joh. 7, 49); as. *was manag thegan, thie ira alamosnie gerno gābun* (Heliand 1226); mhd. *manich môr swarz, die ime wolden helfen* (Lamprecht, Alex. 4326); *ich gedenke an manegen wünneclîchen tac, die sint mir enpfallen gar* (Walther, L. 124 f.); *sus vuor diu wegelôse diet* („Volk"), *als in ir gemüete riet* (Hartmann, Gregorius 3059 f.); nhd. *der Herr Zebaoth rüstet ein Heer zum Streit, die aus fernen Landen kommen* (L., Jesaja 13, 4 f.); *der Herr hat dies Geschlecht, über die er zornig ist, verworfen* (L., Jeremia 7, 29); *den Teufel spürt das Völkchen nie, und wenn er sie beim Kragen hätte* (G., Faust I, 2181 f.); *ein echter deutscher Mann mag keinen Franzen leiden, doch ihre Weine trinkt er gern* (G., Faust I, Auerbachs Keller).

Die neutralen Pronomina *es* und *das* können auf Substantive von jedem Geschlecht sowohl im Sing. wie im Plur. bezogen werden, wenn sie als Subjekt einer Fügung mit *sein* und Prädikatsnomen fungieren: *da kommt ein Herr; es ist mein Bruder; – da kommen drei Damen; es sind Engländerinnen.* Der Gebrauch findet sich schon in frühester Zeit, vgl. oben § 63.

2. Kongruenz im Genus

§ 118. Hier handelt es sich nicht um Kongruenz im üblichen Sinne, da das Substantiv selbst keine Genusflexion besitzt, und die Kategorie Genus nur durch die auf das Substantiv bezogenen Pronomina und Adjektive konstituiert wird. (vgl. § 1). Abweichung von der grammatischen Kongruenz besagt hier, dass Attribute oder anaphorische Pronomina ausnahmsweise eine Genusform annehmen, die sonst bei dem betreffenden Substantiv nicht angewandt wird.

Bei Attributen und Prädikaten siegt in der älteren Sprache bisweilen das natürliche Geschlecht über das grammatische: as. *gisāhun barn godes ēnna standan* („Sie sahen das Kind Gottes einzig dastehen", Hel. 3162, *barn* hier gleichbedeutend mit *sunu*).

Das Diminutiv von Personenbezeichnungen nimmt gelegentlich den Artikel oder andere Attribute in dem Geschlecht zu sich, das dem Grundwort zukommt: *meine Fräulein* (G.); *die Liesel* (Anzengruber); *arme Liesel.* In einigen Dialekten ist dieser Gebrauch allgemein.

Wenn ein Pronomen auf eine Personenbezeichnung hinweist, deren natürliches und grammatisches Geschlecht nicht übereinstimmen, richtet es sich in älterer Zeit meistens nach dem natürlichen Geschlecht. Besonders gilt dies bei neutralen Bezeichnungen für weibliche Personen: as. *(bad) that wīf mid iro wordon* (Heliand 5453); ahd. *uuīb thiu habēta geist unmahti* (Tatian 163, 30 f. = Sievers 103, 1); *zi themo selben wībe, thiu ērist deta sīna kunft kund* (Otfrid II, 14, 118); mhd. *des burcgrâfen tohterlîn, diu sprach* (Wolfram, Parzival 372, 15 f.); *ein êlîch wîp, die minne ich* (Gottfried, Tristan 8190); nhd. *jenes Mädchen ist es, das vertriebene, die du gewählt hast* (G., Hermann und Dorothea, Euterpe); *dem Fräulein, die scheu vor sich niedersah* (Tieck, Die Verlobung). Bei Bezeichnungen für männliche Personen ist dieser Gebrauch seltener, ist aber doch in früherer Zeit ziemlich geläufig: as. *thār that hēlaga barn wonoda, endi ina that wīf biheld* („wo das heilige Kind wohnte, und ihn das Weib pflegte", Heliand 664); ahd. *ist thiz kind iuuēr, ther blintēr ward giboranēr* (Otfrid III, 20, 82); auch noch nhd.: *wenn man einem Kinde seinen neuen Rock zeigte, und verböte ihm, daß er ihn nicht tragen durfte* (Wieland II, 3, 33, 21); *mit meinem grauen Männchen ..., der mich vielleicht aufgehalten hatte* (Tieck, Abendgespräche); *vielmehr hatte sich ein armes Männchen ... darin angesiedelt. Als er herankam ...* (G. Keller, Der grüne Heinrich. 2. Fassung 2, 12). In der heutigen Sprache verwendet man bei neutralen Bezeichnungen für weibliche Personen meistens die Femininform des persönlichen und des possessiven Pronomens, während das Relativpronomen grammatische Kongruenz zeigen muss: *das Mädchen ist nicht zu Hause, sie ist spazieren gegangen.* „*Das Model und ihr Prinz*" (Thurmair 2006). Jedoch dringt formale Kongruenz immer mehr durch.

Wenn mehrere Substantive von verschiedenem Geschlecht durch Konjunktion verbunden sind, stehen darauf bezogene Attribute und hinweisende Pronomina ursprünglich im Neutr. Plur.: as. *thiu gōdun tuuē, Joseph endi Maria bēdiu* (Heliand 458); ahd. *sumēr biscof namen zacharias Inti quena Imo ... siu uuārun rehtiu beidu fora gote* (Tatian 25, 30 – 26, 3 = Sievers 2, 2); mhd. *Etzel und Kriemhilt kômen beidiu dar* (Nib. 2089, 1); *die heide und al den grüenen walt, diu sint nu beide worden fal* (Heinrich v. Rugge, Minnes. Frühl. 99, 29 – 31). Da im Laufe der mhd. Zeit die Genusflexion im Plur. aufgegeben wird, fällt dieser Gebrauch weg. Dagegen wird im älteren Nhd. das Neutrum Sing. des Pronomens verwendet, wenn auf eine Person im Allgemeinen, ohne Berücksichtigung des Geschlechts, hingewiesen wird: *ein jedes begegne ihr mit der gehörigen Achtsamkeit* (F. Weise, Op. 1, 54); *wie eins, das in einem schwankenden Schiffe steht* (G., Scherz, List und Rache III); *beide junge Personen waren verlegen, eins wie das andere* (G., Tag- und Jahreshefte 1807). In gewissen Fällen ist dieser Gebrauch noch möglich: *stillschweigend hörten sie zu, indem jedes* (gewöhnl. *jeder) in sich selbst versank; ich habe keins* (oder *keinen) von meinen Großeltern gekannt.*

3. Kongruenz im Kasus

§ 119. Das Attribut, das Prädikatsnomen und die Apposition kongruieren im Kasus mit dem Substantiv, auf das sie bezogen sind.

Eine Apposition kann gegen die Kongruenzregel im Nominativ stehen, wenn sie umfangreich ist, und besonders, wenn ein Relativsatz daran angeknüpft ist: *sonst hielten wir es mit der Nachbarin, ein altes Weib von treuem Sinn* (G., Ein Fastnachtsspiel); *nun bin ich wieder zur freieren Phantasie zurückgekehrt, eine Region, in der ...* (G., Briefe, an Charlotte von Stein, 10. 8. 1807).

Ein Grenzfall zwischen Attribut und Apposition liegt in der Verbindung von Titelbezeichnung oder Ähnl. mit einem Eigennamen vor. Die Glieder einer solchen Gruppe können eine so enge Einheit bilden, dass nur das eine flektiert wird. Ist das erste Glied artikellos, so wird nur das zweite flektiert: *König Friedrichs; Bruder Karls.* Hat das erste Glied Artikel, so wird nur dieses flektiert: *des Herrn Müller; des Königreichs Sachsen; des Kantons Uri.* Diese Tendenz verstärkt sich in der Gegenwartssprache (vgl. Strecker 2011). Früher wurden in solchen Verbindungen beide Glieder flektiert: *des Herrn Carlyle's* (G.).

Das prädikative Adjektiv hat sich im Nhd. dem Kongruenzprinzip entzogen, indem es flexionslos geworden ist: *die Kinder sind kräftig; man fand ihn tot im Bette.* Dies Verhältnis hat ursprünglich seinen Grund in Eigentümlichkeiten im adjektivischen Formensystem, indem man für den Nominativ Sg. aller Geschlechter eine endungslose (nominale) Form neben einer mit Flexionsendungen versehenen besaß (vgl. oben § 52). Nachdem die syntaktische Verteilung des flektierten und flexionslosen Adjektivs vollzogen war, trat eine Trennung des prädikativen Adjektivs von dem attributiven ein, da nur das letztere die Fähigkeit besaß, die grammatischen Kategorien des Substantivs auszudrücken. – Über den im Nhd. eingetretenen Zusammenfall von prädikativem Adjektiv und Adjektivadverb siehe § 53. Über das nachgestellte attributive Adjektiv vgl. § 52 und § 131.

4. Kongruenz in der Person

§ 120. Die wichtigste Regel ist hier, dass das Prädikatsverb mit dem Subjektspronomen kongruiert.

Sind mehrere Subjekte von verschiedener Person durch *und* verbunden, so zeigt das Verb im Allgemeinen die Person, die dem zusammenfassenden Pluralpronomen entspricht: *ich und du (wir) haben vieles zusammen erlebt; du und dein Bruder (ihr) seid mir willkommen.*

Steht ein persönliches Pronomen als Prädikatsnomen bei *sein*, so zeigt die Kopula die Person des Prädikats, wenn das Subjekt ein neutrales Pronomen ist: *das (dies) bin ich.*

Wenn ein Relativpronomen auf ein persönliches Pronomen der 1. und 2. Person bezogen ist, entsteht eine Schwierigkeit für die Kongruenz. Im Got. hatte man Relativpronomina auch für die l. und 2. Person, die mit der Partikel *ei* gebildet wurden: *þu is sunus meins sa liuba, in þuzei waila galeikaida* (Lukas 3, 22) „du bist mein lieber Sohn, an dem ich Wohlgefallen habe". Das Deutsche besitzt derartige Bildungen nicht, und das aus dem Demonstrativ entwickelte Relativpronomen wird auch auf die 1. und 2. Person bezogen. Ist das Relativpronomen in diesem Falle Subjekt, so steht das Verb des Relativsatzes entweder in der 3. Person in Kongruenz mit dem Relativpronomen oder es kongruiert mit dem persönlichen Pronomen. Verschiedene Konstruktionstypen haben im Laufe der Zeit miteinander konkurriert. Das persönliche Pronomen kann im Relativsatz wiederholt werden, und dann richtet sich das Verb nach ihm. Dies ist besonders häufig in der 2. Person, wenn das Bezugswort ein Vokativ ist: ahd. *fater unser thū thār bist in himile* (Tatian 68, 3 f. = Sievers 34, 6); *der du von dem Himmel bist, ... süßer Friede* (G., Wandrers Nachtlied). In der heutigen Sprache ist es feste Regel geworden, das Pronomen im Relativsatz zu wiederholen: *du, der du mein Freund bist.* Nur nach Hauptsätzen von der Form *ich bin es* usw. fehlt das Pronomen im Relativsatz: *Und ich bin es, die es aushalten muss.*

In den Fällen, in denen das persönliche Pronomen im Relativsatz nicht wiederholt wird, findet man zwei Konstruktionen. In älterer Zeit richtet sich das Verbum meistens nach dem Pronomen, an das der Relativsatz angeknüpft ist: as. *Gabriel bium ik hētan, the gio for goda standu* (Heliand 120); ahd. *uuē íu thie nú lahhet* (Tatian 61, 6 = Sievers 23, 2). Nhd. ist dies selten: *Unselige, die ... verderblich niederstreifst* (G., Die natürliche Tochter IV, 2). Die zweite Konstruktion, das Verb in der 3. Person in Kongruenz mit dem Relativpronomen, findet sich von der ältesten Zeit und ist noch im Nhd. geläufig: as. *fadar ūsa, the is an himilo rīkea* (Heliand 1600); mhd. *ir fürsten, die des küneges gerne wæren âne* (Walther, L. 36, 11); nhd. *ich, der einen so zarten Sinn für ihre Liebenswürdigkeit hat* (Wieland, Menander und Glycerion 14); *was kann ich tun, der selber hilflos ist* (Sch., Die Jungfrau von Orleans I, 2).

VIII. Negation

§ 121. Als Verneinungswort diente im ältesten Germanisch die Partikel *ni*, die aus dem Indogerm. stammt (lat. *ne*).

Im frühesten Ahd. genügte im Allgemeinen das einfache *ni* als Negation; es stand unmittelbar vor dem Verb, mit dem es proklitisch zu einer Einheit verschmolz: ahd. *niuuard In sun* (Tatian 26, 6 = Sievers 2, 2). – *ni* kann aber auch vor einem unbestimmten Pronomen oder Adverb wiederholt werden und verschmilzt dann mit diesem zu einem Wort: *nio, niowiht, nioman, niomēr* usw.: *dar nist neoman siuh* (Muspilli 15). Diese negativen Pronomina und Adverbia werden ahd. im Allgemeinen in Verbindung mit negiertem Verb verwendet, aber wenn sie vor dem Verb stehen, kann die Negation beim Verb fehlen: *nihein [...] tharbēti thār suertes* (Otfrid IV, 14, 8); neben *niwiht* „nichts" ist das Verb bei Otfrid nie negiert: *thoh sie niwiht fuartin* (IV, 19, 30) „obgleich sie nichts äußerten". Im As. und im Ahd. konnten neben negiertem Verbum auch die positiven Indefinita *io, ioman, iomēr* usw. stehen: as. *thes ni mag hē farhelan eowiht* (Heliand 1754); ahd. *ni mahtu iȝ ouh noh thanne yrzellen iomanne* (Otfrid I, 18, 8); *theiȝ iaman thoh ni wuntō* („dass niemand es verletze"; Otfrid III, 1, 34). In spätahd. Zeit verschwindet dieser Typus; im Mhd. steht bei negiertem Verb immer negatives Pronomen.

Schon as. und ahd. kann neben der Verbalnegation zur Verstärkung derselben der adverbiale Akkusativ *neowiht, niwiht* (> mhd. *nieht, niht*) auftreten: as. *ni balg ina neowiht* („er zürnte nicht", Heliand 5120); ahd. *ni zawēta imo es niawiht* („es gelang ihm nicht", Otfrid II, 5, 12). Neben dem Nomen *wiht* („Ding, Wesen") begegnen auch andere funktional vergleichbare Nomina, die als Verstärkung dienen. Im Pariser Gesprächsbüchlein ist es die auf das Substantiv *tropho* „Tropfen" zurückgehende Adverbialphrase *ne trophen* (Schützeichel 2006, S. 252) *ne haben ne trophen. Id est [...] non habeo nihil* (Meineke 1992, S. 334). Weitere derartige Negationsverstärker sind *blat* oder *strô*: *da vorhte er niht ein blat* (En. 6387); *dâr ûf enahte er niht ein strô* (Karl 2990; Belege nach Grosse 2000, S. 1394 f.). Gegen Ausgang der ahd. Periode ist dies ausfüllende *nicht* bei negiertem Verb Regel geworden, und im Mhd. ist dieser Gebrauch fest, abgesehen von gewissen Fällen, *nicht* kann fehlen, wenn ein ergänzender Nebensatz sich eng ans Verb anschließt, besonders oft bei *ruochen, wænen* und *wiȝȝen*: *sô enruoche ich, wes ein bœser giht* (Walther, L. 63, 13); *ich ne weiȝ, waȝ mir scillet inȝ ôre* (Vor. Alexander 287); *ich enwæne, daȝ Alexander ...* (Gottfried); auch wenn der Nebensatz unterdrückt ist: *sus enweiȝ ich wie si denne heiȝen sol* „somit weiß ich nicht, wie sie dann zu benennen ist" (Walther, L. 69, 7); regelmäßig in dem formelhaften *nû enwelle got, daȝ ...* – Weiter fehlt *nicht* neben den Hilfsverben *mügen, künnen, dürfen, suln, wellen, türren, lân*, wenn der abhängige Infinitiv ausgelassen wird, und bei *tuon*, wenn es als Vertreter eines vorhergehenden Verbs fungiert: *dune darft niht jehen, daȝ du in ir herze enmügest* (Walther, L. 55, 31); *der gerne biderbe wære, wan daȝ in sîn herze enlât* (Hartmann, Iwein 200 f.); *vor leiden stirbet ouch mîn liebeȝ wîp. Künin sprach: si ne tuot* (Reinhart Fuchs, 582f.). Endlich fehlt *nicht* in einem bestimmten Nebensatztyp, der Ausnahme ausdrückt: *eȝ 'n kome als ich mir'ȝ hân gedâht* („wenn es nicht kommt", Walther, L. 72, 3).

In der Entwicklung der Negationsklassen im Deutschen ist es nun bedeutsam, dass noch im Althochdeutschen die Negation sich sowohl in ihrem Skopus, d. h. in ihrer semantischen Bereichsgeltung, wie in ihrem Fokus, d. h. in der Kenntlichmachung des negierten Satzbereiches, so gut wie ausschließlich auf den Gesamtsatz bezieht. Die Markierung am Verb durch die Partikel *ni* ist die ausdrucksseitige Markierung dafür. Auch nach dem Aufkommen von Negationswörtern ist dieses Verhältnis immer noch gegeben. Belege wie der folgende zeigen, dass das Negationswort *niuuiht* auf die verbale Negation bezogen ist: *Inti her offano sprihhit Inti sie niquedent imo niouuíht.* „Et ecce palam loquitur, et nihil ei dicunt" ‚Und siehe zu, er redet frei und sie sagen ihm nichts.' (Tatian = Sievers 104,7; Joh. 7, 26).

Am deutlichsten ist das daran zu erkennen, dass solche Sätze auch gegen das Latein eine Markierung am finiten Verb durch *ni* erhalten können, also auch dann, wenn wie im obigen Beispiel im Latein nur *nihil* steht.

Die Negation wird auch im Spätalthochdeutschen noch obligatorisch durch die präfinite Partikel *ni* gekennzeichnet. Unabhängige Negationswörter treten im Tatian vor allem bei Voranstellung des Wortes vor dem Finitum hinzu, in den späteren Texten auch bei Nachstellung (vgl. Donhauser 1998).

Nachdem *nicht* in negierten Sätzen im Allgemeinen notwendig geworden war, wurde die alte Negationspartikel mhd. *ne, en* überflüssig und fällt allmählich weg. Ums Jahr 1300 ist *ne* auf hochdeutschem Gebiet so gut wie verschwunden.

Auf der anderen Seite kann im klassischen Mhd. *ne* fehlen neben einem positiven indefiniten Pronomen oder Adverb von der Reihe *iht, ie, iemēr, iemen* usw. in Absichtssätzen und Aufforderungssätzen mit negativer Bedeutung: *den gebôt si allen an den lîp, daȝ se immer ritters wurden lût* („dass sie von Rittern nie etwas laut werden ließen", Wolfram, Parzival 117, 22f.); *pflig ouch mîn, daȝ an mir iht erwinde* („aufhöre, unerfüllt bleibe") *daȝ dîn vil götelîch gebot* (Walther, L. 24, 32). Ebenso nach *(ich) wæne: ich wæne man da iemen âne weinen vant* (Nib. 1051, 2); *doch wæne inȝ iht vervienge* („dass es ihnen nichts nützte", Hartmann, Erec 6365); *ich wæn ie ingesinde sô grôȝer milte gepflac* (Nib. 41, 4). In den älteren Sprachperioden können mehrere negative Pronomina und Adverbia nebeneinander im selben Satz stehen, ohne dass die Negationen einander aufheben: mhd. *ichn gehôrte nie solhes niht gesagen.* Dieser Sprachgebrauch lebt fort weit ins Nhd. hinein: *wem niemand nicht gefällt* (Logau, Sinngedichte, 32: Tadler); *wie er spricht, spricht dir niemand nicht* (Lessing, Sinngedichte, 61: Auf den Hablador); *nirgends keine Seele war zu sehen* (G., Wilhelm Meisters Wanderjahre 1, 8); *mit der Zeit will niemand nichts davon wissen* (G., Briefe, an Schiller, 24.1.1798); *das disputiert ihm niemand nicht* (Sch., Wallensteins Lager 11). Der Gebrauch ist noch heute in vielen Dialekten lebendig. So haben im mittel- und nordbairischen Dialekt von Niederbayern Ausdrucksweisen wie *Neamt hod ma ned khoifa* oder *I hob nirgands nix gsehn* weite Verbreitung (Weiß 1998; Eroms/Röder/Spannbauer-Pollmann 2006, S. 197–232. Die in der heutigen Schriftsprache geltende Regel, dass zwei Negationen im selben Satz sich aufheben, ist von der lateinischen Grammatik auf die deutsche übertragen.

Auf der Folie der adverbialen Negationen erscheint die „reine" Negation mit *nicht* als Gültigkeitsoperator für *alle* temporalen, lokalen und sonstigen denkmöglichen Bedingungen. Entstehungsgeschichtlich ist *nicht* ein nominales Element, das im Kreise ähnlicher Ausdrücke zu sehen ist (vgl. Donhauser 1996, S. 205), es bildet sich in einer adverbialen Gruppe aus (*ni eo uuihtes*, vgl. Jäger (2008, S. 112) mit Verweis auf Behaghel (1918, S. 230)). Umgekehrt lassen sich die temporal und lokal eigens negierten Sachverhalte als explizite Negationen mit *nie, niemals, nirgends, nirgendwo, nirgendwoher, nirgendwohin* usw. für die jeweils benannten adverbialen Modalitäten auffassen. Der Negator *nicht* darf mithin nicht isoliert betrachtet werden, er ist nicht der einzige Negator, wohl aber der unmarkierte. Er ist für das Mittelhochdeutsche wie für das Neuhochdeutsche im Zusammenhang mit diesen anderen Negationsformen zu sehen; diese sind ihm nicht als Kontraste *gegenübergestellt*, sondern die Negation mit *nicht* ist der unmarkierte Fall aller Negationen.

Dazu muss die sogenannte „Sondernegation" in die Bewertung der Negationsleistungen einbezogen werden. Es sind die Fälle, bei denen *nicht* vor einer negierten Gruppe steht, diese sich aber in Kontrast zu einem ausgedrückten oder nicht ausgedrückten anderen Glied befindet: *Nicht heute (sondern morgen) kommt er. Wir wissen, dass er heute nicht kommt (wohl aber morgen).* Im Althochdeutschen ist z. B. eine gezielte Adverbialnegierung wie mhd. *ine wil niht langer sîn ein kneht, ich sol schildes ambet hân.* „Ich will nicht länger Knappe sein. Ich will Ritter werden." (Wolfram, Parzival 154, 22) nicht möglich. Solche Sätze wären im Althochdeutschen als Implikationen der Satznegation zu formulieren. Gänzlich unmöglich ist diese Ausdrucksweise im Althochdeutschen allerdings nicht. Es wird dafür das Adverb *nalles* verwendet, das lat. *non* wiedergibt und vor allem bei Kontrastfällen steht (vgl. Jäger 2008, S. 92–103, und Eroms 2011): *uúar uúar quidu ih íu ír suohh& mih nalles bithiu ír gisahut zeihhan. nibi bithiu ír azut fon then broton Inti sate uuvrdut.* amen amen dico vobis, queritis me non quia vidistis signa, sed quia manducastis ex panibus et saturati estis. (Tatian 121, 14–18 = Sievers 82, 4) ‚Wahrlich, wahrlich, ich sage euch, ihr sucht mich nicht deswegen, weil ihr Zeichen gesehen habt, sondern weil ihr von dem Brot gegessen habt und satt geworden seid.' Kontraste, die mit der „Sondernegation" *nicht* ausgedrückt werden, begegnen seit dem Mittelhochdeutschen, z. B. bei Meister Eckhart: *Etlîche sprechent, daz sælicheit niht lige an bekantnisse, sunder aleine an willen.* (86, 8 f.) „Manche sagen, die Seligkeit liege nicht im Erkennen, sondern allein im Willen." Mit *nicht* fallen im Nebensatz Skopus und Fokus für die Prädikatsnegation zusammen. Im Hauptsatz, besonders bei Endposition des *niht*, kann die Divergenz markiert werden.

Das Deutsche verfügt darüber hinaus mit dem Negator *kein* über einen Nominalnegator, der sich aus dem Indefinitpronomen *dehein* entwickelt hat (vgl. § 69). *Kein* verhält sich morphologisch analog dem unbestimmten Artikel, so dass man von einem „indefiniten Nominalnegator" sprechen kann. Mit *kein* wird eine kompakte Satznegation, die auf ein Substantiv oder ein Pronomen bezogen ist, möglich: *Keiner/kein Mensch hat das vorhergesehen.* Auch diese Negationsform ist im Zusammenhang mit der Markierung des Negationsfokus zu sehen, wie bei den adverbialen Negationen. Indikatoren dafür sind die Doppelmarkierungen (*kein Mensch hat das nicht vorhergesehen*, was aber im Dialekt möglich wäre), die in der Gegenwartssprache unterdrückt sind, aber in den älteren Texten begegnen (*Daz nû der mensche iemer mê juncvrouwe wære, sô enkæme keiniu vruht von im* (‚Wenn nun der Mensch immerfort Jungfrau wäre, so käme keine Frucht von ihm', Meister Eckhart Predigt 2, S. 26 f.) Den komplexen Entwicklungsgang seit dem Althochdeutschen und die syntaktische Ableitung stellt Jäger (2008, S. 151–317) genauer dar. Im Althochdeutschen sind Sätze wie *gibot her in tho thaʒ sie niheinagamo nisagatin* (‚Gebot er ihnen, dass sie es niemenadem (nicht) sagten', Tatian 130, 15 f. = Sievers 86, 2) typisch (Jäger 2008, S. 249 f.). Es kommen auch Ausdrucksweisen ohne verbale Kennzeichnung der Negation auf: *daʒ siê îro nehêinen loûgen getorsten háben* (Notker, Psalter 3, 8 (14, 7; Jäger, 2008, S. 238).

In der Entwicklung der Negationsbezeichnung durchläuft das Deutsche in der historisch überblickbaren Zeit den sogenannten Jespersenschen Zyklus (vgl. Jespersen 1917). Für das Deutsche stellt er sich wie folgt dar:

Stadium 1: (ahd.) *er ni sprihhet/nisprihhet.* → Stadium 2: (mhd.) *er nespricht niht.* → Stadium 3: (nhd.) *er spricht nicht.*

Das ist ähnlich etwa im Französischen (vgl. Horn 1989, S. 455): Stadium 1: (altfranzösisch) *Jeo ne dis.* → Stadium 2: *Je ne dis pas.* → Stadium 3: (umgangssprachlich) *Je dis pas.*

Der letzte Schritt wäre die Rückkehr zur Ausgangsstruktur. Das Englische zeigt nun nach dieser Theorie, dass wirklich ein Zyklus vorliegt, wenn man den Komplex *doesn't* als vorangestelltes Negationswort auffasst: Stadium 3: *he speaketh not.* → Stadium 4: (=1) *he doesn't speak.* Betrachtet man den deutschen Substandard, ist für das Deutsche dieser vierte Schritt auch möglich, etwa Bairisch:

→ Stadium 4: *Er duat-ned sprecha.* Damit würde der Zyklus geschlossen sein und könnte wieder neu einsetzen.

§ 122. In gewissen Verbindungen kann durch eine Art Vorstellungsvermengung ein negativer Ausdruck an Stelle eines positiven stehen. Diese Fügungen gelten jetzt nicht als korrekt, sie kommen aber bis in die neueste Zeit hinein in der Literatur vor. Nach Komparativen: *der wird dir besser sein denn kein Gold* (L., Jesus Sirach 29, 14); *das Wort Gottes ist schärfer denn kein zweischneidig Schwert* (L., Hebräer 4, 12; *kein* in diesen Verbindungen ursprünglich „ullus", vgl. § 69); *leichter wäre sie dir zu entbehren, als sie es jenem guten Manne nicht ist* (G., Torquato Tasso III, 4); *wir schweben diesen Augenblick in einer größeren Gefahr, als ihr alle nicht seht* (G., Clavigo III); *jede von mir aufgefangene Silbe fürstlicher bezahlt, als er noch keine gute Tat bezahlte* (Sch., Don Carlos I, 1). – In temporalen Nebensätzen, die mit *bevor, ehe, bis* (mhd. *unz*) eingeleitet werden: *auch bin ich ehe denn kein Tag war* (L., Jes. 43, 13); *ehe diese Vorbereitungen nicht vollkommen zu Stande sind, werden die Kästen nicht eröffnet* (G., Briefe, an Johann Georg Lenz, 23.6.1816). Dieser Gebrauch kommt noch in der modernen Sprache vor. – Nach Verben und Wortverbindungen mit negativer Bedeutung, wie *verhindern, verbieten, abraten, leugnen* kann der abhängige Satz eine pleonastische Negation enthalten: mhd. *da3 wil ich widerrâten, da3 ir mich mit besemen gestrâfet nimmer mêr* (Kudrun 1279, 1 f.); nhd. *hüte dich, daß du mit Jacob nicht anders redest* (L., Gen. 31, 24); *ihn abzuhalten, daß er nicht nach Athen zurückstürmte* (Wieland, Aristipp 1, 47); *die Würde hindert, daß die Liebe nicht zu Begierde wird* (Sch., Über Anmut und Würde); *kann man verhindern, daß nicht eine Art Verdruß in uns entstehen sollte* (Lessing, Betrachtungen über das weinerlich Komische); *er konnte es nicht von sich abwehren, daß ihn nicht in dieser Wohnung die ... Erinnerungen seiner Kindheit besuchten* (Tieck, Der Aufruhr in den Cevennen 2). – Auch ein Infinitiv als Ergänzung von Verben dieser Bedeutungsgruppe kann negiert sein: *er nimmt sich in acht, sein Gesicht durch das Lachen nicht zu verzerren* (Lessing 3, 323, 8); *was konnte sie also hindern, nicht lieber bessere Wege abwarten zu wollen* (Lessing 17, 371, 9 J); *du hattest mir verboten, dir nichts mitzubringen* (G., Briefe, an Charlotte von Stein, 1. 10.1781); *daß den Kindern streng verboten ward, nicht aus der Türe zu gehen* (G., Wilhelm Meisters Wanderjahre 3, 5); *jenes Gebot, welches dir verbietet, kein Blut zu vergießen* (Tieck 9, 169). – Dieselbe pleonastische Negation im abhängigen Satz findet sich nach Verben wie *fehlen, zweifeln* u. ähnl. im negativen Satz: *es fehlte nicht viel, daß nicht die Steine zu tanzen anfingen* (Chr. Weise, Die drei ärgsten Erznarren in der ganzen Welt 43); *es konnte also nicht fehlen, daß er nicht überall weit mehr zu sehen bekam* (Lessing 5, 203, 11); *ich zweifle nicht, daß sie ihr Versprechen nicht würde gehalten haben* (Lessing 4, 74, 28); *schon bei dem letzten Aufstand hatte wenig gefehlt, daß sie sich nicht den Hugenotten auslieferte* (Sch., Abfall der Niederlande 4).

IX. Subjektlose Sätze. „Unpersönliche" Konstruktionen

§ 123. Als Normalfall lassen sich im Deutschen Sätze bezeichnen, die ein Subjekt enthalten. Es gibt aber auch subjektlose Sätze. Nur scheinbar subjektlos sind die oben § 59 behandelten Sätze mit fehlendem Subjektspronomen und speziell die Imperativsätze wie *komm!*, denn hier ist das Subjekt in der Verbalform mit ausgedrückt. Anders ist das Verhältnis bei den sogenannten Impersonalien; hier fehlt die Vorstellung von einem Subjekt der Verbalhandlung, und das finite Verb allein (eventuell mit seinen Ergänzungen) drückt den ganzen Vorstellungsinhalt aus. Heute steht in diesen Ausdrücken allerdings meistens ein *es* als Subjekt, aber dies ist ein ganz inhaltsleeres Formwort, das im ältesten Germanisch nicht vorhanden ist und auch heute in vielen Fällen fehlt, wenn es nicht den Satz eröffnet.

In syntaktischer Hinsicht kann man drei Haupttypen von Impersonalien unterscheiden: 1. Verba ohne notwendige Objektsergänzung; 2. Verba, die mit dem Akkusativ oder Dativ einer Personenbezeichnung verbunden sind; 3. Unpersönliche Passivformen.

1. Die älteste Gruppe bilden hier die sogenannten Witterungsimpersonalia, die in den meisten idg. Sprachen vorkommen: *es regnet, schneit, hagelt, blitzt, donnert* usw. Viele neue Verba haben sich angeschlossen: *es reift, taut, dunkelt, friert, nebelt, tagt* usw. Eine Ergänzung dieser Verba steht ursprünglich im Instrumental: got. *rignida swibla jah funin* (Lukas 17, 29) „es regnete Schwefel und Feuer" (Dat. für Instr.). Bei den Verben dieser Gruppe fehlt das Formalsubjekt *es* noch im Got. und im Altnord.: an. *vārar* „es wird Frühling", *rignir*. Im Ahd. steht dagegen immer *iʒ: iʒ ābandet* (Tatian 332, 3 = Sievers 228, 2). Nur beim Infinitiv fehlt es: *ni liaʒ regonōn* (Otfrid III, 12, 15); ebenso noch bei Luther: *er läßt regnen*. Bei den Verben dieser Gruppe ist *es* auch im Satzinnern unentbehrlich: *regnet es?; heute regnet es stark*. Neben diesen Verben steht seit ahd. Zeit Verbindung von *sein* und *werden* mit Prädikatsnomen: ahd. *thō iʒ āband uuard* (Tatian 178, 17 = Sievers 109, 2); *thoh iʒ uuāri spāti* (Otfrid V, 5, 8); nhd. *es wird Nacht*.

An diese Gruppe von Impersonalien mit absoluter Verbalbedeutung hat sich im Deutschen eine Reihe Verba angeschlossen, die im Allgemeinen bestimmtes Subjekt haben, aber in gewissen Fällen „unpersönlich" konstruiert werden (okkasionelle Impersonalia). Es sind Verba wie *es klingt, tönt, rauscht, braust, kracht, läutet, klingelt, klopft, raucht, dampft, spritzt, riecht, duftet, schmeckt, zieht, spukt* usw. – Diese Gruppe verhält sich in Bezug auf das Subjektspronomen *es* genau wie die angeführten echten Impersonalia: *es* ist notwendig auch im Satzinnern: *wenn es klingeln sollte; hat es geklopft?* Unpersönliche Konstruktion tritt bei diesen

Verben erst seit der mhd. Zeit auf. Eins von den frühesten Beispielen findet sich bei Hartmann: *dâ sluoc er an, daʒ eʒ erhal, und daʒ eʒ in die burc erschal* (Iwein 301 f.). Aus noch späterer Zeit stammen die Ausdrücke *es gibt* und *es setzt*, bei denen ebenfalls *es* auch im Satzinnern stehen muss: *dies Jahr gibt es viel Äpfel*. Diese Ausdrücke sind erst in nhd. Zeit belegt. Die Fügung *es gibt* hat ihren Ausgangspunkt teils in Verbindungen wie *wenn du hingehst, so gibt es ein Unglück*, wo *es* auf den Inhalt des Nebensatzes hinweist, und *gibt* die Bedeutung „hervorbringen" hat (vgl. *den Ausschlag geben* u. ähnl.), teils in Ausdrücken, wie *es gibt ein Gewitter*, wo *es* die vorhandenen Wetterverhältnisse bezeichnet.

2. Die zweite Gruppe von Impersonalien sind Verba, die sich auf den Menschen beziehen; sie werden mit dem Akkusativ oder Dativ einer Personenbezeichnung verbunden und bezeichnen teils körperliche Empfindungen, teils seelische Zustände und Gemütsbewegungen. Die Empfindungen werden in diesen Ausdrücken als Handlungen aufgefasst, die auf die Person einwirken, ohne dass an ein handelndes Subjekt gedacht wird. Mit Akkusativ: *mich hungert; es hungert mich; mich friert; mich fröstelt; mich dürstet; mich schläfert; mich dünkt* (mhd. auch *mich denkt*); *mich verlangt; mich gelüstet; mich jammert eines Dinges; mich wurmt;* – mit Dativ: *mir graut; mir gruselt; mir bangt; mir ekelt; mir träumt; mir (mich) schaudert.* – Im Nhd. unterscheidet sich diese Gruppe syntaktisch von den früher angeführten dadurch, dass *es* fehlen kann, wenn es nicht in satzeröffnender Stellung steht: *mir schwindelt (es); friert (es) dich?* Das formale Subjekt ist hier von späterem Ursprung als in der ersten Gruppe. Im Ahd. fehlt es noch ganz: *mih hungirit; mih iucchit* „es juckt mich"; *mir willōt* „ich begehre"; *mih slāferōt* „mich schläfert"; *mir swintilōt*. Noch mhd. fehlt in der Regel *es* bei diesen Verben, es erscheint nur vereinzelt in satzeröffnender Stellung: *eʒ troumte ... dem künege* (Walther, L. 23, 11 f.). Eine nahestehende Gruppe bilden die Verba, die Mangel und Hinlänglichkeit bezeichnen: *es fehlt, mangelt, gebricht mir an*; und ohne Personenkasus: *es bedarf nur eines Wortes; dazu braucht es längere Zeit*. Bei diesen Verben muss *es* auch im Satzinnern stehen, *es* findet sich bei dieser Gruppe erst im Nhd.; ahd. *ni brast mir wihtes* (Otfrid V, 20, 78); *des mir gebristet* (Notker Psalmen, 38, 5); mhd. *mich genüeget rehter mâʒe* (Hartmann, Iwein 4792); *an dem nihtes ne brach* (Rolandslied 3247).

3. Unpersönliche Passivformen werden gebildet von intransitiven Verben und von transitiven Verben, die absolut verwendet werden: *es wird getanzt; es wird gebaut*. Diese Formen finden sich im Deutschen von der ältesten Zeit an (vgl. § 98). Im As. und Ahd. kommt das formale Subjekt nicht vor: as. *warð blindun gibōtid* (Heliand 3755); *thes ēr iu ward giwahinit* (Otfrid I, 9, 1); auch im Mhd. fehlt es im Allgemeinen: *besunder wart gegangen* (Hartmann, Gregorius 516); im Nibelungenlied steht einige Male *eʒ: eʒn wart nie geste mêre baʒ gepflegen* (801, 2); *eʒ enkunde baʒ gedienet nimmer heleden sîn* (964, 2). *es* steht jetzt in diesen Kon-

struktionen nur, wenn es den Satz eröffnet: *es wird gekämpft; drei Tage wurde gekämpft; wenn gekämpft wird.*

§ 124. Übergang von unpersönlicher zu persönlicher Konstruktion hat zu allen Zeiten stattgefunden.

Bei den unpersönlichen Verben für Empfindungen wird der oblique Personenkasus zum Subjektsnominativ gemacht; neben dem ursprünglichen *mich hungert, dürstet, friert* steht jetzt *ich hungere, dürste, friere.* Dies steht im Einklang mit dem Ausbau des Deutschen zu einer Sprache, bei der die Subjektsetzung zunehmend der Normalfall wird. Der Übergang fängt schon im Ahd. an, persönliches Subjekt bei *hungern* kommt mehrmals im Tatian vor, z. B. *uue íu thie thar gisatote birut bithiu uuanta ír hunger&* (Tatian 61, 6 f. = Sievers 23, 2). Doch werden die neuen Konstruktionen erst im Nhd. allgemein gebräuchlich. – Mhd. wird *mich verlanget* „ich begehre sehnlich" nur unpersönlich gebraucht, und diese Konstruktion ist noch bei den nhd. Klassikern üblich: *herzlich verlangt mich nach einer freundlichen Spur von Ihnen* (Sch., Briefe, an Goethe, 16.11.1794). Persönliche Konstruktion *ich verlange nach einem* taucht im 16. Jh. auf. In der gleichen Weise steht jetzt nebeneinander *mir ahnt* und *ich ahne;* mhd. und wurde das Verb nur unpersönlich und meistens mit Akk. konstruiert: mhd. *mich anet. ich ahne* „erst seit dem 18. Jh. häufig" (Dwb. Neubearb., Bd. 2, Sp. 80). Doch schon 1350 bei Konrad v. Megenberg, Buch der Natur: *die pein (Biene) ant vor hin an ir nâtûr, ob der tag sanft well sein.* Belege wie *es war ihr ganz bange..., als ahne sie irgend ein Unglück* (Hauff 5, 128, nach Dwb. Neubearb.) sind dann gängig. Noch heute wird das seit dem 17. Jh. belegte (nach Dwb.) *mir schwant nichts Gutes* gesagt. Ebenso bei *träumen:* mhd. nur *mir träumet; ich träume* vom 18. Jh. ab.

In anderen Fällen ist der Übergang von unpersönlicher zu persönlicher Konstruktion in der Weise vor sich gegangen, dass ein alter Genitiv zum Subjektsnominativ gemacht worden ist. Der Ausgangspunkt ist wohl hier der lautliche Zusammenfall des mhd. Nom. Akk. *eʒ* und des Gen. *es;* dadurch war die Voraussetzung gegeben für Umdeutungen wie: mhd. *mich verdriuʒet es > es* (Nom.) *verdrießt mich,* und die neue Konstruktion wurde dann auch mit anderem Subjekt verwendet. Nhd. wurde bei *verdrießen* die alte Konstruktion (mhd. *mich verdriuʒet eines dinges*) lange beibehalten: *es verdreußt ihn des Gaffens* (G., Briefe, an Friedrich Heinrich Jacobi, 31.8.1774); jetzt: *etwas verdrießt mich.* Ebenso bei *jammern:* mhd. *mich jâmert eines dinges;* diese Konstruktion hat sich erhalten bis in die heutige Sprache hinein: *da jammert mich sein* (Sch., Wilhelm Tell III, 1); *den Hauptmann jammerte des Mannes* (Mörike, Maler Nolten 2, 602); jetzt gewöhnlich *etwas jammert mich.* – *wundern* wurde im Ahd. persönlich konstruiert: *ih wuntarōn;* im Mhd. dagegen nur unpersönlich: *mich wundert eines dinges (umbe ein ding),* vgl. *uns leien wundert umbe der pfaffen lêre* (Walther, L. 12, 32); *des wundert in vil sêre* (Hartmann, Iwein 373); diese Konstruktion hält sich bis ins 18. Jh. hinein:

gleichwohl wundert ihn des schwarzen Ritters (Wieland, Geron, der Adelich); jetzt: *etwas wundert mich.* Bei *genügen* dauert die unpersönliche Konstruktion (mhd. *mich genüeget eines dinges*) bis ins 19. Jh. hinein: *zeige uns den Vater, so genüget uns* (L., Joh. 14, 8); *dir genüge, wenn die Föhren ... deine sanften Lieder hören* (Platen, Romanzen und Jugendlieder X); jetzt: *etwas genügt mir.* – Auch in anderen Fällen hat der Übergang stattgefunden, *gelingen* wurde früher unpersönlich konstruiert: mhd. *mir gelinget* „ich habe Erfolg". Diese Konstruktion ist noch bei Luther üblich: *alsdann wird dir gelingen in allem, was du tust* (Josua 1, 8); und sie kommt noch im 18. Jh. vor: *da es ihnen damit nicht gelingen wollte* (Wieland, Peregrinus Proteus, 1, 1, Nachrichten vom Tode des Peregrinus). Jetzt wird das Verbum nur mit Sachsubjekt verwendet, meistens mit einem Infinitiv: *ihn zu überreden ist mir nicht gelungen*; aber oft mit einem Substantiv: *der Versuch gelang vollkommen.*

Auch der umgekehrte Übergang, von persönlicher zu unpersönlicher Konstruktion, kommt vor. *mangeln* stand ursprünglich mit persönlichem Subjekt: ahd. *thaʒ ih ni mangolo thes* (Otfrid, Hartm., 6); noch nhd.: *wer gern in Wollust lebt, wird mangelen* (L., Sprüche 21, 17); *sie mangeln des Ruhmes* (L., Römer 3, 23); *daß ich selbst des Trostes bald auf immer mangeln würde* (G., Erwin und Elmire II, 7). In nhd. Zeit tritt unpersönliche Konstruktion auf nach dem Muster der übrigen Verba von dieser Bedeutungskategorie, in der älteren Zeit mit dem Sachobjekt im Genitiv: *dem des Brotes mangelt*; jetzt mit Anknüpfung durch *an*: *es mangelt mir an Mut*; daneben mit sachlichem Subjekt: *der Mut mangelte ihm*. Bei *brauchen* stammt ebenfalls die unpersönliche Konstruktion erst aus nhd. Zeit, und sie hängt mit dem Bedeutungswandel des Wortes zusammen; während mhd. *brûchen* „benutzen, genießen" bedeutete, hat nhd. *brauchen* die Bedeutung von mhd. *dürfen* übernommen; *es braucht* (meistens im negativen Satz) hat das frühere *es darf* (= *es bedarf*) ersetzt, das noch im 18. Jh. lebendig ist.

§ 124a. Nominalsätze und andere Satztypen ohne finites Verb

Nicht alle verblosen Sätze lassen sich als Ellipsen deuten. Nominalsätze gibt es im Deutschen seit dem Althochdeutschen (vgl. Simmler 1992): *fridu ubar israel!* (Steinm. 296, 31 f.). *Unkust rumo sinu · ioh nah ginada thinu* („Fern seine Falschheit und nah deine Gnade!", Otfrid I, 2, 31). *Uuolaga otmuati* („Heil der Demut!", Otfrid I, 5, 67). Es sind selbständige Äußerungsformen, die für die Gegenwartssprache bei Zifonun/Hoffmann/Strecker (1997, S. 85 – 92) als „Kommunikative Minimaleinheiten" erfasst werden. Dazu rechnen sehr viele Satztypen im Deutschen, die in vielen Grammatiken als unvollständig angesehen werden. Kotin (2007, S. 196 f.) listet 31 Typen auf, die von eingliedrigen Nominalformen (*Feuer!*) bis zu komplexen Prädikationen (*Nach einer deutschen Bundeskanzlerin nun eine französische Staatspräsidentin?*) reichen.

X. Wortstellung

1. Die Struktur des Satzes

§ 125. Die Wortstellung des Satzes ist im Deutschen wie in anderen Sprachen auch die eigentliche ausdruckssyntaktische Prozedur. Die Wortstellung, in den Grammatiken auch Serialisierung genannt, womit darauf abgehoben wird, dass eine hierarchische Grundstruktur in die lineare Abfolge tritt, hat in den theoretischen Zugängen zur Syntax unterschiedlichen Stellenwert. In den generativen Ansätzen werden Wortfolgeregularitäten im Zuge der Ableitung des Satzes durch Bewegungstransformationen geregelt. Sie sind für die Erfassung der Satzstruktur zentral (vgl. z. B. Pafel 2011). Dies gilt für das Deutsche vor allem für die auffälligen Anordnungsregularitäten von Haupt- und Nebensatz, die über einheitliche Mechanismen erklärt werden: Die Versetzung des Finitums an die zweite Position des Satzes wird durch die Besetzung der im Nebensatz dort eintretenden Subjunktion veranlasst. Damit ist die Complementizerposition die Schaltstelle für den Aufbau des Satzes. Die sprachlichen Verhältnisse im Althochdeutschen werden von Axel (2007) beschrieben und analysiert. In der Dependenzgrammatik tritt die Behandlung der Serialisierung bislang deutlich hinter der Erfassung der hierarchischen Struktur zurück. Doch gibt es Ansätze zu einer Integration der beiden Bereiche (Eroms 2000, S. 309–382). In diachroner Hinsicht wird der Entwicklung und dem Ausbau vor allem der Konvergenz und Divergenz der Haupt- und Nebensatzserialisierung zunehmend Aufmerksamkeit gewidmet. Dabei tritt immer deutlicher zutage, dass die Wortstellungsregularitäten im Deutschen vom Beginn der überschaubaren Entwicklung einheitlicher sind, als häufig vermutet worden ist. Allerdings ist die Beurteilung der Regularitäten durch eine Reihe von Faktoren behindert: Die ältesten, aber auch noch viele spätere Texte sind teilweise am Latein orientiert oder es sind versgebundene Texte, für die generell Sonderregelungen gelten. Dennoch lassen sich in den vorliegenden Texten die Grundtendenzen erkennen, wenn auch quantitative Aussagen mit Vorbehalten zu geben sind.

Die strukturellen Einheiten, die den Satz aufbauen, sind nicht die einzelnen Wörter, sondern die Satzglieder. Ein Satzglied kann aus einem einzelnen Wort oder aus einem Wortgefüge bestehen, das letztere kann dann meistens durch ein einzelnes Wort ersetzt werden: *das Haus meines Vaters ist an einem schönen Ufer gelegen: es liegt dort.* Durch die spezifischen syntaktischen Relationen, die die Satzglieder miteinander verbinden, wird der Satz konstituiert. In der Ausdrucksweise der traditionellen Syntax besteht ein deutscher Normalsatz aus mindestens zwei Satzgliedern, aus dem Subjekt und dem Prädikatsverb: *der Mann schläft; das kleine Kind ist eingeschlafen.* In den meisten Fällen hat der Satz mehr

Glieder, indem Ergänzungen und Angaben verschiedener Art an das Verb angeknüpft werden können. Als solche dem Verb untergeordnete Glieder fungieren
nominale Objektskasus, durch Präposition angeknüpfte Kasus, adverbiale Kasus
und eigentliche Adverbia. Weiter können auf gewisse nominale Glieder, auf das
Subjekt und auf ein Akkusativobjekt, Prädikatsnomina bezogen werden, die
ebenfalls als selbständige Satzglieder fungieren. Die internen Elemente eines als
Satzglied fungierenden Wortgefüges sind wiederum durch besondere syntaktische
Relationen miteinander verbunden, die meistens von anderer Art sind, als diejenigen, die die primären Satzglieder verknüpfen. Unter den Wortgefügen, die als
Satzglieder fungieren, sind die wichtigsten das Substantivgefüge und das Verbalgefüge. Im Substantivgefüge können die Elemente durch verschiedene Relationen verbunden sein. Sie sind entweder koordiniert: *der Junge und das Mädchen*
sind beide hübsch; oder es liegt Unterordnung vor; in diesem Falle besteht das
Gefüge aus einem Hauptglied („Kern") mit einem oder mit mehreren untergeordneten Gliedern. Hierhin gehört das Attributivgefüge: *der große König ist ge-*
storben; weiter die Verbindung von Substantiv mit abhängigem Genitiv oder mit
hinzugefügtem Präpositionsausdruck: *der Hof meines Vaters wurde verkauft; der*
Garten vor dem Hause steht im Flor. Dagegen fungiert der von einem prädikativen
Adjektiv abhängige Kasus als selbständiges Satzglied; er hat zu der Fügung unselbständiges Verb + Adjektiv die gleiche syntaktische Relation wie ein Objekt zum
Verb, vgl. *wir sind des Wartens müde / des Wartens sind wir jetzt müde: ich schäme*
mich meiner Furcht / meiner Furcht schäme ich mich jetzt.

Das Verbalgefüge zeigt eine wesentlich andere Struktur als das Substantivgefüge, da seine Elemente durch andersartige Relationen verbunden sind. Ein
Verbalgefüge kann nicht in allen Fällen durch ein Einzelwort ersetzt werden. Für *er*
ist gekommen kann man *er kam* einsetzen, aber in einem Satz wie *das Haus wird*
gebaut kann die Verbalform nicht weiter reduziert werden. Man kann zwei Typen
von Verbalgefügen unterscheiden: 1. finites Verb mit einem oder mehreren Verbalnomina und 2. Verbum mit abtrennbarem „Präfix", das ein Präpositionaladverb, ein Adjektiv oder ein Substantiv sein kann (die sogenannten unfesten Verbalzusammensetzungen).

Auch in Bezug auf die Stellung der Gliedelemente besteht im Deutschen ein
markanter Unterschied zwischen dem Substantiv- und dem Verbalgefüge. Im
Substantivgefüge können die einzelnen Wörter nicht auseinandergerissen werden,
das Gefüge ist nur als Ganzes verschiebbar: *mein kleiner Bruder war gestern da;*
gestern war mein kleiner Bruder da. Im Verbalgefüge dagegen sind die ergänzenden
Glieder im Hauptsatz normalerweise vom Verbum finitum getrennt, sofern der
Satz mehr als zwei Glieder hat; sie nehmen die letzte Stelle im Satz ein, während
das Verbum finitum den zweiten bzw. den ersten Platz innehat, vgl. unten. Dieses
sog. „Rahmengesetz" ist ein charakteristischer Zug des deutschen Satzbaus: *ich*

habe ihn gestern gesehen; ich stelle es gerade fest. Der Satzrahmen wird meist als Verbklammer bezeichnet. Doch manifestiert sich das Klammerprinzip im Deutschen auch an anderen Stellen. Weinrich spricht von der „Klammersprache Deutsch" (Weinrich 1988) und Ronneberger-Sibold (1994) vom „klammernden Verfahren" im deutschen Satz. Sie sieht in der Entwicklung und im Ausbau der Klammerformen im Deutschen ein typologisches Charakteristikum mit erheblichen Auswirkungen auf die Wortstellung insgesamt, aber auch auf die Kasusmorphologie, die Genusmarkierung und weitere grammatische Phänomene. Wichtig sind danach die Grenzsignale zu Beginn und am Ende der Klammer als Steuerung der Aufmerksamkeit der Rezipienten. Daraus lässt sich z. B. die Herausbildung des maskulinen Artikels *der* (aus *de* + *er*) erklären, um ein eindeutiges Signal für ein entsprechendes determiniertes Substantiv am Beginn der Nominalklammer zu geben (vgl. Hinterhölzl 2010, S. 132), die selber im Laufe der Zeit zunehmend mit Attributen zwischen Determinativ und Kernsubstantiv füllbar wird (Ronneberger-Sibold 2010, S. 105, vgl. auch Eichinger 1993), ebenso die Verschmelzungsformen der Präpositionen (§ 76). Für die Herausbildung und den Ausbau der Klammerformen lassen sich außer sprachinternen Gründen auch externe, wie die Anforderungen der sich ausbildenden Wissensgesellschaft anführen (Eichinger 1995).

Als Haupttypen werden im Deutschen die Hauptsatzklammer, die Nominalklammer und die Nebensatzklammer unterschieden. Dabei trägt der klammereröffnende Teil hauptsächlich grammatische, der klammerschließende Teil lexikalische Informationen. Auslöser der Klammerungen sind die seit dem Althochdeutschen zunehmenden Verteilungen der Informationen auf unabhängige Wörter. Bereits im Althochdeutschen lassen sich Klammerformen nachweisen: *nu* scal *mih suasat chind suertu* hauwan („Nun wird mich der eigene Sohn mit dem Schwerte schlagen", Hildebrandslied 53; vgl. Sonderegger 1979, S. 79). Neben diesem generellen Sprachwandelphänomen ist ein zweites, spezielleres bestimmend: Das Deutsche weist eine Determinator/Determinandum-Stellung auf, die sich in der Anordnung des direkten Objekts und des Finitums im Nebensatz als sprachtypcharakterisierend niederschlägt. Zieht man noch die Stellung des Subjekts heran, das in diesem Fall vorangeht, gehört das Deutsche dem SOV-Typ an. Allerdings sind diese Annahmen darauf gegründet, die Nebensatzserialisierung als bestimmend für den Sprachtyp, dem das Deutsche zugehört, anzusehen. Die Entwicklung im Hauptsatz weist seit dem Spätmittelhochdeutschen teilweise einen anderen Weg, so dass das Deutsche auch als Mischtyp bezeichnet worden ist (vgl. Askedal 1996, Roelcke 1997, Nübling 2010, S. 99 f.). Auf die Probleme für eine adäquate typologische Bewertung weist Schmid (2009, S. 196) hin. Kennzeichnend für den Ausbau der Verbalklammer ist die Entwicklung im Nebensatz, insbesondere die Anordnung der verbalen Glieder. Um 1500 ist die Nachstellung des finiten Verbs in zweigliedrigen Verbindungen gängig (Ebert 1986, S. 128). Anders stellen sich die Verhältnisse bei mehrgliedrigen Verbindungen, z. B. in Sätzen wie *wie er billich solt gethan haben* (Montanus, nach Härd 1981, S. 48) dar. Hier ist die Voranstellung des Finitums im von Härd untersuchten Zeitraum von 1450 – 1580 auf dem Vormarsch (Härd 1980, S. 169 f.).

Neben den genannten Klammerformen finden sich auch Klammerungen bei Adverbia: *da kann ich nichts für,* allerdings auch mit voller Wiederaufnahme des ausgeklammerten Teils: *Da liegen Welten dazwischen* (Die Zeit 2003, nach Negele 2010, S. 1078).

Die Klammerung führt auch zur topologischen Felderlehre des Deutschen. Was vor dem klammereröffnenden Teil der Hauptsatzklammer, dem finiten Verb, steht, wird als Vorfeld bezeichnet. Auf das finite Verb folgt das Mittelfeld. Den klamm-erschließenden Elementen folgt das Nachfeld (vgl. Nübling u. a. 2010, S. 93). Bereits im Tatian lässt sich das Klammerschema nachweisen: „*noh thanne ni* (Vorfeld) *uuas* (1. Klammerteil) *Iohannes* (Mittelfeld) *gisentit* (2. Klammerteil) *in carcari* (Nachfeld)." (Greule 2000, S. 1211, nach Dittmer 1992, S. 253 – 256). Bei Notker finden sich aus-gebaute Formen (vgl. Bolli 1975, Borter 1982, Näf 1979). In den Predigten von Meister Eckhart sind sie häufig: *Niemer enmac man ein dinc rehte in im selber bekennen, man bekenne ez in sîner ursache* (Meister Eckhart, Werke, Frankfurt, Deutscher Klassiker Verlag, Predigt 8, S. 100, Z. 30 f.) Allerdings stehen bei ihm nominale Formen häufig hinter dem letzten Verbteil: *Got der hât wol genügende und lust gegozzen in die crêatûren* (S. 444, 7). *Nû wænent etlîche liute, daz sie gar heilic sîn und gar volkomen, und nement sich ane grôzer dinge und grôzer worte* (S. 444, 27 f.) Diese Formen sind nicht als Ausklammerungen wie in der Gegenwartssprache zu beurteilen, sondern als Zwischenstufen zur vollständigen Klammerung. Im Mittelhochdeutschen liegt im Aussagesatz „der Anteil der vollständigen Klammern am Gesamt der potenti-ellen/realisierten Klammern in der Prosa relativ konstant bei gut 50 %" (Prell 2007, S. 457). Im Frühneuhochdeutschen ist die Verbalklammer in den Regionen des Deutschen voll ausgebildet. Allerdings ist diese Periode „in Bezug auf das Satz-rahmenprinzip von zwei gegenläufigen Tendenzen gekennzeichnet" (von Polenz 2000, S. 191): In „sprechsprachlich" geprägten Textsorten findet sich vielfach Ausklammerung, in den schriftsprachlich dominierten Textsorten nimmt der Satzrahmen immer mehr zu. Nach Schildt (1976, S. 271) weisen im Zeitraum von 1470 – 1530 68, 1 % und im Zeitraum von 1670 – 1730 81, 4 % aller Einfachsätze einen voll ausgebildeten Satzrahmen auf. Dafür zwei landschaftlich weit auseinander-liegende Beispiele: Ostpreußen: *Fürstliche Durchlauchtigkeit zu Preussenn, unser gnedigster herr, hatt mit vielfältig gehabtem zeitigenn Rath und vorbedenckenn, auch mit gemeiner bewilligung des Raths, der Eltisten, und der gantzen gemeine zu Tilsenn Im 1552ten Jahre sich volgenndes willkürlichen Rechtenns mitt Ihnen vereinigt und verglichen* (Willkür der Stadt Tilsit 1569, nach G. Thalmann, Bau und Kulturgeschichte Tilsits, Tilsit 1927, S. 228). Oberdeutsch: *So muß man also zum deckmantel ein solche Chymeram erdichten* (Ferriolus 1590, nach Brooks 2006, S. 54). Im 18. Jahrhundert wird der Satzrahmen bei den Sprachtheoretikern ausführlich diskutiert (vgl. Konopka 1996, S. 84–149).

Die Verbalnomina können aber auch als selbständige Satzglieder auftreten, vgl. unten § 126.

Die Regel von der Unauflösbarkeit des Substantivgefüges gilt für die meisten Funktionalstile, aber in dichterischer Sprache sind die Ausnahmen nicht selten. Mit *und* verbundene Glieder können getrennt werden: mhd. *der künic bat in bringen unde sîne man* (Nib. 82, 3); nhd. *die Ruhe der Seele ist ein herrliches Ding und die Freude an sich selbst* (G., Werther, 2, 17. 2. 1772); *Wut scheint und Furcht die Stimme ihr zu rauben* (Kleist, Der zerbrochene Krug 11). Ein Substantiv kann von seinem attributiven Genitiv getrennt werden: *der ein einiger Sohn war seiner Mutter* (L., Lukas 7, 12); *nicht die eherne Brust rührt es des stygischen Zeus* (Sch., Nänie). Ebenso kann ein durch Präposition angeknüpfter Kasus von dem Substantiv getrennt werden: *wenn er ins Getümmel mich von Löwenkriegern reißt* (G., Künstlers Morgenlied). Über die Abweichungen vom normalen Stellungstypus in den Verbalgefügen vgl. das Folgende.

Während im Althochdeutschen das Attributsystem zwar in den Grundstrukturen vorhanden, aber noch nicht sehr differenziert ist (vgl. Greule 2000, S. 1208 f.), ist es im Mittelhochdeutschen bereits sehr ausgefeilt (vgl. Barufke 1995). Das betrifft einerseits die Typenvielfalt. So kommen bei Wolfram von Eschenbach so gut wie alle Arten von Adjektivattributen, Genitiv-, und Präpositionalattributen und satzförmigen Attributen vor. Vor dem Substantiv „können sogar zwei nicht kongruierende Attribute stehen: *von alrôtem golde eines schildes rant* (Nib. 435, 2)." (Admoni 1990, S. 113). Auch erweiterte Partizipialattribute, deren Ausbreitung allerdings später erfolgt (vgl. Weber 1971, Brooks 2006, S. 47), finden sich bereits: *ein pfelle von Acratôn, ûz heidenschefte verre brâht, wart zeime zil aldâ gedâht, niht breit sinewel gesniten, al nâch tavelrunder siten* (Wolfram, Parzival 309, 18–22, „weither aus Heidenländern gebrachte, nicht breit, sondern ganz nach der Sitte der Tafelrunde rund geschnittene Seide aus A. erfüllte ihren Zweck", (Barufke 1995, S. 116). Die Stellung der attributiven Glieder zeigt einige Besonderheiten, so nach vorne und nach hinten ferngestellte Präpositionalattribute: *sîn ors von îser truoc ein dach* (Wolfram, Parzival 36, 23), bzw. *zwei stöllelîn si truogen von helfenbein* (Wolfram, Parzival 233, 2, „sie brachten zwei Stützen aus Elfenbein"). Ähnliches gilt für die Genitivattribute mit ihren Teilen: *manegez er der gademe erlief* (Wolfram, Parzival 247, 3, „durch viele Gemächer lief er", Barufke 1995, S. 170). Nachgestellte erweiterte Adjektiv- und Partizipialattribute (*die pantzer gestricket von allen tugenden*, Tauler 406, 30, nach Lötscher 1990, S. 16) gehen als Folge des Verschwindens nachgestellter Adjektivattribute zurück (Lötscher 1990).

Die Präpositionalattribute nehmen vor allem in der frühen Neuzeit „kontinuierlich zu" (Ágel 2000, S.1861, vgl. Droop 1977). Dies gilt besonders für die Sprache der Verwaltung, der Berichte und Traktate, in denen sich auch Häufungen und Stufungen finden, z. B.: *Also hat sich auch in jetz ablauffendem 1604. Jahr/ den 9 oder 10 Octobris abermahl ein sehr grosser heller zwintzerender stern in der constellatione Serpentarij vnd 17. grad/ 43 minuto des Schützens cum declinatione Meridiana, latitudine verò Septentrionali gr. 1. 55 m. zwar nit eben in via lactea, aber doch in dem Platz des Himmels/ der zwischen den zweyen pfäden deren alda gespaltenen strassen eingeschlossen ist/ vnd zwar dem vordern Pfad gar nahend/ erstmahlen entzündet/ vnd ist den 17. 18. 21. 28. Octobris observando so viel befunden worden/ das er kheinen lauff nit habe/ ausserhalb des täglichen Auff vnd Nidergangs.* (Johannes Kepler, Bericht vom neuen Stern 1604, 394, 14–22, Textkorpus Thomas Glonig).

Das Substantiv als Kern einer Nominalgruppe ist im Deutschen dadurch gekennzeichnet, dass attributive Plätze vor und hinter ihm eröffnet werden. Dabei hat sich im Laufe der Sprachentwicklung ein immer festeres Anordnungsverhältnis ergeben, das „zu einer immer strikteren Serialisierung führt und damit zu einer Serialisierung, die eine ökonomische Dekodierung ermöglicht" (Schmidt 1993, S. 339 f.). Mit der seit dem Spätmittelhochdeutschen zunehmenden Linksdirektionalität der Attribute in der Nominalphrase zeigt sich eine analoge Entwicklung zur Nebensatzwortstellung, bei der das Finitum die Endposition anstrebt (vgl. Askedal 2000).

2. Stellung des finiten Verbs

§ 126. Als Orientierungspunkt für die Einteilung der Wortstellungstypen im Deutschen dient am besten die Stelle des finiten Verbs. Endstellung ist die aus dem Indogermanischen ererbte Normalstellung, die im Germanischen (Lenerz 1984, S. 150) und vor allem im Deutschen seit dem Althochdeutschen von anderen Stellungsregularitäten überlagert oder abgelöst worden ist. (vgl. Schrodt 2004, S. 197 ff.) Danach lassen sich drei Haupttypen aufstellen, indem das Verb die erste, die zweite oder die letzte Stelle im Satz einnehmen kann. Fasst man die letztere Stellung ins Auge, lässt sich das Deutsche dem Stellungstyp der OV (Objekt-vor-Verb)-Sprachen zuordnen, s. o. Die Zugehörigkeit zu diesem Typ entwickelt sich aber erst im Laufe der Sprachgeschichte (Schallert 2010, S. 366; Diskussion der älteren germanischen und indogermanischen Verhältnisse bei Lehmann 1974, S. 238–242).

An der zweiten Stelle im Satz, die als syntaktisch relevante Position offenbar im Germanischen entstanden ist, d. h. nach dem ersten Satzglied, steht das Verb im selbständigen Aussagesatz und in abhängigen Festellungssätzen, die kein

Einleitungswort haben: *ich glaube, er hat es gesehen*. Die Besetzung dieser Stelle wird in der generativen Grammatik als die Bewegung in die Position COMP angesehen (Lenerz 1984, S. 179 f.). J. M. Zemb spricht von der „Versetzung" des Finitums (Zemb 1972, S. 51), ähnlich fasst es eine Dependenzgrammatik auf, die auf Stellungsbedingungen eingeht (Eroms 2000, S. 314). Dass die Zweitstellung bereits im Althochdeutschen auf dem Wege ist, sich zur Regel zu entwickeln, zeigen z. B. Änderungen lateinischer Vorlagen wie bei Isidor (7, 18): *et creavit deus hominem / endi got chiscuof mannan* (Schrodt 2004, S. 201), selbst im Tatian ist dies der Fall, vgl. Dittmer/Dittmer (1998, S. 93). Für den Tatian lässt sich ermitteln, dass die Zweitstellung des Finitums in Sätzen mit bekannten Diskursreferenten gewählt wird „und in funktionaler Opposition zu V/1-Sätzen steht, in denen Diskursreferenten erstmals eingeführt werden" (Hinterhölzl/Petrova/Solf 2005, S. 176). Die Stelle vor dem Verb kann von jedem beliebigen Satzglied eingenommen sein: *wir sind heute in der Stadt gewesen; heute sind wir in der Stadt gewesen; tief unten lag das Tal; diese Kirche hat er selbst bauen lassen; an den Wänden waren Skizzen aufgehängt*. Von den abtrennbaren Gliedern eines Verbalgefüges können die verbalen Nominalformen als selbständige Satzglieder auftreten und die Stelle vor dem finiten Verb einnehmen: *gesprochen habe ich ihn noch nicht*. Die Präfixe einer trennbaren Verbalzusammensetzung (wie *achtgeben, festsetzen*) haben im Allgemeinen nicht eine so große Selbständigkeit, kommen jedoch zumindest in dichterischer Sprache vor, z. B. *auf steigt der Strahl und fallend gießt er voll der Marmorschale Rund* (C.F. Meyer, Der römische Brunnen).

Auch die Besetzung der „Drittstelle" im Satz durch das Finitum ist im Deutschen möglich. Es handelt sich dabei vor allem um eine Füllung des Vor-Vorfeldes vor allem durch Adverbien unterschiedlichen Typs (vgl. Thim-Mabrey 1988), z. B. *Aber morgens nach dem aufstehen und der Erstversorgung meiner Kinder, wandere auch ich gen Kaffeeküche* (www. dooyoo.de/kaffee-cappuccino, 31.07.2002), die Links-Versetzung oder die Besetzung mit einem „freien Thema" s. § 128). Die im Althochdeutschen zu findenden Typen sind nach Axel (2007, S. 200–235) entweder dem Latein geschuldet, wenn sie wie im Tatian eine lateinische Vorgabe nachzeichnen (*In mitteru naht ruoft uuard gitan; media autem nocte clamor factus est*, Tatian 260, 14 f. = Sievers 148, 3) oder entsprechen auch manchen in der Gegenwartssprache vorkommenden, z. B. *Dés náhtes an mínemo bette uórderota íh mínen uuíne, in lectulo meo per noctes quesiui quem diligit anima mea* (Williram 87, 15, Belege nach Axel 2007, S. 203 und 212). Fernzuhalten sind von diesen Typen solche, in denen das Vor-Vorfeld von einem Brückenkonnektor („hervorgehobener Konnektor") wie *freilich, übrigens* oder einer Hauptsatzkonjunktion besetzt wird (vgl. § 134).

Einige Partikeln mit heraushebender oder negierender Bedeutung können sich teils auf den ganzen Satz beziehen und werden dann als selbständige Satzglieder behandelt, teils beziehen sie sich auf ein einzelnes Wort, mit dem zusammen sie dann ein Satzglied bilden. Die verschiedenen Funktionen dieser Partikeln bewirken deshalb verschiedene Wortstellung; vgl. *nicht dich habe ich beschuldigt: dich habe ich nicht beschuldigt; auch ich war in Arkadien geboren: auch war ich damals schon verreist; kaum eine Stunde hatte ich geschlafen: kaum war ich eingeschlafen; schon gestern abend war ich bereit: schon war ich bereit zu sterben.*

Bindewörter wie *und, oder, aber, sondern, denn* werden nicht als zum Satz gehörig betrachtet, sie zählen deshalb nicht als Satzglied. Dagegen zählt *auch* als Satzglied, wie das obige Beispiel zeigt; vgl. den Unterschied: *denn er war nicht zu Hause: auch war er damals nicht zu Hause.* Auch *und* hat man bisweilen als Satzglied betrachtet, und es hat dann das Verb an sich gezogen. Dieser Sprachgebrauch ist von den Grammatikern bekämpft worden, aber er hat sich lebenskräftig gezeigt vom Ahd. ab bis in die neuere Sprache hinein: ahd. *unde sint sie dien fogelen gelih . tie der tag plendet . tiu naht sehende getuot* (Notker, B 283, 4, nach Schrodt 2004, S. 219); mhd. *und was im sîn gevidere alrôt guldîn* (Kürenberger, Minnes. Frühl. 9, 9); *sie wîsent uns ze himele, und varent sie zer helle* (Walther, L. 33, 35); nhd. *und die Gräber teten sich auf, und stunden auf viel Leiber der Heiligen* (L., Matth. 27, 52); *aus einem Brief an Wielanden habe ich dein Hauskreuz schon gesehen, und ist mir sehr lieb, daß es sich wieder erleichtert* (G., Briefe, an Johann Heinrich Merck, 7.4.1780); *die Hoffnungen meines Lebens habe ich müssen sehen in den Grund sinken, und blieb mir nichts übrig* (Sch., Die Räuber III, 2); *der König führte das Mädchen in sein Schloß, und lebten sie lange vergnügt zusammen* (Grimm, Brüderchen und Schwesterchen), *doch* und *jedoch* lassen eine doppelte Behandlung – als Bindewort und als Satzglied – zu: *doch ich will davon schweigen: doch will ich davon schweigen.* Ebenso *entweder: entweder er muss es tun, oder ...: entweder muss er es tun, oder ...* In derselben Weise kann *zwar* (< mhd. *ze wâre*) entweder außerhalb des Satzes stehen und auf die Wortstellung keinen Einfluss ausüben: *zwar, ich weiß es nicht bestimmt,* oder es kann Satzglied sein und das Verb an sich ziehen: *zwar weiß ich es nicht bestimmt.*

Auch die Stellung des Verbs im Nachsatz (einem Hauptsatz, der seinem Nebensatz folgt) gehört zu diesem Typus: *als er mich erblickte, stand er auf.* Der Nebensatz ist hier als ein Satzglied zu betrachten, sein Inhalt kann im Hauptsatz durch ein Adverb zusammengefasst werden: *als er mich erblickte, da stand er auf.*

§ 127. Die erste Stelle im Satz hat das finite Verb in selbständigen Fragesätzen, die nicht durch ein interrogatives Pronomen oder Adverb eingeleitet werden: *kommst du?,* und in den auf Fragesätze zurückgehenden konjunktionslosen Bedingungssätzen (§ 136): *kommt er, werden wir ihn sehen;* weiter in Wunschsätzen mit dem Konjunktiv präteriti: *käme er doch!* und in den auf diese Sätze zurückgehenden hypothetischen Sätzen (§ 137): *käme er, würde er uns helfen;* auch in den

Konzessivsätzen, die auf Aufforderungssätze zurückgehen (§ 137): *sei er noch so ungebärdig, er wird sich fügen*; endlich bei Adhortativ: *gehen wir!* bei Imperativ: *komm bald zurück!* und bei aufforderndem Konjunktiv in der 3. Person Plur. als höflicher Anrede: *seien Sie so gütig; bitte, setzen Sie sich.*

Die Verb-erst-Stellung in Deklarativsätzen geht auf urgerm. Verhältnisse zurück. Über die Wortstellungsverhältnisse in den frühen germ. Sprachen gehen die Ansichten stark auseinander (vgl. Önnerfors 1997, S. 211–244). Axel (2007, S. 113–172) unterscheidet verschiedene Typen und sieht nicht bei allen eine Kontinuität zu den gegenwärtigen Verhältnissen. Insbesondere solche Fälle, bei denen später ein expletives *es* im Vorfeld steht, sind anders zu beurteilen. Weitgehend Konsens ist, dass, auch weil sich der Ausbau der Zweitstellung in seinem Entwicklungsgang in historischer Zeit verfolgen lässt, das Urgerm. durch eine Opposition Verb-letzt-Stellung als unmarkierte versus Verb-erst-Stellung als markierte Struktur gekennzeichnet war. (Önnerfors 1997, S. 213). Diese Auffassung geht im Wesentlichen auf Fourquet (1938) zurück. Dieser Typus muss jedenfalls im Germanischen verbreitet gewesen sein, wie aus seiner großen Häufigkeit in den isländischen Sagas hervorgeht.

Im Ahd. war Anfangsstellung des Verbs auch im selbständigen Aussagesatz nicht selten, sie ist nicht auf eine kleinere Gruppe von Verben beschränkt, nimmt aber im späteren Althochdeutsch zahlenmäßig ab (vgl. Maurer 1926, S. 151 f.): *want her dō ar arme wuntane bauga* (Hildebrandslied 33); *was liuto filu in flīʒe* (Otfrid I, 1, 1); *lieʒ her heidine man obar sēo līdan* (Ludwigslied 11); *skein ouh Orion mit sīnemo scōnen swerte* (Notker I, 769, 25). Im Tatian ist diese Stellung noch häufig, wenn sie auch vielfach der lateinischen Vorlage korrespondiert: *gieng tho ther thio fimf talenta intfi1eng Inti uuorahta in then Inti gistriunita andero fimui* (Tatian 261, 21–23 = Sievers 149, 2, Abiit autem qui V talenta acceperat …), kommt aber auch sonst vor und betrifft vor allem den unmittelbaren Textanschluss (Simmler 2010, S. 36). Aber im Isidor finden sich Stellen, die gegen das Latein die Verb-erst-Stellung des Finitums aufweisen: *beit noh dhuo dher aluualdendeo, dhazs ir sih auur dhurah hreuun mahti chigarauuan zi chinisti* („erwartete", Isidor 29, 9; Fourquet 1938, S. 130 f.). Im Deutschen macht sich aber die Regel von der Zweitstellung des finiten Verbs früh geltend. Die Anfangsstellung des Verbs ist deshalb schon im Mhd. sehr selten geworden. Bei Önnerfors (1997, S. 225 f.) werden nur wenige Belege angeführt, etwa: *sprach ein maget* (Neidhart). Jedoch schimmert dieser ursprüngliche Typus durch in den Sätzen mit sogenannter „gedeckter Spitzenstellung" des Verbs, d. h. in Sätzen, wo vor dem Verb nur ein unbetontes Wort steht. Solche unbetonte Wörter, die als satzeröffnende Glieder fungieren, sind: proklitische Subjektspronomina; diese konnten im Idg. ursprünglich fehlen (vgl. Latein), und dies ist noch im ältesten Germanisch der Fall, vgl. got.: *qaþ þan du im: gasaƕ satanan* (Lukas 10, 18) „er sagte da zu ihnen: ich sah den Satan"; Adverbia des

Ortes und der Zeit: *da kam ein Mann geritten*; solche Adverbia konnten im Ahd. dem Verbum nachfolgen: *fuor thō druhtin thanana* (Otfrid II, 15, 1); das sogenannte satzeröffnende *es*, dessen Erscheinen offenbar mit der Durchführung der Regel von der Zweitstellung des Verbs im Zusammenhang steht. Es taucht im Mhd. auf und hat in der Folgezeit immer größere Verwendung gefunden: mhd. *eʒ was ein küneginne geseʒʒen über sê* (Nib. 326, 1); *eʒ hete der künec Artûs ... ein hôchzît geleit* (Hartmann, Iwein 31 f.); *eʒ lâgen undern benken vil guoter knehte* (Hartmann, Erec 6645); *eʒ ist in solher huote diu minneclîche meit* (Kudrun 243, 1); nhd. *es lasse die Erde aufgehen Gras und Kraut* (L., Gen. 1, 11); *es glänzt der Saal, es schimmert das Gemach* (G., Mignon), vgl. § 64.

Im Nhd. kommt Anfangsstellung des Verbs im Aussagesatz hin und wieder vor. Während Maurer von einem Neueinsatz ausgeht, ist die Forschung heute geneigt, eine Kontinuität von der ältesten Zeit an anzunehmen, die sich nur nicht durchgängig schriftlich niedergeschlagen habe (Auer 1993, Önnerfors 1997, S. 228). Nicht selten ist diese Wortstellung bei Luther: *spricht nun das samaritische Weib zu ihm* (Joh. 4, 9); *sprechen zu ihm seine Jünger* (Joh. 16, 29). Auch später findet sich in der Literatur Voranstellung des Verbs: *kommen durch den Wald Reiter* (G., Götz von Berlichingen V, Bauernkrieg); *war ein Gekos und ein Geschleck* (G., Faust I, am Brunnen); *fehlt leider nur das geistige Band* (G., Faust I, Studierzimmer); *hört ich schon des Nachbars Türe gehen* (G., Morgenklagen); *saß ich früh auf einer Felsenspitze* (G., Amor als Landschaftsmaler); *sangen Vöglein aller Arten* (Eichendorff 2, 74); *quoll hervor ein roter Blutstrom* (Heine 2, 415).

Gehalten hat sich der Satzbeginn mit dem finiten Verb in narrativen Zusammenhängen, vor allem zum Einstieg bei anekdotischen Erzählungen des folgenden Typs: *Kommt ein Bauer ins Gasthaus und ...* , hauptsächlich in gesprochener Sprache. Ferner findet sich der Konstruktionstyp, auch in geschriebener Sprache, nach den Verben *bleiben* und *fehlen*, z. B. *Sie scheinen ein erfülltes Leben zu haben. Bleibt nur noch eine letzte Frage: Wie sehen die Hochzeitspläne aus?* (www.spielfilm.de/special/.../resident..., 19.9.2007).

Auch bei „deontischer Modalität" (Önnerfors 1997, S. 136) finden sich solche Formen: *Er muss sich einfach nicht mehr an die Regeln halten. Und wer sollte ihm das vergönnen? Soll er doch machen was er will.* (www.aggromigrant.com/.../ 25. März 2010).

Überhaupt ist im Nhd. Anfangsstellung üblich in Sätzen mit *doch*: *ist doch niemand in deiner Freundschaft, der also heißet* (L., Lukas 1, 61); *hat der alte Hexenmeister sich doch einmal wegbegeben* (G., Der Zauberlehrling); *hab ich den Markt und die Straßen doch nie so einsam gesehen* (G., Hermann und Dorothea, Kalliope); *weiß* steht am Anfang in Ausdrücken wie *weiß Gott; weiß der Himmel* usw.

§ 128. Endstellung des Verbs herrscht im modernen Deutsch in Nebensätzen, die durch fragende und relative Pronomina und Adverbia oder durch Konjunktionen eingeleitet werden. Diese Wortstellungsregel ist ein charakteristischer Zug des Deutschen, und sie ist schon bei Notker vorherrschend geworden. Allerdings kann, zumal in älterer Zeit, eine Ergänzung dem Verb nachfolgen (vgl. unten), aber man rechnet doch zu diesem Typ alle Sätze, in denen mehr als ein Glied dem Verb vorangeht. Absolute Schlussstellung des finiten Verbs ist erst in der nhd. Periode als Schriftsprachnorm durchgedrungen.

Im Ahd. konnte das Verb auch im Hauptsatz die letzte Stelle einnehmen. In der Dichtung ist dies besonders häufig: *her frāgēn gistuont* (Hildebrandslied 8); *iro saro rihtun* (Hildebrandslied 4); *ther engil imo nāhta* (Otfrid I, 8, 19); *suma hapt heptidun, suma heri lezidun* (Merseburger Zauberspr.). Der Typ findet sich auch in anderen altgerm. Sprachen, im Deutschen ist er aber schon seit Notker aus der Prosa geschwunden. In der Dichtung dagegen ist er noch im Mhd. in ausgedehntem Gebrauch und auch im Nhd. nicht selten. Es ist aber deutlich, dass es sich schon im Mhd. um eine nur in der traditionsgebundenen Dichtung weiterlebende Wortstellung handelt, die keine Stütze in der lebendigen Rede hat. Der Typus ist weit häufiger im Volksepos mit seiner archaisierenden Sprache als in der moderneren höfischen Kunstdichtung. Beispiele aus dem Nibelungenlied: *diu edele küneginne vil sêre weinen began* (60, 4); *Sîfrit der vil küene zuo dem künege trat* (426, 1). Der Gebrauch erhält sich dann weiter hauptsächlich in der volkstümlichen Dichtung; bei Hans Sachs ist diese Wortstellung häufig: *zu ihr ich nit mehr will noch mag.* Im 18. Jh. erscheint sie wieder in der Kunstdichtung als Nachahmung der alten volkstümlichen Poesie, so z. B. bei Goethe: *einen saubern Feierwams er trägt* (G., Gedichte, Hans Sachsens poetische Sendung); *kräftig sie auf den Füßen steht* (ebenda). In Schillers Balladen ist dieser Typus häufig: *keiner den Becher gewinnen will* (der Taucher); *und alle die Männer umher und Frauen auf den herrlichen Jüngling verwundert schauen* (ebenda); *und hinein mit bedächtigem Schritt ein Löwe tritt* (Der Handschuh). Die Schlussstellung des Verbs im Hauptsatz ist also innerhalb der dichterischen Tradition bis in die Neuzeit festgehalten, nachdem der Typus in der Prosa schon ums Jahr 1000 ausgestorben ist.

Ohne Verbindung mit dieser Tradition ist die Schlussstellung des Verbs in gewissen Satztypen in der nhd. Prosa, wo Einwirkung von der Wortstellung des Nebensatzes vorliegt. Hierhin gehören die Parallelsätze mit *je – je: je mehr ihrer wird, je mehr sie wider mich sündigen* (L., Hosea 4, 7); *je mehr er mich tröstete und liebkoste, je mehr ich schrie* (Simplicissimus 1, 7); *je mehr sie ihn besah, je mehr sie Reize fand* (Wieland 12, 215). Im Mhd. haben die entsprechenden Fügungen *sô* an der Spitze des Satzes: *sô ich ie mêre zühte hân, sô ich ie minre werdekeit bejage* (Walther, L. 91, 3 f.); *sô er ie harter dannen flôch, sô minne ie faster widerzôch* (Gottfried, Tristan 905 f.); ähnliche Ausdrücke finden sich auch im Nhd.: *wie ich sage, so ich denke* (G., Zahme Xenien 1). Den gleichen Parallelismus hat man im Sprichwort: *wes Brot ich ess', des Lob ich sing.*

Einige satzeröffnende Konjunktionen und Adverbia bewirken bisweilen im älteren Nhd. Schlussstellung des Verbs im Hauptsatz, *denn*: *denn auch der Himmel Kräfte sich bewegen werden* (L., Lukas 21, 26); *dann er gar ein lustiger Mann ist* (Hebel, Die Probe); *sonst*: *sonst ihm kein schwedisch Volk vertrauet wird* (Sch., Wallensteins Tod I, 5); ebenso *anders* in der Bedeutung „sonst": *man faßt auch nicht Most in alte Schläuche, anders die Schläuche zerreißen* (L., Matth. 9, 17).

Abgesehen von diesen Fällen ist im Nhd. Schlusssstellung des Verbs auf Nebensätze beschränkt und ist allmählich ein formelles Kennzeichen der untergeordneten Sätze geworden. Es ist dabei zu merken, dass die Schlussstellung nicht eine absolute zu sein braucht. Das Wesentliche für die Zugehörigkeit zu diesem Typ ist, dass mehr als ein Glied dem Verb vorangeht. Dass in Nebensätzen ein oder mehrere Glieder dem Verb nachfolgen, hat zu allen Zeiten stattgefunden, früher häufiger als jetzt, und in der volkstümlichen Sprache und der ungezwungenen Alltagsrede häufiger als in der Schriftsprache. Allerdings kann eine solche unregelmäßige Wortstellung auch gerade in gewählter und feierlicher Sprache verwendet werden zur Erzielung gewisser stilistischer Wirkungen.

Sowohl ergänzende Verbalnomina wie Prädikatsnomina und Objektskasus können dem finiten Verb nachfolgen.

Ein Infinitiv kann in der älteren Sprache nicht selten dem Verbum nachfolgen: mhd. *daʒ ir immer erlôst muget werden* (Berthold 2, 5, 19); nhd. *da ich mich aber wollte erkundigen der Ursache* (L., Apostelgesch. 23, 28); *damit wir es können färben und die Exemplare drucken und malen lassen* (G., Briefe, an Schiller, 6. 9.1798); *was von allen deinen Schätzen dein Herz am höchsten mag ergötzen* (Sch., Der Ring des Polykrates).

Seltener steht ein Partizip Präteriti der zusammengesetzten Verbalformen nach dem finiten Verb: *den Gott selbst hat erkoren* (L., Ein feste Burg); *wenn's nicht wär' durch falsche Leut' verraten worden* (G., Götz von Berlichingen I, Schwarzenberg in Franken), *wenn seine Gewalt nicht wäre gebrochen worden* (Sch., Über das Pathetische). In Sätzen mit Infinitiv mit der Geltung eines Part. Prät. stehen beide Infinitive nach dem Verbum finitum: *wo ich es habe finden können.*

Solche dreigliedrigen Verbalkomplexe treten erst in neuerer Zeit in der jetzt gültigen Standardform auf. Besonders im Oberdeutschen zeigen sich im 17. und 18. Jahrhundert vier Formtypen (vgl. Härd 1981, Takada 1998, Eroms 2005 und Brooks 2006, S. 105 f.): *bin ermunteret worden / ist worden bestättiget / angenommen werden wollte / gebohren ist worden.* Die letztere Form, z. B. *daß dißfalls zwischen den Beckhen / Müllherrn / Müllinhabern vnnd Müllnern [...] ain außthailung gemacht solle werden* (Beckhen-Ordnung 1590, nach Brooks 2006, S. 106), hat sich in oberdeutschen Mundarten partiell bis heute erhalten. – Bei zwei-

gliedrigen Verbkomplexen wird die V2-V1-Abfolge, wie sie in der Gegenwartssprache gilt, offenbar im Laufe des 16. Jahrhunderts fest (Lötscher 2010, S. 623).
Nach Härd (1981) und Ågel (2000, S. 1878) lässt sich generell sagen, dass es ein
Bündel von Faktoren ist, das die Endstellung des Finitums und die Anordnung der
davor stehenden infiniten Teile beeinflusst. Diese Faktoren sind: 1.) die Anzahl der
verbalen Glieder. Je höher die Zahl, desto mehr wird der Endstellung Widerstand
geleistet. 2.) die grammatische Form des infiniten Feldes. Infinitive sind hem-
mender als Partizipien, dies ist besonders wichtig für die Bewertung des Ersatzinfinitivs (vgl. § 88). 3.) Modalverben tendieren stärker zur Endstellung als die
Hilfsverben, insbesondere *haben* steht eher voran.

Ein Prädikatsnomen kann im Mhd. dem Verbum finitum nachfolgen: *Dô si da͡z
rehte erhôrten da͡z er wære tôt* (Nib. 2257, 1), ebenso im Frühnhd.: *das ich nicht mer
sei dein gekaufter Knecht* (Albrecht von Eyb, Deutsche Schriften 108, 25). Auch in
späterer Sprache kommt diese Wortstellung vor, wenn das Prädikatsnomen eine
Ergänzung hat: *welche sind seine Zeugen an das Volk* (L., Apostelgesch. 1, 11); *daß
er würde der Spiegel deiner Seele* (G., Werther 1, 10. 5. 1771).

Ein vom Verbum abhängiger Nominalkasus kann im Mhd. diesem folgen,
wenn er durch ein Adjektiv oder einen Genitiv bestimmt ist und deshalb eine
gewisse Schwere besitzt: *alse diu sunne an sich ziuhet den fiuhten luft* (Mystiker II,
155, 50); besonders häufig ist dies, wenn ein Relativsatz an den Kasus angeknüpft
ist: *wie uns der allmähtige got hât geben zwei grôziu buoch, da wir an lesen unde
lernen* (Berthold 1, 19, 11). Im Nhd. ist diese Wortstellung seltener; bei Luther noch
einigermaßen üblich: *daß die Schuldigen zuvor entsetzt werden priesterlicher
Würde* (L., An den christlichen Adel); *auf welchen er richten will den Kreis des
Erdbodens* (L., Apostelgesch. 17, 31); *daß der Reiche nicht lebendig fühlt seinen
Reichtum* (G., Briefe 2, 39, 23). Häufiger wenn an das Nomen eine umfangreiche
Ergänzung angeknüpft ist: *wenn du erkenntest die Gabe Gottes und wer der ist, der
zu dir sagt, gib mir trinken* (L., Joh. 4, 10); *daß ich dir nicht ausdrücken kann die
Empfindungen, die mein Herz bestürmen* (G., Werther 1, 10. 9. 1771). Ist der Kasus
durch Präposition angeknüpft, ist Nachstellung häufiger: *selig sind, die da hungert
und dürstet nach der Gerechtigkeit* (L., Matth. 5, 6); *wenn sie nun daliegt in dem
erbärmlichsten Ermatten* (G., Werther 1, 1. 7. 1771); *daß euch die Schuppen fielen vom
Auge* (Sch., Die Räuber I, 1). Ein Infinitiv mit *zu* folgte ursprünglich dem Verbum
immer nach: ahd. *da͡z ih tir gebe ze trinchenne* (Notker II, 155, 10); mhd. *dâr wir
wünschen nach gotes willen ze sîn* (Mystiker I, 354, 5); nhd. *Da es ganz aufgehöret zu
regnen* (Der Königl. Akademie der Wissenschaften in Paris Physische Abhandlungen 9. Theil, Breslau 1753, S. 135). Jetzt ist sowohl Vor- wie Nachstellung gebräuchlich: *als es zu regnen aufgehört hatte*. Nachstellung ist üblich, wenn an den
Infinitiv Bestimmungen geknüpft sind: *ob sie verdienen so viel Lärm zu machen*

(Briefe an Lessing, von Mme König, 5.12.1772); *der sich anmaßte mit Jupiters Keule zu spielen* (Sch., Die Räuber II, 3).

Links-Versetzung (Linksherausstellung, Prolepse), die im Mittelhochdeutschen selten war, findet sich im Frühneuhochdeutschen: *Mein Hertz das opffere ich dir.* (Aloysius Novarini, Andächtige Tugend=Übungen, 1664, nach Brooks 2006, S. 223). Allerdings ist der Nominativus pendens als Freies Thema vorher gebräuchlich: *helde die iungen das burgetor sie errungen* (Rolandslied 339f., nach Lötscher 1995, S. 51). Auch im Frühneuhochdeutschen sind Herausstellungen teilweise stilistisch markiert und sollen volkstümliche Sprache kennzeichnen (Lötscher 1995, S. 55), kommen aber auch in gebrauchssprachlicher Verwendung vor: *dem Kreuzrichter Peitz seiner Schwester sein StifSohn der von Holtausen der hat sich hir auch eine Farme gekauft.* (Brief eines C. Geucke, 1882, nach Elspaß 2010, S. 1019). – Zur deutschen Gegenwartssprache vgl. u. a. Altmann (1981) und Zeman (2002, S. 265 – 272).

3. Stellung der nominalen Verbalformen

§ 129. Die Infinitive und Partizipien der zusammengesetzten Verbalformen sowie alle von Verben abhängigen Infinitive stehen im Hauptsatz normalerweise am Schluss; im Nebensatz nehmen sie die Stelle unmittelbar vor dem Verbum finitum ein. Treten zwei oder mehrere Verbalnomina als Ergänzung zum finiten Verb, ist deren Reihenfolge durch das Gesetz bestimmt, dass die engste syntaktische Verbindung mit dem finiten Verb im Hauptsatz die größte Verbferne bedingt, im Nebensatz die Stelle unmittelbar vor dem Verbum finitum: *er wird nicht verurteilt werden können*; *daß er nicht verurteilt werden kann.* Im Hauptsatz können jedoch Ergänzungen zu diesen Verbalformen ihnen nachfolgen; Ausklammerungen und Nachträge kamen in der älteren Sprache viel häufiger vor als jetzt und sind auch heute in der mündlichen Rede mehr verbreitet als in der Schriftsprache. *Es wird geseet verweßlich / vnd wird aufferstehn vnverweßlich: Es wird geseet in Vnehren / vnd wird aufferstehen inn Herrligkeit: Es wird geseet in Schwachheit / vnnd wird aufferstehen in Krafft: Es wird geseet ein natürlicher Leib / vnnd wird aufferstehen ein Geistlicher Leib.* (Georgius Weinrich, Christliche Leichpredigt, 1600, nach Brooks 2006, S. 73). – Zur Ausklammerung lässt sich auch eine Form des Nachtrags rechnen, die Admoni als Parzellierung bezeichnet (1985, S. 1548). Sie ist relativ jungen Datums, heute wird die Parzellierung vor allem in der Werbesprache genutzt, kommt aber auch in der Literatur vor (z. B. bei Feuchtwanger, vgl. Simmler 2008) und in informellen Schreibregistern: *Gegen diesen § wird häufig verstoßen. Jeden Tag tausendfach* (www.motor-talk.de, 11.05.2007).

Ergänzungen des Infinitivs: ahd. *wio sol ih anderen geben dröst* (Notker 29, 10); mhd. *welt ir nû genesen von dem êwigen tôde* (Berthold, Predigt 25); nhd. *es wird kein König bestehen durch seine große Macht* (L., An den christlichen Adel). In den Dramen der Sturm- und Drangperiode nimmt dieser Gebrauch zu durch Nachahmung der Alltagssprache: *ich will meinem Hans ein Süppchen kochen zum Abende.* (G., Werther 1, 27.5.1771); *ich soll meinen Leib pressen in eine Schnürbrust, und meinen Willen schnüren in Gesetze* (Sch., Die Räuber I, 2).

Ergänzungen des Partizips: *Israel ist geflohen vor den Philistern* (L., 1. Samuel 4, 15); *Jesus ward gelassen alleine* (L., Johannes 8, 9); *wir haben beide ausgehalten bis an ihr Tor* (G., Werther 1, 19.6.1771); *sein Fluch hätte mich gejagt in Kampf und Tod* (Sch., Die Räuber II, 2).

4. Stellung der schwachtonigen Wörter

§ 130. Im Indogerm. scheint die Regel geherrscht zu haben, dass gewisse tieftonige Wörter an der zweiten Stelle des Satzes stehen, indem sie sich dem ersten, hochtonigen Satzglied enklitisch anschließen. Die Gesetzmäßigkeiten sind von Jacob Wackernagel formuliert worden (Wackernagel 1892), daher wird von der Wackernagelposition gesprochen. Solche tieftonige Wörter sind Kasus der persönlichen Pronomina und gewisse partikelartige Adverbia. Diese Wortstellungsregel, die wahrscheinlich rein rhythmisch bedingt war, hat sich noch im Germanischen erhalten, indem diese schwachtonigen Wörter in die größtmögliche Nähe des ersten Satzgliedes treten. Da jedoch im german. Aussagesatz das Verb die Stelle unmittelbar nach dem ersten Satzglied innehat, stehen diese Wörter im Hauptsatz an der dritten Stelle gleich nach dem finiten Verb, also vor einem nominalen Subjekt, wenn dies nicht den Satz eröffnet. Diese Stellungsregel ist während der ganzen deutschen Sprachentwicklung lebendig geblieben, vgl. ahd. *huuer ist dhanne dher druhtin* (Isidor 9, 5), nhd. *wer ist denn der Herr*; ahd. *nū sendida mih druhtin got* (Isidor 18, 9), nhd. *nun sendete mich der Herr Gott*; ahd. *dō scunta in virtus* (Notker, Mcp), nhd. *da trieb ihn die Tugend an.* Ein pronominales Satzglied erhält also eine andere Stelle als ein nominales mit derselben syntaktischen Funktion: *damals haben es viele Leute gewusst; damals haben viele Leute die Sache gekannt; damals habe ich es gewusst.*

Im Nebensatz stehen diese tonschwachen Wörter noch immer an der zweiten Stelle des Satzes. Es ist aber dabei zu merken, dass die einleitende Konjunktion in einigen Fällen als Satzglied gerechnet wird, in anderen nicht. Um als Satzglied gerechnet zu werden, muss sie eine gewisse Tonstärke besitzen, was vor allem der Fall ist bei den aus Nominalkasus entwickelten Konjunktionen; es heißt deshalb *falls mir die Sache gelingt; weil mir die Sache so gut gelungen ist.* Bei anderen

Konjunktionen sind zwei Wortstellungen möglich: *wenn die Sache mir gelingt; wenn mir die Sache gelingt; da die Sache mir so gut gelungen ist; da mir die Sache so gut gelungen ist.*

Ein unbetontes pronominales Subjekt steht immer vor den obliquen Pronominalkasus: *gestern gab er mir dies; als er mir dies gab.*

5. Die Wortstellung innerhalb des Substantivgefüges

§ 131. Die attributiven Adjektive und Pronomina können im ältesten Germanisch sowohl vor wie nach dem Substantiv stehen, obwohl Voranstellung schon in den frühesten Quellen überwiegt. Im ältesten Deutsch ist Voranstellung das Normale geworden, aber besonders in der Poesie ist Nachstellung ganz gewöhnlich: as. *god alomahtig* (Heliand 245); *lioht mikil* (Heliand 487); ahd. *fateres mīnes* (Hildebrandslied 24); *ellenes guotes* (Otfrid IV, 13, 30). Auch in der ahd. Prosa kommt diese Stellung vor: *gotes stimna hlūda* (Isidor 13, 14); *in einemo felde scōnemo* (Notker, Mcp, nach Graff, Althochdeutscher Sprachschatz). Im Mhd. verschwindet Nachstellung des Adjektivs aus der Prosa, bleibt aber in der Dichtung beibehalten, in größerem Umfang im Volksepos als in der höfischen Dichtung: *ein degen vil gemeit; ein swert vil guot; der bruoder sîn* (Nib.); selten ist das nachgestellte Adjektiv flektiert: *einen gêr vil starken* (Nib. 2060, 2). Das Possessivpronomen erscheint häufiger nachgestellt als das Adjektiv.

Auch in späterer Zeit ist nachgestelltes Adjektiv ein Kennzeichen der archaisierenden Dichtung. Opitz, Schottel und Lessing bekämpfen diesen Gebrauch, aber er wird in der Sturm- und Drangzeit wiederaufgenommen durch Nachahmung des Volkslieds: *Röslein rot; Blümlein wunderschön* (G.). Der Einfluss des Volkslieds nimmt am Anfang des 19. Jhs. zu, und nachgestelltes Adjektiv ist häufig bei Dichtern wie Uhland und Heine: *Kaiser Rotbart lobesam; ein Riese groß und wild; der treue Buhle mein.*

Anders zu beurteilen sind gewisse erstarrte Formeln, die sich unter speziellen Bedingungen erhalten haben: *Vater unser* ist von ahd. Zeit bewahrt unter Einfluss des lat. *pater noster; mein Mann selig(er)* ist wohl aus „seliger Gedächtnis" gekürzt. Aus der Kanzleisprache stammen Ausdrücke wie *zwei Gulden rheinisch; drei Ellen sächsisch* u. ähnl. *voll* steht regelmäßig nach dem Substantiv, wenn es eine Bestimmung hat, auch in der erstarrten flektierten Form *voller: ein Korb voll(er) Hosen.* Es kann auch nach obliquem Kasus stehen: *mit einem Herzen voll(er) Sorgen.* Sie findet sich schon seit dem späten Mittelhochdeutschen: *do was si voller gotlicher gnoden und süezzikeit* (Die Offenbarungen der Adelheid Langmann 61, 12, *allwo es voller Feuer und Flammen seyn soll* (Courasche 1144) (Belege nach Ebert 1986, S. 45).

Die in der Gegenwartssprache ungemein häufigen Ausdrucksweisen *das ist Urlaub pur, Service pur, Wahlkampf pur* nutzen eine Systemstelle in der Nominalphrase, die schon länger etabliert ist: *Forelle blau, Schrauben verzinkt,* aber auch *Röslein rot* (vgl. Dürscheid 2002). Allerdings ist nach Trost (2011) die Bedeutung des Adjektivs reduziert, so dass eine Intensivierungspartikel vorliegt, die das im Substantiv Bezeichnete in reiner Form, par excellence, zur Geltung bringt. Dies wird vor allem in der Sprache der Gastronomie und in der Werbungssprache mit den so signalisierten positiven Konnotationen genutzt, in der Sprache der Politik und der Pressesprecher können damit auch negative Assoziationen vermittelt werden: *der Film ist Verleumdung pur* (www.der westen.de, 17.9.2012). – Der Status derartiger nachgestellter Adjektive ist insgesamt noch zu diskutieren, sie lassen sich zusammen mit ihren Bezugssubstantiven auch als Zusammensetzungen auffassen (Darski 2010, S. 320).

Anders verhält es sich, wenn das Attribut größeren Umfang hat. In diesem Falle ist die Verbindung mit dem Substantiv oft loser, und das Attribut nähert sich einer Apposition. Das Attribut kann aus zwei koordinierten Adjektiven bestehen: *das Haus, alt und baufällig, drohte einzustürzen,* oder es besteht aus Adjektiv mit Bestimmung: *Kinder, hold wie Engelscharen* (Uhland, Sängerliebe, 5. Dante); *totes Werkzeug, belebt durch des edelsten Geistes Vertrauen* (G., Götz von Berlichingen I, Schwarzenberg in Franken). Da das Adjektiv in dieser Stellung unflektiert ist, verwendet man es im Nhd. im Allgemeinen nur bei einem Substantiv im Nominativ. Auch bei obliquem Kasus kommt die Nachstellung des Adjektivs vor: *dem Prinzen, jetzt viel zu schwach ..., blieb nichts übrig* (Sch., Geschichte der Unruhen in Frankreich); *unter jenem schwarzen Tuche, mit dem weißen Kreuz geschmückt* (Uhland, Sängerliebe, 5. Dante). Hin und wieder findet sich Flexion des nachgestellten Adjektivs: *teure Blätter, liederreiche* (Uhland, Sängerliebe, 4. Don Massias); *nach solchen Opfern, heilig großen* (Uhland, An das Vaterland).

Eine Bestimmung zu einem attributiven Adjektiv steht vor demselben: *ein für Eindrücke empfängliches Gemüt; eine mir unverständliche Kühnheit.* Da hierbei oft schwerfällige Ausdrücke entstehen, findet man bisweilen in der älteren Literatur die Bestimmungen des Adjektivs hinter das Substantiv gestellt: *der reiche Seneca an Witz und an Vermögen* (Opitz, Zlatna); *die aufgewalzten Berge zu des Ruhmes Sonnenhöhen* (Sch., Vorwurf an Laura); *sein frommes Leben trotz alles Reichtums* (E.T. A. Hoffmann, Meister Martin der Küfner).

Der nicht-partitive adnominale Genitiv (vgl. § 23) stand im Germ. ursprünglich wahrscheinlich vor dem regierenden Nomen. Hierauf deuten alte genitivische Zusammensetzungen vom Typ got. *baurgswaddjus* „Stadtmauer". Im Got. und Ahd. steht der Genitiv noch in den meisten Fällen vor dem regierenden Substantiv. Nur wenn er größeren Umfang hat, wird er nachgestellt: got. *mela gabaurþais seinaizos* (Markus 6, 21) „die Stunde seiner Geburt"; ahd. *in stat zehenburgo* (Tatian

88, 30 = Sievers 53, 14). Später macht sich eine Tendenz geltend, den Genitiv von Sach- und Abstraktbezeichnungen hinter das regierende Substantiv zu stellen, während Personenbezeichnungen voranstehen. Bei Luther steht *Gottes* in den meisten Fällen voran, auch andere Personenbezeichnungen, wie: *des Teufels Herrschaft; der Perser König; der Juden Lager.* Für die Entwicklung in der folgenden Zeit ist in Betracht zu ziehen, dass der Genitiv vom 14. Jh. ab aus den meisten Mundarten verschwindet und im wesentlichen nur als Schriftspracheform weiterlebt. In der Schriftsprache ist Nachstellung allmählich die Regel geworden, aber die Abweichungen sind zahlreich, besonders in gehobener Sprache; vgl. z. B. bei Goethe: *das ist der Weisheit letzter Schluss* (Faust II, V, Großer Vorhof des Palastes); *nach der Vollendung reiner Höhe streben* (Natur und Kunst, sie scheinen sich zu fliehen). Sonst steht in der modernen Sprache Gen. von artikellosen Eigennamen voran: *Schillers Werke; Heinrichs Bücher.* Auch feminine Personennamen nehmen in dieser Stellung die Endung *-s* an: *Annas Bücher*; ebenso Appellativa, die als Eigennamen gebraucht werden: *Mutters (Großmutters, Tantes) Kleider.*

In den älteren Sprachperioden stand oft der Artikel des regierenden Wortes vor dem vorangestellten Genitiv: ahd. *thēn liohtes kindon* (Tatian 176, 24 = Sievers 108, 4); *fora themo mannes sune* (Tatian 256, 23 = Sievers 146, 5); *diu gotes burg* (Williram). Dieser Wortstellungstypus setzt sich im Mhd. fort, besonders in der Sprache des Volksepos. Er ist jedoch nur möglich, wo der Genitiv artikellos ist und kommt deswegen meistens bei Eigennamen vor: *daʒ Etzelen wîp* (vgl. § 77).

Der partitive Genitiv steht seit der ältesten Zeit regelmäßig nach dem regierenden Wort: ahd. *uuaʒ zeihhano* (Tatian 121, 29 = Sievers 82, 5); nhd. *die meisten der Schüler.*

Die nachgestellten Genitivattribute lassen sich als syntaktisch zugewiesene Glieder auffassen, während die vorangestellten possessiven Charakter aufweisen (vgl. Demske 2001, S. 266).

Präpositionalattribute stehen im Allgemeinen nach dem Bezugssubstantiv, in der gebundenen Sprache findet sich auch Voranstellung: *bî Rîne liute unde lant* (Nib. 1147, 2; Prell 2007, S. 329; Barufke 1995, S. 182 f.).

XI. Verbindung von Sätzen

1. Beiordnung

Beigeordnete Sätze können asyndetisch (d.h. ohne Bindewort) oder durch ein Bindewort (durch demonstrative Pronomina und Adverbia oder durch beiordnende Konjunktionen) aneinandergereiht werden.

a) Asyndese

§ 132. Asyndetische Anreihung von Sätzen kommt durch alle Sprachperioden in großem Ausmaß vor. Wenn zwei aufeinanderfolgende Sätze dasselbe Subjekt haben, fehlte im Altgermanischen häufig das Subjektspronomen im zweiten Satz, indem es durch die Verbalendung zum Ausdruck kam. In der neueren Sprache muss normalerweise entweder im zweiten Satz das Pronomen stehen oder es muss ein Bindewort verwendet werden, aber in der altgermanischen Dichtung ist gerade bei fehlendem Subjektspronomen Asyndese stark verbreitet. Auch die altsächs. und althochd. Überlieferung hat diesen Gebrauch gut bewahrt: as. *that was fruod gomo, habda ferehtan hugi* (Heliand 73); *Maria uuas siu hēten, uuas iru thiorna githigan* (Heliand 252f.); ahd. *denne varant engila uper dio marhā, uuechant deotā, uuīssant ze dinge* (Muspilli 79). Im Mhd. ist diese Art von asyndetischer Anreihung stark zurückgegangen, aber der Typus wurde in neuerer Zeit in der literarischen Sprache wieder aufgenommen, zuerst von Klopstock, dann von den Sturm- und Drang-Dichtern und von den Romantikern: *die Erde sinkt, wird ihr zum leisen Staube* (Klopstock, Die Königin Luise); *Wallroth ging zum Kommandanten, sagte den ganzen Verlauf an* (Wagner, Kindsmörderin); *ich unterdrücke meinen Zorn, gewinne die Geduld mir ab* (Kleist, Amphytrion II, 1).

Ein hiervon verschiedener Typ von asyndetischer Anreihung liegt vor in der modernen Sprache, wenn von demselben Subjekt mehrere eng verbundene Verbalhandlungen ausgesagt werden; es wird dann nur das letzte Glied durch *und* angeknüpft: *er nahm das Glas, trank es aus und stellte es wieder auf den Tisch.* Dieser Gebrauch setzt erst frühnhd. ein. Früher wurden sämtliche Glieder durch *und* verbunden, was noch bei Luther üblich ist: *rief Paulus die Jünger zu sich und segnete sie und ging aus* (Apostelgesch. 20, 1). Der neue Gebrauch ist nur ein Spezialfall der entsprechenden Verwendung von *und* in kopulativen Verbindungen mit mehreren Gliedern überhaupt, die im Laufe der mhd. Zeit üblich wird, vgl. § 134.

Die Asyndese einzelner Glieder wird meist im Zusammenhang mit der Koordination behandelt (vgl. Kettmann 1976). Asyndetische Beiordnung ist zu allen Zeiten im Deutschen häufig. Im Frühneuhochdeutschen findet sich eine beson-

ders reiche Formenvielfalt. Während hier, wie auch sonst, die zwei- und dreigliedrigen Typen dominieren, finden sich auch Reihungen mit bis zu zehn Gliedern, freilich zu stilistischen Zwecken, wie fast immer bei umfangreicheren Reihungen: *so sehen doch die tägliche, veränderte, verkehrte, verbarockierte,*
verwispelte, verzauste, verflechte, verpomadierte, verpulfferte, verstrichne, ver-
mummerte, verglätte Gesichter fast wie die Gespenster auß (Johann Balthasar
Schupp 1657, nach Kettmann 1976, S. 369).

b) Demonstrative Bindewörter

§ 133. Die demonstrativen Pronomina und Adverbia kann man als „hinweisende"
Bindewörter charakterisieren im Gegensatz zu den „reinen" Bindewörtern, den
Konjunktionen. *Der, dieser, jener* usw. weisen auf ein vorhergehendes Substantiv
zurück: *hier wohnt ein alter Mann, den kenne ich schon lange.* Die Neutrumsformen
dieser Pronomina können auch auf einen Satzinhalt hinweisen: *er wird morgen*
kommen, das hat er versprochen. Als Satzverbindung fungieren auch Verbindungen von neutralen Kasus dieser Pronomina mit Präpositionen: *indem, indessen,*
währenddem, außerdem, zudem, demnach, deswegen usw. Noch mehr verwendet
werden Verbindungen von Präpositionen mit den Adverbia *da(r)* und *hier,* die in
diesen Verbindungen einen neutralen Pronominalkasus vertreten: *dadurch, dar-*
um, darin, hierin usw. Auch die reinen Ortsadverbia fungieren als Anknüpfungs-
wörter: *da, hier, dahin* usw., ebenso die Zeitadverbia: *damals, dann* usw. und die
ursprüngliche Vergleichspartikel *so, also* „folglich": *ich gebe dir etwas mit, so wirst*
du nicht hungern.

Viele Bindewörter von dem hier behandelten Typus nehmen im Laufe der
Entwicklung die Bedeutung von relativen Pronomina und Adverbia an und fungieren dann als unterordnende Bindewörter, die Relativsätze und Adverbialsätze
einleiten. Sie werden deshalb in dem Kapitel über Unterordnung näher bespro-
chen werden.

c) Beiordnende Konjunktionen

§ 134. Die hierhingehörenden Konjunktionen verbinden nicht nur Sätze, sondern
auch Satzglieder und Wörter. Als Satzkonjunktionen werden sie im Allgemeinen
nur in beiordnender Funktion verwendet.

Weiterführende Bindewörter. *Und,* mhd. *unde,* ahd. *anti, enti, inti, unti* verbindet sowohl Sätze wie Satzglieder; es konkurriert im ältesten Deutsch mit *joh*
(got. *jah*), das noch bei Otfrid die weit häufigere Konjunktion ist. Die regionale
Verteilung wird bei Markey (1987) genauer dargestellt. In manchen althochdeutschen Texten wird das Nebeneinander von *enti* und *ioh* dazu genutzt, unter-

schiedliche Funktionen zum Ausdruck zu bringen. So wird im Monseer Matthäus *enti* vor allem in verbenthaltenden, *ioh* in nominalen Koordinationen verwendet (vgl. Eroms 2010, S. 289). Allerdings ist hier das zahlenmäßige Verhältnis der beiden Konjunktionen, wie dann ab Notker regelmäßig, umgekehrt wie bei Otfrid, und im Mhd. lebt *ioch, iô* nur in einzelnen erstarrten Verbindungen. Die beiden Konjunktionen haben bisweilen textstrukturierenden Charakter, z. B. beim sogenannten „biblischen und": *quad imo effeta thaz ist intuo inti tho sliumo giofnotun sih sinu orun* („ait illi: effete, quod est adaperire. Et statim apertæ sunt aures eius", Tatian 130, 11–13 = Sievers 86, 1; vgl. Ballesteros 2011, S. 308).

Andere weiterführende Konjunktionen und Adverbien textgliedernder Funktion lassen sich seit dem Althochdeutschen in vielfältigen Verwendungen nachweisen. Außer *aber* sei hier auf die begründenden Konjunktionen *wan/wande*, später *denn* hingewiesen (vgl. § 149), sowie auf anreihende, aber den Textfortschritt markierende. Dies ist im Althochdeutschen vorzugsweise *thô* (vgl. Wunder 1965, S. 41, Betten 1987a), im Mittelhochdeutschen sind es *dô* und *dâ*, aber auch *nû*. Sie leiten häufig erzählende Sätze ein: *wir wânden daz vrou Kriemhilt niht guote möhte hân: nu ist hie mit ir gâbe vil manic wunder getân.* (Nib. 1366, 3 f.; Beleg nach Wolf 1978, S. 40). *Nun* wird später auch als texteinleitender oder -abschließender resümierender Konnektor verwendet: *Nu klagt derselb Hanns Wiltpreter hincz Hannsen dem Jungen list* (Stadtbuch von Bratislava/Preßburg, S. 87, fol. 65; Beleg nach Kretterová 2008, S. 60). – Am Schluss eines langen Briefes von Sigmund von Birken an Johann Salomon Betulius heißt es: *Nun: ich will deinen Principal so herzlich und unabläßig anflehen, daß er endlich weich und flüssig werden, mich aus dieser Wallfahrt zur Wolfahrt, aus den Kerker in die Freyheit, vom Kampf zur Krone wird abholen lassen.* (1670, Sigmund von Birken, Briefwechsel, Band 13.1/I, hrsg. von Hartmut Laufhütte/Ralf Schuster, Berlin/Boston 2012, S. 207).

Wenn mehr als zwei Glieder kopulativ zusammengefasst werden sollen, wurden in der ältesten Zeit alle Glieder konjunktionell verbunden: as. *forlēt al saman, gold endi silubar endi geba managa* (Hel. 1197); ahd. *erdun inti himiles inti alles fliazentes* (Otfrid V, 24, 5); mhd. *rouch unde flammen unde wint* (Gottfried, Tristan 8975). Im Laufe der mhd. Zeit wird es üblich, dass nur das letzte Glied durch Konjunktion angeknüpft wird: *ich verswuor ouch vleisch, wîn unde brôt* (Wolfram, Parzival 480, 16).

und kann auch an der Spitze einer Periode stehen, die nur lose mit dem Vorhergehenden verbunden ist, vgl. z. B. mhd. Nib. Str. 824/825: *du solt mich des erlâzen, daz ich von dir vernomen hân. Und nimet mich immer wunder ... daz er dir sô lange den zins versezzen hât.* Im Nhd. ist *und* an der Spitze der Periode charakteristisch für Luthers Bibelübersetzung und die von ihr stilistisch beeinflusste Literatur.

Im Mhd. entwickelt *und* eine sehr mannigfaltige Verwendung, die in der späteren Sprache wieder eingeschränkt worden ist. Es steht an der Spitze von konjunktionslosen Bedingungssätzen (vgl. § 137): *ich erkande in wol, und sæhe ich in* (Hartmann, Gregorius 3724); *daȝ elliu dîniu leit der künic Etzel swende, und nimestu in z'einem man* (Nib. 1243, 2 f.); *und welt ir mit uns rîten ... vil vrô sol ich des sîn* (Nib. 762, 1 f.). Weiter in Konzessivsätzen mit oder ohne Konjunktion, die sich aus Bedingungssätzen entwickelt haben (vgl. § 151): *es wær ze vil, und tæte ein tumber leie daȝ* (Walther, L. 33, 33); dieser Gebrauch dauert noch im Nhd. fort: *ich spiele mit, und sollte ich sechs Wochen nicht arbeiten* (Gryphius, Peter Squenz); *und käm die Hölle selber in die Schranken, mir soll der Mut nicht weichen und nicht wanken* (Sch., Die Jungfrau von Orleans III, 9); *verzeih, ich kann nicht hohe Worte machen, und wenn mich auch der ganze Kreis verhöhnt* (G., Faust I, Prolog im Himmel).

Auch als Relativpartikel kann *und* fungieren, vgl. § 146.

auch (got. *auk*) verbindet weiterführende Funktion mit einem Bedeutungsmoment von Identität. Das Neue, das angeknüpft wird, ist mit dem Vorhergehenden z.T. gleichartig. In den meisten Fällen ist *auch* Satzkonjunktion, und es drückt dann aus, dass die beiden Sätze mit einander im Einklang sind: *die Nachricht klang seltsam, auch glaubte man nicht daran. Auch* bekommt dadurch konsekutive und begründende Funktion: *in den schwedischen Kriegsgesetzen war die Mäßigkeit befohlen, auch erblickte man in dem schwedischen Lager weder Silber noch Gold* (Schiller, Geschichte des dreißigjährigen Krieges 2).

Wenn *auch* Satzglieder verknüpft, tritt es meistens in Verbindung mit *und* auf: *Karl kommt und Fritz auch; daß alles frisch und neu und mit Bedeutung auch gefällig sei* (G., Faust I, Vorspiel auf dem Theater). Da hier die verknüpfende Funktion auch durch *und* allein bestritten werden kann, bekommt *auch* heraushebende Funktion. Mit dieser Bedeutung wird *auch* oft gebraucht, wenn das neu hinzugefügte Glied nicht etwas Neues von dem Vorhergehenden Verschiedenes darstellt, sondern einen Teil davon ausmacht, der besonders hervorgehoben werden soll: *keiner kennt ihn, auch Hans nicht; es ist jetzt überall warm, auch im hohen Norden; ich gehe täglich spazieren, auch bei schlechtem Wetter; auch* nimmt in diesen Verbindungen konzessive Bedeutung an, ungefähr = „sogar, selbst". In diesem Sinne kann *auch* verwendet werden, ohne dass die Ganzheit ausdrücklich bezeichnet wird: *(alle), auch ein Kind muss das verstehen; auch der Geduldigste muss jetzt protestieren.* In solchen Fällen hat *auch* seine Funktion als Bindewort ganz aufgegeben. Mit derselben Bedeutung steht *auch* vor Bedingungssätzen, die dadurch den Konzessivsätzen naherücken: *auch wenn schlechtes Wetter wird, werde ich kommen; auch* gehört hier eigentlich zum Hauptsatz, aber es tritt in nahe Verbindung mit der Nebensatzkonjunktion und kann dann auch nach dieser stehen: *wenn auch der Held sich selbst genug ist, verbunden geht es doch geschwinder* (G., Sprüche).

Ebenso bei den unbestimmten relativen Pronomina und Adverbia: *was auch kommen mag, ich bin vorbereitet; wo er sich auch verbirgt, ich werde ihn finden.* Als korrelatives Bindewort zweier Satzglieder diente im Mhd. *beidiu (beide) – und. beidiu* ist Neutr. Plur. und bezieht sich ursprünglich auf beide Glieder der kopulativen Verbindung; in einer Verbindung wie *beidiu man unde wîp* ist die kopulative Fügung *man unde wîp* eigentlich Apposition zu *beidiu.* Später hat eine Verschiebung stattgefunden, so dass *beide* (das schon mhd. die übliche Form ist) und *und* als korrelative Glieder aufgefasst werden. Dies *beide – und* erhält sich bis ins ältere Nhd. hinein: *beide wir und unsere Väter; beide oben im Himmel und unten auf Erden* (L., Josua 2, 11). Im 16. Jh. fängt man an, *beides – und (auch)* zu verwenden, was sich bis ins 18. Jh. hinein erhält (vgl. § 71): *beides zu locken die Edlen und fern zu verscheuchen den Pöbel* (Bürger, Gebet der Weihe); *so ist der Ort beides zu klein und zu gebildet* (G., Briefe 20, 296, 12). Allmählich werden diese Fügungen verdrängt durch die Korrelation *sowohl – als (auch),* deren Glieder ursprünglich ihre volle Bedeutung als Vergleichspartikeln besaßen (vgl. *sie sei so tugendhaft als sie schön ist,* Wieland, Shakespeare: Das Wintermärchen II, 2): *denn man wird sehen, daß die Weisen auch sterben sowohl als die Toren und Narren umkommen* (L., Ps. 49, 10). Jetzt ist diese Bedeutung verwischt, und die Glieder fungieren als eine reine Bindewortkorrelation.

Das disjunktive Bindewort *oder* (ahd. *eddo, odo,* mhd. *ode(r)*) hat sein *-r* wahrscheinlich nach dem Muster von *weder* angenommen. Ahd. verwendet man das einfache Bindewort auch in der Bedeutung „entweder – oder": *nū scal mih suāsat chind suertu hauwan ... eddo ih imo ti banin werdan* (Hildebrandslied 19); aber das As. hat schon das Pronomen *endihweðar* in Verbindung mit *eftha: duod ēndihweðar, wanod eftha wahsid* (Hel. 3629, „tut eins von beiden, schwindet oder wächst"); ebenso mhd. *eintweder – oder.* Die Fügung *entweder – oder* ist also ursprünglich ähnlich aufzufassen wie *beide – und,* das Pronomen **eindehwedar* bezieht sich auf beide Glieder der disjunktiven Verbindung. Nhd. fühlt man *entweder – oder* als rein korrelative Bindewörter.

Adversative Bindewörter. *Aber,* got. *afar* („nach"), ist mit ahd. *after* „später, nach" verwandt; die Grundbedeutung ist deshalb „später, wiederum". Von ahd. Zeit ab hat das Wort zwei verschiedene Verwendungsweisen:

1. Als Adverbium mit der Bedeutung „wiederum, noch einmal". Dieser Gebrauch ist noch bei Luther lebendig: *und aber über ein Kleines so werdet ihr mich sehen* (Joh. 16, 16). Jetzt nur in vereinzelten Resten, wie *abermals; tausend und aber tausend; – aber und aber* „immer wieder" wird bis ins 18. Jh. hinein gebraucht, Goethe hat oft *aber und abermals.*

2. Als Konjunktion mit adversativer (gegenüberstellender) Bedeutung. In dieser Funktion verbindet *aber* sowohl Satzglieder wie Sätze. Es steht in der Bedeutung *doch* nahe, *aber* hat mehr ausgeprägte Bindewortfunktion, vgl. dass man

sagen kann *und doch,* aber nicht *und aber,* und dass *aber* im Gegensatz zu *doch* nie Einfluss auf die Wortstellung hat (siehe § 126). Die wichtigste Funktion von *aber* ist, zwei Glieder, die in Gegensatz zueinander gestellt werden, zu verknüpfen: *fröhlich bin ich abgereist, aber traurig zurückgekehrt; jung aber mutig.* In einigen Fällen kann das adversative Moment stark zurücktreten und *aber* beinahe wie eine rein weiterführende Bindepartikel behandelt werden; dies ist kaum ein echt deutscher Gebrauch, ist aber z. B. in Luthers Bibelübersetzung sehr häufig, ebenso bei antikisierenden Schriftstellern (nach gr. δε): *jener sprach's, ihm aber das Herz im Busen erregt er* (Voß, Ilias 4, 208); *also sprach sie, und steckte die Ringe nebeneinander, aber der Bräutigam sprach* (G., Hermann u. Dorothea, Urania). Am häufigsten wird in der modernen Sprache *aber* mit einschränkender Bedeutung verwendet: *er ist wieder gesund, aber ausgehen darf er noch nicht.*

Die semantischen Verhältnisse bei *aber* lassen sich genauer in der Weise erfassen, dass im Textzusammenhang ein geäußertes Argument entweder vom Diskurspartner oder vom Sprecher selber mit einem Gegenargument versehen wird. Dieses wir durch *aber* eingeleitet. Im Vorgängerbereich kann das Adverb *zwar* anaphorische Funktion übernehmen. In dieser Funktion tritt in der Gegenwartssprache die Fokuspartikel *nur* zunehmend als Konkurrenz zu *aber* auf. Z.B.: *Eine Mehrheit der Briten akzeptiert durchaus, dass es zu einer Sanierung der zerrütteten Staatsfinanzen kaum eine Wahl gibt. Nur: Wer zum Gürtel-enger-Schnallen aufruft, muss dies auch glaubwürdig tun.* (Süddeutsche Zeitung, 28./29.4.2012, S. 23). *Nur* lässt, im Gegensatz zu *aber,* das zunächst geäußerte Argument in seiner Gültigkeit bestehen, führt aber einen einschränkenden Gesichtspunkt an, mit dem insgesamt das Geäußerte relativiert wird (vgl. Eroms 1994).

Sondern ist der Form nach eine Verschmelzung von ahd. *suntar,* mhd. *sunder* „außer, ohne", frühnhd. *sonder* „ohne" und as. *an sundron,* das ins Hochdeutsche eingedrungen ist. Schon bei Otfrid knüpft *suntar* Glieder an, die auf eine Negation folgen: *thaჳ nist bī werkon mīnēn, suntar rehto in wāru bī thīneru ginādu* (I, 2, 46); mhd. *wir ne sculn niht entwîchen, sunter frœlîche von dem wîge sceiden* (Rolandslied 8399 f.). In dieser Weise wird *sondern* auch im Nhd. verwendet. Im Mhd. dagegen ist dieser Gebrauch von *sunder* seltener, weil *wan (daჳ)* dafür das übliche Wort ist.

Das negativ weiterführende Bindewort ist *noch,* ahd. *noh,* möglicherweise durch *ne* + *ouh* entstanden. Got. hat in derselben Funktion *nih* < *ni* + *uh.* Dies Bindewort knüpft ein negatives Glied an ein anderes: ahd. *sie ni sāuuent noh ni arnōnt, noh ni samanōnt in skiurā* (Tatian = Sievers 38, 2); *dat ero niuuas noh ūfhimil, noh paum ... noh pereg niuuas* (Wessobr. Gebet 3). Diese Verwendung von *noch* dauert bis ins Nhd. hinein: *sie werden mir nicht glauben, noch meine Stimme hören* (L., 2. Mose 4, 1); *sie kann nichts davon noch dazu tun* (G., Egmont, Armbrustschießen). Die Negation des ersten Gliedes kann bisweilen unausgedrückt bleiben: mhd. *dem sint die engel noch die frouwen holt* (Walther, L. 13, 9); nhd. *da ich mich wegen eines Termins der Herausgabe noch sonst ... binden oder verpflichten kann* (G., Briefe, an Behrendt, 21. 3. 1810). In der modernen Sprache verwendet man nicht mehr *noch* um ein negatives Glied an ein anderes zu fügen außer in der Verbindung *weder – noch*. Sonst wird es ersetzt durch *und (auch) nicht*.

Zur Bezeichnung einer negativen Korrelation verwendete man früher *noch – noch*, was schon das Wessobrunner Gebet zeigt; dies erhält sich bis ins 19. Jh. hinein: *noch sichtbarlich noch unsichtbarlich* (L., Briefe, an die reformierten Schweizer Orte, 1. 12. 1537); *noch Nasses noch Trocknes* (Wieland, Merkur 76, I, 115); *noch Gefahr noch Tod* (Tieck, Leben und Tod der heiligen Genoveva, Fränkisches Lager); *noch Krankheit kannten sie, noch Furcht noch Klage* (A.W. Schlegel, Prometheus). – *weder – noch* geht auf mhd. *neweder (entweder, deweder) – noch* zurück, und das Pronomen *neweder* „keines von beiden" bezog sich ursprünglich auf die beiden durch *noch* verbundenen Glieder. Jetzt werden *weder* und *noch* als korrelative Glieder aufgefasst. Die Verbindung ist im Ahd. selten, wird aber vom 12. Jh. ab allgemein üblich, und schon zu dieser Zeit tritt das einfache *weder* statt *neweder* auf: *si wider ûf gesach, und weder gehôrte noch gesprach* (Hartmann, Iwein 1327). Eine Zeitlang konkurrierte *weder – weder*: *kann weder sterben weder leben* (Wieland, Das Wintermärchen); *bin weder Fräulein weder schön* (Faust I, Straße); *weder wanke, weder weiche* (G., Faust II, I, weitläufiger Saal); *weder im Hirschen, weder im Adler* (Mörike, Idylle vom Bodensee 4, 121 f.).

2. Unterordung

§ 135. Abhängige Sätze finden wir schon in den ältesten indogerm. Sprachen. Im ältesten Germanisch ist jedoch die Unterordnung wenig entwickelt, und in den meisten Nebensatztypen können wir die Entwicklung von Beiordnung zur Unterordnung innerhalb der Überlieferung verfolgen. Doch sind im Althochdeutschen vom Beginn der Überlieferung an Satzgefüge, auch komplexester Art bezeugt. Meineke und Sonderegger (2003, S. 351) führen aus dem Muspilli das folgende Beispiel an: „(1) *Dar niist eo so listic man,* (1) *der dar iouuiht arliugan megi,* (2) *daz er kitarnan megi tato dehheina,* (3) *niʒ al fora demo khuninge kichundit uuerde,* (4) *uʒʒan er iʒ mit alamusanu furi[m]egi enti mit fastun dio uirina kipuaʒti.*' (1) Dort ist dann kein so schlauer Mensch, (1) der dort etwas erlügen kann, (2) so daß er irgendeine der Taten verbergen kann, (3) damit nicht alles vor dem König kundgetan werde, (4) außer daß er es mit Almosen vermöchte und mit Fasten die Verbrechen gebüßt hätte.' In diesem Satzgefüge folgen aufeinander (1) Hauptsatz, (1) Relativsatz, (2) Konsekutivsatz, (3) Finalsatz [...], (4) Adversativsatz." (Meineke 2001, S. 319). Diese Komplexität ist nicht ein Einzelfall. Bei Otfrid finden sich nach der Auszählung von Wunder (1965) insgesamt 4033 Nebensätze. (Wunder 1965, S. 419 ff. dazu Betten 1987, S. 142). Auch im Mittelhochdeutschen, nicht zuletzt in der Dichtung, gibt es lange Satzgefüge (Admoni 1990, S. 116). Ihre eigentliche Blütezeit hatte die Hypotaxe jedoch erst seit dem späten Mittelalter mit dem Ausbau der Urkunden- und Kanzleisprache. Parallel dazu entwickelt sich konsequenterweise ein differenziertes Sytem von Konjunktionen, bei dem die Satzinhalte teilweise über die satzeinleitenden Wörter kategorial signalisiert werden, z. B.: *Vor etlichen kurtz verschine[n] tagen / nach dem als yn Österreich / vn[d] in vmbligu[n]den landen / die grawsam vn[d] erschrecklich plag der Pestilentz schwarlich zuregieren hat angefangen. Hat der dürchleichtigist Herr vnd Fürst [...]* (Saltzmann, Ein nutzliche ordnung 1521, Nach Brooks 2006, S. 158). Der komplexe hypotaktische Stil ist nicht nur in argumentativen Texten verbreitet, sondern auch in literarischen (Betten 1987, S. 158), wechselt aber dort und auch sonst mit anderen, einfacheren Satzformen. Zudem lassen sich meist auch klare Dispositionen für den Aufbau erkennen (Cherubim 1990, S. 275). Rössing-Hager zeigt an Briefen Martin Luthers, dass die Sätze darin trotz starker Schichtung dem rhetorischen Gebot der Perspicuitas gehorchen (Rössing-Hager 1972, Band 1, S. 378). Dafür sei ein Beispiel angeführt: *Weil dann ihenes teil vnser sachen gleich wol verdampt vnd mit dem kopff hindurch ymer fort gefarn, widder horen noch antworten wollen lassen, Vber das dazu nichts geacht, das man so hochlich, hertzlich, ernstlich friede gebeten hat, dennoch solch drewlich, grausam, blutdurstig, falsch Edict hatt ausgelassen vnd damit (die warheit zu sagen) das schwerd vber E.k.f.g. [=Euer Kurfürstliche Gnaden] vnd der selben verwandten gezuckt, vnd das gantze reich ynn harnsch erregt, wie man denn solchs nicht anders deuten kann, Vnd, das noch mehr ist, E.k.f.g. sampt yhren verwandten zu solchem allen nu lenger denn ein halb iar geschwigen vnd solche ferliche vnd mislich gedult allzu einem grossen vbermass beweiset Vnd dennoch bey ihenem teil nichts damit ausgericht, denn sie nur trotziger, stoltzer vnd mutwilliger gemacht, das ich besorgen muste, Sie kundten nicht auffhoren, Sie würden einen jamer anrichten, Der halben, ob E.k.f.g. sampt yhren verwandten hierinn ewiglich wolten schweigen vnd leiden, Ists doch mir die lenge nicht zu schweigen noch zu leiden gewest, als des die sache anfenglich vnd am furnemesten eigen ist.* (Luther an Kurfürst Johann, 16. April 1581, abgedruckt und analysiert von Rössing-Hager 1972, Band 2, S. 13). Admoni (1980) und Betten (1987, S. 159) weisen darauf hin, dass bei der Beurteilung der Satzkomplexität im Auge zu behalten ist, dass nicht die Komplexität oder die Verschachtelung schlechthin für längere und unübersichtliche Satzperioden bestimmend ist, sondern vor allem, ob die Strukturen ineinander eingelagert sind. Durch Strukturen, die im Gleichlauf stehen und durch Mischung verschiedener Typen kann die Komplexität auch wieder kompensiert werden.

Noch heute ist Hypotaxe wenig entwickelt in der Volkssprache und in der alltäglichen Umgangssprache im Deutschen wie in den übrigen germanischen Sprachen. Bei der reichen Entfaltung der hypotaktischen Konstruktionen in der deutschen Schriftsprache hat das Lateinische einen starken Einfluss ausgeübt. Im modernen Deutsch werden die Nebensätze durch drei formale Kennzeichen charakterisiert: 1. durch die Wortstellung, 2. durch den Modus des Verbs, 3. durch das einleitende Bindewort. Keins von diesen Kennzeichen kam ursprünglich den Nebensätzen als solchen zu. Im Althochdeutschen war sowohl Wortstellung wie Modusgebrauch und einleitendes Bindewort zum größten Teil gemeinsam für Haupt- und Nebensätze; erst die spätere Entwicklung führte eine formale Differenzierung der beiden Satztypen herbei. Doch sind die erwähnten Kennzeichen noch immer nicht für alle Nebensatztypen durchgeführt; es können sogar alle fehlen, vgl. z. B. *hast du Zeit, kannst du mitkommen; sie glaubt, er wird morgen kommen.*

In der herkömmlich orientierten Syntax verwendete man im Allgemeinen als Einteilungsprinzip der abhängigen Sätze ihre syntaktische Funktion in Bezug auf den Hauptsatz und stellte daraufhin die drei Gruppen: substantivische, adjektivische und adverbiale Nebensätze auf. Diese Einteilung entspricht bei einem valenzorientierten Ansatz im Wesentlichen der nach Ergänzungssätzen, Attributsätzen und Angabesätzen. Die substantivischen Nebensätze haben den syntaktischen Wert von Substantivkasus; sie fungieren als Subjekt und Objekt des Hauptsatzverbs, als Präpositionsrektion usw. Die wichtigsten hierhingehörenden Sätze sind *dass*-Sätze, konjunktionslose Feststellungssätze und abhängige Fragesätze. Die adjektivischen Nebensätze stehen als Bestimmung eines Nomens oder Pronomens des übergeordneten Satzes; hierhin gehören vor allem die meisten Relativsätze. Die Adverbialsätze fungieren wie die Adverbia als Bestimmung des Hauptsatzverbs, indem sie Zeit, Ursache, Absicht, Bedingung usw. der Verbalhandlung angeben. – Für eine historisch orientierte Darstellung lässt sich eine solche Einteilung nicht konsequent durchführen, da die verschiedenen Typen vielfach ineinander übergegangen sind. In der folgenden Darstellung der Nebensatztypen bildet die Einteilung nach der syntaktischen Funktion der Sätze die Grundlage. Daneben wird aber auch die Art der Anknüpfung als Orientierungspunkt mit herangezogen werden, weil die Funktionsverschiebungen meistens in der Bedeutungsentwicklung der Bindewörter verankert sind.

a) Nebensätze ohne Bindewort

§ 136. Ebenso wie Hauptsätze asyndetisch aneinandergereiht werden können, können auch abhängige Sätze ohne Bindewort angeknüpft werden.

Die abhängigen Feststellungssätze, die syntaktisch als ein Nominalglied des Hauptsatzes fungieren, können ohne einleitendes Bindewort stehen. Sie können als Subjekt des Hauptsatzes fungieren: *es ist besser, du lässt es sein; der Haupt-fehler war, ich hatte mich zu lange mit dem Stück getragen* (Sch., Briefe über Don Carlos 1). Als Objekt stehen sie besonders nach Verben der Wahrnehmung, der Erkenntnis und der Äußerung: *ich sehe, du willst nicht; er sah ein, es war ver-geblich; ich habe nicht gewußt, sie waren bös.* (Ludwig, Zwischen Himmel und Erde 12); *ich glaube, behaupte, er ist aufrichtig.* Weiter stehen diese Sätze als ergänzende Erläuterung zu Verbalabstrakta, die zu Verben der erwähnten Gruppen gehören: *ich bin der Ansicht, er will uns nur hinhalten; das Gefühl, es wird etwas kommen; ich habe nur den einen Gedanken, er ist für mich verloren* (Freytag, Die Journalisten III). Auch zu prädikativen Adjektiven derselben Bedeutungskategorien: *ich bin über-zeugt, er wird es machen.* Dieser Typ kommt schon mhd. vor: *sît gewis, ir werdet hôhe empfangen* (Walther, L. 28, 12). Oft wird im Hauptsatz durch ein Demon-strativpronomen oder durch ein Präpositionaladverb auf den Nebensatzinhalt hingewiesen: *dessen bin ich gewiss, er wird nicht nachgeben; davon bin ich über-zeugt, er wird es bereuen.*

Bedingungssätze können konjunktionslos sein und haben dann die Wort-stellung eines selbständigen Fragesatzes; wahrscheinlich gehen sie auf solche Fragesätze zurück. Der Typus tritt schon ahd. auf: *bistu Krist guato, sage uns iʒ gimuato* (Otfrid I, 27, 15); im Mhd. ist er sehr häufig: *wil du deich dichs erlâʒe, sô rît dîne strâʒe* (Hartmann, Erec 93); *gîst du mir dîn swester, so wil ich eʒ tuon* (Nib. 333, 2); nhd. *bist du einverstanden, so komm mit.* Diese Sätze können wie andere Be-dingungssätze auch konzessive Bedeutung annehmen: mhd. *ist im daʒ liep ode leit, dâ kêre ich mich wênec an* (Wolfram, Parzival 546, 8f.); nhd. steht in diesem Falle meistens ein *auch* oder *schon*: *ist es auch die reine Wahrheit, wird es niemand glauben.*

§ 137. In den bisher behandelten Sätzen kommt die Unterordnung überhaupt nicht formal zum Ausdruck, und nur ihr logisches Verhältnis zum Hauptsatz macht sie zu abhängigen Sätzen. In anderen konjunktionslosen Nebensätzen wird die Unterordnung durch die Konjunktivform des Verbs ausgedrückt. Oben (§ 107) wurde darauf hingewiesen, dass in abhängigen Feststellungssätzen der Kon-junktiv seit nhd. Zeit als formales Kennzeichen indirekter Anführung dient, und dass diese Funktion des Konjunktivs sich in den konjunktionslosen Sätzen be-sonders gut erhalten hat (§ 107). Konjunktionslose Feststellungssätze mit kon-junktivischem Verb treten in allen oben erwähnten syntaktischen Funktionen auf. Als Subjekt: *doch ist es immer besser, man reise in der Jugend* (G., Briefe, an Schiller, 21.6.1797). Als Objekt: *meinst du, du seist nachher weniger ehrlich* (Sch., Die Räuber I, 2); *er vergaß, er sei allein* (Jean Paul, Blumen-, Frucht- und Dornenstücke). Bei Verben, die mit Präpositionsverbindung konstruiert werden, kann ein Präpositionaladverb im Hauptsatz auf den Nebensatzinhalt hinweisen: *ich will nicht (daran) zweifeln, er werde sich der Nachsicht würdig zeigen; ich habe (darauf) gehofft, er würde einmal zurückkehren.* – Als Erläuterung eines Nomens: *das willkommene Zeichen, nun sei es gelungen* (G., Wilhelm Meisters Lehrjahre, 4. Buch, 20); *durch eigene Überzeugung, man sei ein ganz anderer Mensch* (G., Wilhelm Meisters Lehrjahre, 5. Buch, 7). Als Ergänzung eines prädikativen Adjektivs: *war ich schon völlig gewiß, wir würden nach Hause gelangen* (G., Campagne in Frankreich, 29.9.1792).

Einige konjunktionslose Nebensätze haben einen Konjunktiv, der auf die voluntative Verwendung in selbständigen Sätzen zurückzuführen ist.

Hierhin gehören die Konzessivsätze, die sich aus Sätzen mit aufforderndem Konjunktiv entwickelt haben. Meistens werden in diesen Sätzen zwei oder mehrere Möglichkeiten disjunktiv zusammengestellt: mhd. *diu werlt stê kurz oder lanc* (Hartmann, Iwein 605); nhd. *es sei nun Vorsicht oder Ahndung* (Wieland); *ein Volk, dem das geboten wird, ist schrecklich, es räche oder dulde die Behandlung* (Sch., Wallensteins Tod, I, 5). Wenn nur von einer Möglichkeit die Rede ist, steht meistens *auch* oder *gleich*, um das konzessive Moment hervorzuheben: *es sey auch was es will, so muß es doch vergehn* (Opitz, Gedancken bey Nacht); *er falle gleich, so preiset ihn das Lied* (G., Iphigenie V, 6). Statt Konjunktiv kann Umschreibung mit *mögen* eintreten; dies ist heute das Übliche: *er mag wollen oder nicht.* Auch in diesem Falle kann *auch* stehen, wenn nur eine Möglichkeit vorliegt: *ich mag mich auch befinden, wo ich will* (Lessing, Briefe, an Ramler, 6.11.1768); heute steht dann meistens das Verb an erster Stelle: *mag er auch zürnen, ich frage nichts danach.*

Von der ältesten Zeit an gibt es konjunktionslose hypothetische Sätze mit dem Verb im Konjunktiv Prät.: ahd. *quāmist thū ēr, wir ni thultīn thiȝ sēr* (Otfrid III, 24, 13); mhd. *versagt iu ander iemen, daȝ wære Kriemhilde leit* (Nib. 355, 4); nhd. *mir gäb' es keine größre Pein, wär' ich im Paradies allein* (G., Gedichte, Sprichwörtlich). Diese Sätze gehen wahrscheinlich auf selbständige Wunschsätze zurück, vgl. § 109.

Ebenfalls in die älteste Zeit zurück geht ein Satztyp mit der Negationspartikel *ne* und konjunktivischem Verb, der eine Ausnahme von dem im vorausgehenden Satze Ausgesagten bezeichnet und heutigen Sätzen mit „wenn nicht" entspricht (exzipierende Sätze): got. *nih wesi sa fram guda, ni mahtedi taujan ni waiht* („wenn dieser nicht von Gott wäre", Joh. 9, 33); as. *the gio for goda standu, ne sī that hē me … sendean willea* (Hel. 122); ahd. *sō duon ih, dōt ni rette mir iȝ* (Ludwigslied 25, „wenn der Tod es mir nicht entzieht"); mhd. *des sît ir iemer ungenesen, got enwelle der arzât wesen* (Hartmann, Der arme Heinrich 203f., „deshalb bleibt Ihr immer ungeheilt, wenn nicht Gott der Arzt sein will"). Mhd. steht in diesen Sätzen oft ein *dan (ne), den(ne): wir sîn vil ungescheiden, eȝ entuo dan der tôt* (Nib. 1284, 3); *diu werlt enstê dan schiere baȝ* (Walther, L. 91, 14, „wenn die Welt nicht bald besser steht").

Schon im Mhd. kann in diesen Sätzen die Negation fehlen: *sie diuhten sich ze nihte, sie schüefen starc gerihte* (Walther, L. 94 f. „sie würden sich vernichtet dünken, wenn sie nicht ein starkes Recht schüfen"); *swaʒ lebete in dem walde, eʒ entrünne danne balde, daʒ was zehant tôt* (Hartmann, Iwein 663 – 665). Nachdem im Laufe der spätmhd. Zeit die Negationspartikel *ne* überhaupt aus der Sprache verschwindet (§ 121), wird *danne, denne* in diesen Sätzen unentbehrlich und sie werden nur nach negiertem Hauptsatz verwendet. Bei Luther ist dieser Satztyp häufig: *der Mann wird nicht ruhen, er bring es denn heute zu Ende* (Rut 3, 18); *ich lasse dich nicht, du segnest mich denn* (Gen. 32, 27); – auch später: *kommt man hin, um etwas zu erhalten, erhält man nichts, man bringe denn was hin* (G., Torquato Tasso I, 4); *die Nürnberger henken keinen, sie hätten ihn denn vor* (Sch., Die Räuber II, 3). Schon mhd. ist die Verbindung *eʒ ensî (daʒ)* in der Bedeutung von „außer (wenn)" häufig (vgl. auch die obige Heliandstelle): *sie swachent wol gezogenen lîp, eʒ'n sî ein wol bescheiden wîp* (Walther, L. 91, 5 f.); dies lebt fort in dem heutigen *es sei denn dass*.

Eine etwas andersartige Verwendung von *ne* mit konjunktivischem Verb findet sich im Mhd. zur Bezeichnung eines konsekutiven Verhältnisses: *mir enwart dâ vor nie sô wê, desn wære nu vergeʒʒen* (Hartmann, Iwein 684 f., „dass es nicht jetzt vergessen wäre"); *daʒ man dô der vremden harte wênic vant, si ne trüegen ir gesteine* (Nib. 1324, 4, „ohne dass sie trugen"). Dieser Typus lebt in umgebildeter Gestalt im Nhd. fort, indem die Negationspartikel weggefallen, und statt Konjunktiv der Indikativ eingetreten ist: *kein Tal war so versteckt, ich späht' es aus* (Sch., Wilhelm Tell II, 2); *Ihr geht aus meinem Hause nie, ihr laßt mir Hoffnung, Andacht hier* (Tieck, Leben und Tod der heiligen Genoveva, Fränkisches Lager).

b) *dass*-Sätze

§ 138. Die Konjunktion *dass* ist ursprünglich mit dem Nom. Akk. Neutr. des Demonstrativpronomens identisch. Die verschiedene Schreibweise ist eine ganz willkürliche Konvention, die nur bis ins 16. Jh. zurückgeht.

Der Übergang des Pronomens zur Konjunktion gründet sich auf die Fähigkeit des pronominalen Neutrums, sich auf einen Vorstellungskomplex zu beziehen. Das Pronomen gehörte ursprünglich zum Hauptsatz und bezog sich auf den Inhalt des folgenden Nebensatzes, der von dem oben § 136 behandelten Typus war: *ich weiß das: er wird kommen.* Dann vollzieht sich eine Verschiebung in der Auffassung der Zusammengehörigkeit der Glieder, *das* wird in den Nebensatz hinübergezogen und als dessen Einleitungswort betrachtet. (Vgl. Müller/Frings 1959, Wunder 1965, S. 194 – 238). Ein derartiger Übertritt vom Hauptsatz in den Nebensatz vollzieht sich bei einer Reihe demonstrativer Pronomina und Adverbia, die dadurch unterordnende Funktion annehmen; vgl. das Folgende. Diese Verschiebung hat schon vor der ältesten deutschen Überlieferung stattgefunden, *daʒ* ist reine Konjunktion schon im Hildebrandslied 1 ff.: *ik gihōrta ðat seggen, ðat sih urhēttun ... muotīn; wela gisihu ih in dīnēm hrustim, dat du habēs hēme hērron gōten.* Aber es finden sich im Ahd. auch Fälle, wo *dass* noch zum Hauptsatz gehört, vgl. bei Otfrid II, 2, 8, wo der Vers die Auffassung sicherstellt: *joh gizalta in sār thaʒ, / thiu sālida untar in was.* Als explikative Fügung: *thaz sī īu zi zeichane. thaz ir find& kind mit tuochon biuuvntanaz Inti gilegitaz In crippa* (Tatian 36, 8 – 10 = Sievers 6, 2; nach Lühr 1992, S. 263).

Es folgt aus dieser Entstehung der *dass*-Sätze, dass es ihre ursprüngliche Funktion ist, als Subjekt und als Akkusativobjekt des Hauptsatzverbs zu fungieren. Als Subjekt fungiert der *dass*-Satz in Verbindungen wie *sein Wunsch ist, dass du kommen möchtest; dass er tot ist, scheint sicher; dass er es getan hat, steht fest.* Wenn der Hauptsatz vorangeht, wird meistens auf den Nebensatz durch ein *es* hingewiesen: *es ist sein Wunsch, dass; es steht fest, dass.* Als Objekt sind die *dass*-Sätze am häufigsten von Wahrnehmungs- und Äußerungsverben abhängig: *er sah, hörte, fühlte, dass; er sagte, glaubte, meinte, antwortete, dass.* – Aber sie stehen auch bei einer Reihe anderer Verba, z. B. bei Verben, die ein Bewirken oder Verhindern aussagen: *meine Einsprache bewirkte, dass die Sache untersucht wurde; seine Ermahnung verhinderte, dass es zu Streitigkeiten kam.* In den mhd. Urkunden sind die Objektsätze bei den *dass*-Sätzen am häufigsten, insbesondere nach Verben des Befehlens, Verbietens, Vereinbarens, der Willensäußerung u. ä. *Wir verbieten, daʒ ieman keinen ahter behalte wiʒʒentlich.* (Corp. Nr. 1401, 613, 31, nach Schulze 2011, S. 109). Nach dem Muster der *dass*-Sätze, die als Objekt von transitiven Verben fungieren, stehen diese Sätze schon in der frühesten Zeit auch nach Verben, die genitivische Ergänzung verlangen: ahd. *bātun thō ginuagi, thaʒ man nan irsluagi* (Otfrid IV, 23, 17); *uuvntorōtun thaʒ her laʒʒ&a in templo* (Tatian 27, 23 = Sievers 2, 10). Im Mhd. ist dies sehr verbreitet: *er fröute sich, daʒ man im bôt grôʒ êre* (Wolfram, Parzival 35, 1 f.); *bitet iuwer degene, daʒ si iu ze helfe kumen* (Nib. 159, 4). Auch im Nhd. sind diese Konstruktionen sehr häufig, sowohl bei Verben wie bei Adjektiven mit Genitivrektion: *sich erinnern, dass; sich freuen, dass; sich rühmen, dass; jemand beschuldigen, anklagen, dass; froh, zufrieden, sicher sein, dass; wert sein, dass.*

Der Inhalt des *daʒ*-Satzes kann durch ein Pronomen im Hauptsatz zusammengefasst werden: ahd. *dat sagētun mi sēolīdante ..., dat inan wīc furnam* (Hildebrandslied 10). Nachdem die Konjunktion *dass* sich von dem Pronomen *das* isoliert hatte, konnte der *dass*-Satz auch an andere Pronominalkasus angeknüpft werden; schon ahd. kann er sich an einen Instrumental anschließen: *iu quimit sālida thiu mēr, thaʒ sie sō āhtent iuwēr* (Otfrid II, 16, 34, „euch kommt dadurch mehr Seligkeit, dass sie euch so verfolgen"); später auch an einen Genitiv: mhd.

alsô daʒ ir mich des erlât, daʒ ich mich iu nande (Hartmann, Erec 4760 ff.); *ich hân des reht, daʒ mîn lîp trûric sî* (Hartmann, Minnes. Frühl. 206, 10); nhd. *ich erinnere mich dessen noch, dass wir öfter zusammen waren.* Weiter kann ein *dass*-Satz an einen von Präposition regierten Kasus angeknüpft werden. Im Allgemeinen tritt dann statt Pronominalkasus adverbiales *da(r)* ein (vgl. § 73). Diese Konstruktionen sind im Nhd. sehr häufig: *es fehlt viel daran, dass ich glücklich bin; es kommt darauf an, dass du dich schnell entschließt; es bleibt dabei, dass ich nicht komme; er fühlt sich dadurch gekränkt, dass ich nicht geantwortet habe.* Das Präpositionaladverb im Hauptsatz kann fehlen: *ich bat ihn (darum), dass er kommen sollte; ich forderte ihn (dazu) auf, dass er kommen möchte;* ebenso bei Adjektiven: *ich bin (damit) einverstanden, dass er kommt.* In der heutigen Sprache kann die Stütze im Hauptsatz nur fehlen, wenn der *dass*-Satz dem Hauptsatz folgt; es muss also heißen *dass wir uns früher gesehen haben, dessen (daran) erinnere ich mich genau.* Das demonstrative Korrelat kann bei voraufgehendem *dass*-Satz auch fehlen: *Und daß diese Berichtigung der vollkommensten Wahrheit gemäß sei, verbürge ich mit meiner Ehre und mit meines Namens Unterschrift* (Intelligenzblatt der Zeitung für die elegante Welt, 23. October 1802); *dass es den Deutschen am tragischen Genie fehlen sollte, kann er sich nicht überreden* (Lessing, Briefe, die neueste Literatur betreffend 81); *dass dem nicht also sei, wünschte ich Sie zu überzeugen* (G., Briefe, an Pauline Gotter, 28. 9. 1808).

Dass-Sätze stehen weiter als Apposition oder ergänzende Erläuterung zu Substantiven. Erstens zu Nomina actionis von Verben, die *dass*-Sätze als Objekt zu sich nehmen, also z. B. *Gedanke, Glaube, Hoffnung, Furcht, Meinung, Behauptung, Bitte, Befehl.* Dieser Gebrauch kommt von ältester Zeit an vor und wird im Mhd. häufiger; im Nhd. ist er sehr verbreitet: mhd. *dô het er zwîvel genuoc, daʒ in der lewe wolde bestân* (Hartmann, Iwein 3866 f.); *wer iu geriete* („einredete") *den wân, daʒ ich iemer würde iuwer wîp* (Hartmann, Iwein 2345 ff.). Dann zu Adjektivabstrakta von Adjektiven, die mit *dass*-Sätzen verbunden werden, wie *Freude, Gewissheit, Gewohnheit: die Gewissheit, dass er kommt.* Endlich zu anderen Substantiven von ähnlichen Bedeutungskategorien, denen kein mit *dass*-Satz verbundenes Verb oder Adjektiv zur Seite steht: *ich hoffe das Glück zu erleben, dass du gesund wirst; im Falle, dass er kommt.* Es ergibt sich aus dem Voraufgehenden, dass zwischen den angeführten Gebrauchsweisen der *dass*-Sätze und der Verwendung der konjunktionslosen Feststellungssätze (§ 136) eine weitgehende Parallelität besteht. Es fragt sich, ob die beiden Satztypen ganz gleichwertig sind, so dass sie ohne Bedeutungsunterschied miteinander vertauscht werden können. Oft ist dies der Fall, in anderen Fällen kann aber eine solche Substitution nicht vorgenommen werden. Es besteht also ein gewisser Unterschied in der Verwendung der beiden Satztypen, der darauf zurückzuführen ist, dass die *dass*-Sätze in der zusammenfassenden Funktion des neutralen Pronomens ihren Ursprung haben. *Dass-*

Satz wird deshalb vorzugsweise verwendet, wenn der Vorstellungsinhalt im Bewusstsein fertig geformt ist, ehe der Satz ausgesprochen wird. Deshalb steht im Allgemeinen nur *dass*-Satz nach Verben sentiendi und nach denjenigen Verben dicendi, die eine Feststellung ausdrücken wie *bekennen, gestehen, versichern*; also: *ich sah, dass er sich näherte; er versicherte, dass er kommen würde* gegen *er meinte, er würde kommen.* Weiter spielt die Person des Hauptsatzsubjekts und das Tempus des Hauptsatzverbs eine Rolle; das Pronomen der 1. Person als Subjekt und präsentisches Verb begünstigen die konjunktionslose Satzform: *ich hoffe, glaube, er wird kommen; ich sehe, er ist schon da* gegenüber *sie hofft, dass er kommen wird; er glaubte, dass ich kommen würde; ich sah, dass er schon da war.* Nach negiertem Hauptsatzverbum steht in den meisten Fällen *dass*-Satz: *ich glaube, er ist schon da; ich glaube nicht, dass er schon da ist*; nach negiertem *sagen* ist jedoch konjunktionsloser Satz ziemlich häufig: *ich sage nicht, du hättest gelogen.* Sonst sind stilistische Gründe, wie z. B. Drang zur Variation im Ausdruck, im Allgemeinen das Entscheidende bei der Wahl der Typen.

§ 139. Präposition mit Kasus des Demonstrativpronomens als Konjunktion. In derselben Weise wie das einfache *das* kann Verbindung von Präposition mit *das* oder einem anderen Kasus des Demonstrativpronomens in den Nebensatz hinübertreten und als Konjunktion fungieren.

Ahd. und Mhd. steht *bi (be) daʒ* der Bedeutung „um die Zeit, während": *bedaʒ der videlære die rede volsprach, Rüedegern man vor dem hûse sach* (Nib. 2174, 1 f.).

āne daʒ (= nhd. *ohne dass*) tritt seit ahd. Zeit auf, und der damit eingeleitete Satz bezeichnet ursprünglich eine Ausnahme; in dieser Bedeutung steht die Verbindung noch im älteren Nhd.: *Salomo wandelte nach den Sitten seines Vaters David, ohne daß er auf den Höhen opferte und räucherte* (L., 1. Kön. 3, 3), d. h. „nur dass er ...", wie die moderne Bibelausgabe hat. Seit dem 18. Jh. nimmt die Verbindung die jetzige Bedeutung an, der Nebensatzinhalt wird negiert: *er trat ein, ohne dass wir es merkten.* Das Mhd. hat in dieser Funktion negierten *dass*-Satz: *got hôrte Moyses gebet, daʒ er den munt nie ûf getet* (Freidank, Bescheidenheit 123). Nach negativem Hauptsatz hat sich diese Konstruktion lange erhalten: *nie setz' ich meinen Fuß auf diese Schwelle, daß nicht mein Herz zerrissen wird von Qualen* (Sch., Maria Stuart I, 6).

auf dass wird im Frühnhd. als Einleitung von Absichtssätzen verwendet; es ist bei Luther häufig: *da machet sich auf auch Joseph aus Galilea ... auf daß er sich schätzen ließe* (Lukas 2, 4). Jetzt steht es nur in der von der Bibelsprache beeinflussten Literatur.

In nhd. Zeit können auch einige Präpositionen, die andere Kasus als Akkusativ regieren, mit einem *dass*-Satz verbunden werden, *(an)statt dass* bezeichnet als nebensatzeinleitende Konjunktion, dass der Inhalt des Nebensatzes durch den des Hauptsatzes ersetzt wird: *statt dass er schläft, liest er die ganze Nacht durch.* Im 18.

Jh. konnte die Konjunktion auch in anderem Sinne verwendet werden, nämlich um den Nebensatzinhalt in Gegensatz zum Hauptsatzinhalt zu stellen, also in Fällen, wo man jetzt *während* verwenden würde: *sie stellten sich in eine Reihe, anstatt dass jene vereinzelt blieben* (G., Wilhelm Meisters Wanderjahre 2, 1), *dass* kann auch fehlen, wodurch *anstatt* die Funktion einer Konjunktion erhält: *so will in Scherz ich mich ergehn, in Possen, anstatt ich jetzt mich bloß an Tränen labe* (Platen, Sonette 53).

Auch *außer* kann mit einem *dass*-Satz verknüpft werden: *kaum bedurfte es noch einer Pflege, außer daß Nanny immer zum Gießen bereit war* (G., Die Wahlverwandtschaften 1, 17). Über *während dass* vgl. § 152.

Auch Verbindungen von Präpositionen mit der pronominalen Kasusform *diu* sind vom Hauptsatz in den Nebensatz hinübergetreten und zu Konjunktionen geworden. Es handelt sich hierbei ursprünglich um den oben § 138 angeführten Fall, dass der *dass*-Satz sich an einen von Präposition regierten Demonstrativkasus anlehnt, und dass dann *dass* ausgelassen wird, was schon im Ahd. vorkommt. Im Ahd. wurden die Dativpräpositionen mit der sogenannten Instrumentalform *diu* des substantivischen Neutrums verbunden, und an solche Verbindungen konnten sich *dass*-Sätze anschließen; danach konnte die Präpositionsverbindung in den Nebensatz hinübertreten; vgl. die folgenden Stellen aus Otfrid I, 4, 43: *thie ungiloubîge gikêrit er zi lîbe, zi thiu thaʒ er gigarawe thie liuti wirdîge* („die Ungläubigen kehrt er zum Leben, damit er die Leute würdig mache"); *bi thiu thaʒ ih irdualta ..., scal ih iʒ mit willen nu sumaʒ hiar irzellen* („weil ich zögerte, ... werde ich gern etwas davon hier erzählen"); dann mit ausgelassenem *daʒ*: *er detaʒ thuruh thaʒ, bi thiu sîn zît noh thô ni was* („er tat es deshalb, weil seine Zeit damals noch nicht war", 3, 8, 4); *ni sint, thie imo ouh derien, in thiu nan frankon werien* („es sind keine, die ihm schaden können, wenn die Franken ihn beschützen", 1, 1, 103). Mit dem Untergang des „Instrumentals" *diu* verschwinden im Mhd. diese Verbindungen. In einigen Fällen sind jedoch für *diu* andere Formen eingetreten.

indem findet sich seit frühnhd. Zeit: *in dem er aber also gedachte, siehe da erschein ihm ein Engel des Herrn im Traum* (L., Matth. 1, 20). – *nachdem* (ahd. *nâh diu daʒ*) tritt schon mhd. auf. Den verschiedenen Bedeutungen von *nach* entsprechend bezeichnet es teils Übereinstimmung, teils zeitliche Folge: *allez, daz er bekennet, und minnet allez, daz er minnet, und würket mit der güete in der güete und diu güete mit im und in im alliu ir werk nâch dem, als geschriben ist.* (Meister Eckhart 5:9, 15); *Gott erschein Jacob abermal, nachdem er aus Mesopotamia kommen war* (L., Gen. 35, 9). Auch die kausale Bedeutung ist älter als vielfach angenommen wird: *Nachdem ich bishero die Wege angezeiget, durch welche der Ort München aus einem Flecken zu einem Markt erhoben worden ist, so muß ich nothwendig etwas von seiner Beschaffenheit anmerken* (Peter Paul Finauer, Ursprung der Stadt München 1772, S. 236, nach Brooks 2006, S. 169). – Auch der Genitiv *des* kann in Verbindung mit Präposition als Konjunktion fungieren. Mhd. verwendet man *innen des* als Temporalkonjunktion: *innen des diu frouwe slief, der munt ir von ein ander lief* (Wolfram, Parzival 130, 7 f.). Nhd. *dafür indes(sen), daneben bis ins 18. Jh. indes (sen) dass: indes daß du zur See dein Leben wagst … indes wird sie …* (Lessing, Nix Bodenstrom). Im 18. Jh. wird auch *unterdessen* mit unterordnender Funktion verwendet: *unterdeß er sich im Spiegel selbst belächelt* (Wieland, Musarion 1, 322); auch in Verbindung mit *dass: unterdessen daß ich Anstalten zu unserer Abreise mache* (Sch., 3, 573, 1, Nachlese, 242). Jetzt wird es nur als Adverb gebraucht.

§ **140.** Konsekutiv- und Finalsätze (Folge- und Absichtssätze). Schon in ahd. Zeit konnte ein *dass*-Satz als Ergänzung eines Nomens stehen, um einen Sachverhalt zu bezeichnen, der sich aus dem Bedeutungsinhalt des Nomens ergibt: *er habēt iu thaȝ altar, thaȝ er in thesēn thingon firsprechan mag sih selbon* (Otfrid III, 20, 94), „er hat schon das Alter, dass er in diesen Dingen für sich selbst sprechen kann". Hier bezieht sich *daȝ* ursprünglich als Pronomen auf das Nomen, und der Sinn ist: „er hat das Alter (das): er kann für sich selbst sprechen". Diese Fügungen standen den oben § 138 erwähnten *dass*-Sätzen nahe, die als Erläuterung an ein Substantiv angeknüpft sind. Im Mhd. hatten diese Sätze ein größeres Verwendungsgebiet als jetzt, z. B.: *ein kint, daȝ im sîn herze jach, daȝ er sô schœneȝ nie gesach* (Hartmann, Gregorius 1033 f. „von der Art, dass …"). In ähnlicher Weise kann schon im Ahd. *daȝ* auf das demonstrative *sō* vor einem Adjektiv oder Adverb bezogen sein: *daȝ ist allaȝ sō pald, daȝ imo nioman kipāgan ni mak* (Muspilli 76). Der *dass*-Satz drückt hier eine Folge aus, die sich aus dem bestimmten, durch *so* gekennzeichneten Grad des Adjektivs ergibt. Dieser Typus ist der Ausgangspunkt für die Verwendung der *dass*-Sätze als Folgesätze. Der Übergang zum reinen Folgesatz vollzieht sich, wenn kein Vergleich mehr ausgedrückt wird, sondern nur eine Folge, die sich aus dem ganzen Inhalt des Hauptsatzes ergibt. Es entstanden zwei Typen, indem einerseits der *dass*-Satz allein die Folge ausdrücken konnte ohne Stütze im Hauptsatz: mhd. *dô sluoc der hêrre Sîfrit, daȝ al daȝ velt erdôȝ* (Nib. 186, 1). Dieser Typus ist in der heutigen Sprache wenig gebräuchlich, aber bei den nhd. Klassikern noch häufig: *kam darüber in Unruhe und Bangigkeit, daß ich alles, so gut ich konnte, zusammendrückte* (G., Wilhelm Meisters Lehrjahre 1, 5); *der Advokat zitterte, daß ihm die Zähne klapperten* (Sch., Die Räuber II, 3). Andererseits behielt man *so* als Stütze im Hauptsatz nach dem Muster der ursprünglichen Fügungen, die einen Vergleich enthielten. Dies *so*, das zu keinem einzelnen Glied des Hauptsatzes gehörte, wurde unmittelbar vor den *dass*-Satz gestellt; hier verlor es seinen Druck und verschmolz mit *dass* zu einer neuen Konjunktion *so dass*. Wir finden diese Verbindung schon in der ahd. Übersetzungsliteratur zur Wiedergabe des lat. *ita ut: enti ni antwurta imo … sō daȝ sih es drāto wuntrōta der* (Matth. Ev., „ita ut miraretur"). Aber *so dass* als einleitende Konjunktion wird erst im Nhd. allgemein üblich. Die frühesten Absichtssätze haben zweierlei Ursprung. Der älteste Typ ist ein *dass*-Satz, der an die Präpositionsverbindung *ze diu* angeknüpft wird. Die Verbindung tritt in den Nebensatz hinüber (vgl. § 139), und *ze diu daʒ* fungiert als Absichtskonjunktion im Althochdeutschen und bis ins Mittelhochdeutsche hinein, z. B. *er dar kam, ze diu daʒ er gesæhe* (Hartmann, Erec 6144). – Daneben stand ein Typ mit einfachem *dass* als Einleitungskonjunktion. Dieser hat sich entwickelt aus den Objektsätzen bei Hauptsatzverben von den Bedeutungsgruppen *bitten, flehen; streben; sich vorsehen*. Auch dieser Typ ist schon bei Otfrid zum reinen Finalsatz entwickelt: *fingar thīnan dua anan mund mīnan, thaʒ ih lob thīnaʒ sī lūdentaʒ* (I, 2, 3). Einleitungskonjunktion *dass* mit konjunktivischem Verb stellt die häufigste Form des Absichtssatzes dar bis in die nhd. Zeit hinein und ist noch in gewählterem Stil gebräuchlich. Bei Luther tritt daneben *auf dass* als Absichtskonjunktion auf. Jetzt verwendet man *damit*, über dessen Entwicklung vgl. unten § 145.

c) Abhängige Fragesätze

§ 141. Man unterscheidet Satz- und Wortfragen. Im ersteren Falle wird der ganze Satzinhalt in Frage gestellt, im letzteren ein nominales Satzglied (Subjekt, Objekt, adverbiale Bestimmung, Prädikatsnomen). Als Einleitungswort der selbständigen und der abhängigen Wortfragen dienen Fragepronomina und -adverbia; diese fügen sich in den Satz ein an der Stelle des in Frage stehenden Satzgliedes: *wer kommt heute?; ich weiß, wer heute kommt.* Die selbständige Satzfrage wird im Deutschen meistens nur durch die Wortstellung und den Satzton gekennzeichnet; die abhängige Satzfrage wird durch die Konjunktion *ob* (vgl. § 151) eingeleitet: *kommt er heute?; weißt du (ich weiß nicht), ob er heute kommt.* Im Gegensatz zu den abhängigen Wortfragen können die abhängigen Satzfragen nicht nach positiv konstatierenden Aussagen, wie *ich weiß, sage; es ist sicher* usw. stehen. Es kann heißen *ich weiß nicht, ob er kommt (wer kommt)*; aber nur *ich weiß, wer kommt.*

In syntaktischer Hinsicht fungieren die abhängigen Fragesätze in entsprechender Weise wie die substantivischen *dass*-Sätze. Sie stehen erstens als Subjekt und Objekt des Hauptsatzverbs. Als Subjekt stehen sie in Sätzen mit Kopula und Prädikatsnomen: *ob er kommt, ist eine große Frage*; meistens mit vorwegnehmendem *es: es ist unsicher, ob er kommt.* Als Objekt stehen sie bei Verben wie *versuchen, untersuchen, abwarten, überlegen* und nach Verben der Äußerung, wie *sagen, mitteilen, fragen* (hier neben einem Personenakk.). Wenn das Verb mit Präpositionsverbindung konstruiert wird, steht meistens ein Präpositionaladverb im Hauptsatz: *ich zweifle (daran), ob es gelingen wird.* In entsprechender Weise wie die *dass*-Sätze stehen sie weiter als Ergänzung zu Verbalabstrakta von Verben, die mit Fragesatz als Objekt konstruiert werden, also z. B. *ich erwarte eine Mitteilung, ob er kommt.* Wo sie als Ergänzung zu Adjektiven fungieren, steht häufig eine demonstrative Stütze im Hauptsatz: *ich bin (dessen) nicht sicher, ob er uns emp-fangen wird.* Die Stütze im Hauptsatz fehlte früher häufiger als jetzt: *ohne sich zu bekümmern, was ihnen gefallen sollte* (Lessing 11, 262, 10); *unbekümmert, was während der Zeit in Deutschland vorgegangen* (G., 36, 247, 8, Briefwechsel Schiller und Goethe, Vorwort); *das erinnert mich, warum ich dich jetzt habe rufen lassen* (Sch., 6, 303, 11, Der Menschenfeind, 8). Wie es bei den *dass*-Sätzen der Fall war, kann die Stütze im Hauptsatz jetzt nur fehlen, wenn der abhängige Satz nachfolgt: *ich bin (darüber) im Zweifel, ob er kommt*; aber nur: *ob er kommt, darüber bin ich im Zweifel.* Früher konnte die Stütze auch bei vorangestelltem Nebensatz fehlen: *wohin ich es einrangieren soll, bin ich mit mir selbst noch nicht einig* (G., Briefe 19, 437, 13); *wie sehr sich alles ins Enge ziehe ..., werde ich täglich mehr überzeugt* (G., Briefe, an Schiller, 3.4.1801); *ob für die Horen etwas damit zu machen sein wird, zweifle ich wieder* (Sch., Briefe, an Goethe, 9.12.1796).

d) Relativsätze

§ 142. Die Relativsätze sind als Bestimmung an ein nominales Satzglied des übergeordneten Satzes geknüpft, sie sind also ihrem syntaktischen Wert nach adnominale Glieder. Schon im ältesten Indogerman. gibt es diesen Typ von Sätzen. Das Vedische besitzt ein besonderes Relativpronomen, *yas* – griech. ὅς. Dies Pronomen ist im Germanischen verlorengegangen. In den germanischen Sprachen werden Relativsätze teils asyndetisch, teils durch unflektierte Partikeln und teils durch Pronomina an das übergeordnete Glied geknüpft. Die Relativpartikeln haben rein verknüpfende Funktion, die Relativpronomina vereinen verknüpfende mit hinweisender Funktion (wie die Demonstrativa, vgl. § 133). Die germanischen Relativpronomina haben sich erst spät entwickelt, und die verschiedenen Sprachen haben verschiedene Mittel zum Ausdruck der relativen Beziehung geschaffen. Das Westgerman. besitzt von der ältesten Überlieferung an sowohl Relativpartikeln wie relative Pronomina, aber die Partikeln spielen in der deutschen Schriftsprache eine unbedeutende Rolle. Man hat in den westgerman. Sprachen zwei Pronominalreihen; die eine hat sich aus dem Demonstrativum *der*, die andere aus dem Indefinitum *wer* entwickelt.

Relativpronomen aus dem Demonstrativ. Für das Deutsche (und wohl auch für das Germanische überhaupt) muss man wahrscheinlich von einem asyndetischen Typ von Relativsätzen als ältester Form ausgehen. Solche asyndetische Relativsätze finden sich im Ahd., so öfters bei Otfrid II, 4, 103: *ellu thisu redina, wir hiar nu scribun obana* („diese ganze Rede, die wir hier oben geschrieben haben"); *in droume sie in zelitun then weg sie faran scoltun* („den Weg, den sie fahren sollten" I, 17, 74); *er sār in thō gisageta thia sālida in thō gaganta* („er sagte ihnen da alsbald das Glück, das ihnen begegnet war" II, 7, 10). Dieser Satztyp verschwindet bald aus der Schriftsprache, in der die Regel sich früh durchsetzt, dass alle Relativsätze ein Einleitungswort haben müssen. Gelegentlich findet sich der ältere Typ aber bis in die nhd. Zeit hinein: mhd. *daʒ erbe iuch iuwer vorderen ane brâhten* (Rolandslied 325); *diu sich gelîchen kunde der grôʒen sûl dâ zwischen stuont* (Wolfram, Parzival 589, 28 f., „der großen Säule, die dazwischen stand"); nhd. *sint* („seit") *der Zeit er auferstanden ist von den Todten* (L., Röm. 1, 1); *den ersten Fisch du fehist* („fängst"), *den nimm* (L., Von der Freiheit eines Christenmenschen); *der leidt all solchen Schmerzen, ich trag in meinem Herzen* (Uhland, Volkslieder).

Diese asyndetischen Sätze konnten auch als Ergänzung eines Demonstrativpronomens im Hauptsatz stehen, und in solchen Verbindungen müssen wir den Ausgangspunkt für die Entwicklung des Demonstrativs zu einem Relativpronomen sehen. Das Pronomen gehörte ursprünglich zum Hauptsatz, und sein Kasus wurde durch diese Zugehörigkeit bestimmt: ahd. *antwurta demo za imo sprah* (Matth. Ev. „er antwortete dem, der zu ihm sprach"); *mînes fater hûs ist breit, ward wola then, thara ingeit* (Otfrid IV, 15, 5, „wohl ward dem, der da hineingeht"). Derartige Konstruktionen kommen noch im Mhd. vor: *ouwê des dâ nâch geschiht* (Wolfram, Parzival 514, 10, „weh über das, was"); *der bewîset in des er suochte* (Hartmann). Ein letzter Ausläufer dieses Gebrauchs liegt vor bei den erstarrten Verbindungen *indem, nachdem, seitdem, indessen,* wo der abhängige Satz direkt an den Demonstrativkasus angeknüpft wurde (vgl. § 139). Wenn Haupt- und Nebensatz denselben Kasus verlangen, kann nicht ohne weiteres entschieden werden, zu welchem Satz das Pronomen gehört, ob es also als Demonstrativ oder als Relativ zu fassen ist; in diesem Falle hat sich die Ersparung des einen Pronomens lange erhalten: ahd. *thô liefun sâr thie nan minnôtun meist* (Otfrid V, 5, 3, „da liefen die gleich, die ihn am meisten liebten"); mit demonstrativem Adverb: *thu giangi thara thu woltôs* (Otfrid V, 15, 40, „dorthin, wo du wolltest"); mhd. *êr unde guot hât nû lützel ieman, wan der übele tuot* (Walther, L. 90, 29 f.); *(drîe vrouwen) in zeinen stunden slâfende vunden ... dâ er lac* (Hartmann, Iwein 3360 ff.); nhd. hat sich diese Konstruktion besonders in sprichwörtlichen Verbindungen erhalten: *Ehre dem Ehre gebührt;* aber auch sonst: *Maria aber war, die den Herrn gesalbet hatte* (L., Joh. 11, 2); *am Abend gaben uns, die uns eingeladen hatten, das Geleit* (Chamisso, Reise um die Welt, Der Rurick). Von dem modernen Sprachgefühl wird in diesen Fällen das Pronomen als zum Nebensatz gehörig empfunden, vgl. unten. Ursprünglich hat das Pronomen aber nur zum Hauptsatz gehört. Ein Anzeichen von dem Ursprung des Relativs aus dem Demonstrativ ist die große Verbreitung der sogenannten Attraktion im Ahd. Schon im frühesten Ahd. konnte das Pronomen im Nebensatz wiederholt werden: *der si doh nû argôsto ôstarliuto, der dir nû wîges warne* (Hildebrandslied 59). Wo aber die beiden Sätze verschiedene Kasus verlangen, steht das Pronomen des Nebensatzes meistens in dem vom Hauptsatz verlangten Kasus: as. *he thes wiht ni bisprak, thes sie imu ôgean weldun* (Heliand

4923, „was sie ihm zeigen wollten"); ahd. *thes thigit* („darum fleht") *worolt ellu, thes ih thir hiar nū zellu* (Otfrid V, 23, 53). Dasselbe findet statt, wenn das Pronomen des Nebensatzes sich auf ein Nomen oder auf ein Pronomen, das nicht demonstrativ ist, bezieht: *denne ferit er ze deru mahalsteti, deru dār kimarchōt ist* (Muspilli 77); *then selben zwelif theganōn, thēn thār umbi inan sāʒun* (Otfrid IV, 10, 1); *thaʒ íʒ liuhte allen then in hūse sint* („omnibus qui", Tatian 61, 27 = Sievers 25,2); *theih sīnu werk wirke, thes mih zi thiu santa* (Otfrid III, 20, 13). Diese Konstruktion ist noch im Mhd. nicht selten: *den mort, den da was geschên* (Alexanderlied); *daʒ er alles des verpflac, des im ze schaden mohte komen* (Hartmann, Iwein 5338, „dass er sich alles dessen enthielt, was ihm zu Schaden kommen konnte"). In dieser Konstruktion hat sich das Pronomen noch nicht ganz vom Hauptsatz gelöst. Erst wenn das Pronomen im Nebensatz wiederholt und sein Kasus durch die syntaktische Stellung im Nebensatz bestimmt wird, entsteht das eigentliche Relativpronomen. Diese Stufe findet sich bei Notker: *tes man mag ingelten, ten sol man mīden* („den man strafen kann, den soll man meiden", Graff 187). Diese Konstruktion ist in der späteren Sprache die normale. Es ist nicht auszuschließen, dass sie schon älter ist, dann wären die Kasusverhältnisse im Nebensatz als stärker bestimmend anzunehmen. (Robinson 1997, dazu Zifonun 2003, S. 72f.) Auch die Einbeziehung der Partikel *the/de* wird erwogen (Lehmann 1984), vgl. § 146. In der Literatur kommt daneben der Typ mit nur einem Pronomen vereinzelt vor, vgl. oben, aber im Nhd. empfindet man dann dies Pronomen als nur zum Nebensatz gehörig. Wenn die beiden Sätze verschiedene Kasus verlangen, wird deshalb die Form durch die Stellung des Pronomens im Nebensatz bedingt: *den ich an meine Brust drücke, drückt auch mich an seine Brust* (Herder, Ideen zur Philosophie der Geschichte der Menschheit I, 4, 6); *der Effekt war, den ich voraussah* (G., Briefe, an Rochlitz, 1. 2. 1809); *den sie festhielten, war niemand anders* (Tieck).

Dieselbe Entwicklung vom Demonstrativ zum Relativ, die das Pronomen *der* durchgemacht hat, hat auch bei den demonstrativen Adverbia stattgefunden. Es handelt sich um die Ortsadverbia ahd. *dār* > mhd. *dâ*, nhd. *da*; ahd. *dara* > mhd. *dar*, das nhd. durch *dahin* ersetzt ist; mhd. *dannen*, im Nhd. durch *davon* ersetzt; das Zeitadverb ahd. mhd. *dô* > nhd. *da*, das nhd. mit dem Ortsadverb zusammengefallen ist, und um das Modaladverb ahd. *sō, also* > mhd. *als(e)*. Es begegnen auch Verbindungen, die in der Gegenwartssprache nicht mehr gebräuchlich sind: *3 Söhn 2 Töchter darauß gleichwol nur ein Tochter Maria bey leben verbliben* (Johann Mayr, Gedenckwürdige Sachen, 1600, nach Brooks 2006, S. 143). Nhd. sind die Ortsadverbia in relativer Funktion durch die entsprechenden Interrogativbildungen *wo, wovon, wohin* usw. ersetzt worden, vgl. § 145. Die Bedeutungsentwicklungen, die die temporalen und modalen Adverbia in relativer Funktion durchgemacht haben, werden im Kapitel über die Adverbialsätze behandelt.

§ 143. Relativpronomina aus dem Indefinitstamm. Schon in der ahd. Übersetzungsliteratur konnte unter latein. Einfluss das interrogative Pronomen in relativer Funktion verwendet werden: *thū nū ni habēs mit hiu scefēs* („neque in quo haurias habes", Tatian 131, 15 = Sievers 87, 3). Dieser Gebrauch war aber ohne Stütze in der lebendigen Sprache und hat keine direkte Weiterentwicklung erfahren. Der Ausgangspunkt für das spätere Eindringen der Interrogativa (Indefinita) in relative Funktion sind die Verbindungen ahd. *sō (h)wer sō; sō (h)welih sō; sō (h)wedar sō;* und mit Adverbia *sō (h)wār sō* usw., die als unbestimmte und verallgemeinernde Relativa fungierten; das zweite *sō* diente als Einleitungswort des Nebensatzes. Im Mhd. verschmelzen die Verbindungen zu *swer, swelch, swâ, swar, swanne, swie* usw. Im 14. Jh. schwindet das anlautende *s-*, so dass die Reihe nicht mehr eine besondere morphologische Kategorie bildet, sondern mit den Frage- und Indefinitpronomina äußerlich zusammenfällt.

Diese Relativa sind ursprünglich von den aus dem Demonstrativ entstandenen syntaktisch streng geschieden. Sie beziehen sich nicht auf ein Glied des übergeordneten Satzes; die von ihnen eingeleiteten Sätze sind also nicht adnominale Glieder, sondern fungieren als selbständige nominale Glieder des übergeordneten Satzes: ahd. *sō wer sō ouh muas* („Speise") *eigi, gebe themo ni eigi* (Otfrid I, 24, 7); *sō welīh sō welle ... mēro wesan, sī iuwēr ambaht* (Matth. Ev.); mhd. *ich muoჳ verjehen swes er wil* (Walther, L. 114, 8). Im Mhd. wird diese Pronominalreihe sehr viel verwendet. Wenn der Hauptsatz dem Relativsatz nachfolgte, konnte er ein Demonstrativpronomen enthalten, das auf den Relativsatz zurückwies: *swaჳ ich fröuden zer werlde ie gewan, daჳ hât ir schœne und ir güete gemachet* (Walther, L. 110, 24 f.); *swer houbetsünde unt schande tuot, sol man den für einen wîsen nennen* (Walther, L. 22, 18 ff.). Dieser Gebrauch findet sich schon bei Otfrid IV, 21, 33: *sō wer sō ist fona wāre, ther hōrit mir io sāre.* In solchen Fällen nähert sich das unbestimmte Relativpronomen dem bestimmten, indem es auf das Demonstrativpronomen des Hauptsatzes bezogen wird. In dieser Weise entstanden Berührungspunkte zwischen den beiden Pronominalreihen, was dazu geführt hat, dass die Indefinitreihe in einigen Fällen in das Gebiet der Demonstrativreihe eingedrungen ist.

In der modernen Sprache ist *das* durch *was* ersetzt, wenn das Bezugswort im Hauptsatz ein Pronomen ist, das eine unbestimmte Allgemeinheit bezeichnet, also *das, dasjenige, dasselbe, solches* (in substantivischem Gebrauch), Indefinita wie *nichts, etwas, alles;* auch bei Rückbeziehung auf substantivierte neutrale Adjektive steht jetzt meistens *was: das Gute, was.* Bis ins 18. Jh. hinein ist in diesen Fällen *das* das häufigste Relativ: *etwas Großes und Vollständiges ..., das allen Menschen Ehrfurcht einflößte* (G., Italienische Reise I, 3.9.1786); *etwas, das bleibt, und etwas, das sich unaufhörlich verändert* (Sch., Über die ästhetische Erziehung des Menschen, 11); *so Vieles ..., das ich jetzt selbst ganz vergessen habe* (Tieck, Die Wundersüchtigen). *was* findet sich aber schon bei Luther: *zu dem, was diese wider dich zeugen* (Markus 14, 60); *Gott sahe an alles was er gemacht hatte* (Gen. 1, 31). Auch wenn sich das Relativ auf einen ganzen Satzinhalt bezieht, steht heute *was: ich hörte, dass er kam, was mir lieb war.* Diese Verwendung von *was* kommt in der älteren Sprache nicht vor und ist wohl auf lateinischen und französischen Einfluss zurückzuführen. Im Frühnhd. steht *das: darumb du uns so unzimlichen handelst, das wir vormals ungewont sind* (Ackermann aus B., 3, 3); noch bei Goethe kommt dies vor: *ihm hatte man Hilarien bestimmt, das ihm sehr wohl bekannt war* (Wilhelm Meisters Wanderjahre 2, 3); *ich habe sie mit bewaffneter Hand angefallen, das in Florenz unerhört sei* (Benvenuto Cellini 3). Später tritt in dieser Funktion *welches* ein (vgl. S. 241), das am Ende des 18. Jh. durch *was* abgelöst wird. Ausnahmsweise steht *was* auch auf ein Substantiv bezogen: *die Eroberungen sind des Unglücks nicht wert, was ein Sieger auf sein Volk bringt* (Haller, Usong 4, Letzte Räthe); *alles Elend, was die menschliche Natur treffen kann* (Lessing, Laokoon); *das Ding, was man Ketzer nennt* (Herder, Briefe zur Beförderung der Humanität 9); *ein Wort, was schon eine zweifache Eitelkeit aussagt* (Jean Paul, Vorschule der Ästhetik 1, 8, § 37). In die übrigen Kasus ist die Interrogativform nicht in demselben Ausmaß eingedrungen; es heißt *das Gute, dessen ich mich erinnere; alles, dessen (wessen) ich bedarf;* nur ausnahmsweise findet man *wessen: frag ich dich, wessen ihr sie beschuldigt* (Shakespeare, Viel Lärm um Nichts V, 1, Übersetzung von W. O. Benda, 1825); *wessen das Gefäß ist gefüllt, davon es sprudelt und überquillt* (Sch., Wallensteins Lager 5, 10), *weshalb* und *weswegen* werden allgemein relativ gebraucht. – Die Maskulinform *wer* hat nicht über ihr ursprüngliches Gebiet hinausgegriffen.

§ 144. Anders ist das Verhältnis bei dem relativen Gebrauch von *welcher*. Das relative *welcher* ist nicht aus dem unbestimmten Relativ mhd. *swelch* entstanden, sondern geht auf das Interrogativum zurück, das ursprünglich nur adjektivisch verwendet wurde. Im 15. Jh. tritt *welcher* als Relativpronomen im Hochdeutschen auf, und zwar anfänglich nur in adjektivischer Funktion. Dieser Gebrauch scheint aus dem Niederfränkischen zu stammen, wo er sich schon im 13. Jh. zeigt. Im Hochdeutschen erscheint der Gebrauch zuerst bei humanistischen Schriftstellern, z. B. *ich schick üch disz Büchlin, welches Büchlin üwer Gnad von mir ufnemen wöll* (Niclas Wyle, trans. 16, nach Dwb., 1460). Der Gebrauch ist wahrscheinlich durch Nachahmung des lateinischen *qui* entstanden, das sowohl als Relativ wie als Interrogativ fungiert und adjektivisch verwendet wird. Das Deutsche besaß kein adjektivisches Relativ, und das Pronomen *der* eignete sich nicht zur adjektivischen Verwendung, weil es in dieser Stellung mit dem Artikel zusammenfiel. Das neue Pronomen erfüllte deshalb eine offene Stelle im Sprachsystem. Es hat jedoch offenbar kein großes Bedürfnis nach einem besonderen adjektivischen Relativpronomen im Deutschen bestanden, denn das relative *welcher* gibt bald seine adjektivische Funktion auf. Es konnte ursprünglich in derselben Weise wie andere

Adjektive substantivisch verwendet werden; diese Verwendung bekam dann allmählich die Oberhand und ist schon bei Luther häufiger als die adjektivische, z. B.
werdet ihr finden ein Füllen angebunden, auf welchem nie kein Mensch gesessen ist
(Markus 11, 2). Jetzt verwendet man *welcher* attributiv nur bei abstrakten Substantiven in Fällen, wo die Rückweisung des einfachen substantivischen Pronomens nicht deutlich genug ist: *er will umziehen, welchen Entschluss ich nicht bil-
ligen kann; solche Arbeiten werden von den Unkundigen Groteske genannt, welche
Benennung ...* (G., Benvenuto Cellini 6). Jedoch steht in solchem Falle auch das
substantivische Neutrum *welches*, das als Rückbeziehung auf Vorstellungsinhalte
im älteren Nhd. das übliche Pronomen ist: *diese Künste ... zu ihrer Vollkommenheit
zu bringen, welches ihnen so weit gelungen ist* (Breitinger, Dichtkunst, 1); *niemand
stört sie, wenn sie allein sein will, welches gewöhnlich auf dem Lande geschieht*
(Wieland, Theages); *er hegte Hoffnung, ihn zu kaufen, welches jedoch nicht gelang*
(G. 32, 71, 9, Italienische Reise, Zweiter römischer Aufenthalt, Bericht, August); *es
ist, welches ich vorläufig bemerken muß, darauf gerechnet* (Sch., Briefe 6, 10). Erst in
der zweiten Hälfte des 18. Jh. dringt *was* in diese Funktion ein vgl. § 143. Auch als
Rückbeziehung auf neutrale Pronomina und substantivierte Adjektive konkurrierte eine Zeitlang *welches* mit *was* (und *das*): *bevor er nur etwas getan hatte,
welches das Mißtrauen als zweideutig hätte auslegen können* (Tieck, Tod des
Dichters 8); *alles Gute, welches Philipp II. gegen Elisabeth beschloß* (Sch., Geschichte des dreißigjährigen Krieges); *als dasjenige ist, welches über jene Bestimmung ...* (Sch., Über Anmut und Würde).

Sonst wird das relative *welcher* ganz synonym mit *der* gebraucht, und zu
gewissen Zeiten ist dies Pronomen sehr viel verwendet worden. Bei Goethe und
Schiller ist es häufig, und im 19. Jh. hatte es eine Zeitlang beinahe *der* aus der
Schriftsprache verdrängt. Dann trat aber eine Reaktion ein, und *welcher* wurde von
Grammatikern und Stilisten als schwerfällig bekämpft. Jetzt gilt der Gebrauch von
welcher als guter Stil im Allgemeinen nur, wenn man sonst Anhäufung von
demselben Wort bekommen würde, wie etwa: *die, die die Aufgabe gelöst haben.*
Übrigens haben nicht alle Kasus von *welcher* dieselbe Verbreitung als bestimmtes
Relativ gehabt. Der Genitiv *welches, welcher* ist in neuerer Zeit wenig gebraucht:
eine Bitte, an welcher Gewährung sein ganzes Glück hing (Tieck 21, 39, nach Dwb.);
im Frühnhd. ist er häufiger: *dein Volk Israel, umb welchs willen Gott ist hin gegangen*
(L., 2. Sam. 7, 23); *ein Brunnen, welches Wasser* (Grimmelshausen, Simplicissimus,
Continuatio 14).

Historisch und funktionell von dem bestimmten Relativ *welcher* verschieden
ist *welcher* als unbestimmtes (verallgemeinerndes) Relativ: *mochte es sich um eine
Krankheit handeln, welche es wolle.* Dies *welcher* geht auf mhd. *swelch,* ahd. *sō
welīh sō* zurück, das ursprünglich nur adjektivisch verwendet wurde: mhd. *swelch
mîn bote ie baldest reit, die reise er zwêne tage vermeit* (Wolfram, Parzival 189, 26);

nhd. *in welcher Geschichte er durchblickt, schwärzt er das Glänzendste* (Herder, Briefe zur Beförderung der Humanität 10, 121); *welcher Dichter also die physische Einheit ... versteht, der versteht sie sehr schlecht* (Lessing, Hamburgische Dramaturgie 1, 45). Aber in derselben Weise wie andere Adjektive kann dies Pronomen auch substantivisch verwendet werden: mhd. *swelher im für die stiegen spranc, der sluoc er eteslîchem sô swæren swertes swanc* (Nib. 1950, 2). Jetzt wird das unbestimmte Relativ *welcher* substantivisch und adjektivisch gebraucht. Wie die übrigen unbestimmten Relativa nähert sich auch *welcher* in gewissen Verbindungen dem bestimmten Relativ: *welchen die Götter verdammen / Der sols ... widergeben* (L., 2. Mose 22, 8); *selig, welchen die Götter, die gnädigen, vor der Geburt schon liebten, welchen als Kind Venus im Arme gewiegt* (Sch., Das Glück). Es ist deshalb wahrscheinlich, dass diese Verwendung des altererbten unbestimmten Relativs *welcher* mitwirkend gewesen ist bei der großen Verbreitung, die *welcher* als bestimmtes Relativ erreicht hat.

§ 145. Bei den relativen Ortsadverbia und bei dem kasusvertretenden *da-* ist das Eindringen der Indefinitform auf das Gebiet der Demonstrativbildungen am weitesten gegangen. Hier sind heute die alten Formen ganz verdrängt worden. Das Mhd. kennt nur die demonstrativen Bildungen, auch in relativer Funktion: *dâ* („dort wo"), *dannen, dârinne* usw., und diese Formen halten sich weit in nhd. Zeit hinein: mhd. *sô lis ich bluomen, dâ rîfe nû lît* (Walther, L. 39, 10); nhd. *im Meer, da es am tiefsten ist* (L., Matth. 18, 6); *du findest dich vor einem Gewölbe, da wohl zwanzig Stufen hinabgehen* (G., Werther 1, 12.5.1771); *auf der Höhe, von da man zu einem Wäldchen gelangte* (G., Die Wahlverwandtschaften 1, 7); *in Regionen, dahin ich ihr nicht folgen kann* (Immermann 7, 258, Die Epigonen 9, 15). Ebenso das Kasusvertretende *da-*: mhd. *daʒ îsen, dâ mit ir lîp was bewart* (Hartmann, Iwein 7129); *einen tiuren stein, dâ tages de sunne lieht durch schein* (Wolfram, Parzival 233, 18); nhd. *alle Lager, darauf er liegt, und alles, darauf er sitzt* (L., 3. Mose 15, 4); *den Brunnen, draus du trinkest* (G., Der Wandrer); *nach der Hütte, drin ich wohne* (G., Der Wandrer); *eine Klage, dagegen ich verstummen muß* (Sch., Wallensteins Tod I, 4); *ein weitläufiges Gespräch, darüber es Nacht wurde* (Sch., Briefe, an Körner, 1, 137), *wo,* das auf mhd. *swâ* „überall wo, wo auch immer" zurückgeht, dringt seit Anfang der nhd. Zeit ein.

Nur in einem isolierten Fall hat sich die Demonstrativform erhalten, nämlich in der Verbindung *damit,* wo sie als Absichtskonjunktion fungiert. Das Wort ist ursprünglich identisch mit dem demonstrativen *damit,* stellt also eine Verbindung von *mit* und kasusvertretendem *da-* dar, die früher natürlich auch in relativer Funktion verwendet wurde: mhd. *zweinzic marke, dâ mite man eʒ solde ziehen* (Hartmann, Gregorius 543 f.); *der solde blâsen ditze horn, dâ mite er daʒ bedûte, daʒ er gesiget hæte* (Hartmann, Erec 8798). Aus der instrumentalen Bedeutung von *mit* hat sich dann die Verwendung als Absichtskonjunktion entwickelt. In dieser

Funktion erscheint *damit* schon vom 12. Jh. ab, aber ursprünglich nur, wenn der Hauptsatz oder ein Wort in demselben als Instrument oder Mittel für die Nebensatzhandlung aufgefasst wurde. Noch Luther verwendet in seinen frühesten Schriften die Konjunktion ausschließlich auf diesem ursprünglichen Gebiet: *was kann der Mensch geben, damit er seine Seele wieder löse?* (Matth. 16, 26); *fliehet aus Babel, damit ein jeglicher seine Seele errette* (Jeremia 5, 6). Die Bedeutung von Absicht wurde ursprünglich nur durch die Konjunktivform des Verbs ausgedrückt. Diese besondere Verwendung des relativen *damit* isolierte sich allmählich im Sprachbewusstsein von den übrigen Gebrauchsweisen, und in dieser Funktion blieb die alte Form des Adverbs bewahrt, während in den sonstigen relativen Verwendungen *womit* eindrang. Man hat somit jetzt zwei sowohl formal wie funktionell verschiedene Wörter erhalten. Die Bedeutung von Absicht wird jetzt in die Konjunktion selbst gelegt, deshalb kann das Verb auch im Indikativ stehen. *Damit* setzt sich in Finalsätzen seit dem 16. Jh. gegen seine Konkurrenten *dass* und *auf dass* durch (Babenko 1988); *auf dass* bleibt in höheren Stilregistern längere Zeit erhalten und zieht dann auch den Konjunktiv nach sich: *Auf diese Weise redet der Theologus vom Menschen, damit gehet er allein um, auf daß der Mensch erkenne, daß seine Natur durch die Sünde verderbt ist.* (Friedrich Wilhelm Lomler, Martin Luther, 1830) (vgl. Babenko 1988, S. 102–104).

§ 146. Relative Partikeln. In der heutigen deutschen Schriftsprache geschieht relative Anknüpfung nur durch flektierte Pronomina, aber in der früheren Sprache und in der Volkssprache gibt es auch Relativpartikeln.

As. ahd. *the* ist eine gemeinsame westgermanische Relativpartikel. Sie wird im Altsächs. und im Althochd. sowohl allein wie in Verbindung mit einem Demonstrativpronomen verwendet: as. *allaro barno besta thero the io giboran wurdi* (Heliand 835); ahd. *gisāhun thiu the her teta* (Tatian 233, 26 = Sievers 135, 27); *in berge the er mo zeinti* („zeigte", Otfrid II, 9, 35). Bisweilen verbindet sich *the* proklitisch mit den finiten Verbalformen oder Personalpronomina *theist, theih*. Dadurch entsteht ein „Anstrich von Unterordnung" (Admoni 1990, S. 64). In spätahd. Zeit kommt die Partikel außer Gebrauch. Sie wird ersetzt durch *dār*, mhd. *dâ*, das ursprünglich mit dem Lokaladverb identisch ist, aber seit ältester Zeit auch als Relativpartikel fungiert: as. *sō ēgrohtful* („barmherzig") *is the thār alles geweldid* (Heliand 3502); ahd. *thaȝ thār nū gidān ist, thaȝ was io in gote* (Otfrid II, 1, 41); mhd. *die dâ torsten vehten, die lâgen alle erslagen* (Nib. 98, 1); nhd. *wozu ist das Volk nutz, das da heißet die Kardinal* (L., An den chistlichen Adel deutscher Nation). Nach Luther kommt die Partikel bald außer Gebrauch und kommt später nur in archaisierendem Stil vor.

Die Relativpartikel *wo*, die in süddeutschen Mundarten üblich ist, ist möglicherweise eine Fortsetzung des oben behandelten *da*, in derselben Weise wie das relative Ortsadverbium *wo* die Funktion von *da* übernommen hat. Die Form findet sich nur ganz vereinzelt in der Literatur: *der Meister nimmt das schlechteste Messer, wo er hat* (Hebel, Schatzkästlein, Wie man aus Barmherzigkeit rasiert wird); *ihr Häusle, wo der Regen beinah hat eingeworfen* (Ludwig, Die Heiteretei).

Die Relativpartikel *so* ist ursprünglich mit der Vergleichspartikel *so* identisch. Sie steht deshalb in der frühesten Zeit nur, wenn der Hauptsatz ein korrelatives Vergleichsglied enthält. Die Verwendung als Relativpartikel ist wahrscheinlich entstanden durch eine Vermengung von Fügungen mit korrelativem *solīh – sō* mit relativen Konstruktionen. As. *nāhor gengun sulike gesiðos, sō he im selbo gecōs* (Heliand 1279, „solche Gefolgsmänner, wie er sich selbst gewählt hatte") ist ungefähr gleichbedeutend mit einer Relativfügung: *thie gesiðos, thie he im gecōs. so* in rein relativer Funktion tritt auf vom 12. Jh. ab; es erreicht seine größte Verbreitung im 16. und 17. Jh.: mhd. *waʒ sint diu leit der schœnen Kriemhilde, sô du hâst geseit* (Nib. 959, 2, Hdschr. A); nhd. *gut Getränk ist bitter denen, so es trinken* (L., Jesaja 24, 9); *alle so liegen im* Staub (Hans Sachs 2 (1570), 1, 60b, nach DWb.); zu was *Ende die Allianzen, so diese Doria schlossen* (Sch., Fiesco IV, 6).

und fungiert im Mhd. als Relativpartikel: *lât mich zuo zîn rîten mit den unt ich hie hân* (Nib. 886, 2); *ergetzet si der leide und ir ir habet getan* (Nib. 1208, 3); *die mâʒe und si da mohten, sach man sie gebâren* (Kudrun 849, 3). Der Gebrauch hält sich bis ins 17. Jh., jedoch nach der mhd. Zeit kaum mehr in eigentlich literarischen Texten.

§ 147. Notwendige und freie Relativsätze. Die ältesten germanischen Relativsätze sind für den Sinn des übergeordneten Satzes unentbehrlich, indem sie dem Bezugswort eine einschränkende Bestimmung beilegen. Dies gilt noch immer für die große Masse der Relativsätze, z. B. für alle, die an ein Demonstrativpronomen oder an unbestimmte Pronomina wie *alle, manche, kein, etwas, nichts* angeknüpft werden: ahd. *nist wīb, thaʒ io gigiangi in mērun gōringi* (Otfrid I, 20, 15, „es ist kein Weib, das in größeren Jammer geraten wäre"); nhd. *nur der verdient sich Freiheit wie das Leben, der täglich sie erobern muß* (G., Faust II, 11575).

Im Gegensatz zu diesem Typus stehen die sogenannten weiterführenden Relativsätze, die für den geschlossenen Sinn des Hauptsatzes nicht notwendig sind; diese sind logisch gleichwertig mit selbständigen Sätzen. Man findet solche Sätze schon im Ahd., aber sie sind in den älteren Sprachperioden selten. Im Nhd. hat der Gebrauch stark zugenommen, offenbar unter Einfluss von Lateinisch und Französisch. Beispiele: ahd. *in thir habēn ih mir funtan thegan einfaltan, ther ouh unkusti* („Bosheit, Tücke") *ni habet in theru brusti* (Otfrid II, 7, 56); mhd. *er bevalch sî liut und sîn lant an sînes marschalkes hant, an dem er triuwe erkande* (Gottfried, Tristan 465); *da mit er manegen hirʒ erschôʒ, des sîn muoter und ir volk genôʒ* (Wolfram, Parzival 120, 2). Im Nhd. ist dieser Typus charakteristisch für die Schriftsprache; er hat vor der Parataxe den Vorteil, dass die Anknüpfung an den Hauptsatz fester ist: *ich traf einen Mann, bei dem ich mich nach dem Weg erkun-*

digte. Ein derartiger Relativsatz kann auch ein adversatives Verhältnis dem Hauptsatz gegenüber ausdrücken und dann in Verbindung mit einem adversativen beiordnenden Bindewort auftreten: *sie machte einen Versuch, welcher jedoch scheiterte; das Gewand wäre denn von sehr steifem Zeuge, der aber eben darum zur Malerei ganz unbequem ist* (Lessing, Laokoon). Auch andere beiordnende Bindewörter wie *auch, darauf* u. ähnl. können in solchen Relativsätzen stehen: *ich forderte meinen Freund zum Einschreiten auf, der auch dazu bereit war.* Dieser Typ ist von den eigentlichen weiterführenden Relativsätzen abzugrenzen. Er gehört eher zu den freien Relativsätzen, die ein inhaltliches Moment ihres Bezugssatzes weiterführen. Dagegen beziehen sich die eigentlichen weiterführenden Relativsätze auf ihren Bezugssatz als Ganzes. Sie geben Kommentare oder Korrekturen und sind jedenfalls unter textlinguistischer Perspektive zu betrachten. Ihr Status als selbständige oder doch in lockerer Weise integrierte Sätze ist umstritten (vgl. Holly 1988, Holler 2005, Eroms 2009). Sie werden in der Gegenwartssprache fast ausschließlich mit einem w-Relativum eingeleitet: *Wer weltumspannend kommunizieren will, braucht neben dem Computer auch einen Telefonanschluss. Davon gibt es leider nicht allzu viele in Rio de Janeiro. Weswegen ein schwunghafter Handel damit getrieben wird.* (Cosmas-Beleg: A97/MAI.04539, St. Galler Tagblatt, 21.05. 1997).

e) Die Bindewörter der Adverbialsätze

§ 148. Die sogenannten Adverbialsätze, die in ähnlicher Weise wie Adverbia als Bestimmungen des Hauptsatzverbs fungieren, teilt man herkömmlicherweise nach ihrer Bedeutung ein in Temporal-, Kausal-, Bedingungs-, Konzessiv-, Folge-, Absichts- und Vergleichssätze. Für diese Sätze gilt aber in besonderem Grade, was oben § 135 für die Nebensätze angeführt wurde, dass Übergänge von einer Bedeutungsgruppe in andere stattgefunden haben, indem die Einleitungswörter im Laufe der Entwicklung neue Bedeutungsinhalte annehmen.

Die folgende Darstellung legt deshalb die Einleitungswörter der Nebensätze zugrunde und verfolgt die Funktionsänderungen, die sie im Laufe der Zeit durchgemacht haben. In dem vorangegangenen Kapitel über die *dass*-Sätze sind die Folgesätze und der frühere Typ der Absichtssätze schon behandelt worden. Der spätere Typ der Absichtssätze ist oben § 145 behandelt worden.

Die meisten Einleitungskonjunktionen der Adverbialsätze sind ursprünglich demonstrative Adverbia, die mit der Entwicklung des Nebensatzsystems unterordnende Funktion angenommen haben. Wie es bei den Relativpronomina der Fall war, finden sich aber auch unter diesen Konjunktionen Formen aus dem Interrogativstamm, die ursprünglich als verallgemeinernde relative Adverbia fungieren. In der folgenden Darstellung werden auch die demonstrativen Funktionen dieser Bindewörter, die meistens noch heute bewahrt sind, berücksichtigt.

§ 149. *da.* Im nhd. *da* sind zwei verschiedene mhd. Adverbia zusammengefallen, das Ortsadverbium *dā* < ahd. *dār* und das Zeitadverb *dō*. Der Zusammenfall beruht nicht nur auf lautlicher Entwicklung, sondern auch auf einer bedeutungsmäßigen Annäherung zwischen den beiden Wörtern. Das Ortsadverb *dâ* kann schon im Mhd. eine temporale Bedeutung annehmen in Verbindungen wie *dâ nâch*. Noch früher zeigt sich der Übergang von lokaler zu temporaler Bedeutung in abhängigen Sätzen. *thār* fungiert schon bei Otfrid als Relativadverb: *in krippha man nan legita, thār man thaʒ fihu nerita* (I, 11, 57), und dann auch mit einer Bedeutung, die sich der temporalen nähert: *thār Joseph was in lante ... quam imbot* („Auftrag, Gebot") *imo in droume* (I, 20, 3). Trotzdem ist während der mhd. Zeit die Trennung von lokalem *dâ* und temporalem *dō* durchgängig aufrechterhalten. Die temporale Verwendung der Konjunktion *da* hat ihren Ausgangspunkt in Verbindungen, in denen das Wort als relatives Adverb auf ein Nomen mit zeitlicher Bedeutung bezogen wird: *zu der Zeit, da; im Augenblick, da* u. ähnl.

In rein lokaler Bedeutung ist das relative *da* im Nhd. durch *wo* ersetzt worden, vgl. § 145.

Als Zeitkonjunktion, also wo es als Fortsetzung von mhd. *dô* fungiert, wird *da* in nhd. Zeit durch *als* verdrängt, das schon bei Luther in dieser Funktion nicht selten ist. Jedoch steht bei ihm noch häufiger *da*: *da sie aber ihn sahe, erschrak sie* (Lukas 1, 29); *es war dir mein Gebein nicht verholen, da ich im Verborgenen gemacht ward, da ich gebildet ward unten in der Erde* (Ps. 139, 15). In poetischer Sprache findet sich *da* in dieser Funktion noch bei den Klassikern: *da der Griechen Schiffe brannten, war in deinem Arm das Heil* (Sch., Das Siegesfest).

Im 17. und 18. Jh. kann *da* einen Gegensatz ausdrücken: *da mein Vater sich nicht leicht eine Ausgabe erlaubte, so war er dagegen nicht karg* (G., Dichtung und Wahrheit 1, 4).

In der heutigen Sprache hat *da* als Konjunktion immer kausale Bedeutung. Der Übergang von der Temporal- zur Kausalkonjunktion ist eine leicht verständliche Funktionsänderung, da zeitliches Nacheinander leicht als kausale Abhängigkeit aufgefasst wird, *da* ist jedoch auch in der neuen Funktion stark eingeschränkt worden, indem *weil*, das ursprünglich Gleichzeitigkeit bezeichnete (vgl. unten) die häufigste Kausalkonjunktion geworden ist. *da* bezeichnet einen als bekannt vorausgesetzten (notorischen) Grund und hat in dieser Funktion mhd. *sît* ersetzt (vgl. Arndt 1956 und Eroms 1980).

dann, denn; wann, wenn. Im Ahd. stehen nebeneinander das demonstrative *danne* (mit seltener Nebenform *denne*) und das fragende und unbestimmte *(h)wanne, (h)wenne*; dazu das verallgemeinernde Relativ *sō (h)wanne sō*. Die Formen sind ihrem Ursprung nach Weiterbildungen zu einem alten Ablativ des

Demonstrativ- bzw. Fragepronomens, der im ahd. *dana*, got. *þan(a)* „von dort"
vorliegt; diese Form besteht neben der erweiterten bis zum Ende der mhd. Zeit.

danne wird ahd. in zwei Funktionen verwendet, die beide auf die ablativische
Bedeutung der Form zurückgehen: 1. als Temporaladverbium mit der Bedeutung
„von dann ab, danach"; 2. als Vergleichskonjunktion bei Komparativen; auch in
dieser Funktion ist die Bedeutung ursprünglich „von da ab", vgl. got. *þanamais*
„mehr von da ab, mehr als das"; ahd. *dana halt* „lieber als das".

Bis zum Anfang des 18. Jhs. werden die Formen *dann* und *denn* ohne Bedeutungsunterschied verwendet, und die Volkssprache zeigt noch heute nur eine
dialektale Verteilung der Formen; das Norddeutsche kennt nur *denn*, das Süddeutsche nur *dann*. Für den Gebrauch als Zeitadverb tritt im 18. Jh. in der
Schriftsprache eine Bedeutungsdifferenzierung zwischen den beiden Formen ein.
dann behält die eigentlich temporale Funktion, *denn* wird verwendet: 1. mit ab-
geschwächter Bedeutung als Modal- oder Abtönungspartikel: *wo ist er denn?; so
ging er denn endlich; sei es denn!*; 2. an der Spitze des Satzes als begründendes
Bindewort. In dieser Funktion hat *denn* das mhd. *wan(de)*, ahd. *(h)wanta* ersetzt.
Dies ist ursprünglich ein Frageadverb, wird aber schon ahd. mit begründender
Funktion verwendet, sowohl beiordnend wie unterordnend („weil"). Im Mhd. trat
im Allgemeinen Abschwächung zu *wan* ein, und dies ist die übliche mhd. begründende Konjunktion: *ich mac wol genesen, wan ich wil iu gehôrsam wesen*
(Walther, L. 11, 6 f.). Dies begründende *wan* wurde mit dem ganz ursprungs-
fremden *wan* nach Komparativen vermengt, und daraufhin mit diesem gemeinsam
im Laufe des 16. Jhs. durch *denn* verdrängt; vgl. unten. Die Übertragung der begründenden Funktion auf *denn* wurde dadurch befördert, dass das Zeitadverb
danne, denne auch gelegentlich kausale Bedeutung haben konnte. Die Verwendung von *denn* mit begründender Funktion erscheint seit der ersten Hälfte des 15.
Jhs., aber es dauert noch hundert Jahre, bis *wan* in dieser Funktion verschwindet.
*Wol mag ein paumeister einem ein bescheiden trinckgelt geben und versprechen, der
ettwas fur ein ander kann oder thut an der arbeit, dann einer mit steigen, rüsten,
zimmern, steinhawen geschickt, behenter und rustiger ist dann ein ander* (Tucher
245, Beleg nach FrnhdGr. S. 473). Luther verwendet in seiner Bibelübersetzung nur
denn. Z.B.: *Denn ich sage euch / Es sey denn ewer Gerechtigkeit besser / denn der
Schrifftgelerten vnd Phariseer / So werdet jr nicht in das Himelreich komen* (L.,
Matth. 5, 21).

In der Funktion als Vergleichskonjunktion nach Komparativen (und *ander*)
hält sich *dan(ne), denne* als die übliche Konjunktion bis ins 17. Jh. hinein, und sie
kommt noch bei den Klassikern häufig vor: mhd. *diu krône ist elter dan der künec
Philippes sî* (Walther, L. 18, 29); nhd. *bleibender wird es stehn denn Memphis Gräber*
(Klopstock, Oden, Der Traum); *keins derselben bestand aus weniger denn zwanzig
Bedienten* (G., Dichtung und Wahrheit 1, 5); *die Aufmerksamkeit war größer denn je*

(G., ebenda). Im Mhd. tritt eine teilweise Vermengung ein mit *wan,* das eine Ausnahme einführt: *niemer niemen bevinde daȝ, wan er und ich* (Walther, L. 40, 14 f.). Dies Wort ist ursprünglich ein Adjektiv mit der Bedeutung „entblößt, mangelnd"; es fungiert aber im Mhd. als Konjunktion und Adverbium und nimmt nach negativem Satz die Bedeutung „nur, sondern" an: *ern redete niht mêre, wan daȝ er stille sweic* (Nib. 1549, 2). Nach negativen Sätzen mit Komparativ konnten *wan* und *dan(ne)* mit bedeutungsähnlicher Funktion stehen, vgl. *der was breiter noch langer niht, wan ze rehter mâȝe* (Wolfram, Parzival 162, 10 f.); *eȝ enwart nie fröide mêrre danne in beiden was geschehen* (Hartmann, Der Arme Heinrich 1406 f.). Die Folge war, dass die beiden Wörter in spätmhd. Zeit vermengt wurden, *wan* erschien auch als Vergleichspartikel nach Komparativen, *danne, denne* auch zur Bezeichnung von Ausnahme nach Negation. Allmählich siegt in beiden Funktionen *dann(e), denn(e)* über *wan,* das im Laufe des 16. Jhs. aus der Sprache verschwindet. Luther braucht für die Ausnahme nach Negation nur *denn: wie wir dir nichts denn alles Gute getan haben* (Gen. 26, 29), und noch bei Goethe kommt *denn* in dieser Funktion vor: *niemand denn der Physiognomist* (Lavaters Physiognomische Fragmente). Später wird *denn* in beiden Funktionen durch *als* verdrängt, vgl. unten § 150.

Im Ahd. konnte *danne* auch als unterordnende Zeitkonjunktion fungieren zur Bezeichnung einer einmaligen oder einer sich wiederholenden Handlung: *uuo mag ther man giboran uuerdan thanne her alt ist* (Tatian 196, 13 f. = Sievers 119, 2 „cum senex sit"); *thanne thu giladôt uuerdês zi brûtlouftin nigisiȝȝês In thera furistun steti* (Tatian 180, 13–15 = Sievers 110, 3). Das unterordnende *danne* wird mhd. durch das verallgemeinernde Temporaladverb *swenne, swanne* < ahd. *sô (h) wanne sô* „wann nur immer, wann irgend" ersetzt. Dies stellt also den frühesten Fall der Verdrängung des Demonstrativstamms durch die Indefinitform in relativer (unterordnender) Funktion dar, vgl. oben § 142 *swenne, swanne* wird mhd. sowohl in verallgemeinerndem Sinne wie zur Bezeichnung einer einzelnen zukünftigen oder möglichen Handlung verwendet: *swanne ich s' alle schouwe ... sô bist du'ȝ mîn frouwe* (Walther, 50, 35 ff. „wann immer ich sie alle schaue"); *swenne ich nu hin nider var, sô bringe ich iu den werden gast* (Wolfram, Parzival 22, 24 f., „wenn ich jetzt fahre"); *swenne iuwer starke vînde zir helfe möhten hân drîȝec tûsent degene, sô wold ich si bestân* (Nib. 160, 1 f.). Die Funktion als Bedingungskonjunktion ist jedoch im Mhd. nicht ganz von der temporalen losgelöst, da *ob* die regelmäßige mhd. Bedingungskonjunktion ist. Erst nachdem *ob* aus den Bedingungssätzen verschwunden ist, hat *wenn* die Stelle als eigentliche Bedingungskonjunktion eingenommen. Das *wenn* der heutigen Sprache, das als Zeit- und Bedingungskonjunktion fungiert, geht also auf mhd. *swenne, swanne* zurück, während heutiges *wann* das interrogative mhd. *wenne, wanne* fortsetzt, indem es nur als Frageadverb (in selbständigen und abhängigen Fragen) fungiert. Diese Verteilung ist aber nicht alt. Früher waren auch hier die Formen dialektal verteilt, die mit -*a*- waren südlich, die mit -*e*- nördlich, wie es noch in der Volkssprache der Fall ist. Noch im 18. Jh. werden die Formen in der literarischen Sprache gleichbedeutend gebraucht; vgl. z. B. *wenn* statt *wann*: *wenn kann er kommen? wenn ist es Ihr am gelegensten?* (Lessing, Minna von Barnhelm III, 2); *wenn bin ich Ihnen so gleichgültig geworden?* (Gellert, Die zärtlichen Schwestern I, 6); *ich weiß nicht, wenn ich die Folge werde leisten können* (G., Briefe, an Wilhelm von Humboldt, 30.7.1804); umgekehrt *wann* statt *wenn*: *Wann nun wieder den Baum schattendes Grün umrauscht* (Hölty, An Miller); *die That ist nicht mehr dein, wann sie geschehen* (A.W. Schlegel, Prometheus); *wann der Winter grollte* (Rückert, Die treuen Blumen); *Geister erscheinen, wann der Tag eben anbrechen will* (J. Grimm, nach K. G. Andresen, Sprachrichtigkeit, S. 108); *wann er schon* („wenn er auch") *Ihrer noch nicht würdig war* (Lessing, Minna von Barnhelm II, 9). Zu den Verhältnissen in der deutschen Gegenwartssprache vgl. Fabricius-Hansen/Saebø (1983).

§ 150. *so* vereint seit ältester Zeit hinweisende Funktion mit modaler Bedeutung. Es kann sowohl vorwärts auf ein Folgendes wie zurück auf einen voraufgegangenen Satz oder auf ein Satzglied verweisen. Oben § 140 ist der Fall behandelt, dass *so* auf einen folgenden *dass*-Satz verweist, was zur Bildung der Folgekonjunktion *so dass* führt. In den meisten Fällen weist jedoch *so* auf etwas Vorangegangenes zurück: mhd. *âne mâzen schœne, sô was ir edel lîp* (Nib. 3, 4). Dieser Gebrauch ist häufig im Ahd. und Mhd. und findet sich noch bei Luther: *über ein Kleines, so werdet ihr mich nicht sehen* (Joh. 16, 16). Später verschwindet dieser Gebrauch; am längsten hat er sich nach gewissen adverbialen Verbindungen erhalten: *darum so ist nun der Tod so mächtig* (L., 2. Korinth. 4, 12); *fürs erste, so ist er ein Mann* (Wieland, Shakespeare: Maß für Maß V, 2); *indem so kommt der Weislingen hergeritten* (G., Götz von Berlichingen I, Jaxthausen, Götzens Burg). Weiter konnte *so* in den früheren Sprachperioden eine zeitliche Folge angeben: *al weinde er lief zer künegîn; sô* („dann") *sprach si: wer hât dir getân* (Wolfram, Parzival 118, 18 f.). Diese Verwendung ist jetzt nur lebendig im Nachsatz nach einem Temporal oder Bedingungssatz mit *wenn*: *erst wenn du mich nicht mehr siehst, so gehe auch du* (Th. Mann, Der Tod in Venedig 37); *wenn du es wirklich begriffen hast, so kannst du es tun.* Auch eine logische Folge aus dem Vorhergehenden kann schon ahd. durch *so* eingeführt werden: *dar piutit der Satanasȝ altist heiȝȝan lauc, so* („deshalb") *mac huckan za diu ... der sih suntigen uueiȝ* (Muspilli 22 ff.); dieser Gebrauch ist noch lebendig: *ihr mißtraut meinen Worten? so glaubt diesem schriftlichen Zeugnis* (Sch., Kabale und Liebe V, 2).

Schon in ahd. Zeit wird *so* auch in unterordnender Funktion verwendet. Zuerst als Vergleichskonjunktion: *sō mih santa ther fater sō santa ih íuuuih* (Tatian 334, 28 f. = Sievers 232, 5); in dieser Funktion tritt jedoch bald das verstärkte *alsō* an Stelle des einfachen *sō*. Im Mhd. kann das unterordnende *sô* als Temporalkonjunktion zur Angabe von Gleichzeitigkeit fungieren: *sô* („wenn") *die bluomen ûz dem grase dringent ... waz wünne mac sich da gelîchen zuo?* (Walther, L. 45, 37 ff.). Weiter wird es als Bedingungskonjunktion verwendet: *da kundest al der werlte freude mêren, sô duz ze guoten dingen wolles kêren,* (Walther, L. 83, 7 f.). Dieser Gebrauch erreicht seinen Höhepunkt zu Anfang der nhd. Zeit; bei Luther ist er sehr häufig: *so ich nicht hingehe, so kommt der Tröster nicht zu euch* (Joh. 16, 7).

Über *so* als Relativpartikel siehe oben § 146.

Wo die modale Bedeutung stark vorherrschend ist, wird in mhd. Zeit *so* im Hauptsatz durch die verstärkte Form *also* ersetzt: *du erkiusest in dem walde einn boum der dir gevalle. Also hân ouch ich getân* (Minnes. Frühl. 37, 10 f.). Dieser Gebrauch hat sich bis in die neueste Zeit hinein erhalten: *lohnst du mir also für meine schlaflosen Nächte? Also für meine rastlose Sorge? Also für den ewigen Skorpion meines Gewissens?* (Sch., Kabale und Liebe I, 7); *frei will ich leben, und also sterben* (Sch., Wallensteins Lager 11).

Als Vergleichskonjunktion erscheint *also* seit Ende der ahd. Zeit. Es wird sowohl bei Sätzen wie bei Satzgliedern verwendet: *also diu sunne schînet, ... also gebar diu reine Krist, diu magt und muoter was* (Walther, L. 4, 10 ff.); *wîz also der snê* (Nib. 362, 1). In dieser Funktion war das Wort schwach betont und wurde zu *alse*, *als* reduziert, *als* dient als Vergleichskonjunktion noch durch das ganze 18. Jh. hindurch: *er war so schön als kein Baum* (L., Hesekiel 31, 8); *daß er so groß als mancher Ochs war* (Gellert, Der Bauer und sein Sohn); *so ähnlich als ein Tropfen Wasser dem anderen* (Lessing, Wie die Alten den Tod gebildet, Untersuchung); *ein so berühmter Mann als Cicero* (Grillparzer 19, 33); *so ein armes Mädchen als ich bin* (G., Dichtung und Wahrheit 1, 5); *wie gefällt er dir? als mir nicht leicht ein Mann gefallen hat* (G., Götz von Berlichingen II, Zu Bamberg). Diese Funktion von *als* ist in der modernen Sprache bewahrt in den Verbindungen *sowohl – als (auch); so wenig – als* (oder *wie*); *so gut (schnell, bald) als möglich,* und in den Verbindungen *als ob, als wenn* und im einfachen *als* in irrealen Vergleichssätzen, vgl. § 151. Weiter ist *als* bewahrt in einigen Gebrauchsweisen, die von Vergleichen ausgegangen sind, nämlich bei Appositionen: *sie werden uns minder gefährlich sein als Feinde denn als Freunde* (Heine, Ludwig Börne 3), und bei prädikativen Bestimmungen: *das Alter findet uns nur noch als wahre Kinder* (G., Faust, Vorspiel auf dem Theater); *als Matrose verkleidet gehen.*

Sonst ist *als* in seiner alten Funktion als Vergleichskonjunktion durch *wie* verdrängt worden. Dies Wort geht auf das verallgemeinernde Relativadverb mhd. *swie* zurück, das nur als Satzkonjunktion verwendet wurde: *got der walde's, swie'z ergê* (Walther, L. 94, 36, „wie immer es kommen mag"). Seit Ende des Mittelalters tritt es auch bei Satzgliedern auf in Konkurrenz mit *als.* Luther braucht beide Wörter. Eine Folge der Gleichwertigkeit von *als* und *wie* in dieser Funktion war, dass man eine Zeitlang die Verbindung *als wie* verwendete: *ihm wird der Haufe weichen, als wie das schöne Volk der Sternen muß verbleichen* (Opitz, Poetische Wälder 4); *da steh' ich nun, ich armer Tor, und bin so klug als wie zuvor* (G., Faust I, Nacht); *es liegt die Welt so klar vor seinem Blick, als wie der Vorteil seines eignen Staats* (G., Torquato Tasso I, 4).

Dagegen hat *als* eine neue Verwendungsweise entwickelt, nämlich als Vergleichskonjunktion nach Komparativen und *ander.* In dieser Funktion stand früher *danne, denne,* vgl. oben § 149. Diese Verwendung von *als* ist wahrscheinlich ausgegangen von Verbindungen wie *nicht so groß als,* die mit gleichbedeutenden Ausdrücken wie *kleiner denn* vermengt wurden, *als* tritt in Wettbewerb mit *denn* schon vom 15. Jh. ab auf. Ein vereinzelter Beleg findet sich schon bei Walther: *grœzer gebe, als wir ze Wiene haben enpfangen* (L. 25, 27 ff.). Ebenso wie nach Komparativen ist *denne, danne* nach negativen Wörtern und Sätzen (wo es älteres *wan* fortsetzt, vgl. oben) durch *als* verdrängt worden: *ich sehe nichts als einen schwarzen Pudel* (G., Faust I, Vor dem Tor); *tut keinem Dieb nur nichts zu Lieb, als mit dem Ring am Finger* (G., Faust I, Nacht, Straße vor Gretchens Tür); *ich trage kein Lehen als des Reichs* (Sch., Wilhelm Tell II, 2). Bei *kein* zieht man jetzt *außer* vor.

Die Verdrängung von *als* durch *wie* fängt in neuerer Zeit an, auch nach Komparativen und *ander* sich geltend zu machen; besonders in der norddeutschen Umgangssprache ist dies der Fall. In der Literatur findet sich *wie* in dieser Stellung schon im 18. Jh.: *mehr wie die Erden, die quollen, mehr wie die Siebengestirne* (Klopstock, Die Frühlingsfeier); *ich muß ja eher sterben wie du, denn ich bin älter wie du* (Lessing, Die glückliche Erbin I, 4). Auch in dieser Funktion findet sich die Kombination *als wie*: *daß er klüger ist, als wie man denkt* (G., Torquato Tasso III, 4); *der schlechter war, als wie ich ihn von meinem Meister empfing* (E.T. A. Hoffmann 12, 115, Kater Murr 19). In der modernen Sprache wird *als* in erster Linie als Zeitkonjunktion verwendet. Es gibt den Zeitpunkt für das Eintreten einer Handlung in der Vorzeit an und hat in dieser Funktion mhd. *dô* ersetzt, *alsô* findet sich in dieser Verwendung schon bei Williram: *alsô mîn wine ze mir sprah, dô wart mîn sêla zerennet* (82, 1). Im Mhd. verwendet man jedoch *als(o)* als Zeitkonjunktion im Allgemeinen gleichbedeutend mit *swenne,* nhd. *wenn,* also in verallgemeinernder Bedeutung: *ez tuot mir inneclîchen wê, als ich gedenke wes man pflac* (Walther, L. 120, 7 f.); seltener in der heutigen Bedeutung, gleichbedeutend mit *dô*: *als er hete getrunken, dô rihte er sich von dan* (Nib. 979, 3). Erst im 15. Jh. wird *als* in dieser Funktion häufiger. Luther verwendet *da* und *als* nebeneinander; später wird *als* alleinherrschend, vgl. oben § 149.

nu(n) verhält sich zum Temporaladverb *da,* ahd. *dô* wie *hier* zum Ortsadverb *da,* ahd. *dâr,* es bezeichnet das Nächstliegende. Die Form *nun* erscheint erst im Mhd., die ältere Form ist *nû,* das in der heutigen Hochsprache nur als Substantiv verwendet wird: *in einem Nu.* Im Hauptsatz hat *nun* von spätmhd. Zeit an einen

Konkurrenten bekommen in *jetzt,* früher auch *jetzo* < *ie zuo,* das vom 12. Jh. ab fortwährend im Vordringen ist.

Schon im frühesten Ahd. fungiert *nū* auch als nebensatzeinleitende Konjunktion und nimmt dabei oft begründende Funktion an: *der sī doh nū argōsto ōstarliuto, der dir nū wīges warne, nū dih es sō wel lustit* (Hildebrandslied 59). Diese Verwendung ist häufig bei Otfrid (vgl. Wunder 1965, S. 169–173) und später im Mhd.: *nu wir der herverte ledec worden sîn, sô wil ich jagen rîten* (Nib. 911, 1 f.); *ich wil dir volgen, nu si sô schœne sî* (Kudrun 215, 1); sie setzt sich im Nhd. fort, wird aber allmählich seltener: *nu welsch Land ausgesogen ist, kommen sie ins deutsche Land* (L., An den christlichen Adel deutscher Nation); *nun ich sie dir empfehle, sterb ich ruhig* (G., Egmont V, Klärchens Haus); *was kann dich ängstigen, nun du mich kennst?* (Sch., Die Braut von Messina, III, 3).

§ 151. *ob,* ahd. *ibu, oba* ist vielleicht ursprünglich ein Kasus des Substantivs ahd. *iba* „Zweifel". Wahrscheinlich ist der Pronominalstamm **e-* und **bʰo-* ‚beide' in dem Wort enthalten (Kluge 1999, S. 595). Im Ahd. und Mhd. dient *ob* als Einleitungswort sowohl von Bedingungssätzen wie von abhängigen Fragesätzen. Bis zum Ende der mhd. Zeit ist *ob* die übliche Bedingungskonjunktion: ahd. *ibu du mī ēnan sagēs, ik mī de ōdre wēt* (Hildebrandslied 12); mhd. *op dich ein grâ wîse man zuht wil lêrn ... dem soltu volgen* (Wolfram Parzival 127, 23 f.). *Übe dû dâr uuârist. sáment tû gesâhîst álle uuérlt-méndinâ* (Tum uero conspiceres totius mundi gaudia conuenire (Notker, Martianus Capella 48, 3 f.; Beleg nach Eilers 2003, S. 95). Diese Verwendung von *ob* ist noch im älteren Nhd. lebendig. Bei Luther ist sie ganz üblich: *ob ein Mann gesündigt hat, wiltu drum über die ganze Gemeinde wüten* (4. Mose 16, 22), und sie kommt noch bei den Klassikern vor: *was wäre es, ob ich erst bei dem dritten oder bei dem vierten abgebrochen hätte* (Lessing, Briefe antiquarischen Inhalts 54); *ob ich Irdisches denk und sinne, das gereicht zu höherem Gewinne* (G., Westöstlicher Divan, Moganni Nahme, Talismane). Jetzt ist *ob* von den eigentlichen Bedingungssätzen verdrängt worden und leitet nur Fragesätze ein.

Die Verwendung von *ob* als hypothetische Konjunktion ist jedoch bewahrt in einigen Satztypen, die von den Bedingungssätzen ausgegangen sind.

a) In Konzessivsätzen. Die Bedingungssätze nehmen konzessive Bedeutung an, wenn die Inhalte von Haupt- und Nebensatz als gegensätzlich erscheinen. Mit *ob* eingeleitete Sätze, die sich bedeutungsmäßig den Konzessivsätzen nähern, finden sich von der ältesten Zeit ab; der Gegensatz der Satzinhalte wird oft durch ein *doch* im Hauptsatz hervorgehoben: as. *ef thu nu ni bist that barn godes, bist thu than thoh Helias* (Heliand 920); ahd. *ob ih iz sagēn iu, ir ni giloubet thoh bi thiu* (Otfrid III, 22, 15); mhd. *ich bestüende in doch durch âventiur, ob sîn âtem gæbe fiur* (Wolfram, Parzival 137, 18 f.). Oft steht ein *und* an der Spitze des Bedingungssatzes: *und ob ich hiute sæhe tôt den vater mîn, mir enwurde niemer leider* (Nib. 2259, 1–3). Dieser Typus bleibt im Nhd. erhalten; neben *ob* tritt auch *wenn* ein, das jetzt alleinherrschend ist: *und ob ich alber bin mit Reden, so bin ich doch nicht alber mit dem Erkenntnis* (L., 2. Korinth. 11, 6); *und wenn die Welt voll Teufel wär*. Auch die konjunktionslosen Bedingungssätze können in derselben Weise konzessive Bedeutung annehmen, meistens tritt dann ein *und* an die Spitze des Satzes, vgl. § 134.

In dieser Weise ist *ob* (neben *wenn*) die regelmäßige Konjunktion für Konzessivsätze geworden. In dieser Funktion stand früher ahd. *doh* (vgl. Wunder 1965, S. 149–155), mhd. *doch*: ahd. *nist man, thoh er wolle, thaʒ gumisgi al gizelle* (Otfrid I, 3, 21, „kein Mensch, wenn er auch wollte") (bei diesem Satz liegt ein „satzförmiges Attribut ohne Einleitungswort" vor, Schrodt 2003, S. 170); mhd. *durch die wil ich mit fröuden sîn, doch eʒ mich wênic hât vervân* (Hartmann, Minnes. Frühl. 208, 33f.). Daneben ahd. *sō wio sō*, mhd. *swie: swie vînt ich im wære, eʒ ist mir leide genuoc* (Nib. 2374, 4); *in einer wât, swie doch der namen drîe sint* (Walther, L. 19, 9). In den mhd. Urkunden ist neben *ob* in konzessiver Funktion *swie* und *wie* belegt, zur Verdeutlichung auch unterstützt durch *ouch* oder *doch: swie öh das, was das der selbe walther etwie vil rehtes hatte zem selben gûte, so han wir ime doch an vnsers hus stat... gegunnen, das ...*(Corp. Nr. 3513, 587, 17ff., nach Schulze 2011, S. 122).

Im älteren Nhd. konnte *ob* allein als Konzessivkonjunktion fungieren: *ob seine Wurzel in der Erde veraltet ..., so grünet er doch wieder* (L., Hiob 14, 8); *du bleibst dir selbst in jeder Pein, ob alle dich verließen* (Platen, Frühlingslied). Allgemein gebräuchlich sind noch Parallelsätze mit *ob – ob: Irrtum ist Irrtum, ob ihn der größte Mann, ob ihn der kleinste beging* (G. und Sch., Xenien, 166). Sonst wird jetzt immer ein Wort in den Nebensatz eingeschoben, das die konzessive Bedeutung hervorhebt, wie *auch, schon, gleich, wohl: ob auch das Roß sich grauend bäumt* (Sch., Der Kampf mit dem Drachen); *alle Rast erscheint uns als ein Segen, ob auch im Schatten sie des Todes blühe* (Geibel, Juniuslieder, 191); *der wird leben, ob er gleich stürbe* (L., Joh. 11, 25); *gehorchen will ich, ob ich gleich hier noch manches sagen könnte* (G., Torquato Tasso II, 4); *ob ich schon zweifle* (G., Briefe, an Carl Friedrich von Reinhard, 4.10.1809); *ob wir wol im Fleische wandeln, so streiten wir doch nicht fleischlicher Weise* (L., 2. Korinth. 10, 2); früher konnte auch *zwar* eingeschoben werden: *ob Rache zwar und Furcht die strengen Worte führen* (Gryphius, Papinian 9, 3). Z.T. haben Zusammenschmelzungen von diesen Worten mit *ob* stattgefunden, die dann als besondere Konjunktionen empfunden werden: *obschon, obgleich, obwohl,* ebenso *wenngleich, wennschon*.

So haben sich im Bereich der Konzessivsätze seit dem Frühneuhochdeutschen große Umschichtungen und Veränderungen ergeben. Einerseits nehmen die eingeleiteten Konzessivsätze insgesamt zu, andererseits verschieben sich die Subjunktionen (vgl. Hermodsson 1978 und Baschewa 1983). Während im 19. Jh. *obgleich* dominiert, wird diese Subjunktion später von *obwohl* abgelöst. Aber auch im konzessiven Bereich halten sich veraltende Konjunktionen wie *ungeachtet* oder *unerachtet* in stilistisch markierten Registern. So ist im 18. und 19. Jh. die Subjunktion *unerachtet* bei Kant, bei E.TA. Hoffmann, bei Schleiermacher und in philosophischen Werken gängig. Sie verliert sich dann, hält sich aber, wenn ein gewählter Stil intendiert wird: *Unerachtet an Seiten Hoch-Fürstl. Cammer man sich gänzlichen versiehet, es werden alle und jede Beamte dieser Hoch-Fürstl. Landen, die- ratione unaufschiebiger Exigirung derer- von denen Unterthanen an jährlichen Cammer-Schuldigkeiten zu entrichten habenden Gefälle sowohlen, als der- von ihnen hierauf erzielenden Reste, schon vielfältig geschärfftest ergangenen Hoch-Fürstl. Verordnungen ... zu befolgen, sich äusserst angelegen seyn lassen.* (Einblattdruck Onolzbach, den 20. Sept. 1730, Staatsbibliothek Göttingen). *Ich will dies als eine Widmung angesehen wissen, unerachtet sie nach nokia free games 3 Hauptrichtungen Inhalt, Form und Art etwas sonderbar dastehen mag* (nokia-free-games.htm).

b) In irrealen Vergleichssätzen. Die mit *als ob* eingeleiteten Vergleichssätze gehen auf Bedingungssätze zurück (vgl. § 110); *als* hat hier noch seine ursprüngliche Funktion als Vergleichskonjunktion (= nhd. *wie*), und *ob* fungiert als Bedingungskonjunktion. *als ob* als Einleitung von Vergleichssätzen stammt aus mhd. Zeit: *er schein, als ob hie brünne bî der naht ein queckeȝ fiwer* (Wolfram, Parzival 71, 12 f.); *ors, als ob eȝ lember wæren, vil maneger dan gefüeret hât* (Walther, L. 25, 37). Später, als *wenn* in der Funktion als Bedingungskonjunktion eingedrungen ist, bekommt man auch die Verbindung *als wenn*.

bis, mhd. *biȝ* (< *bi* + *te)* tritt erst seit mhd. Zeit auf. Als Konjunktion erscheint mhd. *biȝ* teils allein, teils in Verbindung mit *daȝ* und mit *sō lang*. Die ältere Konjunktion mit derselben Bedeutung ist ahd. mhd. *unz*, das noch im Mhd. häufiger ist als *biȝ*. Beide Konjunktionen können im Mhd. auch von einer Zeitstrecke gebraucht werden („solange als"), und in dieser Funktion erscheint *bis* auch in nhd. Zeit: *nicht länger wollen diese Lieder leben, als bis ihr Klang ein fühlend Herz erfreut* (Sch., Sängers Abschied).

§ 152. Konjunktionen, die aus anderen Wortklassen entstanden sind.

seit, mhd. *sît*, ahd. *sîd*, und *ehe*, mhd. *ê*, ahd. *êr* sind ursprünglich komparativische Adverbia „später", „früher", die lautgesetzlich ihr Komparativsuffix in vorahd. Zeit verloren haben (got. *seiþs, airis)*, vgl. § 48.

sîd fungiert als Zeitkonjunktion schon im Ahd.; im Mhd. ist dieser Gebrauch häufig: *sît ich gewan den muot, daȝ ich began merken übel unde guot* (Walther, L. 123, 18 ff.). Auch mit begründender Bedeutung: *sît* („da") *iwer êrste rede mir dräut, ich wæne irs wênic iuch gevröut* (Wolfram, Parzival 153, 8); und zur Einführung eines Gegensatzes = „da doch": *waȝ helfent bluomen rôt, sît ich nû hinnen sol* (Walther, L. 89, 19 f.). Temporale und kausale Bedeutung sind oft schwer zu trennen, so etwa in den mhd. Urkunden mit Belegen wie: *Seit daȝ recht nieman gesûchet hat von dem vorgenanten Chûntzen ... so welle wir, daȝ fûrpaȝ nieman,*

2. Unterordung § 152 —— **255**

...den vor genanten Chŭntʒen an spreche. (Corp. Nr. N703, 508, 5 ff., nach Schulze 2011, S. 114). Nhd. hat *seit* nur temporale Funktion, die kausale ist von *da* übernommen. – *seitdem* als Konjunktion stammt aus nhd. Zeit. – Mhd. steht neben *sît* auch *sint,* das in dem jetzt veralteten *sintemal (< sint dem Male)* vorliegt, das nur kausale Bedeutung hat.

Mhd. *ê* kann auch als Nebensatzeinleitung als Komparativ behandelt werden und in Verbindung mit *denne, danne* auftreten, besonders in der Bedeutung „lieber als": *ê danne ich lange lebte alsô, den krebʒ wolt' ich ê eʒʒen rô* (Walther, L. 76, 8 f.); ebenso noch bei Luther: *ehe denn die Berge wurden, und die Erde und die Welt erschaffen wurden* (Ps. 90, 2). Daneben steht mhd. *ê daʒ: do twelte er vierzehen naht, ê daʒ er schiede von dan* (Hartmann, Iwein 5621). Aber schon seit ältester Zeit wird auch *ēr* allein als unterordnende Konjunktion verwendet: ahd. *ēr sē joh himil wurti ..., sō was io wort wonanti* (Otfrid II, 1, 5); mhd. *wir enmugen niht geruowen, ê iʒ beginne tagen* (Nib. 1623, 2). Nhd. *ehe* ist jetzt auf diese Funktion als Konjunktion beschränkt worden; als Adverbium fungiert *eher* mit neu ausgebautem Komparativsuffix. Bis ins 18. Jh. hinein, poetisch auch später, verwendete man noch *ehe* als Adverb: *eh' nanntest du mich so* (Sch., Semele 1); *nicht eh', nicht später* (Kleist, Die Hermannsschlacht IV, 9); *verstummen will ich eh'* (Hebbel, Genoveva III, 10). Andererseits konnte *eher* früher auch als Konjunktion fungieren: *eher mein Satz bewiesen ist* (E. Schlegel).

während entwickelte sich im Nhd. erst zur Präposition, vgl. § 49. Aus den Verbindungen *während dessen dass; während dem dass,* die im 18. Jh. erscheinen, entsteht mit Weglassung des Demonstrativs im Hauptsatz *während dass: während daß Gott sein erwähltes Volk führte* (Lessing, Die Erziehung des Menschengeschlechts, § 20); *während daß die Armee von der Seite hereinkam* (G., Benvenuto Cellini 1, 7); *während daß jener liest* (Sch., Kabale und Liebe IV, 3). Allmählich übernimmt *während* allein die Funktion als Konjunktion. *Während* kann auch einen Gegensatz ausdrücken: *während man früher für diese Reise einen Monat gebrauchte, kann man sie jetzt in drei Tagen machen.*

Einige Konjunktionen haben sich aus Substantivkasus entwickelt. Oben wurde erwähnt, dass *ob* vielleicht auf einen Kasus eines alten Substantivs zurückgeht. Auch in späterer Zeit kommen derartige Entwicklungen vor.

weil geht auf den Akk. Sing. des Substantivs *Weile,* ahd. *(h)wīla* zurück, der adverbial als Akkusativ der Zeiterstreckung gebraucht wurde. Schon spätahd. tritt die Verbindung *die wīla sō (dō)* als Einleitung von temporalen Nebensätzen auf. Im Mhd. ist im Allgemeinen der substantivische Charakter des Wortes bewahrt, wenn es als Nebensatzeinleitung fungiert, es erscheint meistens in der Verbindung *(al) die wīle (daʒ).* Seinem Ursprung gemäß bezeichnet das Wort ahd. und mhd. Gleichzeitigkeit: mhd. *si klagete unz an ir ende, die wīle werte ir lîp* (Nib. 1105, 3); *die wīle lebet Gunther, so kundeʒ nimmer ergân* (Nib. 816, 4); *al die wīle ich lebe*

(Walther, L. 72, 22). In dieser Bedeutung wird das Wort noch in nhd. Zeit lange gebraucht: *dieweil Mose seine Hände emporhielt, siegte Israel* (L., 2. Mose 17, 11); *dieweil es noch Zeit ist* (Lessing, Kleine Schriften, eine Duplik); *alles schläft, weil er noch wacht* (Tieck, Wunder der Liebe); *dieweil ich bin, muß ich auch tätig sein* (G., Faust II, 6888). Die kausale Bedeutung von *weil* tritt vom 15. Jh. an auf, es dauert aber lange, bis sie über die temporale das Übergewicht bekommt. Allerdings lassen sich in frühen Belegen die Ansatzstellen für die Herausbildung der kausalen Funktion bereits erkennen. Die begründende Bedeutung ist eine, die die in der temporalen enthaltene Verknüpfung von argumentativ angeführten Sachverhalten als Folgerungsbeziehungen deutet: *Allen die disen brief sehent · kivnden wir der Rât vnd al div gemeinde der Bvrgere von zvrich · daz her Heinrich vnd Johannis sin svn Von Shôninwert · Vns gelobit vnde gesworn hant · daz si ir owe die si gegen Glanzenberg vber an der Lindemage hant · vnd swa si bi dem selbin wazir · akir · Werde alde Wisen hant · da man vber gebrvggen mvge mit verkovfinne mit hin lihinne · mit versezenne mit wechsil · mit deheini dingen daz man erdenkin mvge · gegin nieman ânig werden. Vñ al die wile so wir die Bvrgere ez wern weln vnd vns leit ist daz ieman da Brvggen welle vber Lindemage · so svln ǒch si ez wern [...]* (Urkunde Zürich 1257, 67.0036.15) *Vñ al die wile* kann hier temporal, aber auch schon kausal verstanden werden im Sinne von „weil wir Bürger es gewähren wollen". – Bei der kausalen Bedeutung hatte der Artikel keine Funktion, und fiel deshalb weg; hin und wieder steht er auch bei kausalem *weil: dieweil dir ein Gott die Kraft und die Größe verliehen* (Voß, Ilias 7, 688). Eine Dativform *derweil(en)* (< *in der weil*) erscheint nur in zeitlicher Bedeutung: *und läse Märchen wunderfeine, derweilen draußen Nacht und Wind* (Heine, Romanzen XVI).

Von besonderer Bedeutung ist das in der deutschen Gegenwartssprache zu beobachtende Vorkommen von *weil* in der Funktion einer Hauptsatzkonjunktion. Die Literatur dazu ist beträchtlich (vgl. u. a. Sandig 1973, Eroms 1980, Redder 1990, Keller 1993, Wegener 1993, Günthner 1993, Selting 1999, Farrar 1999, Scheutz 2001, Elspaß 2005, S. 296 – 316). Denn mit Sätzen wie *Ach wenn es doch bloß ein Mädchen würde, weil: die sind nicht so wild und man kann sie viel süßer anziehen* (www.urbia.de, 7.5.2012) werden sowohl Sprachpfleger auf den Plan gerufen, die solche Äußerungsformen als mit dem System nicht vereinbar halten, wie auch Grammatiker, die die Unterscheidung von Haupt- und Nebensatz eingeebnet sehen. Beides ist zu relativieren. Die Vorkommen von *weil* mit Hauptsatzwortstellung, vor allem, wenn dazu noch eine Sprechpause durch Interpunktion markiert wird, bringen eine sprechsprachlich dominante Erscheinung in die geschriebene Sprache und stehen damit im Einklang mit der auch sonst zu beobachtenden Tendenz, sprechsprachliche Elemente in die geschriebenen Sprachformen einzubringen. Denn die Konjunktion *denn* ist den meisten Regionalsprachen fremd. Die Unterscheidung von zwei Begründungstypen aber ist eine Konstante nicht nur der deutschen Sprache. Begründungen in Nebensatzform lassen sich als „Sachverhaltsbegründungen" von solchen in Hauptsatzform, die sich als „Äußerungsbegründungen" verstehen lassen, abheben.

Als Beispiele für die Unterscheidungen lassen sich Satzpaare wie die folgenden anführen: *Hans ist nach Hause gegangen, weil er Kopfweh hat. – Hans ist nach Hause gegangen. Denn das Licht ist aus.* Im ersten Satzpaar ist der faktische Grund für Hansens Nachhausegehen sein Kopfweh. Es ist eine propositionsbezogene Sachverhaltsbegründung. Der Satz lässt sich auch mit einer Präpositionalphrase paraphrasieren: *Hans ist wegen Kopfweh nach Hause gegangen.* Innerhalb einer Aussage wird eine Kausalangabe angeführt. Die Begründung ist integriert. Paraphrasieren lässt sich der Satz nun aber auch durch *Hans ist nach Hause gegangen. Denn er hat Kopfweh. – Hans ist nach Hause gegangen. Weil: er hat Kopfweh.* In diesem Fall verhält sich der Satz analog dem zweiten Satzpaar. In diesem erfolgt mit der Äußerung des Satzes *Denn das Licht ist aus* eine Begründung für die Annahme des Sprechers, dass Hans nicht zu Hause ist. Derartige Äußerungsbegründungen sind sprechakttheoretisch gesehen eigenständige Begründungsformen (s.u.). Sie werden in unabhängigen Sätzen gegeben. Welche Begründungsform ein Sprecher oder eine Sprecherin wählt, wird je nach Situation zu entscheiden sein.

Sätze dieses Typs mit *weil* begegnen zunehmend häufiger im Deutschen. Sie lassen sich bereits für das 19. Jahrhundert nachweisen (*weil wir wussten nicht daß sei* [sic] *zusammen hielten*, Beleg von 1847 ff., nach Elspaß 2005, S. 300). Gaumann hat ihnen ein ganzes Buch mit dem Titel „Weil die machen jetzt bald zu" (Gaumann 1983) gewidmet. Die Äußerungsbegründungen, von Keller (1993) als epistemische bezeichnet, liegen auf der Sprechaktebene, sie greifen nicht propositional, wie die Sachverhaltsbegründungen, sondern illokutiv, sie rechtfertigen eine vorher geäußerte Ansicht. Das ältere System des Deutschen hatte den Stand, dass mit einer Konjunktion, *wan (wande)*, die beiden Begründungstypen zum Ausdruck gebracht wurden. Die Äußerungsbegründungen mit *weil* zeigen, dass das Deutsche offenbar einen Zyklus durchläuft, bei dem das gegenwärtige System den markierten, mithin den instabilen Zustand durchläuft. Wenn *denn* verschwinden sollte, wäre das im Einklang mit langfristigen Trends in der Sprache, weil der alte Zustand gleichsam wieder angestrebt wird (vgl. Eroms 1980). Weder wird – gegenwärtig – aber *denn* durch *weil* generell verdrängt, noch wird gar die Nebensatzwortstellung aufgegeben, sondern die Konnektorenverwendung nimmt zu, wie es besonders die „hervorgehobenen Konnektoren" zeigen (vgl. Christl 2004). Hier lässt sich allenfalls sagen, dass auch *weil* in die Konnektorenfunktion aufsteigt, wo *denn* in der Schriftsprache schon lange herrscht und in der Gegenwart durch Markierung der Intonation, wie das eingangs angeführte Beispiel zeigt, weiter hervorgehoben werden kann.

Obwohl, wobei und auch *während* zeigen ähnliche Entwicklungstendenzen wie *weil* (Günthner 1999, Günthner 2000, Freywald 2010): *Es ist nämlich tatsächlich etwas dran, daß man nicht immer das Teuerste kaufen muß. Obwohl natürlich Kleiderstoffe oder solche Sachen, die kauf ich in meinem Alter gern solide* (1961) (Archiv für gesprochenes Deutsch, nach Freywald 2010, S. 61). *Wobei es hat alles immer zwei Seiten* (nach Günthner 2000, S. 314).

Im Fall dass dient als Einleitung von Bedingungssätzen vom 16. Jh. ab; später kann *dass* ausgelassen werden. Daneben steht mit derselben Bedeutung der adverbiale Genitiv *falls*; zu dessen Entstehung vgl. das § 28 und § 50 Ausgeführte.

3. Verschränkungen

§ 153. Ein Sonderfall in der Verbindung von Sätzen stellt die ἀπὸ κοινοῦ-Konstruktion dar. Sie verbindet zwei unabhängige Sätze so, dass diese ein gemeinsames Subjekt, seltener auch ein gemeinsames anderes Satzglied aufweisen: *alsus überslief den tac der êren rîche und lasters arm lag al sanfte unt im was warm* (Wolfram, Parzival 580, 30 ff., vgl. Gärtner 1969, S. 167). Das Subjekt *der êren rîche und lasters arm* gehört sowohl dem ersten, als auch dem zweiten Satz an. Diese Konstruktion ist eine kunstvolle, nicht ganz seltene stilistische Form, besonders der höfischen Dichtung. Gärtner (1969) zählt bei Wolfram 31 Belege. Auch z. B. im Nibelungenlied kommt sie mehrfach vor. So findet sie sich hier gleich in der ersten Strophe. Das Koinon, das gemeinsame Glied, ist hier ungemein lang. Es beginnt bei *helden* und endet bei *strîten: Uns ist in alten mæren wunders vil geseit von helden lobebæren, von grôzer arebeit, von fröuden, hôchgezîten, von weinen und von klagen, von küener recken strîten muget ir nu wunder hœren sagen.* (Vgl. ferner Paul/Wiehl/Grosse 1989, S. 467 f. und Wolf 2000, S. 1356 f.)

4. Parenthese

§ 154. Seit dem Althochdeutschen finden sich, vor allem in erzählender Literatur, Einschübe in Sätzen, die zumeist einen Kommentar oder eine Erläuterung abgeben. Besonders häufig sind sie bei Otfrid (Wunder 1965, S. 175, Greule 1982, S. 96, Greule 1998). Sie unterbrechen den Erzählfluss, geben eine Reflexion des Autors und stellen damit unter stilistischem Aspekt meist eine den Erzählstrang unterbrechende Einfügung aus der Autorperspektive dar. Dies können Kommentare, Ausblicke, Reflexionen oder andere Momente sein, die im Erzählzusammenhang eine andere Ebene signalisieren. Etwa aus Otfrid: *tho gab er imo antuuurti, thoh uuirdig er es ni uuurti (ioh d& er thaz hiar ofto) filu mezhafto* (Otfrid II, 4, 92). Sehr

ausgefeilt ist die Parenthesenverwendung im Mittelhochdeutschen. Unter prag-
malinguistischer Perspektive sind sie von Lühr (1991) in ihrer Textfunktion untersucht worden. Insbesondere bei Wolfram von Eschenbach, aber auch bei anderen mittelhochdeutschen Dichtern erfüllen Parenthesen eine Reihe von
Funktionen, vor allem den des Kommentars (*Gramoflanz saz stille (das was Artûses
wille), und ander der gesellen sî*, Wolfram, Parzival 725–23–25), oder der Begründung, warum eine Proposition angührt wird: *Dar under gedâhter iedoch, ez
vert allez wol noch: nû vürht ich aber vil sêre daz ich diese grôze êre vil tiure gelten
müeze (der antfanc ist ze süeze), als mir der arge schalc gehiez der mich in die burc
liez* (Hartmann, Iwein 6555–62) (Belege nach Lühr 1991, S. 175 und 203). In
neueren Texten sind Parenthesen bisweilen noch häufiger und spiegeln bis zu
einem gewissen Grade zunehmende Textkomplexität (vgl. Greule 2003)

5. Afinite Konstruktionen

§ 155. Das finite Verb kann in bestimmten Konstruktionen in Nebensätzen, die
durch Konjunktion oder Relativum eingeleitet sind, fehlen: *Nachdem ich zuvor
meine Zelt und schlechteste Bagage hinweg geworfen* (Courasche 1168, nach Ebert
1981, S. 132). Dieser Typ begegnet seit dem 15. Jh., seinen Höhepunkt hat er im 17.
Jh. (Ebert 1981, S. 133, vgl. Andersson 2004). Im Mittelniederdeutschen finden sich
schon seit dem 13. Jh. Belege: *de marcgreve Albrecht gewan wider Brandenburch
van den Weneden, dat se eme afgewunnen* (Sächs. Weltchronik, nach Härd 2000,
S. 1459). Sätze wie *Ein Mensch, der gestohlen* oder *Seitdem sie geborhn*, werden von
Aichinger (Versuch einer teutschen Sprachlehre 1754) kritisiert (Konopka 1996,
S. 141). In alltagssprachlichen Texten des 19. Jahrhunderts ist die Konstruktion
noch ganz geläufig (Härd 1981, S. 171, Grosse 1998, S. 455, Elspaß 2005, S. 217–221),
z. B.: *Ein inneres Gefühl sagt mir immer, daß ich die längste Zeit meines Unglücks
überstanden u. daß mir bald wieder Freiheit und Glück zu Theil werden*, Brief von
1863, nach Elspaß 2005, S. 219).

Afinite Konstruktionen werden im 17. Jh. auch in Anschlussgefügen und sogar
als Absatzmarkierungen verwendet, behalten aber ihren abhängigen Status
trotzdem bei, Demske-Neumann (1990, S. 248) mit folgendem Beispiel: *Nach
diesem haben J. Kön. M. fast mit diesen Worten die Stende angeredt / daß die Stendt
Augsp. Confession / sich zu der Erbhuldigung gehorsambst eingestellt / hierob trügen
sie ein gnedigst gefallen .../ und dero gnedigster Herr seyn unnd bleiben.*

*Darauff herr von Crönberg Cantzler / wieder angefangen und gesagt / Es wollen
die Stendt Augsp. Confession / so viel ihr allhie versamlet / die Pflicht so ihnen jetzo
sol fürgelesen werden / mit lauten und klaren Worten nachsagen ...,* (Aviso von 1609,
139, 8–17).

6. Satzumfang

§ 156. Ein wichtiger Parameter für die Verständlichkeit von Sätzen ist die Anzahl ihrer Wortformen. Doch ist eine bloße Zählung der in den Ganzsätzen enthaltenen Wörter allein nicht besonders aussagefähig. Es müssen dabei u. a. die jeweiligen Satzstrukturen, die Vorkommen von einfachen oder komplexen Wörtern und die Wortstellung in Rechnung gestellt werden. Dennoch ist die Anzahl der Wörter, die sich durchschnittlich in den Texten feststellen lässt, auch für die Entwicklung des Satzbaus im Deutschen seit althochdeutscher Zeit aufschlussreich. Zählungen der Wortformen sind mehrfach vorgenommen worden. Sie sind für die einzelnen Zeitabschnitte der deutschen Sprache bei Admoni (1990) zusammengefasst. So beträgt die durchschnittliche Wortanzahl der Sätze bei Otfrid, je nach Textabschnitt, zwischen 15 und 20 Wörtern (Admoni 1990, S. 68), im Parzival Wolframs von Eschenbach 15, 9, im Nibelungenlied 14, 0, in den Predigten Taulers schwankt sie, je nach Textabschnitt, zwischen 22, 2 und 47, 8 (Admoni 1990, S. 124). Die Gruppe der von Admoni ausgezählten frühneuhochdeutschen Urkunden enthält über 60 Wortformen (Admoni 1990, S. 155) und in der Barockliteratur pendeln die Zahlen um 40 Wörter pro Satz (Admoni 1990, S. 199). Es zeigt sich, dass keine generelle Angabe über eine Zu- oder Abnahme der Wortanzahl in den Sätzen gegeben werden kann. Die Vorkommen in den verschiedenen Textsorten sind dazu viel zu unterschiedlich. Betrachtet man nur dieses Ergebnis, kann man zu dem Schluss gelangen, dass sich zwischen den ältesten und den neuesten Texten in Bezug auf die Wortanzahl kaum Unterschiede ergeben.

Dagegen ist die Betrachtung der Textsorten, wie die angeführten Zahlen schon zeigen, aufschlussreicher. Aber auch hier dominiert die Textsorteneinheitlichkeit über etwaige Änderungstendenzen. Dennoch ist der Eindruck, dass seit dem 19. Jahrhundert die Sätze generell kürzer werden, nicht unberechtigt, wie die Auszählungen von Sommerfeldt (1988), Braun (1993), Admoni (1973), Eggers (1983, S. 132) u. a. zeigen. Über alle Textsorten hinweg nimmt danach der Umfang von 30 – 33 Wörtern im 19. Jahrhundert zu 20 – 25 Wörtern im 20. Jahrhundert ab (vgl. von Polenz 1999, S. 353). Dieser Trend setzt sich noch fort. Der Grund dafür kann darin gesehen werden, dass seit der Aufklärungszeit die Charakteristika der mündlichen Sprachregister sich auch in der verschrifteten Sprache niederschlagen. Hier lässt sich von „sekundärer Oralität" sprechen (Holly 1992, von Polenz 1999, S. 41). Das „Natürlichkeitsideal", auch wenn es ein unterstelltes ist und sich zunehmend mit dem Bezug auf Fachsprachlichkeit kreuzt, führt dazu, dass komplexe und verschlungene Sätze als unangemessen angesehen werden. Komplexe Sätze mit ausgefeilten Satzgefügen gehen im 20. Jahrhundert in den meisten nichtliterarischen Textsorten zurück (Eggers 1983). Die ebenfalls seit dem 19. Jahrhundert rapide ansteigende Tendenz zur Verwendung von Kurzwörtern (vgl. Kobler-Trill 1994) machen quantitative Aussagen über den Satzumfang und damit über die Satzkomplexität und ihre historische Entwicklung noch um eine Stufe schwieriger.

Literatur

Abraham, Werner (1991): Aktionsartensemantik und Auxiliarisierung im Deutschen. In: Feldbusch, Elisabeth/Pogarell, Reiner/Weiss, Cornelia (1991): Neue Fragen der Linguistik. Akten des 25. Linguistischen Kolloquiums, Paderborn 1990. Bd.1. Tübingen, S. 125–133.

Abraham, Werner (1994): Deutsche Syntax im Sprachenvergleich. Grundlegung einer typologischen Syntax des Deutschen. Tübingen.

Abraham, Werner (1997): The interdependence of case, aspect and referentiality in the history of German: the case of the verbal genitive. In: van Kemenade, Ans (Hrsg.) (1997): Parameters of morphosyntactic change. Cambridge, S. 29–61.

Abraham, Werner/Fischer, Annette (1998): Das grammatische Optimalisierungsszenario von *tun* als Hilfsverb. In: Donhauser, Karin/Eichinger, Ludwig M. (Hrsg.) (1998): Deutsche Grammatik – Thema in Variationen. Festschrift für Hans-Werner Eroms zum 60. Geburtstag. Heidelberg, S. 35–47.

Abraham, Werner/Conradie, C. Jac (2001): Präteritumschwund und Diskursgrammatik. Präteritumschwund in gesamteuropäischen Bezügen: areale Ausbreitung, heterogene Entstehung, Parsing sowie diskursgrammatische Grundlagen und Zusammenhänge. Amsterdam.

Admoni, Wladimir (1973): Die Entwicklungstendenzen des deutschen Satzbaus von heute. München.

Admoni, Wladimir (1980): Zur Ausbildung der Norm der deutschen Literatursprache im Bereich des neuhochdeutschen Satzgefüges (1470–1730). Ein Beitrag zur Geschichte des Gestaltungssystems der deutschen Sprache. Berlin.

Admoni, Wladimir G. (1985): Syntax des Neuhochdeutschen seit dem 17. Jh. In: Besch, Werner/Reichmann, Oskar/Sonderegger (Hrsg.) (1985): Sprachgeschichte. Ein Handbuch zur Geschichte der deutschen Sprache und ihrer Erforschung. Berlin/New York, S. 1538–1556.

Admoni, Wladimir (1990): Historische Syntax des Deutschen. Tübingen.

Ágel, Vilmos (2000): Syntax des Neuhochdeutschen bis zur Mitte des 20. Jahrhunderts. In: Besch/Betten/Reichmann/Sonderegger (Hrsg.) (2000), Bd. 2, S. 1855–1903.

Ágel, Vilmos (2001): Gegenwartsgrammatik und Sprachgeschichte. Methodologische Überlegungen am Beispiel der Serialisierung im Verbalkomplex. In: Zeitschrift für germanistische Linguistik 29, S. 319–331.

Ágel, Vilmos/Eichinger, Ludwig M./Eroms, Hans-Werner/Hellwig, Peter/Heringer, Hans Jürgen/Lobin, Henning (Hrsg.) (2006): Dependenz und Valenz. Ein internationales Handbuch der zeitgenössischen Forschung. Band 2. Berlin/New York.

Ágel, Vilmos/Hennig, Mathilde (Hrsg.) (2006): Grammatik aus Nähe und Distanz. Theorie und Praxis am Beispiel von Nähetexten 1650–2000. Tübingen.

Altmann, Hans (1981): Formen der „Herausstellung" im Deutschen. Rechtsversetzung, Linksversetzung, Freies Thema und verwandte Konstruktionen. Tübingen.

Andersson, Sven-Gunnar (2004): Zu den Kontextfaktoren bei der Weglassung der temporalen Hilfsverben *haben* und *sein* im älteren deutschen Nebensatz. In: Lindemann, Beate/Letnes, Ole (Hrsg.) (2004): Diathese, Modalität, Deutsch als Fremdsprache. Festschrift für Oddleif Leirbukt zum 65. Geburtstag. Tübingen, S. 211–233.

Andresen, Karl Gustav (1892): Sprachgebrauch und Sprachrichtigkeit im Deutschen. 7. Aufl. Leipzig.

Arndt, Erwin (1956): Die begründenden Sätze im Neuhochdeutschen und ihre wichtigsten Konjunktionen. Dissertation Humboldt-Universität Berlin.

Askedal, John Ole (1973): Neutrum Plural mit persönlichem Bezug im Deutschen. Trondheim.

Askedal, John Ole (1980): Über das Passiv von Verben mit zwei Akkusativergänzungen im Deutschen. In: Dyhr, Mogens/Hyldgaard-Jensen, Karl/Olsen, Jørgen (Hrsg.) (1980): Festschrift für Gunnar Bech. Kopenhagen, S. 1–18.

Askedal, John Ole (1984): Grammatikalisierung und Auxiliarisierung im sogenannten „bekommen/kriegen/erhalten-Passiv" des Deutschen. In: Kopenhagener Beiträge zur Germanistischen Linguistik 22. Kopenhagen, S. 5–47.

Askedal, John Ole (1991): „Ersatzinfinitiv/Partizipersatz" und Verwandtes. Zum Aufbau des verbalen Schlussfeldes in der modernen deutschen Standardsprache. In: Zeitschrift für germanistische Linguistik 19, S. 1–23.

Askedal, John Ole (1996): Überlegungen zum Deutschen als sprachtypologischem „Mischtyp". In: Lang/Zifonun (Hrsg.) (1996), S. 369–383.

Askedal, John Ole (2000): Periodenumfang und Nominalisierungshäufigkeit in älterer und neuerer deutscher philosophischer Sprache. In: Desportes (Hrsg.) (2000), S. 9–26.

Askedal, John Ole/Fabricius-Hansen, Cathrine/Schöndorf, Kurt Erich (Hrsg.) (1988): Gedenkschrift für Ingerid Dal. Tübingen.

Askedal, John Ole (Hrsg.) (1998): Historische germanische und deutsche Syntax. Akten des internationalen Symposiums anläßlich des 100. Geburtstages von Ingerid Dal. Frankfurt u. a.

Atanassowa, Sdrawka (1972): Zum Wesen der Konstruktion „kommen+Part. Perf." In: Beiträge zur Geschichte der deutschen Sprache und Literatur 93 (Halle), S. 242–258.

Auer, Peter (1993): Zur Verbspitzenstellung im gesprochenen Deutsch. In: Deutsche Sprache 21, S. 193–222.

Axel, Katrin (2007): Studies on Old High German Syntax. Left sentence periphery, verb placement and verb-second. Amsterdam/Philadelphia.

Axel, Katrin/Weiß, Helmut (2011): *Pro*-drop in the history of German. From Old High German to the modern dialects. In: Wratil, Melanie/Gallmann, Peter (Hrsg.): Null Pronouns. Berlin/Boston, S. 21–51.

Babenko, Natalja Sergejevna (1988): Einige Entwicklungstendenzen im Bereich des Satzgefüges in der deutschen Sprache des 16. und 17. Jhs. In: Beiträge zur Erforschung der deutschen Sprache 8, S. 95–129.

Bærentzen, Per (2004): Formale und semantische Unschärfen in vielgliedrigen Verbalkomplexen. Der Ersatzinfinitiv und anderes. In: Tidsskrift For Sprogforskning, 2 (2), S. 127–139.

Ballesteros, Natalia Montoto (2010): Einige textlinguistische Aspekte der althochdeutschen Konnektoren *inti* und *ioh*. In: Ziegler/Braun (Hrsg.) (2010), S. 305–315.

Barufke, Birgit (1995): Attributstrukturen des Mittelhochdeutschen im diachronen Vergleich. Hamburg.

Baschewa, Emilia (1983): Untersuchungen zur Diachronie des Konzessivsatzes im Neuhochdeutschen. In: Beiträge zur Erforschung der deutschen Sprache 3, S. 77–107.

Bassola, Peter (1978): Wortstellung im Ofner Stadtrecht. Ein Beitrag zur frühneuhochdeutschen Rechtssprache in Ungarn. Budapest.

Bech, Gunnar (1955): Studien über das deutsche verbum infinitum. Bd. 1. Kopenhagen.

Behaghel, Otto (1918): Die Verneinung in den deutschen Sprachen. In: Wissenschaftliche Beihefte zur Zeitschrift des allgemeinen deutschen Sprachvereins 5 (38/40), S. 225–252.

Behaghel, Otto (1923–32): Deutsche Syntax. Eine geschichtliche Darstellung. Band I. Die Wortklassen und Wortformen. A. Nomen. Pronomen (1923). Band II. Die Wortklassen und Wortformen. B. Adverbium. C. Verbum (1924). Band III. Die Satzgebilde (1928). Band IV. Wortstellung. Periodenbau (1932). Heidelberg.

Beneš, Eduard (1974): Präpositionswertige Präpositionalwendungen. In: Engel, Ulrich/Grebe, Paul (Hrsg.) (1974): Sprachsystem und Sprachgebrauch. Festschrift für Hugo Moser zum 65. Geburtstag. Düsseldorf, S. 33–52.

Bergmann, Rolf (1982): Zum Anteil der Grammatiker an der Normierung der neuhochdeutschen Schriftsprache, Sprachwissenschaft 7, S. 261–281.

Bergmann, Rolf/Tiefenbach, Heinrich/Voetz, Lothar (Hrsg.) (1987): Althochdeutsch. Heidelberg.

Bergmann, Rolf/Moulin, Claudine/Ruge, Nikolaus (2011): Alt- und Mittelhochdeutsch. Arbeitsbuch zur Grammatik der älteren deutschen Sprachstufen und zur deutschen Sprachgeschichte. Göttingen.

Besch, Werner (1998): Duzen, Siezen, Titulieren. Zur Anrede im Deutschen heute und gestern. 2. Aufl. Göttingen.

Besch, Werner (2000): Die Rolle Luthers für die deutsche Sprachgeschichte. In: Besch/Betten/Reichmann/Sonderegger (Hrsg.) (2000), Bd. 2, S. 1713–1745.

Besch, Werner (2003a): Anredeformen des Deutschen im geschichtlichen Wandel. In: Besch/Betten/Reichmann/Sonderegger (Hrsg.) (2003), Bd. 3, S. 2599–2628.

Besch, Werner (2003b): Die Entstehung und Ausformung der neuhochdeutschen Schriftsprache/Standardsprache. In: Besch/Betten/Reichmann/Sonderegger (Hrsg.) (2003), Bd. 3, S. 2252–2296.

Besch, Werner/Betten, Anne/Reichmann, Oskar/Sonderegger, Stefan (Hrsg.) (1998–2004): Sprachgeschichte. Ein Handbuch zur Geschichte der deutschen Sprache und ihrer Erforschung. 2., vollständig neu bearbeitete und erweiterte Aufl. Bd. 1 (1998), Bd. 2 (2000), Bd. 3 (2003), Bd. 4 (2004). Berlin/New York.

Besch, Werner/Wolf, Norbert Richard (2009): Geschichte der deutschen Sprache. Längsschnitte – Zeitstufen – Linguistische Studien. Berlin.

Betten, Anne (1987): Grundzüge der Prosasyntax. Stilprägende Entwicklungen vom Althochdeutschen zum Neuhochdeutschen. Tübingen.

Betten, Anne (1987a): Zur Satzverknüpfung im althochdeutschen Tatian. Textsyntaktische Betrachtungen zum Konnektor *thô* und seinen lateinischen Entsprechungen. In: Bergmann/Tiefenbach/Voetz (Hrsg.) (1987), S. 395–407.

Betten, Anne, unter Mitarbeit von Claudia M. Riehl (Hrsg.) (1990): Neuere Forschungen zur historischen Syntax des Deutschen. Referate der Internationalen Fachkonferenz Eichstätt 1989. Tübingen.

Bogner, Stephan (1989): Zur Entwicklung der periphrastischen Futurformen im Frühneuhochdeutschen. In: Zeitschrift für deutsche Philologie 108, S. 56–85.

Bolli, Ernst (1975): Die verbale Klammer bei Notker. Untersuchungen zur Wortstellung in der Boethius-Übersetzung. Berlin/New York.

Borter, Alfred (1982): Syntaktische Klammerbildung in Notkers Psalter. Berlin/New York.

Braun, Christian (2010): Der Einfluss von Tiefenkasusverschiebungen bei der Entstehung von Funktionsverbgefügen im Althochdeutschen. In: Ziegler/Braun (Hrsg.) (2010), S. 395–407.

Braun, Peter (1993): Tendenzen in der deutschen Gegenwartssprache. Sprachvarietäten. 3. Aufl. Stuttgart u. a.

Brooks, Thomas (2006): Untersuchungen zur Syntax in oberdeutschen Drucken des 16.–18. Jahrhunderts. Frankfurt u. a.

Buchwald-Wargenau, Isabel (2010): Zur Herausbildung der doppelten Perfektbildungen. In: Ziegler/Braun (Hrsg.) (2010), S. 221–235.

Buchwald-Wargenau, Isabel (2012): Die doppelten Perfektbildungen im Deutschen. Eine diachrone Untersuchung. Berlin/Boston.

Businger, Martin (2011): ‚Haben' als Vollverb. Eine dekompositionale Analyse. Berlin/New York.

Canisius, Peter (2004): Schwache und starke unbestimmte Artikel im Deutschen. In: Czicza, Dániel/Hegedűs, Ildikó/Kappel, Péter/Németh, Attila (Hrsg.) (2004): Wertigkeiten, Geschichte und Kontraste. Festschrift für Péter Bassola zum 60. Geburtstag. Szeged, S. 435–449.

Cherubim, Dieter (1990): Rituell formalisierte Syntax in Texten des 16. und 19. Jahrhunderts. In: Betten (Hrsg.) (1990), S. 269–285.

Cherubim, Dieter/Grosse, Siegfried/Mattheier, Klaus J. (Hrsg.) (1998): Sprache und bürgerliche Nation. Beiträge zur deutschen und europäischen Sprachgeschichte des 19. Jahrhunderts. Berlin/New York.

Christl, Astrid (2004), Scharniere, Schalter und Brücken. Widerspruchstechniken mit syntaktisch hervorgehobenen Konnektoren. Berlin.

Czicza, Daniel (2010): Das simulierende *es*. Zur valenztheoretischen Beschreibung des nicht-phorischen *es* am Beispiel eines neuhochdeutschen Textes. In: Ziegler/Braun (Hrsg.) (2010), S. 1041–1061.

Dal, Ingerid (1959): *warth kuman* und Ähnliches im Heliand und in der altsächsischen Genesis. In: Jahrbuch des Vereins für niederdeutsche Sprachforschung 82, S. 31–37.

Dal, Ingerid (1971): Der Infinitiv mit dem syntaktischen Wert eines Participium Praeteriti. In: Dal, Ingerid: Untersuchungen zur germanischen und deutschen Sprachgeschichte. Oslo, S. 194–200.

Darski, Józef Paweł (2010): Deutsche Grammatik. Ein völlig neuer Ansatz. Frankfurt u. a.

Demske-Neumann, Ulrike (1990): Charakteristische Strukturen von Satzgefügen in den Zeitungen des 17. Jahrhunderts. In: Betten (Hrsg.) (1990), S. 239–252.

Demske-Neumann, Ulrike (1994): Modales Passiv und *Tough Movement*. Zur strukturellen Kausalität eines syntaktischen Wandels im Deutschen und Englischen. Tübingen.

Demske, Ulrike (2001): Merkmale und Relationen. Diachrone Studien zur Nominalphrase des Deutschen. Berlin/New York.

Dentler, Sigrid (1997): Zur Perfekterneuerung im Mittelhochdeutschen. Die Erweiterung des zeitreferentiellen Funktionsbereichs von Perfektfügungen. Göteborg.

Desportes, Yvon (2003): auh im althochdeutschen Isidor. In: Desportes (Hrsg.) (2003), S. 271–319.

Desportes, Yvon (Hrsg.) (1992): Althochdeutsch. Syntax und Semantik. Akten des Lyonner Kolloquiums zur Syntax und Semantik des Althochdeutschen (1–3 März 1990). Lyon.

Desportes, Yvon (Hrsg.) (1997): Semantik der syntaktischen Beziehungen. Akten des Pariser Kolloquiums zur Erforschung des Althochdeutschen 1994. Heidelberg.

Desportes, Yvon (2000): Artikel im Mittelhochdeutschen. Lässt sich Paul Valentins Modell des Artikelsystems im heutigen Deutsch auf das Mittelhochdeutsche übertragen? In: Desportes (Hrsg.) (2000), S. 213–253.

Desportes, Yvon (Hrsg.) (2000): Zur Geschichte der Nominalgruppe im älteren Deutsch. Festschrift für Paul Valentin. Akten des Pariser Kolloquiums März 1999. Heidelberg.

Desportes, Yvon (Hrsg.) (2003): Konnektoren im älteren Deutsch. Akten des Pariser Kolloquiums März 2002, Heidelberg.

Di Meola, Claudio (2000): Die Grammatikalisierung deutscher Präpositionen. Tübingen.

Diewald, Gabriele (1997): Grammatikalisierung. Eine Einführung in Sein und Werden grammatischer Formen. Tübingen.

Diewald, Gabriele (2004): Faktizität und Evidentialität: Semantische Differenzierungen bei den Modal- und Modalitätsverben des Deutschen. In: Leirbukt (Hrsg.) (2004), S. 231–258.

Diewald, Gabriele/Smirnowa, Elena (2010): Evidentiality in German. Linguistic realization and regularities in grammaticalization. Berlin/New York.

Dittmer, Arne/Dittmer, Ernst (1998): Studien zur Wortstellung – Satzgliedstellung in der althochdeutschen Tatianübersetzung. Göttingen.

Dittmer, Ernst (1992): Die Wortstellung im AHD *Tatian*. In: Desportes (Hrsg.) (1992), S. 245–258.

Dittmer, Ernst (1992a): Anmerkungen zur mittelhochdeutschen Syntax. In: Sprachwissenschaft 17, S. 222–233.

Donhauser, Karin (1986): Der Imperativ im Deutschen. Studien zur Syntax und Semantik des deutschen Modussystems. Hamburg.

Donhauser, Karin (1990): Moderne Kasuskonzeptionen und die Kasussetzung im Althochdeutschen. Überlegungen zur Stellung des Objektsgenitivs im Althochdeutschen. In: Betten (Hrsg.) (1990), S. 98–112.

Donhauser, Karin (1996): Negationssyntax in der deutschen Sprachgeschichte: Grammatikalisierung oder Degrammatikalisierung? In: Lang/Zifonun (Hrsg.) (1996), S. 201–217.

Donhauser, Karin (1998): Negationssyntax im Althochdeutschen. Ein sprachhistorisches Rätsel und der Weg zu seiner Lösung. In: Donhauser, Karin/Eichinger, Ludwig M. (Hrsg.) (1998): Deutsche Grammatik – Thema in Variationen. Festschrift für Hans-Werner Eroms zum 60. Geburtstag. Heidelberg, S. 283–298.

Donhauser, Karin (1998a): Das Genitivproblem und (k)ein Ende? Anmerkungen zur aktuellen Diskussion um die Ursachen des Genitivschwundes. In: Askedal (Hrsg.) (1998), S. 69–86.

Droop, Helmut Günter (1977): Das präpositionale Attribut. Grammatische Darstellung und Korpusanalyse. Tübingen.

Dürscheid, Christa (1999): Die verbalen Kasus des Deutschen. Untersuchungen zur Syntax, Semantik und Pragmatik. Berlin/New York.

Dürscheid, Christa (2002): „Polemik satt und Wahlkampf pur" – Das postnominale Adjektiv im Deutschen. In: Zeitschrift für Sprachwissenschaft 21, S. 57–81.

Ebert, Robert Peter (1978): Historische Syntax des Deutschen. Stuttgart.

Ebert, Robert Peter (1986): Historische Syntax des Deutschen II: 1300–1750. Frankfurt a.M.

Eckert, Victor (1909): Beiträge zur Geschichte des Gerundivs im Deutschen. Diss. Heidelberg.

Eggenberger, Jakob (1961): Das Subjektspronomen im Althochdeutschen. Ein syntaktischer Beitrag zur Frühgeschichte des deutschen Schrifttums. Diss. Zürich. Chur.

Eggers, Hans (1963–1977): Deutsche Sprachgeschichte. 4 Bände. Reinbek.

Eggers, Hans (1983): Wandlungen im deutschen Satzbau. Vorzüge und Gefahren. In: Muttersprache 93, S. 131–141.

Eggers, Hans (1987): *Uuard quhoman* und das System der zusammengesetzten Verbformen im althochdeutschen Isidor. In: Bergmann/Tiefenbach/Voetz (Hrsg.) (1987), S. 239–252.

Eichinger, Ludwig M. (1989): Raum und Zeit im Verbwortschatz des Deutschen. Eine valenzgrammatische Studie. Tübingen.

Eichinger, Ludwig M. (1993): Vom Nutzen der Nominalklammer. Eine funktionale Erklärung für die Reihenfolge gestufter Adjektivattribute im Deutschen. In: Vuillaume, Marcel (Hrsg.) (1998): Studien zur Syntax und Semantik der Nominalgruppe. Tübingen, S. 85–104.

Eichinger, Ludwig M. (1993a): Historische Verb-Grammatik. An Beispielen aus dem Isidor. In: Sprachwissenschaft 18, S. 121–137.

Eichinger, Ludwig M. (1995): Syntaktischer Wandel und Verständlichkeit. Zur Serialisierung von Sätzen und Nominalgruppen im frühen Neuhochdeutschen. In: Kretzenbacher, Heinz L./Weinrich, Harald (Hrsg.) (1995): Linguistik der Wissenschaftssprache. Berlin/New York, S. 301–324.

Eichinger, Ludwig M. (2000): Deutsche Wortbildung. Eine Einführung. Tübingen.

Eichinger, Ludwig M./Eroms, Hans-Werner (Hrsg.) (1995): Dependenz und Valenz. Hamburg.

Eilers, Helge (2003): Die Syntax Notkers des Deutschen in seinen Übersetzungen. Boethius, Martianus Capella und Psalmen. Berlin/New York.

Eisenberg, Peter/Smith, George/Teuber, Oliver (2001): Ersatzinfinitiv und Oberfeld. Ein großes Rätsel der deutschen Syntax. In: Deutsche Sprache 29, S. 242–260.

Eller, Nicole (2006): Syntax des bairischen Basisdialekts im Böhmerwald. Regensburg.

Elspaß, Stephan (2005): Sprachgeschichte von unten. Untersuchungen zum geschriebenen Alltagsdeutsch im 19. Jahrhundert. Tübingen.

Elspaß, Stephan (2010): Klammerstrukturen in nähesprachlichen Texten des 19. und frühen 20. Jahrhunderts. Ein Plädoyer für die Verknüpfung von historischer und Gegenwartsgrammatik. In: Ziegler/Braun (Hrsg.) (2010), S. 1011–1026.

Engelen, Bernhard (1990): Der Genitivus definitivus und vergleichbare Konstruktionen. In: Zielsprache Deutsch 21, Heft 4, S. 2–17.

Erben, Johannes (1954): Grundzüge einer Syntax der Sprache Luthers. Berlin.

Erben, Johannes (2000): Syntax des Frühneuhochdeutschen. In: Besch/Betten/Reichmann/Sonderegger (Hrsg.) (2000), Bd. 2, S. 1584–1593.

Erdmann, Oskar (1874): Untersuchungen über die Syntax der Sprache Otfrids. I. Die Formationen des Verbums in einfachen und in zusammengesetzten Sätzen. Halle.

Eroms, Hans-Werner (1978): Zur Konversion der Dativphrasen. In: Sprachwissenschaft 3, S. 357–405.

Eroms, Hans-Werner (1980): Funktionskonstanz und Systemstabilisierung bei den begründenden Konjunktionen im Deutschen. In: Sprachwissenschaft 5, S. 73–115.

Eroms, Hans-Werner (1984): Die doppelten Perfekt- und Plusquamperfektformen im Deutschen. In: Eroms, Hans-Werner/Gajek, Bernhard/Kolb, Herbert (Hrsg.) (1984): Studia Linguistica et Philologica. Festschrift für Klaus Matzel zum sechzigsten Geburtstag. Heidelberg, S. 343–351.

Eroms, Hans-Werner (1987): Ahd. *fora, furi* und das deutsche Kasussystem. In: Bergmann/Tiefenbach/Voetz (Hrsg.) (1987), S. 446–458.

Eroms, Hans-Werner (1992): Das deutsche Passiv in historischer Sicht. In: Hoffmann, Ludger (Hrsg.) (1992): Deutsche Syntax. Ansichten und Aussichten. Berlin/New York, S. 225–249.

Eroms, Hans-Werner (1993): Zum Verbalpräfix ge- bei Wolfram von Eschenbach. In: Gärtner, Kurt/Heinzle, Joachim (Hrsg.) (1993): Studien zu Wolfram von Eschenbach. Festschrift für Werner Schröder zum 75. Geburtstag. Tübingen 1989, S. 19–32.

Eroms, Hans-Werner (1994): „Die Konnektoren *aber* und *nur* im Deutschen", in: Roggausch, Werner (Hrsg.): Germanistentreffen Bundesrepublik Deutschland – Polen 26.9.–30.9.1993, Bonn, S. 285–303.

Eroms, Hans-Werner (1997): Verbale Paarigkeit im Althochdeutschen und das ‚Tempussystem' im ‚Isidor'. In: Zeitschrift für Deutsches Altertum und deutsche Literatur 126, S. 1–31.

Eroms, Hans-Werner (1998): Ingerid Dals ‚Kurze deutsche Syntax auf historischer Grundlage'. Entdeckungen und Einsichten bei der Neubearbeitung. In: Askedal (Hrsg.) (1998), S. 9–23.

Eroms, Hans-Werner (2005): Die Serialisierung im Modalverbkomplex. In: Narita, Takashi/Ogawa, Akio/Oya, Toshiaki (Hrsg.) (2005): Deutsch aus ferner Nähe. Japanische Einblicke in eine fremde Sprache. Festschrift für Susumu Zaima zum 60. Geburtstag, Tübingen, S. 17–39.

Eroms, Hans-Werner (2006): Das modale Passiv im Deutschen. In: „getriwe ân allez wenken". In: Harweg, Roland/Hundsnurscher, Franz/Iwasaki, Eijiro (Hrsg.) (2006): Festschrift für Shoko Kishitani zum 75. Geburtstag. Göppingen, S. 8–29.

Eroms, Hans-Werner (2006a): Die Entwicklung des „Ersatzinfinitivs" im Deutschen. In: Kotin, Michail/Krycki, Piotr/Laskowski, Marek/Zuchewicz, Tadeusz (Hrsg.) (2006): Das Deutsche als Forschungsobjekt und als Studienfach. Synchronie – Diachronie – Glottodidaktik. Akten der Internationalen Fachtagung anlässlich des 30jährigen Bestehens der Germanistik in Zielona Góra/Grünberg. Frankfurt u. a., S. 79–93.

Eroms, Hans-Werner (2007): ‚Ab' und ‚an'. Partiell oppositionelle Partikelverben im Deutschen. In: Kauffer, Maurice/Métrich, René (Hrsg.) (2007): Verbale Wortbildung im Spannungsfeld zwischen Wortsemantik, Syntax und Rechtschreibung. Tübingen, S. 121–132.

Eroms, Hans-Werner (2008): Erweiterung des Systems der Artikel im Deutschen. In: Wort und Text. Lexikologische und textsyntaktische Studien im Deutschen und Französischen. Festschrift für René Métrich zum 60. Geburtstag. Tübingen, S. 57–67.

Eroms, Hans-Werner (2009): Kommentare und Korrekturen: Der Status der weiterführenden w-Relativsätze. In: Sprachwissenschaft 34, S. 115–150.

Eroms, Hans-Werner (2010): Additive und adversative Konnektoren im Althochdeutschen. In: Ziegler/Braun (Hrsg.) (2010), S. 279–303.

Eroms, Hans-Werner (2011): Die Entwicklung der Negationsklassen im Deutschen. In: Gallèpe, Thierry/Dalmas, Martine (Hrsg.) (2011): Déconstruction – Reconstruction: Autour de la pensée de Jean-Marie Zemb. Rencontre internationale de linguistique – Tours. 20 et 21 novembre 2009. Limoges, S. 99–115.

Eroms, Hans-Werner/Röder, Birgit/Spannbauer-Pollmann, Rosemarie (2006): Sprachatlas von Niederbayern. Band 1. Einführung mit Syntaxauswertung. Heidelberg.

Fabricius-Hansen, Cathrine (2000): Die Geheimnisse der deutschen „würde"-Konstruktion. In: Thieroff, Rolf/Tamrat, Matthias/Fuhrhop, Nanna/Teuber, Oliver (Hrsg.) (2000): Deutsche Grammatik in Theorie und Praxis. Tübingen.

Fabricius-Hansen, Cathrine/Saebø, Kjell Johann (1983): Über das Chamäleon wenn und seine Umwelt. In: Linguistische Berichte 83, S. 1–35.

Farrar, Kimberley (1999): Explanations for Word Order Change in Modern German. In: Zeitschrift für Dialektologie und Linguistik 66, S. 1–30.

Fernandez-Bravo, Nicole (1980): Geschichte der indirekten Rede im Deutschen vom siebzehnten Jahrhundert bis zur Gegenwart. In: Deutsche Sprache 8, S. 97–132.

Fillmore, Charles J. (1968): The Case for Case. In: Bach, Emmon/Harms, Robert T. (eds.): Universals in Linguistic Theory. New York, S. 1–88.

Fischer, Annette (1992): Varianten im Objektbereich genitivfähiger Verben in der deutschen Literatursprache (1530–1730). In: Soziolinguistische Aspekte des Sprachwandels in der deutschen Literatursprache, S. 273–342.

Flämig, Walter (1959): Zum Konjunktiv in der deutschen Sprache der Gegenwart. Inhalt und Gebrauchsweisen. Berlin.

Fleischer, Jürg (2002): Die Syntax von Pronominaladverbien in den Dialekten des Deutschen: eine Untersuchung zu Preposition Stranding und verwandten Phänomenen. Stuttgart/Wiesbaden.

Fleischer, Jürg (2006): Zur Methodologie althochdeutscher Syntaxforschung. In: Beiträge zur Geschichte der deutschen Sprache und Literatur 128, S. 25–69.

Fleischer, Jürg, in Zusammenarbeit mit Oliver Schallert (2011): Historische Syntax des Deutschen. Eine Einführung. Tübingen.

Fleischer, Wolfgang/Barz, Irmhild (1992): Wortbildung der deutschen Gegenwartssprache. Unter Mitarbeit von Marianne Schröder.Tübingen.

Fourquet, Jean (1938): L'ordre des éléments de la phrase en germanique ancien. Études de syntaxe de position. Paris.

Fourquet, Jean (1952): Grammaire de l'Allemand. Paris.

Freywald, Ulrike (2010): *Obwohl vielleicht war es ganz anders*. Vorüberlegungen zum Alter der Verbzweitstellung nach subordinierenden Konjunktionen. In: Ziegler/Braun (Hrsg.) (2010), S. 55–84.

Fritz, Thomas (1994): Passivformen in Otfrids Evangelienbuch: Tempus, Aspekt, Aktionsart. In: Sprachwissenschaft 19, S. 165–182.

Fritz, Thomas A. (1997): Zur Grammatikalisierung der zusammengesetzten Verbformen mit *werden – werden* und die Modalverben im frühen Deutsch und heute. In: Vater, Heinz (Hrsg.) (1997): Zu Tempus und Modus im Deutschen. Trier, S. 81–104.

Fritz, Thomas A. (2000): Wahr-Sagen. Futur, Modalität und Sprecherbezug im Deutschen Hamburg.

Fritz, Matthias (2010): Zur Syntax des Urindogermanischen. In: Meier-Brügger (2010), S. 374–412.

Froschauer, Regine (2003): Genus im Althochdeutschen. Eine funktionale Analyse des Mehrfachgenus althochdeutscher Substantive. Heidelberg.

Gärtner, Kurt (1969): Die constructio ἀπὸ κοινοῦ bei Wolfram von Eschenbach. In: Beiträge zur Geschichte der deutschen Sprache und Literatur 91 (Tübingen), S. 121–259.

Gärtner, Kurt (1970): Numeruskongruenz bei Wolfram von Eschenbach: zur constructio ad sensum. In: Wolfram-Studien 1, S. 28–61.

Gaumann, Ulrike (1983): „Weil die machen jetzt bald zu". Angabe- und Junktivsatz in der deutschen Gegenwartssprache. Göppingen.

Glaser, Elvira (1992): Umbau partitiver Strukturen in der Geschichte des Deutschen. In: Sprachwissenschaft 17, S. 113–132.

Glaser, Elvira (1993): Syntaktische Strategien zum Ausdruck von Indefinitheit und Partitivität im Deutschen (Standardsprache und Dialekt). In: Abraham, Werner/Bayer, Josef (Hrsg.) (1993): Dialektsyntax. Opladen, S. 99–116.

Goldberg, Adele (1995): Constructions: A Construction-Grammar Approach to Argument Structure. Chicago/London.

Graff, Eberhard Gottlieb (1824): Die althochdeutschen Präpositionen. Ein Beitrag zur deutschen Sprachkunde und Vorläufer eines althochdeutschen Sprachschatzes nach den Quellen des 8ten bis 11ten Jahrhunderts. Königsberg.

Graff, Eberhard Gottlieb (1834–1846): Althochdeutscher Sprachschatz oder Wörterbuch der althochdeutschen Sprache. 7 Bände. Berlin.

Greule, Albrecht (1982): Valenz, Satz und Text. Syntaktische Untersuchungen zum Evangelienbuch Otfrids von Weißenburg auf der Grundlage des Codex Vindobonensis. München.

Greule, Albrecht (1992): Im Zentrum der althochdeutschen Syntax: die Satzmuster. In: Desportes (Hrsg.) (1992), S. 199–210.

Greule, Albrecht (1997): Probleme der Beschreibung des Althochdeutschen mit Tiefenkasus. Ein Erfahrungsbericht. In: Desportes (Hrsg.) (1997), S. 107–122.

Greule, Albrecht (2000): Syntax des Althochdeutschen. In: Besch/Betten/Reichmann/Sonderegger (Hrsg.) (2000), S. 1207–1213.

Greule, Albrecht (Hrsg.) (1982): Valenztheorie und historische Sprachwissenschaft. Beiträge zur sprachgeschichtlichen Beschreibung des Deutschen. Tübingen.

Greule, Albrecht (1998): Zwischen Syntax und Textgrammatik: die Parenthese bei Otfrid von Weissenburg, In: Askedal (Hrsg.) (1998), S. 193–205.

Greule, Albrecht (2003): Die Parenthese – nur eine Stilfrage? In: Barz, Irmhild/Lerchner, Gotthard/Schröder, Marianne (Hrsg.) (2003): Sprachstil – Zugänge und Anwendungen. Ulla Fix zum 60. Geburtstag. Heidelberg, S. 77–86.

Greule, Albrecht/Lénárd, Tibor (2004): Ein mittelhochdeutsches Verbvalenzwörterbuch auf der Grundlage des ‚Bochumer Korpus'. In: Studia Germanica Vesprimiensis 8, 2, S. 23–45.

Grimm, Jacob/Grimm, Wilhelm (1854–1971): Deutsches Wörterbuch. Leipzig (=Dwb.)

Grimm, Jacob/Grimm, Wilhelm (1983 ff.): Deutsches Wörterbuch. Neubearbeitung. Hrsg. von der Berlin-Brandenburgischen Akademie der Wissenschaften und der Akademie der Wissenschaften zu Göttingen. Leipzig/Stuttgart 1983 ff. (=DWb. Neubearb.)

Grønvik, Ottar (1986): Über den Ursprung und die Entwicklung der aktiven Perfekt- und Plusquamperfektkonstruktionen des Hochdeutschen und ihre Eigenart innerhalb des germanischen Sprachraums. Oslo.

Grosse, Siegfried (1989): Syntax. In Paul, Hermann (1989): Mittelhochdeutsche Grammatik. Neu bearbeitet von Wiehl, Peter/Grosse, Siegfried. 23. Auflage. Tübingen, S. 283–477.

Grosse, Siegfried (1998): Morphologische und syntaktisch-stilistische Eigentümlichkeiten in deutschen Texten aus dem letzten Drittel des 19. Jahrhunderts. In: Cherubim/Grosse/Mattheier (Hrsg.) (1998), S. 444–456.

Grosse, Siegfried (2000): Reflexe gesprochener Sprache im Mittelhochdeutschen. In: Besch/Betten/Reichmann/Sonderegger (Hrsg.) (2000), Bd. 2, S. 1391–1399.

Günthner, Susanne (1993): „weil – man kann es ja wissenschaftlich untersuchen". Diskurspragmatische Aspekte der Wortstellung in WEIL-Sätzen. In: Linguistische Berichte 143, S. 37–59.

Günthner, Susanne (1999): Entwickelt sich der Konzessivkonnektor *obwohl* zum Diskursmarker? Grammatikalisierungstendenzen im gesprochenen Deutsch. In: Linguistische Berichte 180, S. 409–446.

Günthner, Susanne (2000): Grammatik im Gespräch: Zur Verwendung von *wobei* im gesprochenen Deutsch. In: Sprache und Literatur 85 (31), S. 57–74.

Habermann, Mechthild (2006): *Be*-Verben und konkurrierende Bildungen im ‚Corpus der altdeutschen Originalurkunden'. In: Steiner, Petra C./Boas, Hans C./Schierholz, Stefan J. (Hrsg.) (2006): Contrastive Studies and Valency. Kontrastive Studien und Valenz. Studies in Honor of Hans Ulrich Boas. Festschrift für Hans Ulrich Boas. Frankfurt u. a., S. 91–105.

Habermann, Mechthild (2007): Aspects of a diachronic valency syntax of German. In: Herbst, Thomas/Götz-Votteler, Katrin (Hrsg.) (2007): Valency. Theoretical, Descriptive and Cognitive Issues. Berlin/New York, S. 85–100.

Härd, John Evert (1981): Studien zur Struktur mehrgliedriger deutscher Nebensatzprädikate. Diachronie und Synchronie. Göteborg.

Härd, John Evert (2000): Syntax des Mittelniederdeutschen. In: Besch/Betten/Reichmann/Sonderegger (Hrsg.) (2000), Bd. 2, S. 1456–1463.

Härd, John Evert (2003): Hauptaspekte der syntaktischen Entwicklung in der Geschichte des Deutschen. In: Besch/Betten/Reichmann/Sonderegger (Hrsg.) (2003), Bd. 3, S. 2569–2582.

Harnisch, Rüdiger (2006): "Dieser freundlicher Streit mit Rivalem und andern welchen Leuten". Über aktuelle Ungewöhnlichkeiten und latente Möglichkeiten in der Nominalphrase. In: Zeitschrift für Germanistische Linguistik 34, S. 394–405.

Hauser-Suida, Ulrike/Hoppe-Beugel, Gabriele (1972): Die Vergangenheitstempora in der deutschen geschriebenen Sprache der Gegenwart. Untersuchungen an ausgewählten Texten. München/Düsseldorf.

Hennig, Mathilde (2000): Tempus und Temporalität in geschriebenen und gesprochenen Texten. Tübingen.

Herbers, Birgit (2002): Verbale Präfigierung im Mittelhochdeutschen. Eine semantisch-funktionale Korpusanalyse. Tübingen.

Heringer, Hans Jürgen (2006): Prinzipien des Valenzwandels. In: Ágel/Eichinger/Eroms/Hellwig/Heringer/Lobin (Hrsg.) (2006), S. 1447–1461.

Hermodsson, Lars (1978): Semantische Strukturen der Satzgefüge im kausalen und konditionalen Bereich. Uppsala.

Hinterhölzl, Roland (2010): Zur Herausbildung der Satzklammer im Deutschen. Ein Plädoyer für eine informationsstrukturelle Analyse. In: Ziegler/Braun (Hrsg.) (2010), S. 121–138.

Hinterhölzl, Roland/Petrova, Svetlana/Solf, Michael (2005): Diskurspragmatische Faktoren für Topikalität und Verbstellung in der ahd. Tatianübersetzung (9. Jh.). In: Ishihara, S./Schmitz, M./Schwarz, A. (eds.): Interdisciplinary Studies on Information Structure 03, 143–182.

Hirao, Kozo (1965): Fügungen des Typs kam gefahren im Deutschen. In: Beiträge zur Geschichte der deutschen Sprache und Literatur 87 (Tübingen), S. 204–226.

Hole, David/Klumpp, Gerson (2000): Definite type and indefinite token: the article son in colloquial German. In: Linguistische Berichte 182, S. 231–244.

Holler, Anke (2005): Weiterführende Relativsätze. Empirische und theoretische Aspekte. Berlin.

Holly, Werner (1988): Weiterführende Nebensätze in sprachgeschichtlicher Perspektive. In: Zeitschrift für germanistische Linguistik 16, S. 310–322.

Holly, Werner (1992): Secondary Orality in the Electronic Media. In: Quasthoff, Uta (Hrsg.) (1992): Aspects of Oral Communication. Berlin/New York, S. 340–363.

Horn, Laurence R. (1989): A Natural History of Negation. Chicago/London.

Hundsnurscher, Franz (1998): Historische Syntax. In: Besch/Betten/Reichmann/Sonderegger (Hrsg.) (1998), Bd. 1, S. 755–775.

Jäckh, Karoline (2011): Konjunktiv I synchron und diachron. Tübingen.

Jäger, Agnes (2008): History of German Negation. Amsterdam/Philadelphia.

Jespersen, Otto (1917): Negation in English and Other Languages. In: Historisk-filologiske Meddelelser 1,5. Kopenhagen. 2. Aufl. 1966.

Jones, Howard (2009): Aktionsart in the Old High German Passive. Hamburg.

Keinästö, Kari (1986): Studien zu Infinitivkonstruktionen im mittelhochdeutschen Prosa-Lancelot. Frankfurt u. a.

Keinästö, Kari (1990): Über ingressive und egressive Infinitivkonstruktionen im mittelhochdeutschen Prosa-Lancelot. In: Betten (Hrsg.) (1990), S. 56–70.

Keller, Rudi (1993): Das epistemische weil – Bedeutungswandel einer Konjunktion. In: Heringer, Hans-Jürgen/Stötzel, Georg (Hrsg.) (1993): Sprachgeschichte und Sprachkritik. Festschrift Peter von Polenz. Berlin, S. 219–247.

Keller, Rudi (2003): Sprachwandel. Von der unsichtbaren Hand in der Sprache. 3., durchges. Aufl. Tübingen.

Keseling, Gisbert (1968): Periphrastische Verbformen im Niederdeutschen. In: Niederdeutsches Jahrbuch 91, S. 139–151.

Kettmann, Gerhard (1976): Formen und grammatische Struktur nebengeordneter Wortreihen. In: Kettmann/Schildt (1976), S. 327–416.

Kettmann, Gerhard/Schildt, Joachim (1976): Zur Ausbildung der Norm der deutschen Literatursprache auf der syntaktischen Ebene (1470–1730). Der Einfachsatz. Berlin.

Kleiber, Wolfgang (Hrsg.) (2004): Otfrid von Weißenburg. Evangelienbuch. Band I: Edition nach dem Wiener Codex 2687. Tübingen.

Klein, Thomas/Solms,Hans-Joachim/Wegera, Klaus-Peter. (Hrsg.) (2009ff.): Mittelhochdeutsche Grammatik. Tübingen.

Klein, Thomas/Solms,Hans-Joachim/Wegera, Klaus-Peter. (Hrsg.) (2009): Mittelhochdeutsche Grammatik. Teil III. Wortbildung. Tübingen.

Kleiner, Mathilde (1925): Zur Entwicklung der Futur-Umschreibung werden mit dem Infinitiv. Berkeley.

Kluge (1999): Etymologisches Wörterbuch der deutschen Sprache. 23., erweiterte Aufl., bearbeitet von Elmar Seebold. Berlin/New York.

Kobler-Trill, Dorothea (1994): Das Kurzwort im Deutschen. Tübingen.

Koch, Günter (1997): Das Partizip Präsens in den Dialekten Niederbayerns. Magisterarbeit. Passau.

König, Ekkehard/Gast, Volker (Hrsg.) (2008): Reciprocals and Reflexives. Theoretical and Typological Explorations. Berlin/New York.

Konopka, Marek (1996): Strittige Erscheinungen der deutschen Syntax im 18. Jahrhundert. Tübingen.

Korhonen, Jarmo (1978): Studien zu Dependenz, Valenz und Satzmodell. Teil II. Untersuchungen anhand eines Luther-Textes. Bern/Frankfurt/Las Vegas.

Korhonen, Jarmo (2006): Valenzwandel am Beispiel des Deutschen. In: Ágel/Eichinger/Eroms/Hellwig/Heringer/Lobin (Hrsg.) (2006), S. 1462–1474.

Korhonen, Jarmo (2006a): Historische Fallstudie: Frühneuhochdeutsch. In: Ágel/Eichinger/Eroms/Hellwig/Heringer/Lobin (Hrsg.) (2006), S. 1494–1500.

Kotin, Michail L. (1998): Die Herausbildung der grammatischen Kategorie des Genus verbi im Deutschen. Eine historische Studie zu den Vorstufen und zur Entstehung des deutschen Passiv-Paradigmas. Hamburg.

Kotin, Michail L. (2003): Die werden-Perspektive und die werden-Periphrasen im Deutschen. Historische Entwicklung und Funktionen in der Gegenwartssprache. Frankfurt am Main u. a.

Kotin, Michail L. (2005): Die Sprache in statu movendi. Sprachentwicklung zwischen Kontinuität und Wandel. Erster Band: Einführung – Nomination – Deixis. Heidelberg.

Kotin, Michail L. (2007): Die Sprache in statu movendi. Sprachentwicklung zwischen Kontinuität und Wandel. 2. Band: Kategorie – Prädikation – Diskurs. Heidelberg.

Kotin, Michail L. (2012): Gotisch. Im (diachronischen und typologischen) Vergleich. Heidelberg.

Krause, Maxi (1987): Sémantique et syntaxe des préverbes en Gotique. 4 Bde. Thèse Paris.

Kretterová, Ľudmila (2008): Das älteste Stadtbuch von Bratislava/Preßburg aus den Jahren
1402–1506. Eine syntaktische Analyse. In: Meier, Jörg/Ziegler, Arne (Hrsg.) (2008): Die
Anfänge deutschsprachiger Kanzleien in Europa. Wien, S. 59–67.

Kuroda, Susumu (1999): Die historische Entwicklung der Perfektkonstruktionen im Deutschen.
Hamburg.

Kuroda, Susumu (2010): Inkorporation im Althochdeutschen. In: Ziegler/Braun (Hrsg.) (2010),
S. 317–337.

Kuroda, Susumu (2012): Die syntaktische Funktion der Präfigierung im Althochdeutschen.
Habilitationsschrift. Humboldt-Universität zu Berlin.

Lang, Ewald/Zifonun, Gisela (Hrsg.) (1996): Deutsch – typologisch. Berlin/New York.

Langer, Nils (2001): Linguistic Purism in Action. How auxiliary *tun* was stigmatized in Early
New High German. Berlin/New York.

Lefèvre, Michel (Hrsg.) (2012): Syntaktischer Wandel in Gegenwart und Geschichte. Akten des
Kolloquiums in Montpellier vom 9. bis 11. Juni 2011. Berlin.

Lehmann, Christian (1984): Der Relativsatz. Tübingen.

Lehmann, Christian (1985): Grammaticalization: Synchronic variation and diachronic change.
In: Lingua e Stile 20, S. 303–318.

Lehmann, Winfried P. (1974): Proto-Indo-European Syntax. Austin.

Leirbukt, Oddleif (1977): Über passivische Fügungen der Struktur bekommen/kriegen/erhalten
+ Partizip II im heutigen Deutsch. In: Språk og språkundervisning 10. H. 2, S. 47–55.

Leirbukt, Oddleif (1981): „Passivähnliche" Konstruktionen mit *haben* + Partizip II im heutigen
Deutsch. In: Deutsche Sprache 9, S. 119–146.

Leirbukt, Oddleif (1997): Untersuchungen zum „bekommen"-Passiv im heutigen Deutsch.
Tübingen.

Leirbukt, Oddleif (Hrsg.) (2004): Tempus/Temporalität und Modus/Modalität im Deutschen. –
auch in kontrastiver Perspektive. Internationales Kolloquium. 8.–9. September 2000,
Bergen. Tübingen.

Leirbukt, Oddleif (2008): Untersuchungen zur temporalen Umfunktionierung des Konjunktivs II
im heutigen Deutsch. Tübingen.

Leiss, Elisabeth (1992): Die Verbalkategorien des Deutschen. Ein Beispiel zur sprachlichen
Kategorisierung. Berlin/New York.

Leiss, Elisabeth (1994): Die Entstehung des Artikels im Deutschen. In: Sprachwissenschaft 19,
S. 307–319.

Leiss, Elisabeth (1997): Genus im Althochdeutschen. In: Glaser, Elvira/Schlaefer, Michael
(Hrsg.) (1997): Grammatica Ianua Artium. Festschrift für Rolf Bergmann zum
60. Geburtstag. Heidelberg, S. 33–48.

Leiss, Elisabeth (1998): Ansätze zu einer Theorie des Sprachwandels auf morphologischer und
syntaktischer Ebene. In: Besch/Betten/Reichmann/Sonderegger (Hrsg.) (1998), Bd. 1,
S. 850–860.

Leiss, Elisabeth (2000): Artikel und Aspekt. Die grammatischen Muster von Definitheit.
Berlin/New York.

Lenerz, Jürgen (1984): Syntaktischer Wandel und Grammatiktheorie. Eine Untersuchung an
Beispielen aus der Sprachgeschichte des Deutschen. Tübingen.

Lenz, Barbara (1996): Negationsverstärkung und Jespersens Zyklus im Deutschen und in
anderen europäischen Sprachen. In: Lang/Zifonun (Hrsg.) (1996), S. 183–200.

Lenz, Alexandra N. (2008): Wenn einer etwas gegeben bekommt. Ergebnisse eines
Sprachproduktionstests zum Rezipientenpassiv. In: Patocka, Franz/Seiler, Guido (Hrsg.):

Morphologie und Syntax der Dialekte. Sammelband der Sektion „Morphologie und Syntax" der IGDD-Jahrestagung 2006 in Wien. Wien, S. 155–178.

Lightfoot, David W. (1979): Principles of diachronic syntax. Cambridge.

Lindgren, Kaj B. (1957): Über den oberdeutschen Präteritumsschwund. Helsinki.

Lippert, Jörg (1974): Beiträge zu Technik und Syntax althochdeutscher Übersetzungen unter besonderer Berücksichtigung der Isidorgruppe und des althochdeutschen Tatian. München.

Litvinov, Viktor P./Radčenko, Vladimir I. (1998): Doppelte Perfektbildungen in der deutschen Literatursprache. Tübingen.

Lobenstein-Reichmann, Anja/Reichmann, Oskar (Hrsg.) (2003): Neue historische Grammatiken. Zum Stand der Grammatikschreibung historischer Sprachstufen des Deutschen und anderer Sprachen. Tübingen.

Lockwood, William Burley (1968): Historical German Syntax. Oxford.

Lötscher, Andreas (1990): Variation und Grammatisierung in der Geschichte des erweiterten Adjektiv- und Partizipialattributs des Deutschen. In: Betten (Hrsg.) (1990), S. 14–28.

Lötscher, Andreas (1995): Herausstellung nach links in diachroner Sicht. In: Sprachwissenschaft 20, S. 32–63.

Lötscher, Andreas (2010): Verbstellung im zweiteiligen Verbalkomplex im Frühneuhochdeutschen – Textlinguistik und Grammatik. In: Ziegler/Braun (Hrsg.) (2010), S. 607–629.

Lühr, Rosemarie (1991): Zur Parenthese im Mittelhochdeutschen. Eine pragmalinguistische Untersuchung. In: Sprachwissenschaft 16, S. 162–226.

Lühr, Rosemarie (1992): Typen von Explikativsätzen im AHD. In: Desportes (Hrsg.) (1992), S. 259–291.

Lühr, Rosemarie (2006): Historische Fallstudie: Altsächsisch. In: Ágel/Eichinger/Eroms/Hellwig/Heringer/Lobin (Hrsg.) (2006), S. 1500–1508.

Maiwald, Cordula (2002): Das temporale System des Mittelbairischen. Synchrone Variation und diachroner Wandel. Heidelberg.

Marache, Maurice (1960): Die gotischen verbalen ga-Komposita im Lichte einer neuen Kategorie der Aktionsart. In: Zeitschrift für deutsches Altertum und deutsche Literatur 90, S. 1–33.

Markey, Thomas L. (1987): Connectives and Deixis: The and/og-Isogloss in Old High German. In: Bergmann/Tiefenbach/Voetz (Hrsg.) (1987), S. 380–394.

Masser, Achim (1997): Syntaxprobleme im althochdeutschen Tatian. In: Desportes (Hrsg.) (1997), S. 123–140.

Masser, Achim (Hrsg.) (1994): Die lateinisch-althochdeutsche Tatianbilingue Stiftsbibliothek St. Gallen Cod. 56. Göttingen.

Mattheier, Klaus J. (1995): Sprachgeschichte des Deutschen. Desiderate und Perspektiven. In: Gardt, Andreas/Mattheier, Klaus J./Reichmann, Oskar (Hrsg.) (1995): Sprachgeschichte des Neuhochdeutschen. Gegenstände, Methoden, Theorien. Tübingen, S. 1–18.

Matzel, Klaus (1970): Untersuchungen zur Verfasserschaft, Sprache und Herkunft der ahd. Übersetzungen der Isidor-Sippe. Bonn.

Maurer, Friedrich (1926): Untersuchungen über die deutsche Verbstellung in ihrer geschichtlichen Entwicklung. Heidelberg.

Maxwell, Hugh (1982): Valenzgrammatik mittelhochdeutscher Verben. Frankfurt.

Meier-Brügger, Michael (2010): Indogermanische Sprachwissenschaft. 9. Aufl. Berlin/New York.

Meineke, Birgit (1997): Syntaktische und semantische Aspekte althochdeutscher Prudentiusglossen. In: Desportes (Hrsg.) (1997), S. 54–91.

Meineke, Eckhard (1992): Althochdeutsche Prosasyntax und die Pariser Gespräche. In: Desportes (Hrsg.) (1992), S. 323–357.

Meineke, Eckhard, unter Mitarbeit von Judith Schwerdt (2001): Einführung in das Althochdeutsche. Paderborn/München/Wien/Zürich.

Müller, Gertraud/Frings, Theodor (1959): Die Entstehung der deutschen *daß*-Sätze. Leipzig.

Mungan, Güler (1986): Die semantische Interaktion zwischen dem präfigierenden Verbzusatz und dem Simplex bei deutschen Partikel- und Präfixverben. Frankfurt u. a.

Näf, Anton (1979): Die Wortstellung in Notkers Consolatio. Untersuchungen zur Syntax und Übersetzungstechnik. Berlin/New York.

Negele, Michaela (2010): Diskontinuierliche Pronominaladverbien in der Alltagssprache des jüngeren Neuhochdeutschen – Standard oder Substandard? In: Ziegler/Braun (Hrsg.) (2010), S. 1063–1081.

Nübling, Damaris/Dammel, Antje/Duke, Janet /Szczepaniak, Renata (2010): Historische Sprachwissenschaft des Deutschen. Eine Einführung in die Prinzipien des Sprachwandels. 3. Aufl. Tübingen.

Ogawa, Akio (1998): Einige Überlegungen zum Genitivobjekt im Deutschen. In: Sprachwissenschaft 23, S. 281–316.

Olsen, Susan (1997): Über Präfix- und Partikelverbsysteme. In: Šimečková, Alena/Vachková, Marie (Hrsg.): Wortbildung. Theorie und Anwendung. Praha, S. 111–137.

Önnerfors, Olaf (1997): Verb-erst-Deklarativsätze. Grammatik und Pragmatik. Stockholm.

Oubouzar, Erika (1974): Die Ausbildung der zusammengesetzten Verbformen im deutschen Verbalsystem. In: Beiträge zur Geschichte der deutschen Sprache und Literatur (Halle) 95, S. 1–96.

Oubouzar, Erika (1992): Zur Ausbildung des bestimmten Artikels im AHD. In: Desportes (Hrsg.) (1992), S. 69–87.

Oubouzar, Erika (1997): Syntax und Semantik des adnominalen Genitivs im Althochdeutschen. In: Desportes (Hrsg.) (1997), S. 223–244.

Pafel, Jürgen (2011): Einführung in die Syntax. Grundlagen – Strukturen – Theorien. Stuttgart.

Paul, Hermann (1952–1959): Deutsche Grammatik. Unveränderter Nachdruck der 1. Auflage. 5 Bände. Halle.

Paul, Hermann (1954): Deutsche Grammatik. Band III. Teil IV. Syntax (erste Hälfte), unveränderter Nachdruck Halle.

Paul, Hermann (1959): Deutsche Grammatik. Band IV. Syntax (zweite Hälfte), unveränderter Nachdruck Halle.

Pensel, Franzjosef (1976): Die Satznegation. In: Kettmann/Schildt (1976), S. 285–326.

Petrova, Svetlana (2008): Die Interaktion von Tempus und Modus. Studien zur Entwicklungsgeschichte des deutschen Konjunktivs. Heidelberg.

Pfefferkorn, Oliver (2005): Die periphrastischen Futurformen im Mittelhochdeutschen. In: Sprachwissenschaft 30, S. 309–330.

Pfefferkorn, Oliver/Solms, Hans-Joachim (2006): Historische Fallstudie: Mittelhochdeutsch. In: Ágel/Eichinger/Eroms/Hellwig/Heringer/Lobin (Hrsg.) (2006), S. 1479–1493.

Polenz, Peter von (1963): Funktionsverben im heutigen Deutsch. Sprache in der rationalisierten Welt. Düsseldorf.

Polenz, Peter von (1994): Deutsche Sprachgeschichte vom Spätmittelalter bis zur Gegenwart. Band II. 17. und 18. Jahrhundert. Berlin/New York.

Polenz, Peter von (1999): Deutsche Sprachgeschichte vom Spätmittelalter bis zur Gegenwart.
   Band III. 19. und 20. Jahrhundert. Berlin/New York.
Polenz, Peter von (2000): Deutsche Sprachgeschichte vom Spätmittelalter bis zur Gegenwart.
   Band I. Einführung. Grundbegriffe. 14.– 16. Jahrhundert. 2. Aufl. Berlin/New York.
Prell, Heinz-Peter (2007): Syntax von Ingeborg Schröbler, neu bearbeitet und erweitert. In:
   Paul, Hermann (2007): Mittelhochdeutsche Grammatik. Neu bearbeitet von Klein,
   Thomas/Solms, Hans-Joachim/Wegera, Klaus-Peter. 25. Auflage Tübingen, S. 285–471.
Redder, Angelika (1990): Grammatiktheorie und sprachliches Handeln: „denn" und „da".
   Tübingen.
Reichmann, Oskar/Wegera, Klaus-Peter (Hrsg.) (1993): Frühneuhochdeutsche Grammatik.
   Tübingen. (=Frnhd.Gr.)
Reiffenstein, Ingo (1992): Oberdeutsch und Hochdeutsch in Gelehrtenbriefen des 18.
   Jahrhunderts. In: Burger, Harald/Haas, Alois M./Matt, Peter von (Hrsg.) (1992): Verborum
   amor. Festschrift für Stefan Sonderegger. Berlin/New York, S. 481–501.
Reiffenstein, Ingo (1993): Sprachvariation in den Briefen der Familie Mozart. In: Mattheier,
   Klaus, J./Wegera, Klaus-Peter/Hoffmann, Walter/Macha, Jürgen/Solms, Hans-Joachim
   (Hrsg.) (1993): Vielfalt des Deutschen. Festschrift für Werner Besch, Frankfurt u. a.,
   S. 361–381.
Reis, Marga/Vater, Heinz (1980): Beide. In: Brettschneider, Gunter/Lehmann, Christian (Hrsg.)
   (1980): Wege zur Universalienforschung. Sprachwissenschaftliche Beiträge zum
   60. Geburtstag von Hansjakob Seiler. Tübingen, S. 365–392.
Reko, Timo (2000): Über das Passiv in einigen spätmittelalterlichen Stadtchroniken. Ein
   Beitrag zur Theorie und Praxis der historischen Syntaxforschung. Frankfurt u. a.
Relleke, Walburga (1974): Funktionsverbgefüge in der althochdeutschen Literatur. In:
   Amsterdamer Beiträge zur älteren Germanistik 7, S. 1–46.
Rich, Georg A. (2003): Partikelverben in der deutschen Gegenwartssprache mit durch-, über-,
   um-, unter-, ab-, an-. Frankfurt.
Riecke, Jörg (1997): Bemerkungen zur Aktionalität im Althochdeutschen. In: Vater, Heinz
   (Hrsg.): Zu Tempus und Modus im Deutschen. Trier, S. 119–130.
Robinson, Orrin W. (1997): Clause subordination and verb placement in the Old High German
   Isidor translation. Heidelberg.
Rödel, Michael (2007): Doppelte Perfektbildungen und die Organisation von Tempus im
   Deutschen. Tübingen.
Roelcke, Thorsten (1997): Sprachtypologie des Deutschen. Berlin/New York.
Ronneberger-Sibold, Elke (1994): Konservative Nominalflexion und „klammerndes Verfahren"
   im Deutschen. In: Köpcke, Klaus-Michael (Hrsg.) (1994): Funktionale Untersuchungen zur
   deutschen Nominal- und Verbalmorphologie. Tübingen, S. 115–130.
Ronneberger-Sibold, Elke (2010): Die deutsche Nominalklammer. Geschichte, Funktion,
   typologische Bewertung. In: Ziegler/Braun (Hrsg.) (2010), S. 85–120.
Rössing-Hager, Monika (1972): Syntax und Textkomposition in Luthers Briefprosa. 2 Bände.
   Köln/Wien.
Rowley, Anthony (1983): Das Präteritum in den heutigen deutschen Dialekten. In: Zeitschrift für
   Dialektologie und Linguistik 50, S. 161–182.
Rupp, Heinz (1956): Zum ‚Passiv' im Althochdeutschen. In: Beiträge zur Geschichte der
   deutschen Sprache und Literatur (Halle 78), S. 265–286.

Saltveit, Laurits (1962): Studien zum deutschen Futur. Die Fügungen *werden* mit dem Partizip des Präsens und *werden* mit dem Infinitiv in ihren heutigen Funktionen und in ihrer geschichtlichen Entwicklung. Bergen/Oslo.

Sandig, Barbara (1973): Zur historischen Kontinuität normativ diskriminierter syntaktischer Muster in spontaner Sprechsprache. In: Deutsche Sprache 1, S. 37–57.

Sapp, Christopher D. (2011): The Verbal Complex in Subordinate Clauses from Medieval to Modern German. Amsterdam/Philadelphia.

Scardigli, Piergiuseppe (1994): Der Weg zur deutschen Sprache. Von der indogermanischen bis zur Merowingerzeit. Frankfurt u. a.

Schallert, Oliver (2010): Als Deutsch noch nicht OV war. Althochdeutsch im Spannungsfeld zwischen OV und VO. In: Ziegler/Braun (Hrsg.) (2010), S. 365–394.

Schäublin, Peter (1972): Probleme des adnominalen Attributs in der deutschen Sprache der Gegenwart. Morphosyntaktische und semantische Untersuchungen. Berlin.

Scheutz, Hannes (2001): On causal clause combining. The case of *weil* in spoken German. In: Selting, Margret (Hrsg.): Studies in interactional linguistics. Amsterdam, S. 11–141.

Schieb, Gabriele (1976): Der Verbkomplex aus verbalen Bestandteilen. In: Kettmann/Schildt (1976), S. 39–234.

Schildt, Joachim (1976): Zur Ausbildung des Satzrahmens. In: Kettmann/Schildt (1976), S. 235–284.

Schlachter, Eva (2012): Syntax und Informationsstruktur im Althochdeutschen. Untersuchungen am Beispiel der Isidor-Gruppe. Heidelberg.

Schmeller, Johann Andreas (1872–1877): Bayerisches Wörterbuch. 2. Ausg., bearb. von Karl Frommann, München.

Schmid, Hans Ulrich (2000): Die Ausbildung des *werden*-Futurs. In: Zeitschrift für Dialektologie und Linguistik 57, S. 6–27.

Schmid, Hans Ulrich (2007): Das Projekt einer historischen Syntax des Deutschen. In: Bochmann, Klaus (Hrsg.) (2007): Theorie(n) und Methoden der Sprachgeschichte. Materialien des Kolloquiums zu Ehren des 70. Geburtstages von Gotthard Lerchner. Abhandlungen der Sächsischen Akademie der Wissenschaften zu Leipzig. Phil.-hist. Klasse Band 80, Heft 3. Stuttgart/Leipzig, S. 51–57.

Schmid, Hans Ulrich (2009): Einführung in die deutsche Sprachgeschichte. Stuttgart/Weimar.

Schmid, Josef (1988): Untersuchungen zum sogenannten freien Dativ in der Gegenwartssprache und auf Vorstufen des heutigen Deutsch. Frankfurt.

Schmid, Tanja (2000): Die Ersatzinfinitivkonstruktion im Deutschen. In: Linguistische Berichte 183, S. 325–351.

Schmidt, Jürgen Erich (1993): Die deutsche Substantivgruppe und die Attribuierungskomplikation. Tübingen.

Schöndorf, Kurt Erich (1991): *kommen* mit Infinitiv, Partizip Präsens oder Partizip Präteritum. Zu Varianten einer Prädikatsfügung im Frühneuhochdeutschen. In: Osloer und Rostocker Studien zur deutschen Sprach- und Literaturwissenschaft 13, S. 11–26.

Schönherr, Monika (2012): Der Referatskonjunktiv im Althochdeutschen – Eine sprachhistorische Studie zum Modusgebrauch in Strukturen der indirekten Rede. In: Energeia. Arbeitskreis für deutsche Grammatik 36, S. 21–38.

Schröder, Werner (1955): Zur Passiv-Bildung im Althochdeutschen. In: Beiträge zur Geschichte der deutschen Sprache und Literatur 77 (Halle), S. 1–76.

Schröder, Werner (1959): Zu Wesen und Bedeutung des *würde* + Infinitiv-Gefüges. In: Wirkendes Wort 9, S. 70–84.

Schrodt, Richard (2003): Die Aporie der Deskription: Synchronie und Diachronie in der althochdeutschen Syntax. In: Lobenstein-Reichmann/Reichmann (Hrsg.) (2003), S. 167–191.

Schrodt, Richard (2004): Althochdeutsche Grammatik II. Syntax. Tübingen.

Schulze, Ursula (1991): Komplexe Sätze und Gliedsatztypen in der Urkundensprache des 13. Jahrhunderts. In: Zeitschrift für deutsche Philologie, Sonderheft zu Bd. 110, S. 140–170.

Schulze, Ursula (2011): Studien zur Erforschung der deutschsprachigen Urkunden des 13. Jahrhunderts. Berlin.

Schützeichel, Rudolf (2006): Althochdeutsches Wörterbuch. 6. Aufl., überarbeitet und um die Glossen erweitert. Tübingen.

Seifert, Jan (2004): Funktionsverbgefüge in der deutschen Gesetzessprache (18.–20. Jahrhundert). Hildesheim/Zürich/New York.

Selting, Margret (1999): Kontinuität und Wandel der Verbstellung von ahd. *wanta* bis gwd. *weil*. Zur historischen und vergleichenden Syntax der *weil*-Konstruktionen. In: Zeitschrift für Germanistische Linguistik 27, S. 167–204.

Šimečková, Alena (1984): Komplexe Verben im Deutschen. Ein Beitrag zur Untersuchung der distanzierbaren Verbaleinheiten. Beiträge zur Erforschung der deutschen Sprache, 4, S. 132–184.

Simmler, Franz (1992): Nominalsätze im AHD. In: Desportes (Hrsg.) (1992), S. 153–197.

Simmler, Franz (2000): Zur morphologischen Struktur der prä- und postnuklearen Adjektivattribute und ihrer Funktionalität in der Geschichte der deutschen Sprache vom 16. bis 18. Jahrhundert. In: Desportes (Hrsg.) (2000), S. 99–177.

Simmler, Franz (2007): Reihenfolge und Aufbauprinzipien von Satzgliedern in der lateinisch-althochdeutschen „Tatianbilingue" und Otfrids „Evangelienbuch" und ihre Textfunktionen. In: Simmler, Franz/Wich-Reif, Claudia (Hrsg.) (2007): Probleme der historischen Syntax unter besonderer Berücksichtigung ihrer Textsortengebundenheit. Akten zum Internationalen Kongress an der Freien Universität Berlin 29. Juni bis 3. Juli 2005. Berlin, S. 45–125.

Simmler, Franz (2008): Reihungen, Nominalsätze, Parzellierungen und syntaktischer Parallelismus in Lion Feuchtwangers Roman *Jud Süß*. Zur Verbindung linguistischer und literaturwissenschaftlicher Methoden bei der Ermittlung des Textsinns. In: Kulturwissenschaftliche Germanistik in Asien (Band 3). Hg. von der Koreanischen Gesellschaft für Germanistik. Redaktion: Gyung-Jae Jun (Leiter) u.a., Seoul, S. 121–135.

Simmler, Franz (2010): Zur Entwicklung der Stellung des Prädikats in Aussagesätzen in biblischen Textsorten vom 9. bis zur Mitte des 16. Jahrhunderts. In: Ziegler/Braun (Hrsg.) (2010), S. 33–54.

Simon, Horst J. (2003): Für eine grammatische Kategorie >Respekt< im Deutschen. Synchronie, Diachronie und Typologie der deutschen Anredepronomina. Tübingen.

Smirnova, Elena (2006): Die Entwicklung der Konstruktion *würde* + Infinitiv im Deutschen. Eine funktional-semantische Analyse unter besonderer Berücksichtigung sprachhistorischer Aspekte. Berlin/New York.

Solms, Hans-Joachim (1991): Zur Wortbildung der Verben in Hartmann von Aues ‚Iwein' (HS. B) und ‚Gregorius' (HS. A): Das Präfix ge- im System der verbalen Präfigierung. Zugleich ein Beitrag zur Diskussion historischer Wortbildung. In: Zeitschrift für deutsche Philologie 110, S. 110–140.

Sommerfeldt, Karl-Ernst (1988): Entwicklungstendenzen in der deutschen Gegenwartssprache. Leipzig.

Sonderegger, Stefan (1979): Grundzüge deutscher Sprachgeschichte. Diachronie des Sprachsystems. Bd. 1. Einführung – Genealogie – Konstanten. Berlin/New York.

Sonderegger, Stefan (1992): Notkers des Deutschen Satzfügung zwischen lateinischer Anlehnung und volkssprachlicher Gestaltung: das Beispiel der carmina Übersetzungen. In: Desportes (Hrsg.) (1992), S. 89 – 114.

Sonderegger, Stefan (2003): Althochdeutsche Sprache und Literatur. 3. Aufl. Berlin/New York.

Stiebels, Barbara (1996): Lexikalische Argumente und Adjunkte. Berlin.

Strecker, Bruno (2011): *Auf Wunsch Professor Müllers* oder *Auf Wunsch Professors Müller?* – Genitiv bei Titeln in Verbindung mit Eigennamen. In: Sprachreport 27, 2, S. 24 – 26.

Streitberg, Wilhelm (1891): Perfective und imperfective Aktionsart im Germanischen. In: Beiträge zur Geschichte der deutschen Sprache und Literatur 15, S. 70 – 177.

Szatmári, Petra (2002): Das gehört nicht vom Tisch gewischt…Überlegungen zu einem modalen Passiv und dessen Einordnung ins Passiv-Feld. In: Jezikoslovlj 3, S. 171 – 192.

Szczepaniak, Renata (2009): Grammatikalisierung im Deutschen. Eine Einführung. Tübingen.

Takeichi, Osamu (2009): Zum Gebrauch der kontrahierten Formen von *lâzen* in der mittelhochdeutschen Epik unter besonderer Berücksichtigung der gebundenen Dichtung. In: Sprachwissenschaft 34, S. 187 – 205.

Takada, Hiroyuki (1998): Grammatik und Sprachwirklichkeit von 1640 – 1700. Zur Rolle deutscher Grammatiker im schriftsprachlichen Ausgleichsprozeß. Tübingen.

Tao, Jingning (1997): Mittelhochdeutsche Funktionsverbgefüge. Materialsammlung, Abgrenzung und Darstellung ausgewählter Aspekte. Tübingen.

Thieroff, Rolf (1992): Das finite Verb im Deutschen: Tempus – Modus – Distanz. Tübingen.

Thim-Mabrey, Christiane (1986): Die Fügung sein + zu + Infinitiv. Eine Untersuchung des Zusammenhanges von Kontext und Bedeutung. In: Sprachwissenschaft 21, S. 210 – 274.

Thim-Mabrey, Christiane (1988): Satzadverbialia und andere Ausdrücke im Vorvorfeld. In: Deutsche Sprache 16, S. 52 – 67.

Thurmair, Maria (2006): Das Model und ihr Prinz: Kongruenz und Texteinbettung bei Genus-Sexus-Divergenz. In: Deutsche Sprache 34, S. 191 – 220.

Trost, Igor (2011): Whisky *pur*, Service *pur*, Wahlkampf *pur* – zur Ausbreitung des postponierten Adjektivs im Deutschen. In: Schmale, Günter (Hrsg.) (2011): Das Adjektiv im heutigen Deutsch. Syntax, Semantik, Pragmatik. Tübingen, S. 57 – 70.

Trost, Igor (2012): Nähe, Distanz und Anonymität. Untersuchungen zum *sein*-Modalpassiv und Gerundiv am Beispiel der Presse-, Politik- und Rechtssprache. Habilitationsschrift Passau.

Valentin, Paul (1997): Der Modusgegensatz im Althochdeutschen. In: Desportes (Hrsg.) (1997), S. 186 – 199.

Valentin, Paul (2003): Konnektoren bei Otfrid. In: Desportes (Hrsg.) (2003), S. 179 – 191.

Van de Velde, Marc (1988): Schwierigkeiten bei der Subjekt-Verb-Kongruenz im Deutschen. In: Beiträge zur Geschichte der deutschen Sprache und Literatur 110, S. 172 – 201.

Van Pottelberge, Jeroen (1998): Aspekte der verbalen Rektion im Alt- und Mittelhochdeutschen. In: Sprachwissenschaft 23, S. 423 – 457.

Van Pottelberge, Jeroen (2004): Der *am*-Progressiv. Struktur und parallele Entwicklung in den kontinentalwestgermanischen Sprachen. Tübingen.

Vañó-Cerdá, Antonio (1997): Die Verbindung *ist* + Part. Prät. als Perfektum passivi im (Alt-) Hochdeutschen. In: Sprachwissenschaft 22, S. 221 – 286.

Vater, Heinz (1975): *Werden* als Modalverb. In: Calberth, Joseph P./Vater, Heinz (Hrsg.) (1975): Aspekte der Modalität. Tübingen, S. 71 – 148.

Voeste, Anja (1999): Varianz und Vertikalisierung. Zur Normierung der Adjektivdeklination in der ersten Hälfte des 18. Jahrhunderts. Amsterdam.

Voeste, Anja (2010): Im Spannungsfeld von Mündlichkeit und Schriftlichkeit. Populare Techniken der Redewiedergabe in der Frühen Neuzeit. In: Ziegler/Braun (Hrsg.) (2010), S. 965–981.

Vogel, Petra Maria (2006): Das unpersönliche Passiv. Eine funktionale Untersuchung unter besonderer Berücksichtigung des Deutschen und seiner historischen Entwicklung. Berlin/New York.

Vuillaume, Marcel (1977): „bekommen" dans le système des auxiliaires de l'allemand. In: Cahiers d'allemand 12, S. 3–15.

Vuillaume, Marcel (1995): Der absolute Akkusativ. In: Eichinger/Eroms (Hrsg.) (1995), S. 397–412.

Wackernagel, Jacob (1892): Über ein Gesetz der indogermanischen Wortstellung. In: Indogermanische Forschungen 1, S. 333–436.

Wagner, Fritz (1977): Untersuchungen zu Reflexivkonstruktionen im Deutschen. Frankfurt u. a.

Waldenberger, Sandra (2009): Präpositionen und Präpositionalphrasen im Mittelhochdeutschen. Tübingen.

Weber, Heinrich (1971): Das erweiterte Adjektiv- und Partizipialattribut im Deutschen. München.

Wegener, Heide (1985): Der Dativ im heutigen Deutsch. Tübingen.

Wegener, Heide (1993): *weil* – das hat schon seinen Grund. Zur Verbstellung in Kausalsätzen mit *weil* im gegenwärtigen Deutsch. In: Deutsche Sprache 21, S. 289–305.

Wegera, Klaus-Peter (2003): Grammatiken zu Sprachabschnitten. Zu ihren Grundlagen und Prinzipien zwischen Konstruktion und Wirklichkeit. In: Lobenstein-Reichmann/Reichmann (Hrsg.) (2003), S. 231–240.

Wegera, Klaus-Peter/Waldenburger, Sandra (2012): Deutsch diachron. Eine Einführung in den Sprachwandel des Deutschen. Berlin.

Weinrich, Harald (1988): Klammersprache Deutsch. In: Sprachnormen in der Diskussion. Beiträge vorgelegt von Sprachfreunden. G. Drosdowski zum 15.10.1986. Berlin/New York, S. 116–145.

Weiß, Helmut (1998): Syntax des Bairischen. Studien zur Grammatik einer natürlichen Sprache. Tübingen.

Welke, Klaus (2009): Valenztheorie und Konstruktionsgrammatik. In: Zeitschrift für germanistische Linguistik 37, S. 81–124.

Welke, Klaus (2011): Valenzgrammatik des Deutschen. Eine Einführung. Berlin/New York.

Wellander, Erik (1964): Zur Frage über das Entstehen der grammatischen Formen. In: Studia Neophilologica 36, S. 127–150.

Wellmann, Hans (1985): Aus Anlaß einer Feier. Grammatische Halbelemente im Umfeld der Präpositionen. In: Koller, Erwin/Moser, Hans (Hrsg.): Studien zur deutschen Grammatik. Innsbruck, S. 375–393.

Westvik, Olaf Jansen (2000): Über Herkunft und Geschichte des werden-Futurs. In: Richter, Gerd/Riecke, Jörg/Schuster, Britt-Marie (Hrsg.): Raum, Zeit, Medium – Sprache und ihre Determinanten. Festschrift für Hans Ramge zum 60. Geburtstag. Darmstadt, S. 235–261.

Wilmans, Wilhelm (1897–1909): Deutsche Grammatik. Gotisch, Alt-, Mittel- und Neuhochdeutsch. 4 Bände. 2. Aufl. Straßburg.

Wolf, Norbert Richard (1978): Satzkonnektoren im Neuhochdeutschen und Mittelhochdeutschen. Prolegomena zu einer kontrastiven Textsyntax. In: Sprachwissenschaft 3, S. 16–48.

Wolf, Norbert Richard (1981): Geschichte der deutschen Sprache. Band 1: Althochdeutsch – Mittelhochdeutsch. Heidelberg.

Wolf, Norbert Richard (1995): *würde*. Zur Verwendung einer Hilfsverbform. In: Popp, Heidrun (Hrsg.) (1995): Deutsch als Fremdsprache. An den Quellen eines Faches. Festschrift für Gerhard Helbig zum 65. Geburtstag. München, S. 193–202.

Wolf, Norbert Richard (2000): Syntax des Mittelhochdeutschen. In: Besch/Betten/Reichmann/Sonderegger (Hrsg.) (2000), S. 1351–1358.

Wörterbuch der Mittelhochdeutschen Urkundensprache. WMU auf der Grundlage des Corpus der altdeutschen Originalurkunden bis zum Jahr 1300. Unter der Leitung von Ursula Schulze erarbeitet von Sibylle Ohly und Daniela Schmidt. Berlin: Erich Schmidt Verlag. Band I: ab – hinnen 1994, Band II: hinnen dar – swester 2003, Band III: swesterkint – zwîvelrede, Nachtragsstichwörter und Nachwort 2010 (Veröffentlichungen der Kommission für Deutsche Literatur des Mittelalters der Bayerischen Akademie der Wissenschaften). (=WMU)

Wunder, Dieter (1965): Der Nebensatz bei Otfrid. Untersuchungen zur Syntax des deutschen Nebensatzes. Heidelberg.

Wunderli, Peter (1975): Modus und Tempus. Tübingen.

Zeman, Jaromír (2002): Die deutsche Wortstellung. Wien.

Zeman, Sonja (2010): Tempus und „Mündlichkeit" im Mittelhochdeutschen. Zur Interdependenz grammatischer Perspektivensetzung und „historischer Mündlichkeit" im mittelhochdeutschen Tempussystem. Berlin/New York.

Zemb, Jean-Marie (1972): Satz. Wort. Rede. Semantische Strukturen des deutschen Satzes. Freiburg/Basel/Wien.

Ziegler, Arne/Braun, Christian (Hrsg.) (2010): Historische Textgrammatik und Historische Syntax des Deutschen. Traditionen, Innovationen, Perspektiven. Berlin/New York.

Zifonun, Gisela (2003): Sprachtypologische Fragestellungen in der gegenwartsbezogenen und der historischen Grammatik des Deutschen, am Beispiel des Relativsatzes. In: Lobenstein-Reichmann/Reichmann (Hrsg.) (2003), S. 59–85.

Zifonun, Gisela/Hoffmann, Ludger/Strecker, Bruno (1997): Grammatik der deutschen Sprache. Berlin/New York.

Sachregister

Angegeben sind jeweils die Seitenzahlen.

Wortregister

Angegeben sind jeweils die Seitenzahlen.

du (got.) Präp. m. Dat. 60; m. Inf. 117
dünken m. präd. Nom. 7; m. Konjunktiv im
  nachfolg. Satz 166
durch Präp. m. Akk. 53, 58;
durch – willen (mhd.) 64
dürfen m. Infin. 110; unpers. 199
dürsten m. Akk. 9; unpers. 197; wird persönl. 198
Dutzend Sg.-Form nach Zahlwort 3

ehe Präp. aus adv. Kompar. 59; Konj. 254
ehedem Adv. 38, 60
eher adv. Komparativ 60; früher auch
  Konj. 255
eigen Adj. m. Dat. 50
eilen Perf. m. *sein* und *haben* 144; refl. 182
eilends Adv. aus Part. Präs. 36
ein- Verbalpräf. 44
ein(er) Pron. m. partit. Gen. 29; fungiert als
  Dat. und Akk. zu *man* 91; adj. „allein" m.
  pron. Gen. 81; Artikel, mhd. auch Pluralformen 96
einbegriffen Part. Prät. wird Konj. 131
einbezogen Part. Prät. wird Konj. 131
einbilden m. nachf. Konjunktiv 166; m. refl.
  Dat. 182
eingangs Adv. aus modalem Gen. 35
eingedenk m. Gen. 33; nur prädik. 71
eingerechnet Part. Prät. wird Konj. 131
eingeschlossen Part. Prät. wird Konj. 131
eingesessen adj. Part. Prät. 143
einig adj., früher m. Gen. 33
einig(e) Pron. m. partit. Gen. 31; verdrängt *etlich* 88
einkaufen Infin. neben *gehen* 110
einkehren m. *in* + Dat., früher Akk. 55
einlenken früher trans., jetzt intrans. 9
eintreffen m. *in* + Dat., früher Akk. 55
Eis ohne Pluralform 3
ekeln unpers. m. Dat., früher auch m. Akk. 39,
  197
empfänglich früher m. Gen. 33
ent- Verbalpräf. 46; urspr. Präp. 53
entäußern refl. m. Gen. 23, 46
entbehren m. Gen. 22
entbinden m. Akk. und Gen. 23, 46
entblößen m. Akk. und Gen. 23

entgegen Verbalpräf. 45
enthalten refl. m. Gen. 23, 46; bildet kein Passiv 178
entheben m. Akk. und Gen. 23, 46
entkleiden m. Akk. und Gen. 23
entlang Präp. aus Subst. 54; Adv. und Präp. m.
  Gen., Dat., Akk. 62
entlassen m. Akk. und Gen. 23, 46
entlasten m. Akk. und Gen. 23
entledigen m. Akk. und Gen. 23; refl. m.
  Gen. 23
entlegen adj. Part. Prät. 142
entraten m. Gen. 22
entsetzen m. Akk. und Gen. 23, 46
entsinnen refl. m. Gen. 23
entweder Konj. aus Pron. 86;
entweder – oder 207
entwöhnen m. Akk. und Gen. 23
er Pron. 77
er- Verbalpräf. bewirkt Transitivierung 10 f., 46
erbarmen refl. m. Gen. 23
erbgesessen adj. Part. Prät. 143
erblicken bildet kein Passiv 178
erdreisten refl. m. Gen. 23
erfahren m. nachf. Indik. 166; bildet kein Passiv 178
ergießen refl. 182
erhalten bildet kein Passiv 178
erinnern refl. m. Gen. 23; m. *dass*-Satz 230
erkühnen refl. m. Gen. 23; früher trans. 182
erlassen früher Akk. und Gen., jetzt Dat. und
  Akk. 25
erlauben m. Infin. 112; m. refl. Dat. 182
erliegen Perf. m. *sein* 142
ermangeln m. Gen. 22
ermüden m. Gen. 25
Ernst Subst. wird Adj. 72
erstaunen m. Gen. 25
erwähnen m. Gen. 22
es Pron. 77; ohne Beziehungswort 82; satzer-
  öffnend 82, 197
essen m. part. Gen. 19; reiner Infin. in Verbindung m. *gehen* 110
ete(s)waz (mhd.) indef. Pron. 87 f.
ete(s)wer (mhd.) indef. Pron. 87 f.
etlich(e) m. part. Gen. 31; Pron. 88
etwa indef. Adv. 88 f.

etwan indef. Adv. 88 f.
etwas m. Gen. 31

fähig m. Gen. 33; m. Infin. 118
fahren Perf. m. *sein* 144
falls Konj. aus adv. Gen. 35, 258
fassen (= „enthalten") keine Passivbildung 178
fehlen m. Dat. 39; m. pleonast. Negation 195; unpers. 197
Feind als Kollektiv verwendet 2; substant. Part. Präs. 72
feindlich m. Dat. 50
fern m. Dat. 50
finden Part. Prät. ohne *ge-* 106; m. Akk. und Infin. 112
flüchten refl. 182
folgen m. Gen. und Dat. 24; m. Dat. 39; Perf. m. *haben* und *sein* 143 f.
fora (ahd.) Präp. 56
fragen m. zwei Akk. 13
frei m. Gen. 33
fremd m. Dat. 50
Freuden Plur. 3
freuen refl. 182; m. *dass*-Satz 230
Freund urspr. Part. Präs. 72
frieren unpers. m. Akk. 196; persönl. 197
friunt (mhd.) als Fem. verwendet 1
froh m. Gen. 33; m. Infin. 118; m. *dass*-Satz 230
frohlocken m. Gen. 24 f.
fromm Adj. aus Subst. 72
frösteln unpersönl. m. Akk. 197
Fuchs in adj. Funktion 72
fühlen m. Akk. und Inf. 112
fulljan (got.) 177
fullnan (got.) pass. Bedeutung 177
für früher lokale Bedeutung 53, 55; m. Akk. 56; *fürs* unauflösbar 102; *was* 86
Furcht ohne Plur. 3; m. obj. Gen. 28
fürchten m. refl. Akk., früher Dat. 9; m. Inf. 110; mediale Bedeut. 182

ganz unflekt. 67
gaþarban (got.) refl. und intrans. 182
ge- Perfektivierungsmittel 105 ff.; zur Futurbildung 155
geben m. partit. Gen. 19; *es gibt* unpers. 197

gebrechen m. Dat. 39; unpers. 197
gedenken m. Gen. 21; m. Inf. 110
gedulden refl., früher trans. 182
gefallen m. Dat. 39
gegen Präp. m. Akk., früher m. Dat. 45, 58
gegenüber Adv. u. Präp. 59
gehen m. reinem Inf. 110; Perf. m. *sein* 144
gehorchen m. Dat., früher auch m. Akk. 39 f.
gehorsam m. Dat. 50
gelegen adj. Part. Prät. 142
gelingen m. Dat. 39; früher unpers. 199
gelten m. Akk. oder Dat. 40
gelüsten m. Akk. 21; unpers. 197
gemäß Adj. m. Dat. 50; Präp. aus Adj. 53; Präp. m. Dat. 59 f.
gemeinsam m. Dat. 50
genâde (mhd.) Pluralform 3
genehm m. Dat. 50
genießen m. Gen. 20
genug m. Gen. 30; bei Adj. 51
genügen m. Dat. 39; unpers. 199
genuoc (mhd.) m. Gen. 29
geraten m. Dat. 39; Perf. m. *sein* 142
geschweige 75
geständig m. Gen. 33
gestatten m. Dat. u. Inf. 112; m. refl. Dat. 182
Getreide ohne Plur. 3
gewahr m. Akk. 15; m. Gen. 33
gewahren ohne Passiv 178
gewähren früher m. Akk. u. Gen. 25
gewärtig m. Gen. 33; nur präd. 71
gewiss m. pron. Akk. 15 f.; m. Gen. 33; m. Dat. 50; m. Inf. 118
gewohnt m. Akk. 15; m. Gen. 33; m. Inf. 118
gierig m. Gen. 33
giwizzan (ahd.) aktives Part. Prät. 129
Glanz vereinz. Pluralform 3
glauben m. Dat. u. Gen. 24; m. Dat. 39; m. Inf. 110
gleich m. Dat. 50
gleichgültig m. Dat. 50
Glück ohne Pluralform 3
glücken m. Dat. 39; Perf. m. *sein* 142
Gnaden Plur. 3
Gold ohne Pluralform 3
gönnen m. Dat. u. Gen. 24
Grad Sing. nach Zahlwort 3

grauen m. Dat. 39; unpers. 197
greipan (got.) m. Akk. oder Gen. 21
Greis Subst. aus Adj. 71
groß m. quant. Akk. 15
gruseln unpers. m. Dat. 197
Gunsten Plur. 3
Güte ohne Plur. 3

Haar Kollektiv 3
haben m. Akk. u. Inf. 117; Hilfsv. bei Perf. um-
    schr. 105 ff., 131 ff.; keine Passivbild. 178
habhaft m. Gen. 33
haften Inf. aus Part. Präs. 111
hageln unpers. 196
halb Präp. aus Subst. 62; unflekt. Adj. 67
halben Präp. 62
halber Präp. 62
halten m. unterdrücktem Obj. 9; – *für* 14
hängen Inf. aus Part. Präs. 111
Hass ohne Plur. 3; m. obj. Gen. 28
hausgesessen adj. Part. Prät. 143
heln (mhd.) m. zwei Akk. 13
Heiland Subst. aus Part. Präs. 72
heißen m. präd. Nom. 7; m. zwei Akk. 14; gele-
    gentl. m. Dat. u. Inf. 39; m. Akk. u.
    Inf. 112 f. ; Inf. für Part. Prät. 122
helfen m. Gen. u. Dat. 24; m. Dat. 39 f.; m.
    Dat. u. Inf. 109 ff.
hier Adv. als Bindewort 219
hierin Adv. als Bindewort 219
hinsichtlich Präp. aus Adj. 65
hinter Verbalpräf. 44; Präp. 53; m. Akk. u.
    Dat. 54
Hitze ohne Plur. 3
hiuru (ahd.) Instr. 37
hiutu (ahd.) Instr. 37
hoch m. quant. Akk. 15; früher m. Gen. 34
hofgesessen adj. Part. Prät. 143
hold m. Dat. 50
hören m. Akk. u. Inf. 113; Inf. für Part.
    Prät. 122 f.; nachf. Indik. 166
hulden (mhd.) Plur. 3
Hund generelles Mask. 2
hungern m. Akk. 9; unpers. 197; wird
    pers. 198
hüten m. Gen. 22
huas (got.) indef. Pron. 87

ie (mhd.) 87
iender (mhd.) Ortsadv. 87, 89
immer 89 f.
in Präp. m. Dat. u. Akk. 54; m. artikellosem
    Subst. 102
indem demonstr. Bindewort 219; unterordnend
    233
indes(sen) demonstr. Bindewort 219; unterord-
    nend 237
infolge Präp. m. Gen. 64
inmitten Präp. früher m. Dat., jetzt m. Gen. 65
innan (ahd.) Präp. m. Gen. 62
innerhalb Präp. m. Gen. 63
irgend(s) indef. Ortsadv. 89
irren Perf. umschreib. 144; refl. 182

jagen Perf. m. *sein* u. *haben* 145
jammern m. Akk. 9; unpers. 197; wird per-
    sönl. 198
je indef. Adv. 89; *je – je* m. Schlussstellung
    des Verbs 210
jeder m. part. Gen. 31; Abgrenzung gegen *all*
    90; beeinflusst *beide* 91
jedoch teils Bindewort, teils Satzglied 207
jedweder indef. Pron. 90
jeglich m. part. Gen. 31; indef. Pron. 90
jemand m. part. Gen. 31; indef. Pron. 89
jener demonstr. Pron. 84; hinweisendes Bin-
    dewort 219
jenseit(s) Präp. m. Gen. u. Dat. 63
Jubel Plur. in Dichtersprache 3
Junge Subst. aus Adj. 71

Kälte ohne Plur. 3
kehren Perf. m. *sein* u. *haben* 145
kein m. partit. Gen. 31; indef. Pron. 87 f.
klagen früher trans. 8
kleben Inf. aus Part. Präs. 111
kommen Part. Prät. ohne *ge-* 106; m. Part.
    Prät. 130; Perf. umschr. 133; *kommt ge-*
    laufen 130
können mit einf. Inf. 110
kosten („wertsein") m. zwei Akk. 13; kein Pas-
    siv 178
kosten („schmecken") m. partit. Gen. 20
koufman (mhd.) als Kollektiv 2
kraft Präp. m. Gen. 64

kriegen kein Passiv 178
Kummer Plur. in Dichterspr. 3
kümmern vereinzelt m. Dat. 9
kund m. Dat. 50; nur prädik. 71
kundig m. Gen. 33

lang m. Akk. 15; m. Gen. 34
langen (ahd.) unpers. m. Akk. 10
längs Präp. m. Gen. u. Dat. aus Adv. 62
lassen m. Dat. statt Akk. 39; m. Akk. u.
    Inf. 113; Inf. für Part. Prät. 122; *lasst uns*
    164
laut Präp. m. Gen. aus Subst. 64 f.
leben m. Gen. 25; Inf. für Part. Präs. 111
ledig m. Gen. 33
leer m. Gen. 33
legen refl. 182
lehren m. zwei Akk. 13; m. Dat. statt Akk. 39;
    m. Akk. u. Inf. 112 f.
leid m. Dat. 50; nur prädik. 71
lernen m. einf. Inf. 110; Inf. für Part. Prät. 122
leugnen m. pleonast. Negation 195
Liebe m. obj. Gen. 28
liebkosen früher m. Dat. 9
liegen Inf. aus Part. Präs. 113; Perf. um-
    schreib. 142
links früher Präp. m. Gen. 61
lohnen m. Gen. u. Dat. 24
los m. Akk. 15; m. Gen. 33
lūkask (altnord.) 177
lüsten unpers. m. Akk. 9
lützel (mhd.) m. Gen. d. Art 29

machen m. zwei Akk. 14; m. Akk. u. Inf. 113;
    Inf. für Part. Prät. 123
mächtig m. Gen. 33
man indef. Pron. 91
mangeln m. Dat. 39; unpersönl. 197; urspr.
    persönl. 199
mangels Präp. m. Gen. aus Subst. 65
Mann Sg.form nach Zahlw. 3
mê(re) (mhd.) m. Gen. d. Art 29
mehr unflekt. Attribut 29
mehti (ahd.) Plur. als Kollektiv 3
meinen m. Inf. 110; m. nachfolg. Konj. 166
meinethalben 62
Milch ohne Plur. 3

Milde ohne Plur. 3
minner (mhd.) m. Gen. d. Art 29
misso (got.) neben refl. Pron. 79
mit Präp. 53; früher m. Instr. 60
mittels(t) Präp. aus Subst. 54; m. Gen. 65
mögen m. Inf. 110; umschreibt Konj. 162
müde m. pron. Akk. 15; m. Gen. 33
müssen m. Inf. 110; umschreibt Konj. 162
Mut ohne Plur. 3

nach Verbalpräf. 42; Präp. 53; m. Dat. 59; m.
    artikellosem Subst. 103
nachdem satzeinleitend 233, 237
nächst Präp. aus Adj. 53
nachteilig m. Dat. 50
nahe m. Dat. 50
nähen (ahd.) refl. u. intrans. 182
nalles 193
namens Präp. aus Subst. 65
ne (mhd.) negat. Part. 191 ff.
neben Präp. m. Dat. u. Akk. 54; urspr. nur m.
    Dat. 57, 60
nebst Präp. m. Dat. aus Adj. 59
nehmen m. part. Gen. 19
Neid ohne Plur. 3
nennen m. zwei Akk. 14
ni (ahd.) negat. Part. 191 ff.
nichts früher m. Gen. d. Art 31
ni(e)ht (mhd.) m. Gen. d. Art 31; bei negiertem
    Verb 195
niemand früher m. part. Gen. 31
nihhein (ahd.) indef. Pron. 88
noch negat. Bindewort 224
noch – noch 224
nu(n) Adv. u. Konj. 251
nur als adversative Konj. 223
nützen m. Dat. 39

ob Verbalpräf. 43; Präp. m. Dat. u. Gen. 53, 57
ob Fragekonj. 235; Bedingungskonj. 248
oberhalb Präp. m. Gen. 63
Oberst Subst. aus Adj. 71
Obst ohne Plur. 3
oder beeinflusst nicht die Verbstellung 207;
    disjunkt. Konj. 222
ohne Präp. m. Akk. 58; früher m. Gen. 58; vor
    Inf. m. *zu* 122; – *dass* 171, 232

Paar Sg.form nach Zahlwort 2

pflegen m. Gen. 22; m. Inf. 110; Inf. für Part. Prät. 122

pur 67, 216

queman (ahd.) Part. Prät. ohne *ga-* 106

quitt m. Akk. 15; m. Gen. 33; nur prädik. 71

recht m. Dat. 50

rechts früher Präp. m. Gen. 61

liegen ohne Plur. 3

regnen unpersönl. 196

reich m. Gen. 33

rennen intrans. durch unterdrücktes Obj. 9; Perf. umschreib. 145

Richter als generelles Mask. 2

Roggen Kollektiv ohne Plur. 3

rücksichtlich Präp. m. Gen. aus Adj. 65

rufen früher m. Dat. 9

Ruhen Plur. in Dichtersprache 3

ruhen refl. u. intrans. 182

Ruhm ohne Plur. 3

rühmen refl. m. Gen. 23

sagen m. nachfolg. Konjunktiv 166

Salz Pluralgebrauch 3

Sand ohne Plur. 3

satt m. Akk. 15; m. Gen. 33

Säure Pluralgebrauch 3

schade prädik. Adj. aus Subst. 73

schaden m. Dat. 39

schämen refl. m. Gen. 23

Schande Plur. 3

schaudern unpersönl. m. Akk. oder Dat. 9, 197

Schauer Plur. in Dichtersprache 3

scheinen m. prädik. Nom. 7; m. Dat. 39

scheint zu 119

schelten m. zwei Akk. 14

schicken refl. 182

schimpfen m. zwei Akk. 14

schirmen früher m. Dat. 9

schlafen Inf. bei *gehen* 110

schmeicheln m. Gen. u. Dat. 24; m. Dat. 39; m. Akk. statt Dat. 40; m. refl. Dat. 182

Schmutz ohne Plur. 3

Schnee ohne Plur. 3

schneien unpersönl. 196

schonen m. Gen. 22

schuldig m. Akk. 15; m. Gen. 33

schwer m. Dat. 50

schwindeln unpersönl. m. Dat. 41

schwören m. Inf. 110

scōno (ahd.) 68

sehen m. Akk. u. Inf. 112 f.; Inf. für Part. Prät. 113; m. nachf. Indik. 166

sehnen refl. 179

sein m. präd. Nom. 7; m. präp. Inf. 119; m. Part. Präs. 106 f., 126; Hilfsverb in Vergangenheitsformen 141 ff.; im Passiv 147 ff., 177 ff.; m. Refl.pron. 177

seit Präp. aus adv. Komp. 53; m. Dat. 59 f.,; Zeitkonj. 254

seitdem 38; unterordn. 237, 255

seitens Präp. aus Subst. 54

selb neben Gen. des persönl. Pron. 81

setzen Perf.umschr. 145; refl. 182; *es setzt* 197

seufzen früher trans. 8

sich refl. Pron., früher nur Akk. 78

sicher m. Gen. 33; m. Dat. 50; m. Inf. 118; m. *dass*-Satz 230

sie persönl. Pron. 77 ff.

Silber ohne Plur. 3

singen früher trans. 5

sîs, sît (mhd.) Konjunktiv 162

sitzen Inf. aus Part. Präs. bei *bleiben* 111; Perf.umschreib. 142

so Adv. statt *solch* 84 f.; demonstr. Bindewort 208; *so – so* m. Nebensatzwortstell. 219; *so dass* 234; relat. Part. 244; Vergleichskonj. 247

solch unflekt. 84; pron. Adj. 90

sollen m. Inf. 110; in Futurumschreib. 154; umschreibt Konj. 165

so'n 85

sondern beeinflusst nicht die Verbstellung 207; adversat. Konj. 221

sonst m. Schlussstellung des Verbs 221

sorgen refl. u. intr. 182

spazieren Inf. bei *gehen* 110 f.

sprengen intrans. durch unterdrücktes Obj. 9; Perf. umschreib. 145

statt Präp. m. Gen. aus Subst. 64

Staub ohne Plur. 3

staunen m. Gen. 25

stecken Inf. aus Part. Präs. bei *bleiben* 111
stehen Inf. aus Part. Präs. bei *bleiben* 111, 127; Perf.umschreib. 142 f.
stellen refl. 182
sterben m. Gen. 25; Perf. m. *sein* 141
stets Adv. aus Adj. im Gen. 36
stillstehen Perf.umschreib. 143
stracks Adv. aus Adj. im Gen. 36
sums (got.) indef. Pron. 87
sünden (mhd.) refl. u. intr. 182
swā (mhd.) relat. Adv. aus Indef. 239, 242
swelch (mhd.) relat. Pron. aus Indef. 239, 241
swer (mhd.) relat. Pron. aus Indef. 239

tauen unpers. 196
taufen m. zwei Akk. 14
teilhaftig m. Gen. 33; nur prädik. 71
teils Adv. aus Subst. im Gen. 35
teuer m. Dat. 50
the (as., ahd.) relat. Part. 238
tief m. Akk. 15
trauen m. Dat. 39; früher m. einf. Inf. 110
träumen m. Dat. 39; unpersönl. 197; wird persönl. 198
treffan (ahd.) Part. Prät. ohne *ga-* 106
treten Perf. m. *sein* u. *haben* 145
trinken m. part. Gen. 19
trösten refl. 179
trotz Präp. aus Subst. 54; m. Dat. u. Gen. 61
trotzdem 61
trotzen m. Dat., früher m. Akk. 39 f.
trunken aktives Part. Prät. 129
tun m. Akk. u. Inf. 115; mit Inf. 116 ff.; Inf. für Part. Prät. 122; mhd. m. Part. Prät. 132

über Verbalpräf. 44; Präp. 54; früher nur m. Akk. 57; m. artikellosem Subst. 100
überdrüssig m. Gen. 33
überführen m. Akk. u. Gen. 23
überheben m. Akk. u. Gen. 23
überzeugen früher m. Akk. u. Gen. 23
um Verbalpräf. 46; Präp. 53; m. Akk. 58; *um – willen* 64; *um – zu* 121
umkehren intrans., früher trans. 9
unangesehen Präp. m. Gen. aus Part. Prät. 65
unbeschadet Präp. m. Gen. aus Part. Prät, 65

und beeinflusst die Verbstellung 207; knüpft das letzte Glied an 218; Wort- u. Satzkonj. 219; relat. Part. 244; in Beding.– u. Konzessivsätzen 252 f.
unerachtet Präp. m. Gen. aus Part. Prät. 65
unerfreuend veraltet für *unerfreulich* 128
unfern Präp. aus Adj. 53; m. Gen. u. Dat. 61
ungeachtet Präp. aus Part. Prät. 50; m. Gen. 61
ungelegen adj. Part. Prät. 142
unter Verbalpräf. 45; Präp. m. Dat. u. Akk. 53
unterdessen Adv., früher auch unterordn. Konj. 234
unterhalb Präp. m. Gen. 63
unterliegen m. Dat. 45; Perf. m. *sein* 142
unterstehen m. Dat. 45
untertan Adj. m. Dat. 50; wird Subst. 71
unversehens Adv. aus Adj. im Gen. 36
unweit Präp. m. Gen. u. Dat. 61
ur (ahd.) Präp. 53
ūʒana (ahd.) Präp. m. Gen. 62

ver- Verbalpräf. bewirkt Transitivierung 8, 46
verbieten m. pleonast. Negation 195
verdächtig m. Gen. 33
verdagen (mhd.) m. zwei Akk. 13
verdienen trans. 8, 10; m. Inf. 110
verdrießen m. Akk. 10; unpers. 198
verfahren Perf. umschreib. 144
vergebens Adv. aus Adj. im Gen. 36
vergessen m. Gen. 22; m. Inf. 110
verheln (mhd.) m. zwei Akk. 13
verhindern m. pleonast. Negat. 195
verklagen m. Akk. u. Gen. 23
verlassen refl. 182
verlustig m. Gen. 33; nur prädik. 71
vermessen refl. m. Gen. 23
vermöge Präp. m. Gen. aus Subst. 64
versichern m. Akk. u. Gen. od. m. Dat. u. Akk. 23; refl. m. Gen. 23
versprechen zu 119
verstehen m. nachf. Indik. 166
verswîgen (mhd.) m. zwei Akk. 13
verwandt m. Dat. 50
viel m. Gen. d. Art., später attrib. 29
voll(er) m. Gen. 33; nachgestellt 215
von Präp. m. Dat. 53; nicht Verbalpräf. 61; mit artikellosem Subst. 103

vor Verbalpräf. 45; Präp. früher nur m. Dat. 54, 56; m. artikellosem Subst. 103
vorausgesetzt absolutes Part. Prät. 131
vorbei m. adv. Akk. 16; Verbalpräf., ersetzt durch *an – vorbei* 46
vorüber m. adv. Akk. 16; Verbalpräf. ersetzt durch *an – vorüber* 46

wähnen m. Inf. 110; m. nachfolg. Konj. 166
wahren m. Gen. 22
während Präp. aus Part. Präs. 53; m. Dat. u. Gen. 61; Konj. 255
währenddem Bindewort 219
wahrnehmen m. Gen. 21
walten m. Gen. 22
wann begründende Konj. 246; Frageadv. 248
warten m. Gen. 22
was m. Gen. d. Art 30; Fragepron. 89; relat. Pron. 239 f.; *was für (ein)* 30, 86
(h)wedar (ahd.) Fragepron. 86
weder – noch Konj. 86, 224
weder – weder Konj. 224
wegen Präp. m. Gen. aus Subst. 63
weigern refl. m. Gen. 23; früher intrans. 182
weil Konj. aus Subst. 255
Weine Pl. 3
weinen früher trans. 8
weit m. Akk. 15
welch(er) m. Gen. partit. 31; unflekt. 67; adj. Fragepron. 86; relat. Pron. 239 f.
wenig m. Gen. d. Art. 29
wenn urspr. Frageadv. 246; Zeit- u. Bedingungskonj. 248
wer Fragepron. 85; relat. Pron. 236 ff.
werden m. präd. Nom. 7; Part. Prät. ohne *ge-* 106; m. Part. Präs. 126, 140; Perf. umschr. 142; Hilfsv. im Passiv 147 ff.; Hilfsv. im Futur 152 ff.; im Imper. Pass. 176; m. Refl. 182;
würde m. Inf. 153, umschreibt den Konj. Prät. 175 ff.
wert m. Akk. 15; m. Gen. 34; m. Dat. 50; m. Inf. 118; m. *dass*-Satz 230

weshalb 62; relat. 240
weswegen 63; relat. 240
wider Verbalpräf. 45; Präp. 53; m. Akk., früher auch Dat. 58
wiegen m. quantit. Akk. 17
wis (ahd.) Imper. 162
wisan (got.) Imper. fehlt 176
wissen m. Akk. u. Inf. 113 f.; Inf. f. Part. Prät. 122 f.; m. nachfolg. Indik. 166; Imper.formen 162, 176; keine Passivbild. 178
(h)wiu (ahd.) Instr., mit Dat. Präp. verbunden 37
wo relat. Adv. kasusvertretend bei Präp. 92 f.; verdrängt *da* 242; relat. Partikel 242
wohin relat. Adv. 238
wohnen Inf. aus Part. Präs. 111
Wolf generelles Mask. 2
wollen m. Inf. 110; Hilfsverb beim Futur 151; hat keinen Imper. 176; bildet kein Passiv 178 *wovon* relat. Adv. 238
wundern unpers. 199
wünschen m. Gen. 21; m. Inf. 110
würdig m. Gen. 33; m. Inf. 118
würdigen m. Akk. u. Gen. 23

zeihen m. Akk. u. Gen. 23
ziemen m. Dat. 39
zu Verbalpräf. 43 f.; bei Adj. 51; Präp. 53, 60; mit artikellosem Subst. 100; bei Inf. 110 ff., 117 ff.
zudem Bindewort 219
zufolge Präp. m. Dat. u. Gen. 62
zufrieden m. Gen. 34; m. Inf. 118; m. *dass*-Satz 230
zugegeben m. absol. Akk. 131
zugehörig m. Dat. 50
zürnen früher trans. 8; m. Gen. 25; m. Dat. 39
zuträglich m. Dat. 50
zwar teils Bindewort, teils Satzglied 207
zwecks adv. Gen., wird Präp. 35
zweifeln m. pleonast. Neg. 195
zwischen Präp. m. Dat. u. Akk. 54

www.ingramcontent.com/pod-product-compliance
Lightning Source LLC
Chambersburg PA
CBHW070019100426

42740CB00013B/2558